——教育硕士

333教育综合

—复习指导全书—

◎ 教育学考研命题研究组 主编

教育硕士基础过关必备·高分学员首选复习全书

《复习全书》《核心试题》《名校真题》《模拟试题》完美结合

北京理工大学出版社
BEIJING INSTITUTE OF TECHNOLOGY PRESS

图书在版编目(CIP)数据

教育硕士333教育综合复习指导全书 / 教育学考研命题研究组主编. —北京：北京理工大学出版社,2017.5(2018.3重印)

ISBN 978-7-5682-4005-5

Ⅰ.①教…　Ⅱ.①教…　Ⅲ.①教育学-研究生-入学考试-自学参考资料　Ⅳ.①G40

中国版本图书馆CIP数据核字(2017)第096272号

出版发行 / 北京理工大学出版社有限责任公司
社　　址 / 北京市海淀区中关村南大街5号
邮　　编 / 100081
电　　话 / (010)68914775(总编室)
(010)82562903(教材售后服务热线)
(010)68948351(其他图书服务热线)
网　　址 / http://www.bitpress.com.cn
经　　销 / 全国各地新华书店
印　　刷 / 西安新华印务有限公司
开　　本 / 787毫米×1092毫米　1/16
印　　张 / 33.25
字　　数 / 732千字
版　　次 / 2017年5月第1版　2018年3月第2次印刷
定　　价 / 78.80元

责任编辑 / 李慧智
文案编辑 / 李慧智
责任校对 / 孟祥敬
责任印制 / 边心超

图书出现印装质量问题，请拨打售后服务热线，本社负责调换

★ 学府全日制校区 校园实景 ★

位于陕西省西安市长安区马王镇
国家重点文物保护单位西周车马坑遗址保护区内
全封闭校园环境优美，绿树成荫，是考生学习的绝佳场所

全日制校区欢迎您的到来~

风雨考研路　学府伴你行

“学府考研”是学府教育旗下专业从事考研辅导的品牌！

“学府考研”是一个为实现人生价值和理想而欢聚一堂的团队。2006年从30平方米的办公室起步，历经十年，打造了一个考研培训行业的领军品牌。如今学府考研已发展成为集考研培训、图书编辑、在线教育为一体的综合性教育机构，扎根陕西，服务全国。

学府考研的辅导体系满足了考研学子不同层面的需求，主要以小班面授教学、全日制考研辅导、网络小班课为核心，兼顾大班教学、专业课一对一辅导等多层次辅导。学府考研在教学中的“讲、练、测、评、答”辅导体系，解决了考研辅导“只管教，不管学”的问题，保证学员在课堂上听得懂，课下会做题。通过定期测试，掌握学员的学习进度，安排专职教师答疑，保证学习效果。总结多年教学实践经验，学府考研逐渐形成了稳定的辅导教学体系，尽量做到一个学员一套学习计划、一套辅导方案，大大降低了学员考取目标院校的难度。在公共课教学方面，实现零基础教学；在专业课方面，建立了遍及全国各大高校的研究生专业信息资源库，解决考生跨院校、跨专业造成的信息不对称、复习资料缺乏等难题。

“学府考研”的使命是帮助每一个信任学府的学员都能考上理想院校。

学府文化的核心是“专注文化”。

“十年专注，只做考研。”因为专业，所以深受万千考研学子信赖！

“让每一个来这里的考研学子都成为成功者。”正是这种责任，让学府考研快速成为考生心目中当仁不让的必选品牌。

人生能有几回搏，30年太长，只争朝夕！

同学们，春华秋实，为了实现理想，努力吧！

学府考研总部 | 全国统一客服电话 | 400-090-8961
陕西·西安市长安区韦郭路智慧国际12层

学府官方微博

学府官方微信

致学府图书用户

亲爱的学府图书用户：

您好！欢迎您选择学府图书，感谢您信任学府！

“学府图书”是学府考研旗下专业从事考研教辅图书研发的图书公司！

为了更好地为您提供“优质教学、始终如一”的服务，对于您所提出的宝贵意见与建议，我们向您深表感谢！

若我们的图书质量或服务未达到您的期望，敬请您通过以下联系方式告知我们。我们珍视并诚挚地感谢您的反馈，谢谢您！

在此祝您学习愉快！

学府图书全国统一客服电话:400-090-8961

学府图书质量及服务监督电话:15829918816

学府图书总经理投诉电话:张城 18681885291 投诉必复!

您也可将信件投入此邮箱:34456215@ qq. com 来信必回!

图书微博

图书微信

图书微店

前言 PREFACE

《教育硕士333教育综合复习指导全书》严格按照教育部考试中心发布的《333教育综合大纲》，对涉及的知识点进行集中梳理，力求内容精练、重点突出、深入浅出。本书对大纲中的重点、难点内容进行了精讲精析，同时，遴选了名校历年考研真题，并给出详细分析和答案，力求收到讲练结合、灵活掌握、举一反三的功效。考生通过本书的学习，可大大提高复习效率，达到事半功倍的目的。本书可作为考生参加教育硕士研究生入学考试的备考复习书籍，也可作为教育硕士的学习辅导用书。

全书在体系安排上与考研大纲保持一致，分为教育学原理、中国教育史、外国教育史、教育心理学四大部分。具体到各章节中，每章由以下三部分组成：

首先，概括各章的重、难点及常考点，弄清各知识点之间的相互联系，呈现历年考试中本章的出题情况和需要背诵的条目，以便考生对本章内容有一个全局性的认识和把握。

其次，参考当前国内最权威的大学教材，对大纲所要求的知识点进行全面、准确的阐述，以加深考生对基本概念和规律等重点内容的理解。本部分讲解明确、重点突出、层次清晰、简明实用。

再次，对各章的经典例题进行详细的解析，教会考生分析问题、解决问题的方法和技巧。

本书具有以下特点：

(1)依据最新考试大纲编写，对考纲要求的知识点进行全面归纳，并对重、难点做了标注。

(2)选取了教育综合考试中的部分真题，通过真题与知识点的紧密结合，使考生能够更明确地了解考点，掌握考试规律。

(3)解析权威细致，技巧方法渗透其中，真正教会考生复习。

本书适合考生在基础复习阶段和强化复习阶段使用。在基础复习结束之后，建议考生认真研究本书中的经典例题，将例题弄懂弄通，举一反三，并结合书中的重要考点多加练习。

预祝各位考生在未来的研究生考试中笑傲考场，书写自己的传奇！

编　者

2018年1月

第一部分　教育学原理

第二部分　中国教育史

第三部分　外国教育史

第四部分　教育心理学

第一部分

教育学原理

考情分析

一、学科特点分析

教育学原理是教育学这一学科的基础理论部分，具有较强的概括性、综合性以及抽象性。同时，由于教育作为一种社会实践活动，又具有现实性、具体性以及多样性。所以，对于考生来说，在复习中既要注意到教育理论的理论逻辑，又要关注到教育活动的实践逻辑，能够用抽象概括的教育理论来解释具体生动的教育实践活动。

二、题型与分值分布

在教育综合科目考试中，教育学原理的分值约为60分。本部分题型主要为名词解释、简答题、论述题等，有时也会出现选择题与填空题。

三、复习建议

教育学原理的复习，不能仅仅囿于条条框框的知识点，考生需要：(1)系统掌握教育学原理的基本概念、基本理论和现代教育观念；(2)理解教学、德育、管理等教育活动的任务、过程、原则和方法；(3)能运用教育的基本理论和现代教育理念来分析和解决教育的现实问题。

在复习中要做到以下几点：

第一，在全面复习的基础上，要突出重点。重点掌握教育的核心概念、基本理论、重要方法以及教育发展的最新进展。

第二，在熟练掌握知识点之后，要融会贯通。能够把不同知识点串联起来，对于同一问题，能够从多个角度解释。

第三，密切关注教育实践，要追踪热点。能够熟悉教育教学的典型事件，并能给出自己的分析。

第一章

教育学概述

本章是教育学原理的基础部分，主要讲述教育学的研究对象、研究任务以及产生、发展的过程。其中，教育学的萌芽、独立、发展多样化、理论深化等阶段及有代表性、有影响的教育家、教育著作、教育思想和教育理论是本章学习的重点。考生在复习中了解教育学的研究对象与研究任务，深入理解教育学的产生与发展，并能系统地描述教育学的萌芽、独立、发展多样化、理论深化等阶段，掌握有代表性、有影响的教育家、教育著作、教育思想和教育理论。

第一节　教育学的研究对象与任务

一、教育学的研究对象【一般】

任何一门科学都有着自己特定的研究对象，教育学也是如此。对于教育学的研究对象，较为普遍的观点是，教育学是研究教育现象及教育问题，揭示教育规律，探讨教育价值观念的一门科学。

二、教育学的研究任务【一般】

教育学的研究任务是揭示教育规律，探讨教育价值观念和教育艺术，指导教育实践。具体看来，教育学的研究任务可划分为三个层次：第一，认识教育规律，构建教育科学理论体系；第二，探讨教育价值观念，为教育活动提供价值依据；第三，形成教育艺术，帮助学校和教师改进工作，提高教育教学质量。

第二节　教育学的产生与发展【一般】

一、教育学的萌芽【一般】

在奴隶社会和封建社会里，教育学处于萌芽阶段，它还没有成为一门独立的学科。这一阶段，人们对教育活动的认识主要停留在经验与习俗水平，尚没有形成系统的知识体系，研究成果主要散见于哲学、伦理学、政治学等理论之中，人们关于教育的思想和观念混杂在一些哲学著作中。

在中国古代，许多思想家都对教育问题进行了相关探索，在教育思想上提出了很多真知灼见。孔丘是中国古代最伟大的思想家和教育家，他的教育思想主要体现在《论语》一书中。孔丘之后，孟轲与荀况也对教育问题进行了相关论述，提出了颇有见地的教育思想，分别著有《孟子》《荀子》等书。除了儒家之外，墨家与道家也分别提出了自己的教育思想，分别体现于《墨子》及《庄子》中。其中，写作于战国晚期的《学记》则是我国乃至世界上最早的一篇论述教育问题的论著。

在西方古代，古希腊哲学家苏格拉底以问答法与反诘法来引导学生自己思考，自己得出结论。柏拉图的《理想国》、亚里士多德的《政治学》以及昆体良的《论演说家的培养》（又译《雄辩术原理》）中都闪现着独特的教育思想。

这个时期独立形态的教育学尚未形成，教育理论还散见于思想家的哲学著作之中，其主要特点有：第一，教育学还没有从哲学体系中分化出来；第二，教育学还没有形成理论体系，理论抽象层次较低。

二、教育学的独立【重要】

扫一扫，看视频

文艺复兴以后，随着教育知识的积淀及人们对于教育现象认识的深入，教育学的发展进入了一个新的阶段，逐渐形成了一门相对独立的学科，形成了较为完整的学科体系。

1. 独立形态教育学产生的历史条件

①前期教育学知识经验的丰富积累；②近代教育实践的发展需要；③近代科学体系的分化与发展。

2. 独立形态教育学产生的主要标志

在研究对象方面，教育问题成为专门的研究领域；在研究方法方面，采用了比较科学的研究方法；在学科概念方面，形成了一系列专门的学科概念、范畴；在研究机构方面，出现了一些教育研究机构；在研究成果方面，出现了一些专门的研究著作。

3. 独立形态教育学产生的主要著作

英国哲学家培根在1623年出版的《论学术的价值与发展》中首次把教育学作为一门独立的学科提出来，与其他学科并立。捷克教育家夸美纽斯1632年撰写的《大教学论》是近代最早的一部教育学著作。在夸美纽斯之后，西方讨论教育的著作大量出现，其中有洛克的《教育漫话》（1693年）、卢梭的《爱弥儿》（1762年）、裴斯泰洛齐的《林哈德与葛笃德》（1781—1789年）等。

1776年，德国哲学家康德在哥尼斯堡大学开始讲授教育学，这是将教育学列入大学课程的开端。

1806年，德国教育家赫尔巴特出版了《普通教育学》。这是一本自成体系的教育学著作，标志着教育学已经开始成为一门独立的学科。该书思想主要包括：①教育的最高目的是道德；②教育学作为一门科学，是以实践哲学和心理学为基础的；③提出了教学的形式阶段理论；④强调了教学的教育性；⑤提出了教育过程中的教师中心、教材中心、课堂中心。因此，赫尔巴特也被称为“科学教育学的奠基人”“现代教育学之父”。

三、教育学的发展多样化【一般】

扫一扫，看视频

19 世纪以来，教育学开始了多元化的发展，这一时期教育学的特点主要有：①教育学多样化，产生了许多不同的流派；②教育学开始分化，出现了许多分支学科；③教育学开始综合化，出现了许多交叉学科。

1. 实验教育学

19 世纪 30 年代，在经验主义、实证主义以及实验生理学的影响下，实验教育学产生。它是一种以教育实验为标志的教育思潮。20 世纪，实验教育学获得了较大发展，代表人物是德国教育学者梅伊曼与拉伊，主要著作有梅伊曼的《实验教育学纲要》与拉伊的《实验教育学》。其主要观点是：①反对以赫尔巴特为代表的思辨教育学；②提倡把实验心理学的研究成果与方法应用于教育研究；③主张用实验、统计等科学方法研究儿童心理发展的规律与特征，并以此为教育实践提供依据。

2. 文化教育学

文化教育学是 19 世纪出现的一种教育学说，又称精神科学教育学。代表著作有狄尔泰的《关于普遍妥当的教育学的可能》、斯普朗格的《教育与文化》、利特的《职业陶冶与一般陶冶》等。其基本观点是：①人是一种文化的存在，人类历史是一种文化的历史；②教育过程是一种历史文化过程；③教育研究必须采用精神科学或文化科学的方法；④教育的目的是要促使社会历史的客观文化向个体的主观文化转变，并将个体的主观世界导向博大的客观文化世界，培养完整的人格；⑤教育的途径是"陶冶"与"唤醒"，建立对话的师生关系。

3. 实用主义教育学

实用主义教育学是在欧洲新教育思想和美国进步主义的影响下诞生的，代表著作有杜威的《学校与社会》《民主主义与教育》《经验与教育》和克伯屈的《设计教学法》等。其主要观点是：①教育即生活；②教育即学生个体经验的不断增长；③学校是一个雏形的社会；④课程组织以学生经验为中心；⑤在师生关系中以儿童为中心；⑥在教学过程中重视学生自己的独立发现、表现和体验。

实用主义教育学对以赫尔巴特为代表的传统教育理念进行了深刻的批判，推动了教育学的发展。但在一定程度上忽视了系统知识的学习，忽视了教师在教育教学过程中的主导作用，忽视了学校的特质。

4. 制度教育学

制度教育学 20 世纪 60 年代产生于法国，代表人物及著作有乌里与瓦斯凯的《走向制度教育学》《从合作班级到制度教育学》以及洛布罗的《制度教育学》等。其基本观点是：①教育学研究应该以教育制度为优先目标，阐明教育制度对于教育情境中个体行为的影响；②教育学实践中的官僚主义、师生与行政人员之间的疏离主要是由教育制度造成的；③教育的主要目的是帮助完成想要完成的社会变迁，而要想达到这一目的，就必须进行制度分析，帮助教育者和受教育者理解制约他们思想、行为的制度因素；④教育制度的分析不仅要分析那些显性的制度，还要分析隐性的制度。

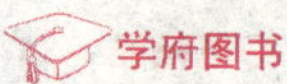

制度教育学关注教育与社会的关系，重视教育的外部环境特别是制度问题对教育的影响，促进了教育社会学的发展。但是，制度教育学过分地依赖精神分析理论来分析制度与个体行为之间的关系，具有很大的片面性。

5. 批判教育学

批判教育学是20世纪70年代后兴起的一种新的教育思潮，也是近年来西方教育理论界占主导地位的教育思潮。代表人物与著作有美国的鲍尔斯与金蒂斯的《资本主义美国的学校教育》、阿普尔的《教育与权力》、吉鲁的《教师作为知识分子——迈向批判教育学》，法国的布迪厄的《教育、社会与文化再生产》等。

批判教育学是一种思考、解决问题与改造的方式，其思考、处理与改造的对象是课堂教学、知识生产、学校的制度结构以及更广大的社区、社会及国家之间的关系。批判教育学家试图消除这一社会经济基础的种种不平等，他们反对性别歧视、种族歧视，反对同质的课程与政治学。批判教育学从批判角度来看教育学，关注的是如何主动地建构教师与学生、制度与社会、课堂与社区之间的关系，可以使我们更加了解知识、权威与权力之间的关系。

6. 马克思主义教育学

19世纪中叶，马克思主义诞生。马克思主义经典作家马克思、恩格斯、列宁等对教育问题进行了比较系统的论述，为教育学的发展提供了重要的原理和科学的方法论基础。20世纪以来，苏联和我国的教育家根据并运用马克思主义基本原理对现代教育的若干问题进行了研究，出现了杨贤江的《新教育大纲》、凯洛夫的《教育学》、加里宁的《论共产主义教育和教学》等有影响的著作。其主要观点是：①教育是一种社会历史现象，在阶级社会中具有鲜明的阶级性，不存在脱离社会影响的教育；②教育起源于社会性生产劳动，劳动方式和性质的变化必然引起教育形式和内容的改变；③现代教育的根本目的是促进学生的全面发展；④现代教育与大生产劳动的结合不仅是发展社会生产力的重要方法，也是培养全面发展的人的唯一方法；⑤在与政治、经济、文化的关系上，教育一方面受它们的制约，另一方面又具有相对独立性，并反作用于它们，对促进现代社会政治、经济与文化的发展具有巨大的作用；⑥马克思主义唯物辩证法和历史唯物主义是教育科学研究的方法论基础，既要看到教育现象的复杂性，不能用简单化的态度和方法来对待教育研究，又要坚信教育现象是有规律可循的，否则就会陷入不可知论和相对论的泥潭中去。

马克思主义的产生为教育学的发展奠定了科学的方法论基础，但是由于种种原因，在教育学的实际研究中，许多人没能很好地理解和运用马克思主义理论，往往犯了一些简单化、机械化的问题。

四、教育学的理论深化【一般】

1. 研究的问题领域扩大

随着教育不断由非正式教育向正规教育的发展，学校教育开始向制度化、系统化的方向发展。对教育问题的研究不再局限于学校内部的教育、教学等方面，而是拓展到教育与社会的宏观关系方面，从基础教育扩展到高等教育，从正常的儿童教育扩展到特殊儿童教育，从儿童青少年教育扩展到成人教育和老年教育，使研究人员对教育对象的认识更加丰富，大教育观逐渐确立。

2. 研究的学科基础扩展

随着现代科学技术的发展以及各基础学科研究取得的新成果逐渐增多，教育学所赖以建立的学科基础越来越多，主要有哲学、生物学、心理学、人类学、社会学、经济学、文化学、伦理学等，教育学与相关学科相互渗透，在理论上逐渐深化，在内容方面更加丰富。

3. 研究范式的多样化

在研究中我们如果强调教育学的思辨性，就会主张运用思辨、演绎与推理等人文主义的方法来进行研究；如果强调教育学的科学性，就会主张运用观察、实验、归纳等科学主义的方法来进行研究。长期以来，由于忽视了科学主义研究方法与人文主义研究方法的整合，导致了教育学的片面发展。现在很多理论工作者与实践工作者已经发现了这些问题，并提出应根据实际的教育问题来选择不同的研究方法。

教育理论研究综合利用多学科的知识和方法，于是出现了强调数量关系的科学主义研究和强调非数量关系的人文主义研究，以及介于二者之间的结合性研究。同时形成了基础研究、应用研究、行动研究、咨询研究、开发研究相互依赖、相互推动的局面，使教育学研究范式更加趋于多样化。

4. 学科的进一步分化与综合

20 世纪从教育学中逐渐分化出的分支学科有：普通教育学、幼儿教育学、高等教育学、职业教育学、特殊教育学、成人教育学、教育管理学、教学论、德育论、学科教学法、教育科学研究等，而且将继续分化。

教育学的综合趋势主要反映在教育概论或教育原理学科的产生上，同时反映在教育学与其他相关学科之间的相互综合上，出现一系列双学科甚至多学科交叉的边缘学科，如教育心理学、教育哲学、教育经济学、教育统计学、教育社会学、教育工艺学、教育人类学、教育文化学、教育生态学、教育未来学、教育社会心理学等。

5. 密切关注教育改革

在改革开放方针指导下，广大教育学工作者解放思想、实事求是，在教育理论指导下，对教育实践进行了大胆探索，促进了教育改革的发展和深化。21 世纪初进行的基础教育课程改革不但是在对我国基础教育进行大规模调查研究的基础上进行的，而且在改革过程中教育研究者运用不同的方法对基础教育改革进行了深入的研究，研究的成果充实与完善了教育学的内容体系，出版了一系列的著作，既总结了实践改革的成果，又指导了教学实践。

6. 学术交流与合作日益广泛

在经济全球化和新科技革命的影响下，国际教育交流与合作进一步加强，各国之间不断加强文化交流与教育交流，取长补短，以发展本国的教育与拓宽教育研究的视野，在学术过程中加强了合作意识。

经典例题

一、名词解释

1. 教育学

2.《普通教育学》

3. 实验教育学

二、简答题

简述赫尔巴特的主要教育思想。

答案解析

一、名词解释

1. 教育学是研究教育现象及教育问题，揭示教育规律，探讨教育价值观念的一门科学。

考点分析 此题主要考查考生对于教育学概念的掌握情况，包含了教育学的研究对象与研究任务。对于教育学中的基本概念，考生在复习中一定要认真对待。

2.《普通教育学》是德国教育家赫尔巴特在1806年出版的教育学著作，它标志着教育学已经开始成为一门独立的学科。

考点分析 此题主要考查考生对教育学经典著作的熟悉情况，考生在复习中需要特别关注著名教育家及其著作。

3. 实验教育学是19世纪30年代兴起的一种以教育实验为标志的教育思潮。在20世纪，实验教育学获得了较大发展，其代表人物是德国教育学者梅伊曼与拉伊，主要著作有梅伊曼的《实验教育学纲要》与拉伊的《实验教育学》。

考点分析 此题主要考查考生对实验教育学的掌握情况，所以，考生在复习的过程中需要熟练掌握主要教育流派的代表人物、主要观点等。

二、简答题

赫尔巴特的主要教育思想包括：

(1)教育的最高目的是道德。

(2)教育学作为一种科学，是以实践哲学和心理学为基础的。

(3)提出了教学的形式阶段理论：明了、联合、系统、方法。

(4)强调教学的教育性。

(5)提出了教育过程中的教师中心、教材中心、课堂中心。

考点分析 此题主要考查考生对重要教育家思想的掌握情况,所以,考生在复习中需要特别关注重要教育家及其主要思想。

第二章

教育的概念

本章是教育学原理的重要部分,主要讲述教育的概念和质的规定性、教育的基本要素以及教育的历史发展。其中教育的概念、古代教育与现代教育的主要特征是本章学习的重点。考生在复习中应能够深刻理解教育的概念及质的规定性,了解教育的基本要素及其相互关系,掌握教育的发展历程及其主要特征。

第一节 教育的概念和质的规定性

一、教育概念的界定【一般】

扫一扫,看视频

《中国教育大百科全书·教育卷》指出:从广义上说,凡是增进人们的知识和技能、影响人们思想品德的活动,都是教育。狭义的教育,主要是指学校教育,其含义是指教育者根据一定社会(或阶级)的要求,有目的、有计划、有组织地对受教育者的身心施加影响,把他们培养成为一定社会(或阶级)所需要的人的活动。

二、教育的质的规定性【一般】

在中国,"教"与"育"连用很少,大都只用一个"教"字来论述教育的事情。孟轲最早将"教"与"育"连用在一起。他说:"得天下英才而教育之,三乐也。"许慎在《说文解字》中说:"教,上所施,下所效也。……育,养子使作善也。"

教育是有目的地培养人的社会活动。有目的地培养人,是教育这一社会现象与其他社会现象的根本区别,是教育的本质特点。虽然社会其他活动也与人的发展有关,但是只有教育是专门培养人的活动,这种培养人的活动还是有目的的、有意识的。

第二节 教育的基本要素【一般】

扫一扫,看视频

教育是培养人的社会活动。构成教育活动的基本要素包括教育者、受教育者、教育中介系统。

各基本要素之间的相互作用构成了教育活动的内部结构。教育内部结构的运行是教育者借助教育中介系统作用于受教育者,其结果是影响受教育者的发展。

凡是对受教育者在知识、技能、思想、品德等方面起教育影响作用的人都可以称为教育者。教育者是教育活动的主体。教育活动是教育者以社会代表的身份、以主体的身份有目的的活动,引导和促进受教育者的身心发展。

受教育者是指在各种教育活动中从事学习的人。受教育者是教育活动的对象,是身心有待获得良好发展的个体。受教育者具有主观能动性,他是"主动性"和"受动性"的统一。

教育中介系统是教育实践活动的实施手段和方法,是为达到一定目的所采用的作用于受教育者的影响物,以及运用这些影响物的活动方式和方法的总和。它包括教育工具、教育内容、教育方法、教育组织形式等。

教育的基本构成要素之间的关系为:教育者与受教育者之间相互作用,教育者对受教育者的作用需要借助一定的教育中介系统,教育者对受教育者作用的后果,是使受教育者的身心发生预期的变化。

扫一扫,看视频

第三节　教育的历史发展【一般】

一、古代教育的特征

①鲜明的阶级性和严格的等级性,不同阶级和阶层的人享有不同的教育权利,贵族与平民、主人与仆人之间有着不可逾越的鸿沟,他们所接受的教育迥然不同。

②教育与生产实践相脱离。

③教育内容为道德知识、宗教知识、古典人文知识以及军事知识。

④教育过程是管制与被管制、灌输与被动接受的过程。

⑤教育方法与学习方法是刻板的、死记硬背的、机械模仿的。

⑥教育组织形式以个别教学为主,没有形成系统的学校教育制度。

二、近代教育的特征

①国家干预和公共教育的形成。国家加强了对教育的重视和干预,公立教育崛起。19 世纪后,各国政府逐渐认识到公共教育的重要性,随后逐渐建立了公共教育系统。

②教育的世俗化。教育逐渐从宗教活动中分离出来。

③义务教育兴起。在发达资本主义国家,初等义务教育得到普遍实施。社会的发展,对普及初等教育提出了要求。

④重视教育立法,以法治教。西方教育的每次重要进展或重大变革,都以法律的形式做出规定和提供保证。

三、现代教育的特征

①培养全面发展的人的理想和理论走向现实实践，这是现代教育区别于以往教育的首要的基本特征。

②教育与生产劳动相结合的范围、程度和意义日益扩大，教育的生产性日益突出和加强。

③教育民主化向纵深发展，教育普及化和公共性增强，教育工作和教育机会均等成为教育决策和教育行为的基本准则。

④教育技术手段日益更新，教育的时空空前拓展，教育资源不断丰富，教育制度的弹性和开放性不断提高。

⑤教育的对外交流与合作日益深化，为教育改革和发展创造了更好的外部条件和广阔的国际环境。

⑥教育的终身化，使现代教育不仅仅局限于学龄阶段，而且贯穿于人的一生，为此，预备式教育已经转变为终身教育体系。

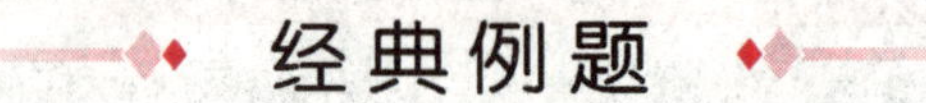

经典例题

一、名词解释

学校教育

二、简答题

简述教育的要素及相互关系。

三、分析论述题

阅读下列材料，分析其中蕴涵的教育思想，并围绕这种思想论述教育应如何主动回应现代社会发展与个人成长需求的挑战。

仅从数量上满足对教育的那种无止境的需求（不断地加重课业负担）既不可能也不合适。

每个人在人生之初积累知识，而后就可以无限期地加以利用，这实际上已经不够了。他必须有能力在自己的一生中抓住和利用各种机会，去更新、深化和进一步充实最初获得的知识，使自己适应不断变革的世界。

答案解析

一、名词解释

学校教育是指教育者根据一定社会(或阶级)的要求,有目的、有计划、有组织地对受教育者的身心施加影响,把他们培养成为一定社会(或阶级)所需要的人的活动。

考点分析 此题主要考查的是考生对于教育概念的掌握情况。关于教育的广义与狭义的概念,考生要熟练掌握,要牢记教育是一种培养人的社会活动。

二、简答题

(1)教育的基本要素包括教育者、受教育者、教育中介系统。(具体解释略)

(2)教育的基本构成要素之间的关系为:

①教育者与受教育者之间相互作用。

②教育者对受教育者的作用需要借助一定的教育中介系统。

③教育者对受教育者作用的后果,是使受教育者的身心发生预期的变化。

考点分析 此题主要考查考生对于教育要素的掌握情况,此题也可以换一种方式进行考查,如受教育者或者教育者的名词解释。

三、分析论述题

(1)这段文字所蕴涵的是终身教育思想。终身教育思想主张教育在时间上贯穿人的一生,在空间上拓展到全社会。

(2)现代社会发展与个人成长对教育的挑战,如:社会变革的加速、大众传媒的迅速发展带来的社会信息化、科学知识和技术的进步等对教育的挑战;人口增长及人的寿命的延长、人们拥有越来越多的闲暇时间、个人需要和生活方式的多样化等对教育的挑战。

(3)应对挑战的教育变革。

①教育观念的改变:树立大教育观,同等重视正规教育与非正规教育。

②教育体系的改变:构建终身教育体系,使教育贯穿人的一生。

③教育目标的改变:培养和提升人的终身学习的意识和能力,建设学习化社会,为所有人提供合适的教育。

④教育方式的改变:实施多样化的教育,促进学习者更加主动地学习。

考点分析 此题主要考查考生对终身教育思想的掌握情况,旨在考查考生对经典教育文献的阅读理解能力,对教育现实的分析思考能力及对教育实践的对策建议能力。文字材料选自《教育——财富蕴藏其中》,是重要教育文献,也是每一个教育工作者和关心教育事业的人们不可不读的经典

第一部分

之作。此题主要选自第四章《教育的四个支柱》。终身教育建立在四个支柱基础上:学会认知、学会做事、学会共同生活、学会生存。为此,教育不应忽视人的任何一种潜力:记忆力、推理能力、美感、体力和交往能力等。正规教育系统不顾其他学习形式,越来越强调获取知识,而现在十分重要的是应把教育作为一个整体来加以设计。这种看法应该在制订教学计划和确定新的教育政策方面给当下及未来的教育改革以启示和指导。考查重心分为三个层次:第一,考查考生能否准确概括出这段文字所蕴涵的是终身教育思想。终身教育是现代教育发展的必然走向,是现代教育的重要思潮,也是当代教育实践的重要方向,在构建社会主义和谐社会和推进中国教育改革过程中具有重要的导向作用。第二,考查考生能否分析出现代社会与个人成长对教育提出了什么样的挑战,如社会变革的加速或社会转型的深入,科技发展与进步带来的大众传媒的迅速发展或社会信息化,人口增长及人的寿命的延长,闲暇时间的增多与闲暇方式的改变,现代人生活方式的变革,等等。第三,考查考生能否正确地提出应对挑战的教育变革有哪些,即从观念、制度、方法等方面全方位思考教育问题。

第三章

教育与人的发展

本章主要讲述教育与人的发展之间的关系，包括人的发展概述、影响人的发展的基本因素以及教育对人的发展的重要作用等内容。考生在复习中应了解并掌握人的身心发展的顺序性、阶段性、差异性、不平衡性、整体性以及这些身心发展特点对于教育的制约；能够掌握遗传、环境在人的身心发展中的作用。

第一节 人的发展概述【一般】

一、人的发展涵义

在教育学中，人的发展一般指个体的身心发展。人的发展是一个由低级向高级、由简单向复杂的连续不断的过程。

人的发展包括生理、心理与社会三方面的发展：一是人的生理发展，包括机体的正常发育和体质增强两个方面。机体的发育，如骨骼、肌肉的生长，神经系统、呼吸系统、生殖系统的发育，是身体发展的基础。二是心理的发展，包括感觉、知觉、注意、记忆、思维、想象、情感、意志、性格等方面的发展，是人的精神方面的发展。三是社会发展，包括社会经验和文化知识的掌握，社会关系和行为规范的习得，成长为具有社会意识、人生态度和实践能力的现实的社会个体，能够适应并促进社会发展的人。

人的发展的三个方面，既有一定的相对独立性，又十分密切地联系在一起，在人的发展过程中形成相互制约、相互促进的关系。它们与教育所要培养的人的体、智、德、美等方面的发展是相一致的、交织在一起的。

二、人的发展特点

1. 人的未成熟性与未完成性

相对于其他动物，人是孱弱的，生下来几乎没有多少生存能力。在某种程度上，人是一种未完成的动物。对于儿童来说，他们不仅处于未完成状态，而且处于未成熟状态。儿童发展的未完成性、未

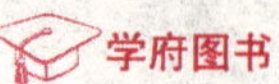

成熟性，蕴含着人发展的可能性和潜在的生命活力。

2. 人的可塑性与能动性

人的未完成性、未成熟性决定了人的可塑性与发展的能动性。人在发展过程中会表现出人所特有的能动性，这种能动性具体表现在人的能动、自主、自觉和自我塑造等方面，能动性正是人区别于其他生物发展的根本特征。

三、人的发展的规律性

扫一扫，看视频

根据生理学和心理学研究，人的身心发展有以下规律：

1. 发展的顺序性

人的身心发展具有一定的顺序，人的身心发展遵循从低级到高级、由量变到质变的过程特性。比如身体的发展遵循从上到下、从中间到四肢、从骨骼到肌肉的顺序；心理的发展总是由机械识记到意义识记，由具体思维到抽象思维，由喜、怒、哀、乐等一般情感到理智感、道德感、美感等。

2. 发展的阶段性

人在不同的年龄阶段表现出身心发展不同的特征。人生的每一阶段对于人的发展来说，不仅具有本阶段的意义，而且具有人生的全过程的意义。教育在人生的某个阶段面临着特殊的发展任务。如童年期(6、7 岁 ~ 11、12 岁)的学生的思维特点是具有较大的具体性和形象性，抽象思维能力还比较弱，对抽象的道理不易理解。少年期(11、12 岁 ~ 14、15 岁)的学生，抽象的思维已有很大的发展，但经常需要具体的感性经验做支持。青年初期(14、15 岁 ~ 17、18 岁)的学生，抽象思维居于主要的地位，能进行理论的推断，富有远大的理想，关怀未来的职业。教师要对不同年龄阶段学生的身心发展特点有一个整体的认识。

3. 发展的差异性

个别差异在不同层次和程度上存在。首先，从身体的角度看，表现为男女性别的差异，它不仅是自然性上的差异，还包括性别带来的生理机能和社会地位、角色以及交往群体的差别。其次，个别差异表现在身心的所有构成方面。其中有些是发展水平的差异，有些是心理特征表现方式上的差异。

洛克在《教育漫话》中指出儿童的个性是有差异的。“我们应该承认，世界上是有各种性情的儿童的。”“由于不可改移的本性，有些人是强悍的，有些人是懦弱的，有些人有自信力，有些人很谦虚，有些人温驯，有些人顽强，有些人好奇，有些人粗心，有些人敏捷，有些人迟钝。人类的心理构造与气质之彼此不同，并不亚于他们的面孔与体态方面的区别；所不同的只有一点，就是面孔体态方面的特点，日子愈久，年龄愈大，就愈加容易看出来；但是心理上的特性则在儿童还没有学会隐瞒自己弱点的技巧，还不知道在外表上去装模作样以期遮掩自己的不良倾向的时候，最容易看明白。”因此，对儿童的教育应该因材施教，“对他们的方法也应有所不同，而你运用威信的方式也不能一样”。

4. 发展的不平衡性

儿童在发展的过程中往往表现出身体发展和心理发展的不平衡性。发展的不平衡性主要表现在两个方面:一是同一方面的发展速度在不同的年龄阶段的变化是不平衡的。如青少年的身高和体重有两个生长高峰。二是不同方面发展的不平衡性。有的方面在较早的年龄阶段就已达到较高的发展水平,有的只有到较晚的年龄阶段才能达到成熟的水平。个体身心发展在各个阶段并不是匀速前进的,呈现出加速与平缓交替的状态,如人生最初的婴儿期和少年期是儿童进入成年期以前的两次加速期。

5. 发展的整体性

教育面对的是一个个活生生的、整体的人,他们既具有生物性和社会性,还表现出个体的独特性。不从整体上把握教育对象的特征,就无法教育人。事实上,人的生理、心理和社会性等方面的发展是密切地联系在一起的,并在人的发展过程中相互作用,使人的发展表现出明显的整体性。人的发展的整体性要求教育要把学生看作复杂的整体,促进学生在体、智、德、美等方面全面和谐地发展,把学生培养成为完整和完善的人。

此外,人的身心发展还具有互补性,尤其表现在残疾人身上,也就是说当人失去了一种感官,或者身体的一部分,人的其他感官或者身体其他部分会发展得格外好,来弥补缺失的那一部分。

四、人的身心发展特点对教育的制约

人的身心发展特点对教育具有重要的制约作用。如果人们能很好地利用这些特点,就可以使教育工作达到事半功倍的效果。

发展的顺序性决定了教育活动必须循序渐进地进行,不能"揠苗助长"或"陵节而施"。教育活动要适应年青一代身心发展的顺序性,循序渐进地促进学生身心的发展,教育活动应该坚持由简到繁、由易到难、由具体到抽象、由低级到高级的顺序进行。

发展的阶段性决定了对不同年龄阶段的学生应采取不同的教育内容和方法。教育要适应年青一代身心发展的阶段性,对不同年龄阶段的学生,在教育的内容和方法上应有所不同。

教育要适应学生身心发展的个别差异性,做到因材施教。教育工作者必须深入学生实际和水平,了解学生的兴趣、爱好、特长等,做到因材施教、有的放矢。

学生身心发展的不平衡性要求人们要重视发展的关键期。教育工作者必须重视不同时期个体的成熟状况及其特征,了解成熟期、抓住关键期,不失时机地采取有效的教育措施,积极促进青少年身心发展。

第二节 影响人的发展的基本因素【一般】

扫一扫,看视频

一、遗传在人的发展中的作用【一般】

遗传是指个体从上代那里继承下来的生理解剖上的特点,如机体构造、神经类型、身体形态、皮肤皮毛、五官形状等。这些遗传的生理解剖特点,是个人发展的生理前提条件。遗传在人的身心发

展中的作用主要有：

第一，遗传素质是人的身心发展的生理前提，为人的身心发展提供了可能性。遗传提供的是人的身心发展的物质前提，是人的身心发展的一种生物可能性，但可能性只是一种潜在的东西，不等于现实性。如果没有后天的环境和教育提供使这种可能性变为现实性的条件，这种发展的可能性本身也将泯灭。

第二，遗传素质的发展过程制约着年青一代身心发展的年龄特征。遗传素质并不是一开始就是成熟的，而是经历了一个由不成熟到成熟的过程，它表现在人的身体的各种器官的构造及其机能的变化上，如大脑的发育、性的成熟等。遗传素质的成熟程度，为一定年龄阶段的身心特点的出现提供可能与限制，制约着年青一代身心发展的年龄特点。

第三，遗传素质的差异性对人的身心发展有一定的影响作用。不同个体之间在遗传素质上是存在着客观差异的，这不仅体现在体态、感觉器官方面，也表现在神经活动的类型上。这种差异性对人的身心发展有着重要影响。儿童某些先天性缺陷将妨碍他们后天在某些领域的发展，如色盲会限制儿童从事野外考察、气象观测、绘画艺术之类能力的发展。

第四，遗传素质具有可塑性。随着环境、教育和实践活动的作用，人的遗传素质会逐渐地发生变化，这说明人的素质具有很强的可塑性。这为人接受教育，不断向前发展提供了可能。如，人们由于长期进行某一方面的训练，就可以使脑的某一方面的反应能力提高，印染工可以比一般人具有更强的颜色鉴别能力，酿酒老工人具有较敏锐的鉴别酒质的能力。

二、环境在人的身心发展中的作用【一般】

环境是围绕在人们周围，对人的发展产生影响的外部世界，它包括自然环境和社会环境两个方面。环境在人的身心发展中的作用包括：

第一，环境因素是影响个体发展可能性的因素之一，环境为个体的发展提供了多种可能，包括人一生中遇到的许多机遇，同时也有一定的限制，人总要受到他所处的时代及自己生活的小环境的限制。

第二，环境对人的发展的影响在方向上有正、反之分，大、小环境的作用方向有多种组合的可能，有一致或不一致性，认识这点对正确利用环境是至关重要的。对环境作用的分析不能停留在有什么，其作用力的强弱程度等方面，还需要认清其作用方向，并努力增强环境因素中个体影响的正向合力。

环境对人的发展虽然有巨大作用，是人的发展的客观条件，但是人具有主观能动性，可以改造世界以更好地适应外部环境。那种认为发展是由环境决定的“环境决定论”是错误的。不同环境中人的发展有很大的区别，即使在同一环境中，不同个体的发展状态也因环境对他的合适程度不同而不同。教育者不仅要注意为受教育者的发展提供较充分的条件，更要培养受教育者认识、利用和超越环境的能力。

三、个体的能动性在人的发展中的作用【一般】

人的能动性是人在社会活动中产生的，并通过人的活动表现出来。人在与环境的相互作用过程中，一方面受到环境的影响，另一方面也改造着环境，并同时改造着自我。遗传与环境仅仅为人提供了一种发展的可能性，而这种可能性需要通过人的能动性变为现实。离开人的能动性，遗传和环境所赋予人的一切发展条件，都不可能成为人发展的现实。

1. 能动性是人的发展的内在动力

人的能动性主要表现为他们在社会活动中能动地进行自我认识、自我建构和自我创造。个体的能动性不仅影响个体对环境的选择，而且影响个体对环境的加工。学生的发展和教育过程在很大程度上是使学生掌握社会生产经验和社会生活经验的过程，它要求学生必须有自身的能动性。从直接意义上来说，如果学生没有学习的要求，厌恶学习，懒于思考，心不在焉，缺乏学习的动力，教师所讲的内容是不会变成学生的精神财富的。在同样的环境和教育条件下，每个学生发展的特点和成就，主要取决于他自身的态度，取决于他在学习、劳动和科研活动中所采用的方法和付出的精力，取决于他的能动性的发挥状况。

2. 能动性影响人的发展规划与设计

人在发展中，自我意识和自我控制能力也发展起来，个体也就能够逐步有目的地、自觉地影响自己的发展。它意味着人不仅能把握自己与外部世界的关系，而且能把自身的发展当作自己认识的对象和自觉实践的对象，人能进行自我设计和自我奋斗。只有达到了这一水平，人才在完全意义上成为自我发展的主体。人在发展过程中的自我设计和自我奋斗，实际上是人在意识中理智地重现以往的已有自我、调控今日的现实自我、筹划未来的理想自我，并在这个过程中不断增强“自我塑造”的动力与能力。

人的自我设计和自我奋斗主要表现在两个方面：一方面是人在认识自己与周围环境现实关系的前提下，不断地为自己的发展创造条件，而不是消极地期待客观条件的成熟；另一方面是人勾勒自己的未来前景，选择自己的发展目标，策划实现该目标的行动，并坚持为实现目标而践行，在践行中反思，不断调整策略和行为，不断克服困难和干扰，以实现自我发展的目标。

第三节　教育对人的发展的重大作用

一、教育是一种有目的地培养人的社会活动【一般】

人的发展有两种不同的状态，主要的区别在于发展的目的性。教育作为一种有目的地培养人的社会活动，就是在一定的教育目的引领下，通过人的主体选择把人的发展中所蕴含的某一种或几种符合教育目的的可能因素在人的现实的发展过程中呈现出来，改变人在自然状态下自发的发展过程，以期形成教育目的所规定的理想品质。按教育目的所选定的这种或那种发展可能性在通常的情况下的实现概率也许是很小的，但由教育目的所制约的教育活动，却可以创设各种条件与因素来提高教育的功效，使可能性转化为现实性。因此，在教育活动中所实现的人的发展，是在人的干预下实现的教育活动过程，实质上是有目的地促进人的发展的过程，使受教育者成为符合教育目的即社会期望的人的过程。

二、教育主要通过文化知识的传递来培养人【一般】

教育尤其是学校教育，一般是在人为设置的环境中进行的，这一环境中有意识提供的条件与活动对象，都是为实现教育目的服务的，其最大的特点是弥漫着文化知识的气息。事实上，教育主要是通过文化知识的传承来培养人的，文化知识是滋养人生长的最重要的社会因素与资源。

文化知识之所以对人的发展至关重要，主要是因为文化知识蕴含着有利于人的发展的多方面价值。

1. 知识的认识价值

学生掌握知识，意味着他对知识所指的事物的认识，能够弄清事物是什么，把握住事物的特性。学生掌握知识的广度和深度，制约着他对事物的视域和世界认识的广度和深度。“秀才不出门，能知天下事”，在很大程度上可能是就此而言的。学生掌握了这些知识，也就是掌握了观察事物的显微镜和望远镜，能见到别人见不到的事实，发现别人发现不了的问题，解释别人解释不了的疑难，重组别人不能重组的经验。学生掌握知识，还意味着掌握认识的资料和资源。人们常说认识是思维对信息的加工、建构、重组，知识就是这些信息的重要形态。学生认识的发展依赖于对知识资料、资源的思维加工，由不知转化为知，由旧知通向新知，在头脑里构思和想象现实中尚不存在的东西。

2. 知识的能力价值

知识是心理操作与行为操作的认识结晶。学生学习知识的过程，要经历知识的展开过程和知识的发现过程，对知识进行心理操作和行为操作。这种操作方式的定型和积淀过程，也就是学生心理的认识能力和行为操作技能的形成过程。所以，学生学习知识，不只是掌握知识的内容，而且要掌握知识的形式；不只是获得对事物的认识，而且要养成从心理上和行为上操作事物的方法和能力；不只是学会善于传承文化知识、技能，而且要养成探究、发现与创新知识的意向，其中包括对信息的搜集、鉴别、筛选、加工的能力和倾向。

3. 知识的陶冶价值

知识蕴含着科学精神和人文精神，而科学精神和人文精神正是构成人生智慧的基本要素。科学精神引导人尊重事实，实事求是，诚实劳动，独立思考，追求真理，崇尚创新，修正错误，拒斥陈规，不唯上，不唯书，不迷信，不盲从，不妄言，不作伪，不哗众取宠，不搞假、大、空。人文精神引导人追问人生意义，追求人的价值、尊严、自由、权益和社会平等、社会正义，争取人的合理存在，向往人的解放。学生经过科学精神和人文精神的陶冶，体验到以史为据的事实尺度和以人为本的价值尺度，体悟到人何以生存，为何生存，才能真正形成人生智慧，具有人生理想、人生抱负，担当起社会责任、人类责任，才能成为挣脱奴性、物性的大写的人。

4. 知识的实践价值

知识使社会实践具有有用性或有效性。学生通过学习获取知识，认识事物特性，也就获得了通过社会实践改造事物的可能性。他可以依据事物的特性、新的需要或生活中面临的问题重组知识，即在观念上形成实践的目标和程序，并付诸实施，以改变事物或生活的现状，创造出新的事物或新的生活情境。这对学生来说,大体上是一个将外在的知识转化为内在素质,又由内在素质外显为社会实践的过程。人们常说学习的目的全在于运用,在很大程度上就是强调知识的实践价值。

鉴于知识的多方面价值,要有效地促进学生的发展,教育必须引导学生尊重知识、热爱知识、主动学习、探究真知、创造性地理解和运用知识,并在这个过程中使儿童的智能、品德、个性和人格都获得发展,成为社会的主体。在教育过程中,要反对忽视和贬低知识、降低教育教学质量的倾向,同时也要克服教育脱离生活的弊端。

三、教育对人的发展的作用越来越大【一般】

扫一扫,看视频

在社会发展的不同阶段,教育对人的发展所起的作用并不是完全相同的。与古代社会相比,现代社会对人的发展和教育提出了越来越高的要求,教育对人的发展的作用也越来越大,这在人的现代性发展方面表现得尤为明显。我国正在进行社会主义现代化建设,人的现代化是社会现代化的重要基础和前提条件。我们应当自觉地优先发展教育,高度重视并充分发挥教育对人的现代化的促进作用。

学校教育对人的发展、特别是对学生的发展起着重大作用,主要依据如下:

第一,学校教育具有较强的目的性。教育活动几乎都是围绕有目的地培养人而展开的,它规定着人的发展方向。教育能够排除和控制一些不良因素的影响,给人以更多的正面教育,使人按一定的思想政治方向发展,更有利于思想道德的培养,使年青一代健康发展。

第二,学校教育具有较强的系统性。学校教育能够根据一定社会要求,按一定目的,选择适当的内容,集中时间,有计划、系统地向学生进行各种科学文化知识的教育。教育给人的影响比较全面、系统和深刻。

第三,学校教育具有较强的专门性。学校是培养人的专门场所,有专门负责教育工作的教师,他们熟悉教育内容,懂得教育这个转化活动的规律和方法,对学生的思想、身体、学业等全面关心。

第四,学生身心发展特点决定了学校教育所发挥的作用是主导作用。青少年时期正是长身体、长知识和世界观、价值观逐步形成的重要时期。他们的知识欠缺,经验不足,独立思考问题和判断是非的能力差,具有较强的可塑性,并且需要教育的正确引导。

经典例题

一、名词解释

人的发展

二、简答题

简述学校教育在人的发展起主导作用的根据。

三、分析论述题

1. 人的发展的规律性及其教育学意义。
2. 论影响人身心发展的因素及其各自作用。

答案解析

一、名词解释

人的发展包括生理、心理与社会三方面的发展：一是人的生理发展，包括机体的正常发育和体质增强两个方面；二是心理的发展，包括感觉、知觉、注意、记忆、思维、想象、情感、意志、性格等方面的发展，是人的精神方面的发展；三是社会发展，包括社会经验和文化知识的掌握，社会关系和行为规范的习得，成长为具有社会意识、人生态度和实践能力的现实的社会个体，能够适应并促进社会发展的人。人的发展是一个由低级向高级、由简单向复杂的连续不断的过程。

考点分析 此题考查的是关于人的发展这一概念的掌握情况，请考生在复习过程中注意，教育学中的一些基本概念往往是历年考查的重点。

二、简答题

学校教育对人的发展、特别是对学生的发展起着重大作用，主要依据如下：

第一，学校教育具有较强的目的性。教育活动几乎都是围绕有目的地培养人而展开的，它规定着人的发展方向。

第二，学校教育具有较强的系统性。学校教育给人的影响比较全面、系统和深刻。

第三，学校教育具有较强的专门性。学校是培养人的专门场所，有专门负责教育工作的教师，对学生的思想、身体、学业等全面关心。

第四，学生的身心发展特点决定了学校教育所发挥的作用是主导作用。青少年时期正是长身体、长知识和世界观、价值观逐步形成的重要时期。

考点分析 此题主要考查学校教育对于人的发展的重大作用。人的发展受制于很多因素，而非某一单一因素，不能片面夸大某一因素的作用，但也要充分认识到每一因素的不同作用，其中学校教育起到了重大作用。

三、分析论述题

1. (1)人的发展的规律性主要有：

①发展的顺序性。人的身心发展具有一定的顺序，人的身心发展遵循从低级到高级、由量变到质变的过程特性。

②发展的阶段性。人在不同的年龄阶段表现出身心发展不同的特征。

③发展的差异性。个别差异在不同层次和程度上存在。

④发展的不平衡性。儿童在发展的过程中往往表现出身体发展和心理发展的不平衡性。

⑤发展的整体性。人的生理、心理和社会性等方面的发展是密切地联系在一起的,并在人的发展过程中相互作用,使人的发展表现出明显的整体性。

(2)人的发展规律的教育学意义:

如果人们能很好地利用这些发展规律,就可以使教育工作达到事半功倍的效果。

①发展的顺序决定了教育活动必须循序渐进地进行,不能"揠苗助长"或"陵节而施"。依据人的身心发展的顺序性,教育活动要适应年青一代身心发展的顺序性,循序渐进地促进学生身心的发展。教育活动应该坚持由简到繁、由易到难、由具体到抽象、由低级到高级地进行。

②发展的阶段性决定了对不同年龄阶段的学生应采取不同的教育内容和方法。教育要适应年青一代身心发展的阶段性,对不同年龄阶段的学生,在教育的内容和方法上应有所不同。

③教育要适应学生身心发展的个别差异性,做到因材施教。教育工作者必须深入学生的实际和水平,了解学生的兴趣、爱好、特长等,做到因材施教、有的放矢。

④学生身心发展的不平衡性要求人们要重视发展的关键期。教育工作者必须重视研究不同时期个体成熟状况及其特征,了解成熟期、抓住关键期,不失时机地采取有效的教育措施,积极促进青少年身心发展。

⑤人的发展的整体性要求在教育工作中要重视人的全面发展,不能仅仅强调应试教育。

考点分析 此题主要考查人的发展规律与教育的关系,考生在复习时一定要给予足够的重视。此考点也可以具体考查人的发展中的某一规律对教育的意义。

2. (1)遗传是指个体从上代那里继承下来的生理解剖上的特点。遗传在人的身心发展中的作用主要有:

第一,遗传素质是人的身心发展的生理前提,为人的身心发展提供了可能性。

第二,遗传素质的发展过程制约着年青一代身心发展的年龄特征。

第三,遗传素质的差异性对人的身心发展有一定的影响作用。

第四,遗传素质具有可塑性。

(2)环境是围绕在人们周围,对人的发展产生影响的外部世界,它包括自然环境和社会环境两个方面。环境在人的身心发展中的作用包括:

其一,环境因素是影响个体发展可能性的因素之一,环境为个体的发展提供了多种可能,包括人一生中遇到的许多机遇,同时也有一定的限制,人总要受到他所处的时代及自己生活的小环境的限制。

其二,环境对人的发展的影响在方向上有正、反之分,大、小环境的作用方向有多种组合的可能,有一致或不一致性,认识这点对正确利用环境是至关重要的。对环境作用的分析不能停留在有什么影响、其作用力的强弱程度等方面,还需要认清其作用方向,并努力增强环境因素中个体影响的正向合力。

(3)遗传与环境仅仅为人提供了一种发展的可能性,而这种可能性需要通过人的能动性变为现实。离开人的能动性,遗传和环境所赋予人的一切发展条件,都不可能成为人发展的现实。

其一,能动性是人的发展的内在动力。

其二,能动性影响人的发展的规划与设计。

(4)教育在人的发展中有着重大作用。在社会发展的不同阶段,教育对人的发展所起的作用并

第一部分

不是完全相同的。与古代社会相比，现代社会对人的发展和教育提出了越来越高的要求，教育对人的发展的作用也越来越大，这在人的现代性发展方面表现得尤为明显。我国正在进行社会主义现代化建设，人的现代化是社会现代化的重要基础和前提条件。我们应当自觉地优先发展教育，高度重视并充分发挥教育对人的现代化的促进作用。

考点分析 此题主要考查考生对于人的发展影响因素的掌握情况。对于这一考点还可以考查具体某一影响因素，同样可以通过材料分析题来进行考查。所以，这一考点需要引起考生的充分重视。

第四章

教育与社会发展

本章是教育学原理的重要组成部分，主要讲述教育与社会之间的关系、教育的社会制约性以及教育的社会功能，其中社会各子系统对于教育的制约作用、教育的各种功能是本章学习的重点。考生在复习中把握教育的社会制约性以及教育的社会功能、教育的社会变迁与流动功能、教育在社会主义建设中的地位与作用。

第一节　教育的社会制约性【一般】

扫一扫，看视频

社会是教育存在和发展的基础，社会各要素对教育具有重要的影响和制约作用。教育的社会制约性表现在以下几个方面：

一、生产力对教育的制约

生产力是教育发展的物质基础，制约着教育的发展状况。主要表现在以下几个方面：

1. 生产力发展水平制约着人才的质量和规格，即制约着教育目的

教育的根本任务是培养人，而人的质量和规格是受多重因素制约的，其中最为重要的因素是生产力。从本质上说，生产力的发展过程实质上是人的素质不断提高、潜能不断被发掘的过程，生产力的发展在客观上必然要求教育培养出来的人能够适应其发展的需要，能够掌握与之相应的知识和技术，具有与之相应的素质。生产力发展对人的这种要求必定带来教育在人才培养的质量和规格上的变化。

2. 生产力发展水平制约着教育事业的规模和速度

教育事业必须建立在一定的物质基础上。显然，办教育必须有一定的人力、物力、财力，而社会能够给教育发展提供的物质条件是由生产力水平决定的。一定社会的生产力发展水平决定着社会剩余劳动产品的多少和自由劳动时间的多少，而剩余劳动产品和自由劳动时间的多少又直接关系到社会财富的积累和允许多少人脱离或暂时脱离物质生产过程。在生产力发展给教育提供一定的物质条件的同时，也对教育事业的规模和速度产生制约和影响作用，要求它的发展与之相适应。

3. 生产力发展水平制约着教学内容以及专业设置

生产力的发展促进着科学技术的发展与更新，也必然影响到学校课程的设置与教学内容的选择。在古代社会，学校所设置的课程门类多为人文学科。而到近代以后，数学、植物学、动物学、物理学、化学等自然科学相继进入课程中来。可见，学校教育内容总是随着社会生产力的发展而不断充实和更新的。

4. 生产力发展水平制约着教学手段、教学方法和教学组织形式

学校的物资设备、教学实验仪器以及学校组织管理所使用的工具和技术，都是一定的生产工具和科学技术在教育领域的应用，都随着社会生产力发展水平的提高而逐步地获得改善和提高。

二、社会政治经济制度对教育的制约

政治制度决定着教育的性质，即教育的思想政治方向和为谁服务的问题。在阶级社会里，掌握生产资料的阶级一定要通过政治组织和机构、法律制度、思想意识以及其他行政手段来控制教育，对教育的性质、目的、制度、内容乃至方法、手段等都给予一定的制约和影响，使其能够更好地为本阶级的利益服务。主要表现在以下几个方面：

1. 社会政治经济制度决定着教育的领导权

教育的领导权是判断和确定教育性质的最主要的标志。在政治和经济上居于统治地位者同时也是教育上的统治者，统治阶级依靠其掌握的政治、经济权力，掌握着教育的领导权。在阶级社会中，统治阶级总是利用他们的政权力量来颁布教育的方针、政策，制定教育的目的和制度，规定教育的内容，派遣和任免教育行政人员和教师，控制教育的经费，按照他们的思想政治要求去教育受教育者。通过这些手段，他们把教育权掌握在自己的手里。

2. 社会政治经济制度决定着受教育权

受教育权，是判断和确定教育性质的重要标志，它是由政治经济制度决定的，诸如谁有接受学校教育的权利、谁没有接受学校教育的权利、谁有接受什么样的学校教育的权利，都是由一定的政治、经济制度决定的。

3. 社会政治经济制度决定着教育目的和教育内容

教育是培养人的活动，培养什么样的人、怎样去培养、贯彻什么样的办学方针，都是由社会的政治经济制度所决定的，培养出的人必须是符合社会政治、经济的巩固与发展要求的人。政治、经济制度是教育目的的直接决定力量，并根据不同的教育目的制定不同的教育制度，规定课程内容，特别是哲学和社会科学方面的内容。所以，政治经济制度既决定着教育目的，又决定着教育内容。

三、文化对教育的制约与影响

1. 文化制约着人们的教育观念

文化观念影响人们对教育的态度和行为，文化观念影响着教育思想。

2. 文化影响着教育内容的选择

教育总是在一定的社会文化背景下展开的。由于民族文化传统的特定内涵，需要通过教育来传递给下一代，因此民族文化传统极大地影响人们对教育内容的选择。

3. 文化影响着教育模式与管理体制

文化及其价值观对教育管理体制的选择产生很大的影响作用，主要表现在无论选择什么样的教育管理体制，都要能够被自己的文化及其价值观所接受。

4. 文化影响和制约着教育方法、手段和组织形式

教育方法、手段的选择和组织形式的采用与人类认识世界的手段，尤其是传递文化的手段密切相关。

第二节 教育的社会功能【一般】

扫一扫，看视频

教育一方面受社会发展制约，另一方面表现出对社会的作用，教育主要通过育人功能进而实现其社会功能，其功能主要是推动社会变迁与促进社会流动。

一、教育的社会变迁功能

教育的社会变迁功能是指教育通过开发人的潜能、提高人的素质、促进人的社会化、引导人的社会实践，使人不仅能适应社会的发展，而且能够推动社会的改革与发展。教育的社会变迁功能表现在社会生活的各个领域。

1. 教育的经济功能

教育与经济的关系，不只是表现为经济对教育的决定和制约作用，教育在接受经济的决定和制约的同时，对经济发展起着极其重要的促进作用。

(1)教育通过提高国民的人力资本，促进国民收入和经济的增长

教育是劳动力再生产的重要手段。教育担负着培养劳动力的任务，是社会再生产的必要条件，也是经济增长的必要条件。社会再生产主要依靠劳动力再生产而实现。劳动力再生产的基本因素是教育和训练。教育与社会再生产的关系主要体现在通过教育培养、训练生产所需要的熟练劳动者和各级各类专业人才上。教育正是通过向各种生产部门输送经过培训的更加熟练的劳动力和专门人才，以促进经济的发展，实现经济的增长。

(2)教育通过生产科学技术，促进经济的发展

教育是科学技术再生产的手段。科学技术是第一生产力，科学知识在未运用于生产之前，只是一种潜在的生产力，要把潜在的生产力转化为现实的生产力，必须依靠教育。教育恰恰是科学技术转化为生产力的中间环节，是科技第一生产力由潜在性变为现实性的前提和条件。教育是促进科技革命与科技发展的重要手段。现代科技革命和科技发展与现代教育革命和教育发展是相互促进的。

2. 教育的政治功能

(1)教育具有维系社会政治稳定的功能

维系社会政治稳定是教育的重要功能。教育通过向年青一代灌输一定的政治观念和规范，以维

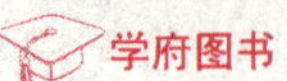

护和巩固一定的政治制度。教育为社会培养各种政治人才和具有政治素质的社会公民。社会统治阶级总是要通过教育造就政治人才与政治公民，使受教育者具备国家、政府或执政党所希望的政治理想与政治信念。

(2)教育具有促进社会政治变革的功能

教育也是促进社会政治变革的主要因素之一。教育通过传播先进的思想、弘扬优良的道德，促进社会政治的变革。在现代社会，教育通过传播科学真理、弘扬优良道德，形成正确的舆论，同时产生进步的政治观念，以促进社会的进步与革新。

(3)教育具有促进社会政治民主化的功能

政治民主化是现代社会政治发展的必然趋势，而民主意识、观念的养成，都离不开教育。国家教育事业的发展和全体国民科学文化水平的不断提高，是实现社会政治民主化的重要前提与保证。主要表现在：教育传播科学，启迪人的民主观念；教育民主化本身是政治民主化的重要组成部分；民主的教育是政治民主化的加速器。

3. 教育的文化功能

(1)教育的文化传递与保存功能

教育是保存文化的有效手段。人类文化的传承大体有两个途径：一是以物作为载体的手段实现的延续，如实物保存、运用各种符号记录等；二是以人作为载体实现的延续，即通过人的活动形式、心理、行为方式等保存文化。正因为教育的文化传承和文化普及作用，才使人类积累的文化代代相传，并且由少数人传向多数人，由一个地域传向另一个地域。文化的这两种传承途径都与教育有关。无论哪一类文化的保存，都离不开教育对人的培养。教育具有文化传递的功能，但并不是所有的文化都值得传递，必须对浩瀚的文化做出选择与整理，有所选择地进行文化传递。

(2)教育的文化选择与整理功能

文化是构成教育活动的背景和内容，但并非所有的人类文化都能够进入教育活动中。只有符合真善美标准的文化才有可能进入教育活动中，这就意味着教育需要对文化进行选择与整理。教育通过对人类文化的选择和整理，使之成为与学生发展相一致的力量——教育内容与教育方法，从而传递给年青一代，实现文化的代代延续。

(3)教育的文化更新与创造功能

通过教育，使各文化要素不断得以丰富和发展，重建新文化。教育的文化创新功能也是通过两条途径实现的：一是教育本身就固有的文化选择、批判功能，使文化创新成为可能；二是教育自身也通过其活动创造新文化。教育通过传授人类的文化，培养人的个性和创造力，并将这种创造性的人才输送到社会的各行各业中。

(4)教育的文化交流与融合功能

文化是一定时期特定地域人们的共同创造物，具有时代性和地域性，各个民族、各个国家或地区都有自己的文化特质。文化交流是指在一定社会价值体系下，不同文化之间相互影响、吸收和融合的过程。文化的交流主要通过两条途径得以实现：一方面，以教育活动本身为交流的手段，如互派留学生、学者间的学术交流等，促进不同文化间的相互吸收、相互影响；另一方面，教育过程本身通过对不同文化的学习，对文化进行选择、创造，对旧的文化进行变革、整合，形成新的文化，促进文化的不断丰富和发展。

4. 教育的生态功能

(1)树立建设生态文明的理念

人类生存在地球的自然怀抱里,是自然的产儿,是自然生命的一部分,理应爱护自然母亲,与自然万物保持必要的生态平衡,和谐共生,共同发展。可是,人们为了个人及其群体的私利和生活改善却一味无止境地向自然索取,力图征服、主宰自然,而不顾自然是否承受得起,是否对它造成了伤害。为了彻底改变这种状况,我们在学校里和社会上要加强生态文明的教育与宣传,让学生从小养成爱护自然、爱护生命、节约资源、保护生态环境的思想情感,从而逐步在全社会牢固树立建设生态文明的观念。

(2)普及生态文明知识、提高民族素质

我们应当有计划地普及生态文明知识,引导学生联系生活实际切实懂得:什么是生态,爱护生态与节约资源对人的长远发展有何意义,什么是污染与生态失衡,它给人类带来哪些严重的危害,并注意指导与督促他们将这些知识运用于生活实践,去爱鸟,爱花草、树木,保护植被,保护珍稀动物;去节约水、煤气等资源;不乱丢垃圾,保持环境的清洁卫生,从小养成良好的保护生态环境的行为习惯。只要坚持对青少年一代普及生态文明知识,就能最终提高民族的生态文明素质。

(3)引导建设生态文明的社会活动

生态文明还涉及社会的移风易俗,所以,学校的生态文明教育不应局限于校内,要组织学生参加到社区的生态文明建设中去。如组织学生到社会上去进行环境保护的宣传、访问生态文明建设中涌现的积极分子,总结环卫与节能的好人好事,参与清除环境污染的社区活动。让学生在社会实践中加深认识,经受熏陶与锻炼,养成生态文明建设的情趣与信念。

二、教育的社会流动功能

1. 教育的社会流动功能的含义

教育的社会流动是指社会成员通过教育的培养、筛选与提高,能够在不同的社会区域、社会层次、职业岗位、科层组织之间转换、调整与变动,以充分发挥其个性特长,展现其智慧才能,实现其人生抱负。

教育的社会流动功能,按其流向可分为横向流动功能与纵向流动功能。教育的社会横向流动功能,是指社会成员通过受教育和训练,能够在社会区域、职业岗位与社会组织中做水平的流动,即可以根据社会需要,结合个人的意愿与可能的条件更换其工作地点、单位、任务,改变其环境而不提升其社会阶层或科层结构中的地位。教育的纵向流动功能是指社会成员因受教育的培养与筛选,能够在社会阶层、科层结构中做纵向的提升,包括职称晋升、职务升迁、薪酬提级,改变其社会层级地位与作用。

2. 教育的社会流动功能在当代的重要意义

期望改变个人现状,以获得更好的生存和发展的境遇是人的天性。但为获得个人更好的发展空间、条件与机遇而实现社会流动并非易事,不仅需要个人长期艰苦而又富创造性的努力奋斗,而且必须通过一定的社会途径。自古以来,这些途径主要有:从军建功、从商致富、务工谋生、读书做官。其总体格局延续至今,并没有根本变化。然而,教育的社会流动功能的地位与作用却随着社会的发展

变革而日益提升,对个人的社会流动起着主要的作用。

第一,教育是现代社会中个人社会流动的基础。因为在今天无论是参军、打工或是经商,只要在社会上生存、生活、流通,就必须具有一定的文化、技术与品质,也就是必须接受基础教育或义务教育。我们必须认识到:基础教育是走向生活的通行证,它使享受这一教育的人能够选择自己将要从事的职业,参与建设集体的未来和继续学习。

第二,教育是社会流动的主要通道。在今天我国农村,年青一代要成功地进行社会流通,尤其是纵向流通,只有经过教育,甚至只有经过优质的高等教育才能实现。中国工业化、信息化、城市化建设的过程中,高等教育大众化的加速,正充分展现其主要的社会流通功能,保证了人口与人才的调整、转换与供应。

第三,教育的社会流动功能关系到人的发展权利的教育资源分配问题。若做更深入的探讨,我们将看到,教育的社会流动功能,对社会成员来说,实质上是一种关系到发展权利和生存方式的教育资源分配问题,是一种关系到自我实现的教育资源的获得与利用的问题,由此也就产生了教育机会均等的问题。世界各国纷纷实行普及义务教育制度的实践表明,普及义务教育更多的是一种基本的生存权利。在当今世界,如果连普及的义务教育也未能完成,是无法生存的,更不要说参与平等竞争和实现人生价值了。

总之,对个人而言,社会流动功能调动人们生活的积极性、创造性,追求进步与人生的幸福,使个人的社会地位和生活处境得到改善。对社会而言,通过社会流动功能,可以激励和调动社会广大成员的积极性、创造性,实现选贤任能,有效调节社会各个工作岗位的人才结构,获得改进与优化,改善效率与公平,提高整体功能,促进社会发展。对教育来说,要通过有目的、有计划地分流培养人,为每个社会成员创造尽可能好的社会流动条件。

三、教育的社会功能与教育的相对独立性【重要】

1. 教育的社会变迁功能与社会流动功能的关系

教育的社会变迁功能与社会流动功能是性质不同的两种功能,两者有严格的区别。教育的社会变迁功能是就教育所培养的社会实践主体在生产、科技、经济、政治与文化等社会生活各个领域发挥的作用而言的,它指向的主要是社会整体的存在、延续、演变与发展。在社会变迁过程中,人主要是作为社会的工具来审视、设计、培养和训练,以期切实地为社会的变迁服务,为民族或群体的生存与发展条件的改善而努力奋斗。教育的社会流动功能则是就教育所培养的社会实践主体,通过教育的培养与提高以及在此基础上的个人能动性、创造性的弘扬,以实现在职业岗位和社会层次之间的流动和转换而言的,它指向的主要是社会个体的生存与发展境遇的改善。在社会流通过程中,人对自身的生存方式和自我实现方式做出了自由选择,即有意识地使环境变化与社会改革为个人的生存和发展的理想服务。

但是,教育的社会变迁功能与社会流动功能之间又有内在的联系,两者相互促进,相辅相成。教育的社会变迁功能为社会流动功能的产生奠定了客观基础,并为其实现开拓了可能的空间;而教育的社会流动功能的实现程度,既是衡量社会变迁的价值尺度,又是推进社会变迁的动力。两者的互动是社会发展和进步的必要条件,体现了教育对社会发展利益增强的能动作用。

2. 教育的相对独立性

教育为适应社会的生存与发展而产生、发展，受社会发展的制约，具有对社会的依存性，这是一个方面；另一方面，教育又是一种主体性的实践活动，在能动地反作用于社会发展的过程中，具有主体自身的价值取向与行为选择，由此实现着教育的社会功能，并表现出自身的相对独立性。教育的社会功能与教育的相对独立性是一致的。可以说，教育的社会功能是教育的相对独立性的依据和主要体现。如果教育没有自己特有的社会功能，便不可能发展成为社会的一个重要子系统，形成教育的相对独立性。所谓“教育的相对独立性”，是指作为社会一个子系统的教育，它对社会的能动作用具有自身的特点与规律性，它的发展也有其连续性与继承性。主要表现为以下方面：

第一，教育是有目的地培养人的活动，主要通过所培养的人作用于社会。

教育尤其是学校教育是一种有意识地影响人、培育人、塑造人的社会活动。通过培养人来适应并推进社会向前发展是教育特有的社会功能。这一社会功能将随着社会的加速发展，个人的能动性、创造性的递增而迅速增强。我们必须坚持并弘扬教育的这一特性，以便有效地推进现代社会的发展。

第二，教育具有自身的活动特点、规律与原理。

教育是培养人的活动，而人具有天赋的能动性、可塑性和创造潜能等特点，具有特殊的身心发展和成熟的规律。教育、教学及其相关活动，不仅必须认识、遵循和创造性地运用这些基本特点与规律才能卓有成效地培养人才，而且应当重视和遵循前人在这一方面总结的宝贵经验，形成的科学原理，诸如因势利导、因材施教、循序渐进、启发诱导、尊师爱生等，才能便捷地达到前人已达到的水平，并在此基础上继续发展、前进。

第三，教育具有自身发展的传统与连续性。

由于教育有自身的特点、规律与特有的社会功能，它一经产生、发展便将形成和强化其相对独立性：包括形成由教育者、受教育者、教育中介系统组成的特定教育结构；形成有一定教育理念、师生关系、文化内容与方法组合的活动模式，逐步建立形式化、班级化、制度化、系统化的教育组织形式；逐步构建不断分化与综合的学科课程，以及按专业、系、院、校运行的学科规则与专业规范等方面整合的教育系统。这是教育发展积累的珍贵智慧、资源和财富，它具有发展的连续性和继承性。我们无论是办学校、发展教育事业，还是进行教育改革，都要重视与借鉴教育的历史经验，都应在原有的基础上积极改进、稳步向前，切不可轻率地否定教育的连续性而企图另搞一套。

第三节　教育与我国社会主义建设

一、教育在我国社会主义建设中的地位和作用

科学发展观是指导我国各项事业发展的世界观和方法论的集中体现，内涵极为丰富，对以培养人为专门特点的教育来说，具有特殊的重要意义。

1. 树立以人为本的教育观

树立以人为本的教育观，意味着肯定教育的根本主旨在于促进人的全面发展，在生产力发展的基础上

尽可能地满足大多数人的文化需要、尽可能地让每个人有公平的受教育机会、尽可能地开发每个人的发展潜能,启发每个人的自主性、自为性、能动性、创造性,引导每个人保持个人与他人、个人与自然和个人自身的和谐,成为社会的主人、国家的公民,自觉地为人民服务,为社会主义现代化建功立业。

树立以人为本的教育观,还意味着肯定人是自我教育、自我发展的主体。教育对人的个性素质的发展无疑起着巨大的作用,但它毕竟还只是人的发展的外因,必须经过人的发展的内因,经过人的自我教育,才能转化为人的个性素质。因此,教育必须尊重人在自我教育、自我发展中的主体地位。教育的艺术和教育的实效,在很大程度上取决于启发、培养、引导、激励和发挥人的自我教育、自我发展的能动性。

2. 把教育摆在优先发展的战略地位

百年大计,教育为本。教育在我国社会主义现代化建设中具有基础性、先导性、全局性意义。落实科学发展观,实现科教兴国战略和人才兴国战略,就必然要求把教育摆在优先发展的战略地位。

所谓教育的基础性,实质上是人的素质在社会主义现代化建设中的基础性。教育的育人功能,教育对人的个性素质全面发展的促进,是社会稳定和发展的基础。为了开发我国的人口资源,使我国由人口大国转化为人才强国,优先发展教育是一个必然的战略性举措。

所谓教育的先导性,是指教育的发展对社会主义现代化建设具有引领作用。我国正处于现代工业化的过程中,同时又面对知识社会时代的来临,知识不仅是力量,而且成了第一力量。这对我国既是挑战,也是机遇。我国要调整产业结构,改变经济增长方式,提高经济增长的质量和效益,使经济社会可持续发展,关键在于知识创新,掌握核心技术,这在相当大的程度上要依靠教育来传播最新知识技术,培养创新型人才。

所谓教育的全局性,是指教育的发展关系到社会主义现代化建设的方方面面,具有全局性的影响。人们看教育的社会功能,有时只留意它的经济功能,津津乐道“人力资本”理论,这就把教育的社会功能窄化了。其实教育的功能对社会的发展来说无处不在,除了经济功能,还有政治功能、生态功能、文化功能和社会流动功能。我们不难看出,教育使人的价值提升,对我国社会结构的良性演变,对城乡差距、地区差距以及贫富差距的缩小和社会公平的拓展,对人与人、人与自然紧张关系的协调,对和谐社会的建设和完善,都会起到独特的积极作用。我们应当全面发挥教育的功能,促进人的全面发展和社会的全面进步。

二、科教兴国与国兴科教

科教兴国战略是1997年在党的十五大报告中,根据我国现代化建设的迫切要求,结合世界科技教育发展的经验和趋势,在科学分析中国国情的基础上提出的一个重要战略方针。实现科教兴国,前提在于国兴科技,关键在于国兴教育,教育为本。

1. 国兴教育的重大举措和巨大成绩

(1)恢复高考和高校扩招

我国1977年恢复高考,选拔优秀人才,1998年进入高等教育大众化阶段。目前我们在高考录取中要不断努力地做好教育质量与教育公平。

(2)普及义务教育的立法

2006年,我国修订了《义务教育法》,对义务教育的性质、经济保障、政府责任、管理体制以及法律责任追究均做了进一步的规定。

(3)对贫困学生的国家资助体系的建立

这是保障教育公平的一块基石,现在,我国把农村义务教育纳入国家财政保障的范围,不仅划拨教育事业费,而且对家庭经济困难的学生给予补助,由政府承担农村义务教育的全部责任,这一根本转变,不能不说是中国教育史上一个重要的里程碑。

(4)教育事业的巨大发展

目前,我国学校教育的普及和提高在加速,高等教育也在大众化道路上迅速奔跑,正朝着人力资源强国前进。

2. 国兴教育面临的问题

(1)教育公共投入严重不足

我国教育投入严重偏低,亏缺很大,农村尤甚。虽然国家在逐渐加大投入,但是还不能满足实际需要。

(2)教育公平面临严峻挑战

目前,我国城乡之间、地区之间存在着明显的差距问题,农民工子女受教育需要妥善解决的问题,优质教育资源短缺引发的教育机会不公平问题,种种的难题需要我们去解决。

3. 努力办好让人民满意的教育

(1)普及和巩固义务教育

义务教育是我国教育事业的重中之重,难点在农村,我们必须巩固和完善义务教育经费保障体制,建立义务教育学校建设的基本指标体系或质量底线,要积极扩大优质教育面,着力引导和扶持乡村学校、薄弱学校转化为优质学校。

(2)大力发展职业教育

中等职业教育是我国教育体系的重要组成部分,是满足学生就业和支撑现代化建设的必不可少的重要支柱。我们必须加快发展中等职业教育。

(3)努力提高高等教育质量

高等教育处于整个教育发展的龙头地位,高等教育既是数以万计专门人才和一大批拔尖创新人才的"培养所",又是知识创新、技术创新和观念创新的"发源地",在支撑经济社会发展、提高自主创新能力、增强综合国力中具有不可替代的重要作用。

经典例题

一、名词解释

教育的相对独立性

二、简答题

1. 简述教育的文化功能。
2. 简述教育的战略地位。

答案解析

一、名词解释

教育为适应社会的生存与发展而产生、发展,受社会发展的制约,具有对社会的依存性。同时,教育又是一种主体性的实践活动,在能动地反作用于社会发展的过程中,具有主体自身的价值取向与行为选择,由此实现着教育的社会功能,并表现出自身的相对独立性。所谓“教育的相对独立性”,是指作为社会一个子系统的教育,它对社会的能动作用具有自身的特点与规律性,它的发展也有其连续性与继承性。

考点分析 此题主要考查教育的相对独立性。此题也可以以简答题的方式出现,在简答题中,则要回答出教育相对独立的主要表现。请考生在复习过程中注意。

二、简答题

1. (1)教育的文化传递与保存功能。教育具有文化传递的功能,但并不是所有的文化都值得传递,必须对浩瀚的文化做出选择与整理,有所选择地进行文化传递。

(2)教育的文化选择与整理功能。教育通过对人类文化的选择和整理,使之成为与学生发展相一致的力量——教育内容与教育方法,从而传递给年青一代,实现文化的代代延续。

(3)教育的文化更新与创造功能。通过教育,使各文化要素不断得以丰富和发展。

(4)教育的文化交流与融合功能。文化的交流主要通过两条途径得以实现:一方面,以教育活动本身为交流的手段,促进不同文化间的相互吸收、相互影响;另一方面,教育过程本身通过对不同文化的学习,对文化进行选择、创造,对旧的文化进行变革、整合,形成新的文化,促进文化的不断丰富和发展。

考点分析 此题主要考查了教育的文化功能。同样可以考查教育的其他功能,请考生在复习过程中注意。

2. 百年大计,教育为本。教育在我国社会主义现代化建设中具有基础性、先导性、全局性意义。落实科学发展观,实现科教兴国战略和人才兴国战略,就必然要求把教育摆在优先发展的战略地位。

(1)教育的基础性,实质上是人的素质在社会主义现代化建设中的基础性。教育的育人功能,教育对人的个性素质全面发展的促进是社会稳定和发展的基础。使我国由人口大国转化为人才强国,优先发展教育是一个必然的战略性举措。

(2)教育的先导性,是指教育的发展对社会主义现代化建设具有引领作用。社会可持续发展,关键在于知识创新,掌握核心技术,这在相当大程度上要依靠教育来传播最新知识技术,培养创新性人才。

(3)教育的全局性,是指教育的发展关系到社会主义现代化建设的方方面面,具有全局性的影响。我们应当全面发挥教育的功能,促进人的全面发展和社会的全面进步。

考点分析 此题主要考查了教育的战略地位。也正是因为教育具有如此重要的战略地位,国家才提出了科教兴国,办人民满意的教育。请考生在复习过程中多注意此类问题。

第五章

教育目的

本章主要讲述教育目的的相关知识。教育目的的概念、层次结构和内容结构、关于教育目的的社会制约性及其价值取向、马克思主义关于人的全面发展学说、我国的教育目的、全面发展教育的组成部分及其关系等是本章学习的重点。考生在复习中应能够辨别教育目的概念、层次结构和内容结构，深入掌握关于教育目的的社会制约性与价值取向、马克思主义关于人的全面发展学说、教育目的的基本精神，掌握全面发展教育的构成及其各组成部分之间的关系。

第一节　教育目的概述【一般】

一、教育目的的概念

教育目的是指社会对教育所要造就的社会个体的质量规格的总的设想或规定。具体来说，教育目的就是人们在进行教育活动之前，在头脑中预先观念地存在着的教育活动结束时所要取得的结果。它指明教育要达到的标准和要求，说明办教育为的是什么，培养的人要达到什么样的质量和规格。

教育目的与教育方针既有联系又有区别。从两者的联系看，教育方针是教育目的的政策性表达，它们在对教育社会性质的规定上具有内在的一致性，都含有“为谁服务”的规定性，都是一定社会(国家或地区)各级各类教育在其性质和发展方向上不得违背的根本指导原则。从两者的区别上来看，一方面，教育方针所包含的内容比教育目的要多。教育目的一般只包括“为谁培养人”“培养什么样的人”的问题；而教育方针除此以外，还包含“怎样培养人”的问题和教育事业发展的基本原则。另一方面，教育目的在对人培养的质量规格方面要求较为明确，而教育方针则在“办什么样的教育”“怎样办教育”方面显得更为突出。

二、教育目的的层次结构和内容结构

1. 教育目的的层次结构

教育目的的层次结构指在国家教育的总目的指导下，由各级各类学校的培养目标以及实现这些目标所必需的课程与教学目标构成的教育目标系统，它们由抽象到具体形成了一个完整的目标体系

结构。一般来说,这一目标体系由四个层次构成:一是国家或社会所规定的教育的总目的,即代表国家或社会对受教育者提出的总的要求;二是各级各类学校的培养目标,即在总目的指导下,依据学校的层次、性质、人才培养的具体质量规格的不同,形成不同学校的不同培养目标;三是课程目标,即课程方案设置的各个教学科目所规定的教学应达到的要求或标准;四是教学目标,即教师在实施课程计划过程中,在完成某一阶段(如一节课、一个单元或一个学期)的教学工作时所期望达到的要求或结果。

2. 教育目的的内容结构

教育目的的内容结构指教育目的由哪几个部分构成及其相互之间的关系。教育目的一般由两部分构成:一是就教育所要培养的人的身心素质做出规定,即提出受教育者在知识、智力、品德、审美、体质诸方面的发展要求,以期受教育者形成某种个性结构;二是就教育所要培养的人的社会价值做出规定,即指明这种人符合什么社会的需要或为什么阶级的利益服务。其中,关于人的身心素质的规定是教育目的内容结构的核心部分。

第二节　教育目的的理论基础【一般】

一、教育目的的社会制约性【重要】

教育目的虽然是由人提出的,在形式上是主观的。但是,教育目的的确立却是有着现实基础和社会根源的,它的内容是客观的。人们在规定教育目的时必须以一定的客观存在及其发展规律为前提和根据,如生产力发展水平、受教育者的身心发展规律等。

1. 社会生产力的发展水平是制约教育目的的最终决定因素

在社会发展中,生产力的发展起着最终的决定作用,从而也是制约教育目的的最终决定因素,一定的社会生产力发展水平决定了人才的质量与规格。

2. 教育目的的社会性质直接决定于生产关系和政治的性质

生产关系以及由此而产生的政治关系和思想关系对教育目的的规定起着直接的决定性影响。在阶级社会里,统治阶级的教育目的,取决于统治阶级的经济利益和政治利益。

3. 教育目的受制于一定的社会文化传统与价值观念

人们在考虑教育目的时往往会受其哲学观念、人性假设和理想人格等观念和价值取向的影响。

4. 教育目的受制于受教育者的身心发展特点与规律

教育总是直接指向处于一定发展阶段的受教育者个体,为了使受教育者身心发展达到预期的结果,教育目的的制定者不能不考虑个体身心发展的可能性。

二、教育目的的价值取向【重要】

扫一扫，看视频

1. 个人本位论与社会本位论

依据教育目的的出发点不同，可以划分为个人本位论与社会本位论的教育目的。

个人本位论，主张教育目的应当从受教育者的本性出发，而不是从社会出发，其代表人物有卢梭、裴斯泰洛齐、福禄培尔等。个人本位论者认为，教育的目的是把受教育者培养成具有独特个性的人，充分发展受教育者的个性，增进受教育者的个人价值；个人价值高于社会价值，社会只有在有助于个人的发展时才有价值，评价教育的价值应当以其对个人的发展所起的作用来衡量。

社会本位论，主张教育目的要根据社会需要来确定，个人的发展必须服从社会的需要，其主要代表人物有柏拉图、孔德、涂尔干、那托普、凯兴斯泰纳等。社会本位论者主张教育目的要根据社会需要来确定，个人只是教育加工的原料，他的发展必须服从社会需要；并认为教育的目的在于把受教育者培养成符合社会准则的公民，使受教育者社会化，保证社会生活的稳定与延续；还进一步指出，社会价值高于个人价值，个人的存在与发展依赖并从属于社会，评价教育的价值只能以其对社会的效益来衡量。

2. 内在目的论与外在目的论

内在目的论和外在目的论是由美国教育家杜威提出来的。他认为教育的目的在教育的内部，“教育即生活”“教育过程，在它自身以外没有目的，它就是自己的目的”。他反对“教育过程之外的目的”，赞成“教育过程内部的目的”。

内在目的论认为，教育的目的对其自身来说是一种内在的东西，内在目的是教育的唯一目的，追求知识具有内在的价值。

外在目的论认为，教育是一种社会活动，教育受社会的制约；社会方面的教育目的是首要的目的；教育是为社会发展服务的；教育的目的应当由政治家和其他社会人士制定。

3. 教育准备生活说与教育适应生活说

依据教育与生活的关系，产生了教育准备生活说与教育适应生活说。

教育准备生活说，主张教育应当为人的未来生活做准备，其代表人物是斯宾塞。他批判旧教育点缀生活的空疏性质，指出真正的教育目的与任务应该放在实际需要的基础上，为完满生活做准备。

教育适应生活说，主张教育是对现实生活的适应，其代表人物是杜威。他认为，教育就是生活的过程，学校应该以现实的生活为目标，使儿童适应现实生活。学校科目相互联系的真正中心，不是科学、文学、历史、地理，而是儿童本身的社会生活活动。

三、马克思主义关于人的全面发展学说【重要】

人的全面发展指人的才能的全面发展，即个性的自由发展。人的发展是与社会生产发展相一致的。现代生产要求人的全面发展，并为人的全面发展提供了物质条件，实现人的全面发展的根本途径是实现教育与生产劳动相结合。我们的教育必须以马克思关于人的全面发展学说为理论基础，并结合我国社会主义初级阶段的具体情况，才能制定出切实可行的教育目的。

第三节 我国的教育目的【一般】

一、新中国成立以来各个时期的教育目的

1949年新中国成立以来,教育目的的表述经过了多次变动,主要有:

1957年,在生产资料所有制的社会主义改造基本完成以后,毛泽东提出:“我们的教育方针,应该使受教育者在德育、智育、体育等几方面都得到发展,成为有社会主义觉悟的有文化的劳动者。”

1958年,中共中央、国务院《关于教育工作的指示》中指出:“培养有社会主义觉悟的有文化的劳动者,是我们的教育目的。”这是新中国成立后对教育目的的第一次明确表述。

1982年,第五届全国人民代表大会第五次会议通过的《中华人民共和国宪法》规定:“国家培养青年、少年、儿童在品德、智力、体质等方面全面发展。”这是宪法中规定的教育目的。

1985年,在《中共中央关于教育体制改革的决定》指出:“教育要为我国的经济和社会发展培养各级各类合格人才”“所有这些人才,都应该有理想、有道德、有文化、有纪律,热爱社会主义祖国和社会主义事业,具有为国家富强和人民富裕而艰苦奋斗的献身精神,都应该不断追求新知,具有实事求是、独立思考、勇于创造的科学精神”。人们把这段话简化为“四有、两热爱、两精神”,当作是我国教育目的的表述。

1986年,第六届全国人民代表大会第四次会议通过的《中华人民共和国义务教育法》规定:“义务教育必须贯彻国家的教育方针,努力提高教育质量,为提高全民族的素质,培养有理想、有道德、有文化、有纪律的社会主义建设人才奠定基础。”这是关于义务教育性质和目的的规定,同时也涉及我国的整个教育目的。

1990年,中共中央在《关于制定国民经济和社会发展十年规划和“八五”计划的建议》中指出:“教育必须为社会主义现代化建设服务,必须同生产劳动相结合,培养德、智、体等全面发展的社会主义建设者和接班人。”这一表述被视为对我国新时期教育目的的完整概括。1995年3月18日通过颁布的《中华人民共和国教育法》将这一目的以法律形式固定下来。

1993年2月13日,中共中央正式印发的《中国教育改革和发展纲要》提出,各级各类学校要认真贯彻“教育必须为社会主义现代化建设服务,必须与生产劳动相结合,培养德、智、体等全面发展的建设者和接班人”的方针。

1999年6月,在《中共中央国务院关于深化教育改革全面推进素质教育的决定》中指出:“实施素质教育,就是全面贯彻党的教育方针,以提高民族素质为根本宗旨,以培养学生的创新精神和实践能力为重点,造就‘有理想、有道德、有文化、有纪律’的德、智、体、美等全面发展的社会主义事业建设者和接班人。”

2001年6月颁布的《国务院关于基础教育改革与发展的决定》明确提出:“要高举邓小平理论伟大旗帜,以邓小平同志‘教育要面向现代化,面向世界,面向未来’和江泽民同志‘三个代表’的重要思想为指导,坚持教育必须为社会主义现代化建设服务,为人民服务,必须与生产劳动和社会实践相结合,培养德、智、体、美等全面发展的社会主义事业建设者和接班人。”

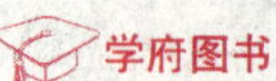

二、我国教育目的的基本精神

扫一扫,看视频

新中国成立以来,对于教育目的的表述虽然在字面上有所不同,具体内容也不完全一样,但它们有着共同的精神实质。教育目的包括"为谁培养人"和"培养什么样的人"两个方面。在"为谁培养人"层面上,我国教育目的的根本性质是社会主义;在"培养什么样的人"的层面上,要求培养德、智、体等全面发展的受教育者。具体体现在以下三个方面:

第一,培养社会主义的劳动者或建设者。这明确了我国教育的社会主义方向,是社会主义教育目的的总要求。

第二,培养受教育者德、智、体等方面的全面发展。这就要求注重脑力劳动和体力劳动的协调发展。这是对教育对象身上要形成的各种素质及其结构的规定。

第三,培养学生的独立个性。培养受教育者的独立个性和创造精神日益受到重视。这是教育目的与时俱进、体现时代精神的部分。

总之,我国教育目的的基本精神在于,培养德、智、体全面发展的、具有独立个性的社会主义现代化的劳动者与建设者。

三、我国教育目的的实现

1. 普通中小学的性质与任务

普通中小学教育的性质是基础教育;它的任务是培养全体学生的基本素质,为他们学习做人和进一步接受专业(职业)教育打好基础,为提高民族素质打好基础。

2. 普通中小学教育的组成部分

所谓全面发展教育是对含有各方面素质培养功能的整体教育的一种概括,是对为使受教育者多方面得到发展而实施的多种素质培养的教育活动的总称,是由多种相互联系而又各具特点的教育所组成的。多数人通常把德育、智育、体育、美育、综合实践活动作为全面发展的基本组成部分。

德育,即培养人的思想道德的教育,是指向学生传授一定社会思想准则、行为规范,并使其养成相应思想品德的教育活动。

智育,是指向学生传授系统科学知识和技能,培养和发展学生智力才能的教育活动。

体育,是指向学生传授身体运动及保健知识,增强他们的体质,发展他们的身体素质和运动能力的教育。

美育,即培养学生正确的审美观点,发展他们感受美、鉴赏美和创造美的能力的教育。

综合实践活动,是指引导学生掌握劳动技术知识和技能,形成劳动观点和习惯的教育。

3. 全面发展教育各组成部分之间的关系

德育、智育、体育、美育、综合实践活动是我国教育目的规定的全面发展教育的有机组成部分,是对人类在长期教育实践中积累起来的培养人的经验的抽象和概括。

全面发展教育的五个组成部分各有自己的特点、规律和功能,是相对独立的。对于普通中小学学生的全面发展来说，都是缺一不可的，不能相互取代的；同时它们又是相互联系、相互制约、相互依存、相互渗透的，在实践中，共同组成统一的教育过程。把五育作为一个统一的整体，才能使受教育者形成合理的素质结构，培养出符合社会要求的全面发展的人才。在实际工作中虽然有所分工，但所有从事教育工作的人，都要处理好他们的关系，使其相辅相成，发挥教育的整体功能。也就是说，随时都要注意引导学生在体、智、德、美、劳诸方面都得到发展，防止和克服重此轻彼、顾此失彼的片面性，坚持全面发展的教育质量观。

教育目的中的这五个方面，并不是单纯平行排列的，它们相互制约，其中德育是灵魂，起着统帅作用；智育是核心，体育、美育和劳动技术教育则是必要条件。因此，“五育”在全面发展教育中既有相对独立性，又分别完成不同的具体任务，是辩证统一、相互促进、相互制约的。

目前，有两种倾向阻碍我国全面发展教育目的的实现。

一种是片面追求升学率的倾向。这种倾向的主要表现：一是把基础教育搞成升学教育、应试教育，驱使广大学生为争夺高学历而奋斗，脱离我国经济发展和社会发展对人才的实际需求。二是把精力集中在少数学生身上，放松或忽视了多数学生的培养，使他们成为教育的弃儿，失去发展的机会与前进的信心。三是为了片面追求升学率，置学生个性的全面发展于不顾，忽视甚至取消体育、德育、美育、劳动技术教育，单纯抓智育。在智育上，又仅仅把目光局限于考试范围以内的知识教学上；另外，只把注意力集中在少数“升学有望”的学生身上，放松或忽略了多数学生的培养。片面追求升学率是背离我国教育目的和基础教育的性质的，也是违反人的成长规律的。素质教育思潮兴起的初衷之一就在于克服这种倾向。

另一种是“流生”增长的倾向。从社会原因来看，“流生”增长倾向和片面追求升学率实质上是一个问题的两种表现形式。现阶段，我国教育主要还是一种谋生手段，“唯有读书高”观念和“读书无用”论之所以有市场，根本原因在于人们在对教育做价值判断和选择时采取了狭隘的功利主义态度。当然，强调片面追求升学率问题和“流生”问题首先是社会问题，这绝不意味着教育内部没有问题，也不意味着教育部门对这些问题的解决不能有所作为。教育内部所要做的努力，主要是深化教育改革，坚持教育目的，坚持基础教育的性质，遵循教育规律，切实提高教育质量。

4. 贯彻全面发展的教育目的，应该关注的问题

(1) 创造精神

即具有良好的知识基础和科学素养、敏锐的观察力和准确的判断力，面对庞杂的信息世界能够进行有效的筛选，迅速捕捉到有价值的信息，独立分析和决策，取得最优效益的能力。

(2) 实践能力

即学以致用，解决实践问题的能力，也包括直接生产劳动和社会实践的能力。学以致用不仅是巩固知识学习的需要，也是学习的根本目的。参加适度的生产劳动和社会实践是培养一代新人的重要途径。

(3) 开放思维

即要改变单一的思维参照标准，扩大思维空间，具有宽容精神、开阔胸襟，敢于接受新生事物，特别是要具有在国际视野中对问题进行比较和分析的能力。

(4)崇高理想

创造精神和开阔的胸襟只有与崇高理想相结合才有方向。未来不仅要求青年一代有知识、有能力、有创造精神和开放思想,还要求青年一代具有科学的世界观、人生观、价值观,具有优良的道德品质,具有为国家、为社会的美好前途奋斗的精神。

经典例题

一、名词解释

教育目的

二、简答题

1. 简述教育目的的社会制约性。
2. 简述杜威关于教育目的的主要观点。
3. 简述我国教育目的的基本精神。

三、分析论述题

1. 阅读下述材料,评析论者的教育目的观,并联系实际论述这种目的观对我国教育改革的借鉴意义。

"现在教育上的许多方面的失败,是由于它忽视了把学校作为社会生活的一种形式这个基本原则。现代教育把学校当作一个传授某些知识、学习某些课业或养成某些习惯的场所。这些东西的价值被认为多半要取决于遥远的将来,儿童所以必须做这些事情,是为了他将来要做别的事情,而这些事情只是预备而已。结果是,它们并不成为儿童生活经验的一部分,因而并不真正具有教育作用。"

"把教育看作为将来做预备,错误不在强调为未来的需要做预备,而在把预备将来作为现在努力的主要动力。为不断发展的生活做预备的需要是巨大的,因此,应该把全副精力一心用于使现在的经验尽量丰富,尽量有意义,这是绝对重要的。于是,随着现在于不知不觉中进入未来,未来也就被照顾到了。"

2. 人的全面发展的各个组成部分之间的关系。

答案解析

一、名词解释

教育目的是指社会对教育所要造就的社会个体的质量规格的总的设想或规定。它指明教育要达到的标准和要求,说明办教育为的是什么,培养的人要达到什么样的质量和规格。

考点分析 此题主要考查考生对于基本概念的掌握情况,对于名词解释,考生不能简单地只回答一句话,还要做一定的阐述。

二、简答题

1. 人们在规定教育目的时必须以一定的客观存在及其发展规律为前提和根据,如生产力发展水平、受教育者身心发展规律等。

(1)社会生产力的发展水平是制约教育目的的最终决定因素。

(2)教育目的的社会性质直接决定于生产关系和政治的性质。

(3)教育目的受制于一定的社会文化传统与价值观念。

(4)教育目的受制于受教育者身心发展特点与规律。

考点分析 此题主要考查考生对于教育目的的社会制约性的掌握情况。教育目的既要关注到个人的发展需要,又要关注到社会发展的需要。

2. 在教育目的方面,杜威反对外在固定的、终极的教育目的,希求的是过程内的目的,即把生长作为教育的目的,体现了杜威尊重儿童的观念。同时杜威也强调教育的社会性目的,即教育是民主的工具,教育是为了民主,教育也应是民主的。因此,杜威认为,教育是社会进步及社会改革的基本方法,学校是社会进步和改革的最基本和最有效的工具。

考点分析 此题考查的是考生对于教育目的理论的掌握情况,具体考查杜威的教育目的观,此题在外国教育史中有详细的解释。

3. 我国教育目的的基本精神在于,培养德、智、体等方面全面发展的、具有独立个性的、社会主义现代化的劳动者与建设者。根本精神具体体现在以下三个方面:

第一,培养社会主义的劳动者或建设者。这明确了我国教育的社会主义方向,是社会主义教育目的的总要求。

第二,培养在德、智、体等方面的全面发展。这就要求注重脑力劳动和体力劳动的协调发展。这是对教育对象身上要形成的各种素质及其结构的规定。

第三,培养学生的独立个性。培养受教育者的独立个性和创造精神日益受到重视。这是教育目的的与时俱进、体现时代精神的部分。

考点分析 此题主要考查考生对于教育目的的基本精神的掌握情况,考生在复习中要注意。

三、分析论述题

1. (1)材料阐述的是“教育适应生活说”的教育目的观。

(2)教育适应生活说针对的是教育准备生活说的教育目的观。后者主张,教育建立在儿童未来生活的实际需要基础上,为儿童未来完满生活做准备。前者批评这种观点错误地以准备未来作为儿童当下学习的主要动力,主张教育是生活的过程,学校教育应以现在为目的,使儿童主动参与和适应现实的社会生活。

(3)教育适应生活说的合理之处在于,将生活看成是一个连续的过程,避免把人生机械地分为准备阶段和生活阶段，关注儿童当下的社会生活，引导儿童通过主动参与现实的社会生活来为未来的生活做准备。但是，该理论也存在一定的局限性，按照这种教育目的观进行的教育改革尝试，曾经导致儿童习得的经验缺乏广度、深度和系统性，不足以应对未来的社会生活。

(4)结合学校教育脱离生活的现象，以及当前我国学校教育改革等，论述教育目的的确立要兼顾儿童当下和未来的生活的观点。

考点分析 此题考生要能读懂材料，只要读懂材料，就能很快回答第一部分问题“评析论者的教育目的观”。至于第二部分问题“这种目的观对我国教育改革的借鉴意义”，则需要考生对于当前的教育改革有一定的了解，答题思路和视角也可以多种多样，言之有理，表述清楚即可，很具有开放性。

2. (1)德育、智育、体育、美育、综合实践活动是我国教育目的规定的全面发展教育的有机组成部分，是对人类在长期教育实践中积累起来的培养人的经验的抽象和概括。

(2)全面发展教育的五个组成部分各有自己的特点、规律和功能，是相对独立的。对于普通中小学学生的全面发展来说，都是缺一不可的，不能相互取代的；同时它们又是相互联系、相互制约、相互依存、相互渗透的，在实践中，共同组成统一的教育过程。

(3)把“五育”作为一个统一的整体，才能使受教育者形成合理的素质结构，培养出符合社会要求的全面发展的人才。要注意引导学生在体、智、德、美、劳诸方面都得到发展，防止和克服重此轻彼、顾此失彼的片面性，坚持全面发展的教育质量观。

(4)教育目的中的这五个方面，并不是单纯平行排列的，它们是相互制约的，其中德育是灵魂，起着统帅作用；智育是核心；体育、美育和综合实践活动则是必要条件。因此，“五育”在全面发展教育中既有相对独立性，又分别完成不同的具体任务，是辩证统一、相互促进、相互制约的。

考点分析 此题主要考查考生对于全面发展教育各组成部分之间的关系的掌握情况。全面发展教育各组成部分之间不是并列的关系，而是一个相互统一的整体。同时，全面发展不等于平均发展，要根据学生的不同个性有所侧重。

第六章

教育制度

本章主要讲述教育制度的相关知识。教育制度与学校教育制度概念、学制的基本类型、现代学校教育制度的变革、我国现行学校教育制度的演变、我国现行学校教育制度的形态、我国现行学校教育制度的改革等是本章学习的知识点。考生在复习中应能够了解教育制度、学校教育制度的概念、学制的基本类型；重点掌握现代教育制度的变革以及我国学校教育制度的演变、形态及改革。

第一节　教育制度概述【一般】

一、教育制度的含义和特点

1. 教育制度的含义

教育制度是指一个国家各级各类教育机构与组织的体系及其管理规则。它包括相互联系的两个基本方面：一是各级各类教育机构与组织的体系；二是教育机构与组织体系赖以存在和运行的一整套规则，如各种各样的教育法律、规则、条例等。

2. 教育制度的特点

教育制度既有与其他社会制度相类似的性质，又有其自身的特点。

(1)客观性

教育制度作为一种制度化的东西，自然不是从来就有的，而是一定时代的人们根据自己的需要制定的。教育制度的制定虽然反映着人们的一些主观愿望和特殊的价值需求，但是，人们并不是也不可能随心所欲地制定或废止教育制度，某种教育制度的制定或废止，有它的客观基础和发展的规律性。这个客观基础和规律性主要是由社会生产力发展水平和人的发展水平所决定的。教育机构的设置、层次类型的分化、各级各类教育机构的制度化，都受生产力发展水平和受教育者发展水平的制约。

(2)规范性

任何教育制度都是制定者根据自己的需要制定的，是有一定的规范性的。这种规范性，主要表现在入学条件即受教育权的限定和各级各类学校培养目标的确定上。在阶级社会中，教育制度的规范性主要表现为阶级性，即教育制度总是体现着某一阶级的价值取向，总是为某一阶级的利益服务。

(3)历史性

教育制度既是对客观现实的反映,又是一种价值性的选择和体现,而它的具体内容又是随着社会的变化而变化的,在不同的社会历史时期和不同的文化背景下,就会有不同的教育需要,因此就要建立不同的教育制度。教育制度是随着时代和文化背景的变化而不断创新的。

(4)强制性

教育制度作为教育机构系统的制度,是先于个体而存在的。它独立于个体之外,对个体的行为具有一定的强制作用。只要是制度,在没有被废除之前,都不管个体的好恶,都要求个体无条件地去适应和遵守。但随着教育制度的发展及其内部的丰富多样化,特别是终身教育的确立与推行,个体的选择性也越来越大。

二、教育制度的历史发展

在原始社会,社会处于混沌的未分化状态,教育还没有从社会生产和社会生活中分离出来,没有产生专门的教育,因而也就不可能有教育制度。

在古代阶级社会之初,由于社会的分化,教育从此时起也从社会生产和社会生活中分离出来,于是就产生了古代学校,后来还出现了简单的学校系统,因而产生了古代教育制度。由于古代学校只培养少量的剥削统治人才,不培养广大的生产劳动者,具有脱离生产和脱离劳动人民的性质,决定了其教育内容反映科学和技术的内容很少,从而决定了古代教育制度的简略性、非群众性和不完善性。

现代教育制度则不然,它是随着现代学校的发展、分化和扩充而发展起来的。现代学校是人类进入现代社会之后的产物,它是社会进一步发展、分化的结果。现代学校不但培养政治统治人才和管理人才,更重要的是它还培养大量科学技术人才、文化教育人才、经济管理人才和众多的有文化的生产工作者。就是说,现代教育制度不但有阶级性和等级性,而且有生产性和科学性,它要为生产服务,与生产劳动相结合。这就决定了现代学校规模上的群众性和普及性,结构上的多类型和多层次的特点。

教育制度在当代还在不断地发展。它已由过去的现代学校教育系统,发展为当代的以现代学校教育系统为主体,包括幼儿教育系统、校外儿童教育系统和成人教育系统的庞大体系,它的发展方向是终身教育。

终身教育是人一生各阶段当中所受各种教育的总和,也是人所受的不同类型教育的综合。前者从纵向上讲,说明终身教育不仅仅是青少年的教育,而且涵盖了人的一生;后者从横向上讲,说明终身教育既包括正规教育,也包括非正规教育和非正式教育。终身教育的概念也在不断发展。国际21世纪教育委员会在其向联合国教科文组织提交的《教育——财富蕴藏其中》的报告中,对终身教育这个概念的内涵做了进一步的揭示。终身教育固然要重视其在使人适应工作和职业需要方面的作用,但是,这决不意味着人就是经济发展的工具。除了人的工作和职业需要之外,终身教育还应该重视塑造人格、发展个性、使每个人的潜在才能得到充分的发展。该报告认为,在迅速变革的时代,终身教育应该处于社会的中心位置上;终身教育是打开21世纪之门的一把钥匙。终身教育对当代世界教育实践的影响正越来越清楚地显示出来,教育制度正在越来越多地向终身教育的方向发展。

第二节 现代学校教育制度【重要】

一、学制的概念与要素【重要】

扫一扫，看视频

学校教育制度，简称为学制，是指一个国家各级各类学校的系统，它规定各级各类学校的性质、任务、入学条件、修业年限以及它们之间的关系。学制是整个教育制度的主体，它集中体现了整个教育制度的精神实质。

二、学制的类型

现代学校教育制度在发展过程中逐渐形成了三种主要类型：一是双轨学制；二是单轨学制；三是分支型学制。原来的西欧学制属双轨学制，美国学制属单轨学制，苏联学制则是分支型学制。

1. 双轨学制

18—19 世纪的西欧，在社会政治、经济发展及特定的历史文化条件影响下，由古代学校演变来的带有等级特权痕迹的学术性现代学校和新产生的供劳动人民子女入学的群众性现代学校，都同时得到了比较充分的发展，于是就形成了欧洲现代教育的双轨学制，简称双轨制：一轨自上而下，其结构是大学（后来也包括其他高等学校）、中学（包括中学预备班）；另一轨从下而上，其结构是小学（后来是小学和初中）及其后来的职业学校（先是与小学相连的初等职业教育，后发展为和初中联结的中等职业教育）。

19 世纪末 20 世纪初在欧洲形成的这种双轨制，由于它和第二次工业技术革命，特别是和第三次工业技术革命时代的大生产性质的矛盾越来越尖锐，而且它与工业技术革命所推行的普及初中教育甚至普及高中教育的发展趋势相矛盾，因而引起了双轨制的变革。

2. 单轨学制

北美多数地区最初都曾沿用欧洲的双轨制。1830 年以后，美国的小学得到了蓬勃的发展。由于产业革命和电气化的推动，美国由农业社会向工业社会快速发展，于是继小学的发展之后，从 1870 年起，中学也得到了很大发展。在快速发展的经济条件和在美国这种没有特权传统的文化历史背景下，美国原来的双轨制中的学术性一轨没有得到充分的发育，就被在短期内迅速发展起来的，群众性小学和群众性中学所湮没，从而形成了美国的单轨学制，简称单轨制。美国单轨制自下而上的结构是：小学、中学、大学。其特点是一个系列、多种分段。

单轨制最早产生于美国，长期以来之所以没有重大变化，被世界许多国家先后采用，是因为它有利于教育的逐级普及。它不但有利于过去初等教育的普及，而且有利于后来初中教育的普及，以及 20 世纪以来高中教育的普及。实践证明，它对现代生产和现代科技的发展具有更强的适应能力。

3. 分支型学制

帝俄时代的学制属欧洲双轨制。十月革命后，苏联制定了单轨的社会主义统一劳动学校系统，后来在发展过程中，又恢复了帝俄文科中学的某些传统和职业学校单设的做法，于是就形成了既有单轨制特点又有双轨制的某些因素的苏联型学制。苏联型学制不属于欧洲双轨制。因为它一开始并不分轨，而且职业学校的毕业生也有权进入对口的高等学校学习。但它和美国的单轨制也有区别。因为它进入中学阶段时又开始分叉。就是说，苏联型学制前段（小学、初中阶段）是单轨，后段分叉，是介于双轨制和单轨制之间的分支型学制。苏联型学制的中学，上通（高等学校）下达（初等学校），左（中等专业学校）右（中等职业技术学校）畅通，这是苏联型学制的优点和特点。

三、现代学校教育制度的变革

现代学校教育制度在形成后的近百年来，不论从学校系统还是从学校阶段来分析，都发生了重大的变化。

1. 从学校系统分析，双轨学制在向分支型学制和单轨学制方向发展

从发展过程中可以得出两点结论：①义务教育延长到哪里，双轨学制并轨就要并到哪里，单轨学制是机会均等地普及教育的好形式；②综合中学是双轨学制并轨的一种理想形式，因而综合中学化就成了现代中等教育发展的一种趋势。

2. 从学校阶段来看，每个阶段都发生了重大变化

(1)幼儿教育阶段

在当代，很多国家都把幼儿教育列入学制系统。与此相关，幼儿教育机构也发生了重要变化：①幼儿教育的结束期有提前的趋势；②加强小学和幼儿教育的连接。

(2)小学教育阶段

①小学已无初、高级之分；②小学入学年龄提前到6岁甚至5岁；③小学年限缩短到5年（法国）、4年（德国）甚至3年（20世纪70、80年代的苏联）；④小学和初中直接衔接，取消了升入初中的入学考试。

(3)初中教育阶段

①初中学制延长；②把初中阶段看作普通教育的中间阶段，中间学校即由此而来；③不把它看作中学的初级阶段，而是把它和小学连接起来，统一进行文化科学基础知识教育。

(4)高中教育阶段

高中阶段学制的多种类型，即高中阶段教育结构的多样化，乃是现代学制的一个重要特点。

(5)职业教育阶段

职业教育在发达国家基本上都是在高中和大学阶段进行的。从总体上看，职业教育在当代有两个突出的特征：一是对文化科学技术基础的要求越来越高；二是职业教育的层次和类型的多样化。

(6)高等教育阶段

①多层次，过去主要是本科一个层次，而现在则有多个层次：专科、本科、研究生（硕士、博士）；②多类型，现代高等学校的院校、科系、专业类型繁多，有的注重学术性，有的侧重专业性，有的偏重职业性。高等学校与社会、生产、科学技术、社会生活的各个方面的联系越来越密切。

第三节　我国现行学校教育制度【重要】

一、我国现行学校教育制度的演变【重要】

扫一扫，看视频

我国学制的建立是从清末开始的。1840 年鸦片战争后，帝国主义列强的疯狂侵略和国内资本主义势力的兴起，迫使清政府不得不对延续了几千年的封建教育制度进行改革，于是“废科举，兴学校”，改革教育，制定了现代学制。

1902 年，清政府颁布了《钦定学堂章程》，亦称“壬寅学制”，这是我国正式颁布的第一个现代学制。这个学制未及实施，到 1904 年又颁布了《奏定学堂章程》，亦称“癸卯学制”，这是我国正式实施的第一个现代学制。这个学制的指导思想是“中学为体，西学为用”。其突出特点是教育年限长，总共 26 年。

第一次世界大战以后，当时留美派主持的全国教育联合会，又以美国的学制为蓝本，提出了改革学制的方案，于 1922 年颁布了“壬戌学制”，即通称的“六三三制”。这个学制受美国实用主义教育的影响，强调适应社会进化的需要，发扬平民教育精神，谋求个性之发展，注重生活教育，使教育易于普及，给各个地方留有伸缩余地。在学校系统上，将全部学校教育分为 3 段 5 级：初等教育段为 6 年，分初小(4 年)、高小(2 年)2 级；中等教育段 6 年，分初中(3 年)、高中(3 年)2 级；高等教育段为 4 ~ 6 年，不分级。这个学制虽几经修改，但基本没有变动，影响深远。

1. 1951 年的学制

新中国成立初期，我国实际上存在着两种学校系统。一种是老解放区在革命实践中形成的学校系统；另一种是国民党统治时期建立的学校系统。新中国成立后，随着革命秩序的稳定和国民经济的恢复与发展，要求教育事业能够适应我国政治、经济的需要，对原有的学制进行改革势在必行。

1951 年，中央人民政府颁布了《关于改革学制的决定》，明确规定了中华人民共和国的新学制，这是我国学制发展的一个新阶段。这个学制包含着幼儿园到大学的完整体系，分为幼儿教育(幼儿园)、初等教育(包括小学、青年和成人初等学校)、中等教育(包括中学、工农速成中学、业余中学、中等专业学校)、高等教育(包括大学、专门学院和研究部)和各级政治学校、政治训练班等。此外，还有各级各类补习学校、函授学校及聋哑、盲人等特种学校。

1951 年的学制主要有以下几个特点：

①这个学制吸收了老解放区的经验、1922 年学制和苏联学制的合理因素，发扬了我国单轨学制的传统，使各级各类学校互相衔接，明确、充分地保障了广大劳动人民受教育的机会。

②明确规定了各类技术学校和专门学院在学制中的地位，体现了重视培养各种建设人才及教育为生产建设服务的方针。

③体现了各级学校方针、任务的统一性，办学形式与步骤的灵活性。

④重视工农干部的速成教育和工农群众的业余教育，体现了教育为工农服务的方针。初步表现了我国学制由学校教育机构向包括幼儿教育和成人教育在内的现代教育施教机构系统的发展，显示出终身教育的萌芽。

⑤充分体现了民族平等、男女平等的原则。

2. 1958 年的学制改革

在所有制的社会主义改造基本完成后，我国便开始了全面的大规模的社会主义建设。

1958 年，中共中央、国务院发布了《关于教育工作的指示》，明确指出："现行的学制需要积极地、妥当地加以改革。各省、市、自治区党委和政府有权对新学制积极地进行典型实验。"在此方针的指导下，各学校开展各种学制的探索和实验。

为了多快好省地发展教育事业，确定了"两条腿走路"的办学方针和三个结合、六个并举的具体原则。两条腿走路办学是指公办教育和民办教育并行的双轨模式。三个结合是统一性与多样性相结合、普及与提高相结合、全面规划与地方分权相结合。六个并举是国家办学与厂矿企业、农业合作社办学并举，普通教育与职业（技术）教育并举，成人教育与儿童教育并举，全日制学校与半工半读、业余学校并举，学校教育与自学并举，免费教育与不免费教育并举。"两条腿走路"的办学方针和三个结合、六个并举的具体原则，其基本精神就是要在党的领导下，调动一切积极因素，充分发挥地方与群众办学的积极性。它是在继承和发扬了老解放区教育工作的优良传统，并总结了新中国成立后的教育工作经验的基础上提出来的，为建立和发展我国社会主义的学制指明了方向。

1958 年以后，全国很多地方开展了学制改革的试验，如提前入学年龄，进行了 6 岁入学的试验；为了缩短年限，进行了中小学十年一贯制的试验；为了提高教育程度，进行了教材和教学方法的改革；为了贯彻"两条腿走路"的办学方针，采取多种形式办学，创办了农业中学、半工半读学校，进一步发展了业余学校。但由于来自"左"的方面的干扰，不切实际地夸大人的主观能动性，不按客观规律办事情，使得教育事业发展的规模超过了现实的可能性，不能与国民经济的发展相适应。同时学制的改革，又很少通过典型试验，往往是一哄而上，以至于一度出现大起大落的现象。

3. 改革开放以来的学制改革

改革开放以来，我国教育随着社会的发展而不断改革，其中最重要的就是与教育制度密切相关的教育体制改革。

(1)1985 年《中共中央关于教育体制改革的决定》

20 世纪 80 年代初期，随着我国社会主义现代化建设事业的飞速发展，我国教育事业也逐步走上快速发展的道路。但从总体上看，教育事业还不能适应社会主义现代化建设的需要，尤其是面对国内经济体制改革全面展开和世界范围新技术革命迅猛兴起的形势，我国教育体制的弊端就显得更加突出了。因此，1985 年《中共中央关于教育体制改革的决定》明确指出："要从根本上改变这种状况，必须从教育体制入手，有系统地进行改革。"

1985 年教育体制改革的主要内容包括以下几个方面：

①加强基础教育，有步骤地实施九年义务教育。为了解决我国落后的基础教育与建设富强、民主、文明的社会主义现代化国家之间的尖锐矛盾，必须实施关系民族素质提高和国家兴旺发达的九年制义务教育。根据实际情况，将全国划为三类地区，分步实施九年制义务教育，并明确了义务教育实施中社会、家庭和学生各自的责任和义务，明确了义务教育的重点和难点在农村。

②调整中等教育结构，大力发展职业技术教育。职业技术教育是我国教育事业发展最薄弱的环

节，也是调整中等教育结构的关键。为此，需要大力发展职业技术教育，以中等职业技术教育为重点，发挥中等专业学校的骨干作用，同时还要积极发展高等职业技术院校，逐步建立起一个从初级到高级，行业配套，结构合理，又能与普通教育相互沟通的职业技术教育体系。

③改革高等教育招生与分配制度，扩大高等学校办学的自主权。改革高等学校统一招生、毕业生由国家包分配的一贯做法，在招生和分配上实行三种办法：一是国家计划招生，其分配实行在国家计划指导下，本人选报志愿、学校推荐，用人单位择优录用的制度；二是用人单位委托招生；三是学校可以在国家计划外招少数自费生。高等学校有权在计划外接受委托培养学生和招收自费生，有权调整专业的服务方向，有权接受委托或与外单位合作，有权提名任免副校长和其他各级干部，有权利用自筹资金，开展国际教育和学术交流，等等。在高等教育结构方面，要依据经济建设、社会发展和科技进步的需要进行相应的调整，改革专科与本科比例不合理的状况，加快专科的发展。

④对学校教育实行分级管理。基础教育管理权属地方，省、市（地）县、乡分级管理的职责划分，由省、自治区、直辖市决定；中等职业技术教育主要由地方负责，中央各部门办的这类学校，地方也要予以协调和配合；高等教育实行中央、省（自治区、直辖市）、中心城市三级办学的体制，中央部门和地方办的高等学校，要优先满足主办部门和地方培养人才的需要，同时要发挥潜力，接受委托，为其他部门和单位培养学生，积极倡导部门、地方之间的联合办学。

《中共中央关于教育体制改革的决定》总结了新中国成立以来特别是改革开放以来的经验，系统地提出和阐明了教育体制改革的指导思想、目标、任务和具体措施，是全面进行教育改革的纲领性文件。

(2)1993 年《中国教育改革和发展纲要》

为了指导 20 世纪末 21 世纪初我国教育的改革和发展，使教育更好地为社会主义现代化建设服务，中共中央、国务院于 1993 年 2 月印发了《中国教育改革和发展纲要》，其中有关教育制度的内容主要有：

①确定了 20 世纪末教育发展的总目标：基本普及九年义务教育，基本扫除青壮年文盲；要全面贯彻党的教育方针，全面提高教育质量；要建设好一批重点学校和一批重点学科。简称为“两基”“两全”“两重”。

②调整教育结构。确定了基础教育、职业教育、高等教育、成人教育四种类型。其中基础教育是提高国民素质的奠基工程，必须大力加强；职业技术教育是现代化教育的重要组成部分，是工业化和生产社会化、现代化的重要支柱，要积极发展；高等教育担负着培养高级专门人才、发展科学技术文化和促进现代化建设的重大任务；成人教育是传统学校向终身教育发展的一种新型教育制度。另外，还要重视和扶持少数民族教育事业，重视和支持残疾人教育事业，积极发展广播电视教育。

③改革办学体制。改革政府包揽办学的传统格局，逐步建立以政府办学为主体、社会各界共同办学的体制。基础教育应以地方政府办学为主；高等教育要逐步形成以中央、省（自治区、直辖市）两级政府办学为主，社会各界参与办学的新格局；职业教育和民办教育主要依靠行业、企业、事业单位和社会各方面联合办学。

④改革高校的招生和毕业生就业制度。实行国家任务计划与调节性计划相结合，并逐步实行收费制度；改变“统招统分”和“包当干部”的就业制度，实行少数毕业生由国家安排就业，多数毕业生

"自主择业"的制度。

⑤改革和完善投资体制。增加教育经费,逐步建立以国家财政拨款为主,以征收教育税费、收取学费、校办产业收入、社会捐资集资、设立教育基金等为辅的多渠道筹措教育经费的制度。要努力实现"三个增长",即"中央和地方政府教育拨款的增长要高于财政经常性收入的增长,并使按在校学生人数平均的教育费用逐步增长,切实保证教师工资和学生人均公用经费逐年有所增长"。

《中国教育改革和发展纲要》以建设有中国特色社会主义理论和党的基本路线为指导,系统总结了新中国成立40多年来,特别是改革开放以来教育改革和发展的宝贵经验,全面分析了当时教育工作面临的形势和任务,明确提出了20世纪末21世纪初我国教育发展的目标、战略、指导方针和许多具体重大的政策措施,是指导20世纪末21世纪初我国教育改革与发展的纲领性文件。

(3)1999年《中共中央、国务院关于深化教育改革,全面推进素质教育的决定》

面对世纪之交"科学技术突飞猛进,知识经济已现端倪,国力竞争日趋激烈"的新形势,由于多方面的原因,我们的教育观念、教育体制、教育结构、人才培养模式、教育内容和教学方法相对滞后,影响了青少年的全面发展,不能适应提高国民素质的需要。因此,1999年6月,改革开放以来的第三次全国教育工作会议召开,颁布了《中共中央、国务院关于深化教育改革,全面推进素质教育的决定》,明确提出了"全面推进素质教育,培养适应21世纪现代化建设需要的社会主义新人"的战略思想,指出深化教育改革的目的是为实施素质教育创造条件。

①调整现有教育体系结构,扩大高中阶段教育和高等教育的规模,拓宽人才成长的道路,减缓升学压力。通过多种形式积极发展高等教育,到2010年,我国同龄人口的高等教育入学率要从现在的9%提高到15%左右。

②要求努力构建与社会主义市场经济体制和教育内在规律相适应、不同类型教育相互沟通、相互衔接的教育体制,为学校毕业生提供继续学习深造的机会,"逐渐完善终身学习体系"。

③进一步简政放权,加大省级人民政府发展和管理本地区教育的权力以及统筹力度,形成中央和省级人民政府两级管理、以省级人民政府管理为主的新体制。积极鼓励和支持社会力量以各种形式办学,满足人民群众日益增长的教育需求,形成以政府办学为主体、公办学校共同发展的格局。

④加快改革招生考试和评价制度,逐步建立具有多种选择、更加科学和公正的高等学校招生选拔制度,改变"一次考试定终身"的状况。同时要求建立符合素质教育要求的对学校、教师和学生的评价机制。

⑤进一步完善教育经费拨款方法,并提出了教育成本分摊机制,即政府的教育拨款主要用于保证普及义务教育和承担普通高等教育的大部分经费;在非义务教育阶段,要适当增加学费在培养成本中的比例,逐步建立符合社会主义市场经济体制以及政府公共财政体制的财政教育拨款政策和成本分担体制。

《中共中央、国务院关于深化教育改革,全面推进素质教育的决定》科学总结了我国广大教育工作者实施素质教育的丰富实践经验,赋予了素质教育以时代的特征和新的内涵;同时,也赋予了教育体制改革新的要求,使教育体制在以往改革的基础上有了新的发展。

(4)2001年《国务院关于基础教育改革与发展的决定》

改革开放以来,我国基础教育取得了辉煌成就。但由于我国经济发展不平衡,基础教育总体水平不高，使得巩固“普九”成果和完成贫困地区的“普九”任务依然十分艰巨，农村基础教育在农村进行税费改革的进程中面临着新的挑战。为解决这些新问题，促进基础教育的健康发展，于2001年5月颁布了《国务院关于基础教育改革与发展的决定》，进一步明确了基础教育的作用，提出了“深化教育教学改革，扎实推进素质教育”“加快构建符合素质教育要求的基础教育课程体系”的任务。在基础教育体制改革上，对农村基础教育给予了特别的关注，明确提出要完善管理体制，保障经费投入，推进农村义务教育持续健康地发展。

改革的主要措施有：

①进一步完善农村义务教育管理体制，实行在国务院领导下，由地方政府负责、分级管理、以县为主的体制。为保证农村教育的发展，比较具体地划分了中央政府、省级政府、地(市)级政府、县级政府和乡(镇)要承担的责任。因地制宜地调整农村义务教育学校的布局以及要求各级政府完善并落实中小学助学金制度。

②要求规范义务教育学制，规定2005年基本完成向“六三”学制的过渡，有条件的地方实行九年一贯制。在坚持政府办学为主，积极鼓励社会力量办学的前提下，要求加强对公办学校办学体制改革实验的领导和管理。

③依法完善中小学教师和校长的管理体制，改革中小学校长的选拔任用和管理制度；加强中小学教师编制管理，大力推进中小学人事制度改革。

④加强和完善教育督导制度，建立对地区和学校实施素质教育的评价机制。

⑤要求“形成适应时代发展要求的新的基础教育课程体系及国家基本要求指导下的教材多样化格局”，认为在基础教育改革中，课程改革是核心问题，鼓励进行新的课程改革以适应素质教育的要求。

《国务院关于基础教育改革与发展的决定》是指导我国新世纪基础教育工作的纲领性文件，必将对我国基础教育，尤其是农村基础教育的改革，促进素质教育的发展，产生重大而深远的影响。

二、我国现行学校教育制度的形态

经过一个世纪的发展，我国已建立了比较完整的学制，这个学制在1995年颁布的《中华人民共和国教育法》里得到了确认。它包括以下几个层次的教育：

学前教育(幼儿园)：招收3～6、7岁的幼儿。

初等教育：主要指全日制小学教育，招收6、7岁儿童入学。学制为5～6年。在成人教育方面，是成人业余初等教育。

中等教育：包括全日制普通中学、各类中等职业学校和业余中学。全日制中学修业年限为6年，初中3年，高中3年。职业高中2～3年，中等专业学校3～4年，技工学校2～3年。属成人教育的各类业余中学，修业年限适当延长。

高等教育：包括全日制大学、专门学院、专科学校、研究生院和各种形式的业余大学。高等学校招收高中毕业生和同等学力者。专科学校修业为2～3年。大学和专门学院为4～5年，毕业考试合格者，授予学士学位。业余大学修业年限适当延长，学完规定课程经考核达到全日制高等学校同类专业水平者，承认学历，享受同等待遇。条件较好的大学、专门学院和科学研究机关设立研究生教育

机构。硕士研究生修业年限为2～3年，招收获学士学位和同等学力者，完成学业授予硕士学位。博士研究生修业年限为3年，招收获硕士学位者和同等学力者，完成学业授予博士学位。在职研究生修业年限适当延长，完成学业者也可获相应学位。

三、我国现行学校教育制度的改革

扫一扫，看视频

1. 适度发展学前教育

现代学前教育的发展十分迅速。发达国家学前教育有结束期提前、由高班到低班逐步普及、使学前教育与小学低年级教育加强联系和衔接的趋势。近年来我国学前教育发展较快，也显现出上述趋势，但应注意我国国情，要量力而行。因为发达国家都是在普及小学、初中甚至高中后，学前教育才由高班向低班逐级普及的，更不宜急于把学前教育都缩短至6岁，这涉及社会经济、文化发展等复杂的问题。

2. 全面普及义务教育

义务教育是国家统一实施的所有适龄儿童、少年必须接受的教育，是国家必须予以保障的公益性事业。它对于个人发展、教育发展和社会发展都具有重大意义。《中华人民共和国义务教育法》规定我国的义务教育年限为九年。2006年修订的《义务教育法》共8章63条，对义务教育的性质、经济保障、政府责任、管理体制、法律责任均做了进一步的规定。经过各方面的努力，到2008年年底，我国不仅实现了义务教育的全面普及，而且实现了义务教育的全面免费，这是我国普及义务教育的伟大成就。但也存在不少问题，如何巩固普及义务教育的成果，如何提高义务教育阶段的教师素质和教育质量，这些问题都需切实解决。

3. 继续调整中等教育结构

为了适应青少年的升学与就业的选择和满足社会的需要，义务教育后的学制应该多样化，即应有普通高中、职业高中、中等专业学校和技工学校等不同类型的学校，供学生选择，这是一个层次。另外，应当扩大普通高中在中等教育高级阶段所占的比例，以满足我国近年来高等学校不断扩大招生的需要。普通教育后的职业教育则应当多样化，使未能继续升学的学生可以选择接受就业前的各种职业培训，这样就弥补了我国过去学制在这个方面的缺陷，从而使我国学制更加完善。

当前我国高中阶段学制的主流还应该是分支型学制结构。但不能不考虑当代世界中等教育发展的趋势——由双轨到分支型，而后通过综合高中达到单轨，以及我国大城市和发达地区不久即将普及高中的前景。这就是说，目前准备在普通高中里进行综合中学的试验，已经提到日程上来了。

4. 大力发展高等教育

近几十年来，世界各发达国家的高等教育的发展十分迅速，日益开放和大众化。我国高等教育近年来也出现了这种趋势，2007年，全国普通高校招生565.92万人，高等学校在学人数2700万人，毛入学率为23%，实现了从精英教育到大众化教育的跨越式发展。高等教育开放和大众化的重要特点是：开放大学，特别是短期大学和社区学院越来越多。高等教育的变化主要有三个方面：①高等教育的多层次，如果过去的大学主要是本科的话，现在则有大专、本科、硕士和博士研究生多个层次；

②高等教育的多类型,如果过去的高等教育就是综合性大学少数科系的话,现在则是理、工、农、林、医、师、文法、财经、军事、管理等多种院校、科系和专业;③高等教育向在职人员开放,主要是通过函授教育、广播电视教育、网络教育和自学考试等形式,使在职人员有机会进修高等学校的课程。

经典例题

一、名词解释

1. 学校教育制度
2. 双轨学制

二、简答题

1. 简述当前学制发展的主要趋势。
2. 简述学制确立的依据。
3. 什么是学校教育制度,现代学校教育制度有哪些类型?

三、分析论述题

论述我国现代学制的演变。

答案解析

一、名词解释

1. 学校教育制度简称学制,是指一个国家各级各类学校的系统及其管理规则,它规定着各级各类学校的性质、任务、入学条件、修业年限以及它们之间的关系。

考点分析 此题主要考查考生对于学校教育制度概念的掌握情况。关于教育制度与学校教育制度这些基本概念,考生要熟练掌握,多个学校已经在历年的考试中多次涉及。

2. 在18、19世纪的西欧,由古代学校演变来的带有等级特权痕迹的学术性现代学校和新产生的供劳动人民子女入学的群众性现代学校,都同时得到了比较充分的发展,于是就形成了欧洲现代教育的双轨学制。双轨制是指一轨自上而下,其结构是“大学—中学”;另一轨从下而上,其结构是“小学—职业学校”。双轨并行而不交叉、贯通。

考点分析 此题主要考查考生对于学制类型的掌握情况。关于双轨学制、单轨学制、分支型学制等不同学制的概念以及特点,考生要熟练掌握,考试中很有可能会涉及。

二、简答题

1. (1)当前学制的发展趋势:从纵向学校系统分析,双轨制向分支型学制和单轨制学制的方向发展。

(2)从横向阶段看,每一个阶段都发生了重大变化,即加强学前教育并重视与小学教育的衔接;强化普及义务教育,延长义务教育年限;普通教育与职业教育朝着相互渗透的方向发展;高等教育日益大众化,类型日益多样化;学历教育与非学历教育的界限逐渐淡化;教育制度有利于国际交流。

考点分析 此题主要考查学制发展情况这一知识点。关于学制的发展情况考生需要注意,并熟练掌握。

2. 学制是社会历史发展的产物,它受到社会各方面因素的影响和制约。学制的产生、发展和变化也是由这些因素决定的。具体来说有以下这些因素:

(1)学制的确定受社会生产力发展水平和科学技术发展状况的制约。

(2)学制是社会政治经济制度和一个国家教育方针政策的要求。

(3)学制的确立受学生身心发展规律和年龄特征的制约。

(4)人口状况制约着学制的确立。

(5)一个国家的文化传统也制约着学制的确立。

(6)学制的确立也受到国内外学制的历史经验的影响。

考点分析 此题主要考查学制确立的依据这一知识点。学制不是主观随意的,而是受制于一系列因素的制约。关于这一知识点,考生要熟练掌握,多个学校已经在历年的考试中多次涉及。

3. 学校教育制度简称学制,是指一个国家各级各类学校的系统及其管理规则,它规定着各级各类学校的性质、任务、入学条件、修业年限以及它们之间的关系。现代学校教育制度的形成是与现代学校的产生和发展联系在一起的。

目前,现代学制主要有三种类型:双轨学制、单轨学制与分支型学制。

(1)在18、19世纪的西欧,由古代学校演变来的带有等级特权痕迹的学术性现代学校和新产生的供劳动人民子女入学的群众性现代学校,都同时得到了比较充分的发展,于是就形成了欧洲现代教育的双轨学制。双轨制是指一轨自上而下,其结构是“大学—中学”;另一轨从下而上,其结构是“小学—职业学校”。双轨并行而不交叉、贯通。

(2)18世纪以来,在急剧发展的经济条件和在美国这种没特权传统的文化历史背景下,美国原来的双轨制中的学术性一轨没有得到充分的发育,就被在短期内迅速发展起来的,群众性小学和群众性中学所湮没,从而形成了美国的单轨学制,简称单轨制。

(3)苏联学制前段(小学、初中阶段)是单轨,后段分叉。它是一种介于双轨制和单轨制之间的分支型学制。

考点分析 此题主要考查考生对于学制概念、类型的掌握情况。关于双轨学制、单轨学制、分支型学制等不同学制的概念以及特点,考生要熟练掌握,在考试中已经多次涉及。

三、分析论述题

(1)20世纪初,清政府“废科举,兴学校”,改革教育,制定现代学制。如,1902年清政府颁布了

《钦定学堂章程》,亦称“壬寅学制”,这是我国正式颁布的第一个现代学制。这个学制未及实施,到1904年又颁布了《奏定学堂章程》,亦称“癸卯学制”,这是我国正式实施的第一个现代学制。

(2)受美国实用主义教育的影响,1922年颁布了壬戌学制,即通称的“六三三制”。这个学制虽几经修改,但基本没有变动,影响深远。

(3)新中国在1951年颁布了《关于改革学制的决定》,明确规定了中华人民共和国的新学制。这是我国学制发展的一个新阶段。这个学制吸取了老解放区的经验、1922年学制和苏联学制的合理因素。

(4)1958年,中共中央国务院发布了《关于教育工作的指示》,明确指出现行的学制是需要积极地、妥当地加以改革的。“文化大革命”提出了“学制要缩短”“教育要革命”等口号,对我国的学制和教育事业造成了严重的破坏。

(5)1976年粉碎“四人帮”后,着手重建被破坏了的学制系统;延长了中学的学习年限;恢复和重建了中专和技校,创办了职业高中;恢复了高等学校专科和本科的两个层次,扩大了高等专科学校;恢复和重建了很多院校和科系;建立了学位制度并完善了研究生教育制度;恢复和重建了各级各类成人教育机构等。这使得我国学制逐步向合理和完善的方向发展,使各级各类学校形成了一个完整的系统。

考点分析 此题主要考查考生对于学制的演变、发展这一知识点的掌握情况。关于学制的演变、发展以及变革,考生要熟练掌握。

第七章

课　程

本章主要讲述课程的相关知识，是历年考试的重要内容。课程及课程方案、课程标准、教科书等概念，课程理论的发展，课程发展上论争的几个主要问题，课程设计以及世界各国课程改革发展的趋势与我国基础教育的课程改革等是本章学习的知识点。考生在复习中应深入理解课程及课程方案、课程标准、教科书等概念，课程理论的发展以及课程发展上论争的几个主要问题；了解课程的设计，包括目标和内容的设计；掌握世界各国课程改革发展的趋势以及当前我国基础教育的课程改革。

第一节　课程概述【一般】

一、课程的概念【一般】

扫一扫，看视频

1. 课程的定义

简单地说，课程是指学生所应学习的学科总和及其进程。课程有广义和狭义之分，广义上是指学生在学校获得的全部经验，其中包括所有的学习科目、课外活动以及学校环境和氛围的影响，包含学校全部的课程形态。在狭义上是指某一门学科，如语文课程等。

关于课程的认识有下列不同的观点：

(1)课程即教学科目

从这个意义上说，课程等于教学科目，如语文、数学、英语等学习的科目。广义的课程指学生学习的所有学科的总和，狭义的课程指某一种学科科目。把课程等同于教学科目，其实质在于强调知识的传授。

(2)课程即学习经验

从这个意义上说，课程并非是预先决定的目的，而是学生实际上所体验到的意义，不是一些简单呈现的事实、知识或信息。它强调学生对教学内容意义的主观体验。

(3)课程即社会文化的再生产

从这个意义上说，课程即社会文化在学校生活中的反映。课程即从一定的社会文化中选择出来的材料，学校教育的职责是要再生产对下一代有用的知识和价值。

(4)课程即社会改造

从这个意义上说,课程不是要使学生适应或顺从社会,而是要使他们敢于建造一种新的社会秩序。课程的主要内容应该包含社会的主要问题、弊端和现象,引导学生关心和改造社会。

2. 课程方案、课程标准、教科书

(1)课程方案

课程方案也称课程计划,是国家教育行政部门根据教育目的和不同类型学校的培养目标制定的关于学校教学和教育工作的指导性文件。它对学校的教育教学活动、课外活动、社会实践活动等方面做出全面安排。

(2)课程标准

课程标准也称教学大纲,是根据课程计划,以纲要的形式编写的有关学科教学内容的指导性文件。它具体规定了某一学科的教学目的、任务、内容、范围、体系、教学进度和教学方法上的基本要求,是选择具体教材和编写教科书的主要依据。

(3)教科书

教科书是根据课程计划和教学大纲编制的、直接用于教和学的书籍与工具,通常被称为教材(课本)和教学参考书,也包含文字教材、音像教材等。

二、课程的理论发展

扫一扫,看视频

1. 泰勒原理【重要】

"泰勒原理",又称为"目标模式"。1949 年,美国课程论专家拉尔夫·泰勒出版了《课程与教学的基本原理》一书,将课程理论归结为四个基本的问题:学校应该达到哪些教育目标;提供哪些教育经验才能实现这些目标;怎样才能有效组织这些教育经验;我们怎么才能确定这些目标正在得到实现。也即"确定教育目标—选择学习经验—组织学习经验—评价教育计划"。

泰勒"目标模式"的优点:

①目标模式提供了可用于修改课程计划的反馈方式。教育目标,课程的内容和组织,课程的实施等都是在可以修改的范围之内,课程与教学设计由此不断拓展和深入,趋向完善。

②目标模式具有较强的操作性。在四个步骤中,确定教育目标是首要的,它是选择内容、组织内容和评价效果的依据。目标一旦确立,将直接影响到课程与教学设计。由于目标是预设的,目标控制着课程,因此有效地控制着整个教学过程,使其按照预先设计的计划进行。这种模式结构紧凑,逻辑脉络简洁清晰。在具体的教学活动中师生有据可依,课程设计容易实施。目标模式的生命力正是在于它的清晰简洁,具有很强的可操作性。

③目标模式把评价关注的焦点从学生身上转向整个课程方案。目标模式,要求评价者必须对课程设计的宗旨、目标及其界定以及方案实施的情景都有所了解。

缺点:目标模式强调课程目标的预先计划,使其具有严密的逻辑体系和确定性,强调了教学过程

的可控性、可预期性方面，却忽视了根据实际教学情况进行调整；忽视了在一定情况下点滴改进的必要性；也降低了师生在教育过程中对各种现象进行处理和解释的自主性。另外在目标模式中，课程目标都是以显性行为来界定的。因此，像理解力，鉴赏力，人的情感、态度、价值观等一些不能完全转化成可测量的和可清楚地被观察到的行为的目标就会丢失。

2. 知识中心课程理论

知识中心课程理论主要代表人物有斯宾塞、赫尔巴特和布鲁纳。其强调知识传授，以知识的学科逻辑体系来组织编排教材，以学科教学为核心，以掌握学科的基本知识、基本规律和基本技能为目标。强调知识的内在逻辑，主张分科教学。知识中心课程理论主要有要素主义论、永恒主义论和结构主义论。

要素主义论者主张学校的课程应该给学生提供分化的、有组织的经验，即知识。永恒主义论者认为具有理智训练价值的传统的“永恒学科”的价值高于实用学科的价值，课程应当主要由永恒学科组成。结构主义论者则强调学科知识的基本结构的掌握。

知识中心课程理论看到了学科知识的发展价值，有其积极意义。但是，知识中心课程理论过分注重知识，强调学科逻辑，对经验有所忽视。

3. 社会中心课程理论

社会中心课程理论把重点放在当代社会的问题、社会的主要功能、学生关心的社会现象以及社会改造和社会活动计划等方面。这种理论不太关注学科的知识体系，而是认为课程应该围绕当代重大的社会问题来组织，帮助学生在社会方面得到发展。这种理论的核心观点是：课程不应该帮助学生去适应社会，而是要建立一种新的社会秩序和社会文化。

社会中心课程理论的代表人物主要有布拉梅尔德。它认为：①社会改造是课程的核心；②课程不应该帮助学生适应社会，而是要建立一种新的社会秩序和社会文化；③学校课程应以建造新的社会秩序为方向，应该把学生看作社会的一员，主张学生尽可能地参与到社会中去，课程知识应该有助于学生的社会反思，课程的价值既不能根据学科知识本身的逻辑来判断，也不能根据学生的兴趣、需要来判断，而应该有助于学生的社会反思，唤醒学生的社会意识、社会责任和社会使命；④以广泛的社会问题为中心，社会问题而非知识问题才是课程的核心问题；⑤吸收不同社会群体参与到课程开发中来。

社会中心课程理论树立了一种新的课程观念，开辟了课程研究的新方向。但它取消了课程问题的独特性。

4. 学习者中心课程理论

学习者中心课程理论认为以学科为中心的传统课程是不足取的，应代之以儿童的活动为中心的课程，必须与儿童的生活相沟通，以儿童为出发点、为中心；此外，课程的组织应心理学化，儿童是初学者，还没有能力接受成人完整的经验，所以课程的组织应该考虑到心理发展的次序以利用儿童现有的经验和能力。课程的核心不是学科内容，不是社会问题，而是学生的发展。学生是课程的核心，学校课程应以学生的兴趣或生活为基础，学校教学应以活动和问题反思为核心，学生在课程开发中起重要作用。

学习者中心课程理论看到了知识中心课程理论的不足，看到了学生在学习中的作用，对于现代课程的改造起到了重要的理论指导作用。但它对于知识的系统性、学科自身的逻辑性、学术性照顾不够。

三、课程发展上论争的几个主要问题

扫一扫，看视频

1. 学科课程和活动课程

学科课程也称分科课程，即分别从各门学科中选择部分内容，组成不同学科，分科进行教学。

学科课程起源于古代，但直接把学校课程称为学科课程则是19世纪末20世纪初的事，提出了“学科或学科主题中心课程”的主张。学科课程就是以学科为中心而设计的课程，由一定数量的不同学科组成。各学科具有特定的内容，特定的学习时数和学习期限。

学科课程的优点：重视每门学科知识的逻辑性、系统性和完整性。这些特点非常有助于学生学习和巩固基础知识，也利于教师教授。学科课程的缺点：不重视相互联系，造成和加深了学科的分离，不利于联系学生的生活实际和社会实践，不重视或忽视学生的兴趣和需要。

活动课程与学科课程相对应，是以围绕儿童的发展需要和兴趣爱好为中心的、以活动为组织方式的课程形态。活动课程是相对于系统的学科知识而言的、侧重于学生直接经验的一种课程形式。它认为课程应是一系列由儿童自己组织的活动。儿童通过活动学习，获得经验，培养兴趣，解决问题，锻炼能力。

活动课程重视课程要适合儿童的兴趣、需要和教材的心理，因此重视在活动中进行教学和教育，把教学从教的外在重心转移到学的内在重心上来，在促进儿童积极学习方面是十分可取的。但它夸大了儿童个人的经验，忽视了知识本身的逻辑顺序，影响了系统的知识学习，其结果只能使学生学到一些片断、零碎的知识，最终导致教学质量的降低。

2. 课程的一元化和多样化

在当代，课程的一元化主要是指，课程的编制应该反映国家的根本利益、政治方向、核心价值，反映社会的主流文化、基本道德以及发展水平，体现国家的信仰、理想与意志。在我国，坚持基础教育课程的一元化方向，体现了国家对青少年学生的基本要求，是贯彻教育目的与方针的重要举措，是提高教育质量的基本保障。但是，我们今天也不能一味只讲课程的一元化，而否定或排斥课程的多样化，要认识课程的多样化也至关重要。

课程的多样化主要是指，课程也应当广泛反映不同地区的不同经济社会发展的要求；反映不同民族、阶级、阶层、群体的不同文化、利益与需求；反映不同学生个人的个性发展的选择与诉求。简言之，要反映各个方面的多样化需求。它有助于实事求是、以人为本，尊重不同地区、群体与个人的差异、特色及其对教育与课程的追求，有助于肯定各方面的独特价值，调动每个人的积极性，增加社会的民主、公平，促使社会与个人都能更加丰富多彩、生动活泼地得到发展。

3. 普通教育课程和职业技术教育课程

我国目前实施的是九年制义务教育，适龄的青少年儿童人人都可以受到九年的普通基础教育，况且他们未到就业年龄，还有学习机会，可以不考虑学习职业技术课程。然而，普通高中则不同，它并非义务教育，它的毕业生也不可能都上大学，其中总是有一部分人要就业。何况，普通高中本应肩负起为高一级学校培养合格新生和为社会主义事业培养劳动后备力量的双重任务。因此，高中除了实施普通教育任务以外，还有一个是否需要实施一定的职业技术教育或综合性教育，以培养后备学校劳动力量的问题，并因此而引发了思想认识上的分歧。

不赞成高中开设职业技术教育课程的人认为：普通高中虽肩负双重任务，但其中主要的任务是为高等学校培养合格的新生，在高等教育日趋大众化的当代尤其是这样；随着文化科学的迅速发展，普通文化科学知识越来越多，高校对新生的要求越来越高，高中普通教育课程的任务将越来越重，加之，升学竞争日趋激烈，没有精力同时实施好职业教育。

赞成高中开设职业技术教育课程的人认为：既然高中毕业生总是有一部分人要就业，他们又缺乏职业劳动的知识与能力，有必要对他们实施职业教育或综合技术教育；有的中学根据地方经济发展需要，注重在高中开设某些职业教育课程，在解决高中毕业生就业上成效显著，对地方经济发展确有好处。

上述两方面都有其积极与合理的一面，但也都存在一定的狭隘性、片面性，建议取长补短进行规划改革。

第二节　课程设计

课程设计是以一定的课程观为指导制定课程标准、选择和组织课程内容、预设学习活动方式的活动，是对课程目标、教育经验和预设学习活动方式的具体化过程。

一、课程目标的设计

1. 课程目标的概念

课程目标是指课程本身要实现的具体目标和意图。它规定了某一教育阶段的学生通过课程学习后，在发展品德、智力、体质等方面期望实现的程度，它是确定课程内容、教学目标和教学方法的基础。

课程目标的特征：整体性、持续性、阶段性、层次性、递进性、时限性、稳定性和灵活性。

2. 课程目标设计的依据

课程目标设计的依据包括知识、学生、社会三个方面。

课程目标与知识因素有内在联系，所以，在确定课程目标时，首先要考虑人类社会已整理好的知识科目。

课程目标是直接指向学生的身心素质发展的，因而学生身心发展规律及其发展需要，是设计课程目标的首要依据。

社会因素也是制约课程目标的重要因素。要为设计课程目标提供明确的依据，就需要深入考察社会生活领域。如何考察社会因素？泰勒介绍了一种可行的社会因素考察方案，主张从健康、家庭、娱乐、职业、宗教、消费、公民等方面考察社会因素，以便为课程目标提供具体的标准。概括地说，社会政治、经济、文化的发展趋势、时代特征及其对人的素质要求，是设计课程目标的现实依据。

3. 课程目标设计的基本问题

(1)课程目标的具体化与抽象化问题

课程目标的设计过于具体、目标行为表述太细致，往往会限制过死，不利于教学目标的研制；而课程目标过于抽象和概括，又不利于课程知识的选择和组织，不利于课程评价。因此，应当使这两个方面保持适当的平衡。

(2)课程目标的层次与结构问题

课程目标的设计需要有最高标准和最低标准、终极目标和过程目标等不同层次的目标，这样才能对课程实施起导向、调控和评价作用。课程目标应有一定的逻辑结构，即课程目标是由具有逻辑联系的项目组成的。美国教育家布鲁姆等关于教育目标的分类学研究强调，应从认知领域、情感领域、动作技能领域等方面来设计目标。

4. 课程目标设计的基本方式

一般来说，完整的课程目标体系包括三类：结果性目标、体验性目标与表现性目标。因此，目标的陈述也有相应的三种基本方式：

(1)结果性目标的陈述方式

所谓结果性目标，即明确告诉人们学生的学习结果是什么。在设计时所采用的行为动词要求具体明确、可观测、可量化。这种指向结果性的课程目标，主要应用于“知识”领域。

(2)体验性目标的陈述方式

所谓体验性目标，即描述学生自己的心理感受、情绪体验应达成的标准。它在设计中所采用的行为动词往往是历史性的、过程性的。这种指向体验性的课程目标，主要应用于各种“过程”领域。

(3)表现性目标的陈述方式

所谓表现性目标，即明确安排学生各种各样的个性化的发展机会和发展程度。它在设计中所采用的行为动词通常是与学生表现什么有关的或者结果是开放性的。这种指向表现性的课程目标，主要适用于各种“制作”领域。

二、课程内容的设计

1. 课程内容的概念

课程内容是根据课程目标从人类的经验体系中选择出来，并按照一定的逻辑序列组织编排而成的知识体系和经验体系。

2. 课程内容的选择

(1)间接经验的选择

间接经验即理论化、系统化的书本知识，它是人类认识的基本成果，间接经验具体包含在各种形式的科学中。间接经验选择的依据是科学理论知识内在的逻辑结构。

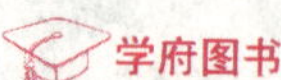

(2)直接经验的选择

直接经验是指与学生现实生活及其需要直接相关的个人知识、技能和体验的总和。如社会生活经验、学生处理与自然事物关系的知识和经验等。直接经验选择的依据是学生的现实社会生活需要和学生社会性发展的要求。

3. 课程内容的组织

课程内容采取何种逻辑形式编排和组织,直接影响着课程内容结构的性质和形式,制约着课程实施中的学习活动方式。早在20世纪40年代,泰勒就明确提出了课程内容编排和组织的三条逻辑规则,即连续性、顺序性、整合性。课程内容组织除这些逻辑规定外,还应处理好以下逻辑组织形式的关系。

(1)直线式与螺旋式

直线式是指把课程内容组织成一条在逻辑上前后联系的"直线",前后内容基本不重复,即课程内容直线前进,前面安排过的内容在后面不再呈现。螺旋式是指在不同单元乃至阶段或不同课程门类中,使课程内容重复出现,逐渐扩大知识面,加深知识难度,即同一课程内容前后重复出现,前面呈现的内容是后面内容的基础,后面内容是对前面内容的不断扩展和加深,层层递进。

直线式和螺旋式是课程内容组织的两种基本逻辑方式,它们各有利弊,分别适用于不同性质的学科、不同年级的学生。对理论性较强、学生不易理解和掌握的内容,尤其对低年级的学生来说,螺旋式较适合;对一些理论性相对较低、操作性较强的内容,则用直线式较适合。其实,即使在同一课程的内容体系中,直线式和螺旋式都是必不可少的。

(2)纵向组织与横向组织

纵向组织是指按照知识的逻辑序列,从已知到未知、从具体到抽象等先后顺序组织编排课程内容。横向组织是指打破学科的知识界限和传统的知识体系,按照学生发展的阶段,以学生发展阶段需要探索的、社会和个人最关心的问题为依据,组织课程内容,构成一个一个相对独立的专题。

比较而言,纵向组织注重课程内容的独立体系和知识的深度,而横向组织强调课程内容的综合性和知识的广度。这也许是两种适合于不同性质知识经验的课程内容组织形式,同直线式与螺旋式的关系一样,都是不可偏废的。

(3)逻辑顺序与心理顺序

逻辑顺序是指根据学科本身的体系和知识的内在联系来组织课程内容。心理顺序是指按照学生心理发展的特点来组织课程内容。现在人们一致认为,课程内容的组织要把逻辑顺序和心理顺序结合起来。逻辑顺序与心理顺序的统一,实质是在课程观上把学生与课程统一起来,在学生观方面,体现为把学生的"未来生活世界"与"现实生活世界"统一起来。

第三节　课程改革

一、世界各国课程改革发展的趋势

人类进入20世纪80年代以来，世界各国的学校课程改革十分活跃，体现出如下课程改革发展的新趋势：

1. 追求卓越的整体性课程目标

当前各国在课程改革中普遍倾向于培养学生的公民责任感和创新精神，社会交往能力与团队精神，灵活处理各种信息、适应急剧变化的社会环境和创造性地进行工作的能力，并注重国际理解教育，要求学生具有国际视野。

2. 注重课程编制的时代性、基础性、综合性和选择性

面对全球化、信息时代、知识经济等新的世界背景，各国基础教育课程改革都强调把握课程内容的时代性，一方面反映科学发展的新趋势，另一方面，关注时代发展对人的生存方式及其必备素质的新要求，注重处理基础知识与学科发展的关系，增强课程对学生的适应性，大量开设选修课程、综合课程、实践课程，满足学生个性发展需要。为此，20世纪90年代中期，联合国教科文组织号召世界各国基础教育课程改革务必精选学生终身发展必备的基础知识和基本技能，发展学生终身学习的愿望和能力，引导学生分享并具有人类共同的核心价值观。

3. 讲求学习方式的多样化

信息化社会、知识社会、学习化社会引起了教育教学方式的变革。通过课程改革，创设以“学”为中心的课程，创造以“学”为中心的教学，真正使教学过程成为和事物对话、和他人对话、和自身对话的活动过程，从而超越单一的知识接受性教学，创造一种活动性的、合作性的、反思性的学习，已成为世界各国课程改革的共同选择。

二、我国基础教育的课程改革【重要】

扫一扫，看视频

1. 新一轮基础教育课程改革的背景

(1)国际背景

21世纪，世界各国都面临着信息技术的崛起、科学技术的发展、知识经济的到来、学习化社会的出现等这样一些重大的变化，面临着对各种人才、对社会公民素质提出更高层次的要求。为适应新世纪这一新的挑战，世界各国无一例外地实施了以课程改革为核心的基础教育改革。

(2)国内背景

社会发展对教育提出了更高的需求，社会变革对当今基础教育的课程发展提出了强有力的挑战。1999年6月，党中央、国务院做出了“深化教育改革，全面推进素质教育”的决定，为我国基础教

育课程改革指明了方向。基础教育的课程改革是实施素质教育的核心环节，直接影响着学生身心成长和整体教育质量的提高。全面推进素质教育，极大地提高全民族素质，是落实“科教兴国”战略，实现中华民族伟大复兴的关键。

面对时代的发展和未来的挑战，审视现行基础教育的课程，我们发现原来的课程设置存在着以下问题：教育观念滞后，思想品德教育的针对性、实效性不强，部分课程内容陈旧；课程结构过于单一，学科体系相对封闭，课程实施过程基本以教师、课堂、书本为中心，难以培养学生的创新精神和实践能力；课程评价只重视学业成绩，忽视学生的全面发展，课程管理过于集中，课程不能适应当地经济、社会发展的需求和学生多样化发展的需求等问题。本次课程改革着重针对我国基础教育课程体系本身的问题，是历次课程改革的一种延续，是完善课程过程的一个重要阶段。

2. 新一轮基础教育课程改革的理念

①倡导全面、和谐发展的教育。

②重建新的课程结构。

③体现课程内容的现代化。

④倡导建构的学习。

⑤形成正确的评价观念。

⑥促进课程的民主化与适应性。

3. 课程改革的目标

(1)总体目标

体现时代要求，使学生具有爱国主义、集体主义精神，热爱社会主义制度，继承和发扬中华民族的优秀传统和革命传统；具有社会主义民主法制意识，遵守国家法律和社会公德；逐步形成正确的世界观、人生观、价值观；具有社会责任感，努力为人民服务；具有初步的创新精神、实践能力、科学和人文素质以及环境意识；具有适应终身学习的基础知识、基本技能和方法；具有健壮的体魄和良好的心理素质，养成健康的审美情趣和生活方式，成为有理想、有道德、有文化、有纪律的一代新人。

(2)具体目标

①在具体课程目标方面，改变传统的过于注重知识传授的倾向，强调形成积极主动的学习态度，使学生在获得基础知识和基本技能的同时学会学习并形成正确的价值观。

②在课程结构方面，改变传统的过于注重学科本位、科目过多和缺乏整合的状况，体现课程的均衡性、综合性和选择性。

③在课程内容选择方面，改变传统课程内容“繁、难、偏、旧”和注重书本知识的现状，加强课程内容与学生生活、现代社会和现代技术发展的联系，关注学生的学习兴趣和经验，精选终身学习必备的基础知识和技能。

④在课程实施方面，改变传统教学强调接受学习、死记硬背和机械训练的状况，倡导学生主动参与、勤于动手，培养学生收集和处理信息的能力、获取新知识的能力、分析和解决问题的能力及交流与合作的能力。

⑤在课程评价方面，改变传统课程评价过于强调甄别与选拔的功能，发挥课程评价促进学生发展、教师发展和改进教学实践的功能。课程评价要从终结性评价转变为发展性评价、形成性评价。

⑥在课程管理方面，改变传统课程管理权限过于集中的弊端，实行国家、地方和学校三级课程管理，增强课程对地方、学校及学生的适应性。

4. 新一轮基础教育课程改革的内容

①明确区分义务教育与非义务教育，建立合理的课程结构，更新课程内容。

②突出学生的发展，科学制定课程标准。

③加强新时期学生思想品德教育的针对性和实效性。

④以创新精神和实践能力的培养为重点，建立新的教学方式，促进学习方式的变革。

⑤建立促进学生发展、教师提高的评价体系。

⑥制定国家、地方、学校三级课程管理体系，提高课程的适应性，满足不同地方、学校和学生的需要。

经典例题

一、名词解释

1. 课程
2. 课程标准
3. 课程方案
4. 隐性课程
5. 综合课程
6. 校本课程

二、简答题

1. 活动课程的主要特征。
2. 举例说明螺旋式课程内容组织及其依据和适用性。
3. 试述课程编制（开发）的基本程序或步骤。
4. 课程内容是什么？课程内容的逻辑组织形式是什么？

三、分析论述题

试论述活动课程和学科课程的分歧。

答案解析

一、名词解释

1. 广义的课程是指为了实现学校的培养目标而规定的所有学科的总和。狭义的课程是指学校开设的教学科目的总和以及它们之间的开设顺序和时间比例的关系。

2. 课程标准，即学科课程标准，就是依据课程计划的要求，以纲要形式编写的有关学科教学内容的指导性文件。它包括学科的性质和地位、教学目的和任务、内容范围和进程安排以及教学时数与作业布置、考试要求和教法建议等若干部分。

3. 课程方案也叫教学计划，是指教育机构或学校为了实现教育目的而制定的有关课程设置的文件。教育学研究的课程方案主要是我国的普通小学与中学的课程方案，它是指在国家的教育目的与方针的指导下，为实现各级基础教育的目标，由国家教育主管部门制定的有关课程设置、顺序、学时分配以及课程管理等方面的政策性文件。

4. 隐性课程又称“潜在课程”，指学生在学校环境中有意或无意习得的，未包括在正式课程之中的知识、规范、价值、态度或者行为习惯等。

5. 综合课程也称“广域课程”或“合成课程”，其根本目的是克服分科课程过细的缺点。它采取合并相关学科的办法，减少教学科目，把几门学科的教学内容组织在一门综合学科之中。

6. 校本课程是指由学生所在学校的教师编制、实施和评价的课程。它是在克服国家课程和地方课程诸多弊端的基础上产生的一种课程形式。

考点分析　上述题目，主要考查考生对于课程的相关概念的掌握情况，涉及课程、课程标准、课程方案、隐性课程、综合课程、校本课程等。本章中的核心概念，考生要熟练掌握，许多学校已经在历年的考试中多次考查过。

二、简答题

1. 活动课程指为指导学生获得直接经验和即时信息而设计的、一系列以教育性交往为中介的学生主体活动项目及方式。它与学科课程相对应，是以围绕儿童的发展需要和兴趣爱好为中心的、以活动为组织方式的课程形态。

活动课程的特征：活动的自主性、内容的广泛性、过程的实践性、个体的创造性、形式的多样性、组织的整合性、结果的非唯一性。

考点分析　此题主要考查考生对于活动课程的掌握情况。关于活动课程与学科课程、分科课程与综合课程、国家课程、地方课程与校本课程等课程的特点，考生要熟练掌握。

2. 关于课程内容的组织，课程设计理论上一直存在着直线式与螺旋式两种逻辑形式。螺旋式是指在不同单元乃至阶段或不同课程门类中，使课程内容重复出现，逐渐扩大知识面，加深知识难度，即同一课程内容前后重复出现，前面呈现的内容是后面内容的基础，后面内容是对前面内容的不断扩展和加深，层层递进。

螺旋式的逻辑依据，是人的认识逻辑或认识发展过程的规律，即人的认识遵循着由简单到复杂、由低级到高级，逐步深化发展的规律。

在适用性方面，对理论性较强、学生不易理解和掌握的内容，尤其是对低年级的儿童来说，螺旋式课程设计较合适。

考点分析 此题主要考查考生对于课程内容组织的掌握情况。如何进行目标设计与内容设计，考生需要熟练掌握。

3. 在泰勒看来，课程设计分为四个主要阶段：教学目标的确定、学习经验的选择、课程内容的组织和教学结果的评价。

课程编制的基本步骤是：先确定一个一般目标，然后将一般目标划分为更具体的特殊目标，再将特殊目标划分为可测量的行为目标，然后根据行为化的目标选择、组织和实施课程，并根据目标的实现程度对课程进行评价，从而为改进课程提供反馈信息。

考点分析 此题主要考查考生对于课程编制的掌握情况，考生要熟练掌握，考试中很可能还会涉及。

4. 课程内容是课程的核心要素，从总体上讲，课程内容是根据课程目标从人类的经验体系中选择出来，并按照一定的逻辑序列组织编排而成的知识体系和经验体系。

课程内容采取何种逻辑形式编排和组织，直接影响着课程内容结构的性质和形式，制约着课程实施中的学习活动方式。早在 20 世纪 40 年代，泰勒就明确提出了课程内容编排和组织的三条逻辑规则，即连续性、顺序性和整合性。课程内容组织除了这些逻辑规定外，还应处理好以下逻辑组织形式的关系：

(1)直线式与螺旋式。

(2)纵向组织与横向组织。

(3)逻辑顺序与心理顺序。

从课程内容的组织上讲，直线式与螺旋式、纵向组织与横向组织、逻辑顺序与心理顺序的相互吸收、相互匹配，是课程内容组织的最基本的辩证逻辑，即使在同一课程中，对不同性质和层次的内容来说，这些逻辑形式也是可以并存的。

考点分析 此题主要考查考生对于课程内容及其组织形式的掌握情况。考生要熟练掌握各种课程设计方式及其优缺点。

三、分析论述题

从课程内容所固有的属性来区分，可将课程分为学科课程和活动课程两种类型。

学科课程，是指根据学校培养目标和科学发展，分门别类地从各门科学中选择适合学生年龄特征与发展水平的知识所组成的教学科目。亦叫分科课程。

学科课程的特点是：重视成人生活的分析及其对儿童为适应未来社会生活需要所做准备的要求，有明确的目的与目标；能够按照人类整理的科学文化知识的逻辑系统，结合学生身心发展的特点，预先选定课程及内容、编制好教材，便于师生分科而循序渐进地进行教学；并强调课程与教材的内在的伦理精神价值和智能训练价值，对学生的发展有潜在的、定向的质量要求。所以，学科课程符合学生认识特点，便于他们在较短时间内掌握人类长期积累起来的科学文化基础知识与基本技能。但学科课程是一种静态的、预先计划和确定好了的课程与教材，完全依据成人生活的需要，为遥远未来做准备，往往忽视儿童现实的兴趣与需求，极易与学生的生活与经验脱节，导致强迫命令，使学生处于被动、消极状态，造成死记硬背的学习方式，所以遭受种种诟病，需要我们警惕和改正。

活动课程与学科课程相对立，它打破了学科逻辑系统的界限，是以学生的兴趣、需要、经验和能力为基础，通过引导学生自己组织的有目的的系列活动而编制的课程。亦称经验课程，或儿童中心课程。

活动课程的特点是：重视儿童的兴趣、需要、能力和阅历，以及儿童在学习中的自我指导作用与内在动力；注重引导儿童从做中学，通过探究、交往、合作等活动使学生的经验得到改组与改造，智能与品德得到养成与提高；并强调解决问题的动态活动的过程，注重教学活动过程的灵活性、综合性、形成性，因人而异的弹性，以及把课程资源作为解决问题的工具，反对预先确定目标的观念。所以，活动课程能够调动学生的积极性、自主性，发挥他们个人的潜力、个性和创造性，提高学生处理各种实际问题和适应社会生活的能力与品德修养。但活动课程不重视系统的科学文化知识的教学和严格确定的目的与任务的达成；过于重视灵活性，缺乏规范性，其教学过程不易理性地引导，存在较大难度；对教师要求过高，不易实施与落实，并易产生偏差，学生也往往学不到预期的、系统的科学基础知识。

学科课程与活动课程是现代学校教育中的两种基本课程的类型，各有特点与不足，二者既相互对立，又相互补充，相辅相成。在课程设置与编制上，不可用一种课程理论去否定、取代另一种课程理论，应当根据不同需要与情况，分别发挥两种课程不同的特点与作用，并兼取二者之长，以补各自之短，使两者相辅相成、相得益彰，以发挥现代课程应有的、最佳的整体功能。

考点分析 此题主要考查考生对于学科课程与活动课程的掌握情况。关于活动课程与学科课程、分科课程与综合课程、国家课程、地方课程与校本课程等课程的特点，考生务必要熟练掌握。

第八章

教学（上）

教学所蕴含的知识点较多，分别在大纲中的第八章和第九章讲解，教学也包含了整个教育学原理中内容最为繁杂的知识点，但同时也是考研命题中的重点。本章主要讲述教学的概念、教学的意义和任务、教学过程以及教学原则。考生在复习中应掌握教学的概念、意义及任务，教学过程的性质，学生掌握知识的基本阶段，教学过程中应当处理好的几种关系，科学性和思想性统一、理论联系实际、直观性、启发性、循序渐进、巩固性、发展性、因材施教等教学原则的涵义和要求。

第一节　教学概述【一般】

一、教学的概念

扫一扫，看视频

1. 教学的定义

教学是在教育目的规范下，由教师的教和学生的学所组成的双边活动过程。在这个活动中，学生在教师的引导下，掌握一定的知识和技能，同时身心获得一定的发展、形成一定的思想品德。

2. 教学与教育、智育、上课的区别与联系

(1)教学与教育既有区别，又有联系，是部分与整体的关系

教育包括教学，教学是学校进行教育的一个基本途径。除教学外，学校还通过课外活动、生产劳动、社会活动等途径对学生进行教育。实际上，在中文当中，教学与教育没太大区别；而在西方，教学主要针对知识、技能的传授和掌握，教育则主要针对个体人格的培养和性格的训练。

(2)教学与智育既有联系，又有区别

智育是指向学习者传授系统的科学文化知识和技能，专门发展学习者智力的教育活动，它是教育的一个组成部分，主要是通过教学来完成的。但教学不等于智育，教学也是进行德育、美育、体育、劳动技术教育的途径，同时，智育需要通过课外活动等才能全面实现。

(3)教学与上课之间的关系是整体与部分之间的关系

教学包括上课，上课只是教学的一个环节，除上课外，教学还包括备课、课后辅导等。但上课是教学中的一个基本环节，教学的任务主要是通过上课来完成的。

二、教学的意义

教学在学校各项工作中居于十分重要的地位。学校要卓有成效地实施培养目标、造就合格人才,就必须以教学为主,并围绕教学这个中心安排其他工作,建立学校的正常秩序。

1. 教学是严密组织起来的传授系统知识、促进学生发展的最有效形式

教学是一种专门组织起来进行知识传授的活动,因而通过教学能较简捷地将人类积累起来的科学文化知识转化为学生个人的精神财富,有力地促进他们的身心发展,使青少年学生的个体发展能在较短时期内达到人类发展的一般水平,从而促进社会的延续和发展。

2. 教学是进行全面发展教育、实现培养目标的基本途径

教学能够有目的、有计划地将教育的各个组成部分(包括智育、德育、美育、体育、劳动技术教育)的基本知识传授给学生,促进他们在德、智、体、美、劳方面按预期的要求发展,因而教学是学校对学生进行全面发展教育、把他们培养成为合格人才的基本途径。

三、教学的任务

教学的任务有以下几方面:

①引导学生掌握基础知识和基本技能。

②发展学生的智力、体力和创造能力。

③培养学生的社会主义品德和审美情趣,奠定学生的科学世界观、人生观与价值观。

④促进学生个性健康发展。

第二节　教学过程

教学过程是教师有目的、有计划地引导学生能动地进行认识活动,自觉调节自己的兴趣和情感,掌握文化科学基础知识与基本技能,以促进学生德、智、体、美、劳全面发展,并为学生奠定科学世界观基础的活动过程。

一、教学过程的性质

1. 教学过程是一种特殊的认识过程

人类社会要不断发展,就必须由年长一代不断将在劳动与社会交往等方面认识世界、改造世界的经验传递给年青一代,使他们成为符合社会需要的人,以保障社会的生存与发展。教学正是年长一代为了有目的地传授给年青一代一定的经验、知识以促进他们成长而专门组织起来的活动。所以,教学过程主要是引导学生掌握人类长期积累的科学文化知识的过程,学生循序渐进地学习和运用知识的认识活动是贯彻教学过程始终的主要、基本而特有的活动;教学中的交往活动是围绕认识活动进行的;教学是促进学生身心发展,并使其符合社会价值标准与目标的活动,是在相关的认识与交往活动基础上进行的。所以师生为传承知识而相互作用的认识活动是教学活动区别于其他活动

的最突出、最基本的特点。在教学中,无论是教师向学生传授知识,还是引导学生去探究与发现新知,均离不开有目的地对人类文化知识的学习、运用与传承,离不开教师对学生认识与实践活动的组织与指导。因此,教学过程是一种认识过程,确切地说,是一种特殊的认识过程。

教学过程作为特殊的认识过程,其特殊性在于它是学生个体的认识过程,具有不同于人类总体认识的显著特点:①间接性,主要以掌握人类长期积累起来的科学文化知识为中介,间接地认识现实世界;②引导性,需要在富有知识的教师引导下进行认识,而不能独立完成;③简捷性,走的是一条认识的捷径,是一种科学文化知识的再生产。

2. 教学过程必须以交往为背景和手段

教学活动不是孤立的个体认识活动,而是社会群体性的有目的有组织的认识活动。它离不开师与生、生与生之间的交往、互动,离不开人们的共同生活。教学过程以社会交往为背景,尤其是个体最初的学习与认识,例如对实物及其名词概念的认识就是在交往中发生与发展的。人们对语言的掌握,对通过语言文字授受的经验、知识的掌握,均有赖于人们交往与沟通的共同生活经验。所以,有目的地进行的教学也必须以交往为背景,并通过社会交往与联系社会生活来帮助和检验学生的学习效果,理解所学知识的实际意义与社会价值。

教学还以交往、沟通、交流为重要手段和方法。在教学过程中,教师引导学生循序渐进地学习与运用系统的科学文化知识,常常有意识地在师与生、生与生之间进行问答、讨论、交流、互助,以便学生获得启发、进行思想碰撞与反思、集思广益与加深理解,并学会应用,使教学中的认知活动进行得更加生动活泼而有效。在教学中,教师不仅运用交往引导学生学习知识、进行认知,而且还运用交往对学生进行情感方面的沟通、感染与培养。教师在教学中应当注意师生之间的平等对话、思想情趣的坦诚沟通,以便激起师生在认识与情感上的共鸣、智慧与志趣间的共享,从而在学生的个性发展上培养和形成教育者所期望的品质。

3. 教学过程也是一个促进学生身心发展、追寻与实现价值目标的过程

教学过程是教师引导学生掌握知识、认识世界、进行交往,以促进学生的身心发展,并追寻与实现价值增殖目标的过程。其中,引导学生通过掌握知识、进行认识及交往的活动是教学的基本与基础的活动;而促进学生的身心发展及其价值目标实现则是在这个认识及交往活动过程中所要完成的教学任务。

要使教学过程强有力地促进学生的身心发展,自觉地追寻与实现价值目标,就应当使教学成为教育性教学和发展性教学,这是现代教学的追求与特点。赫尔巴特早在19世纪便提出了教育性教学的概念,以后一直成为教学应遵循的原则。它要求教学内容应有丰富的价值内涵,教学过程应有积极的价值追寻,让学生的思想情感深受启示、熏陶与教益。20世纪60年代,教育界日益重视教学与发展的关系,发展性教学理念便应运而生,成为现代教学又一个令人关注的热点。赞科夫、布鲁纳等都很注重适当提高教学的难度与挑战性,使之能有效地促进学生的身心发展。

二、学生掌握知识的基本阶段

学生是教学的主体,教学过程实质上是在教师引导下学生获取知识、认识世界的过程,因而

学生掌握知识的基本阶段，是教学过程规律的一个重要方面的体现。正确地概括与阐释学生掌握知识的阶段，对有效地组织教学、提高其质量有重大意义。自古以来，中外教育都注重教学过程研究，提出了不同的学生掌握知识阶段的学说，但主要有两种模式：一种是以师生授受知识为特征的传授/接受教学；另一种是在教师引导下以学生主动探取知识为特征的问题/探究教学。

1. 传授/接受教学

传授/接受教学是指教师主要通过语言传授、演示与示范使学生掌握基础知识、基本技能，并通过知识授受向他们进行思想情趣熏陶的教学，亦称接受学习。传授/接受教学中学生掌握知识的基本阶段是：引起求知欲—感知教材—理解教材—巩固知识—运用知识—检查知识、技能和技巧。

2. 问题/探究教学

问题/探究教学是指在教师引导下，学生主要通过积极参与对问题的分析、探索，主动发现或建构新知，并掌握其方法与程序，培养他们的科研能力、科学态度和品行的教学。简言之，它是一种引导学生通过探究获得真知与个性发展的教学，亦称探究学习、发现学习。

问题/探究教学是一种极具创造性的教学，并无固定的模式，但学生获取知识仍要经历下述基本阶段：明确问题—深入探究—做出结论。

三、教学过程中应处理好的几种关系【一般】

1. 间接经验与直接经验的关系

(1)学生认识的主要任务是学习间接经验

在教学中，学生的主要任务不是探求新的真理，而是学习和继承人类已有的认识成果，是把他人的认识转化为自己的认识，把人类的认识转化为个体的认识。

(2)学习间接经验必须以学生个人的直接经验为基础

学生要把这种知识转化为自己的东西，转化为可理解的和能够运用的东西，就必须有一定的直接经验做基础，有一定的感性认识做基础。

(3)防止忽视系统知识传授或直接经验积累的偏向

自己的独立思考，把直接经验与间接经验结合起来，理性认识与感性认识结合起来，学生才能理解所学的书本知识，获得运用知识的能力。

2. 掌握知识和发展智力的关系

(1)智力的发展与知识的掌握两者相互依存、相互促进

在教学过程中，学生智力的发展依赖于他们知识的掌握。人们常说的“无知必无能”，是很有道理的。不爱学习，知识与经验都很贫乏的人，他的智力不可能发展得很好。学生学习的科学文化知识，既是人类知识长期积累和整理的成果，又是人类智力和智慧的结晶，它本身蕴藏着丰富的人类认识的方法。对学生来说，掌握知识的过程也是智力运用的过程。

只有在掌握知识的过程中学会获取这些知识的认识方法，并把这些知识和认识方法自觉地、创造性地运用到以后的学习和实际中去，才能逐步发展自己的智力，形成自己的创造才能。

同时，学生对知识的掌握又依赖于他们的智力发展。因为人们的智力同样是人们掌握知识的必

要条件。只有那些智力发展好的学生,他们的接受能力才强、学习效率才高;而智力发展较差的学生在学习中则有较多的困难。可见,发展学生的智力是顺利进行教学、提高教学质量的重要条件。特别是在科学技术迅猛发展的现代,教学内容迅速增多,程度不断提高,难度不断加大,尤其需要在教学中培养和提高学生的智力,发展他们的创造才能。这样,他们才能有效地掌握现代科学知识,攀登世界科学的高峰。

(2)生动活泼地理解和创造性地运用知识才能有效地发展智力

通过传授知识来发展学生的智力是教学的一个重要任务。然而,知识不等于智力,传授了知识不等于训练了智力。一个学生知识的多少并不一定能标志他的智力发展的高低。如果只是进行"填鸭式"教学,学生只知机械记取和搬用知识,即使他们头脑里被填满了一大堆知识,也不可能增进思考力,而且往往会使他们变得呆头呆脑,造成了一些"高分低能"的学生,不符合现代社会的要求。可见,不是任何一种知识教学都能有效地促进学生智力发展的。因为学生的智力不仅与他们所掌握的知识的性质、难度、分量有关,更重要的是与他们对这些知识的理解透彻度、获取这些知识的方法与活动的状况以及运用知识的自觉能动的程度紧密相关。因此,在教学中,不仅要教给学生以知识,而且要引导学生通过生动活泼主动的学习活动透彻地理解知识原理,掌握学科的结构,特别是要启发学生了解获取知识的过程与方法,学会独立思考、逻辑推导与论证,能够自如地甚至创造性地运用知识来解决理论和实际问题,这样才能使学生的智力获得高水平的发展。

(3)防止单纯抓知识教学或只重智力发展的片面性

在近代教育史上,对于教学中应当如何处理掌握知识与发展智力的关系问题,形式教育论者与实质教育论者曾经有过长期的争论。前者认为,教学的主要任务在于训练学生的思维形式,知识的传授则是无关紧要的;后者认为,教学的主要任务在于传授给学生对生活有用的知识,至于学生的智力则无需进行特别的培养和训练。显然,两者的主张都是片面的,都把掌握知识与发展智力人为地割裂开了。

在我们今天的教学中,也常有类似的情况出现。有的强调"双基"教学,认为"双基"教学抓好了,学生的智力就自然地发展了,忽视引导学生通过主动的探究和反思有意识地锻炼与发展学生的智力;也有的过于强调教学的活动性质和创造性,把探究与发展智力放在首要地位,却不重视系统知识和原理的精确掌握与优化。这两者都有片面性,都不利于提高教学质量。

3. 智力活动与非智力活动的关系

智力活动是非智力活动的基础。学生的兴趣、情感、意志、性格等非智力因素都是在认识事物、掌握知识的智力活动中产生和发展的;非智力活动又积极作用于智力活动。学生的兴趣、情感、意志、性格等非智力因素能成为智力活动的强大内驱力,对学生的智力活动产生巨大的影响。在教学过程中,没有学生智力因素的参与,教学任务就无法实现;没有非智力因素所起的动机作用,教学活动既不能发生,也不能维持。非智力活动依赖于智力活动,并积极作用于智力活动;教学需要调节学生的非智力活动才能有效地进行智力活动,完成教学任务。

4. 教师主导作用与学生主动性的关系

教师与学生这两个认识主体之间的关系是贯穿教学全过程的最基本关系。教师的教与学生的学既对立又统一，两者相互联系、互为依存，教是为了学并且决定着学，而学依据教并且影响着教。在整个教学过程中，教师是教育的主体，只有通过教师的组织调节或指导作用，学生才能迅速地掌握知识，形成技能、品德，促进自己的发展；而学生则是学习的主体，教师对学生的指导和调节，只有当学生积极参与教学活动时，才能起到应有的作用。发挥教师的主导作用是学生简捷有效地学习知识、发展身心的必要条件；调动学生的学习主动性是教师有效教学的一个主要因素；防止忽视学生积极性和忽视教师主导作用的偏向。

5. 掌握知识和培养思想品德的关系

(1) 学生思想的提高以知识为基础

科学知识的掌握是提高思想觉悟的认识基础。科学知识具有丰富的思想性和品德、美感因素。引导学生对所学知识产生积极的态度才能使他们的思想得到提高。

(2) 学生思想的提高又推动他们积极地学习知识

影响学生掌握知识的因素很多，如学生原有的知识基础、能力发展水平，但学生的理想、信念、强烈的爱国心和社会责任感则是影响学生学习积极性的重要因素。

(3) 掌握知识与提高能力的关系

知识是能力发展的必要条件，能力的发展离不开知识和经验。但是，知识不等于认识能力，知识的多少并不标志能力发展的高低。应当看到，从知识的掌握到能力的发展是一个极其复杂的过程，它不仅与掌握知识多少有关，还与所掌握的知识内容和用以掌握知识的方法有密切的关系。

发展认识能力同样是掌握知识的必要条件，它是顺利进行教学的重要条件，是提高教学质量的有效保证。首先，能力的提高有赖于知识的掌握，知识的掌握又依赖能力的发展；其次，引导学生自觉地掌握知识和运用知识才能有效地发展他们的能力；最后，防止单纯抓知识教学或能力发展的片面性。

第三节　教学原则【一般】

一、教学原则的概念及确立依据【一般】

1. 教学原则的概念

教学原则是根据一定的教学目的和任务，遵循教学规律而制定的对教学的基本要求。包括三方面的含义：

①教学原则从属于教学目的，为实现教学目的服务。

②教学原则的确立有赖于人们对教学规律的认识。

③教学原则对教学内容、教学方法、教学组织形式的设计与运用起指导作用。

2. 教学原则的确立依据

教学原则不是任何人随意提出的，而是有一定的客观依据。具体而言，有以下几点：

(1)教学原则是教学经验的概括和总结

对于这些经验或教训反复认识,不断深化,由感性认识上升为理性认识,经过概括抽象,对教学规律有所认识,从而制定教学原则。

(2)教学原则是教学规律的反映

教学原则是人们在实践中根据对教学客观规律的认识而总结提炼出来,又用以指导实践的基本原理。

(3)教学原则受到教育目的的制约

任何一个教学原则或教学原则体系的提出,必须服从一定的教育目的。教育目的对教学原则的制约,既体现在整个教学原则体系的构建、各种原则的取舍上,也反映在对教学原则的具体解释中。

二、中小学教学的基本原则【重要】

扫一扫,看视频

1. 科学性和思想性统一原则

教学要以马克思主义为指导,授予学生以科学知识,并结合知识教学对学生进行社会主义品德和正确人生观、科学世界观教育。

贯彻思想性和科学性统一原则的基本要求是:

①保证教学的科学性;

②发掘教材的思想性,注意在教学中对学生进行品德教育;

③教师要不断提高自己的专业水平和思想修养。

2. 理论联系实际原则

教学要以学习基础知识为主导,从理论与实际的联系上去理解知识,注意运用知识去分析问题和解决问题,达到学以致用的目的。

贯彻理论联系实际原则的基本要求是;

①书本知识的教学要注重联系实际;

②重视培养学生运用知识的能力;

③正确处理知识教学与技能训练的关系;

④补充必要的乡土教材。

3. 直观性原则

在教学中要通过学生观察所学事物或教师语言的形象描述,引导学生形成对所学事物过程的清晰表象,丰富他们的感性知识,从而使他们能够正确理解书本知识和发展认识的能力。通过直观教学,可以丰富学生的感性认识,减少其学习抽象概念的困难,对帮助学生认识、理解、记忆知识有非常重要的作用。

贯彻直观性原则的基本要求是:

①正确选择直观教具和现代化教学手段;

②直观要与讲解相结合;

③重视运用直观语言。

4. 启发性原则

在教学中教师要承认学生是学习的主体，注意调动他们的学习主动性，引导他们独立思考，积极探索，生动活泼地学习，自觉地掌握科学知识，提高分析问题和解决问题的能力。

贯彻启发性原则的基本要求是：

①调动学生学习的主动性；

②启发学生独立思考，发展学生的逻辑思维能力；

③让学生动手，培养独立解决问题的能力；

④发扬教学民主精神。

5. 循序渐进原则

教学要按照学科的逻辑系统和学生认识发展的顺序进行，使学生系统地掌握基础知识、基本技能，形成严密的逻辑思维能力。这个原则又称循序渐进原则。

贯彻循序渐进原则的基本要求是：

①按教材的系统性进行教学；

②抓主要矛盾，解决好重点与难点的教学；

③由浅入深、由易到难、由简到繁。

6. 巩固性原则

教学要引导学生在理解的基础上牢固地掌握知识和技能，长久地保持在记忆中，能根据需要迅速再现出来，以利于知识技能的运用。

贯彻巩固性原则的基本要求是：

①在理解的基础上巩固；

②重视组织各种复习；

③在扩充、改组和运用知识中积极巩固。

7. 发展性原则

发展性原则是指教学的内容、方法和进度要适合学生的发展水平，但又有一定的难度，需要他们经过努力才能掌握，以便有效地促进学生的身心发展。

贯彻发展性原则的基本要求是：

①了解学生的发展水平，从实际出发进行教学；

②考虑学生认识发展的时代特点。

8. 因材施教原则

教师要从学生的实际情况、个别差异出发，有的放矢地进行有差别的教学，使每个学生都能扬长避短、获得最佳的发展。

贯彻因材施教原则的基本要求是：

①针对学生的特点进行有区别的教学；

②采取有效措施使有才能的学生得到充分的发展。

经典例题

一、名词解释

1. 教学

2. 因材施教原则

二、简答题

1. 简述教学的任务。

2. 简述启发性教学原则。

3. 简要回答教学过程应处理好的几种关系。

三、分析论述题

论述教学原则中的科学性和思想性统一原则。

答案解析

一、名词解释

1. 教学是教和学相结合或相统一的活动,是由教师的教和学生的学所组成的双边活动过程。通过教学,学生在教师有计划、有步骤的引导下,积极主动地掌握系统的科学文化知识和技能,发展智力、体力,陶冶品德,养成全面发展的个性。

考点分析 此题主要考查考生对于教学这一概念的掌握情况。关于教育学中的基本概念,考生要熟练掌握,每年都会有所涉及。

2. 因材施教原则是指教师要从学生的实际情况、个别差异出发,有的放矢地进行有差别的教学,使每个学生都能扬长避短,获得最佳发展的一种教学原则。

考点分析 此题主要考查考生对于教学原则这一知识点的掌握情况。关于中小学教学原则的内涵及具体运用要求,考生要熟练掌握,多个学校已经在历年的考试中多次涉及。

二、简答题

1. 教学的任务主要有三项:一是引导学生掌握科学文化基础知识和基本技能;二是发展学生的智力、体力和创造才能;三是培养学生的社会主义品德和审美情趣,奠定学生的科学世界观基础。

考点分析 此题主要考查考生对于教学任务的掌握情况,考生要熟练掌握。

2. 启发性教学原则，是指在教学中教师要承认学生是学习的主体，注意调动学生学习的主动性，引导他们独立思考，积极探索，生动活泼地学习，自觉掌握科学知识，提高学生分析问题与解决问题的能力。

贯彻启发性教学原则的基本要求是：①调动学生学习的主动性；②启发学生独立思考，发展学生的逻辑思维能力；③引导学生动脑、动口、动手，进行创造性的学习，培养独立解决问题的能力；④发扬教学民主。

考点分析 此题主要考查考生对于教学原则这一知识点的掌握情况。关于中小学教学原则的内涵及具体运用要求，考生要熟练掌握，多个学校已经在历年的考试中多次涉及。

3. 教学过程中应处理好的几种关系：

(1)间接经验与直接经验的关系；

(2)掌握知识与培养思想品德的关系；

(3)掌握知识与提高能力(发展智力)的关系；

(4)智力因素与非智力因素的关系；

(5)教师主导作用与学生主体作用的关系。

考点分析 此题主要考查考生对于教学过程中应处理好的几种关系这一知识点的掌握情况，考生要熟练掌握。

三、分析论述题

科学性和思想性统一原则，是指教学要以马克思主义为指导，授予学生以科学知识，并结合知识教学对学生进行社会主义品德和正确的价值观与世界观教育。

我国自古以来提倡“文以载道”，并有“教书育人”的好传统。今天，社会主义学校的教学，其科学性与思想性更不可分离。一般来说，科学性是思想性的基础，不讲科学性，把错误的知识传授给学生，就是误人子弟，也就谈不上思想性；思想性又是科学性的灵魂，不讲思想性就影响了科学性，因为只有以正确的观点、方法，才能揭示事物的本质与规律，建立科学的知识体系，形成学生的正确概念。

贯彻科学性和思想性统一原则的基本要求如下：

第一，保证教学的科学性。

在教学中，教师要以马克思主义的观点和方法来分析教材，使选择和补充的教学内容切合时代的需要，反映学科的进步；力求传授给学生的知识及其方法、过程都应当是科学的、准确无误的、富有教益作用的。

第二，发掘教材的思想性，注意在教学中对学生进行品德教育。

社会学科具有鲜明的政治思想性，如语文、历史、政治等都是提高学生思想修养、进行人生观教育的重要教材；自然学科也蕴含着丰富的人文精神，尤其是它所揭示的客观规律渗透着唯物思想与辩证法，是培养学生辩证唯物主义思想的重要知识基础。因而在教学中，如能深入发掘教材内在的思想性，结合知识的传授，联系实际，有的放矢地向学生进行思想教育，就能有力地感染学生。

第三，要重视补充有价值的资料、事例或录像。

一般来说，教材的思想性寓于科学知识之中，大都十分内隐，自然科学尤其是这样。如果教师对教材马虎处置、照本宣科，不仅会使教材的思想性得不到彰显，学生的思想观念受不到触动，而且将削弱教材的科学性。如果教师能深入领悟、吃透教材，根据教学需要补充一些有价值的资料，包括生动的故事与实例、经典的格言、动人的录像，情况则大不一样，将开启学生的心智，震撼学生的心灵，使他们获益匪浅。

第四，教师要不断提高自己的专业水平和思想修养。

教学的科学性和思想性主要靠教师来保障。列宁指出："在任何学校里，最重要的是课程的思想政治方向。这个方向由什么来决定呢？完全只能由教学人员来决定。"所以，教师必须不断充实与更新知识，提高理论水平和思想修养。

考点分析 此题主要考查考生对于教学原则这一知识点的掌握情况。关于中小学教学原则的内涵及具体运用要求，考生要熟练掌握，诸多教学原则既能以名词解释、简答题的形式进行考查，也能以论述题的形式进行考查。

第九章

教学（下）

本章主要讲述教学方法、教学组织形式以及教学评价等知识点，考生在复习中应理解并掌握教学方法及教学方式、教学手段、教学模式、教学策略等概念，中小学常用的教学方法，班级授课制，教学工作的基本环节，教学评价的原则与方法，学生学业成绩与教师教学工作的评价等知识。

第一节　教学方法

一、教学方法概述

1. 教学方法的概念

教学方法是为完成教学任务而采用的方法。它包括教师教的方法和学生学的方法，是教师引导学生掌握知识技能、获得身心发展而共同活动的方法。教学方法具有双边性和目的性。

2. 教学方法的选择

现代教学对教学方法的要求日益提高，提倡以系统的观点为指导来选择和使用教学方法和教学手段，以便优化教学，提高教学质量，主要依据如下几个方面：

①课题（或单元）与课时的教学目的和任务，该学科内容的教学法特点；

②教学过程、教学原则和班级上课的特点；

③学生的情趣、可接受水平，智能的发展状况，学习态度、学风与习惯；

④教师本身的条件，包括思想业务水平，实际经验与能力，个性与特长；

⑤教师与学生活动的配合、互动，教师主动性与学生主动性的动态平衡；

⑥讲与练，学与用，班级、小组与个人活动，课堂教学与课外作业或课外活动等方面的结合；

⑦教学过程中的交往、沟通、合作与竞争；

⑧学校与地方可能提供的条件，包括社会条件、自然环境、物资设备等；

⑨教学的时限，包括规定的课时以及其他可利用的时间，如早自习、晚自习等；

⑩对可能取得的效果的慎重预计与考量。

二、中小学常用的教学方法

1. 讲授法

讲授法指教师通过简明、生动的口头语言向学生系统地传授知识，发展学生智力的方法。教师可通过合乎逻辑的分析、论证，生动形象的描绘、陈述，启发诱导性的设疑、解疑，使学生在较短的时间内获得较为全面的知识，并把知识教学、思想教学和发展智力三者有效结合起来，使之融为一体，相互促进。

尽管它是一种传统的教学方法，但在今天仍有很广泛的使用价值。在运用谈话法、练习法、实验法等种种教学方法时，都不能完全脱离教师的口头语言讲授。讲授法的作用是在较短的时间内向学生连贯、系统地传授较多的知识，并在传授知识的同时有目的地、有计划地向学生进行思想政治和道德品质教育，发展他们的智力。

运用讲授法的基本要求是：①讲授内容要有科学性、系统性、思想性；②注意启发；③讲究语言艺术。

2. 谈话法（问答法）

谈话法指教师按一定的教学要求向学生提出问题，要求学生回答，并通过问答的形式来引导学生获取或巩固知识的方法。便于激发学生的思维活动，培养学生独立思考能力和语言表达能力，唤起和保持学生的注意力和兴趣。

谈话法是最古老的教学方法之一。运用谈话法的基本要求是：①要准备好问题和谈话计划；②要善问；③要善于启发诱导；④要做好归纳、小结。

3. 讨论法

讨论法指学生在教师指导下为解决某个问题而进行探讨，辨明是非真伪以获取知识的方法。可以培养学生的合作精神，集思广益、互相启发、互相学习，培养学生钻研问题的能力，提高学生学习的独立性。

运用讨论法的基本要求是：①讨论的问题要有吸引力；②要善于在讨论中对学生启发引导；③做好讨论小结。

4. 实验法

实验法指在教师指导下学生运用一定的仪器设备进行独立作业，观察事物和过程的发生、变化，探求事物的规律，以获得知识和技能的方法。实验法可分为感知性实验和验证性实验两种。它不仅可加深学生对概念、规律、原理等知识的理解，且有利于培养他们的探索创造精神和严谨的科学态度，更有利于学生主体地位的发挥。

运用实验法的基本要求是：①做好实验前的准备；②使学生明确实验的目的、要求与做法；③注意实验过程中的指导；④做好实验小结。

5. 实习作业法

实习作业法指教师根据教学大纲的要求，组织学生在校内外一定的场所运用已有知识进行实际操作或其他实践活动，以获得一定知识和技能技巧的方法。它对贯彻教学中理论联系实际原则，培养学生独立工作能力起着重要作用。

运用实习作业法的基本要求是：①做好实习作业的准备；②做好实习作业的动员；③做好实习作业过程中的指导；④做好实习作业的总结。

6. 演示法

演示法指教师向学生展示各种直观教具、实物，或让学生观察教师的示范实验，或让学生观看幻灯、电影、录像等，从而使学生获得关于事物现象的感性认识的方法。

运用演示法的基本要求是：①演示之前要做好准备；②要注意演示的示范性、准确性；③要指导学生善于观察；④演示要尽可能使学生用多种感官感知事物；⑤演示时要和教师的讲授及谈话密切结合；⑥教具的演示要适时、适当。

7. 练习法

练习法指学生在教师指导下进行巩固知识、运用知识以形成技能技巧的方法。包括语言的练习、解答问题的练习、实际操作的练习。练习法是各科普遍运用的一种教学方法。

运用练习法的基本要求是：①提高练习的自觉性；②循序渐进、逐步提高；③严格要求。

8. 参观法

参观法指教师根据教学目的，组织学生到工厂、农村、展览馆、自然界和其他社会场所，参观自然现象和社会现象，获得新知识或巩固、验证学过的知识的一种教学方法。

运用参观法的基本要求是：①参观前做好准备；②参观时做好指导；③参观后要做好检查和总结。

9. 自我辅导法

自我辅导法指学生在教师的指导下，以自学为主，提高其自学能力的一种教学方法。

运用自学辅导法的基本要求是：①布置自学的内容、要求和做法要明确、适当，要照顾学生自学能力上的个别差异，激发他们自学的热情和兴趣；②根据学科特点，加强自学方法的指导；③注意观察分析学生的学习情况，及时检查和肯定学生自学的成果，解决学生自学中的疑难问题；④为学生创造良好的自学环境和条件，使他们能专心致志地学习，提高自学效率。

第二节　教学组织形式【一般】

一、教学组织形式概述【一般】

教学组织形式是指为完成特定的教学任务，教师和学生按一定要求组合起来进行活动的结构（在一定的时空环境中，通过一定的媒体，教师和学生之间的相互作用的方式、结构与程序。）教学组织形式不是固定不变的，随着社会政治经济、科学文化的发展，对培养人才要求的不断提高，教学组织形式也不断发展和改进。在教育史上先后出现的影响较大的教学组织形式有：个别教学制、班级授课制、分组教学制、导生制、道尔顿制与特朗普制等。

1. 个别教学制

个别教学制是教师面对个别或少数学生进行教学的一种教育组织形式。在个别教学中，每位学生所学的内容和进度可以有所不同，教师对每位学生教的方法和要求也有所区别，自然每位学生学习的成效各不一样，甚至差距极大。因此，个别教学最显著的优点在于：教师能够根据每位学生的特点，包括天赋、接受能力和努力程度而因材施教，加强教学的针对性，比较充分地发展每个学生的潜能、特长和个性。

2. 班级授课制【重要】

扫一扫，看视频

(1) 班级授课制的由来及发展

从 16 世纪末以来，随着资本主义工商业的兴起和科技的进步，要求扩大学校教育的规模，增加教学内容，在欧美的一些学校最早出现了以班级为单位的教学组织形式。

夸美纽斯对这一新的组织形式从理论上加以整理与论证，使之确定下来，后经德国教育家赫尔巴特的发展而基本定型。工业革命后，它在欧美逐步推广开来。1862 年，我国京师同文馆率先采用班级授课制，1903 年“癸卯学制”以法令的形式确定下来，并在全国得到推广。

(2) 班级授课制的主要特征

①以班级为单位，由教师同时对整个班级进行教学，班级是按照学生的年龄和知识水平编制的，且人数和成员固定；

②教学内容按学校和学年分成许多既有系统联系又相对独立和均衡的许多部分，每一部分采用相应的教学方法和教学手段，有计划、有步骤地展开教学活动；

③每一课都限定在统一且固定的单位时间进行，课与课之间有一定的休息时间。

简而言之，就是学生固定、地点固定、时间固定、教师固定和内容固定。

(3) 对班级授课制的评价

优点：

①它大规模地面向全体学生教学，一个教师能同时教几十个学生，而且使全体学生共同进步，比个别教学的效率高；

②它能保证学习活动循序渐进，并使学生获得系统的科学知识，扎扎实实，有条不紊；

③它能保证教师发挥主导作用，首先是教师系统讲授，而且在这个基础上直接指导学生学习的全过程；

④它把教学内容及活动有计划地加以安排，特别通过课的体系，分工合作，从而赢得教学的高速度；

⑤学生由于共同目的和共同活动集结在一起，可以互相观摩、启发、切磋，比较适合学生身心发展的年龄特点和发挥学生之间的相互影响作用，有助于提高教学质量；

⑥它在实现教学任务上比较全面，从而有利于学生多方面的发展，它不仅能较全面地保证学生获得系统的知识、技能和技巧，同时也能保证对学生经常的思想政治影响，启发学生思维。

缺点：

①学生的主体地位或独立性受到一定的限制；

②学生动手机会少，探索性、创造性不易发挥；

③难以照顾学生的个别差异，强调的是统一，齐步走；

④不能容纳和适应更多种的教学内容和方法，因为它一切都固定化、形式化，灵活性有限。

3. 分组教学制

分组教学是指按学生的能力或学习成绩把他们分为水平不同的组进行教学。分组教学的类型主要有能力分组和作业分组。能力分组，是根据学生的能力发展水平来分组教学的，各组课程相同，学习年限则各不相同。作业分组，是根据学生的特点和意愿来分组教学的，各组学习年限相同，课程则各有不同。

分组教学还可以分为内部分组与外部分组两种形式。内部分组是在传统的按年龄编班的前提下，根据学生能力或学习成绩发展变化情况来分组教学的，外部分组则打破传统的年龄编班，按学生的能力或学习成绩的差别来分组教学。

二、教学的基本组织形式与辅助组织形式【重要】

1. 教学的基本组织形式

今天，我国学校的教学仍以班级上课为基本组织形式，因为班级授课制有它突出的优点。它有利于提高教学效率，有利于发挥教师的主导作用，有利于发挥学生集体的教育作用。但它也有缺点：不利于照顾到学生的个别差异，不利于培养学生的探索精神、创造能力和实际操作能力。

2. 教学的辅助组织形式

现代教学，除了班级授课制以外，还要采用多种辅助的教学组织形式，以巩固、加深和补充课堂教学的知识，弥补班级授课制在照顾学生个别差异、进行因材施教方面之不足。这些教学的辅助组织形式各有特点，不一定要面向全班，时间可以有长有短，可以采用小组活动或个人作业形式进行，便于因材施教。这些教学的辅助形式主要有作业、参观、讲座、辅导等。

三、教学工作的基本环节【重要】

扫一扫，看视频

教学工作是一个完整的系统。学校的整个教学工作是由备课、上课、布置和检查作业、课外辅导、学业考评等基本环节组合而成的。

1. 备课

备课是教师上课前的准备工作，是上好课的前提，是提高教学质量的重要保证。教师备课一般要做好下列工作：①钻研课程标准和教材；②全面了解学生；③研究和掌握教学方法。

2. 上课

上课是教学的中心环节。上好一堂课必须符合下列要求：①教学目的明确；②保证教学的科学性与思想性；③调动学生的学习积极性；④根据实际情况调整教学计划；⑤组织好教学活动；⑥布置好课外作业。

3. 作业的布置与批改

布置和检查作业是上课的延续，是教学工作的有机组成部分。①课外作业的布置要适当，内容要涉及多个方面，难度要合适，要有助于提高学生对课堂知识的掌握和消化；②对学生作业的指导要恰如其分，对学生所犯的错误要及时指出，对学生的独到见解要加以肯定，批改作业要认真。

4. 课外辅导

课外辅导是教学的必要环节，是课堂教学的一种补充形式，是因材施教、提高教学质量的重要措施。一般采用个别辅导和小组辅导的形式。①要因材施教，教师应深入了解学生；②指导学生独立思考，钻研；③发挥集体优势，组织学生开展互帮互学活动。

5. 学业考评

学业成绩的检查与评定是教学效果的反馈环节。通过课堂教学的提问检查以及单元、期中、期末、学年成绩的检查和评定等，有利于教师、学生和家长及时了解和掌握学生的学习情况，以做出相应的调整。

第三节　教学评价【一般】

一、教学评价概述

1. 教学评价的概念

教学评价是对教学工作质量所做的测量、分析和评定。主要指依据一定的客观标准，通过各种测量和相关资料的收集，对教学活动及其效果进行客观测量和科学判定的系统过程。

2. 教学评价的意义

教学评价具有多方面的意义。通过教学评价，对学校来说，可以记载和积累学生学习情况的资料，定期向家长报告他们子女的成绩，并作为学生升、留级和能否毕业的依据；对教师来说，可以及时了解学生的学习情况和获得教学效果的反馈信息，以分析自己教学的优缺点，更好地提高教学水平；对学生来说，可以及时得到学习效果的反馈信息，明确自己学习中的长处与不足，从中受到激励与警示，以扬长避短；对领导来说，可以了解每个教师、每个班的教学情况，便于发现问题与总结经验，以改进教学；对家长来说，可以了解子女的学习情况及其变化，以便配合学校进行教育。

教学评价最重要的作用在于运用它来探明、改善和提高教学活动本身的功能，如果说教学活动是一个信息传递系统，教学评价则是这个系统的反馈机制。同时，教学评价也是教学的一个手段，帮助改进和提高教学水平、为实现教学目标和促进学生发展服务。

3. 教学评价的种类

(1)根据评价在教学过程中的作用不同，可分为诊断性评价、形成性评价和总结性评价

扫一扫，看视频

诊断性评价:这是在学期开始或一个单元教学开始时,为了解学生的学习准备状况、现有知识水平以及影响学习的因素而进行的评价。它包括各种摸底考试,来弄清学生已有的知识和能力发展情况,学习上的特点、优点和不足之处。其目的是为了更好地组织后续的新授课的教学内容和改进教学方法,以便对症下药、因材施教。

形成性评价:这是在教学过程中为了改进和完善教学活动而进行的对学生学习过程及结果的评价。它包括在一节课和一个课题教学中,对学生的口头提问、课堂作业与评议,以及书面测验等,使老师和学生都能获得及时的反馈信息。其目的是为了促进学生的学习和发展,以改进教学过程,提高质量,而不强调成绩的评定。

总结性评价:这是在一个大的学习阶段、一个学期或者一门课程结束时对学生学习结果的评价,这是一种正规的、制度化的考查,是对成绩的全面评定,也称终结性评价。其目的是给学生评定成绩。

(2)根据评价所运用的方法和标准不同,可分为相对性评价和绝对性评价

相对性评价是用常模参照性测验对学生成绩进行的评定,它依据学生个人的成绩在该班学生成绩序列中或常模中所处的位置来评价和决定他的成绩优劣,而不考虑他是否达到教学目标的要求。故相对性评价也称常模参照性评价。

绝对性评价是用目标参照性测验对学生成绩进行评定,它依据教学目标和教材编制试题来测量学生的学业成绩,判断学生是否达到了教学目标的要求,而不以评定学生之间的差别为目的。故绝对性评价也称目标参照性评价。

(3)根据评价的主体不同,可分为教师评价和学生自我评价

教师评价主要是指任课教师与班主任对学生的学习状况与成果进行的评价。

学生自我评价是指在教师的引导下学生对自己做的作业、试卷、其他学习成果进行的评价。

二、教学评价的原则与方法

扫一扫,看视频

1. 教学评价的原则

(1)客观性原则

教学评价要客观公正、科学合理,不能主观臆断、掺杂个人情感,防止评价不符合实际情况。

(2)发展性原则

教学评价应着眼于学生的学习进步、动态发展,着眼于教师的教学改进和能力提高,以调动师生的积极性,提高教学质量。

(3)指导性原则

教学评价应在指出学生的长处与不足的基础上提出建设性意见,使被评价者发扬优点、克服缺点,不断前进。

(4)计划性原则

教学评价必须紧密配合教学工作有计划地进行,科学地控制各科教学评价的次数及总量并做出合理的安排,避免评价太多或过于集中,使学生和教师负担过重。

2. 教学评价的方法

(1) 观察法

观察是直接认知被评价者行为的最好方法。它适用于在教学中评价那些不易量化的行为表现（如兴趣、爱好、态度、习惯与性格）和技能性的成绩（如唱歌、绘画、体育技巧和手工制成品）。为了提高观察的精确度和可靠性，一方面应使观察经常化，记一些学生的行为日志或轶事报告，使评价所根据的资料更全面；另一方面，可采用等级量表，力求观察精确。

(2) 测验法

测验主要以笔试形式进行，是考核、测定学生成绩的基本方法。它适用于对学生学习文化科学知识的成绩评定。但是测验法难以测定学生的智力、能力和行为技能的水平。测验的质量指标有信度、效度、难度和区分度。信度指测验结果的可靠程度，如果一个测验在反复使用或以不同的方式使用，都能得到大致相同的可靠结果，那么这个测验的信度就高。效度指测验能够达到测验目的的程度，即能否测出人们想要测出的东西。难度指试题的难易程度，一般的测试要做到难度合适。区分度指测验对考生的不同水平能够区分的程度。

(3) 调查法

调查是了解学生的学习情况，为进行学生成绩评定搜集资料的一种方法。如果教师对学生的成绩有疑问则需要经过调查解决；特别是要了解学生的学习态度、方法和习惯更需要调查。调查一般通过问卷、交谈进行。

(4) 自我评价法

在教学评价中，自我评价十分重要。它可以帮助学生更好地理解教学目标，正确地评价自己，从而自觉改进学习。自我评价的具体方法常用的有运用标准答案，运用核对表以及运用录音机、录像机。

三、学生学业成绩的评价

1. 学生学业成绩评价的含义

学生学业成绩评价实质上就是判断学生是否达到或在何种程度上达到了教学目标的要求。

2. 学生学业成绩评价的意义

学校通过对学生学业的评价，检查教学的完成情况，从检查中获得反馈信息，用来指导和调节教学过程和学习过程，从而改善教学、提高质量。

3. 教学目标在学生学业成绩评价中的作用

教学目标规定了通过教学应当使学生达到掌握一定知识、技能和发展一定能力、品质的要求，因而教学目标是评价学生学业成绩优劣的唯一质量标准。

4. 学生学业成绩评价的方式

主要有考查和考试。考查一般指对学生的学习情况和成绩进行的一种经常的小规模或个别的检查和评定。如口头提问、检查书面作业和书面测验。考试一般是指对学生学业成绩进行的阶段性或总结性的检查和判定。如期中考试、学期考试、毕业考试等。考查和考试一般均量化为分数。考试的一个主要方式是测验,除此之外,还有口试、提问、目测操作或动作、手工艺制品等。

5. 试题编制的要求

①依据教学目标、各科课程标准来选编试题;

②知识分布面要广,知识覆盖面要大,不可超出课程标准规定的范围;

③试题的类型要多样化;

④试题之间不应有重复和相关;

⑤试题的容量适中,难度适中,有区分度;

⑥试题的文字表述要简明、准确、易懂。

6. 评分标准和记分法

为了给学生的成绩准确地评分,老师一定要掌握评分标准和记分法。评分标准要注意以下几方面:①学生掌握的知识的广度和深度;②运用知识的能力,包括语言和文字能力;③在口头、书面回答和实际操作中所犯错误的数量和性质等。

常用的记分法有百分制记分法和等级制记分法。

四、教师教学工作的评价

1. 评教的意义

教师教学工作评价,亦称"评教",是对教师教学的质量分析和评价。它对教学工作具有重要意义。它可以使教师个人更清楚地了解自己教学的长处与不足,可以增进教师之间的相互了解、相互切磋与学习,可以使学校领导深入第一线,了解教学的情况、经验与问题。

2. 评教的要求

评教除了应遵循教学评价的原则外,尚须注意下述要求:①着重分析教师的教学质量,而不是评价他的专业水平;②根据学生的成绩来评价教师的教学质量;③注意教学的系统性与完整性。

3. 教学的几种水平

根据现代教学理论的研究,教学可分为三种水平:记忆水平、理解水平和探索水平。教学发展的几种水平,是诊断和评价教学的重要依据。

(1)记忆水平

这是一种低水平的教学。它的主要特点是:教师老是照本宣科、一味灌输,不会引导、启发,学生则停滞在死记硬背;机械掌握、一知半解上,不能保证教学质量。

(2)理解水平

它的主要特点是:教师认真详细讲解教学内容,学生通过认真听讲、思考与练习,基本上能理解和运用所学知识技能,完成教学任务。但这种水平的教学,重教而不重学,重教师主导作用而不重发挥学生主动性,重教师讲解、学生理解而不重学生独立思考与探索。

(3)探索水平

这是教学的较高境界。它的主要特点是:教师注重引导、启发、讲解、示范;善于提出引人深思、能挑战学生智慧的问题;教师善于激励学生积极思考、充分发挥他们主动性、创造性,不断引导学生的探究走向深入,在激烈的思想碰撞与论争中发挥个人的聪明才智,攻克难关,获取真知,让师生分享教学的乐趣。

4. 评教的方法

(1)分析法

这是根据一定教学目的、原则或标准来分析和评价教师教学质量的方法。这是一种常用的评教方法,评价一节课,大多采用分析法。

(2)记分法

这是通过量化的分项记分来评价教师教学质量的方法,是近几年来渐渐盛行起来的方法。它先将教学的整体活动分为若干项目,并规定每个项目的分数和评分标准,要求评价者分项记分和得出总分。然后,通过统计,计算出被评教师每个人所得分数,根据分数高低显示教学的优劣。

经典例题

一、名词解释

1. 教学评价
2. 教学策略

二、简答题

1. 列举中小学常见的教学方法。
2. 教学评价的原则有哪些?

三、分析论述题

班级授课制的优缺点及教学组织形式的改革方向。

答案解析

一、名词解释

1. 教学评价是根据一定的教育价值观或教育目标,运用可操作的科学手段,通过系统地收集信息、资料，并加以分析、整理，对教育活动、教育过程和教育结果进行价值判断，从而为不断完善自我和教育决策提供可靠信息的过程。

考点分析 此题主要考查考生对于教学评价这一知识点的掌握情况。有关教学的其他基本概念，考生都要熟练掌握。

2. 教学策略是指为达成教学的目的与任务，组织与调控教学活动而进行的谋划。

考点分析 此题主要考查考生对于教学策略这一知识点的掌握情况。有关教学的其他基本概念，考生都要熟练掌握。

二、简答题

1. 中小学常用的教学方法主要有讲授法、谈话法、讨论法、实验法、实习作业法、演示法、练习法、参观法和自学辅导法等。

考点分析 此题在答题时，还要对每一种教学方法做一些简要阐述，主要考查考生对于中小学常用的教学方法的掌握情况。关于中小学教学方法的内涵及具体要求，考生要熟练掌握，在考查时，既可以一起考查，也可以单独考查某一教学方法。

2. 教学评价的原则有客观性原则、发展性原则、指导性原则和计划性原则。

(1)客观性原则：教学评价要客观公正、科学合理，不能主观臆断、掺杂个人情感，防止评价不符合实际情况。

(2)发展性原则：教学评价应着眼于学生的学习进步与动态发展，着眼于教师的教学改进和能力提高，以调动师生的积极性，提高教学质量。

(3)指导性原则：教学评价应在指出学生的长处与不足的基础上提出建设性意见，使被评价者能够发扬优点、克服缺点，不断前进，所以，教学评价应经常给师生以教学效果的反馈信息。

(4)计划性原则：只有加强教学评价的计划性，才能保证每门学科的教学都能有计划地按课题和课时的要求，自觉积极而规范地进行，不至于失范、失控，产生盲目性和造成质量下降。

考点分析 此题主要考查考生对于教学评价这一知识点的掌握情况。关于教学评价的基本原则、类型、学生学业成绩与教师工作评价，考生要熟练掌握。

三、分析论述题

班级授课制是一种集体教学形式。它把一定数量的学生按年龄与知识程度编成固定的班级，根据周课表和作息时间表，安排教师有计划地向全班学生集体上课，分别学习所设置的各门课程。

优点：(1)它大规模地面向全体学生教学，一个教师能同时教几十个学生，而且使全体学生共同进步，比个别教学的效率高。

(2)它能保证学习活动循序渐进，并使学生获得系统的科学知识，扎扎实实，有条不紊。

(3)它能保证教师发挥主导作用，首先是教师系统讲授，而且在这个基础上直接指导学生学习的全过程。

(4)它把教导内容及活动加以有计划的安排，特别是通过课的体系，分工合作，从而赢得教学的高速度。

(5)学生彼此之间由于共同目的和共同活动集结在一起,可以互相观摩、启发、切磋,比较适合学生身心发展的年龄特点和发挥学生之间的相互影响作用,有助于提高教学质量。

(6)它在发现教学任务上比较全面,从而有利于学生多方面的发展,它不仅能较全面地保证学生获得系统的知识、技能和技巧,同时也能保证对学生产生经常的思想政治影响,启发学生的思维、想象力以及学习热情。

不足之处:

(1)学生的主体地位或独立性受到一定的限制。

(2)实践性不强,学生动手机会少。

(3)学生的探索性、创造性不易发挥,主要接受现成的知识结果。

(4)难以照顾学生的个别差异,强调的是统一,齐步走。

(5)不能容纳和适应更多种的教学内容和方法,因为它一切都固定化、形式化,灵活性有限。

(6)不能保证真正的智力卫生要求,往往将某些完整的教学内容和教学活动人为地分割。

(7)缺乏真正的集体性,每个学生需独自完成学习任务。教师虽然面向许多学生同样施教,但每一个学生都以自己独特的方式去掌握。每个学生分别对教师负责,学生与学生之间并无分工合作。

改革:适当缩小班级规模,使教学单位趋向合理化;改进班级授课制,实现多种教学组织形式的综合运用;多样化的座位排列,加强课堂教学的交往互动;探索个别化教学。

考点分析 此题主要考查考生对于班级授课制这一知识点的掌握情况。关于中小学教学组织形式,教学的基本环节等,考生要熟练掌握。

第十章

德　育

本章主要讲述德育的相关知识，主要包括德育的概念、特点、功能、任务和内容，德育过程，德育原则的涵义和要求，德育途径与方法等内容。其中，德育过程的本质、德育原则、德育方法、德育途径等是本章复习的重点。考生在复习中应了解德育的概念、特点、功能、任务和内容，掌握德育过程的本质、德育原则的含义和要求、德育的不同途径、德育方法的含义和要求。

第一节　德育概述【一般】

一、德育的概念

德育是受教育者按照一定社会或阶级的要求，有目的、有计划、系统地对受教育者施加思想、政治和道德影响，通过受教育者积极的认识、体验、身体力行，以形成他们的品德和自我修养能力的教育活动。狭义的德育就是教师有目的地培养学生品德的活动。广义的德育包括道德教育、思想教育、政治教育和法制教育等四个方面。

二、德育的特点

德育旨在培养学生的道德信念和人生观，形成学生的道德行为习惯，主要属于伦理领域。它要解决的矛盾主要不是求真，不是学生对事物的知与不知，不是回答世界是什么的问题，而是求善、知善、行善，回答世界应该是什么的问题。品德是个性素质结构的重要因素，在个性素质结构中起着价值定向的作用。

三、德育的功能

德育的功能，简单地说就是育德，即能满足学生的道德需要，启发学生的道德觉醒，规范学生的道德实践，引导学生的道德成长，培养学生的健全人格，提升学生的人生价值与社会理想。学校德育在青少年学生发展中的导向作用极其重要。学校德育不仅有对学生的育德功能，促进学生个性的全面发展，而且通过育人发挥着重要的经济功能、政治功能、生态功能等，促进社会的发展。

四、德育的任务和内容

1. 德育任务

根据党在新时期的总任务和教育目的的要求，德育的根本任务是：用马克思列宁主义、毛泽东思想、邓小平理论和“三个代表”重要思想教育学生，提高他们的社会主义觉悟，使他们能自觉按照社会和学校的要求，调节自己的言行，评价别人的思想行为，抵制资产阶级消极思想和封建残余思想的侵袭，把他们塑造成为“四有”的一代新人。学校德育的具体任务如下：

(1)逐步提高学生的道德修养能力，形成社会主义和共产主义的道德观

有目的、有计划地引导学生掌握社会主义的理论和道德规范，自觉地身体力行，在社会生活的实践中不断积累经验，逐步提高分辨是非、善恶、美丑、荣辱及遵照道德规范行为的能力，逐步形成基本的社会主义的道德观点、信念，为培养正确的人生观和科学世界观打下基础。

(2)培养学生坚定的政治立场和高尚的道德情感

引导学生在道德认识和实践活动中，激发出道德需要，形成正确的道德价值观，培养爱憎分明的政治态度，坚定的政治立场和高尚的道德情操，使他们对履行和捍卫社会主义道德富有责任感、义务感、使命感。

(3)养成学生良好的道德行为习惯

引导学生进行实际的道德锻炼和规范行为的训练，不仅要使他们能自觉地运用社会主义道德规范调节自己的行为，而且要使他们的道德行为在反复的实践活动中，达到自动化的程度，即形成道德行为的自觉习惯。

2. 德育内容

我国学校德育的内容主要由四部分组成，即道德教育、思想教育、政治教育和法制教育。

道德教育的目的在于促进学生道德的发展。

思想教育的目的在于使学生形成一定世界观、人生观。

政治教育的目的在于使学生形成一定政治观念、政治信念和政治信仰。

法制教育的目的在于向学生普及法律常识，增强法律意识，培养维护和遵守法律的行为习惯。

第二节 德育过程【一般】

扫一扫，看视频

德育过程是教育工作者组织适合德育对象品德成长的价值环境，促进他们在道德认知、情感、意志、行为能力等方面不断建构和提升的过程，使其养成教育者所期望的品德的过程。简言之，德育过程即促进个体道德自主建构的价值引导过程。德育过程具有以下规律：

一、德育过程是培养学生知、情、意、行统一发展的过程【重要】

1. 知、情、意、行是构成思想品德的四个基本因素

知是指道德认识，是人们对道德规范及其意义的理解和掌握，也包括道德观念、信念和评价能力。情是指道德情感，是人们对客观事物的是非善恶判断时引起的内心体验，是对客观事物爱憎好恶的主观态度。意是指道德意志，是为道德行为所做出的自觉顽强的努力，是调节行为的一种精神力量。行是指道德行为，是人们在道德认识、情感、意志的支配下，对他人和社会做出的反应，也是衡量思想品德高低好坏的根本标志。

2. 知、情、意、行是互相联系、互相促进、互相转化的

其中，知是基础，行是关键，在从知到行的转化过程中，情、意起调节促进作用。

3. 知、情、意、行是互相作用，统一实现的过程

知、情、意、行诸要素，从简单到复杂，从低级到高级，从旧质到新质的矛盾运动，构成了思想品德形成的全过程。德育过程就是要促进这一过程的实现。

4. 德育过程的多端性

思想品德的形成，通常以知为开端，最终形成行为习惯。但由于知、情、意、行各因素都具有相对独立性，它们都可以作为德育的开端，因此德育过程没有固定的程序，可根据具体情况选择不同的开端。

二、德育过程是指导学生在活动和交往中，接受各方面教育影响的过程【重要】

学生思想品德是在社会多方面教育影响下形成和发展起来的，德育过程具有社会性和可控性。学生思想品德的发展，受学校、家庭和社会环境多方面的影响，随着年龄的增长，社会对他们的影响也日益广泛和深入。社会的、思想的、政治的、经济的、文化的诸因素时时刻刻广泛地影响着学生，学生是社会人，必须接受社会各方面的影响。因此，德育具有社会性，德育过程要与社会生活紧密联系起来，克服脱离现实社会生活的空洞政治说教。学校教育不同于环境的自发影响，它是有目的、有计划、有组织的活动，可以对环境因素进行控制和调节，扬长避短，促使受教育者的思想品德向社会需要的方向发展，因此学校德育具有可控制性。学校教育是德育过程的主要途径，但必须与社会、家庭结合起来。学生的主要活动是学习活动，主要交往对象是学生和教师，所以要注意发挥学生集体的教育作用。

三、德育过程是促进学生思想内部斗争的过程，是教育与自我教育相结合的过程【重要】

学生思想内部的矛盾斗争是学生思想品德发展的动力。在德育过程中，外界影响是必不可少的重要条件，但学生思想品德的发展更取决于学生思想内部的矛盾斗争，即外界的道德要求与他已形成的思想品德现状的矛盾。这些矛盾的斗争成为推动学生思想品德发展的动力。德育过程就是要

引导并促进学生思想上的矛盾斗争，依靠和发扬学生自身的积极因素，克服和纠正存在的消极因素，使学生的思想品德向教育者所期待的方向发展。

德育过程是教育和自我教育的统一的过程。受教育者具有主观能动性，在德育过程中，学生的内因很重要。学生是积极活动的主体，他能根据已形成的思想品德能动地对教育者所提出的新要求做出评价和选择。因此在德育过程中，要充分发挥受教育者的主观能动性，提高他们的自我教育能力，把教育与学生的自我教育结合起来。

四、德育过程是一个长期的、复杂的、逐步提高的过程【重要】

学生的思想品德形成与发展是长期的、反复的、从量变到质变不断积累和逐步提高的过程。

首先，从学生主观世界来看，品德的形成，知情意行矛盾斗争的协调，要经过长期培养和磨炼。每一种思想品德的形成，都具有不稳定性，需要多次反复。这就决定了德育过程必然是一个曲折反复、长期的教育过程。

其次，从客观环境影响看，社会、家庭、学校影响的广泛性和多层次性，积极因素和消极因素的矛盾斗争此起彼伏，社会发展对学生思想品德的要求不断提高等，都决定了德育过程是个长期的、反复的过程。

总之，德育过程的社会性，德育因素的广泛性和复杂性，以及青少年学生本身的可塑性等特点，决定了学生思想品德的形成和发展不可能是直线式的，只能是波浪式曲折前进的，有时还会出现反复。因此德育过程要坚持不懈，持之以恒地进行。要“抓反复”“反复抓”。

第三节　德育原则【重要】

扫一扫，看视频

德育原则是根据德育目的、德育目标和德育科学规律提出的指导德育工作的基本要求。德育原则指导着德育工作的各个方面及整个过程，对制定德育大纲、确定德育内容、选择德育方法、运用德育组织形式等都具有指导作用。

一、理论与实践相结合原则

知行统一原则，又称理论与实践相结合原则，是指在德育工作中要把思想政治观念和道德规范的教育与参加社会生活的实际锻炼结合起来，把提高学生的思想认识与培养良好的行为习惯结合起来，并使他们言行一致。

其贯彻要求是：

①理论学习要结合实际，切实提高学生的思想认识；

②要引导和组织学生参加实际锻炼，培养道德行为；

③对学生思想品德的要求和评价要坚持知行统一、言行一致；

④教师要言传身教，以身作则。

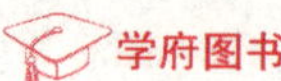

二、疏导原则

疏导原则是指进行德育要循循善诱、以理服人，从提高学生认识入手，调动学生的主动性，使他们积极向上。疏导原则也称循循善诱原则。

贯彻疏导原则的基本要求如下：

①讲明道理、疏通思想；

②因势利导、循循善诱；

③以表扬、激励为主，坚持正面教育。

三、长善救失原则

长善救失原则是指进行德育要调动学生自我教育的积极性，依靠和发扬他们自身的积极因素去克服他们品德上的消极因素，实现品德发展内部矛盾的转化。

其贯彻要求是：

①"一分为二"地看待学生；

②长善救失，通过发扬优点来克服缺点；

③引导学生自觉评价自己，进行自我修养。

四、严格要求与尊重信任相结合原则

严格要求与尊重信任相结合原则是指在德育过程中，教师应当从热爱、尊重学生出发，严格要求学生，把对学生的严格要求和对学生的尊重信任结合起来。

其贯彻要求是：

①爱护、尊重和信赖每一个学生；

②要对学生提出具体的、明确的、合理的严格要求；

③形成尊师爱生的良好师生关系；

④教师要严于律己，以身作则，才能保证执行要求的严格性和坚决性。

五、因材施教原则

因材施教原则是指进行德育要从学生的思想认识和品德发展的实际出发，根据他们的年龄特征和个性差异进行不同的教育，使每一个学生的品德都能得到最好的发展。

其贯彻要求是：

①深入了解学生的个性特点和内心世界；

②根据学生个人特点有的放矢地进行教育；

③根据学生年龄特征有计划地进行教育。

六、在集体中教育原则

在集体中教育原则是指教师在对集体进行教育时，注意针对集体中各个成员的实际情况进行个别教育。同时,通过对每个成员的个别教育来影响集体,促进集体的形成、巩固和发展。

贯彻集体教育与个别教育相结合原则的具体要求为:

①重视学生集体的建设,尤其是班集体,引导学生关心、热爱集体,为建设良好的集体而努力;

②通过集体教育学生个人,通过学生个人的转变影响集体;

③把集体教育和个别教育结合起来,处理好集体和个人的关系。

七、教育影响的一致性与连贯性原则

教育影响的一致性与连贯性原则是指进行德育应当有目的、有计划地把来自各方面对学生的教育影响加以组织、调节,使其互相配合、协调一致、前后连贯地进行,以保障学生的品德能按教育目的的要求发展。

其贯彻要求是:

①组建教师集体,使校内教育影响一致;

②发挥学校教育的主导作用,使学校、家庭和社会对学生的教育影响互相配合;

③做好衔接工作,使对学生的教育前后连贯和一致。

第四节　德育途径与方法【重要】

一、德育途径【重要】

扫一扫,看视频

1. 直接的道德教育

直接的道德教育即开设专门的道德课系统地向学生传授道德知识和道德理论。

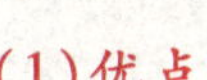

(1)优点

①使学校德育的实施在课程和实践上得到最低限度的保证;

②有利于系统全面地向学生传授道德知识和道德理论,提高学生的道德认知;

③如果教法得当,可以迅速促进学生道德思维能力和道德敏感性的发展。

(2)道德课在理论上的难题

①设立单独的道德课,本意是加强学校教育,但把道德教学和学科教学相提并论,实际上贬低了学校德育的价值和地位;

②道德领域宽泛而松散,无明显的界限,很难限定在一套固定的课程里进行教学;

③道德课实为关于道德知识的教学,与其说是德育,不如说是实施智育,道德不仅仅是知识,不宜用像讲授科学知识那样的方法讲授道德;

④现代学校学科教学任务繁重,教师和学生留给道德教育的时间非常有限,学校通过德育课进行道德教育的目的可能会落空。

2. 间接的道德教育

间接的道德教育是在学科教学、学校与课程管理、辅助性服务工作和学校集体生活各个层面对学生进行道德渗透。学科教学中唯一可行的道德渗透是德育，而道德学习的核心是价值观或态度的学习，同时教材对学生品德的影响很重要。

学校间接德育的主要途径有思想政治课之外的其他各学科教学、课外活动与劳动、心理咨询和职业指导、校园环境建设、学校共青团与少先队活动以及班主任工作。总的来讲，道德教育直接与间接的途径主要有这样一些：

(1)思想政治课与其他学科教学

这是学校德育的重要途径。首先，教学往往只是专注于知识的教与学，这就意味着德育在教学中没有到位或没有完全到位。教学不仅仅是教知识，还包含了育德。其次，在教学中，既有学生与知识之间的对象活动的关系，又有师生、生生之间的人际交往关系。在这些交往中，教师对学生的态度和评价都会潜移默化地积淀为学生品德。

(2)劳动与其他社会实践

这一途径的特点在于实际地做，实际地交往，让学生在做中学，在交往中学。通过劳动和其他社会实践，学生容易产生对劳动、对科学与技术、对社会现实的兴趣，激发出巨大的探索热情和潜力。劳动和其他社会实践在德育上有着不可替代、不可忽视的意义。

(3)课外活动和校外活动

这是一个生动活泼地向学生进行德育的途径。它不受教学计划的限制，让学生根据兴趣、爱好自愿选择，自主地组织，开展丰富多彩的活动，制定并执行一定的计划与纪律，以调节自己的行为和处理人际关系。

(4)学校共青团和少先队活动

青少年是渴望加入一个组织，积极参加活动的。组织得当的团队活动，能激发学生的上进心、荣誉感，使他们能够严格要求自己，自觉地提高思想觉悟，培养良好的品德。而共青团、少先队是现在学生们的重要组织。

(5)心理咨询

学生在成长的过程中会产生一些生理和心理的问题，他们还面临着未来职业选择等多方面的问题，心理咨询能够帮助学生正确处理好学习、生活、择业、人际关系等方面的问题，使他们成为积极向上、心理健康的人。

(6)班主任工作

这是学校对青少年学生进行德育的一个重要又特殊的途径，通过这个途径，学校才能强有力地管理基层学生集体，教育每个学生，更好地发挥上述德育途径的作用。这个途径与上述途径是不能并列的，它通过班主任的积极主动的工作，能对其他途径起调节作用，对学生品德的发展产生巨大的影响。

二、德育方法

扫一扫，看视频

德育方法是指用来提高学生的思想认识，培养他们的道德品质的方法。它不仅指教师运用的方法或以教师活动为主的方法，它还是在教师德育影响下师生共同活动的方法。中小学的德育方法主要有：说服教育、情感陶冶、实践锻炼、自我教育、榜样示范和品德评价等方法。

1. 说服教育法

说服教育法是指借助语言和事实，通过摆事实、讲道理，使学生提高认识、形成正确观点的方法。它包括讲解、谈话、报告、讨论、指导阅读、参观等。

说服教育法具有情感性。在实际操作中，教育者不但要以饱满的热情、坚定的信念去唤起受教育者情感上的共鸣，还要灵活运用各种方式，使理论、知识、事实、语言、情感的力量形成合力，增强说服效果。

2. 情感陶冶法

情感陶冶法是指教师通过自觉创设良好的教育情境，使受教育者在道德和思想情操方面受到感染、陶冶、熏陶，以实现德育目标的方法。即通过创设良好的情境，潜移默化地培养学生品德的方法。它包括人格感化、环境陶冶、艺术感染、风气影响等。特点是非强制性、愉悦性、隐藏性和无意识性。

教师运用情感陶冶法，首先需要加强自身修养。同时，要注意校园文化建设，丰富校园文化生活，开展丰富多彩的积极健康的文化娱乐活动，并组织学生参与环境的建设。

3. 实践锻炼法

实践锻炼法是指教师有目的地组织学生进行一定的实践活动，以培养他们良好品德的方法。

实践锻炼的途径主要有：课外活动、社会实践、行为训练等。实践锻炼法的主要功能在于培养学生的优良行为，帮助学生养成良好的道德习惯，增强道德意志，培养品德践行能力。同时，通过实践锻炼加深对思想道德原则的理解，丰富道德情感。

在组织学生实际锻炼过程中，应使参与实践活动与提高道德认识、组织情感体验结合，培养学生行为习惯和实施教师规范结合，坚持教育训练和预防、矫正不良行为习惯结合。

4. 自我教育法

自我教育是指在教师的指导下，受教育者在自我意识的基础上产生积极进取心，为形成良好的思想品德而向自己提出任务，进行自觉的思想转化和行为控制的方法。自我教育的方式主要有：仿效榜样、格言激励、艺术熏陶、语言暗示、良心监督等。

实行自我教育法，首先要激发学生自我教育的动机，然后对自我教育的具体方法进行指导，从而养成自我教育的习惯。

5. 榜样示范法

榜样示范法是以他人的高尚思想、模范行为和卓越成就来影响学生品德的方法。榜样包括现实生活中的榜样，如伟人的典范、教育者的示范、优秀学生，还包括文艺作品中的榜样。通过榜样人物的言行，把深刻的思想原理、抽象的道德规范具体化、人格化，使其具有形象性、感染性和可行性。

在实践中，运用榜样示范应注重激发学生对榜样的敬慕之情，使学生从内心产生对榜样爱慕、敬佩之情。增强学习的自觉性，要着重理解榜样人物的精神实质，鼓励学生自觉运用榜样来提高自己的思想境界。

6. 品德评价法

品德评价法是德育的一种辅助方法，它是对学生已经形成的思想品德或目前已有的品德发展状况的一种评价，是对品德发展的强化。品德评价既是组织德育过程的一个基本环节，也是德育的一种方法，是影响受教育者思想品德发展方向的一种控制手段。品德评价主要有奖励、惩罚、操行评定等几种方式。

品德评价在实际操作中要目标明确、实事求是、重视民主、力求做到公正合理。

经典例题

一、名词解释

1. 德育
2. 陶冶法
3. 榜样示范法

二、简答题

1. 简述德育的基本途径。
2. 简述品德发展的一般规律。

三、分析论述题

1. 论述德育是促进学生知、情、意、行发展的过程。
2. 班级里一位同学经常化妆，就这一问题，班主任王老师在课下找来这位同学谈话。老师向学生说道："懂得打扮自己是好事，但是你还不知道化妆的学问啊。"同学说："化妆有什么学问，请老师赐教。"老师说："中学生应该朴素自然、整洁大方、健康活泼。化妆切忌浓妆艳抹。浓妆艳抹会在同学之间、老师之间造成隔膜;青少年应有自然朴素的美,过分的化妆会掩盖住你的青春活力和红润的肤色,让人觉得矫揉造作。”从此以后,老师发现这位同学再也没过分化妆。

(1)上述案例中教师运用了什么样的德育方法。

(2)简述这种德育方法的基本含义和实施要求。

答案解析

一、名词解释

1. 德育是教育者按照一定社会或阶级的要求,有目的、有计划、有系统地对受教育者施加思想、政治和道德影响,通过受教育者积极的认识、体验与身体力行,以形成他们的品德和自我修养能力的教育活动。

考点分析 此题主要考查考生对于道德教育这一概念的掌握情况。考生要熟练掌握教育学中的基本概念。

2. 陶冶法即情感陶冶法,是通过创设良好的情境,潜移默化地培养学生品德的方法。情感陶冶法包括人格感化、环境陶冶和艺术陶冶等方式。

考点分析 此题主要考查考生对于德育方法这一知识点的掌握情况。关于中小学德育方法的含义及其要求,考生要熟练掌握。

3. 榜样示范法是以他人的高尚思想、模范行为和卓越成就来影响学生品德的方法。榜样包括:伟人的示范、学生中的好榜样。

考点分析 此题与上一题同样考查考生对于德育方法这一知识点的掌握情况。

二、简答题

1. 德育途径指德育的实施渠道或形式。

(1)直接的道德教育。

直接的道德教育主要包括思想品德课和时事政治课等课程的教学活动。思想品德课和时事政治课等课程的教学作为道德教学的直接途径,是集中对学生的道德、政治理念和思想进行教育的途径。

(2)间接的道德教育。

间接的道德教育是指思想品德课、时事政治课等课程之外的其他途径所进行的德育。就其外延而言,主要包括:除思想品德课、时事政治课等课程之外的其他学科的教学;课外活动与校外活动;劳动与社会实践;班主任工作;学校共青团、少先队、学生会活动;心理咨询会和职业指导;家庭教育和社会教育等。间接的道德教育无处不在,存在于一切教学活动之中,存在于课堂之外,存在于学校内外,且不可认为德育只有通过直接途径才能得到实施。

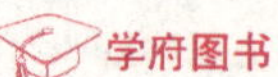

考点分析 此题主要考查考生对于德育途径这一知识点的掌握情况。关于各种具体的德育途径,考生要熟练掌握。

2. 虽然不同的道德发展理论在研究的出发点和结论方面存在差异,但在有关儿童道德发展的内在机制、一般趋向、影响因素等问题上却取得了许多共识,这些共识我们暂且称之为个体品德发展的一般规律。对这些规律,我们概括如下:

第一,品德发展是主客体相互作用的产物,是主体在活动和交往的基础上自我建构的结果;

第二,个体的品德发展是在其内部矛盾运动的过程中实现的,内部矛盾是促进品德发展的直接动力;

第三,个体品德的发展是品德各要素协调统一的发展;

第四,品德的发展是有阶段地连续发展的过程,是从不自觉到自觉的过程。

考点分析 此题主要考查考生对于德育过程这一知识点的掌握情况。德育过程的本质与品德发展的规律同属于一个问题,考生要熟练掌握。

三、分析论述题

1. 德育过程是培养学生品德的过程,而学生的品德包含了知、情、意、行四个要素,所以德育过程也是培养学生知、情、意、行的过程。

(1)德育要有全面性,促进知、情、意、行的和谐发展。

开展德育活动时,就应该注重全面性,兼顾知、情、意、行各要素,不能厚此薄彼,有所偏废。学校德育的重点,在于培养学生的道德判断力、道德敏感性和道德行动力量,任何德育模式,都不能忽视这三个基本方面。我们对学生应该注意晓之以理、动之以情、导之以行、持之以恒,使儿童品德中的智、情、意、行四者相辅相成。

(2)德育具有多开端性,要具体问题具体分析。

道德教育可以从知或情的培养入手,也可以从意或行的锻炼开始,可以有多种开端,具有多开端性。因为,在品德的发展过程中,知、情、意、行四个因素的发展往往是不平衡的,而且,每个学生品德发展的具体情况也存在个别差异,表现出来的品德问题不尽相同。这就要求针对品德结构中诸因素发展不平衡的状况,灵活处理,有的放矢,因材施教。德育具有多开端性,在实际的德育工作中究竟应从哪里开始,要具体问题具体分析。

(3)德育要有针对性,对知、情、意、行采取不同的方式方法。

道德的知、情、意、行各有不同的特点,对它们的培养还不能一概而论,不能用同一种方式、方法来对待,应该采取不同的方式、方法来进行。为了提高学校德育的实效性,就应该针对知、情、意、行不同的特点和规律而采取不同的德育手段与方法。

考点分析 此题主要考查考生对于德育过程这一知识点的掌握情况。

2. (1)采取了疏导的方法。

(2)疏导是指进行德育要循循善诱,以理服人,从提高学生认识入手,调动学生的主动性,使他们积极向上。疏导原则也被称为循循善诱原则。

贯彻疏导原则的基本要求如下：

①讲明道理、疏通思想。

对青少年进行德育，要注重摆事实、讲道理、做深入细致的思想工作，启发他们自觉认识问题，自觉履行道德规范。即使学生有了缺点、毛病，行为上出现了过失、错误，也要注重疏通思想，提高认识，启发自觉。对于学生的思想认识问题，只能疏导、不宜压制。压制往往带来反抗，不利于学生的进步，而疏导才能使学生心悦诚服，自觉改进。

②因势利导、循循善诱。

青少年学生活泼爱动、精力旺盛。他们在课余生活中，唱唱跳跳、奔跑喊叫，积极参加自己喜爱的活动，这是学生身体和心理健康的表现，是很自然的事情。不可一味要求他们安安静静、循规蹈矩，像个小大人一样。重要的问题在于，善于把学生的积极性和志趣引导到正确方向上来。

③以表扬、激励为主，坚持正面教育。

青少年学生积极向上，有自尊心、荣誉感；但往往有孩子气，不能正确认识社会和人生问题。教师要给以启示、指点，使他们放眼社会、懂事明理，从幼稚中醒悟，关心他人、祖国和世界，树立自己的理想。在他们的成长过程中，要坚持正面教育，对他们表现的积极性和微小的进步，都要注意肯定，多加赞许、表扬和激励，引导他们步步向前，以培养他们的优良品德。批评和处分只能作为辅助的方法。

考点分析 此题主要考查考生对于德育方法这一知识点的掌握情况。关于中小学德育方法及其运用要求，考生要熟练掌握。

第十一章 班主任

本章主要围绕班主任这个学校中重要的角色展开学习，主要内容涵盖班主任工作的意义与任务、班主任素质的要求、班集体的培养、班主任工作的内容和方法等。本章内容浅显易懂，考点主要会集中在如何培养班集体、班主任工作的内容和方法等方面。

第一节 班主任工作概述【一般】

一、班主任工作的意义与任务

班级是学校的细胞，既是学校教导工作的基本单位，也是学生学习、活动的基层集体。只有把一个班的学生很好地组织起来进行教学和教育活动，才能使这个班的学生在德、智、体、美等方面得到发展。只有把教育目的和教学计划很好地落实到每个班，才能提高全校的教育质量。

班主任是班的教育者和组织者，是学校领导进行教导工作的得力助手。班主任对一个班的学生工作全面负责，比如组织学生的活动，协调各方面对学生的要求，对一个班集体的发展起主导作用。

班主任工作的基本任务是：依据我国教育目的和学校的教育任务，协调来自各方面对学生的要求与影响，有计划地组织全班学生的教育活动，做好学生的思想教育工作，并对他们的学习、劳动、工作、课外活动和课余生活等全面负责，把班级培养成为积极向上的集体，使每个学生在德、智、体、美等方面都得到充分的发展，形成良好的个性。

二、班主任素质的要求

扫一扫，看视频

1. 高尚的道德品质

班主任是学生的教育者、引路人，是他们的学习榜样。班主任应有崇高的品德，饱满的工作热情，坚持不懈的进取精神，言行一致，表里如一，能为人师表。这样班主任才能在学生中树立崇高的威信，给学生以强有力的教育影响。

2. 坚定的教育信念

确信教育的力量，确信每个学生都有优点和才干，都有自己的前途，即使有某些缺点和错误的学生，只要对他做深入细致的思想教育工作，也能把他转变好。班主任只有确信教育的力量，树立坚定的教育信念，才能在工作中不畏困难，耐心工作，收获教育的硕果。

3. 关心学生发展

班主任对待学生要像家长对待孩子一样，集严父与慈母二人于一身。既要无微不至地关怀学生，真诚地爱护学生，与学生彼此信赖、有深厚的情感；又要严格要求学生，对他们的缺点和错误毫不放过。如果学生感受到班主任对他的深情与期望，那么他将更亲近班主任，并乐于接受教育，从而使班主任在工作中获得更大成效。

4. 较强的组织能力

善于组织学生开展活动是教育学生的重要条件。一个称职的班主任必须善于计划和组织学生的各种活动，善于根据情况的变化迅速做出决定、采取措施、进行调整，在工作中表现出魄力，能令行禁止，坚定地引导学生积极开展活动，不断前进。

5. 广泛的兴趣与才能

青少年学生活泼好动，每个学生都有自己的兴趣与爱好，因而需要开展各种各样、丰富多彩的活动。这就要求班主任也需具有多方面的兴趣与才能。一般来说，性格活泼开朗、兴趣广泛、多才多艺的班主任，与学生有较多的共同语言，易于打成一片，便于开展工作。反之，沉默寡言、不爱活动的班主任则容易脱离学生，难于深入了解和教育学生。

6. 善于与人沟通

班主任为了教好学生，要与家长、任课教师、校外辅导员和有关社会人士联系和协作，因而要善于待人接物。事实证明，只有那些善于交往、能团结人的教师，才能更好地协调各方面的教育力量，把班主任工作做好。

第二节 班集体的培养【一般】

一、班集体的教育功能

1. 班集体不仅是教育的对象，而且是教育的巨大力量

这是苏联教育家马卡连柯在长期的教育实践中总结出的一条宝贵经验。实践证明，进行班主任工作必先注意培养班集体。因为班集体一旦形成，它便能成为教育的主体，具有巨大的教育力量。它能向其成员提出要求，指出努力方向，并通过集体的活动、纪律与舆论来培养其成员的品德。它能紧密地配合班主任开展工作，成为班主任依靠的重要力量。

2. 班集体是促进学生个性发展的一个重要因素

在班集体的各种活动中，一方面，每个学生通过自己的经历和感受，都会积累集体生活的经验，掌握丰富的道德规范，养成社会主义思想品德，更加社会化；另一方面，每个学生都能找到适合于自

第一部分

己的活动、工作和角色，不断发展自己特有的志趣与爱好，更加个性化。在集体中，学生个人的社会化与个性化是相互促进的。而每个学生个性的充分发展，都将促进全班学生的全面发展。同时，班集体又是培育学生个性的园地，它能使个性之花竞相开放、争芳斗艳。

3. 班集体能培养学生的自我教育能力

班集体毕竟是学生自己的集体，有它的组织机构，需要学生学会自己管理自己，自己教育自己，尤其是需要学生自主地制订集体的活动计划，积极地开展各种工作与活动。这无疑能有效锻炼和逐步提高学生的自我教育能力。随着班集体的发展，学生的自我教育能力也能提高到自觉的程度。即使离开班主任的直接领导和监督，班集体也能自觉独立地开展活动和很好地管理自己。要注重发挥班集体的自我教育功能，以便培养和提高学生的自我教育能力。

二、班集体与学生群体【重要】

扫一扫，看视频

1. 正式群体与非正式群体

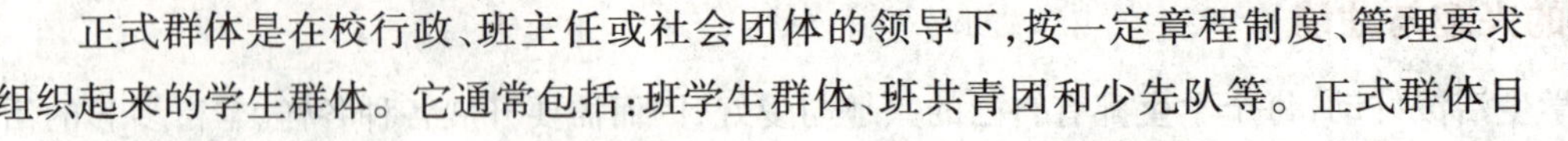

正式群体是在校行政、班主任或社会团体的领导下，按一定章程制度、管理要求组织起来的学生群体。它通常包括：班学生群体、班共青团和少先队等。正式群体目的与任务明确，成员稳定，有严密的组织纪律与工作计划，经常开展活动。正式群体如果组织好就能有力地团结、教育全班学生共同前进，对学生的学习和生活起重要作用。

非正式群体是学生自发形成或组织起来的群体。它包括因志趣相同、感情融洽，或因邻居、亲友、老同学等关系以及其他需要而形成的学生群体。非正式群体有积极的一面，如它有活力，是学生进行学习、娱乐、生活和交往所必需的，可以弥补正式集体活动的不足。不过非正式群体没有正式的组织机构和长远的活动计划，其成员也不稳定，易受外部条件和内部人际关系变化的影响，有消极的一面。但是只要教育者真诚帮助他们，耐心细致地做工作，就可能缩小其不良影响，化消极因素为积极因素。

正式群体与非正式群体在日常的学校教育中有着这样的三种关系形态：一致型、偏移型和冲突型三种。

2. 参照群体

参照群体是指学生个人乐意把它的目标、标准和规范作为自己的行为动机、调节自己思想和行为的一种群体。通俗地说，参照群体是学生个人心目中向往和崇尚的群体。由于学生选择的和心目中向往的参照群体与他实际参加的学生正式群体往往不一致，因而给教育工作造成了极为复杂的情况。

3. 学生群体的作用

学生群体的教育作用主要表现在以下方面：①学生之间的互相影响；②学生群体的自我管理；③学生群体的风气、舆论对学生的影响；④学生群体的自我教育。

从心理学角度而言，学生群体能满足成员人际交往的需要；给成员提供社会化和个性化的机会；具有比较和调节功能，使成员间相互观察、模仿，从而更好地认识、改变自我。

从教育学角度而言，学生群体是学校教育教学活动顺利开展的组织保证；给成员创造一种积极向上的群体氛围，提供充分发展的空间和机会，促使群体成员德、智、体全面发展。

三、集体的发展阶段

一个班的几十个学生，从刚组建的群体发展为坚强的集体，要经历一个发展过程。这个过程可分三个阶段：

1. 组建阶段

这个阶段，班从组织形式上建立起来了。不过班的核心和动力是班的组织者——班主任。班主任必须对学生提出明确的、集体的目的和应当遵守的制度与要求，并引导学生积极开展活动，促进集体的发展。这时集体对班主任有较大的依赖性，不能离开他的监督独立地执行他的要求。如果班主任不严格要求学生，班就可能变得松弛、涣散。

2. 核心初步形成阶段

此阶段的特点是，师生之间、同学之间有了一定的了解，产生了一定的友谊与信赖，学生积极分子不断涌现并团结在班主任周围，班级组织与功能较健全，班的核心初步形成，班主任与集体机构一道履行集体的领导与教育职能。这时，班集体能够在班主任指导下积极组织和开展班的工作与活动，班主任开始从直接领导、指挥班的活动，逐步过渡到向学生提出建议，让班干部来组织开展集体的工作与活动。

3. 自主活动阶段

班级的特点是，积极分子队伍壮大，学生普遍关心、热爱班集体，能积极承担集体的工作，参加集体的活动，维护集体的荣誉，形成正确的舆论与良好的班风。这时，班集体已形成，它已成为教育的主体，能主动地根据学校和班主任的要求以及班上的情况，自觉地向集体成员提出任务与要求，自主地开展集体活动。

四、培养集体的方法

扫一扫，看视频

1. 确定集体的目标

目标是集体的发展方向和动力。培养集体首先要使集体明确奋斗的目标。集体的目标应当是班主任同班干部或全班同学一道讨论确定的。但对一个新生班或后进班来说，班主任则应果断地提出要求作为集体必须实现的目标。集体的目标一般包括：近期的，如搞好课堂纪律；中期的，如成为优秀班；远期的，如每个学生都成为全面发展的好学生。目标的提出应当由易到难，实现一个目标后，立即又提出一个要求更高的目标，以推动集体不断向前发展。

2. 健全组织、培养干部以形成集体核心

培养集体必须注意健全集体的组织与功能，使它能正常开展工作，发挥应有的作用。这里的关键是要做好班干部的选拔与培养工作。在领导一个新班时，班主任不宜急于配齐班干部，可先指定临时负责人抓工作。经过一段时期了解，待积极分子有所涌现之后，再通过委派或选举产生

班干部。班干部一旦产生就要注意严格要求和培养、提高。班主任对班干部不可偏爱和护短，以免助长他们的缺点、错误，导致干群对立和班的不团结；要教育他们谦虚谨慎，认真负责，不断提高修养水平和工作能力，以身作则，团结全班同学一道前进，充分发挥集体的核心作用。

3. 有计划地开展集体活动

班集体是通过开展集体活动逐步形成起来的，因为只有在为实现集体的共同目标而进行的系列活动中，全班学生才能充分交往、互相了解、建立友谊，为形成集体奠定情感基础；才能健全班级的组织机构及其功能，更好地分工协作，把全班同学的积极性都调动起来，形成集体的核心；才能激发出学生的工作责任感和集体主义精神，帮助学生学会正确处理人与人、个人与集体、班与学校、学校与社会之间的关系，形成正确的舆论。班主任在确定班的奋斗目标后，应制订集体活动计划，有计划地开展各种活动，使每个学生都能在活动中得到锻炼与提高，引导集体朝气蓬勃地向前发展。

4. 培养正确的舆论和良好的班风

只有在集体中形成了正确的舆论与良好班风，集体才能识别是非、善恶、美丑，发扬集体的优点，抵制不良思想作风的侵蚀，才能使集体具有巨大的教育力量，成为教育的主体。这两者是强大一个集体的重要标志。班主任应经常注意组织学生学习政治理论、道德规范，以提高他们的认识；并坚持表扬好人好事，批评不良思想行为，为形成正确舆论打下思想基础。特别是在处理班上一些涉及原则问题而学生又未能正确认识的事件时，班主任要善于抓住时机，通过积极的思想斗争，分清是非，以推动正确舆论的形成。

第三节　班主任工作的内容和方法【重要】

扫一扫，看视频

一、了解和研究学生

要教育好学生，必须先了解学生，并注意不断地研究学生。这是教育学生、做好班主任工作的必要条件。了解学生包括个人和集体两方面。了解学生个人情况，主要包括个人德、智、体的发展，他的兴趣、爱好、特长、品质、性格、他的家庭状况和他的社会交往情况。了解学生集体情况是在了解学生个人情况的基础上进行的。它主要包括全班学生的年龄、性别、家庭等一般情况；学生德、智、体发展的全貌（一般发展水平和具有特殊才能的学生情况），班风与传统等。了解和研究学生的主要方法有观察、谈话、分析书面材料和调查研究。

二、教导学生学好功课

一般来说，教师要注意教导学生的学习目的和态度；还要加强学习纪律教育，指导学生改进学习方法。

三、组织班会活动

开展班会活动是班主任一项重要的工作。班会的内容和形式应该多样化;组织班会还要有计划,老师要对一个学期的班会活动有个总计划,对每个班会又要有具体的计划;班会的内容还要很吸引学生,能调动全班同学的兴趣。

四、组织课外活动、校外活动和指导课余生活

课外活动、校外活动与课余生活对培养学生的志趣和才能、丰富学生的生活非常有用,班主任要负责动员和组织工作,进行必要的指导,但是也要严格要求学生遵守学校制度和纪律,自觉抵制不良思想风气的侵蚀。

五、组织学生的劳动

班主任在组织学生劳动时需要注意:做好准备工作,这里的准备包括劳动准备、思想准备和组织准备。在劳动过程中,老师要进行教育工作;劳动过后,要进行工作总结。

六、通过家访建立家校联系

班主任应该与家长取得密切的联系,了解家长的希望与要求,了解学生的家庭环境,这些都有利于老师更深入地了解学生,以及与家长形成教育合力,共同培养学生,这是教师与家长互相协作、互相促进学生发展的过程。

七、协调各方面对学生的要求

这项工作主要包括两个内容:统一校内教育者对学生的要求和统一学校与家庭对学生的要求。只有班主任将来自各方面的要求进行统一,形成教育合力,才会起到教育学生的效果。

八、评定学生操行

操行是学生思想品德的表现,操行评定是学校对学生进行教育的重要方法,教师要注意积累每个学生的思想品德表现的材料,给学生写评语时,实事求是,抓主要问题,有针对性,能反映学生思想品德发展的趋势和全面表现。

九、做好班主任工作的计划与总结

班主任工作面广,工作内容多,连续性强,是个极为复杂的工作。为了更好地胜任这份工作,班主任工作可以分为全面总结和专题总结,教师在总结中不断提升自己,获取教师职业更大的发展。

经典例题

一、简答题

对班主任的素质要求是什么？

二、分析论述题

谈谈班集体的发展阶段及其培养方法。

答案解析

一、简答题

作为一名班主任需要具备以下素质：

(1)高尚的道德品质。班主任应有崇高的品德，饱满的工作热情，坚持不懈的进取精神，言行一致、表里如一，能为人师表。

(2)坚定的教育信念。班主任只有确信教育的力量，树立坚定的教育信念，才能在工作中不畏困难，耐心工作，收获教育的硕果。

(3)关心学生发展。既要无微不至地关怀学生，真诚地爱护学生，与学生彼此信赖、有深厚的情感；又要严格要求学生，对他们的缺点和错误毫不放过。

(4)较强的组织能力。班主任必须善于计划和组织学生的各种活动，善于根据情况的变化迅速做出决定、采取措施、进行调整。

(5)广泛的兴趣与才能。班主任也需具有多方面的兴趣与才能，性格活泼开朗、兴趣广泛、多才多艺的班主任，方可与学生有较多的共同语言，易于打成一片，便于开展工作。

(6)善于与人沟通。班主任为了教好学生，要与家长、任课教师、校外辅导员和有关社会人士联系和协作，因而要善于待人接物。

考点分析　此题主要考查考生对于班主任素质的掌握情况。关于班主任的素质要求、工作任务等，考生要熟练掌握。

二、分析论述题

1. 班集体要经历一个发展过程，这个过程可分为三个阶段：

(1)组建阶段。班集体对班主任有较大的依赖性，不能离开他的监督独立地执行他的要求。

(2)核心初步形成阶段。班级组织与功能较健全，班级的核心初步形成，班主任与集体机构一道履行集体的领导与教育职能。

(3)自主活动阶段。学生普遍关心、热爱班集体,能积极承担集体的工作,参加集体的活动,自主地开展集体活动,维护集体的荣誉,形成正确的舆论与良好的班风。

2. 班集体的培养方法主要有:

(1)确定集体的目标。培养集体首先要使集体明确奋斗的目标。目标的提出应当由易到难,实现一个目标后,立即又提出一个要求更高的目标,以推动集体不断向前发展。

(2)健全组织、培养干部以形成集体核心。培养集体必须注意健全集体的组织与功能,使它能正常开展工作,发挥应有的作用。

(3)有计划地开展集体活动。班集体是通过开展集体活动逐步形成起来的。班主任在确定班级的奋斗目标后,应制订集体活动计划,有计划地开展各种活动,使每个学生都能在活动中得到锻炼与提高,引导集体朝气蓬勃地向前发展。

(4)培养正确的舆论和良好的班风。只有在集体中形成了正确的舆论与良好的班风,集体才能识别是非、善恶、美丑,抵制不良思想作风的侵蚀,才能使集体具有巨大的教育力量。

考点分析 此题主要考查考生对班集体的发展阶段与培养方法这一知识点的掌握情况。如何培养班集体是教育学中一个重要的问题,考生一定要熟练掌握,多个学校已经在历年的考试中多次考查。

第十二章

教师

本章主要围绕教师这一教育主体展开，包括教师劳动的特点、价值与角色扮演，教师的专业素养，教师的培养和提高等知识点。考生在复习中应了解与掌握教师劳动的特点、价值与角色扮演，明确教师的素养以及教师的培养与提高的方法途径等。

第一节　教师劳动的特点、价值与角色扮演

一、教师劳动的特点【一般】

教师是履行教育教学职责的专业人员，承担教书育人、培养社会主义建设者和接班人、提高民族素质的使命。一般而言，教师即是教育者，而在狭义上，教师专指学校的专职教师。

按照教师所在的学校类别，可以将教师分为不同类别：幼儿教师、小学教师、中学教师、中等职业学校教师、高等学校教师。

教师劳动的特点可以归为以下四种：

1. 教师劳动的复杂性

教育对象是复杂性的人，人的成长因素是多方面的，包括遗传、环境、教育与人的自觉能动性等，哪一方面受到忽视，都可能给青少年成长带来损失。教师劳动的复杂性也是由教育过程、教育方法和教育手段的复杂性决定的。

2. 教师劳动的示范性

教师劳动的示范性首先是由教育内容、方法和手段的主体化及其与教育结果的一致性决定的。教师通过自己的理解把教育内容融会贯通，把其中包含的知识、技能、世界观和思想感情转化为自己的东西。在了解学生知识水平和心理状况的基础上进行加工，借助一定的教学手段，通过自己言传身教为学生所掌握。这样，教育内容、方法和手段都经历了一个主体化的过程。

教师劳动的示范性也是由人的认识过程和心理过程的特点决定的。人对知识的掌握和心理的发展都是以感性活动为基础的。教师以自己的语言、形象、活动和激情表现知识，能帮助学生达到对

知识的把握,并留下深刻印象。教师劳动的示范性也是由青少年心理特征决定的。学生富于模仿性和易受暗示,他们把教师看作知识的化身、高尚人格的代表。教师的思想、行为、求知精神、科学态度、思维方式都对学生起着模仿作用。

3. 教师劳动的创造性

从知识的传授来说,教师不是把科学知识简单地传授给学生,而是必须对知识进行加工,使知识易于为学生理解和接受。教师为帮助学生掌握某一概念或原理,往往需要选择多方面的资料,采取一定的方法和手段,帮助学生理解,并通过练习达到掌握的目的。这都需教师付出创造性劳动。同时,教师面临的教育对象是经常变化的,每个学生都有自己成长的条件,都有不同的个性特征。所以,教师所面临的教育现场是复杂的,需要教师进行创造性劳动。

4. 教师劳动的专业性

1966 年,国际劳工组织、联合国教科文组织在《关于教师地位的建议》中提出,“教育工作应被视为专门职业,这种职业是一种要求教员具备经过严格而持续不断的研究才能获得并维持专业知识及专门技能的公共业务;要求对所辖学生的教育和福利具有个人的及共同的责任感”。1993 年 10 月 31 日,第八届全国人民代表大会常务委员会第四次会议通过的《中华人民共和国教师法》也明确规定:“教师是履行教育教学职责的专业人员。”

二、教师劳动的价值

1. 教师劳动的社会价值

教师劳动的社会价值,从宏观上看,最突出地表现在教师对延续和发展人类社会的巨大贡献上。教师的工作,联系着人类的过去、现在和未来。从微观上看,教师的劳动关系到每一个人的发展和幸福。在现代社会,一个人的发展状况如何,前途如何,在很大程度上取决于他所受的教育,取决于教师的劳动。

2. 教师劳动的个人价值

教师劳动的个人价值首先在于这种劳动能够创造巨大的社会价值。因为,个人价值的大小主要取决于他对社会的贡献。其次,教师劳动比一般劳动更具有自我实现的价值。教师的劳动是培养人,具有特殊的复杂性和创造性。教师在自己的劳动中能够充分发挥个人的才智,促进个人自身的完善和发展,满足个人较高层次的需要。教师劳动还能享受到一般劳动所享受不到的乐趣。

3. 正确认识和评价教师的劳动

教师的劳动虽然有着巨大的社会价值和独特的个人价值,但它又具有自身的特点。首先,教师劳动的价值具有模糊性。其次,教师劳动的价值具有明显的滞后性。再次,教师劳动的价值具有隐蔽性。正因为教师劳动的价值具有模糊性、滞后性和隐蔽性的特点,所以很难被人们所充分认识。教师的实际社会地位低下也就自然而然了。

“国将兴，必贵师而重傅”。任何一个有远见的政治家，都必须重视教育，尊重教师；任何一个国家欲在世界民族之林立于不败之地，必须重视教育，尊重教师。要让教师职业真正成为太阳底下最崇高、最优越的职业。

三、教师的权利与义务

扫一扫，看视频

1. 教师的权利

(1) 教育教学权

教师有进行教育教学活动、开展教育教学改革和实验的教育教学权，这是教师为履行教育教学职责必须具备的基本权利。

(2) 学术研究权

教师有从事教学研究、学术交流、参加专业的学术团体，在学术活动中发表意见的权利。

(3) 评价指导权

教师有指导学生的学习和发展、评定学生的品行和学业成绩的指导评价权，这是教师在教学活动中居于主导地位的基本权利。

(4) 获取报酬待遇权

有权按时获取工资报酬，享受国家规定的福利待遇和寒暑假的带薪休假，这是教师的基本物质保障权利。

(5) 民主管理权

教师有权对学校教育教学、管理工作和教育行政部门的工作提出意见和建议，通过教工大会或其他形式，参与学校民主管理。

(6) 进修培训权

这是教师享有的接受继续教育，不断获得充实和发展的基本权利。它主要包括教师有权参与进修和接受其他多种形式的培训，不断更新知识，调整知识结构，提高自己的思想品德和业务素质，保障教育教学质量；教师有权参加以拓宽知识为主的继续教育培训等。

2. 教师的义务

教师的义务主要包括：遵守宪法、法律和职业道德；贯彻国家的教育方针、遵守规章制度，完成教学任务，对学生进行相关的教育，进行爱国主义教育、民族团结教育、法制教育以及思想品德、文化、科学技术教育；关心和爱护学生，尊重学生的人格，促进学生的全面发展。

四、教师职业的角色扮演

1. 教师的角色丛

教师角色丛是指与教师特定的社会职业和地位相关的所有角色的集合。仅就教师与学生的关系而言，教师就要扮演丰富多彩的多重角色。

(1)"传授者"角色

教师负有国家和社会赋予的传递社会传统美德、价值观念的使命,因而教师的教育教学不具有随意性。"道之所存,师之所存也"。在现代社会,虽然道德观、价值观呈现出多元化特点,但教育、教师的道德观、价值观总是代表着居于社会主导地位的道德观、价值观,并用这种观念引导学生。除了社会一般道德、价值观外,教师对学生的"做人之道""治学之道""为业之道"等也有引导和示范的责任。

(2)"解惑者"角色

教师是社会各行各业建设人才的培养者,他们在掌握了人类经过长期的社会实践活动所获得的知识经验和技能的基础上,对其精心加工整理,然后以特定的方式传授给年青一代,并帮助他们解除学习中的困惑,启发他们的智慧,使他们形成自己的知识结构和技能结构。

(3)示范者的角色

教师的言行是学生学习和模仿的榜样。夸美纽斯曾说过,教师的职务是用自己的榜样教育学生。学生具有向师性的特点,教师的言论行为、为人处世的态度会对学生产生耳濡目染、潜移默化的作用。

(4)管理者的角色

教师是教育教学活动的管理者。教师对教育教学活动的管理,包括确定目标、建立班集体、制定和贯彻规章制度、维持班级纪律、组织班级活动,协调人际关系等,以及对教育教学活动进行控制、检查和评价等。

(5)父母与朋友角色

教师往往被学生视为自己的父母或朋友。低年级学生倾向于把教师看作父母的化身,对教师的态度与对父母相似;高年级学生则愿意把教师当作他们的朋友,希望得到教师在学习、生活、人生等多方面的指导,同时希望教师成为分担他们的痛苦与忧伤、分享他们的幸福与欢乐的朋友。

(6)研究者角色

教师的工作对象是充满生命力的、千差万别的活的个体,传授的内容是不断发展变化着的人文、科学知识,这就决定了教师要以一种变化发展的态度来对待自己的工作对象、工作内容,要不断学习、不断反思、不断创新。

2. 教师角色的冲突及其解决

由于个人在社会不同群体中所处的地位不同,往往需要同时扮演若干角色。当这些角色对个人的期待发生矛盾、难以取得一致时,就会出现角色冲突。教师职业常见的角色冲突主要有以下几种:①社会"楷模"与"普通人"角色的冲突;②"令人羡慕"的职业与教师地位低下实况的冲突;③教育者与研究者角色的冲突;④教师角色与家庭角色的冲突。

为调适这些冲突,使教师保持心理平衡与协调,应从主客观两个方面着手。客观上,必须进一步切实提高教师的社会地位与经济待遇，改善教师的生活和工作条件，努力解决教师的实际困难；应努力创造条件，给教师提供进修、提高与发展的机会，并给予教师公正、客观、科学的评价，认可并肯定教师的劳动，满足教师的成就感；加强对教师的思想教育，增强其责任感与使命感等。主观上，教师的自身努力是关键因素。首先，教师要树立自尊、自信、自律、自强的自我意识；其次，教师要根据实际情况的需要，从“许多角色中挣脱出来，把时间和精力用到那些对其更有价值的角色上”，做到有主有辅，有急有缓，协调控制，统筹兼顾；此外，教师应学会处理冲突的艺术，控制自己的情绪和行为，做到心胸开阔、意志坚定，切实有效地完成教师角色的任务。

3. 社会变迁中教师角色发展的趋势

在飞速发展的现代，教师角色的内容与重心都发生了巨大变化。1975 年联合国教科文组织成员国向国际教育局提供的报告，揭示了教师角色转换的一般趋势。

①在教学过程中更多地履行多样化的职能，更多地承担组织教学的责任。

②从一味强调知识的传授转向着重组织学生的学习，并最大限度地开发社区内部的新的知识资源。

③注重学习的个性化，改进师生关系。

④实现教师之间更为广泛的合作，改进教师与教师的关系。

⑤更广泛地利用现代教育技术，掌握必需的知识与技能。

⑥更密切地与家长和其他社区成员合作，更经常地参与社区生活。

⑦更广泛地参加校内服务和课外活动。

⑧削弱加之于孩子们身上——特别是大龄孩子及其家长身上的传统权威。

教师角色的这些转换，不仅意味着学校教育功能的某些变化，而且对教师素养的要求以及相应的师资培训问题也提出了更高的要求。

第二节 教师的素养【重要】

扫一扫，看视频

教师专业素养是指从事教育教学工作所必须具备的特质。教师要能成功地扮演各种职业角色并保持良好的职业形象，必须接受专门的职业训练，形成良好的专业素质。

一、高尚的师德

1. 热爱教育事业，富有献身精神和人文精神

热爱教育事业，是搞好教育工作的基本前提。许多优秀教师之所以能在教育工作中做出卓越的成绩，首先是因为他们热爱教育事业，愿意为下一代的成长贡献自己的毕生精力。另外，教师还应具备基本的人文精神，要关怀学生的生存和发展、人生价值的实现，要关怀民族、人类的现实生存境遇和未来发展前景。

2. 热爱学生，诲人不倦

热爱教育事业具体体现在热爱学生上。爱学生是教师的天职，是教育好学生的重要条件。教师只有热爱学生，才能教育好学生，才能使教育发挥最大限度的作用，才能真正成为杜威所谓的“天国引路人”。

3. 热爱集体，团结协作

教师的劳动既具有个体性，又具有集体性。教师与教师之间，教师与其他为教育服务的工作人员之间应该相互尊重、团结协作，热爱、尊重并依靠教师集体，最大效度地发挥集体的教育力量。

4. 严于律己，为人师表

教师劳动具有示范性，因此教师必须以身作则，严于律己，凡是要求学生做到的，教师都要首先做到，凡是要求学生不能做的，教师都能首先自律。

二、宽厚的文化素养

教师的主要任务是通过向学生传授科学文化知识，以培养其能力，促进他们生动活泼地发展。因此，一个好教师的基本条件之一，就是要有比较渊博的知识和多方面的才能。教师应对自己所教学科的知识有科学、正确的把握，在教学过程中不出知识性、表述性的错误。在此基础上，教师要对自己所教专业融会贯通，能从整体上系统把握，这样才能深入浅出，高瞻远瞩，达到运用自如的境界。同时，教师还应有比较深厚的文化修养。

三、专门的教育素养

1. 专业意识

专业意识是指在教师头脑中形成的对于教师职业意义与价值、教师职业的社会期望的认识，以及由此形成的从业、敬业、乐业的强烈动机。

2. 专业态度

教师的专业态度主要表现在以下几个方面：对待教育工作认真负责、恪尽职守；对待学生倾心相爱、诲人不倦；对待同事精诚合作、坦诚相待；对待自己严格要求、不断进取。

3. 专业知识

教师应具备广博的普通文化知识、所教学科的专业知识以及教育心理学知识等。新世纪将对教师专业知识结构有更高的要求，不再局限于学科知识与教育学知识的简单组合，而应强调多重复合的结构特征。

4. 专业技能

教师应具备了解学生情况、确定教学目标、制订教学计划与方案、设计教学程序、课堂讲授与板书、演示与实验、课外活动组织以及激发学生学习积极性、教会学生学习、评价教学效果等教学技能。

四、健康的心理素质

现代社会教师的角色日益多样化,不仅社会角色更加丰富,职业角色也变得更加多样,频繁的角色转换和多方面的角色期望,使得教师时常发生角色冲突。这时,如果教师不能对自己的心理状态经常做适当的调整,就有可能出现心理障碍和心理疾病。教师的心理健康问题不仅会直接影响到教育工作的成败,而且会影响到学生的心理健康水平。因此,教师应该具备健康的心理素质。

健康的心理素质体现在心理活动的方方面面,概括起来主要指教师要有轻松愉快的心境、昂扬振奋的精神、乐观幽默的情绪以及坚忍不拔的毅力等。

第三节 教师的培养与提高

一、教师的培养与提高的紧迫性

从总体上看,我国基础教育的教师数量问题基本上得到了解决,教师质量也得到了显著的提高。但是,若做具体而深入的考察与分析,则仍然存在着教师的分布与结构失衡、教师的质量不均衡、教师队伍不够稳定、不少教师还缺乏现代教育的意识和能力等令人关注与担忧的问题。

二、教师个体专业化发展的过程

有关教师个体专业化发展过程的研究表明,虽然师范教育对专业化发展的作用不可忽视,但许多中小学优秀教师的良好品质与才能主要是在实践中逐步积累和发展起来的,其成长是一个多阶段的连续的过程。

美国学者凯兹(L. Katz)概括并提出了教师发展的四个阶段。

阶段一,求生期:在工作的第一年,努力适应以求得生存。

阶段二,强化期:一年后,对一般学生的情况有了基本的了解,开始把注意力放在有问题的学生身上。

阶段三,求新期:在第三和第四年时,教师开始寻求新的教育教学方法。

阶段四,成熟期:教师花费三年、五年或更多的时间,成为一个专业工作人员,能够对教育问题做出反省性思考。

国内学者叶澜等从"自我更新"取向角度对教师专业发展阶段进行了深入研究,把它分为"非关注""虚拟关注""生存关注""任务关注""自我更新关注"五个阶段。

三、培养和提高教师素养的主要途径

1. 加强和改革师范教育

要发展师范教育,切实提高教师队伍的质量,首先必须采取有效的政策性措施,鼓励和吸引大批优秀学生报考师范院校。同时,要改革现行的师范教育,紧密联系现时代对教师的新要求,使未来教师能获得与之相适应的专业教育，尤其要让师范生形成正确的教育理念，加强职业能力的训练，以便胜任教师的职责。

2. 教师在职提高

如何帮助新教师适应教学实践的要求，顺利地完成由师范生到正式任教这一角色转换的过程，是教师在职培养工作的关键。因此，必须制订计划，通过有效的途径，专门向新教师提供系统的帮助，使他们尽快适应新环境，顺利地担当起一个教师应尽的职责。之后，还应关心新教师的成长，主要是通过实践学习、教学反思、校本培训、校外支援和交流合作等形式，使他们不断得到提高与完善。

经典例题

简答题

1. 教师劳动的特点。
2. 教师专业素养的主要内容。

答案解析

简答题

1. 教师劳动的特点主要有：

（1）教师劳动的复杂性。教育对象是复杂性的人，人的成长因素是多方面的，这就要求教师的教育过程、教育方法和教育手段要具有复杂性。

（2）教师劳动的示范性。教师的思想、行为、求知精神、科学态度、思维方式都对学生起着示范作用。

（3）教师劳动的创造性。教师不是教书匠，他所面临的教育现场就是复杂的，需要教师进行创造性劳动。

（4）教师劳动的专业性。教育工作应被视为专门职业，这种职业是一种要求教员具备经过严格而持续不断的研究才能获得并维持专业知识及专门技能的公共业务。

考点分析 此题主要考查考生对于教师劳动特点的掌握情况。关于教师劳动的特点、价值等知识点，考生要熟练掌握，多个学校已经在历年的考试中多次涉及。

2. 教师专业素养是指从事教育教学工作所必须具备的特质。主要包括以下几个方面：

(1)高尚的师德。教师要热爱教育事业,富有献身精神和人文精神;热爱学生,诲人不倦;热爱集体,团结协作;严于律己,为人师表。

(2)宽厚的文化素养。教师应对自己所教学科的知识有科学、正确的把握,还要对自己所教的专业融会贯通。

(3)专门的教育素养。教师要有教育专业意识、专业态度、专业知识及专业技能。

(4)健康的心理素质。教师要有轻松愉快的心境、昂扬振奋的精神、乐观幽默的情绪以及坚忍不拔的毅力等。

考点分析 此题主要考查考生对于教师专业素养的掌握情况,回答什么样的人可以成为老师。关于教师的专业素养中的每一方面,考生都要熟练掌握,既可以总体考查,也可以考查其中的某一方面。

第十三章

学校管理

本章主要围绕学校管理展开，主要内容包含学校管理的概念、构成要素，学校管理体制、校长负责制，学校管理的目标与过程，学校管理的内容与要求，学校管理的发展趋势等知识点。从历年的相关考题和本章知识在整个学科体系中的地位来看，本章知识点比较简单，易考名词解释与简答题。

第一节　学校管理概述

一、学校管理的概念

学校管理是学校管理者在一定的社会历史条件下，通过一定的组织机构和制度，采用一定的方法和手段，带领和引导师生员工，充分发挥学校人、财、物、时间、空间和信息等资源的最佳整体功能，卓有成效地实现学校工作目标的组织活动。简言之，学校管理是管理者通过一定的组织形式和工作方式以实现学校教育目标的活动。它有下述显著特性：

①学校管理以育人为中心，具有教育性；

②学校管理的目的在于促进学生发展，具有服务性；

③学校管理在特定的文化环境中进行，具有文化性；

④学校管理是对校内外各种资源的有效整合，具有创造性。

二、学校管理的构成要素

扫一扫，看视频

1. 学校管理者

学校管理者就是在学校管理活动中处于领导地位、发挥引领作用的人。学校的正、副校长和各个职能部门的负责人员都是学校管理者。学校管理者是学校管理的主体，在学校管理中处于主导地位。此外，学校的教职员工和学生在一定意义上也是学校的管理者，因为他们都是学校的主人，不仅接受管理，而且也积极参与管理。

2. 学校管理对象

学校管理对象就是学校管理活动的承受者,也就是学校管理者认识和实践的对象,主要包括学校的人、财、物、时间、空间和信息等资源。

3. 学校管理手段

学校管理手段主要包括学校的组织机构和规章制度。

学校组织机构是根据一定的组织原理和工作需要建立起来的,它可以分为行政组织机构和非行政组织机构两种类型。行政组织结构主要包括决策机构、咨询机构、执行机构、监督机构和反馈机构等。学校非行政组织机构主要包括各种团队、工会、妇联、学生会等团体组织。

学校规章制度是学校全体成员日常工作的基本规范,是学校管理科学化、民主化和法治化的重要保证。学校规章制度一般包括学校的领导制度、教育教学管理制度、学生管理制度、校园管理制度、财务管理制度、后勤管理制度等。

三、学校管理体制

学校管理体制是学校管理组织机构和管理制度的结合体,它是学校管理的枢纽,对学校管理功能的实现发挥着全局性、根本性和持久性的作用。学校管理体制包括学校组织机构体制和学校领导体制两个方面,前者规定了学校管理机构的设置、各机构的职、责、权划分及相互关系,后者规定了学校由谁领导和负责。我国中小学的管理体制是校长负责制。

四、校长负责制

1. 校长负责制的提出

1985 年 5 月 29 日,中共中央在充分征求意见的基础上发布了《关于教育体制改革的决定》(以下简称《决定》)。《决定》要求:“学校逐步实行校长负责制,有条件的学校要设立由校长主持的、人数不多的、有威信的校务委员会,作为审议机构。要建立和健全以教师为主体的教职工代表大会制,加强民主管理和民主监督,学校中的党组织要从过去那种包揽一切的状态中解脱出来,把自己的精力集中到加强党的建设和加强思想政治工作上来。”《决定》明确地规定了我国中小学的领导体制是校长负责制。1993 年中共中央、国务院在《中国教育改革和发展纲要》中继续重申:“中等及中等以下各类学校实行校长负责制。校长要全面贯彻国家的教育方针和政策,依靠教职员工办好学校。”

2. 校长负责制的内涵

校长负责制是指校长受上级政府主管部门的委托,在党支部和教代会的监督下,对学校进行全面领导和负责的制度。在这一领导体制中,校长是学校行政系统的最高决策者和指挥者,是学校的法人代表,他对外代表学校,对内全面领导和管理学校的教育、教学、科研和行政工作。

3. 实施校长负责制应该注意的问题

首先,要明确校长的权力与责任;其次,要发挥党组织的保证监督作用;最后,要建立以教师为主体的教职工代表大会制度,加强民主管理和监督。

第二节　学校管理的目标与过程

一、学校管理目标

1. 学校管理目标的概念与意义

学校管理目标是指学校管理主体对管理活动的要求和期望,也就是通过管理活动所要达到的状态、标准和结果。学校管理目标在学校管理活动中占据重要地位,它既是学校管理活动的指南,也是衡量学校管理工作好坏的标尺。它有下述作用:①导向作用;②激励作用;③调控作用;④评价作用。

2. 学校管理目标的目标定位

学校管理的最终目的是通过科学而规范的管理,最大限度地利用校内外的各种资源和办学优势,最大限度地发挥学校的效能,卓有成效地提高学校的教育教学质量。简言之,发挥学校效能,促进学生发展,是现代学校管理的目标定位。

3. 学校管理目标实现的要求

①保持各种目标的协调一致。

②建立高效率的管理组织系统。

③组建一支高水平的学校管理队伍。

④采取科学的管理方法和手段。

二、学校管理过程的基本环节及其相互关系

学校管理过程就是学校管理者依据科学的管理原则,为实现学校管理的预定目标,对学校管理对象诸因素进行管理的客观程序。

1. 基本环节

(1)计划

计划就是对学校工作目标的全面设计和统筹规划。它是学校管理过程的起始环节,在管理活动中起着指明方向、规划进程、统一步调、提高效率的作用。

(2)实施

实施就是将计划付诸行动,使学校的人、财、物、时间、空间、信息等资源产生最大的实际效益与社会价值。学校管理者要做好组织、指导、协调和激励工作。

(3)检查

这是对计划的执行情况进行考核,其目的在于发现问题和解决问题,具有监督的作用。

(4)总结

这是对学校管理过程的计划、实施、检查工作进行分析、评价等反思性活动。

2. 相互关系

学校管理过程的四个环节是一个互相联系、互相制约、循序渐进、首尾相连的有机整体。计划统率着管理全过程;实施是计划的执行;检查是对组织实施的监督与检验;总结则是对计划、实施、检查的总体分析与评价及其改进建议。各环节之间都存在反馈回路,以便对工作产生反思、提高和促进作用。

第三节 学校管理的内容和要求

扫一扫,看视频

一、教学管理

1. 教学思想管理

思想是行为的先导,先进的教学思想能够促进和引导教学工作的发展,而落后陈旧的教学思想则是教学工作发展的障碍。因此,教学管理首先应抓教学的思想管理。

教学不是教师与学生之间知识的单向的授受,而是教师和学生之间的双向交流和互动。教学的目的不仅在于掌握知识,而且在于充分发挥学生的能动性,全面实现知识的教育价值,在于促进学生创新精神和实践能力的提高。我们应当适应时代发展的需要,为国家培养具有综合素质的创新人才。

2. 教学组织管理

建立有效的教学指挥系统,充分发挥各职能部门的作用,是教学组织管理的基本任务,也是实现教学目标的重要保证。在教学组织上要加强教导处的建设和领导好教研组工作。

3. 教学质量管理

教学质量管理是学校管理者依据一定的质量标准,运用科学的手段和方法,对学校的教学过程及其结果进行全面监控、检验和评估的活动,其目的是为了提高教和学的质量。教学质量是教学管理的生命线,学校教学管理的一切工作,最终都是为了提高教育教学质量。因此,教学质量管理在教学管理中处于核心地位。

(1)教学质量管理的内容

①制定科学的教学质量标准;②对教学质量进行检查和分析;③对教学质量进行控制。

(2)教学质量管理的基本要求

①坚持全面教学质量管理;②坚持全过程教学质量管理;③坚持全员教学质量管理;④坚持全因素教学质量管理。

二、教师管理

1. 教师管理的性质

教师管理是学校管理的一个重要组成部分。但教师管理又有其特殊性。教师是脑力劳动者,工作复杂而艰巨,需要发挥创造性。如何创造良好的工作环境与氛围,调动每位教师的积极性,把他们的潜力与智慧引导到提高人才培养的质量上来,这是做好教师管理工作的关键。

2. 教师管理的内容

①教师的选拔;②教师的任用;③教师的培养;④教师的考评。

3. 教师管理的发展趋势

①逐步实现职务聘任制;②趋向科学化、人性化和服务化;③注重发挥教师组织的效应。

三、学生管理

1. 学生管理的内容

学生管理是一项细致复杂而又多层面的工作,其内容主要包括学生的思想品德管理、学习管理、健康管理、组织管理、课外活动管理等方面。

2. 学生管理的要求

①遵照国家的法律法规要求,对学生依法进行管理;②依据学生的身心发展特点,对学生进行科学管理;③发挥学生的主动性,引导学生进行自我管理。

四、总务管理

1. 总务管理的内容

学校总务管理是一项事多、量大、涉及面广、政策性强的工作,其内容主要包括财务管理、生活管理、校产管理和环境管理等方面。

2. 总务管理的要求

管理者要深入基层了解实际情况,增强工作的针对性;把教学服务放在首位,想方设法为教学提供必要的资金和设备,不断改善教学环境和条件,妥善保管各种仪器和设备,做到物尽其用;坚持勤俭节约、廉洁奉公的原则是做好总务工作的重要保证。

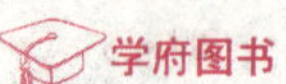

扫一扫，看视频

第四节 学校管理的发展趋势【一般】

一、学校管理法治化

随着科教兴国战略的实施和依法治国方略的确立，依法治教已成为党和政府管理教育的基本方针，而依法治校作为依法治教的重要组成部分，将成为21世纪学校管理的必然选择。依法治校就是把学校管理纳入法制轨道，依法对学校进行管理。依法治校可以分为两个方面：一方面是政府及教育主管部门依法管理和规范学校行为，另一方面是学校管理者依法管理学校的各项内部事务。

如何推进依法治校工作？学校管理者应采取以下措施：

第一，转变行政管理职能，切实依法行政。第二，加强制度建设，依法加强管理。第三，推进民主建设，完善民主监督。第四，加强法制教育，提高法律素质。第五，严格教师管理，维护教师权益。第六，完善学校保护机制，依法保护学生权益。

二、学校管理人性化

人性化管理是指学校管理工作要关注人的情感、满足人的需要、崇尚人的价值、开发人的潜能、尊重人的主体人格和地位。

实行人性化管理，要做好以下工作：

第一，要考虑人的因素，一切从人的实际出发。第二，在分配工作任务时，要考虑人的个体差异。第三，要强调人的内在价值，把满足需要作为工作的起点，通过激励的方式来提高工作效率。第四，要努力构建一种充满尊重、理解和信任的人际环境，增强教职工和学生的集体归属感。第五，加强校园文化建设，充分发挥校园文化的管理和育人功能。第六，要转变管理观念，改变管理方式，贯彻管理即育人、管理即服务的思想。

三、学校管理校本化

校本管理是指学校在教育方针与法规的指引下，可以根据自己的实际情况和需要来自主确定发展目标和方向，自主进行学校的教育、教学和管理工作。简言之，就是以学校为本位的管理。

实施校本管理应做好以下工作：

第一，教育行政部门要简政放权。第二，倡导集体参与、共同决策。第三，开展校本研究，提高学校管理者的决策能力。

四、学校管理信息化

管理信息化包含两个方面：一方面是学校对信息技术的开发和使用，把计算机、网络、多媒体等现代技术运用到学校管理上来以提高管理的实效；另一方面是学校管理方式和内容的信息化，由过去的“人－人”管理、“人－物”管理转变为“人－机”管理，即注重对有关信息资源的管理。

信息化管理应做好以下工作：

第一，加强硬件投入与软件开发，为学校管理信息化提供物质基础；第二，改进培训内容和方式，提高学校教职员工的信息管理素养；第三，完善学校信息化管理的政策和规章制度。

经典例题

一、名词解释

校长负责制

二、分析论述题

联系实际分析学校管理的发展趋势。

答案解析

一、名词解释

校长负责制是指校长受上级政府主管部门的委托，在党支部和教代会的监督下，对学校进行全面领导和负责的制度。

考点分析 此题主要考查考生对于校长负责制的掌握情况。关于校长负责制的内涵及需要注意的问题，考生要熟练掌握。

二、分析论述题

(1)学校管理法治化。依法治校就是把学校管理纳入法制轨道，依法对学校进行管理。依法治校可以分为两个方面：一方面是政府及教育主管部门依法管理和规范学校行为，另一方面是学校管理者依法管理学校的各项内部事务。

(2)学校管理人性化。人性化管理是指学校管理工作要关注人的情感、满足人的需要、崇尚人的价值、开发人的潜能、尊重人的主体人格和地位。

(3)学校管理校本化。校本管理是指学校在教育方针与法规的指引下，可以根据自己的实际情况和需要来自主确定发展目标和方向，自主进行学校的教育、教学和管理工作。简言之，就是以学校为本位的管理。

(4)学校管理信息化。管理信息化包含两个方面：一方面是学校对信息技术的开发和使用，把计算机、网络、多媒体等现代技术运用到学校管理上来以提高管理的实效；另一方面是学校管理方式和内容的信息化，由过去的“人－人”管理、“人－物”管理转变为“人－机”管理，即注重对有关信息资源的管理。

考点分析 此题主要考查考生对于学校管理的发展趋势的掌握情况。关于这一考点，考生要熟练掌握，在答题的过程中要结合一些自己了解的实际案例进行分析。

第二部分

中国教育史

考情分析

学科特点分析

在全国教育硕士研究生招生考试中,《教育史》(包括《中国教育史》与《外国教育史》)占据着尤为重要的地位,值得考生给予特别关注。就中国教育史这一学科的主要特点来看,主要体现在三个方面:重要名词较多,分布过于零散,几乎在各个章节中都会出现,需要考生给予特别关注;教育思想史考查的比重明显多于教育制度史,前者的主要考查方式是论述题,后者的主要考查方式是名词解释;经典题目考试重复出现的比例较大,例如孔丘、蔡元培等人的教育思想,在多数院校中几乎年年都会考到,而生僻知识点则很少考查。另外,教育文献资料涉及面较广,考生要在广泛阅读专业文献的基础上深入理解各个考点。这些特点是考生在复习中必须予以重点关注的。

题型与分值分布

从历年考研试卷的题型来看,本学科在命题中的主要题型是名词解释、简答题与论述题。这是由本学科的考点较为零散、教育思想史较为重要两大特点决定的。就大多数院校命题情况来看,一般是,名词解释1 ~2个,简答题 2 个居多,论述题 2 个占多数。

复习建议

鉴于此,建议考生在复习中注意以下三点:其一,注意整理归纳,整理好往届各校的公共考点与常考知识点,将之编制成册,针对性地进行复习;其二,做好对经典题目、著名教育思想等的整理,分析其常见考查方式,做到有针对性地复习;其三,加强理解,摒弃死记硬背,毕竟考点过多、过散,要化繁为简、化难为易,在答题中善于结合实际,在确保要点准确性的基础上展开论述,提高本学科得分。

第一章

西周官学制度的建立与六艺教育的形成

本章属于中国教育史的基础知识，主要讲述我国奴隶社会时期的教育。其中，西周的教育制度、教育内容是重点。考生在复习中应了解西周国学与乡学的内涵和外延，了解家庭教育的内容，掌握大学与小学的内涵和外延，重点掌握“学在官府”和“六艺教育”。

第一节　夏、商与西周的教育

一、夏代的教育【一般】

夏代已进入有文字记载的文明时代。

关于夏代学校的设置，古籍中有些记载。《古今图书集成·学校部》：“夏后氏设东序为大学，西序为小学。”这些古籍都提到夏代有“序”这种学校。

二、商代的教育【一般】

商代已有了比较正规的学校教育场所，甲骨文和其他文献中有不少关于商代学校名称的记载，如“大学”（“右学”）、“小学”（“左学”）、“庠”“序”等。大学、小学之分，表明商代已根据不同年龄学生在教育上的不同要求，划分了不同的教育阶段。

三、西周的教育

1.“学在官府”【重要】

在文化教育上，其历史特征就是“学在官府”。奴隶主贵族建立国家机构，设官分职，从事管理。为了管理的需要，制定法纪规章，有文字记录，汇集成专书，由当官者来掌握。这种现象，历史上称之为“学术官守”，并由此而造成“学在官府”。

“学在官府”这种历史现象，有其客观原因。

(1)惟官有书，而民无书

西周时期生产水平仍然有限，书写的材料是竹简、木牍，书写的工具是刀笔。只有官府才具有制作书册的财力和人力。朝廷为了政治需要，把历代帝王的典、谟、训、诰，本朝的礼制法规，以及收集的乐章，加以记载，制成书册，藏之秘府，由官司主管。所以学术都在官府，有职官专守。士人若要学习，要知道历代典制或本朝规章，只有到官府，求之主管书册的官司才能读到。

(2) 惟官有器，而民无器

西周时期的礼、乐、舞、射都是重要的学术，在教育上，也是学习的重要学科。《周礼·地官司徒》言及器物的使用，“闾共祭器，族共丧器，党共射器，州共宾器，乡共吉凶礼乐之器”。可见礼乐之器，乡官始能备集。要学礼，不入乡校，则无学习的器物。至于成均的乐器，种类齐全，可组成大型乐队，供举行典礼和宴会之用，这些连乡党都不能具备，民间就更谈不上。所以要学习礼、乐、舞、射，只有在官府的人才具有条件。

(3) 惟官有学，而民无学

在宗法制条件下，父死子继，子承父业，贵者终贵，贱者终贱，形成家有世业。由于学术官守，为官之人，学有专守，不传他人，只教其子。这虽然对学术起了保存作用，但也限制了学术的发展。只有为官的人掌握学术，以官府为传授基地，教其子弟。只有官学，没有私学。只有贵族子弟享有受教育的权力，而庶人和平民则没有受教育的权力。

2. 西周的教育制度【重要】

奴隶主根据维护贵族专政的需要确定的教育目的，是要把贵族子弟培养成为具有贵族政治道德思想和军事技能的未来统治者，他们必须受礼、乐、射、御、书、数所谓“六艺”的专门训练。贵族子弟的训练过程，先经过家庭教育，然后才进行学校教育。

(1) 家庭教育

在家庭中，从小就进行基本的生活技能和习惯的教育，进而教以初步的礼仪规则。在男尊女卑思想支配下，要求男治外事，女理内事。从 7 岁开始进行男女有别的教育，男女儿童的教育开始分途。女子受女德的教育，为将来成为贤妻良母做准备，其教育局限在家庭内，相对地被轻视。比较夏代、商代，西周的贵族家庭教育已有较大的进步，能按儿童年龄的发展提出不同的要求，家庭教育的过程有较明显的计划性。

(2) 小学教育

小学教育首先强调的是德行教育。小学教育的内容就是德、行、艺、仪四方面，实际上是关于奴隶主贵族道德行为准则和社会生活知识技能的基本训练。

(3) 大学教育

进大学接受教育有一定限制，只有少数符合资格条件的人才能享受大学教育。一类是贵族子弟，他们按身份进入大学；一类是平民中的优秀分子，经过一定程序的推荐选拔，方能进入大学。选拔要经过乡大夫和司徒两级，对德、行、道、艺进行考核。入学资格的限制，体现了西周教育的等级性。

《礼记·王制》记载：“大学在郊，天子曰辟雍，诸侯曰泮宫。”大学的教育，服从于培养统治者的需要，学大艺，履大节。周王朝政务有两个重要的方面，“国之大事，在祀与戎”。祭祀需要礼乐，军事需要射御,因此大学的分科教学,以礼乐为重,射御次之。

(4)乡学

设在王都的小学、大学,总称为国学。设在王都郊外六乡行政区中的地方学校,总称为乡学。

乡学由管理民政的司徒负责总的领导,其教育内容有明确的规定。内容以德、行、艺为纲,基本要求和国学一致。乡学实行定期的考察和推荐,把贤能者选送司徒,经司徒再择优选送国学。

迷津点拨 西周的教育制度较为完整,有小学、大学学习阶段的区分;有乡学、国学的衔接。其教育特点是六艺教育,西周的教育制度可作为三代教育的典型。因此考生要重点掌握西周的教育。

教育·生活 《礼记·王制》说:"小学在公宫南之左",这说明小学设于王宫的东南。《礼记·王制》"大学在郊,天子曰辟雍,诸侯曰泮宫。"《礼记·学记》:"古之教育,家有塾,党有庠,术有序,国有学。"塾、庠、序就是地方学校。西周的国学由大司乐主持。《周礼·春官宗伯》:"大司乐掌成均之法,以治建国之学政,而合国之子弟焉。凡有道者、有德者,使教焉。"西周的各级乡学由大司徒主管。《周礼·地官司徒》:"大司徒之职,掌建邦之土地之图与其人民之数,以佐王安扰邦国。……而施十有二教焉。"由此可以看出,国学或者乡学绝大部分学官都是国家现任的职官,有小部分是退休官员担任,总体的情况是"官师合一"。

第二节 六艺教育【重要】

西周不论是国学还是乡学,不论是小学还是大学,都是以"六艺"为基本学科,只是在要求上有层次的不同。六艺教育起源于夏代,商代又有发展,西周在继承商代六艺教育的基础上,使它更为发展和充实。

一、礼乐

礼乐贯穿整个社会生活,体现了宗法等级制度,对年青一代思想政治、道德品行的培养有重大的作用。礼乐教育是六艺教育的中心。

礼的内容极广,凡政治、伦理、道德、礼仪皆为其包括,社会生活的各个方面都不能没有礼。学中所教之礼,则为贵族生活所必需的五礼。

乐教受到高度重视,内容包括诗歌、音乐、舞蹈。西周国学由大司乐管理教务,重在主持乐教,负责以乐德、乐语、乐舞教国子。乐教是当时的艺术教育,包含了德育、智育、体育、美育的要求,具有实施多种教育的功能。

二、射御

射,指射箭的技术训练。御,指驾驭马拉战车的技术训练。贵族子弟都要成为"执干戈以卫社稷"的武士,射御是必不可少的军事训练项目。射在国学、乡学中都是重要的学科,都有一定的教练场所。射的训练颇为严格,为贵族青年参与大射或乡射准备条件。

西周的武装力量以战车为主,武士必须具有驾驭战车的技术,青年达到一定年龄就要受训练。御的教练有五项,简称五御,即一鸣和鸾,二逐水曲,三过君表,四舞交衢,五逐禽左。学御要经过严格的训练,才能达到五项标准要求。

三、书数

“书”指的是文字,“数”指的是算法。小学进行文字教学,《史籀篇》是中国历史上记载最早的儿童识字课本,今已失传。汉代许慎在《说文解字》中提出最有代表性的六说:“《周礼》,八岁入小学,保氏教国子,先以六书:一曰指事,二曰象形,三曰形声,四曰会意,五曰转注,六曰假借。”西周的文字教学采取多种方法,其中之一是按汉字构成的方法,以六书分类施教,使知字音、字形、字义。

数学知识到西周有了更多的积累,为较系统地教学创造了条件。先学数的顺序名称和记数的符号,然后应用于学习甲子记日法,知道朔望的周期,再进一步学习记数的方法,掌握十进位和四则运算,培养初步的计算能力。《周礼·地官司徒·保氏》提出“九数”。在实际生活需要的基础上,发展了多种计算方法,成为以后《九章算术》的基础。

书、数是文化基础知识技能,作为“小艺”,安排在小学学习。大学比小学程度高,学习的课程内容也有变化,大学列入计划的是《诗》《书》。《礼记·王制》说的“春秋教以礼乐,冬夏教以《诗》《书》”,正是大学的课程不同于小学课程的体现。

西周的教育内容可以总称为六艺教育,它是西周教育的特征和标志。六艺教育包含多方面的教育因素。它既重视思想道德,也重视文化知识;既注意传统文化,也注意实用技能;既重视文事,也重视武备;既要符合礼仪规范,也要求内心情感修养。六艺教育有符合教育规律的历史经验,可供后世借鉴。在历史发展过程中,有的教育家想借助六艺教育的经验,解决当时教育的某些弊端,因此把六艺教育当作理想模式来强调,为自己的主张做历史见证。特别是在儒家思想居于支配地位时期,六艺教育被奉为标准。凡有所主张,要从六艺教育寻找论据;有所批判,则指斥异端背离六艺教育传统,可见,六艺教育思想产生的深远历史影响。

迷津点拨 “六艺”可以说是西周教育内容的总称,它包含了各方面的教育因素。学习“六艺”既要看到它在西周时期的影响,也要看到它对后世的深远影响。

教育·生活 《礼记·文王世子》:“凡三王教世子,必以礼乐。乐所以修内也,礼所以修外也。礼乐交错于中,发形于外,是故其成也怿,恭敬而温文。”未来的统治者深受礼乐的熏陶,必定会发挥其社会影响,所以认为“移风易俗,莫善于乐;安上治民,莫善于礼”。《礼记·射义》:“古者天子之制,诸侯岁贡士于天子,天子试之于射宫,其容体比于礼,其节比于乐,而中多者,得与于祭。其容体不比于礼,其节不比于乐,而中少者,不得与于祭。”以射选士,水平高低决定射者在贵族中的地位,故射箭的教练深受重视。书、数是文化基础知识技能,作为“小艺”安排在小学学习。

经典例题

一、名词解释

“六艺”

二、简答题

简述“六艺”教育及其对当代教育改革的意义。

答案解析

一、名词解释

“六艺”是中国古代儒家要求学生掌握的六种基本才能，也泛指中国古代高等教育的学科总称。《周礼》中的“六艺”是西周之前贵族教育的六个学科：礼、乐、射、御、书、数。

“礼”的内容极广，凡政治、伦理、道德、礼仪皆包括其内；“乐”的内容包括诗歌、音乐、舞蹈；“射”指的是射箭的技术训练；“御”指的是驾驭马拉战车的技术训练；“书”指的是文字读写；“数”指的是算法。

考点分析 本题考查西周的教育内容。西周不论是国学还是乡学，不论是小学还是大学，都是以“六艺”为基本学科，只是在要求上有层次的不同。六艺教育起源于夏代，商代有所发展，西周在继承商代六艺教育的基础上，使它发展得更为完善和充实。

二、简答题

“六艺”是中国古代儒家要求学生掌握的六种基本才能，也泛指中国古代高等教育的学科总称，具体是指西周之前贵族教育的六个学科：礼、乐、射、御、书、数。其中，“礼”的内容极广，凡政治、伦理、道德、礼仪皆为其包括；“乐”的内容包括诗歌、音乐、舞蹈；“射”指的是射箭的技术训练；“御”指的是驾驭马拉战车的技术训练；“书”指的是文字读写；“数”指的是算法。西周的教育内容可以总称为“六艺”教育，它是西周教育的特征和标志。

“六艺”教育的基本特征是：既重视思想道德，也重视文化知识；既注意传统文化，也注意实用技能；既重视文事，也重视武备；既要符合礼仪规范，也要求内心的情感修养。

“六艺”教育对当代教育具有重要影响主要体现在：在历史发展过程中，有的教育家想借助“六艺”教育的经验，解决当时教育的某些弊端，因此把“六艺”教育当作理想模式来强调，为自己的主张做历史见证。特别是儒家思想居于支配地位时期，“六艺”教育被奉为标准。凡有所主张，要从“六艺”教育寻找论据；有所批判，则指斥异端背离“六艺”教育传统。所以，“六艺”教育思想产生了深远的历史影响。

第二章

私人讲学的兴起与传统教育思想的奠基

本章主要讲述了私人讲学的兴起以及该时期各教育家的思想，在考研中以名词解释、简答题、论述题的形式出现，考生在复习中应了解诸子百家私学的发展；掌握私人讲学兴起的原因及影响，以及齐国的稷下学宫的历史影响；重点掌握孔丘、孟轲、荀况、墨翟等各教育家的思想；熟记并掌握战国时期的《大学》《中庸》《学记》《乐记》这四部教育论著。

第一节　私人讲学的兴起

随着经济上所有制的变化，政治上新旧势力的斗争也加剧。这种经济、政治的大变化，反映在教育上则表现为：为旧经济旧政治服务的、受贵族垄断的“学在官府”的教育正走向没落，而适应新经济新政治需要的新教育组织形式开始兴起。

一、官学衰废【一般】

影响官学衰落的诸多原因中，政治原因比经济原因更为直接。

1. 世袭制度造成贵族不重教育

贵族在世卿世禄制度下保持享有富贵的特权，贵族子弟被命定为统治者，学习文化知识与其权位并无直接联系。他们养尊处优，只图享受而不重教育，缺乏上进精神，失去学习动力。官学以贵族为教育对象，贵族不想学习，官学衰落也就成为必然。

2. 王权衰落导致学校荒废

周平王东迁，预示着重大的历史转折。孔丘称春秋是“天下无道”的时期，开始是周天子不能维持“礼乐征伐自天子出”的共主地位，后来是诸侯国也不能维持“礼乐征伐自诸侯出”的局面，从而出现陪臣执国命的现象。王权衰落，礼制破坏，一切都不能按旧制度办了。天子的辟雍，诸侯的泮宫，地方的乡学，久已不闻弦诵之声，名存实亡。

3. 战争动乱打破旧的文化垄断

在社会动乱中，没落贵族及其后裔流落民间，文化职官被迫流落四方，他们把简册器物带出官府。他们都是有文化知识的人，在社会中谋生，就要发挥自己的一技之长，以传授知识为业。这就是

“天子失官,学在四夷”的历史现实,它是由文化变动而出现的新现象。其结果是打破“学在官府”的局面,使原来由贵族垄断的文化学术向社会下层扩散,下移于民间,这种历史现象,称为“文化下移”。民间分布有多种学术人才,也有记录历史文化、思想学说的古籍作为学习的材料,为私学的产生和发展提供了条件。

二、私学的兴起【一般】

私学的兴起,发端于春秋中叶的历史新潮流,到春秋末期已发展到初步繁荣的阶段。

1. 士阶层的变化与教育的新需要

私学的出现,有多方面的社会原因。重要原因之一,是与“士”阶层的变化联系在一起的。

春秋时期的士是自由民,位居四民之首,可能上升,做官食禄,成为统治阶级的附庸;可能下降,自食其力,成为依附土地的小人。别的阶级也可能上升或下降到“士”的行列中来。在社会激烈变动时期,自由民越来越多地脱离生产劳动而以脑力劳动为谋生的方式。文士的队伍扩大,成为有影响的阶层。在学术下移的历史潮流中,他们充当了先锋。

新兴地主阶级为了扩大自己的经济利益和政治势力,需要士来为自己服务。士从自己的利益和政治立场出发,也积极投靠有权势的人,寻求出路,以实现自己的政治主张。

由于政治斗争的需要,养士出现了竞争,养士之风开始形成。社会上有大批自由民争着要成为士,首先需要学习文化,必然要从师受教,这就成为新时期教育发展的推动力量。没落的贵族官学已不可能培养士,能适应新时期培养士需要的,就是私学。“学在四夷”说明春秋末叶私学已存在于各地。

2. 私学兴起为百家争鸣开辟园地

私学的兴起,适应了新兴地主阶级的政治需要。地主阶级迫切需要掌握文化的新人才、新的思想理论来为他们的利益服务。他们成为促进新的文化教育机构——私学发展的社会力量。

私学的发展,打破了“学在官府”的传统,使文化知识传播于民间。私学的自由讲学、自由传授,也促进了各学派的形成。

私学的产生是社会发展的需要及私学之间激烈斗争的需要,也是当时社会阶级斗争趋于激烈的反映。在社会大变革时期,各个阶级、各个阶层都经历着不断分化、重新组合,都在为捍卫自己的利益而斗争,都要利用士来为自己的利益服务,制造舆论。士为了自己的利益和出路,也必然要依附在某张“皮”上,为一定的阶级服务。他们将私学作为活动园地,因此私学必然发生思想分化,形成代表各个阶级、各个阶层不同利益的各种学派,相互之间展开了激烈的思想斗争。私学的发展,促进了思想学术上的百家争鸣。

三、私学的历史特点【重要】

春秋时期,私学取代了官学,是学校教育与自然形态教育分离以后,教育制度上一次历史性的大变革。从官学转变到私学,它们之间存在着显著的差别,从比较中更能显出私学的特征。

西周奴隶社会的官学,是建立在土地国有的经济基础上;而春秋时期的私学,是建立在土地私有

第二部分

的个体经济基础上。

官学的社会阶级基础是占统治地位的奴隶主贵族。私学的社会阶级基础是以新兴地主阶级为首的,包括农、工、商等自由民反奴隶主贵族统治的阶级联盟。特别是自由民上层的士阶层的发展,是其重要的社会推动力量。

官学是由国家政权机关主办,它是集中的,"学在官府"是其传统,它维护"学术官守"。私学是由私家根据社会或个人需要而设立的。它是分散的,学在四方是其特点,它促进了"学术下移"。

官学是"政教一体",教育是政治组织的一部分,教育无独立的组织机构。政治组织的活动,也即教育活动的内容。私学是政教分设,教育从政治机构中分离出来,有独立的组织机构,教育活动也与政治活动分离而成为独立的活动。

官学的入学受到贵族身份的限制,少数的贵族子弟垄断了受教育的权力。私学的入学则以自由受教为原则,扩大教育对象的范围,学校向平民开放,使文化知识能向下移输到民间。

官学是"官师合一",由政府的职官兼任教师,他们的工作任务以官事为主,以教学为辅。私学是官师分离,以具有知识技能的贤士为师,不由职官来兼任。教师成为社会中一种独立的职业。

官学没有思想自由,不论国学、乡学都要在贵族传统思想统一指导之下,受一种教育思想所支配。私学则有思想自由,各种私学不必也不可能有统一的思想。各派有自己的教育思想,有自己的教育实践,积累了丰富的教学经验,使教育思想理论有较大的发展。

官学的教学内容限于传统的"六艺",灌输的是旧的政治观念和道德思想,偏重于历史文化,教育内容脱离现实生活。私学的教育内容突破传统的六艺教育,传授各学派的政治观点、道德思想,以及新的知识、新的技能,其教育内容与大变革时期的现实生活有比较密切的联系。

官学有固定的教育场所和相应的基本设备,制度上比较规范化。私学不一定有固定的教育场所,它以教师为中心,可以流动。

官学按一定方向、一定规格培养人才,它已趋于衰落,不能实现其培养维护贵族统治人才的职能。私学则以多种目标、多种规格培养人才,适应建立封建制度的需要,为地主阶级的利益服务。

总之,私学代替官学,是中国教育发展史上一次重大的变革。与官学相比较,它的特点非常明显。在特定的历史条件下,它依靠自由办学、自由就学、自由讲学、自由竞争来发展教育事业,以适应当时社会对人才的需求。

四、齐国的稷下学宫

稷下学宫是战国时代齐国一所著名的学府,它既是战国百家争鸣的中心和缩影,也是当时教育上的重要创造。稷下学宫对中国古代学术、文化和教育的发展,产生过重大的历史影响。

1. 稷下学宫始末【一般】

所谓"稷下",是指齐国都城临淄(今山东省淄博市)的稷门(城西南门)附近地区。齐国君主在此设立学宫,稷下学宫因此而得名。

稷下学宫是时代发展的产物。齐国是实现封建化比较早的国家。为了适应对内变革、对外争霸的需要,齐国统治者不仅要招纳、网罗天下贤才,而且想培养、训练新一代贤士。因此创办稷下学宫就成为此后历代齐国统治者的明确意识。

公元前221年，齐国亡而稷下学宫终。作为一个实体存在的稷下学宫的结束，标志着一个“处士横议”时代的终结。然而，稷下学宫以其丰富的学术造诣、出色的人才培养，给中国历史和思想文化的发展产生了重大影响。

2. 稷下学宫的性质和特点【重要】

稷下学宫的出现意味着先秦士阶层发展的登峰造极，也表现了养士之风的制度化。作为特殊历史条件下的产物，稷下学宫独具特色。

(1)稷下学宫的性质

①稷下学宫是一所由官家举办而由私家主持的特殊形式的学校。

稷下学宫的初创是出于田齐政权“招致贤人”的目的。数量可观的大师及其学生、康庄大道、高门大屋，构成了可容纳上千师生的规模宏大的齐国学府，也是战国时代的最高学府。这种规模的养士，使任何国家公室和私门的养士都相形见绌。所以，从主办者和办学目的来看，稷下学宫是官学。

学宫的重要特色是容纳百家、思想自由。当时稷下学宫曾先后存在过儒家、道家、法家、名家、阴阳家。在稷下学宫，一是不以统治者的好恶独尊一家而压制其他各家，或以一家为标准统一各家；二是充分允许各家“各著书言治、乱之事，以干世主”。齐国统治者的这种措施，保证了稷下各家各派在学术和教学活动中的私学性质。再则，即使是学宫的学术领导人也通常由像荀况这样有独立学者身份的私家学者来担任，这也使稷下学宫在整体上带有若干私学性质。

②稷下学宫是一所集讲学、著述、育才活动为一体并兼有咨议作用的高等学府。

稷下学宫的创建是以“招致贤人”“得士以治之”为目的的，这就决定了学宫是一所以学术活动为主要任务的高等学府。

首先是讲学。春秋战国时期的私学通常允许教者自由择徒，随处讲学；学者可以自由择师，随处求学。稷下学宫是一个十分集中的游学场所，其讲学活动十分兴盛。由于各学派集于一地，客观上使学者可以跨越学派门墙，广泛求学，学无常师。甚至在稷下还有定期的学术集会。

其次是著述。稷下学宫的重要特色是学术性，这一方面表现为各家各派的讲学和思想交锋，另一方面表现为著书立说。稷下先生积极著书立说，与讲学、争鸣互为因果、互为表里，展现了稷下学宫作为高等学府的特色。

其三是育才。这些私家学派通过大师的著述和讲学，培养了学派的传人和时代所需要的各种人才。严格的教育管理、浓厚的学术氛围、良好的物质条件，共同营造了一个人才成长的大环境，这就是稷下学宫的整体优势。

此外，稷下学宫还成为一个事实上的咨政议政机构。“齐稷下先生喜议政事”“以干世主”，这是学宫的一大特色。议政干世是当时几乎所有私家学派的特点，而稷下学宫的不同之处在于——它为各家学者提供了一个固定的议政论坛。

(2)稷下学宫的特点

①学术自由。

这是稷下学宫的基本特点。为了鼓励学者们进行理论探讨，齐国君主让学者们“不治而议论”，

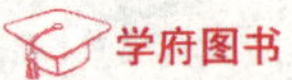

即不担任具体职务,不加入官僚系统,却可以对国事发表批评性的议论。这使学者有生活保障而无政事烦劳,可以专心著述,言治乱之事。

容纳百家是学术自由的一种表现。出于"争天下者必先争人"的明确意识,来者不拒,包容百家,这是稷下学宫的办学方针。在稷下学宫的各家各派,其学术地位是平等的。学宫容纳百家,欢迎游学,来去自由,既允许个别游学,也允许集团游学。这种流动的游学制度,使稷下学术内部各学派之间、稷下学术与外部各国学术之间处于不断交流的状态。

相互争鸣和吸取是学术自由的又一种表现。学术论辩带来稷下诸子学派的吸收、交融和分化、嬗变。到过稷下的不少学者和学派都表现出兼收并蓄的特点。

②待遇优厚。

稷下学宫发扬了礼贤下士的风格,给稷下学者以非常优厚的待遇。

"不治而议论"是齐国君主给予学者们很高的政治待遇,因为学者所看重的是自己的思想主张能否被接受,人格是否受尊重。待遇优厚还表现在物质待遇上。齐宣王时,邹衍等各派学者 76 人"皆赐列第为上大夫"。学者们得享相当于上大夫的俸禄,可以专心学问。

(3)稷下学宫的历史意义【重要】

①稷下学宫促进了战国时期思想学术的发展。

当时各国都展开了各学派之间的学术争鸣,但都不如稷下如此集中。荀况身列稷下,其《非十二子》评论春秋战国"持之有故,言之成理"的六派思潮十二学者,涉及稷下凡三派四人(宋钘、慎到、田骈、孟轲),以人数言是三分之一,以学派言恰好一半。这足以说明稷下学宫在先秦思想史上的贡献了。

②稷下学宫显示了中国古代知识分子的独立性和创造精神。

稷下之学标志着中国古代知识分子的黄金时代。在公元前 4 世纪前半叶到公元前 3 世纪后半叶的 150 年内,知识界的领导人物凭借独立的集团力量,以自己手中之"道"与王侯之"势"相抗衡,最大限度地发挥了知识阶层作为整体的独立性和创造精神。

③稷下学宫创造了一个出色的教育典范。

稷下之学是特定历史条件下的产物。作为一所高等学府,它是名副其实的。它所独创的官方兴办、私家主持的办学形式,集讲学、著述、育才与咨政为一体的职能模式,自由游学和自由听讲的教学方式,学术自由和鼓励争鸣的办学方针,尊重优待知识分子的政策,都显示了它的成功之处,对后代官学与私学(如书院)的发展具有启迪作用。

迷津点拨 私学始于春秋而盛于战国。战国时代养士之风盛行和百家争鸣的展开,促进了私学的繁荣。可以说,有多少家学派就有多少家私学,对教育发展影响最大的是儒、墨、道、法四家。

稷下学宫的出现意味着先秦士阶层发展的登峰造极,也表现了养士之风的制度化。作为特定历史条件的产物,首先要掌握其性质:"由官家举办而私家主持的特殊形式的学校","集讲学、著述、育才活动为一体并兼有咨议作用的高等学府"。在此基础上掌握稷下学宫的特点和历史影响。

第二节　孔丘的教育实践与教育思想

扫一扫，看视频

孔丘，字仲尼，鲁国陬邑人。生于公元前551年，逝于公元前479年。他是中国古代伟大的思想家、教育家，儒家学派的创始人，儒学教育理论的奠基人。

一、创办私学与编订"六经"【一般】

孔丘在文化教育方面主要有两大贡献：一是开创私人讲学之风，聚徒讲学，有"弟子三千，贤人七十二"之说。在兴办私学过程中，积累了丰富的教学经验，提出了系统的儒家教学理论，成为我国古代教育思想的奠基人。二是整理和保存了我国古代文化典籍。孔丘继承西周贵族"六艺"教育传统，吸收采择了有用学科。经他删定的文献被称为"六经"，包括《诗》《书》《礼》《乐》《易》《春秋》。"六经"不仅是当时孔门弟子学习的教材，更为百家争鸣提供了传统的思想素材，对中国以后两千多年的社会历史产生了深远的影响。

二、"庶、富、教""性相近也，习相远也"与教育作用【重要】

孔丘认为教育对社会发展有重要的作用，是立国治国的三大要素之一。治国的基本大纲，要解决三个重要条件，即：首先是"庶"，要有较多劳动力；其次是"富"，要使人民群众有丰足的物质生活；再次是"教"，要使人民受到政治伦理教育，知道如何安分守己。这三者的先后顺序表明相互间的关系，庶与富是实施教育的先决条件，只有在庶与富的基础上开展教育，才会取得社会成效。孔丘是中国历史上最先论述教育与经济发展关系的教育家，认为先要抓好经济建设以建立物质基础，随之而来就应当抓教育建设，国家才会走上富强康乐之路。

孔丘在政治上主张实行利民的德政，反对害民的苛政。为了达到德政的目的，他强调以教育作为施政的基本手段，要宣传忠君孝亲、奉公守礼，这是教育最直接为政治服务的表现。

他在中国历史上首次提出"性相近也，习相远也"，指出人的天赋素质相近，打破了奴隶主贵族天赋比平民天赋高贵、优越的思想。提出这一理论，是人类认识史上一个重大的突破，成为人人有可能受教育、人人都应当受教育的理论依据。

"性相近也，习相远也"这种观点，是孔丘人性论的一个组成部分。他把人性分为三等：一等是"生而知之者"，属于上智；二等是"学而知之者"与"困而学之"，属于中人；三等是"困而不学"，属于下愚。"性相近也，习相远也"，指的就是中人这部分，中人是有条件接受教育的，可以对他们谈高深的学问。社会上绝大多数人都属于中人这个范围，对中人的发展，教育能起重大作用。因此，他在实践上强调重视教育，这是孔丘教育思想有进步意义的一方面。至于他把人性分成等级，并断言有不移的上智和下愚，这是不科学的，是他人性论的一个缺憾。

三、"有教无类"与教育对象【重要】

孔丘提倡"有教无类"作为办学方针。这个方针对孔家私学的教育对象做了原则性的规定，指

导着他的教育实践活动,是孔丘教育思想的组成部分。

“有教无类”作为私学的办学方针,与贵族官学的办学方针相对立。“有教无类”打破贵贱、贫富和种族的界限,把受教育的范围扩大到平民,这是历史性的进步。

孔丘实行“有教无类”的方针,广泛地吸收学生。他的弟子来自各个诸侯国,有齐、鲁、宋、卫、秦、晋、陈、蔡、吴、楚等国,分布地区较广。弟子的成分复杂,出身于不同的阶级和阶层。

实行开放性的“有教无类”方针,满足了平民入学受教育的愿望,适应了社会发展需要。孔丘的私学成为当时规模最大、培养人才最多、社会影响最广的一所学校,从总的社会实践效果来看,是应该肯定的。“有教无类”是顺应历史发展潮流的进步思想,它打破了贵族对学校教育的垄断,把受教育的范围扩大到一般平民,有利于中华民族文化的发展。

四、“学而优则仕”与教育目的【重要】

孔丘提出在平民中培养德才兼备的从政君子,这条培育人才的路线,可简括称之为“学而优则仕”。

“学而优则仕”包容多方面的意思:学习是通向做官的途径,培养官员是教育最主要的政治目的,而学习成绩优良是做官的重要条件。如果不学习或虽经学习而成绩不优良,也就没有做官的资格。

“学而优则仕”口号的提出,确定了培养统治人才这一教育目的,在教育史上有重要的意义。它反映了封建制兴起时的社会需要,成为当时知识分子积极学习的巨大推动力量。“学而优则仕”与“任人唯贤”的路线配合一致,为封建官僚制度的建立准备条件。它适应社会发展要求,反映了一定的规律性,直到现代还有实际意义。

五、论教学内容【重要】

孔丘继承西周贵族六艺教育传统,吸收采择了有用学科,又根据现实需要创设新学科,虽袭用“六艺”名称,但对所传授的学科都做了调整,充实了内容。

1.《诗》

这是中国最早的诗歌选集。孔丘搜集并整理春秋时流传的诗歌,存其精华305篇,概称300篇。诗有风、雅、颂三种类型,分列为三部分。

2.《书》

又称《尚书》,古代历史文献汇编。《书》本有百篇,经秦焚书之后,至西汉初年伏生所传仅存29篇,用当时通用的隶书书写,故称《今文尚书》。晋梅赜伪造《古文尚书》25篇。今所流传的《尚书》,是后人将《今文尚书》与《古文尚书》合编而成。它保存了一定的古代文献史料,有重要的历史价值。

3.《礼》

又称《士礼》,传于后世称为《仪礼》。孔丘以周礼为依据,从春秋的社会现实出发加以部分改良,编成一部士君子必须掌握的礼仪规范,称为《礼》。

4.《乐》

“乐”是各种美育教育形式的总称,内涵广泛,与诗、歌、舞、曲密切结合在一起。《乐》传至秦,因秦焚书而散佚。

5.《易》

又称《周易》,是一部卜筮之书,是中华文明史上一部内涵精深、影响广泛、流传久远的典籍,有“群经之首”和“大道之源”之称。

6.《春秋》

孔丘68岁自卫返鲁,有了阅读鲁国档案史料的条件。他据鲁史记、周史记等史料而作《春秋》,上起鲁隐公元年(前722),下迄鲁哀公十四年(前481),共242年的历史。《春秋》记载了当时政治、经济、军事、天文、地理、灾异等方面的材料。《春秋》是我国现存第一部编年史,具有重要的历史价值。

以上六种教材,各有教育任务,对人的思想教育都有重要的价值。《诗》之教使人态度温和,性情柔顺,为人敦厚朴实,而不至于是非不辨;《书》之教使人上知自古以来历史,通晓先王施政之理,而不至乱做评论;《礼》之教使人恭敬严肃,知道道德规范,而不至于做事没有节制;《乐》之教使人心胸宽广,品性善良,而不至于奢侈无度;《易》之教使人知道人事正邪吉凶,事物之理的精微,而不至于伤人害物;《春秋》之教使人知道交往用辞得体,褒贬之事有原则,而不至于犯上作乱。这些看法,影响着后世对六种教材的利用。

孔丘的教学内容有三个特点:其一,偏重社会人事。他的教材,都是属于社会历史政治伦理方面的文化知识,注重的是现实的人事,而不是崇拜神灵。其二,偏重文事。他虽要求从政人才文武兼备,但在教学内容的安排上偏重文事,有关军事知识技能的教学居于次要地位。其三,轻视科技与生产劳动。他所要培养的是从政人才,不是从事农工的劳动者,因此不强调掌握自然知识和科学技术。

六、论教学方法【重要】

孔丘本人的自学过程和一生的教学实践经验,表明了人后天学习的重要性。实际上,他遵循的是“学而知之”的认识路线,他的教学方法论是以具有唯物主义倾向的认识路线为基础的。

1. 学、思、行结合

“学而知之”是孔丘进行教学的主导思想,学是求知的途径,也是求知的唯一手段。

孔丘提倡学习知识面要广泛,在学习的基础上认真深入地进行思考,把学习与思考结合起来。在论述学与思关系时,他说:“学而不思则罔,思而不学则殆。”学习和思考两者应当结合起来,这种见解符合人的认识规律,已初步揭示学习和思考的辩证关系。

孔丘还强调学习知识要“学以致用”。把自己的道德认识和道德实践统一起来,这才是孔丘所要求的躬行君子。他说:“君子耻其言而过其行。”夸夸其谈而言行脱节是可耻的事。他要求学生们说话谨慎一些,做事勤快一些,“君子欲讷于言而敏于行”,应当更重视行为。

学是为行服务的,能够行,也就证明已有学。

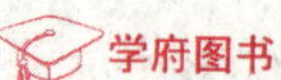

由学而思而行，这是孔丘所探究和总结的学习过程，也就是教育过程，与人的一般认识过程基本符合。这一思想对后来的教学理论、教学实践产生了深远影响。《中庸》把学习过程分为学、问、思、辨、行五个阶段，显然是继承了孔丘学、思、行相结合的思想并加以发展的。

2. 启发诱导

孔丘是世界上最早提出启发式教育的教育家，比古希腊教育家苏格拉底提出的引导学生自己思索、自己得出结论的“助产术”早几十年。

他主张：“不愤不启，不悱不发。举一隅不以三隅反，则不复也。”孔丘说这段话的意思是：在教学时必先让学生认真思考，已经思考相当时间但还想不通，然后可以去启发他；虽经思考并已有所领会，但未能以适当的言辞表达出来，此时可以去开导他。教师的启发是在学生思考的基础上进行的，启发之后，应让学生再思考，获得进一步的领会。这种启发教学包含三个基本要点：第一，教师的教学要引导学生探索未知的领域，激发起强烈的求知欲，积极去思考问题，并力求能明确表达；第二，教师的启发工作以学生的积极思考为前提条件，其重要作用就体现在“开其意”“达其辞”；第三，使学生的思考能力得到发展，能从具体事例中概括出普遍原则，再以普遍原则推于同类事物，而扩大认识范围。

第二部分

孔丘在日常教学中注意训练学生的思考方法，他提出：“君子博学于文，约之以礼。”简称“由博返约”。博学以获得较多的具体知识，返约则是在对具体事物分析的基础上进行综合、归纳，形成基本的原理、原则与观点。博与约两者是辩证的统一。

孔丘还提出“叩其两端”的思考方法，从考察事物的不同方面辨明是非，进而解决问题。这种思考方法注意事物的对立面，在分析其矛盾的基础上做出正确的判断，是合乎辩证法的。

3. 因材施教

孔丘在教育实践的基础上，创造了因材施教的方法，并作为教育原则，贯彻于日常的教育工作中，取得了成效。他是我国历史上首倡因材施教的教育家。

实行因材施教的前提条件是承认学生间的个体差异，并了解学生的特点。孔丘了解学生，最常用的方法有两种：第一，通过谈话；第二，个别观察。要“听其言而观其行”，在了解学生的基础上，根据学生的具体情况，有针对性地进行教育。

七、论道德教育【重要】

孔丘的教育目的是培养从政的君子，而成为君子的主要条件是具有道德品质修养。所以，在他的私学教育中，道德教育居首要地位。道德教育有其过程，首先是道德认识，要能分清善恶与是非，进一步形成道德观念，再进一步转化为道德行为实践。

孔丘主张以“礼”为道德规范，以“仁”为最高道德准则。凡符合“礼”的道德行为，都要以“仁”的精神为指导，因此，“礼”与“仁”成为道德教育的主要内容。

1. 立志

他说：“苟志于仁矣，无恶也。”志于仁是以实现仁道为志向、走仁的道路、以仁为道德行为的准则。

孔丘教育学生要坚持志向,“笃信好学,守死善道”,不要因为外来的干扰而动摇。他说:“三军可夺帅也,匹夫不可夺志也。”普通人都有他的志向,不可被强制改变,除非他本人想有所改变时才能加以改变。

2. 克己

在社会人际关系中,如何对待自己和对待他人是一个重要的道德问题。孔丘主张应着重在要求自己上,约束和克制自己的言行,使之合乎礼、仁的规范。他说:“君子求诸己,小人求诸人。”他认为对人应采取平等的态度,给人以高度尊重。涉及相互关系时,应“躬自厚而薄责于人”,严以责己,宽以待人,这样才会消除矛盾。

克己是复礼的基本条件。能克制个人非分的欲望,限制对私利的追求,不为利己而损人以至损害社会利益,这才能使自己的言行合乎礼的规范,达到仁这一最高道德要求。

3. 力行

孔丘提倡“力行”,相对地更重视道德实践。他要求言行相顾,言行一致,不要出现脱节,道德认识依靠道德实践的检验而证实。他认为,只言不行的人,不是道德高尚的人,作为一般有人格的人,也应当是“言必信,行必果”。孔丘说:“力行近乎仁。”他认为努力按道德规范实践的人接近于仁德。

4. 中庸

人的行为不一定要都合乎道德准则,常有做得过分或不及的情况。孔丘认为那样都不好,最好是做得恰到好处,强调“中庸”。“回之为人也,择乎中庸,得一善,则拳拳服膺而弗失之矣。”所谓“择乎中庸”,就是能辨明各种行为过与不及的是非得失,择其中道而行。

5. 内省

孔丘认为不论道德认识或是道德实践,都需要有主观积极的思想活动,称之为内省。内省并非闭门思过,而是就日常所做的事进行自我检查,看是否合乎道德规范。内省的范围很广,各方面的行为都有必要依靠内省的方法来帮助修养提高。

6. 改过

孔丘认为不存在不犯过错的圣人,“圣人,吾不得见之矣,得见君子者,斯可矣”。人非圣人,即使是君子,要一贯正确也是不可能的,难免要犯错误。加强道德修养正是为了减少错误。人不能杜绝一切小错误,但应力求不要犯大错误。人会犯错误是客观存在,孔丘认为正确的态度是重视改过。

八、论教师【重要】

孔丘热爱教育事业,敏而好学,具有丰富的实践经验。

1. 学而不厌

教师要尽自己的社会职责,应重视自身的学习修养,掌握广博的知识,具有高尚的品德,这是教人的前提条件。如果不学习,不修养,止步不前,就会失去为师的条件,这是值得忧虑的。

2. 温故知新

只能记诵的人,不足以为人师。孔丘说:"温故而知新,可以为师矣。"教师既要了解掌握过去的政治历史知识,又要借鉴有益的历史经验认识当代的社会问题,知道解决问题的办法。"温故知新"这一命题还有另一层含义,就是新旧知识之间的关系。旧知识是已有的认识成果,是认识继续发展的基础。温习旧知识时能积极思考联想,扩大认识范围或将认识进一步深化,从而获得新的知识。

3. 诲人不倦

教育是高尚的事业,需要对学生、对社会有高度责任心的人来为其服务。教师以教为业,也以教为乐,要树立"诲人不倦"的精神,孔丘自己就是这样的人。他实行来者不拒的方针,晚年也没有停止传授工作,培养了许多学生。诲人不倦不仅表现在毕生从事教育,还表现在以耐心说服的态度教育学生。

4. 以身作则

孔丘认为教师对学生进行教育的方式,不仅有言教,还有身教。教师身教的示范,对学生有重大的感化作用,因此身教比言教更为重要。他把以身作则作为教育原则,对教师提出了严格的要求。他多次论述以身作则的重要,他说:"其身正,不令而行;其身不正,虽令不从。"又说:"不能正其身,如正人何?"这些道理来自社会实际经验,不仅对道德教育是适用的,而且具有普遍意义。

5. 爱护学生

他爱护关怀学生表现在要学生们努力进德修业,成为具有从政才能的君子,为实现天下有道的政治目标而共同奋斗。他坚信仁道是正确的政治理想,应当争取实现。他把希望寄托在学生们身上,他说:"后生可畏,焉知来者之不如今也。"他对学生充满信心,对他们的发展抱有比较乐观的态度。

6. 教学相长

孔丘认为,教学过程中,教师对学生不是单方面的知识传授,而是可以教学相长的。他在教学活动中为学生答疑解惑,经常共同进行学问切磋。《论语·八佾》记载,学生学诗有疑难而请教,教师答疑就本意做了说明,学生得到启发进一步考虑此诗可借喻礼与仁的关系,思考问题更有深度。教师于此反受启发,向学生学习而获益。这些事实说明,教学相长的道理已为孔丘所认识,也为孔丘所提倡。

九、历史影响【重要】

孔丘是全世界公认的伟大的思想家和教育家。

孔丘在教育史上的贡献是多方面的。他首先提出教育在社会发展和人的发展中的重要作用,强调重视教育;他创办规模较大的私学,开私人讲学之风,改变"学在官府"的局面,成为百家争鸣的先驱;实行"有教无类"的方针,扩大受教育的范围,使文化教育下移到平民;培养从政君子,提倡"学而优则仕",为封建官僚制的政治改革准备条件;重视古代文化的继承和整理,编纂《诗》《书》《礼》《乐》《易》《春秋》作为教材,保存了中国古代文化;总结教育实践经验,对教学方法有新的创造,强调学思行结合的教学理论;首倡启发式教学,发展学生的思维能力;实行因材施教,发挥个人专长,造就各类人才;他重视道德教育,以仁为最高的道德准则,鼓励人们提高道德水平;提出道德修养应遵循的重要原则。重视立志,明确人生的前进方向;力求走在中庸之道上,自觉进行思想检查,改过迁善;要求教师具有良好的职业道德,学而不厌,诲人不倦,以身作则。他认真总结教育经验,提出了不少创见,成为中华民族珍贵的教育遗产,产生了重大的历史影响。

第三节 孟轲的教育思想

一、思孟学派【一般】

孟轲,字子舆,世称孟子,战国中期邹国(今山东省邹县)人。他留下《孟子》一书,是其弟子万章等人所记述的他的言行录,也有说系孟轲本人所著。孟轲的教育思想散见在《孟子》各篇之中。

孟轲得孔丘学说嫡传。荀况也认为:"子思唱之,孟轲和之。"他们都把子思和孟轲视为一派,这就是著名的思孟学派。

出于统治者的长远利益,他主张"保民而王",通过施"仁政"去求得天下的统一。他曾向齐宣王、梁惠王、滕文公等君主阐述过其"仁政"主张:

其一,"制民之产",使人民都成为小土地所有者,应当给每户农家百亩农田、五亩宅地,"薄税敛""不违农时",使"民不饥不寒",由此可以行"王道"。

其二,"民为贵,社稷次之,君为轻。"孟轲以为:"诸侯之宝三:土地、人民、政事","得乎丘民而为天子"。所以,君主要注意民心向背,尊重民意,收取民心,进而获取天下。

其三,好的政治既非完善的政治制度,也非高明的统治手段,而是教育。教育通过讲明父子、君臣、夫妇、长幼、朋友之类的"人伦"规范,使人人懂得正确行动,社会具有了良好风俗,天下就自然实现了治理。因此,"仁政"在某种意义上可以理解为就是教育。

二、"性善论"与教育作用【重要】

战国时期人们对人性问题的认识深入了,并有过热烈的争论,"孟轲道性善"是其中重要的一派观点,而且是第一次从理论高度对人自身本质加以认识和阐述,并形成论证政治必先论证教育、论证教育必先论证人性的思维习惯。

孟轲以为,仁义礼智这些人的"良知""良能",是人所固有的。但同时,孟轲的"性善论"却又揭示了一些重要的理论问题,成为其教育思想的基础。

其一,"性善论"说明了人性是人类所独有的、区别于动物的本质属性。

其二,"性善论"还包含了一个人类种系发展的前提在内。所以人性的善是人类学习的结果,是人类缓慢进化的结果。

其三,"性善论"不仅揭示了人之"类",而且还揭示了人之"故"。人性之"故"就是"人性之善也,犹水之就下也"。

孟轲认为教育是扩充"善性"的过程。尽管他说仁、义、礼、智是"我固有之",但他又不认为人生来就具备现成的道德观念和道德品质,充其量只能算是一种道德的可能性。他说:“恻隐之心,仁之端也;羞恶之心,义之端也;辞让之心,礼之端也;是非之心,智之端也。”所谓“端”,是指事物的开头或缘由。人所具备的恻隐、羞恶、辞让、是非四种心理倾向,不过是仁、义、礼、智的起始点或可能性。可能不等于实现,要将“四端”转化为现实的道德品质,需要靠学习与教育,所谓“学问之道无他,求其放心而已矣”。所以孟轲以为,教育的作用就在于引导人保存、找回和扩充其固有的善端。

孟轲所说的“善端”只是人的某种可能性,将可能变成现实,要靠教育、物质生活条件、社会环境等诸多因素的共同作用,以促使人所固有的“善端”成长起来。

三、“明人伦”与教育目的【一般】

“人伦”就是“人道”。在孟轲看来,“人伦”是人类的本质表现,也表现了人类生活的特点。具体说来,“人伦”就是五对关系:“父子有亲、君臣有义、夫妇有别、长幼有序、朋友有信。”

孟轲设想以父子、兄弟之类血缘宗法关系去影响和制约君民、君臣之类政治社会关系,不断实现社会改良,达到长治久安。而教育则通过使人明了并实现这一切,发挥其举足轻重的作用。自孟轲提出“明人伦”的教育目的后,就明确了此后两千年古代教育的性质,即宗法的社会——伦理的教育。

四、“大丈夫”的人格理想【一般】

孟轲提出“大丈夫”的理想人格,丰富了中国人的精神世界。如何实现“大丈夫”这一人格理想呢?孟轲认为主要靠人的内心修养,大致有以下几条:

1. 持志养气

志与气是密切相连、互为因果的,“志一则动气,气一则动志”。一方面是“志于道”,坚定不移;另一方面是行每一件应行之事,也就是“集义”。明道不移,集义既久,浩然之气就会毫不勉强地自然而生。

2. 动心忍性

也就是意志锻炼,尤其是要在逆境中得到磨砺。孟轲说:“天将降大任于斯人也,必先苦其心志,劳其筋骨,饿其体肤,空乏其身,行拂乱其所为,所以动心忍性,曾(增)益其所不能。”

3. 存心养性

虽然人生来就有仁、义、礼、智的善端,但善端要成为实在的善性、善行要靠存养和扩充。

4. 反求诸己

也就是“厚于责己”。当你的行动未得到对方相应的反应时,就应当首先反躬自问,从自己身上找原因,对自己提出更高的要求。

5. “深造自得”的教育思想

在思维和感官之间,孟轲更倾向于强调思维。他认为扩充善性就应“从其大体”,“大体”即“心之官”。因此人们的学习就应有一个基本要求:“深造自得”。孟轲指出,深入的学习和研究,必须有自己的收获和见解，如此，才能形成稳固而深刻的智慧，遇事则能左右逢源、挥洒自如。据此，孟轲尤其主张学习中的独立思考和独立见解。他有一句名言：“尽信《书》，则不如无《书》。”他要求读书不拘于文字和词句，而应通过思考去体会深层意蕴。所以，学习中特别重要的是由感性学习到理性思维的转化。

迷津点拨 “孟氏之儒”是儒家学派中一个重要学派，被视为孔丘嫡传，其代表人物就是孟轲，因此要对比分析孔丘和孟轲教育思想各方面的异同。

第四节 荀况的教育思想

一、荀况与“六经”的传授【一般】

荀况自称为儒，当时人也称他为儒。荀况这一派儒者与孟轲一派更是都自以为孔丘的真正传人，但荀况却没有成为孔丘的嫡传，他始终没有资格进入孔庙。可是，他的王霸统一的政治思想，自汉代以后始终对中国古代封建社会产生着实际影响。尤其是在儒家经典的传授方面，荀况的作用远过于孟轲。孔丘整理的“六艺”后来多经荀况传授。从学术发展史上看，荀况占有极其重要的地位。

二、“性恶论”与教育作用【重要】

“性恶论”是荀况的人性观，它与孟轲的“性善论”相对，但是并不完全矛盾，而是有着自己的特点。荀况区分了“性”和“伪”这两个概念。“性”是指人的先天素质，是人的自然状态，完全排除任何后天人为的因素；而“伪”是指人为的东西，是一切经过人的努力而发生的变化。人性本恶所指的“性”就是人的先天素质。荀况认为“性”和“伪”是可以结合的，“性伪合而天下治”。性与伪是素材与加工的关系，性伪合才能实现人的改造，实现对社会的改造。

教育在人的发展中的作用：荀况提出教育在人的发展中起着“化性起伪”的作用。荀况认为人的贵贱、贫富、愚智都取决于后天的教育和学习。教育的作用是主动的，因为它是依据一定的规矩对人加以改造的过程。同时人是可以通过自身的努力克服环境影响的，经过长期的教育和经久的学习，可以改变人性，荀况称之为“积”。这样看来，人成为禹一样的人，是环境、教育和个人努力共同作用的结果。其中，教育的过程发挥着“化性起伪”的作用。

三、培养“大儒”的教育目的【一般】

“学恶乎始？恶乎终？曰……其义则始乎为士，终乎为圣人。”这反映了荀况对教育目的的基本主张。

荀况把当时的儒者划分为几个层次，即俗儒、雅儒、大儒。他以为，俗儒这类人徒然学得儒者的外表，宽衣博带，但对“先王”之道，对《诗》《书》《礼》仅会作教条诵读而已，全然不知其用。雅儒的言行已能合乎《礼》《诗》《书》的精神，他们不侈谈“先王”，懂得取法“后王”。他们虽也在“法典”所未载和自己所未见的问题面前拙于对策，却能承认无知，不自欺欺人，显得光明而坦荡。大儒是最理想的一类人才，他们不仅知识广博，而且能“以浅持博，以古持今，以一持万”，以已知推知未知，自如

地应对从未见过的新事物、新问题,自如地治理好国家。

荀况关于教育目的的思想具备了一些新特点。首先,体现了"贤贤"的育才、选才标准。即主张靠人的德才挣得社会地位。其次,要求人才是精于道而不是精于物的。他所说的人才主要是长于人事、人伦的从政人才。这种人才内涵的确定虽非荀况始创,但却是他首先作为培养目标加以阐述的。

四、以儒经为教学内容【一般】

荀况认为各经自有不同的教育作用。他说:"故《书》者,政事之纪也;《诗》者,中声之所止也;《礼》者,法之大分,类之纲纪也。故学至乎《礼》而止矣。夫是之谓道德之极。《礼》之敬文也,《乐》之中和也,《诗》《书》之博也,《春秋》之微也,在天地之间者毕矣。"在诸经中,荀况尤重《礼》,以之为自然与社会(道德与政治)的最高法则,所以说"学至乎《礼》而止矣"。总之,荀况以为儒家诸经已经囊括了天地间的一切道理。

五、"闻见知行"结合的学习过程与方法【重要】

荀况对于学习过程的分析相当完整而系统,在先秦教育家中是少见的。

1. 闻见

荀况认为闻见是学习的起点、基础和知识的来源,人的学习开始于"天官之当簿其类",即耳、目、鼻、口、形等感官对外物的接触。不同的感官与不同种类的事物或事物的不同属性相接触后,就形成了不同的感觉,又使进一步的学习活动成为可能。但是,感官和闻见又是有缺陷的。首先,感官有"各有接而不相能"的特点,它们只能分别反映出事物之"一隅",而无法把握其整体与规律。其次,感官常因主观因素影响而产生错觉。

2. 知

荀况说:"知通统类,如是则可谓大儒矣。"学习而善于运用思维的功能去把握事物的"统类"和"道贯",即事物的本质与规律,就能自如地应对前所未遇的事变,措施对于事变的合宜一如符节相吻合。这就是知——思维这一学习阶段的意义。

3. 行

荀况以为,行是学习必不可少的也是最高的阶段。在荀况看来,由学、思而得到的知识带有假设的性质,它最终是否切实可靠,唯有通过行方能得到验证。只有到此时,"知"才能真正算"明"了。而荀况所谓行,也同样是指人的社会实践,如个人的品德修养、教人、从政治国等。

荀况的学习过程是以行为目的和归宿的完整步骤,对此做如此明确而系统的表述,这是荀况的贡献。

六、论教师【一般】

在先秦儒家诸子中,荀况是最为提倡尊师的,表达了与孔孟颇为不同的见解。荀况进而把师提到与天地、祖宗并列的地位。他说:"天地者,生之本也;先祖者,类之本也;君师者,治之本也。无天地恶生?无先祖恶出?无君师恶治?"他将教师视为治国之本。

荀况以为,教师参与治理国家是通过一个中介实现的,那就是他的施教。教师与师法——教育有着治理国家的作用。由此推论:"国将兴,必贵师而重傅;贵师而重傅,则法度存。国将衰,必贱师而轻傅;贱师而轻傅,则人有快,人有快则法度坏。"在此,荀况把国家兴亡与教师的关系作为一条规律概括出来,令人深思。

在教师与学生之间,荀况片面强调学生对教师的服从,主张"师云亦云",甚至认为"言而不称师,谓之畔(叛);教而不称师,谓之倍(背)。倍畔之人,明君不内(纳),朝士大夫遇诸涂不与言。"背叛教师,不依师法言行者,人人都应当唾弃他。

荀况的尊师思想对后世中国封建社会"师道尊严"的形成有很大的影响。

荀况的教育思想表现出一些新因素。他提出"性恶论",在中国教育史上开创了与教育"内发说"截然相对的教育"外铄说",促进了教育理论的发展。荀况对教育目的、教育内容、学习过程、教师地位和作用的阐发都颇具新意,其中不少主张及实践对后世历代封建教育与政治发生过实际影响。

迷津点拨 荀况是先秦儒家最后一位大师,也是先秦思想的集大成者。在以何种形式实现统一的问题上,孟轲讲王道,以德服人;法家主霸道,以力服人;荀况两者杂糅,是德与力的结合、王与霸的统一,这是荀况"仁义"学说的一大特点。所以考生应以此来理解荀况关于"性恶论"与教育的作用、教育的目的、教育的内容等。

第五节 墨家的教育思想

一、"农与工肆之人"的代表【一般】

墨翟出身卑贱,常自称为"鄙人""贱人"。墨翟生活俭朴,为了百姓的利益可以不辞辛劳,"日夜不休,以自苦为极"。从思想倾向看,他代表着"农与工肆之人"的利益。

二、"素丝说"与教育作用【重要】

墨翟阐述了环境和教育对人品性形成的影响。他的贡献在于提出"素丝说",所谓"染于苍则苍,染于黄则黄"。他以素丝和染丝为喻,来说明人性及其在教育下的改变和形成。在墨翟看来,首先,人性不是先天所成,生来的人性不过如同待染的素丝;其次,下什么色的染缸,就成什么样颜色的丝,即有什么样的环境与教育,就造就什么样的人。因此,必须慎其所染,选择所染。

墨翟这一思想较之孔丘的人性论在社会意义方面显得进步了,因为他从人性平等的立场出发认识、阐述教育作用。墨翟"官无常贵而民无终贱"的思想以及"上说下教"的主张,都是以此为理论基础的。

三、培养"兼士"的教育目的【一般】

"兼相爱,交相利"的社会理想决定了墨家的教育目的是培养实现这一理想的人,这就是"兼士"或"贤士";通过他们去实现贤人政治或仁政德治,批判、否定那种用人以亲、以势、以财而不问贤能

与否的腐败政治和社会不合理现象。

关于兼士或贤士，墨翟曾提出过三条具体标准：“博乎道术”“辨乎言谈”“厚乎德行”，即知识技能的要求、思维论辩的要求和道德的要求。墨翟主张培养大批兼士来取代社会上存在的那些只顾自己、不管他人甚至牺牲他人的“别士”，实现“兼以易别”，由此清除“乱不得治”“饥不得食”“寒不得衣”和“劳不得息”的社会弊端。

墨家的兼士和儒家“亲亲而仁民”“爱有差等”的君子在外表和内质上有很大的不同，表现了完全不同的人格追求，反映了小生产者的平等思想。

四、教育内容【一般】

1. 政治和道德教育

墨翟认为当时民众最大的问题是“饥者不得食”“寒者不得衣”和“劳者不得息”，此为“三患”。而王公大人们在寻求着“国家之富”“人民之众”“刑政之治”，此为“三务”。解决“三患”、实现“三务”的措施就是：通过“兼爱”，实现人与人之间的平等与和睦；通过“非攻”，去除“强凌弱、众暴寡”的非正义征战；通过“尚贤”，破除世袭特权，实现贤人政治；通过“尚同”，统一人们的视听言行；通过“节用”“节葬”“非乐”，制止费民、耗财；通过“非命”，鼓励人们在社会实践中自强不息；而“天志”“明鬼”则表明天与鬼神通过惩恶赏善的意志力量，来约束下界的统治者谨慎行事。

2. 科学和技术教育

这包括生产、军事科学技术知识教育及自然科学知识教育，其目的在于帮助兼士获得“各从事其所能”的实际本领。

墨家的自然科学教育有很高的造诣，涉及数学、光学、声学、力学以及心理学等许多方面。

3. 培养思维能力的教育

这包括认识和思想方法的教育、形式逻辑的教育。其目的在于锻炼和形成逻辑思维能力，善于与人论辩，以雄辩的逻辑力量去说服他人，推行自己的政治主张。

首先，墨家提出应当懂得把握三条标准——“三表”：第一表，“有本之者”，立论上要“上本之于古者圣王之事”，即历史的经验和知识；第二表，“有原之者”，立论还要“下原察百姓耳目之实”，依据民众的经历，以广见闻；第三表，“有用之者”，必须在社会实践中检验思想和言论的正确与否，也就是“发以为刑政，观其中国家人民百姓之利。”

其次，墨家强调必须掌握思维和论辩的法则，即形式逻辑。墨翟在中国古代逻辑学史上首先提出“类”“故”的概念，提出“察类明故”的命题，要求懂得运用类推和求故的方法。墨家要求凡事都要有根据，要讲出道理，合乎逻辑，说服他人，战胜论敌。

五、论教学方法【重要】

1. 主动

墨家不满儒家“拱己以待”的教育方法，认为正确的方法应该是“虽不叩必鸣”——即使人们不来请教，你也应该主动地上门去教。作为“有道则勉以教人”的兼士，其职责就是主动、积极地“上说下教”，向人们宣传、推行自己的主张。

2. 创造

墨翟批评儒家的“述而不作”，主张“古之善者则述之，今之善者则作之，欲善之益多也”。对古代的好东西应当继承，而在今天则进一步创造出新的东西，希望好东西能更多一些。这既反映了墨翟对待文化遗产的态度，也表现了他的学习与教育方法——重创造。

墨翟认识到人类文化的创造、继承、发展有一个过程，作为每代人都应有所作为。墨家是很有创造精神的。墨翟学于儒而能自成一家，墨家的科学和逻辑学，都是这种创造精神的结果。

3. 实践

“行”是中国古代教育方法论中的重要范畴。墨翟则提出“合其志功而观焉”，志就是动机，功就是效果，主张以动机与效果的统一去评价一个人的行为。而实际上，墨家更着眼于“功”或效果，讲效果也就是讲实践。

迷津点拨 儒家和墨家是两个著名的学派，韩非称之为“世之显学”。墨翟创立墨家学派，并使之与儒家对立，真正揭开了百家争鸣的序幕。因此，作为对立的两派，要总结其对立思想的表现。

教育·生活 《墨子·尚贤下》“有力者疾以助人，有财者勉以分人，有道者劝以教人。”他希望以此建立一个民众平等、互助的“兼爱”社会。这与现在提倡的建立和谐社会在某种程度上也不谋而合。墨翟所提倡“主动”“创造”“实践”“量力”的教育方法在今天看来仍具有重大意义。

第六节　法家的教育思想

一、“人性利己说”与教育作用【一般】

法家的人性观表现为绝对的“性恶论”。韩非不仅认为人“不免欲利之心”，还认为人心总是利己而害人的，人与人的关系是一种利害关系，离不开“计算之心”。他认为君臣之间也同样是相互利用，“君臣之交，计也”。甚至父母子女之间也无非是利害关系。基于这样对人性的估价，法家强调治国必须靠高压政治、法制手段，无需用温情脉脉的教育感化的。

因此，韩非在教育上提出了不少严厉的论断。他认为在教育中应注意把握住一个问题的症结：你不能指望人们自觉为善，而只能设法令人不得为非。这个尺度一定，也就定下了教育方式的取向。法家只看到刑法的统治作用，不讲教育和感化，甚至认为无需尊重人的尊严。依据这一片面逻辑，韩非做出了一个著名结论：“夫严家无悍虏，而慈母有败子。吾以此知威势可以禁暴，而德厚之不足以止乱也。”因此，正确的认识和做法是“不务德而务法”，教育是如此，社会政治的实现也是如此。

二、禁诗书与“以法为教”【一般】

韩非提出“以法为教”，是对商鞅“燔诗书而明法令”的发展。法是一种依据或准则，有了法，就

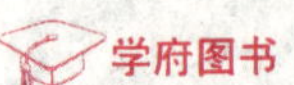

使人的行为有规矩可循。百姓知法、守法，社会就安定；官吏知法、执法，就不会残害百姓。因此，不论吏民，都要教其知法、畏法、守法，这样国家就没有不强盛的。

三、禁私学与"以吏为师"【一般】

如果说"以法为教"主要表达了法家推行法治教育的内容，而"以吏为师"则主要表达了法治教育的实现手段。

商鞅最早提出"以吏为师"的思想并付诸实施。他主张从中央到地方都设吏师，严格选择那些通晓法令者来担任，由他们负责对全体人民进行法治教育。韩非发展了商鞅设置吏师的主张和实践，明确地把这种制度表述为"以吏为师"，以保证"以法为教"。

迷津点拨 法家学派以其有效而毫不含糊的社会政治主张，影响了战国时代的历史进程，赢得了他们在诸子百家中的地位。一般认为，法家代表着新兴的社会势力，代表着当时社会发展的趋势，其长处在于社会政治实践，而在教育方面远没有儒、墨诸家的造诣，有些主张甚至有些偏颇，因此在学习法家的教育思想时，要注意其积极和消极方面对教育的启发。

教育·生活 《商君书·定分》："法令者，民之命也，为治之本也。"法是一种依据或准绳，有了法，就使人的行为有规矩可循，百姓知法、守法，社会就安定；官吏知法、执法，就不会残害百姓。韩非"以法为教"的思想和我国"依法治国"的基本方略，可以结合思考。

扫一扫，看视频

第七节 战国后期的教育论著

一、《大学》【重要】

《大学》是《礼记》中的一篇。《大学》是儒家学者论述大学教育的一篇论文，它着重阐明"大学之道"——大学教育的纲领，被认为是与论述大学教育之法的《学记》互为表里之作。中国古代所谓"大学"，是指"十五成童明志，入大学，学经术"。所以，大学从年龄阶段上看，是15岁以上的教育；从内容上看，是在初步文化知识（小艺）和道德品质（小节）教育之后的儒家经术教育和儒家思想教育。

1."三纲领"

《大学》开头就说："大学之道，在明明德，在亲民，在止于至善。"这是儒家对大学教育目的和为学做人目标的纲领性表达，"明明德""亲民""止于至善"被称为"三纲领"。

"明明德"，就是指把人天生的善性——"明德"发扬光大。朱熹认为，"亲民"应改作"新民"，解释为推己及人，使人们去其"旧染之污"，也臻于善的境界。

大学教育的终极目标是"止于至善"。每个人都应在其不同身份时做到尽善尽美。

2."八条目"

为了实现"三纲领"，《大学》进一步提出一系列具体的步骤。《大学》认为人的完善是一个过程，又可细分为八个步骤:格物、致知、诚意、正心、修身、齐家、治国、平天下。这就是“八条目”。

(1)格物、致知

格物、致知被视为“为学入手”或“大学始教”。格物、致知是对先秦儒家学习起点思想和知识来源思想的概括。

(2)诚意、正心、修身

这要求人即使闲居独处,也要谨慎小心,不敢有一念差池。因为只有“诚于中”,才能“形于外”,有良好的行为表现。

所谓正心,就是不受各种情绪的左右,始终保持认识的中正。修身不再局限于个人内心的自省和自律,开始走出自我,在与他人的相互关系中再认识、要求和提高自我。

(3)齐家、治国、平天下

齐家、治国、平天下是个人完善的最高境界。

“八条目”表现出较强的逻辑性,体现了循序渐进的原则,因此,同样表现了易解性和可行性。作为对先秦儒家为学过程最为明确、概括和完整的表述,“八条目”对汉以后中国知识分子的为学、为人与为政都有极大影响。

《大学》的特点首先在于强烈的伦理性和人文色彩。无论是作为“大学之道”的“三纲领”,还是作为“为学次第”的“八条目”,都着眼于人伦,以个人道德和社会政治的实现为目的,而社会政治的实现也被看成是道德过程。其次表现出较强的逻辑性,无论“三纲领”还是“八条目”,都环环紧扣地加以推演。尤其是通过顺推和逆推说明了“八条目”的实现程序,加之表述概括,极易为人理解、接受和实行。

二、《中庸》【重要】

《中庸》也是《礼记》中的一篇。主要阐述先秦儒家的人生哲学和修养问题,提出了“中庸之道”,与《大学》互为阐发。经朱熹整理,亦列为“四书”之一。

1. 性与教

《中庸》篇首指出:“天命之谓性,率性之谓道,修道之谓教。”首先,它指出人性是与生俱来的秉性,所谓“率性”,也就是要遵循人性中潜在的本然之善,使之得以发扬和扩充。其次,《中庸》继而提出“修道之谓教”——教育与人性发展的问题。因此,对《中庸》开宗明义的篇首语就可以作此理解:人生来就有善的本性;人应当对此加以保存和发扬;人的善性的真正保存和发扬有待于教育的作用。

2.“自诚明”与“自明诚”,“尊德性”与“道问学”

依《中庸》之见,人们可以从两条途径得到完善,其一是发掘人的内在天性,进而达到对外部世界的体认,这就是“自诚明,谓之性”,或者“尊德性”;其二是通过向外部世界的求知,以达到人的内在本性的发扬,这就是“自明诚,谓之教”,或者“道问学”。

3.“博学之,审问之,慎思之,明辨之,笃行之”

《中庸》对古代教育理论的另一贡献在于它对学习过程的阐述。《中庸》提出“博学之,审问之,慎思之,明辨之,笃行之”,把学习过程具体概括为学、问、思、辨、行五个先后相续的步骤。这一表述概括了知识获得过程的基本环节和顺序,它是对孔丘到荀况先秦儒家学习过程思想——学、思、行——的发挥和完整表述。

如果将《中庸》的五步骤与《大学》的“八条目”做一比较,那么可以看出:学、问、思、辨、行着重于阐述求知意义上的学习过程,列举了知识获得过程中一些基本的学习环节,比较局限;而“八条目”则着重说明为学、为人、处身、立命的完整过程,内涵更为丰富,过程更为漫长,要求更高。但两者也有共同点,即都把学习过程视为学习、思索和行动诸环节前后相续、缺一不可的完整过程,反映了中国古代学习思想的基本特征。

学、问、思、辨、行被后世学者引为求知的一般方法和途径,朱熹曾称之为“为学之序”,列为《白鹿洞书院揭示》的重要规定,因此产生了很大影响。

《中庸》的基本精神与《大学》是一致的,即要求从人的天赋善性出发,借助学习与修养,充分发挥这种本性,又进而由己及人,推行于天下,即所谓:“知所以修身,则知所以治人;知所以治人,则知所以治天下国家矣。”

三、《学记》【重要】

《学记》也是《礼记》中的一篇,是中国古代最早的一篇专门论述教育、教学问题的论著。《学记》是先秦时期儒家教育和教学活动的理论总结,它主要论述教育的具体实施,偏重于说明教学过程的各种关系。

1. 教育作用与教育目的

《学记》本着儒家的德治精神,认为实现良好政治的最佳途径是“化民成俗”。

为何说“建国君民,教学为先”呢?《学记》认为,“玉不琢,不成器;人不学,不知道”。教育通过对人有目的、有计划的培养,使每个人都形成良好的道德修养,懂得去维护国家利益和社会安定。

首先,《学记》将教育与政治高度结合起来,使教育成为政治手段。其次,说明了教育在人的发展中的作用,人的发展问题是服从于政治与社会的发展的。

2. 教育制度与学校管理

(1)学制

关于学制系统,《学记》说:“古之教者,家有塾,党有庠,术(遂)有序,国有学。”它以托古方式,提出了从中央到地方按行政建制建学的设想。

(2)学年

关于学年,《学记》把大学教育的年限定为两段、五级、九年。第一、三、五、七学年毕,共四级,为一段,七年完成,谓之“小成”;第九学年毕为第二段,共一级,考试合格,谓之“大成”。由此,可以看到古代年级制的萌芽。

3. 教育教学的原则与方法

(1)教育教学原则

①预防性原则。

《学记》说:“禁于未发之谓预。”要求事先估计到学生可能会产生的种种不良倾向,预先采取防止措施。

②及时施教原则。

“当其可之谓时”,掌握学习的最佳时机,适时而学,适时而教。这已涉及教学中学生的年龄特征、心理准备、教学内容和顺序等问题,要求寻找诸因素的最佳结合点,使教学显见成效。

③循序渐进原则。

“不陵节而施之谓孙”,教学必须遵循一定的顺序(“孙”)。

④学习观摩原则。

“相观而善之谓摩”,学习中要相互观摩,相互学习,取长补短。要在集体中学习,借助集体的力量进行学习。否则,“独学而无友,则孤陋而寡闻”。

⑤长善救失原则。

《学记》认为,“学者有四失,教者必知之。人之学也,或失则多,或失则寡,或失则易,或失则止。此四者,心之莫同也。知其心,然后能救其失也。”教师要掌握学生的心理差异,认识到它的两重性,即“多、寡、易、止,虽各有失,而多者便于博,寡者易于专,易者勇于行,止者安其序,亦各有善焉,救其失,则善长矣”。

⑥启发诱导原则。

“君子之教,喻也”,教学要重启发诱导,注意“道(导)而弗牵,强而弗抑”,督促勉励,又不勉强、压抑;“开而弗达”,打开思路,但不提供现成答案。

⑦藏息相辅原则。

“藏焉修焉,息焉游焉”“时教必有正业,退息必有居学”。这是说既有有计划的正课学习,又有课外活动和自习,有张有弛,让学生感到学习的乐趣,感受到老师、同学的可亲可爱,使学习成为学生的一种内在需求。

(2)教学方法

①讲解法。

《学记》提出:“约而达”(语言简约而意思通达)、“微而臧”(义理微妙而说得精善)、“罕譬而喻”(举少量典型的例证而使道理明白易晓)。

②问答法。

教师的提问应先易简,后难坚,要循着问题的内在逻辑。而答问则应随其所问,有针对性地作答,恰如其分,适可而止,无过与不及。

③练习法。

如学诗需多诵读吟唱,学乐则需多操琴拨弦,学礼则多按规矩去做。根据学习的内容来安排必要的练习,练习需要有规范,并且应逐步地进行。

四、《乐记》【重要】

《乐记》也是《礼记》中的一篇,是先秦儒家专门论述乐教的论著。它论述了音乐的起源和作用等问题,表明儒家学者对乐教的注重。

1. 乐的产生

“凡音之起，由人心生也。人心之动，物使之然也。感于物而动，故形于声。”这指出了音乐产生于人的心理活动，产生于人的情感，是“人情之所以必不免也”。《乐记》关于乐的产生这一论点，既指出了艺术内容的真实性特点，也说明了艺术对人的感化作用。

2. 乐的作用

《乐记》通过对《武》这一古代乐曲的分析，说明“乐者，象成者也”的道理，也就是说，艺术形象地表现现实中的“事”。《乐记》首次将天理与人欲并提，并把它们对立起来。为了防止出现天理丧失和人欲横流的现象，就需要发挥艺术的教育作用，让乐与礼一起来维护社会的安定。

在论述乐的作用的过程中，《乐记》实际上把艺术置于工具和手段的地位。既然乐的目的是为了教育人，而这种教育归根结底是服务于社会伦理和政治的，那么乐的思想内容就是第一位的，而艺术形式则是第二位的。

《乐记》对乐教的阐述从一个方面反映了儒家“仁政”“德治”的政治理想。《乐记》的出现意味着儒家乐教思想的成熟。另一方面，这种乐教实际上处在从属的地位，服务于政治与伦理，出于“君子学道则爱人，小人学道则易使也”的政治目的。

迷津点拨 教育在经过春秋战国时期的大发展之后，积累了丰富的材料，对教育历史经验进行了系统的总结，在战国末年，出现了一批集中论述教育问题的教育理论著作，这些论著理论价值极高，实际上形成了中国古代教育发展的一个高峰。儒家经典《礼记》中的诸多篇目，就是这些教育论著中的代表。

经典例题

一、名词解释

1. 化性起伪
2. 稷下学宫
3.《学记》
4. 学而优则仕
5. 学在官府

二、简答题

1. 简述孟轲的教育思想。
2.《学记》中的“善喻”是什么意思。
3. 简述《学记》在教学思想上的贡献。

4. 简述孔丘教育思想对我国教育的影响。

5. 简述孔丘有教无类思想的价值。

6. 简述孔丘的德育论及其当代价值。

7. 简述"稷下学宫"的性质和特点。

8. 简要回答《大学》中"三纲领,八条目"的内容及其含义。

三、论述题

1. 试论孔丘的主要教育思想。

2. 试论述孔丘教学方法及其现实意义。

3. 试论《学记》在教育管理和教学论上的贡献。

4. 试述孟轲和荀况教育思想的异同。

四、材料题

阅读以下材料,分析该论述中的教育思想:

虽有嘉肴,弗食,不知其旨也;虽有至道,弗学,不知其善也。是故学然后知不足,教然后知困。知不足,然后能自反也;知困,然后能自强也。故曰:教学相长也。《兑命》曰:"学学半。"其此之谓乎?

答案解析

一、名词解释

1. "化性起伪"是荀况提出的礼、法起源的一个前提。荀况以为,"涂之人可以为禹"只是可能性而已。"化性起伪",使"涂之人能为禹"成为必然,其间也必须注意诸个条件,即环境、教育和个体努力。环境,即荀况所说的"注错习俗",或者说"渐"。他认为,"蓬生麻中,不扶自直"。所以,人应当注意选择环境。教育的作用则显得更主动,它是依一定的规矩对人加以改变的过程。而个体的努力,荀况称之为"积",即不断地注意积累知识和道德。就这样,不断地变化着本性,使之"长迁于善",就能"长迁而不返其初"了。

考点分析 这是荀况关于教育作用的论述。荀况批评"性善论""无辨合符验",未得到实际验证,是一种无实用价值的理论。他认为,"性恶论"更能说明问题。荀况解释道:"今人之性,生而有好利焉,顺是,故争夺生而辞让亡焉。"荀况并非简单而绝对的性恶论者,这实际上是一种"人性恶端"说。"伪"是与"性"相对的一个范畴。"伪"是指人为,是泛指一切通过人为的努力而使人发生的变化。荀况认为,孟轲所说的人性"善",实际上是"伪",而不是"性"。而教育的作用就在于"化性起伪"。

2. 稷下学宫是战国时代齐国一所著名的学府,它既是战国百家争鸣的中心和缩影,也是当时教育上的重要创造。稷下学宫的创建是以"招致贤人""得士以治之"为目的的,是一所集讲学、著述、育才活动为一体并兼有咨议作用的高等学府。

考点分析 稷下学宫是时代发展的产物。齐国也是实现封建化比较早的国家。为了适应对内变革、对外争霸的需要,齐国统治者不仅要招纳、网罗天下贤才,而且还意在培养、训练新一代贤士。作为一个实体存在的稷下学宫的结束,标志着一个"处士横议"时代的终结。考生要掌握"稷下学宫"形成的原因、性质、特点。

3.《学记》也是《礼记》中的一篇,是中国古代最早的一篇专门论述教育问题的论著。《学记》是先秦时期儒家教育思想和教育活动的理论总结,它主要论述教育的具体实施,偏重于说明教学过程的各种关系。

考点分析 《学记》中主要论述内容涉及教育作用与教育目的、教育制度与学校管理以及教育、教学的原则与方法等。这些论述堪称古代教育的经典,成为中国古代教育理念的精髓所在。

4. "学而优则仕"是孔丘提出的重要选官标准,它包含多方面的意思:学习是通向做官的途径,培养官员是教育最主要的政治目的,而学习成绩优良是做官的重要条件。如果不学习或虽经学习而成绩不优良,也就没有做官的资格。"学而优则仕"口号的提出,确定了培养统治人才的教育目的,在教育史上有最重要的意义。它反映了封建制兴起时的社会需要,成为当时知识分子积极学习的巨大推动力量。"学而优则仕"与"任人唯贤"的路线配合一致,为封建官僚制度的建立准备了条件。它适应社会发展的要求,反映了一定的规律,直到现代还有实际意义。

考点分析 孔丘提出在平民中培养德才兼备的从政君子,这条培育人才的路线,可简括称为"学而优则仕",成为中国官吏任选的核心标准。

5. 在文化教育上,古代教育的历史特征就是"学在官府"。为了管理的需要,制定法纪规章,有文字记录,汇集成专书,由当官者来掌握。这种现象,历史上称之为"学术官守",并由此而造成"学在官府"。"学在官府"这种历史现象,有其客观原因,主要体现在:惟官有书,而民无书;惟官有器,而民无器;惟官有学,而民无学;等等。

考点分析 "学在官府"是古代奴隶社会教育的主要特征,它造成了学术思想的垄断现象,一定程度上不利于学术思想的交流与繁荣。

二、简答题

1. (1)从"性善论"的角度论述了教育的作用。孟轲以为仁、义、礼、智这些人的"良知""良能",是人所固有的。孟轲认为教育是扩充"善性"的过程。尽管他说仁、义、礼、智是"我固有之",但他又不认为人生来就具备现成的道德观念和道德品质,充其量只能算是一种道德的可能性。

(2)从"明人伦"的角度提出了教育的目的。"人伦"是人类的本质表现,也表现了人类生活的特点。具体说来,"人伦"就是五对关系:"父子有亲、君臣有义、夫妇有别、长幼有序、朋友有信。"教育通过使人明了并实现这一切,发挥其举足轻重的作用。

(3)要求培养学生"大丈夫"的人格理想。孟轲提出"大丈夫"的理想人格,丰富了中国人的精神世界，并提出了这种人格培养的主要原则，即持志养气、动心忍性、存心养性、反求诸己与厚于责己。当你的行动未得到对方相应的反应时，就应当首先反躬自问，从自己身上找原因，对自己提出更高的要求。

(4)倡导“深造自得”的教育思想。孟轲提出，要扩充善性就应“从其大体”，“大体”即“心之官”。因此人们的学习就应有一个基本要求：“深造自得”。孟轲指出，深入的学习和研究，必须有自己的收获和见解，这样才能形成稳固而深刻的智慧，遇事才能左右逢源、挥洒自如。

考点分析 孟轲指出：恻隐之心，仁之端也；羞恶之心，义之端也；辞让之心，礼之端也；是非之心，智之端也。所谓“端”，是指事物的开头或缘由。人所具有的这四种心理倾向，不过是仁、义、礼、智的起始点或可能性。可能不等于实现，要将“四端”转化为现实的道德品质，需要靠学习与教育，所谓“学问之道无他，求其放心而已矣”。基于这一立场，孟轲主张：教育的作用就在于引导人保存、找回和扩充其固有的善端，不断发扬人的善性。这些主张为儒家教育思想的完善与发展产生了重要作用。

2. “善喻”实际上指的是教学中的启发诱导原则，要求教师在教学中循循善诱，善于引导，具体包括：

(1)道而弗牵，指教师要积极引导学生，但不要硬牵着学生走。

(2)强而弗抑，指教师要积极督促学生，但不要使学生感到压抑。

(3)开而弗达，指教师要为学生提供打开知识大门的钥匙，但不要全部塞给学生。

总之，“善喻”思想的精髓就是发挥教师的主导作用和学生的主体作用，这种教学思想阐明了教学活动中教师的主导地位和启发性特征。

考点分析 这是《学记》中倡导的重要教学方法之一——讲解法的具体实施要求。它要求讲解者应该做到：“约而达”(语言简约而意思通达)，“微而臧”(义理微妙而说得精善)，“罕譬而喻”(举少量典型的例证而使道理明白易晓)。“善喻”就是其中的要求之一。

3.《学记》是《礼记》中的一篇，是先秦儒家学派的教育思想和教学经验的高度概括。它是我国也是世界教育史上最早的一篇具有教育意义的、体系完整而系统的教育理论专著，是密切联系学校实践的最早著作之一，比捷克教育家夸美纽斯的《大教学论》早1800年。

(1)论述了教育作用与教育目的。《学记》本着儒家的德治精神，认为实现良好政治的最佳途径是“化民成俗”，从而将教育与政治高度结合起来，使教育成为政治手段。

(2)阐述了教育制度与学校管理思想。在学制上，提出了最早的学制系统，即“古之教者，家有塾，党有庠，术(遂)有序，国有学”；在学年划分上，把大学教育的年限定为两段、五级、九年。第一、三、五、七学年毕，共四级，为一段，七年完成，谓之“小成”；第九学年毕为第二段，共一级，考试合格，谓之“大成”。

(3)提出了一系列重要的教学原则与教学方法。这些教学原则是：预防性原则、及时施教原则、循序渐进原则、学习观摩原则、长善救失原则、启发诱导原则、藏息相辅原则等。同时，还提出了一系列重要的教学方法，即讲解法，要求“约而达”(语言简约而意思通达)，“微而臧”(义理礼微妙而说得精善)，“罕譬而喻”(举少量典型的例证而使道理明白易晓)；问答法，要求教师的提问应先易简，后难坚，要循着问题的内在逻辑；练习法，要求根据学习的内容来安排必要的练习，练习需要有规范，并且应逐步地进行。

考点分析 《学记》也是中国古代最早的一篇专门论述教育、教学问题的论著，是先秦时期儒家教育和教育活动的理论总结，它主要论述教育的具体实施，偏重于说明教学过程的各种关系。在中国教育史上，它具有开创性的意义，是中国古代教育思想成形的标志。

4. 孔丘是全世界公认的伟大的思想家和教育家，孔丘在教育史上的贡献是多方面的，主要体现在：

(1)首先提出教育在社会发展和人的发展中的重要作用，强调要重视教育。

(2)创办规模较大的私学，开私人讲学之风，改变“学在官府”的局面，成为百家争鸣的先驱；实行“有教无类”的方针，扩大受教育的范围，使文化教育下移到平民。

(3)培养从政君子，提倡“学而优则仕”，为封建官僚制的政治改革准备条件。

(4)重视古代文化的继承和整理，编纂《诗》《书》《礼》《乐》《易》《春秋》作为教材，保存了中国古代文化。

(5)总结教育实践经验，对教学方法有新的创造，强调学、思、行结合的教学理论。

(6)首倡启发式教学，发展学生的思维能力；实行因材施教，发挥个人专长，造就各类人才；重视道德教育，以仁为最高的道德准则，鼓励人们提高道德水平。

(7)提出道德修养应遵循的重要原则。重视立志，明确人生的前进方向。

(8)力求走在中庸之道上，自觉进行思想检查，改过迁善。

(9)要求教师具有良好的职业道德，学而不厌，诲人不倦，以身作则。他认真总结教育经验，提出了不少创见，成为中华民族珍贵的教育遗产，产生了重大的历史影响。

同时，孔丘的思想学说深刻地影响着中国封建时代的政治、经济、文化，这种影响有积极因素也有消极因素，在不同历史阶段起了不同的作用。在封建社会处于上升时期时，它被用来为巩固封建制度服务，主要对社会发展起积极作用；当封建社会到了没落时期后，它被利用来维护封建制度，对社会发展则起消极作用。

考点分析 本题目是本章的一个重点，这是由孔丘作为“万世师表”的历史地位决定的，应该引起考生的注意。

5. “有教无类”是孔丘提倡的办学方针。这个方针对孔子私学的教育对象做了原则性的规定，指导着他的教育实践活动，是孔丘教育思想的组成部分。

“有教无类”作为私学的办学方针，与贵族官学的办学方针相对立。“有教无类”打破贵贱、贫富和种族的界限，把受教育的范围扩大到平民，这是历史性的进步。

考点分析 本题主要考查孔子“有教无类”的办学方针，考生需要明确“有数无类”的内容以及优缺点。

6. 孔丘的教育目的是培养从政的君子，而成为君子的主要条件是具有道德品质修养，所以，在他的私学教育中，道德教育居首要的地位。在道德教育中，孔丘提出了六条重要机遇原则：

(1)立志。孔丘教育学生要坚持志向，“笃信好学，守死善道”，不要因为外来的干扰而动摇。他说:“三军可夺帅也,匹夫不可夺志也。”

(2)克己。孔丘主张应着重在要求自己上,约束和克制自己的言行,使之合乎礼、仁的规范。他说:“君子求诸己,小人求诸人。”其中,克己是复礼的基本条件。

(3)力行。孔丘提倡“力行”,要求言行相顾,言行一致,不要出现脱节,道德认识依靠道德实践的检验而证实,作为有人格的人也应当是“言必信,行必果”。

(4)中庸。孔丘认为,做人要做得恰到好处,强调“中庸”。“回之为人也,择乎中庸,得一善,则拳拳服膺,而弗失之矣。”

(5)内省。孔丘认为,不论道德认识或是道德实践,都需要有主观积极的思想活动,称为内省。

(6)改过。孔丘认为,人非圣人,即使是君子,要一贯正确也是不可能的,难免要犯错误。加强道德修养,正是为了减少错误。

考点分析 主要考查孔丘教育思想中的道德教育。孔丘的教育思想,一直是考生的重点,因此考试要认真掌握孔丘所有的教育思想。

7. 从性质上看,稷下学宫具有以下特点:

(1)它是一所由官家举办而由私家主持的特殊形式的学校。一方面,稷下学宫的初创是出于田齐政权“招致贤人”的目的,从主办者和办学目的来看,稷下学宫是官学;另一方面,学宫的重要特色是容纳百家、思想自由。

(2)它是一所集讲学、著述、育才活动为一体并兼有咨议作用的高等学府。稷下学宫的创建是以“招致贤人”“得士以治之”为目的的,这就决定了学宫是一所以学术活动为主要任务的高等学府。学宫的主要活动是:首先是讲学,稷下学宫是一个十分集中的游学场所,其讲学活动十分兴盛;其次是著述,稷下学宫的重要特色就是学术性,这一方面表现为各家各派的讲学和思想交锋,另一方面表现为著书立说;其三是育才,这些私家学派通过大师的著述和讲学,培养了学派的传人和时代所需要的各种人才。此外,稷下学宫还成为一个事实上的咨政议政机构。议政干世是当时几乎所有私学学派的特点,而稷下学宫的不同之处在于它为各家学者提供了一个固定的议政论坛。

从特点上看,稷下学宫具有以下特点:

(1)学术自由,这是稷下学宫的基本特点。为了鼓励学者们进行理论探讨,齐国君主让学者们“不治而议论”;容纳百家是学术自由的一种表现。在稷下学宫的各家各派,其学术地位是平等的。相互争鸣和吸取是学术自由的又一种表现,学术论辩带来稷下诸子学派的吸收、交融和分化、嬗变。

(2)待遇优厚,即稷下学宫发扬了礼贤下士的风格,给稷下学者以非常优厚的待遇。“不治而议论”是齐国君主给予学者们很高的政治待遇;在物质待遇上,齐宣王时邹衍等各派学者76人“皆赐列第,为上大夫”,学者们享受相当于上大夫的俸禄,可以专心学问。

考点分析 稷下学宫的出现意味着先秦士阶层发展的登峰造极,也表现了养士之风的制度化。稷下学宫作为历史条件的产物,首先要掌握其性质:“由官家举办而私家主持的特殊形式的学校”“集讲学、著述、育才活动为一体并兼有咨议作用的高等学府”。在此基础上掌握稷下学宫的特点和历史影响。

8.《大学》开头就说:“大学之道,在明明德,在亲民,在止于至善。”这是儒家对大学教育目的和

第二部分

为学做人目标的纲领性表达，"明明德""亲民""止于至善"被称为"三纲领"。

为了实现"三纲领"，《大学》进一步提出一系列具体的步骤。《大学》以为人的完善是一个过程，又可细分为八个步骤：格物、致知、诚意、正心、修身、齐家、治国、平天下。这就是"八条目"。

考点分析 《大学》的特点首先在于强烈的伦理性和人文色彩。无论是作为"大学之道"的"三纲要"，还是作为"为学次第"的"八条目"，都着眼于人伦，以个人道德和社会政治的实现为目的，而社会政治的实现也被看成是道德过程。其次表现出较强的逻辑性，无论"三纲领"还是"八条目"，都环环紧扣地加以推演。尤其是通过顺推和逆推说明了"八条目"的实现程序，加之表述的概括，极易为人理解、接受和实行。

三、论述题

1. 孔丘是中国古代伟大的思想家、教育家、儒家学派的创始人，儒学教育理论的奠基人，其教育思想非常丰富。

(1)从"庶、富、教"的关系以及"性相近也，习相远"的立场出发，提出了教育在社会发展和人的发展中的重要作用，强调要重视教育。

(2)创办了规模较大的私学，开私人讲学之风，改变"学在官府"的局面，成为百家争鸣的先驱。

(3)实行"有教无类"的方针，扩大受教育的范围，使文化教育下移到平民。

(4)培养从政君子，提倡"学而优则仕"，为封建官僚制的政治改革准备条件。

(5)重视古代文化的继承和整理，编纂《诗》《书》《礼》《乐》《易》《春秋》作为教材，保存了中国古代文化。

(6)总结教育实践经验，对教学方法有新的创造，强调学、思、行结合的教学理论，首倡启发式教学，发展学生的思维能力；实行因材施教，发挥个人专长，造就各类人才。

(7)重视道德教育，以仁为最高的道德准则，鼓励人们提高道德水平；提出道德修养应遵循的重要原则；重视立志，明确人生的前进方向；力求走在中庸之道上，自觉进行思想检查，改过迁善。

(8)要求教师具有良好的职业道德，应该做到学而不厌，诲人不倦，以身作则。

考点分析 孔丘是世界上伟大的教育家，其教育思想历来是考试重点，考试必须铭记。应该从教育功能、教育目的、教学方法、道德教育、教师观等几个核心角度来把握孔丘的教育思想。

2. 教学法理论是孔丘教育思想的核心组成部分，他的教学法思想主要包括以下方面：

(1)倡导学、思、行结合。孔丘提倡学习知识面要广泛，在学习的基础上认真深入地进行思考，把学习与思考结合起来，正所谓"学而不思则罔，思而不学则殆"；强调学习知识要"学以致用"，把道德认识和道德实践尽量统一起来，正所谓"君子耻其言而过其行"。

(2)首倡启发诱导。孔丘是世界上最早提出启发式教育的教育家，比古希腊教育家苏格拉底提出引导学生自己思索、自己得出结论的"助产术"早几十年。其经典教学主张是："不愤不启，不悱不发。举一隅不以三隅反，则不复也。"孔丘在日常教学中注意训练学生的思考方法，即"由博返约"；在具体思维方法上强调"叩其两端"，辨明是非，进而解决问题。

(3)首倡因材施教。孔丘在教育实践的基础上，创造了因材施教的方法，并作为教育原则，贯彻于日常的教育工作之中，取得了成效。实行因材施教的前提条件是承认学生间的个体差异，通过谈话和个别观察并了解学生的特点，有针对性地进行教育。

(4)好学与实事求是的态度。孔丘在教学方法上倡导好学、乐学的态度，即“知之者不如好之者，好之者不如乐之者”；要求学生要有实事求是的态度，即“知之为知之，不知为不知，是知也”。

这些教学理念对现代教学活动的意义是：

(1)确立了启发式教学的基本理念，打破了灌输式教学的阴霾，是我国教学改革的理念先驱。

(2)重视学生的学情，是我国个性化教育、民主化教学等理念的渊源。

(3)强调学生的非智力因素教育，改变了学者对学习过程的认识。

考点分析 孔丘的教学观集古代优秀教学思想与方法之大成，是我国教学改革的思想源泉，必须引起考生的高度注意。

3.《学记》也是《礼记》中的一篇，是中国古代最早的一篇专门论述教育、教育问题的论著，其中有关教育制度、学校管理与教学方法等方面的论述是其最重要的组成部分。

(1)在教育管理上，《学记》提出了最早的学制与学年思想。在学制系统上，《学记》谈到：“古之教者，家有塾，党有庠，术(遂)有序，国有学”，从而以托古的方式提出了从中央到地方按行政建制建学的设想；在学年划分上，《学记》把大学教育的年限定为两段、五级、九年，其中第一、三、五、七学年毕，共四级，为一段，七年完成，谓之“小成”；第九学年毕为第二段，共一级，考试合格，谓之“大成”。

(2)在教育教学原则上，《学记》中有丰富的论述，集中体现在以下教学原则的论述上。这些教学原则主要有：预防性原则，即“禁于未发之谓预”；及时施教原则，即“当其可之谓时”；循序渐进原则，即“不陵节而施之谓孙”；学习观摩原则，即“相观而善之谓摩”；长善救失原则，即“学者有四失，教者必知之。人之学也，或失则多，或失则寡，或失则易，或失则止。此四者，心之莫同也。知其心，然后能救其失也”；启发诱导原则，即“君子之教，喻也”；藏息相辅原则，即“藏焉修焉，息焉游焉”，“时教必有正业，退息必有居学”等。

(3)在教学方法上，孔丘也有丰富的论述。在讲解法上，孔丘要求“约而达”(语言简约而意思通达)，“微而臧”(义理微妙而说得精善)，“罕譬而喻”(举少量典型的例证而使道理明白易晓)；在问答法上，要求教师的提问应先易后难，要循着问题的内在逻辑；在练习法上，要求教师根据学习的内容来安排必要的练习，练习需要有规范，并且应逐步地进行。

考点分析 《学记》中最为精彩的论述就是教育管理与教学原则，尤其是五条教学原则，更是其中的精华所在，考生必须达到识记精准的水平。同时，《学记》中提出的“两段、五级、九年”教育管理制度理念对后世也有重要影响。

4.“孟轲道性善”第一次从理论高度对人自身本质加以认识和阐述，并形成论证政事必先论证教育、论证教育必先论证人性的思维习惯。

孟轲认为，仁、义、礼、智这些人的“良知”“良能”，是人所固有的。孟轲的“性善论”揭示了一些重要的理论问题，成为其教育思想的基础。

其一，“性善论”说明了人性是人类所独有的、区别于动物的本质属性。

其二，“性善论”还包含了一个人类种系发展的前提在内。所以人性的善是人类学习的结果，是人类缓慢进化的结果。

其三,"性善论"不仅揭示了人之"类",而且还揭示了人之"故"。人性之"故"就是"人性之善也,犹水之就下也"。

荀况批评"性善论""无辨合符验",未得到实际验证,是一种无实用价值的理论。他认为,"性恶论"更能说明问题,教育的作用就在于"化性起伪"。

荀况以为,"涂之人可以为禹"只是可能性而已。"化性起伪",使"涂之人能为禹"成为必然,其间也必须注意诸个条件,即环境、教育和个体努力。环境,即荀况所说的"注错习俗",或者说"渐"。他认为,"蓬生麻中,不扶自直"。所以,人应当注意选择环境。教育的作用则显得更主动。它是依一定的规矩对人加以改变的过程。而个体的努力,荀况称之为"积",即不断地注意积累知识和道德。就这样,不断地变化着本性,使之"长迁于善",就能"长迁而不返其初"了。

虽然对人性的认识不同,但是他们都肯定教育在人性发展过程中的重要作用,人的发展离不开教育。

考点分析 本题考查荀况和孟轲的教育思想。孟轲提出"性善论",而荀况提出"性恶论"。对于人性的认识,二者有截然不同的观点,对于类似的题型,考生要学会总结分析。

四、材料题

私学的产生具有深刻的历史背景,主要体现在:

(1)世袭制度造成贵族不重教育。

贵族在世卿世禄制度下保持享有富贵的特权,贵族子弟命定为统治者,学习文化知识与其权位并无直接联系。他们养尊处优,只图享受而不重教育,缺乏上进精神,失去了学习的动力。官学以贵族为教育对象,贵族不想学习,官学衰落也就成为必然。

(2)王权衰落导致学校荒废。

周平王东迁,预示着重大的历史转折。孔丘称春秋是"天下无道"的时期,开始时周天子能维持"礼乐征伐自天子出"的共主地位,后来是诸侯国也不能维持"礼乐征伐自诸侯出"的局面,从而出现陪臣执国命的现象。王权衰落,礼制破坏,一切都不能按旧制度办了。天子的辟雍、诸侯的泮宫、地方的乡校,久已不闻弦诵之声,名存实亡。

(3)战争动乱打破旧的文化垄断。

在社会动乱中,没落贵族及其后裔流落民间,文化职官被迫流落四方,把简册器物带出官府。他们都是有文化知识的人,在社会中谋生,就要发挥自己的一技之长,以传授为业,这就是"天子失官,学在四夷"的历史现实,它是由文化变动而出现的新现象。其结果是打破"学在官府"的局面,使原来由贵族垄断的文化学术向社会下层扩散,下移到民间。这种历史现象,称为"文化下移"。民间分布有多种学术人才,也有记录历史文化、思想学说的古籍作为学习的材料,为私学的产生和发展提供了条件。

私学的产生具有重要的历史意义:

(1)私学的兴起,适应了新兴地主阶级的政治需要。地主阶级迫切需要掌握文化的新人才、以新的思想理论来为他们的利益服务，他们成为促进新的文化教育机构——私学发展的社会力量。

(2)私学的发展，打破了“学在官府”的传统，使文化知识传播于民间。私学的自由讲学、自由传授，也促进了各学派的形成。

(3)私学的产生，促进了思想学术上的百家争鸣。由于社会发展的需要，私学之间存在激烈的斗争，也是当时社会阶级斗争趋于激烈的反应。在社会大变革时期，各个阶级、各个阶层都经历着不断分化、重新组合，都在为捍卫自己的利益而斗争；都要利用士为自己的利益服务，制造舆论。士为了自己的利益和出路，也必然要依附在某张“皮”上，为一定的阶级服务。他们将私学作为活动园地，因此私学必然发生思想分化，形成代表各个阶级、各个阶层不同利益的各种学派，相互之间展开了激烈的思想斗争。正是如此，春秋时期已经开始百家争鸣，但这仅是序曲而已，到战国时期百家争鸣才达到高潮。

考点分析 本题主要考查考生对“私学”这一知识点的掌握。对于“私学”，既要掌握其产生的背景、历史影响等，还要掌握其特点、发展过程。

第三章

儒学独尊与读经做官教育模式的初步形成

本章属于中国教育史的基础知识部分，主要讲述我国秦汉时期文化教育的演变和发展情况。在考研中属于考查的基础范围，其中汉初的文教政策，汉武帝“独尊儒术”文教政策的形成、内容及实施；汉初的学校教育，董仲舒的《对贤良策》与三大文教政策是本章考查的重点。考生在复习中应了解太学、郡国学和鸿都门学的含义、地位、性质及教育内容；了解察举制度的产生，制度的主要规定及影响；重点掌握“独尊儒术”的文教政策的措施、董仲舒《对贤良策》与三大文教政策等内容。

第一节 “独尊儒术”文教政策的确立【重要】

汉武帝时期，国力恢复，统治者希望也已经有能力对国政进行整顿。在文教方面，董仲舒认为，国家必须实现思想的统一，统一思想的程序应该自上而下。他一开始就将思想统一的基调定在儒家学说的基础之上，明确指出，“仁、谊(义)、礼、知、信五常之道，王者所当修饬也。”他主张“诸不在六艺之科、孔丘之术者，皆绝其道，勿使并进”，这便是“独尊儒术”。为了确保“独尊儒术”，汉武帝采取了以下措施：

一、专立五经博士

武帝建元五年(前136)，“置五经博士”。原先设立的传记、诸子等博士则历久不置，最后事实上归于废止。这样，就促成了独尊儒术的局面。

二、开设太学

开始“为博士官置弟子五十人”。从此，博士从一种朝廷顾问之官转化为一种以教授为主要职能的学官。太学正式设立，博士弟子即太学生。太学的设立，是中国教育史上的一件大事，以后各代王朝都依例设立。

三、察举制的完全确立

作为两汉仕进制度主体的察举制是从汉文帝时开始的。察举发展为一种比较完备的入仕途径，并得以真正确立其在两汉仕进制度中的主体地位,则是在汉武帝时期。首先,在元光元年(前134)产生了岁举性的科目,即孝廉一科,而且人数也有了具体的规定,这标志着察举以选官常制的姿态登上了汉朝仕进的舞台。其次,武帝时察举取士的范围有所扩大,由原来基本限于现任官吏的范围扩大到布衣之士。同时,察举科目也于"贤良"之外,增加了"孝廉""秀才"等新科目。另外,在选举考试中,儒家学者受到特别的优待,开创了察举制主要以儒术取士的新局面。

由于博士的殊荣只给儒家学者,太学里传授的是儒家经典,高官厚禄也只送给那些精通儒学的人,因此,儒学很快就取得了独尊的地位。从此,汉朝统治者就一直沿用这些文化政策。其对教育的作用和影响主要有两个方面:

一是确立了教育为治国之本的地位。儒家的社会政治思想的核心是以德治和礼教为本,所以,尊儒必定推崇教育,汉代的官方学校体制就是伴随独尊儒术而建立的。重教兴学成为汉以后历代的一项基本国策。

二是儒家经学成为教育的主体内容。精通儒经可以通过选士而做官,取得荣华富贵,从而大大激励起了人的学习积极性,是古代教育昌盛的主要动力。儒与学已合为一体,从而使儒学绝对控制了教育事业。

迷津点拨 汉武帝所采取的文教政策,在本质上与秦始皇是一致的,都是要统一思想,巩固专制统治,但是手段和措施不同。秦始皇以"禁"为主,以暴力做保障,结果是将士人推向对立,丧失了统治基础。汉武帝则以"尊"为主,用功名利禄来诱导士人研习儒家经典,从而将思想统一于适应统治阶级利益的儒家学说,其手段诚然高出一筹。

第二节　太学、郡国学与鸿都门学

一、太学【重要】

汉武帝接受了董仲舒的建议,于建元五年(前136)废除了诸子各家博士,专设《诗》《书》《礼》《易》《春秋》五经博士,这是中国历史上"独尊儒术"的标志。至元朔五年(前124)丞相公孙弘,奏请为五经博士设立博士弟子,博士,即太学的教师。博士弟子,即太学的学生,东汉称"诸生"或"太学生"。

太学的基本特点是:

第一,为国家培养"经明行修"的官吏。"经明"就是要通晓一种或两种以上经书,这是对官吏的才能方面的要求。"行修"就是要具有"三纲五常"的德行。"三纲"的内容是"君为臣纲,父为子纲,夫为妻纲","五常"即仁、义、礼、智、信五种道德观念,这是对官吏道德方面的要求。

第二,御定统一的教材。孔丘删订的儒家经典——"五经",是太学法定的教育课程。当时解释五经的有许多家,但要在太学中传授,必经五经博士评议,最后由皇帝裁决,这叫"立于学官"。

第三,传经必须遵守"师法"和"家法"。如一经师的学说已"立于学官",设立了博士,那么他的经说即称为"师法"。弟子代代相传,形成"家法"。如果发现有人篡改了师法、家法,皇帝就要取消他的博士资格。

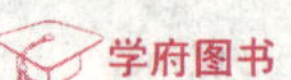

第四，建立定期的考试制度。太学首创一岁一试的制度。“设科射策”，意即分甲科、乙科两种程度命题，进行抽签考试，按成绩等第，分别授予不同的官职，对于学习不努力或不能通晓一经的太学生，则开除出校。

二、郡国学【一般】

在汉朝，郡国是最大的地方行政单位，地方官学又称为郡国学校。汉朝郡国学创始于公元前141年。汉景帝时，蜀郡太守文翁到达成都后，深感蜀地偏僻，文化落后，“有蛮夷之风”，便选择属下聪颖吏员十余人，到京师向博士学习，学成以后回到蜀郡，根据成绩情况给予不同的官职。与此同时，他在成都设立学官，在属县中抽调一批年轻人作为学官弟子，跟随学官学习，毕业后委以一定的官职。儒家思想很快在蜀地发展起来，改变了当地的风俗，促进了经济的发展，这便是教育史上所称颂的“文翁兴学”。汉武帝即位后，对文翁兴学一事极为赞赏，下令各郡国依仿蜀郡设立学校。此后，各地方官纷纷在自己的治内设立学校。汉元帝时开始在各郡国设置五经百石卒史，实行对地方官学的管理。汉平帝时下令郡国以下的各级行政单位都要设立学校。

两汉郡国学的办学目的主要有两项：其一是培养本郡的属吏，同时向朝廷推荐地方学校中特别突出的优秀学生。其二是通过学校定期举行的“乡饮酒”“乡射”等传统的行礼活动，向社会普遍推行道德教化。到东汉时，地方官学发展极盛。

三、鸿都门学【重要】

扫一扫，看视频

鸿都门学创办于东汉灵帝光和元年(178)，因校址位于洛阳的鸿都门而得名。鸿都门学在性质上属于一种研究文学艺术的专门学校，规模曾发展到千人以上。

鸿都门学的创办是统治集团内部各派政治力量的较量在教育上的反映，同时也与汉灵帝的个人爱好有密切关系。由于汉末宦官集团政治势力的膨胀，太学生站在官僚集团一边与宦官集团展开斗争。宦官集团便投汉灵帝所好，怂恿灵帝办鸿都门学，利用教育培养拥护自己的知识分子。

鸿都门学的学生由地方长官或朝中三公举荐，大多在政治和爱好上与汉灵帝相投。学校专以尺牍、辞赋、书画作为教学和研究的内容，毕业后多封以高官厚禄。因此，受到官僚集团的猛烈抨击。

鸿都门学的学生在政治上代表宦官集团的利益，但鸿都门学本身在教育上具有独特的意义。首先，它打破了儒学独尊的教育传统，以社会生活所需要的诗、赋、书画作为教育内容，这是教育的一大变革。其次，鸿都门学是一种专门学校，作为一种办学的新形式，为后代专门学校的发展提供了经验。同时，它也是世界上最早的文学艺术专门学校。

迷津点拨 汉朝为我国封建社会学校教育制度的发展和完善奠定了基础。汉朝的学校有官学和私学，官学分为中央官学和地方官学两种，中央官学最重要的是以传授儒家经典为主的太学。在东汉，还曾有鸿都门学、官邸等特殊性质的学校。地方官学主要指郡国学。

第三节 察举制度【重要】

汉代统治者为了适应日益庞大的官僚机构对吏员的需要，逐步建立和形成了一套选拔统治人才的制度。这套制度包括皇帝征召、私人荐举等多种方式，但最制度化的是察举，即由地方（也包括中央各部门）长官负责考察和举荐人才，朝廷予以录用为官。

一、察举制度的创立

察举作为一种制度，是在汉武帝时期确立下来的。据《汉书·武帝纪》载："建元元年（前140）冬，武帝诏'举贤良方正、直言极谏之士'"，董仲舒就是在这次贤良对策中被列为上第的。其后汉武帝接受董仲舒的建议，重选举取士，于元光元年（前134）冬，令郡国举孝廉各一人，察举正式成为一种制度。元封四年（前107）汉武帝又令诸州岁各举"秀才"一人。自此，每年州举"秀才"，郡举"孝廉"，历代沿袭，成为固定的选士制度。

二、察举的科目

察举的科目可分为两大类：一为经常性举行的科目，称作常科，一般是每年由州郡长官按规定的名额、标准向朝廷推荐人才；另一类为特科，是皇帝根据需要临时指定选士标准和名目的科目。

三、察举的流弊

察举各科设置之初，颇能体现选贤任能的原则，也的确选拔出不少济世之才，同时极大地促进了讲习儒经的社会风气的形成和教育的发展。但是察举的主要特点是以主管官员（地方长官和中央各部门长官）的推荐为前提。而要引起主要官员的注意，声望是很重要的，于是，士人便沽名钓誉，弄虚作假，或者攀附权贵，贿赂请托。因而，世风日下，察举不实。

迷津点拨 纵观两汉之世，察举制度在大部分时间内起着积极的作用，造成人才辈出、功业兴盛的局面，对我国封建社会政治、经济、文化教育的发展和繁荣有积极的贡献。汉代之所以能在我国历史上成为一个强盛的封建王朝，甚至在当时还无愧于举世闻名的文明大国，也与察举得人密切相关。但是汉代察举制度不可避免地存在着严重的缺陷，从根本上说，这是由历史和阶级的局限性所决定的，而且察举制度本身也有极不完善之处。所以，要辩证地看待和理解这一制度。

教育·生活 察举制作为汉代选拔官吏的制度。从汉武帝时开始，由丞相、列侯、刺史等官员推举，经过考核，任以官职。察举设有孝廉、贤良文学、秀才等科目，目的在于扩大封建统治的基础，为汉代做官的重要途径之一。到西汉后期和东汉，察举制度变成了豪门权贵扩大势力的工具。"察孝廉、举茂才"的所谓标准，被抛到了九霄云外，因此有童谣讽刺说："举秀才，不知书。察孝廉，父别居。寒素清白浊如泥，高第良将怯如鸡。"

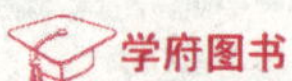

扫一扫，看视频

第四节　董仲舒的教育实践和教育思想

一、《对贤良策》与三大文教政策【重要】

汉初所实行的“无为”政治留下了种种社会矛盾，汉武帝登基后，对于实行什么样的政策，必须有所抉择。如要实行“有为”政治，是采用法治，还是采用德治？在政治上应该以什么为指导思想？应该采取什么措施？汉武帝带着这些问题举行贤良对策。董仲舒对此一一做了回答。董仲舒提出的一系列对策即为《对贤良策》。

董仲舒明确指出，“仁、谊(义)、礼、知、信五常之道，王者所当修饬也”。他主张“诸不在六艺之科、孔丘之术者，皆绝其道，勿使并进”，因此，他设计了三大文教政策的具体措施。

1. 罢黜百家，独尊儒术

依据《春秋》的“大一统”思想，董仲舒认为，要保证政治法纪的大一统，首先要实现思想的统一，而统一思想的程序应该自上而下。为此他建议罢黜百家，独尊儒术，将思想统一的基调定在儒家学说的基础之上。

2. 兴太学，置明师，以养天下之士

为了与独尊儒术相呼应，董仲舒提出国家要兴办学校，培养人才，而国家兴办学校的重点就在于办好中央太学，“太学者，贤士之所关，教代之本原也”，因此，他建议“立太学以教于国，设庠序以化于邑，渐民以仁，摩民以谊，节民以礼”，从而达到“教化行而习俗美”的目的。

3. 重选举以选取贤才

董仲舒认为选官之法十分重要，“诸侯、吏二千石皆尽心于求贤，天下之士可得而官使也”。因此，他建议选取贤良，量才授官。

二、论人性与教育作用【一般】

董仲舒吸收了先秦至汉初普遍流行的人性差异论的观点，明确将人性划分为三种不同的等级：“有斗筲之性，中民之性，圣人之性。”教育对于不同的人所起的作用各不相同，具备“圣人之性”者能够自觉控制自己的感情欲望，注定要向善的方向发展。具备“斗筲之性”者很难进行自我节制，只有用刑罚制止他们作恶。前者不需要教育就可以通过自我的修养为善，后者虽经过教育也很难转化为善，故要用刑罚加以强制性的制约。大多数的人都是中品的，他们是政治经济制度赖以存在的支柱，也是教育的主要对象，中品就是“有善质而未能善”，需“待王教而后善”，因此，人性中“可能”的善必须通过教育才能真正转化为“现实”的善。

三、论道德教育【一般】

1. 德教是立政之本

强调以道德教化为本为主，刑罚为末为辅。董仲舒说：“教，政之本也；狱，政之末也。”“圣人之

道,不能独以威势成政,必有教化。”

2. 以“三纲五常”为核心的道德教育内容

所谓“五伦”:君臣、父子、夫妇、兄弟、朋友。所谓“王道三纲”:“君为臣纲,父为子纲,夫为妻纲。”尽管“三纲”思想并非由董仲舒首先提出,但他对此进行了系统论证并使之在教育和伦理实践中产生了深刻影响。从此以后,臣忠、子孝、妻顺成为封建社会中最重要的道德规范。

3. 道德修养的原则与方法

(1)确立重义轻利的人生理想

董仲舒认为,个体行为的动机比行为的效果更具有道德价值。在法律上,他属于“原心定罪”派,认为“志邪者不待成”“本直者其论轻”。这两种强调思想和行为动机的精神,落实到个人道德修养上,就是要求人们心正意诚,立志做一个适合封建国家要求的人,并以此作为自己的追求和理想,而将有损于封建纲常、有害封建国家利益的意念泯灭在内心萌芽状态。

对体现封建国家利益原则的道义的追求,应高于对个人利益的追求。只有这样,人生才能获得高度的和谐和最终的满足,也应是人生的基本取向。“正其谊(义)不谋其利,明其道不计其功”,正是董仲舒对这一道德修养原则的总概括。

(2)“以仁安人,以义正我”

董仲舒认为,个人修养中应该特别注意“以仁安人,以义正我”。“仁之法在爱人,不在爱我,义之法在正我,不在正人。”

(3)“必仁且智”

董仲舒提出“必仁且智”的命题,认为在道德修养中必须做到“仁”与“智”的统一。他强调了道德修养中情感与认知的统一。

迷津点拨 董仲舒继承了孔丘、荀况的正名思想,又吸收了韩非子的思想,从而概括为“三纲五常”;他还进一步认为:“王道之三纲,可求于天”,这样从理论上确证了专制君主的绝对权威和君臣父子的严格统治秩序,而这种统治秩序的维护又依赖于“天”,这样就把封建时代的“君权”“父权”“夫权”和“神权”结合起来了。因此,我们看待董仲舒的教育思想,既要看到他总结吸收各家思想,将其渗透到整个社会生活的各个方面,并使儒家的伦理政治纲领成为新王朝制定统治秩序的先进理论;也要看到他思想中的神秘色彩,这种力图以神学唯心主义来消融各种自然科学知识的神学目的论,违反了人们对自然科学的认识,他所强调的“三纲五常”也必将随着社会的发展而逐渐衰落。

教育·生活 董仲舒是一位对汉朝政策,特别是文教政策产生重大影响的人物。《汉书》的作者班固说:“及仲舒对册,推明孔氏,抑黜百家,立学校之官,州郡举茂才孝廉,皆自仲舒发之。”董仲舒三大文教政策的提出,特别是“独尊儒术”的提出,对中国封建社会的文化教育产生了极为重要的和深远的影响。从此以后,儒家思想成为中国封建社会的统治思想,儒家经典成为国家规定的教科书,儒家的道德观成为道德教育的依据。

经典例题

一、名词解释

鸿都门学

二、简答题

1. 简述董仲舒三大文教政策。
2. 汉代独尊儒术的文化政策。

答案解析

一、名词解释

鸿都门学是汉代学习、研究文学艺术的高等专科学校。创立于东汉灵帝光和元年(178)二月。因校址设在洛阳鸿都门而得名,是中国最早的专科大学。鸿都门学是统治阶级内部斗争的产物,即宦官派为了培养拥护自己的知识分子而与士族势力占据地盘的太学相抗衡的产物。

考点分析 考生应该加深对“鸿都门学”性质的理解,因为它是古代专科学校的开端,是经学教育之外的一大重要教育形态,其历史意义毋庸置疑。

二、简答题

1. 在《对贤良策》中,董仲舒提出了一系列政治改革建议,构成了其“三大文教政策”的具体措施,主要包括:

(1)罢黜百家,独尊儒术。依据《春秋》的“大一统”思想,董仲舒认为,要保证政治法纪的大一统,首先要实现思想的统一,而统一思想的程序应该自上而下。为此他建议罢黜百家,独尊儒术,将思想统一的基调定在儒家学说的基础之上。

(2)兴太学,置明师,以养天下之士。为了与独尊儒术相呼应,董仲舒提出国家要兴办学校,培养人才,而国家兴办学校的重点就在于办好中央太学,大学乃“贤士之所关”“教化之本原”,因此,他建议“立太学以教于国,设庠序以化于邑,渐民以仁,摩民以谊,节民以礼”,从而达到“教化行而习俗美”的目的。

(3)重选举以选取贤才。董仲舒认为选官之法十分重要,“诸侯、吏二千石皆尽心于求贤,天下之士可得而官使也”,他建议选取贤良,量才授官。

考点分析 董仲舒是一位对汉朝政策,特别是文教政策产生重大影响的人物。董仲舒三大文教政策的提出，特别是“独尊儒术”的提出，对中国封建社会的文化教育产生了极为重要的和深远的影响。从此以后，儒家思想成为中国封建社会的统治思想，儒家经典成为国家规定的教科书，儒家的道德观成为道德教育的依据。这正是其历史意义所在。

2. 在文教方面，汉代采纳了董仲舒的建议，将思想统一的基调定在儒家学说的基础之上。为了确保独尊儒术，汉武帝采取了以下措施：

(1)专立五经博士

武帝建元五年(前136)，“置五经博士”。对原先设立的传记、诸子等博士则历久不置，最后事实上归于废止。这样，就促成了独尊儒术的局面。

(2)开设太学

开始“为博士官置弟子五十人”。从此，博士从一种朝廷备顾问之官转化为一种以教授为主要职能的学官。太学正式设立，博士弟子即太学生。太学的设立，是中国教育史上的一件大事，以后各代王朝都依例设立。

(3)察举制的完全确立

作为两汉仕进制度主体的察举制是从汉文帝时开始的。察举制发展为一种比较完备的入仕途径，并得以真正确立其在两汉仕进制度中的主体地位，则是在武帝时期。首先，在元光元年(前134)产生了岁举性的科目，即孝廉一科。

考点分析 这些文教政策的实施对汉代的教育改革产生了重要影响，非常值得我们关注。建议考生将这些改革与董仲舒的“三大文教政策”结合起来理解较好。

第四章

封建国家教育体制的完善

本章主要概述了魏晋南北朝及隋唐时期的教育历史。魏晋南北朝时期，侧重论述学校教育制度方面的独创之举，隋唐时期教育进入了新的历史阶段，这一时期具有的历史性创新有：科举考试选官制度建立，进而支配学校教育；学校教育制度实行官学与私学并举，地方官学与中央官学衔接，由此形成学校系统；人才培养方面，人文理论与应用科技兼备；学校内部形成了比较完备的制度；书院应时而生。考生在复习中应了解魏晋南北朝时期的国子学、四馆与总明观等；了解隋唐时期文教政策的探索、政府管理机构和体制；掌握隋唐时期中央官学与地方官学体系、学校教育发展的特点；重点掌握科举制度的产生、程序、内容、科目、方法和历史影响等；在教育思想方面，重点掌握颜之推的教育思想以及韩愈关于"教育作用"与"尊师重道"的论述。

第一节　魏晋南北朝官学的变革

一、西晋的中央官学：国子学

国子学是西晋专门创办培养贵族子弟的学校，这是其教育制度的一个主要特点。咸宁二年(276)晋武帝下令立国子学，咸宁四年(278)确定了国子学的学官制度，定置国子祭酒、博士各1人，助教15人，以教国子学生。惠帝元康三年(293)明确了国子学的入学资格，规定官品第五以上的子弟方能入学。

国子学的设立是士族享有政治、经济和社会各种特权在教育上的反映，也是传统教育走向等级制度的开始。

二、北魏的中央官学

北魏的中央学校有太学、国子学、四门小学、皇宗学，以及属于专科性质的律学和算学。总体而言，该时期官学处于时兴时废的状态。道武帝初定中原时，北魏立太学，置五经博士生员千有余人。天兴二年(399)春，增国子太学生员至三千人。明元帝时改国子学为中书学，立教授博士。太武帝即位后，于始光三年(426)，又另起太学于城东，并征北方名流范阳卢玄、博陵崔绰、赵郡李灵、河间邢颖、渤海高允、广平游雅、太原张伟等"贤俊之胄"为博士。

北魏学校教育最为发达的时期是孝文、宣武两朝。孝文帝太和年间，改中书学为国子学，建明堂、辟雍，尊三老五更，又开皇宗学。迁都洛邑后，在北魏国子祭酒及经学家刘芳的建议下，又建立了国子、太学、四门小学。宣武帝延昌元年(512)，由于官学萧条，天子再度诏令天下设国子学、太学、四门学，所有官学招收三品以上及五品清官之子入学。到孝庄帝、节闵帝、孝武帝时期，官学再度急剧衰落，北魏分裂为东魏、西魏之后，官学教育也基本停顿。

北魏中央官学设有祭酒、博士、助教等进行管理和教学，其中中书博士、四门小学博士、皇宗博士为北魏所特有；北魏对博士年龄与资格有明确规定：博士要求“博关经典，履行忠清，堪为人师者”，且年龄在四十岁以上；助教要求与博士相同，且年龄在三十岁以上。

北魏中央官学的课程以儒家经学为主，这是由于北魏统治者接受了汉族先进的封建生产方式，因此在意识形态上开始接受儒家文化，对经学特别重视。另外，由于北朝经学受玄学影响少、学风朴实，其研究承袭两汉之传统，深度超过南方，故民间更喜欢儒家经学。

三、南朝宋的“四馆”与总明观

元嘉时期(424—453年)，史称“元嘉之治”。元嘉十五年(438)，文帝征召名儒雷次宗至京师，开儒学馆。翌年，立玄学馆、史学馆、文学馆。四馆并列，各就其专业招收学生进行教学。此时，兴办的研究老庄学说的玄学、研究古今历史的史学、研究辞章的文学与研究经术的儒学并列，这是学制上的一大改革，也反映当时思想文化领域的实际变化。

泰始六年(470)，宋明帝以国学既废，诏立总明观(亦称东观)，置祭酒，设儒、道、文、史四科，每科置学士10人。总明观是藏书、研究、教学三位一体的机关，而且教学任务实际上已退居次要地位。值得注意的是，总明观的四科虽与元嘉时期的四馆分科相同，但它在四科之上以机构较完备的总明观作为总的领导机构，在管理上要更加完善，也使原来四个单科性质的大学发展为在多科性大学中实行分科教授的制度。

迷津点拨 两晋官学的教学内容，以儒家经典为主导，相比来看，西晋博士人数多，东晋博士人数少；西晋注重王肃的经说，东晋郑玄的经说占绝对优势。两晋所设博士，没有汉代所传的经文说，教育领域几乎为古文经学所覆盖，而今文经学的师法遂归于消亡。南朝宋的四馆是当时学制的一大改革，也是当时的创举，总明观是藏书、研究、教学三位一体的机关，它因国学的兴建而废止。

教育·生活 西晋国子学是曹魏太学的继续与发展，据咸宁四年(278)所立的《晋辟雍碑》载，当时参加行礼的学生来自70余县，遍布西晋初期所属的各州郡，甚至有来自西域的学生。

西晋国子学，博士取“履行清淳，通明典义”者任之，南齐曹思文指出：“太学之与国学，斯是晋世殊其士庶，异其贵贱耳。”国子学的设立，使中央官学多样化，等级更加明显。

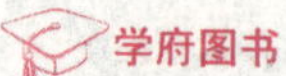

第二节　隋唐时期教育体系的完备

一、文教政策的探索与稳定【一般】

在儒学德治思想的主导下，隋唐在开国之初都曾实行崇儒兴学政策，作为推行教化的根本；又兼利用佛教与道教，作为控制民众思想的工具；积极发展科举，作为选拔人才、改进吏制的重要途径；提倡民间办学，听任私学发展，以补充官学。

1. 崇儒兴学

隋文帝为了巩固中央集权统治的需要，选择儒学作为政治指导思想，制定德治路线。隋炀帝即位后，大业元年(605)宣布《求贤兴学诏》："君民建国，教学为先，移风易俗，必自兹始。"他把被隋文帝精简而停办的国子学、州县学重新恢复起来。唐太宗当政的贞观年代，重新明确和平时期实施文治路线，贯彻崇儒兴学的政策。唐太宗采取了一系列有效的措施，使学校教育的发展呈现昌盛的局面。唐高宗使贞观政策得以延续，发展势头不减，所以被刘祥道形容为"今庠序遍于四海，儒生溢于三学"。

武则天当政时，文教政策发生了重大转折。她尊佛抑儒，重科举轻学校，使贞观以来发展的官学处于荒废状态。

到唐玄宗当政的开元年代，又恢复崇儒兴学的文教政策，使学校教育再次得到发展，并形成法定的制度。以后的当政者都表示要追随贞观开元崇儒兴学的政策，唐宪宗元和元年(806)四月，国子祭酒冯伉《奏整顿学事》重申："国家崇儒，本于劝学，既居庠序，宜在交修。"元和十四年(819)《上尊号赦文》："太学崇儒，教化根本。"唐武宗会昌五年正月《加尊号后郊天赦文》："宜阐儒风，以宏教化。"只是贯彻政策的程度各有不同。

2. 兼用佛道

隋唐的统治者并不独尊儒术，对于佛、道两教同时加以利用。

唐高祖武德年间实行道儒佛并用的政策，他说："三教虽异，善归一揆。"出于巩固皇权的政治需要，利用机会制造"皇权神授"的舆论，尊道教始祖李耳为"圣祖"，李唐宗室就算是李耳的后裔，借此提高宗室的社会地位。武则天为争取佛教徒的拥护，大力扶植佛教，宣布佛教居首，道教受抑而居其次，儒则落到第三位。唐玄宗以后的皇帝，亦都实施三教兼用，只是利用的程度不同而已。

二、政府教育管理机构和体制的确立【重要】

隋文帝即位初期，为了加强对教育事业的管理和领导，在中央设置了国子寺，内设祭酒 1 人，总管教育事业，下有属官主簿、录事各 1 人。国子寺负责管理国子学、太学、四门学、书学和算学。国子寺及国子祭酒的设置，是我国历史上第一次由中央政府设立专门管理教育的机构和官员，标志着我国封建教育已经发展到了成为独立部门的时代，在中国教育发展史上具有重大的意义。

三、中央官学和地方官学体系的完备【重要】

1. 中央官学体系的完备

官学，尤其是中央官学是隋唐时期封建教育的主干，也是隋唐时期封建教育兴旺发达的重要标志。

隋朝的中央官学有五学：国子学、太学、四门学、书学和算学，五学统归国子寺（后改为国子监）管理。律学和医学尚在萌芽中，只设律博士、医博士，并未出现律学和医学的独立组织机构。隋朝对中央官学中教师和学生的数量做了规定。唐朝中央官学的主干是国子监领导下的六学一馆。六学是国子学、太学、四门学、书学、算学和律学，一馆是指 750 年设立的广文馆。唐朝对六学一馆中教师和学生的人数、招收学生的标准以及教学内容都做了具体规定。

总的来说，唐代的中央官学是较为发达的，其种类之繁多、人数之众多、等级之森严以及学习内容之丰富，远远超过以往任何一个朝代。

隋唐时期，地方官学和私学都得到了相应的发展，取得了一定的成就。

2. 地方官学体系的完备

隋朝在地方上实行州县二级制，为了加强思想控制，统一人们的思想，隋朝设立了州县学，要求天下州县普遍设置博士，以教化于民。隋文帝开国初，重视教育，地方州县学得到了一定的发展，后因崇佛而改变了政策，便废除了州县学。隋炀帝即位后，重振教育，州县之学盛于开皇之初，地方官学再度得到发展。后因政治腐败，地方官学也随之衰落。

唐承隋制，在地方上也推行州县二级制，县以下有乡，乡以下有里。唐代地方官学有三种类型：经学、医学和崇玄学，由府州的长史主管，具体事务归司功掌管。州县的学生大多是庶民子弟，教师的地位和待遇也较低，教学的要求相对低一些，仅能粗通文艺、经学、医学和玄学等而已。修业年限没有规定，能通一经以上，便可毕业。除了学习正业以外，学生还要兼习吉凶礼，参加地方上的吉凶礼仪活动。学生毕业后，一是升入中央四门学，继续学习；二是直接参加科举考试。另外，还可由州县委派去做一些地方小官吏。州县学校统归地方长史管辖，毕业时也由长史主持考试。可见，唐代地方官学已较为普遍，组织管理也趋于严密。

四、私学的发展【一般】

私学一直是和官学相并存的。隋唐时私学也很发达，社会上每一种专门学术都有私学传授。

隋朝的王通，出身于儒学世家，他的父亲就开办私学，居家讲授，培养弟子。受其父影响，王通从小精研儒家经典，20 岁就开始从事私人讲学和著述。此外，还有王孝绪、何妥、房晖远等硕学鸿儒都曾立私学，教生徒，以此为业。

唐朝明文鼓励私人办学。私学和家学作为早期教育的形式，在唐朝获得了较大的发展。许多名流学者，一方面居官理事，一方面招徒讲学，从事教育活动。有的博学大师甚至隐居乡间，以招收生徒讲授知识为业。

唐代是我国诗歌发展的高峰，学习诗歌也成为私学和家学的一个重要内容。经过私学以及其他教育形式的培养，使许多人成为名流学者、社会贤达，这些人又开办私学，招收学生，进一步促进了私学的发展。

总之，具有不同层次、办学灵活、机构简单、形式多样、内容丰富、覆盖面较广的唐代私学，成为唐代教育制度中不可缺少的一个组成部分，也为唐代文化教育事业的繁荣做出了重要的贡献。唐代官学的发达、完备，并没有妨碍私学的发展，官学和私学相互补充、相互影响，共同构成隋唐完备的封建教育体系。

五、隋唐时期学校教育发展的特点【重要】

扫一扫，看视频

1. 建立中央和地方分级管理的教育行政体制

从教育管理体制而言，中央加强了对教育的领导，成立了专门负责管理教育事业的政府机构——国子监，并对教育管理的模式做了探讨，形成了两种教育管理模式。模式之一是中央和地方实行分级管理，中央官学由国子监祭酒负责，地方官学由地方官长史领导。模式之二是统一管理和对口管理并举，以统一管理为主。中央设有国子监，负责统一管理教育事业，另外又将一些专科性的学校，如医学、天文学等划归到各个对口的部门中去，由各专职行政部门领导，突出了各个专科性学校的专业特点，从管理、师资、设备等条件来看，它有利于专业教育的实施。

2. 形成一系列教学管理制度

从入学开始到毕业都有制度化的规定。这些规定涉及学生入学的年龄、教学的礼仪、教学内容、考试的形式、放假的时间等各个方面。

3. 增添教育内容，扩大知识范围

从学习的内容来看，无论是学习儒家经典，还是学习有关专科性的知识，其范围、程度远远超过了前代，唐朝对学习内容所需的时间也做了规定。总的来说，学校的主要学习内容仍是儒家经典，以传授儒经为职责的各级学校仍然是封建教育的主体，但是也开始扩展了学习经典的范围。

4. 教育的等级性明显

唐朝政府明文规定了各级各类学校招生的身份标准，将教育的等级性以法令的形式加以制度化。达官显贵的子弟依家庭的品级可以进入专门为其设置的贵族学校，如国子学、太学等；一般庶民百姓的子弟只能进入水平较低、待遇较差的学校。前者大都进入了以讲授儒学为主的学校，毕业后就成为各级各类封建官吏的候选人；后者只能进入一些专科性的学校，接受专业知识的教育，毕业后成为一名专业人才。

5. 学校类型的多样化

既有以儒经为教学内容的传统学校，也有以传授专业知识为主的专科性学校。前者更多的是继承了前代的成果；后者主要是根据隋唐时期社会发展的需求而创设的。唐朝还在一些行政部门中附设了训练机构，或采取设置博士助教的做法，来培养有关的专业人才。以经学为主、专科性学校为辅的隋唐教育体系，学校类型之多、数量之多、涉及面之广，远胜于前代。

6. 学校的分布面较广

就教育的普及程度而言，隋唐时期，尤其是唐朝教育的普及程度较高，学校的覆盖面较广，这是以前任何朝代难以比拟的。唐朝中央有中央官学，地方有州县学，甚至在乡、里这样的基层组织也鼓励人们创办学校，还有无数的私学和家学，共同担负着培养人才、传播文化的重任。唐朝根据各个州县面积的大小、人口的多少，明确规定了各个州县学校教师和学生的人数，这使学校的分布有了制度上的规定和保证。

7. 重视医学教育

隋朝在太医署中设置了医博士、按摩博士、咒禁博士，但没有建立独立的医学教育机构。唐朝有几个皇帝都很重视医学教育，在中央和地方都设有医学校，甚至在一些偏僻的州也设有医学校，政府还派遣医学生外出进行巡回医疗。

8. 教育、研究和行政机构三者合为一体

弘文馆和崇文馆一方面担负着整理图书、详正图籍的任务；另一方面还招收生徒，进行教育活动。双重任务使其既是一个研究机构，又是一个教育机构。太医署、司天台、太卜署、太乐署等则兼有行政机构、研究机构和学校的性质。在这些专职行政部门中，都设有博士、助教或乐师等教学人员，一面进行专业研究，一面进行专业知识的传授。教育和研究的任务成为行政机关的有机组成部分，行政机构中派生出了教育和研究的功能，这是唐朝教育的一大特色。

扫一扫，看视频

第三节　科举制度的影响【一般】

一、科举制度的萌芽与确立【重要】

1. 隋代科举考试制度的产生

隋以前的魏晋南北朝实行的九品中正选官制度，实际是士族豪门操纵政权的工具。

隋文帝登位之后，建立三省六部制度，规定全国选官任官的权力统归中央吏部。到开皇十五年(595)罢去乡官，从法律上把九品中正制完全废除，选官采取察举制。

科举制度是由察举制度演化而来的，在吸取察举制度历史经验的基础上，经过一定的调整改进，终于形成科举考试制度，中国考试制度的发展由此进入一个新的历史阶段。

由于隋代是统一的中央集权国家，从中央到地方各级行政机构需要数量甚多的管理人才，而人才分散全国各地，因此要面向全国广泛吸纳，用文化考试的方法加以查验鉴别，选拔真正优秀的人才，为国家所用，提高官员的文化素质，以利改进政治。

在诸州每岁贡举获得社会赞成的基础上，科举的因素日益发展，使不定期举行的察举走向科举化。开皇十八年(598)“以志行修谨、清平干济二科举人”，表明察举转向设科举人，具有科举考试制度的重要特征。

第二部分

隋炀帝当政的大业年代，科举考试制度有了重大的发展，特别是大业二年(606)“始建进士科”，说明以文才为选士方向已经确立，使科举考试科目有了多种类型，更加适应当时选官的政治需要，终于形成新型科举考试制度。大业三年(607)，下令十科举人，这一方面强化分科取士，另一方面表明随着政治的发展，需要多方面广泛选拔人才。

606 年“始建进士科”，是科举考试制度确立的标志，此后科举制度在中国历史上延续了 1300 年，直到清末 1905 年才废除，它曾对封建社会的政治、经济、文化产生重大的影响，是不能忽视的。

2. 唐代科举考试制度的发展

(1)科目设置与适时变化

唐代科举考试有常科(每岁举行一次)与制科(不定期举行)。开元二十六年《唐六典》卷二《吏部尚书》所载：“凡诸州每岁贡人，其类有六：一曰秀才、二曰明经、三曰进士、四曰明法、五曰明书、六曰明算。”六类也就是六科。

(2)考试内容与项目调整

科举考试的内容，在唐代也有较大的发展。唐初承续隋代科举考试制度，秀才、明经、俊士、进士的考试都只有试策一项。

贞观八年(634)，诏加进士试读经史一部，意在加强其基础知识，这是科举考试增加内容的开始。唐高宗调露二年，进士加试帖经及杂文。至唐中宗神龙元年(705)，始实行明经、进士皆三场试。唐玄宗开元二十五年(737)颁布《条制考功明经进十诏》，规定：“明经每经贴十，取通五以上，案问大义十条，取通六以上，答时务策三首。进士贴大经十贴，取通四以上，准例试杂文(二首)及策(时务策五道)。”从此科举考试的内容项目基本定型，三场试因长期沿用而稳定下来，只有口问大义和杂文有些调整。天宝年间，杂文改为专试诗赋，因长期沿用，成为定例。

二、科举考试的程序、科目与方法

科举制经过唐代的发展，逐步形成了一套较为完备的考试制度，成为中国封建社会科举制度的典型。科举与以往的选士制度有承袭关系，但又有重大区别。最突出的区别是，以往的察举和九品中正制都是以主管官员的推荐作为选士的关键，所以又统称荐举；而科举则是以统一考试的成绩作为选士的基本依据，所以考试是科举的核心。

1. 程序

唐代参加科举考试的考生主要有两个来源，一是生徒(由学校将考试合格的学生选送)，二是乡贡(由州县选送)。

报考时间大约是从每年的十月一日开始。报考的办法是，每岁仲冬，州、县、馆、监举其业成者。中央官学的学生，由国子监祭酒负责选拔；地方官学的学生，由长史负责选拔。通过考试，选拔出成绩合格者，送至尚书省中的礼部参加省试。举选乡贡，先要向州县提出书面申请，考试完毕后，长官召集地方上德高望重的长者与考中者见面，届时陈俎豆，备管弦，牲用少牢，歌《鹿鸣》之诗，举行隆重的欢送仪式，然后将考中者随贡物一起送到中央。

到了尚书省后，生徒、乡贡皆须疏名列到，结款通保，填写三代履历，经过户部审查后，再将名册送往礼部,然后由礼部定期举行命题考试。

生徒和乡贡到京后,要举行盛大的拜谒先师的活动。到了考试之日,考生自备水、炭、蜡烛和餐具,考官点名后,方得入场。考场外有兵将守卫。入场时,考官还要搜索考生的衣服,以防假滥。入场后,考生以一日为限。至晚仍未交卷,允许点蜡烛答卷,以花条为限,三条烛尽,便要交卷。

2. 科目

科举考试大体有两种类型:一种是常科,每年定期举行;一种是制科,由皇帝根据需要下诏举行。

常科的科目有秀才、明经、俊士、进士、明法、明字、明算、一史、三史、开元礼、道举、童子等。其中秀才、明经、进士、明法、明字、明算为常设科目。一史、三史、开元礼、道举、童子等是非常设科目。

制科以招收非常之才。应制科考试的人,可以是及第得官之人或中过常科的人,也可以是出身清白的平民百姓。制科一考试,由皇帝亲自主持,试已,糊其名,于中考之,文策高者,特授以美官,其次与出身。

除常科和制科之外,科举考试还包括武举。武举始于武则天长安二年(702 年),应试武举的考生,和明经、进士的乡贡一样由各州举送,不过武举是由兵部主考,考试的内容有马射、步射、平射、马枪、负重等。"高等者授以官,其次以类升。"

3. 方法

科举制自产生后,就不断探索考试的方法,经过唐代 200 多年的发展,终于形成了帖经、口试、墨义、策问和诗赋五种方法。

帖经,是把所试的经书任揭一页,将其左右两边遮住,中间只开一行,再用纸帖盖住三字,令应试者填出来。主要考查考生的记诵能力,对考生的其他能力是无法检查的。

口试,让考生当场口头回答问题。

墨义,一种简单的笔试问答,主要考查考生的记忆能力,也较为简单,主要考查对儒家经典的熟悉程度,考生只要熟读经书、注疏即可。

策问,相对较为高深,是有关时事政治的系列问答题,具体办法是设题指事,由考生行文对策,对策要求考生通晓经史,熟悉时政,能提出合理有效的见解,是考查政治才能的好方法。

诗赋,命题创作诗词,主要考查考生的文化修养和写作水平。

三、科举制度的影响【重要】

1. 学校与科举的关系

唐初的统治者重视兴办学校,又重视利用科举。学校教育制度是培养人才的制度,学校不断为科举考试输送人才,成为国家选拔优秀人才的重要渠道,科举在选拔人才以充实官员队伍的同时也为学校培养的人才开辟了政治出路。学校教育与科举考试,皆独立而并举,相辅而相成,关系相当密切。

从统治集团的立场来看,学校与科举,都是不可缺少的政治工具。学校教育要适应科举考试的需要,成为科举的附庸,学校作为科举考试的预备场所,一切受科举考试的直接支配。科举对学校教育发挥着导向调控的作用,科举制度存在的一切消极因素,也直接影响着学校教育。

2. 科举影响学校的培养目标

科举考试选拔人才，是为了充实国家官员队伍，所以科举考试就是封建时代选拔官员的制度。而要为参加科举创造条件，必先入学校学习知识。科举以功名利禄的刺激，带给民众提高社会地位的希望，从而调动民间学习文化知识的积极性。民众需要学习文化知识，成为学校发展的动力。学校兴办之后，势必考虑民众的愿望，以适应社会政治需要为方向，所以教育学生必然以育才应举为正道，以登科做官为荣耀。特别是各级政府所办的官学，无不以通过科举考试而入仕做官为教育目标。

3. 科举影响学校的教育内容

学校既已成为科举的附庸，被迫适应科举考试的需要，科举考试什么项目，有什么样的知识要求，学校必定要安排有什么样的教学内容。而科举考试不考的，学校也就不教不学，科技实用知识根本不接触，造成学生知识面狭隘。

4. 科举直接影响学校的考试方式

科举考试采用帖经、口问大义等方法，学校加以模仿就有试读与试讲，试读要求读熟能背诵，试讲要求理解能陈述。特别是学生完成学业要出学参与科举考试之时，照例要举行毕业考试，“其试法皆依考功”，完全按照科举考试考明经、进士的办法实行三场试，明经试帖经、口义、时务策三项，进士试帖经、杂文、时务策三项，这是资格考试，也是模拟考试，是参与正式科举考试之前的实际演练。

迷津点拨 科举制度起于隋朝，在唐朝得到了进一步的完善，因此考生应该从科举制度建立的背景，形成的条件，科举考试的程序、方法、科目，以及科举的影响这几个方面来理解科举制度的建立。

教育·生活 科举制度形成于隋朝，在唐朝时完备，因此科举制度的形成和影响也就成为本节的重点，其形成应该从我国选官制度的演变来理解；其影响应该从学校与科举的关系、科举影响学校的培养目标、科举影响学校的教育内容、科举影响学校的考试内容等方面来把握。

第四节　颜之推的教育思想【重要】

一、颜之推与《颜氏家训》

颜之推(531—约595年)，字介，梁朝金陵(今江苏南京)人，祖籍琅琊临沂。颜之推出身士族家庭，早年时受家传儒学的熏陶，奠定了他整个学术思想的基础。北齐时颜之推曾待诏文林馆，并主持馆事，晚年转而笃信佛教，宣扬因果报应，主张儒佛调和，佛学为主体，儒学为附庸。他根据自己的经历和体验，从士族地主的立场出发，为保证自己家族的传统与地位，写出了我国封建社会第一部系统完整的家庭教科书——《颜氏家训》，用以训诫其子孙。

二、论士大夫教育

1. 士大夫必须重视教育

颜之推要求整个士族阶层应该重视教育。

首先,他继承了前辈从人性论的角度来论述教育作用的传统,认为人性分为三品,性的品级与教育有直接关系,他说:"上智不教而成,下愚虽教无益,中庸之人,不教不知也。"由于绝大多数士族子弟都属于中庸之人,他们只有通过接受教育才能获得知识,否则,终为懵懂之人。

其次,他从接受教育与个人前途的利害关系出发,强调了士大夫接受特殊知识教育的必要性。一个人有无知识,决定着他社会地位的高下。

再次,他从"利"的角度,从知识也是一种谋生的手段等方面论述了知识教育的重要性。就当时的社会现实来看,知识也是一种资本,它可以作为谋求生活的手段。

颜之推更多地从"利"的角度来强调教育的重要性,有别于儒家"君子喻于义,小人喻于利"的传统思想,这是当时社会现实的反映。

2. 教育的目标在培养治国人才

颜之推从士族地主的利益出发,认为玄学教育必须抛弃,传统的儒学教育也应改革,要培养的既不是难于应世经务的清谈家,也不是空疏无用的章句博士,而是于国家有实际效用的各方面的统治人才。各种专门人才的培养,要依靠各种专才的教育,使各人专精一职才能实现。这种观点,冲破了儒家以培养较抽象的君子、圣人为教育目标,以儒学教育统括一切专门教育的传统,使教育功能的发挥不再局限于道德修养与"化民成俗"方面,而更重要的在于对各种人才的培养。

3. 德与艺是教育的主要内容

士大夫教育的目的,就是要培养统治人才,而统治人才必须"德艺周厚",因此,士大夫教育的主要内容,也应包括德、艺两个方面。

在德育方面,他承袭了儒家以孝悌仁义等道德规范为主要内容的传统,认为树立仁义的信念是德育的重要任务,而实践仁义则是德育的最终目的。士大夫为实践仁义道德的准则,应不惜任何代价,以至牺牲生命。由于颜之推晚年信佛,以至于他把儒家的仁义道德和佛教的清规戒律相比附,使得他的道德教育主张蒙上了浓厚的宗教色彩。

关于"艺"的教育,颜之推主张以广博知识为教育内容,以读书为主要教育途径。颜之推本质上是一位儒学思想家,因此,"五经"在他心目中的地位是很神圣的,认为"五经"是必读之典籍,广博之起点。"艺"的教育内容除了经史百家等书本知识外,还应包括身处士大夫社会生活中所需要的"杂艺"。

三、论家庭教育

当时儿童教育主要在家庭进行,对儿童教育提出的原则与方法,就是家庭教育的原则与方法。颜之推认为对儿童进行教育时,应当遵循严与慈相结合的原则。

颜之推认为,一般家庭未能很好地教育儿童,并非存心要让儿童堕为罪犯,而主要是教育不得

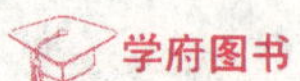

法。他们着重在口头的训斥，却舍不得施以肉体的严惩，以使其反省悔过。总之，只有严格的教育，子女才能成器。

在家庭教育中切忌偏宠，不论子女聪慧与否，都应以同样的爱护与教育标准来对待。

颜之推认为语言的学习应成为儿童教育的一项重要内容，对儿童进行的语言教育应注意规范，重视通用语言，而不应强调方言。

应重视道德教育，它包括以孝悌为中心的人伦道德教育和立志教育两方面。他认为对儿童进行道德教育应该以“风化”的方式进行，这是一种通过长辈道德行为的示范，使儿童受到潜移默化的影响，从而形成所要求的德行的教育过程。立志的教育，即为生活理想的教育，它一向为儒家所注重，颜之推针对当时的现象，要求士族应教育其后代以实行尧舜的政治思想为志向，继承世代的家业，注重气节的培养，不以依附权贵、屈节求官为生活目标。

颜之推的教育思想是当时社会现实的反映。虽然他的教育思想都是围绕如何加强士大夫子弟的教育这个中心展开的，而且其中还有诸如提倡棍棒教育等迂腐观点，但是，他的许多主张都是他自己治学治家经验的结晶，他所揭示的士大夫教育的腐朽也是他耳闻目见的产物，因此，他的教育思想仍有着相当的价值，值得我们研究和吸取。

迷津点拨 魏晋南北朝时期，教育事业呈现时兴时废的境况，总体看来，有以下几大特色和成就：

第一，儒学教育依然是各王朝官学制度的首选。

第二，学校体制多样化，专科教育得到发展，设立了律学、书学、算学、文学、医学等实用学科的学校。

第三，地方教育制度正式形成。北魏时期，建立了州郡学校教育制度，这是我国正式实行地方学校教育制度的开始。

第四，私学得到发展，并成为教育的台柱。

第五，家庭教育得到发展。

第六，落后地区文化教育事业起步与发展。

第七，少数民族教育兴盛。

第八，教育思想多元化。各种思想纷争，冲击了传统的教育思想。

因此，理解颜之推的教育思想，要放在当时那种时兴时废的教育背景下，把握时代脉络，融入时代特点。

教育·生活 颜之推对南北朝时期士族地主教育的没落深为忧虑，如何改良已经衰落的士族教育，是他整个教育的全部内涵。他论士大夫教育的内容包括：士大夫必须重视教育，教育的目标在于培养治国人才，德与艺是教育的主要内容。他关于儿童教育的观点则体现在《颜氏家训》一书中。

第五节　韩愈的教育思想【一般】

韩愈（768—824 年），字退之，唐代河内南阳（今属河南孟县）人，唐代著名的文学家、思想家和教育家。他在当时是三个运动的主要倡导者。在思想文化方面,他主张复兴儒学,认为要维护国家统一,反对藩镇割据,就必须以孔孟之道为思想支柱,发出尊孔孟、排异端的号召,尤其是反对佛教。在文学上他反对四六排比的骈体文,主张接近口语的散体文,倡导以儒学为文章思想内容的新古文运动。在教育上倡导师道运动,打破习俗偏见,带头收授弟子,发表《师说》,以期逐步转变社会风气。

一、"性三品说"与教育作用【一般】

韩愈的《原性》从天命论出发,论述人性三品,借以说明教育的作用和规定教育权力。他认为人由天命而生,人性也由天命而成,人性三个等级和人性五项道德内容,都本于天命。

他说:"性也者,与生俱来也;情也者,接于物而生也。"性之品有上中下,情之品也有上中下与之对应。性的内容是仁、礼、信、义、智五德,情的表现是喜、怒、哀、惧、爱、恶、欲七情。上品的性是善的,以仁德为主,但也通于其他四德,相应地产生上品的情,动而得中,符合五德的规范。中品的性既可能善也可能恶,其表现为仁德有所不足或有所违背,其余四德或有而不完全纯粹,相应产生中品之情,有时过分有时不及,但也有合乎道德规范要求的。下品的性是恶的,既违反仁德,也不能符合其他四德,相应产生下品的情,任凭感情支配行动,都不符合道德规范。

韩愈接受了董仲舒的性三品说并做了一些修正,他把性与情结合起来。韩愈制定性三品的理论,其现实的政治意义就是以人性的等级来作为社会阶级划分的依据,统治者是上品,劳动者人民是下品,处于两者之间的是中品。既然人性三品不能变,社会的三个等级也就不能变。统治者命定为统治者,被统治者命定为被统治者,这种理论必然受统治者欢迎。

韩愈的性三品的人性论是其教育学说的理论基础,具体表现在三个方面。首先,人性决定教育所起的作用。人性存在等级差别,教育对不同的人性发挥不同的作用。其次,由人性而规定教育的权力。人性等级不同,教育作用不同,教育的实施只限在一定范围内,没有必要遍及每个人。只有统治阶级才可以享受学校教育的权力,而对被统治阶级则实行专制,剥夺教育权力。第三,由人性决定教育的主要内容。人性以仁、礼、信、义、智为内容,教育要发挥人内在的善性,应当以五常道德教育为主,最好的教本,是儒家的《诗》《书》《礼》《易》《春秋》。这种主张,和他捍卫儒学反对佛老的思想路线是一致的。

二、关于人才的培养和选拔【一般】

韩愈认为,人才总是有的,关键在于能否加以识别和扶持。他在《杂说四·马说》一文里,用识马的道理表明识别人才的重要。他说:"世有伯乐,然后有千里马。千里马常有,而伯乐不常有。"这说明识马者难得。有识马者然后才会发现千里马。不识马,虽有千里马也被埋没了。"虽有名马",而"不以千里称也"。由于不识马就不能饲养马。"是马也,虽有千里之能",但待遇不公,不能满足它起码的生活要求,因而不能发挥它的能力,"食不饱,力不足,才美不外见",要同常马一样尚且难办到,怎么要求它能行千里呢?他嘲笑那种不识人才的人,"策之不以其道,食之不能尽其材,鸣(之)而不能通其意",驱策、饲养都不得法,听马鸣也不能了解其意愿,反"执策而临之曰,'天下无马'!"表现出不识马者懵然无知、熟视无睹而又傲然自得的神态。"其真无马邪?其真不知马也!"世上不是没有良马,而是识马者"不常有"。他认为只有善于鉴别而又培养得当,人才才会大量涌现出来。

韩愈这种识别人才与培养人才、使用人才的思想，是孔丘“举贤”、墨子“尚贤”思想的新发展，也是对封建贵族那种选人唯贵、用人为亲的腐朽思想进行的有力批判。封建社会统治阶级浪费人才、摧残践踏人才是十分严重的。韩愈四试于礼部，三试于吏部，十年犹布衣，他才高受屈，又几经贬谪，对于人才问题是有其真切的感受。他说：“大凡物不得其平则鸣。”《马说》就是他结合自己早期不得志的遭遇而为广大中下层知识分子及一切有才能的人所作的“不平之鸣”。这在中国古代教育思想史上也是有价值的。

三、论尊师重道【重要】

《师说》是韩愈论师道的重要教育论著，集中体现了韩愈尊师重道的思想，《师说》是中国古代第一篇集中论述教师问题的著作。

从教育思想发展的历史来看，《师说》在理论上是具有新意的。具体表现为：

1. 由“人非生而知之者”出发，肯定“学者必有师”

韩愈的“人非生而知之者”的论点，直接否定了“生而知之”。韩愈强调后天学习的重要性，从而使“学者必有师”这个观点有了充分牢靠的理论依据。《师说》在认识论上倾向唯物主义，人非生而知之，因而人人都有学习的必要。学习一定要有教师指导，教师是社会必需。

2. “传道、受业、解惑”是教师的基本任务

韩愈总结了以往教师工作的经验，提出：“师者，所以传道、受业、解惑也。”他规定教师工作的三项任务，都有它特定的时代内容，“受业”和“解惑”都要贯穿“传道”，为“传道”服务。韩愈在历史上首先提出教师的基本任务，其文字表达比较概括，比较明确，有主有次，一经提出，流传为共知的名言，也为以后的教师所接受。

3. 以“道”为求师的标准，主张“学无常师”

韩愈认为，求师的目的是学“道”，办法是“学无常师”。韩愈针对时风，认为教师教学的主要任务在“传道”，学生求学的任务主要在学道，能否当教师，也就以“道”为标准来衡量。谁先闻道，谁就有条件给人传道，在实际中起教师的作用，因此不论年龄大小，也不论地位的贵贱，凡有道就可为师，“道之所存，师之所存”。社会上有道的人不少，皆可为师，求学的范围就不应受到限制，而应当学无常师。

4. 提倡“相师”，确立民主性的师生关系

教师与学生年龄有差别，而闻道则不以年龄大小定先后，学术业务也可能各有专长。“弟子不必不如师，师不必贤于弟子”，弟子如果有专长，也可以为教师，教师也可以向有专长的弟子学习，教师与弟子相互学习，教学相长，是理所当然的事。

迷津点拨 韩愈是唐后期儒学教育思想的主要代表。他是在反对佛教道教、反对轻视教育、反对旧的社会习俗的斗争中，形成具有一定进步性的教育思想的，经韩门弟子的继承发展以及他的著作的传播，对后世产生了广泛的影响，对其进行评价时不能忽视历史条件和实际影响。

理解韩愈的教育思想，要注意他以儒学卫道者自居，极力维护儒家的传统，反对佛老学说，

强调儒学的历史地位和发扬儒学传统的重要性，主张复兴儒学，提出把儒学所维护的封建伦理纲常作为治国、修身、论事的最高准则。从汉代的儒家经学过渡到宋明理学，韩愈起了承前启后的作用。

教育·生活 “师者，所以传道、受业、解惑也。”韩愈认为教学的目的与任务，首先要对学生进行思想道德教育，其次是文化知识教育，最终达到发展学生智力的目的。时至今日，教学的目的与任务仍没有脱离这三方面，只不过是由于时代不同，所传之道，所授之业，所解之惑，其具体内容不同而已。

“愈之为古文，岂独取其句读不类于今者邪？思古人而不得见，学古道则欲兼通其辞，通其辞者，本志乎古道者也。”可见，韩愈要学生学古文，读六艺经传，从而使其掌握一定的文化知识技能，其目的是要学生“志乎古道”，并通过这种教学，培养出“先王之教”的接班人。同时，韩愈的教育内容涉及当时想象得到和用得上的各类知识、技能，包括思想道德教育、政治理论知识和生活技能等，因而当前的通识教育思想应从中获得很好的启迪。

“生乎吾前，其闻道也固先乎吾，吾从而师之；生乎吾后，其闻道也亦先乎吾，吾从而师之。吾师道也，夫庸知其年之先后生于吾乎？是故无贵无贱，无长无少，道之所存，师之所存也。”韩愈的教师观对当前教育仍然具有重大的指导意义。首先，他重视教师在教学当中的主导作用；其次，他注重教学中的学生反馈，通过解答学生在学习过程中的疑难问题，以进一步促进学生“学”和教师“教”；再次，他重视教师对学习方法的传授，并否认“句读之师”为师；最后，他肯定教师的地位和作用，认为教师能“传道”，是传递社会文明的使者。

“圣人无常师。孔丘师郯子、苌弘、师襄、老聃。郯子之徒，其贤不及孔丘。孔丘曰：三人行，则必有我师。”“闻道有先后，术业有专攻，如是而已。”可见，韩愈强调的是一种相互学习、相互促进的民主、平等、互动、开放的师生关系，他极力主张“尊师重道”，却没有走向过分强调师道尊严和教师权威的极端，这对我们今天处理师生关系仍有很强的借鉴意义。

经典例题

一、名词解释

《师说》

二、简答题

简述科举制度的影响。

三、论述题

试论唐代科举制度的作用及其影响。

答案解析

一、名词解释

《师说》是韩愈论师道的重要教育论著，集中体现了韩愈尊师重道的思想，《师说》是中国古代第一篇集中论述教师问题的著作，在理论上是具有新意的，它提出了四大教师培养的观念：其一，由"人非生而知之者"出发，肯定"学者必有师"；其二，强调"传道、受业、解惑"是教师的基本任务；其三，以"道"为求师的标准，主张"学无常师"；其四，提倡"相师"，确立民主性的师生关系，正如其所言，"弟子不必不如师，师不必贤于弟子"。这些思想对当代我国教师观的确立具有重要意义。

二、简答题

科举制的影响包括两方面，其一是对学校发展的影响；其二是对社会统治的影响。

(1)利于加强中央集权制

科举制将选士大权从地方官吏手中收回到中央政府，适应了中国封建社会后期不断强化中央集权制的大趋势。经过层层的考试选拔，相对提高了封建官吏的文化素养，从而保证了封建国家机器的正常运转，有利于封建国家的长治久安。通过科举考试，士子获得了参政的机会，打破了士族地主垄断统治权力的局面，一定程度上解决了统治权力再分配的问题，相应地扩大了统治基础；科举制便于笼络人心，缓解国内的阶级矛盾，有助于封建国家的稳定和发展，这也正是中国封建社会后期的统治者重视科举制的原因。

(2)使选士与育士紧密结合

科举制的出现，把选士制度和育士制度紧密地结合在一起，成为实践儒家"学而优则仕"原则的途径。科举制通过一定的考试内容、方法来取士，这就要求参加科举考试的人具有一定的文化修养，从而迫使人们学习各种文化知识，在客观上起到了刺激学校教育发展的作用，形成了"五尺童子，耻不言文墨"的社会风气。科举考试的主要内容是儒家经典，人们为了参加科举考试，就必须接受儒家思想的教育，从而巧妙地将儒家思想灌输到每个人的头脑中，重新将人们的思想统一于儒学，结束了思想混乱的局面。统一的科举考试内容必然促使教育内容和教材的统一，而教育内容和教材的统一，又有利于教育的普及和发展。科举考试中设有明法、明算、道举、武举，还有名目繁多的制科，这就扩大了人们的知识范围，对于扭转封建教育中重文轻武、重经学轻科学的现象，起到了积极的作用。

(3)使选拔人才较为公正客观

科举制在其发展过程中，形成了一套完备的制度，考试有一定的内容，分级进行考试，不同的科目采用不同的方法，为确保考试的公正合理而建立的一系列防范措施，比以前任何一种选士制度都更为公正客观，这对以后考试制度的发展产生了积极的影响。科举考试重视考生的学识和才干，而不是出身和门第，容许平民子弟参加。进士科考试重在考诗赋和时务策，这比单纯地要求背诵经典，更有利于检验人的才能。与同时期的世界各国相比，中国以考试的方法来选拔官吏的科举制，远远地走在世界各国的前面,西方直到18世纪末才开始逐步推行文官考核制。

科举制有积极的一面,也有消极的一面。如果从整个发展历程来看,科举制从隋唐到宋朝期间,积极作用大于消极作用;到了明清时期,消极作用就日趋明显,最终失去了存在的合理性而被社会所淘汰。科举制的消极作用表现为:

(1)国家只重科举取士,而忽略学校教育。学校成为科举考试的预备机构,一切教学活动都围绕着科举考试来进行,学校失去了相对独立的地位和作用,完全成为科举制的附庸。学校生徒离散,校舍陈旧,学业荒芜,有名无实,形同虚设。科举制对学校教育的发展产生了不良的冲击作用。

(2)科举制具有很大的欺骗性。尽管科举制有一套完备的考试制度,表面看起来似乎是分数面前人人平等,考试也很公正客观,但实际上能否录取有时并不完全取决于考试成绩,况且命题和评分的标准也不尽一致。评分时,主观随意的因素往往影响着评分的客观性。人们为了通过考试,采取种种手段,串通考官;考官或受贿赂,或屈服于权势的压力,考前就有了录取的名单,因而科举制也并非完全以学识才能取人。科举制只是进身的一条路,并不是做官的唯一途径。然而出身寒门的广大知识分子只有走这条路,才有希望达到做官的目的,这就诱使广大知识分子为了获取功名利禄而走科举之路。通过科举制,统治阶级欺骗和笼络了一大批知识分子,使其思不出儒经,终身沉浸于科场,将聪明才智消耗殆尽而别无他求。

(3)科举制束缚思想,败坏学风。科举考试的内容局限于儒家的几部经典著作以及华丽的诗赋,考试的方法迫使人以死记硬背为主。学校教学的安排又是围绕着科举制来进行的,因此便导致了学校教育中重文辞、少实学,重记诵而不求义理,形成了教条主义、形式主义的学习风气。这种风气也影响了中国知识分子的性格。广大的知识分子终日埋头于经书,不注重研究现实问题以及自然科学;重视书本知识,轻视实践活动;失去了独立思考的能力,窒息了思想的活力;形成了重权威、轻创新,重继承、轻发展的思维方式和依附性强而独立性弱的性格特征。在科举制的影响下,人们读书的目的不是为了求知求真,而是为了获取功名利禄。这种具有强烈功利色彩的读书观、学习观,造成人们对读书学习的异常态度。"万般皆下品,唯有读书高","两耳不闻窗外事,一心只读圣贤书"等便是这种畸形读书观、学习观的真实写照,这种思想长期阴魂不散,支配着广大知识分子的头脑。

考点分析 科举制的产生与发展对封建社会统治意义重大,它其实就是扩大社会统治基础的重要工具,科举与社会统治间的微妙关系是考核的重点之一。科举制的影响是双重的。从积极意义上看,科举制改善了用人制度,使得有才识的读书人有机会进入各级政府任职;促进了教育事业的发展;也促进文学艺术的发展,扩大了社会统治基础。从消极意义上看,它有利于统治者加强思想控制。到了明朝,八股取士,使得读书人不讲求实际学问;清朝,由于文字狱的影响,使许多知识分子不敢过问政治,从而禁锢了思想,严重阻碍了社会的进步和发展。

三、论述题

唐朝实行科举制度,的确满足了封建君主专制政治的要求,收到了集权中央、巩固封建统治的效果。

(1)官吏选用大权由中央朝廷来行使,这就加强了全国政权的统一和集中。由于隋代是统一的中央集权国家,从中央到地方各级行政机构需要数量甚多的管理人才,而人才分散在全国各地,因此要面向全国广泛吸纳，用文化考试的方法加以查验鉴别，选拔真正优秀的人才，为国家所用，提高官员的文化素质，以利于改进政治。

(2)选官有了统一标准，全国想要做官的人都全力去适应这些标准，这就加强了思想的统一。相对于九品中正制而言，科举制度是一大历史进步。

(3)向各地方的庶族地主、平民打开了门路，刺激、网罗了一批中下层知识分子，使他们有了参与政权的机会，这就调和了阶级矛盾，扩大了统治阶级的基础。

(4)抑制了社会的改革热情。科举看起来好像是最公平不过的，任何人只要读好书，就有资格应考做官，这样不仅掩饰了官僚政治的阶级本质，还可吸引全社会的知识分子，使他们埋头读书，养成极其驯服的性格，不易发生不满封建统治的不稳定思想。这也就是科举考试制度能在封建社会里维持一千三百年之久的根本原因。

考点分析 隋唐科举制属于初创期，其历史功能不容忽视，值得考生加以关注。

第五章

理学教育思想和学校的改革与发展

本章主要讲述宋元明清时期科举制度的演变以及有关教学制度及教育家的思想。在考研中属于重点出题范围，应该予以足够的重视。因为本章讲述的内容时间跨度较大，因此考生在复习过程中要注意总结，如科举制度在历朝的特点、书院的发展和特点、各朝代的教育教育制度和教学方法等。

第一节　科举制度的演变与学校教育的改革

一、科举制度的演变【重要】

1. 宋朝的科举制度

与唐代相比，宋朝科举制度在规模和制度上都有了进一步的发展，具体表现如下：

(1)科举制度的地位提高

宋初废止了两汉以来的察举制度，视科举为取仕正途。

(2)科举名额扩大

宋朝科举考试除按照常例录取正奏名之外，还增设特奏名。特奏名是特赐连续多次应省试而不第的年老举子以本科出身，又称“特奏名及第”或“恩科及第”。

(3)科举及第后的地位和待遇提高

这对寒门子弟产生了很强的吸引力。

(4)考试时间成为定制

宋英宗时确定科举考试时间为“三年一贡举”，此后成为定制。

(5)考试内容改革

王安石变法时，废除帖经、墨义、诗赋等传统科目，改试经义，专用《三经新义》取士。

(6)殿试成为定制

殿试始于唐朝武则天，但没有成为制度。宋太祖时形成三级科举考试制度，即州试（由地方官主持）—省试（由尚书省礼部主持）—殿试（由皇帝主持）。后又将殿试成绩评定等第。

(7)防止科场作弊,建立新制

为了维护考试的客观性和公平性,防止作弊,宋朝在科举考试的实践中建立了一些新制度,主要内容有:

①建立锁院制,即主考官(称知贡举,还配置“同知贡举”,即副主考官,使权力相互监督和制约)一旦受命,立即住进贡院,与外界隔离,以避免请托。

②实行别头试,即凡是省试主考官、州郡发解官和地方长官的子弟、亲戚、门生故旧等参加科举考试,都应另派考官,别院应试。别头试最初出现于唐朝进士科考中。

③采用糊名法,即将试卷上的姓名、籍贯等密封起来,以防止考官徇私舞弊。唐武则天首创此法,但没有形成制度。

④创立誊录制,即在誊录官监督之下,由书吏用朱笔誊抄试卷。誊抄后的试卷称为“朱卷”,原来的试卷称“墨卷”。

宋朝科举考试制度在扩大科举名额,提高及第者的社会地位和待遇的同时,在制度建设方面也做了积极而有成效的探索,为科举考试制度的日臻成熟和完善做出了独特的贡献。

2. 元朝的科举制度

元朝科举考试分为乡试(行省考试)、会试(礼部考试)和御试(殿试)三级。相对于其他的朝代,元朝科举制度具有以下显著特点:

(1)民族歧视明显

元朝统治者将国人分为四等,等级不同的人在考试科目、答题要求、考试结果等方面各不相同。

(2)规定从《四书》中出题,以《四书章句集注》为答题标准

《四书章句集注》成为科举考试的答题标准,取得了与《五经》的同等地位,成为士人和各类学校必读的教科书,影响中国封建社会后期的文化教育长达数百年之久。

(3)科举制度日趋严密

比如考生进入贡院时要进行严格的搜检,不许夹带违规的文字资料;考生违反考场纪律,取消考试资格;详细规定了有关官员应尽的职责等。

3. 明朝的科举制度

明朝科举制度是中国科举制度史上的鼎盛时期。它在继承宋、元科举制度的基础上,建立了称为“永制”的科举定式,将八股文作为一种固定的考试文体,并将学校教育纳入科举体系。

(1)建立科举定式

明朝科举制度确定每三年一次开科考试,规定科举考试分为乡试、会试和殿试,再加上具有预备性质的童试,实际上分为依次递进的四级考试,即童试—乡试—会试—殿试。

童试:又称童生试,是府、州、县学的入学考试,也是科举的预备考试,包括县试、府试、院试三级考试。县试由知县主持,录取者参加由知府主持的府试,府试录取者再参加由各省提学官在府、州巡回举行的院试,院试录取者取得县学、州学、府学学生资格,称为生员,俗称秀才、相公。

乡试:又称乡闱、大比、秋闱、秋试等,是在省城举行的考试。在乡试举行之前,由各省提学官主持的考试称为科试,考试成绩一、二等的生员才有资格参加乡试,称为科举生员。乡试录取者称举

人,俗称孝廉,第一名为解元。举人是一种正式的功名和资格,可经吏部铨选而授官。乡试中榜称乙榜、乙科。

会试:在京城由礼部主持的考试,又称礼闱、春试、春闱等。会试中式者为贡士,第一名称会元。

殿试:又称廷试,由皇帝主持,规定不用八股文。殿试没有黜落者,只是确定考生的等第,结果分三甲:一甲赐进士及第,只有三名,第一名为状元,第二名为榜眼,第三名为探花,合称三鼎甲;二甲赐进士出身;三甲赐同进士出身,二、三甲第一名称传胪。殿试中式为进士,又称甲科、甲榜。一甲三人立即授官,二甲、三甲进士参加翰林院庶吉士考试,称为"馆选",录取者入翰林院学习。翰林院为明朝"储才重地",其受重视程度为前代所绝无。

(2)八股文成为固定的考试文体

八股文是在宋朝经义的基础上演变而成的,是一种命题作文,有固定的结构,由破题、承题、起讲、入手(又称出题、领题等)、起股、中股、后股、束股八个部分组成。其中起股、中股、后股和束股四个部分是文章的主体,各有两股,两股的文字繁简、声调缓急都要对仗,合称八股,八股文之名由此而来。

八股文对于考试文体的标准化,促进人才选拔的客观公正,是有积极意义的。但它禁锢了士人的思想,严重败坏了士风、学风和社会风气,对学校教育的影响尤为恶劣。

(3)学校教育纳入科举体系

学校教育的直接目的是参加科举考试,只有接受学校教育取得出身的学子才有资格参加科举考试。学校教育与科举制度紧密结合,一方面,有利于士人向学,促进学校教育事业的发展;另一方面,学校教育被纳入科举体系,成为科举制度的附属物。明朝学校教育的主要内容和重点是学做八股文,学习各种科举中式者的八股文刻本是读书人的主要功课,而经史等典籍遭到冷落。

4. 清朝的科举制度

清朝以科举制度为"国家抡才大典",考试分为常科和制科。常科是主要形式,包括文科、武科和翻译科等。文科是清朝科举考试的主体,沿袭明制,三年一大考,士人依次通过童试、乡试、会试、殿试四级考试。武科的目的在于选拔文武兼备的军事人才,实行武童试、武乡试、武会试、武殿试四级考试。翻译科始建于顺治时,是清朝创立的一个科目,意在选拔满蒙语言文字翻译人才,分为满洲翻译(将汉文翻译成满文)和蒙古翻译(将满文翻译成蒙古文)。制科是清朝科举考试的特殊科目,设有博学鸿词科、经济特科、孝廉方正科。其中,博学鸿词科影响最大,设于康熙时,选拔标准是"学行兼优,文词卓越之人",选拔的方法是高级官员推荐和皇帝亲自考试相结合。

清朝统治者制定了缜密的科场条例,为士人提供了相对公平的竞争环境,以维护和巩固其统治,但是,清朝科场舞弊层出不穷,积重难返。学校受科举的影响日益加深,逐渐成为科举的备考和训练机构,学校教育的目的、内容、方法等都围绕着科举考试进行,教学管理松弛,学校丧失了作为教育机构的独立性,完全成为科举的附庸,日益走向衰败。

二、学校沦为科举的附庸【一般】

随着科举规模的扩大,考试频率的日益增加和科举地位的日趋重要,科举逐渐成了教育的主要目的。到了明朝，以进入学校作为科举的必由之路，因此，学校就成了科举的附庸。在考试内容上，以儒家经典作为主要考试内容，因此教育的内容逐渐固定、僵化。这些因素的叠加使得当时的学校教育日益教条化、不求实学，在思想上也成了科举的附庸。

三、宋代“兴文教”政策【一般】

宋王朝鉴于唐末五代藩镇割据的教训，宋初采取“重文轻武”的方针，实行文制军的策略，把尊孔崇儒作为治国的思想，宋真宗以后，儒术更得到大力提倡。1008年，宋真宗祭泰山，亲到孔庙行礼，加谥孔丘为“玄圣文宣王”，并自撰《文宣王赞》，称颂孔丘为“人伦之表”，孔学是“帝道之纲”；又著《崇儒术论》；还命祭酒校定《周礼》《礼仪》等书的“正义”，编注七经“义疏”。宋仁宗大力提倡教育，培养选拔通晓经术的官吏，下诏州县皆立学校，自此教育在全国兴起，从中央到地方涌现出一批儒家学者聚徒讲学，传授孔孟典籍，对维护宋朝统治起了巨大作用。

四、北宋三次兴学【重要】

扫一扫，看视频

1. 兴学的原因

外因：政局动荡，学校萧条。

内因：养士与选士的矛盾到宋初已经到了非解决不可的地步，一些有识之士认为只重科举而不重教育，犹如不务耕而求获，如范仲淹所说：“当太平之朝，不能教育，俟何时而教育哉？乃于用人之际，患才之难，亦由不务耕而求获矣。”于是宋仁宗以后，先后兴起了三次兴学运动。

2. 兴学的主要内容

(1)庆历兴学

庆历兴学是范仲淹在宋仁宗庆历四年主持的。兴学的主要内容有三项：第一，普遍设立地方学校。第二，改革科举考试。规定科举考试先策，次论，次诗赋，罢帖经、墨义。第三，以胡瑗的“苏湖教法”为参照，改革太学。因原国子监规模太小，不足以容学者，即以原锡庆院为校址，修建讲堂，创建太学，招生200人。

(2)熙宁兴学

由王安石主持和推进。主要内容包括：

①改革太学，扩大太学规模，创立“三舍法”。

②整顿地方官学。设置诸路学官，改变州县有学无教的现象，加强地方教育管理，并为地方学校拨充学田，每所学校给田40顷以充学粮，使地方官学有了显著发展。

③改革科举制度。在考试方法上，下令废除帖经、墨义、诗赋的形式，仅试以经义、策、论；对考试内容进行了修改，对儒家经典《诗》《书》《周礼》重新训释，并颁发给太学和地方官学，作为统一的教材，并作为科举考试经义科的主要内容。

④设置律学、医学等专门学校，培养具有一技之长的人才。

⑤颁定《三经新义》作为必读教材和考试内容。

(3)崇宁兴学

由蔡京在宋徽宗崇宁年间主持。蔡京秉承徽宗旨意,主持"崇宁兴学",恢复和发展了"熙宁兴学"的某些措施,主要有以下五个方面:

①全国普遍设立学校。

②建立县学、州学、太学三级相联系的学制系统。

③新建辟雍,发展太学。

④恢复设立医学,创立算学、书学、画学等专科学校。崇宁二年,置医学。次年六月,创设算学、书学和画学。

⑤罢科举,改由学校取士。

五、"三舍法"【重要】

《宋史·神宗本纪》记载:熙宁四年(1071)十月,"立太学生内、外、上舍法"。在元丰二年(1079),经御史中丞李定等的修订,"三舍法"更为完备。其主要内容为:将太学分为外舍、内舍和上舍三个程度不同依次递升的等级,太学生相应分为三部分,初入太学者,"验所隶州公据",经考试合格入外舍肄业,为外舍生。外舍每月考试一次,每年举行一次公试(升舍考试),成绩获得第一、二等者,再参酌平时行艺,升入内舍肄业,为内舍生。内舍每两年举行一次升舍考试,成绩为优、平两等者,再参酌平时行艺,升入上舍肄业,为上舍生。上舍亦每两年举行一次考试,考试方法与科举考试"省试法"相同,太学学官不能参与,由朝廷另委考官主持。成绩评定分为三等:平时行艺与所试学业俱优为上等,一优一平为中等,全平或一优一否为下等。上等者免殿试,直接授官;中等者免礼部试,直接参加殿试;下等者免贡举,直接参加礼部试。

"三舍法"是在太学内部建立起严格的升舍考试制度,对学生的考察和选拔力求做到将平时行艺与考试成绩相结合,学行优劣与对他们的任职使用相结合。这有利于调动学生学习的积极性,提高太学教学质量。同时又把上舍考试与科举考试结合起来,融养士与取士于太学,无疑提高了太学的地位。

六、"苏湖教法"【重要】

"苏湖教法"又名"分斋教学法",是北宋教育家胡瑗在苏州、湖州两地办学时所使用的一种新的教法。这种教法一反当时盛行的重视诗赋歌律的学风,提倡经世致用的实学,重经义和时务,主张"明体达用"。他在校中设"经义""治事"两斋:经义斋学习研究经学基本理论,属于"明体"之学;治事斋则以学习农田、水利、军事、天文、历算等实学知识为主,属于"达用"之学。在治事斋中,一人各治一事,又兼摄一事,创立了分科教学和学科的必修以及选修制度,在世界教育史上是最早的。范仲淹当政兴学时,曾取其法,"著书令于太学"。

"苏湖教法"的意义:

①在中国教学制度发展史上,第一次按照实际需要,在同一学校中分设经义斋和治事斋,实行分科教学。

②治民、治兵等实用学科正式纳入官学教学体系之中,取得了与儒家经学同等的地位。

③开创了主修和副修制度的先声。

分斋教学制度产生后，在社会上引起了强烈的反响，"四方之士，云集受业"，纷纷到胡瑗主持的湖州州学来求学。甚至京师太学也"取胡瑗法以为法"，开创了我国分科教学之先河，对后世产生了深远的影响。

七、"积分法"【重要】

"积分法"是累积计算学生全年学业成绩的方法。它始于宋朝太学，至元朝国子学趋于完善，明清继承和发展了该方法。基本规则是每月考试一次，每次考试上等的积一分，中等的积半分，年积分八分者为及格，可与出身，或者升级。不到八分者继续学习。成绩优异的生员，只要达到积分标准，也可以不受学习年限的制约。由于"积分法"注重学生平时的考试成绩，故具有督促学生平时认真学习的积极作用。

八、"六等黜陟法"【重要】

"六等黜陟法"，其基本特点是对生员进行动态管理，生员的等级并不是固定不变的，而是根据学业成绩或升或降。把生员的等级与学业成绩管理挂钩，有助于调动他们的学习积极性，提高学校教育质量。"六等黜陟法"是在明朝"六等试诸生优劣"方法基础上发展起来的，但它比明朝的方法更为周密、成熟，也更为有效，可以说，这是清朝在地方官学管理的一个重要创新。

九、"监生历事"【重要】

这是明朝国子监监生的实习制度。监生学习到一定年限，分拨到政府各部门"先习吏事"。监生历事期满经考核，分为上、中、下三等，上等者送吏部铨选授官，中、下等者仍历一年再考，上等者依上等用，中等者不拘品级，随才任用，下等者回监读书。明朝统治者选派监生历事，起因是为了弥补明初官吏的不足，然而监生通过历事，可以广泛地接触实际，获得从政的实际经验。因此，明朝监生历事制度，可视为中国古代大学的教学实习制度。不过，此制度实行到后来，监生日增，历事冗滥，已徒具形式，失去了其积极意义。至明英宗正统三年(1438 年)遂废。后清朝初年又曾实行过一段时间。

十、社学【重要】

社学是元、明、清三代的地方小学。创立于至元二十三年(1286)。元制 50 家为一社，每社设学校一所，择通晓经书者为教师，施引教化，农闲时令子弟入学，读《孝经》《小学》《大学》《论语》《孟子》，并以教劝农桑为主要任务。明承元制，各府、州、县皆立社学，以教化为主要任务，教育 15 岁以下之幼童；教育内容包括御制大诰、本朝律令及冠、婚、丧、祭等礼节，以及经史、历算之类。清初令各直省的府、州、县置社学，每乡置社学一所，社师择"文义通晓，行宜谨厚"者充补。凡近乡子弟，年 12 以上，20 以下，有志学文者，皆可入学肄业，入学者得免差役。社学是当时农村启蒙教育的一种形式，明清两代，社学成为乡村公众办学的形式，带有义学性质，多设于当地文庙。社学一直是为封建统治服务的地方文教机构。

迷津点拨 科举制度在隋唐确立以后，经过宋元明清历代的发展，在各朝代呈现出不同的特点，因此在学习科举制度的发展时，要注意科举制度发展的连贯性和时代性，既领会其一脉相承的渊源，又注意区别其在不同朝代的发展。

教育·生活 本章所提到的北宋三次兴学可以与现在的教育改革相联系；积分法与目前某些中学以及大学中实行的学分制相联系；监生历事可与大学实习制度相联系。

扫一扫，看视频

第二节 书院的发展【一般】

一、书院的产生与发展【一般】

1. 书院的萌芽——唐

书院是我国封建社会自唐以来一种重要的教育组织形式。“书院”的名称始出现于唐朝。

从事授徒讲学活动的书院在唐朝萌芽，原因主要有以下三个方面。首先，社会动乱，官学衰落，是书院萌芽的直接原因。其次，我国自古就有私人讲学的传统。早在春秋战国时期，私学就是一种重要的教育组织形式。当社会发生动乱，官学无法维持时，私学往往能以顽强的生命力生存下来，甚至还会有一定程度的发展。再次，受佛教禅林的影响。佛教禅宗把禅定作为修养的重要途径之一。书院大多也设立于名胜之外，显然是受到禅林的影响。此外，佛教禅林中，高僧讲经说法通常所采取的升堂讲说、质疑问难等方式，以及徒众把讲经说法的内容记录下来成为《语录》《章句》《讲义》等做法，对于书院的教学活动也产生了影响。

书院的性质：新型、特殊、高层次的私学。书院虽然一直受到官方的控制、改造、利用，但是从整个教育体系来看，书院仍属于先秦私学和两汉精舍之后的一种新型私学机构，但与私学相比，书院在教学与组织管理方面，比较正规化、制度化，把传统私学的教育管理水平提高到了一个新的高度。

2. 书院的正规化、制度化——宋

宋代书院的发展嬗变，大体可以分成两个不同的时期，北宋书院的兴起和南宋书院的勃兴时期。

(1)北宋书院的兴起

宋代书院逐渐兴旺，主要缘于以下几个方面：

①北宋科举取士规模宏大，而官学却长期低迷，士人失学。

②佛教禅林制度在办学形式和讲学制度方面为书院提供了现实的参照。

③源远流长的私学传统为书院提供了深厚的历史基础。

④印刷术的应用，使书籍制作极为简便，这是促成宋代书院发达的重要基础。

北宋书院中最负盛名的有六大书院：白鹿洞书院、石鼓书院、岳麓书院、应天府书院、嵩阳书院和茅山书院。

(2)南宋书院的勃兴

南宋书院在各方面都较北宋有长足的发展：书院的数量和分布的区域大幅度扩大，大量的宋初

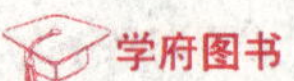

著名书院都得到了恢复和重建，书院内部的设施和功能更加完善，书院的规章制度也更加完备。南宋的书院多为理学家讲学之地，当时最著名的书院有四个：岳麓、白鹿洞、丽泽、象山，其中白鹿洞书院更是名噪一时，堪称当时书院之典范。

3. 书院的官学化——元明清

自元代以来，统治者对书院都非常重视，竭力要把书院纳入官学教育体系，于是出现了皇帝对书院的设立亲自下诏督促的事情。元世祖至元二十八年（1291），诏令"先儒过化之地，名贤经行之所，与好事之家出钱粟赡学者，并立为书院"，由此揭开了书院官学化的序幕。明以后书院的发展，也大都是在官学化的阶段上发展，官学色彩日渐浓厚，有的书院不再以讲求学问为主，而是只教以八股制艺等举业内容，有的书院竟与地方官学合作，同样成了科举的预备场所，有的书院就连山长也不公举，干脆由地方儒学教官兼管。清雍正以后，确认书院是"兴贤育才"之所，谕知各省省会建"重点"书院一所，由督抚负责管理，赐银1000两作为办学经费，书院由山林向中心城市转移，更便于控制。这是清政府提倡书院之始。同时书院重视"读书应举"，这就强化了元明以来民办书院逐渐被官办书院取代的趋势。书院由私办一变而为官办，或半官办；由自由讲学一变而为官方的时文（八股文）训练，纳书院于官学的轨道，与官学一样，书院亦完全变成了科举的附庸，书院也正式被纳入官办的教育体系。

4. 书院产生的影响

书院的产生在中国古代教育史上具有非常重要的意义。书院扩大了中国古代学校教育的类型，起到了弥补官学不足的作用。书院提倡自由讲学、注重讨论，学术风气浓厚，开辟了新的学风，成为推动教育和学术发展的重要动力，书院在办学和管理领域也创造了许多行之有效的经验措施，成为中国封建社会中后期一种重要的教育组织形式。

二、《白鹿洞书院揭示》与书院教育精神【重要】

《白鹿洞书院揭示》亦称《白鹿洞书院教条》或《白鹿洞书院学规》，是淳熙六年（1179）朱熹重修庐山白鹿洞书院，讲学授徒时为书院生员订立的学规。其中对教育目的、训练纲目、学习程序以及修己治人的道理，都一一做了阐述和详细的规定，其内容主要包括以下五个方面：

一是"五教之目"即"父子有亲，君臣有义，夫妇有别，长幼有序，朋友有信"。规范了书院教育的基本宗旨，就是要贯彻"明人伦"的纲常礼教。

二是"为学之序"即"博学之，审问之，慎思之，明辨之，笃行之"。指明了书院学生的学习方法和过程。右为学之序，学问思辨四者所以穷理也。若夫笃行之事，则自修身以至于处事接物，亦各有要。

三是"修身之要"即"言忠信，行笃敬，惩忿窒欲，迁善改过"。为书院学生指明了道德修养的基本要点。

四是"处事之要"即"正其义，不谋其利，明其道，不计其功"。为书院学生指明了行为处世的基本原则。

五是"接物之要"即"己所不欲，勿施于人，行有不得，反求诸己"。为书院学生指明了与人交往的基本准则。

《白鹿洞书院揭示》是世界史上最早的教育规章制度之一,它集中体现了书院教育的精神,不仅成为后续中国封建社会700年书院办学的模式,而且为世界教育界所瞩目,成为国内外教育家研究教育制度的重要课题。

三、东林书院与书院讲会【重要】

在明朝众多书院中,名声大、影响广者莫过于东林书院。

东林书院是当时重要的文化学术中心,它形成了一套完备的讲会制度。书院讲会活动产生于南宋,至明朝逐渐制度化,东林书院的讲会是明朝书院讲会制度的突出代表。

东林书院的讲会定期举行,推选一人为主持;讲学内容主要为"四书",讲授时,与会者"各虚怀以听",讲授结束,相互讨论,会间还相互歌诗唱和。此外,关于讲会组织的其他一些方面,如通知、稽察、茶点、午餐等,也都做了具体规定。

东林书院的另一个重要特点,就是密切关注社会政治,将讲学活动与政治斗争紧密结合起来。东林书院的这个特点,集中地体现在顾宪成题写的一副著名对联上:"风声雨声读书声声声入耳,家事国事天下事事事关心。"

东林书院既是当时一个重要的文化学术中心,又是一个重要的政治活动中心。无论是在明朝,还是在中国古代书院发展史上,东林书院都具有其特殊的地位。

总的来看,东林书院有以下几方面的特点:

①定期召开学术讨论会。

②讲会过程中常唱和诗歌,以调节气氛,活跃思想。

③既讨论学术,又议论政治,追求"为圣为贤"的"实学"。

④主张学问必须"质诸大众之中,相互帮扶,相推相引,相渐相摩"。

四、诂经精舍、学海堂与书院学术研究【一般】

诂经精舍和学海堂,均为阮元所创建。诂经精舍就是他任浙江巡抚时,于嘉庆五年(1800)在杭州孤山创立的。他又于道光四年(1824)在广州粤秀山创立学海堂。这两所书院在办学宗旨、教学内容和方法等方面,积累了许多成功的经验,形成了自己的特点。概而言之,有以下三点:

1."以励品学,非以弋功名"

书院作为一种教育组织形式,其创立的初衷是专志于学术研究,而不事科举。但是,在其发展过程中,由于受到政府的控制和利禄的引诱而逐渐官学化。阮元一反当时书院教育的腐败之风,强调书院的宗旨是"以励品学,非以弋功名"。

2.各有所长,因材施教

诂经精舍和学海堂在对教师的使用上贯彻"各用所长",即充分发挥教师学术专长的原则。

3.教学和研究紧密结合,刊刻师生研究成果

诂经精舍和学海堂既进行教学活动,又从事学术研究。诂经精舍和学海堂刊刻了许多书籍。这

些书籍，既是学术研究成果，又是重要的教学参考书，反过来又推动和促进了书院教学和研究活动的开展。

诂经精舍和学海堂继承和发扬了书院教育的优良传统，培养和造就了众多人才，对清朝学术文化的发展做出了重要贡献。同时，这两所书院成为许多书院的楷模，对改变当时腐败的书院教育起了积极的作用。

五、书院教育的特点【重要】

第一，书院既是教学机构，又是学术研究机构，教学活动和学术研究紧密结合，相互促进，书院往往成为一个地区的教育和学术活动中心。

第二，书院的培养目标，首先要求士子学会做人，追求学生人格的完善，强调道德与学问并进，而不像官学那样以科举入仕为主要目标。

第三，书院实行开放式的教学，求学者不受地域、学派的限制，均可以前来听讲、求学，教学人员不限于书院本身，而是广邀学界名流以及不同学派的学者前来讲学，大大促进了学术交流和发展，也开阔了学生的视野，深化了教学。

第四，书院教学以学生读书钻研为主，注重培养学生的自学能力，发展学生的学习兴趣，书院教学多以问难辩论式进行，注重启发引导，提倡切磋讨论，讲究身心涵养。

第五，书院内师生关系融洽，彼此间感情深厚。

第六，书院实行山长负责制，其经费来源多样化。书院的经费，有来自官府的资助，也依靠民间自己筹集，主要靠学田供给。

迷津点拨 北宋书院对于北宋教育、社会的发展都具有重要意义，它对北宋人才培养和学术发展起着支配性作用；北宋官学发展以书院的发展为基础，书院又以官学教育的发展来扩大自己的影响；北宋书院所倡导的创新精神直接影响了书院独特的教育思想与教育理念的形成；北宋书院作为北宋大学教育的主体，通过学术创新与人才培养与体制直接对话，进而渗透至北宋社会生活之方方面面，从而为确立自己在中国教育史与书院史的地位打下了牢固的根基。

第三节　私塾与蒙学教材

一、私塾的发展与种类【一般】

宋代以后，私学出现了明显的分化，前代高层次、学术水平较高的精舍、经馆等逐步为书院所代替，而程度较低的蒙学教育差不多均为私学所承担，古私学在宋元明清几代，呈现了明显的蒙学化倾向。

私塾一般有以下几种类型：

一是私塾老师自己在家中或借用祠堂庙宇开馆设学，学生缴纳一定的“束脩”入学就读——家塾、门馆。

二是一族或一村延师设学，本族或本村弟子免费入学——村塾、族塾。

三是富贵人家请私塾老师来家教授自己和自家子弟——家馆、坐馆。

二、蒙学教材的发展、种类和特点【重要】

扫一扫，看视频

自古以来，以识字开端的蒙养教材就不断有人编创，如汉代的《急就篇》等。到了明清时期，对前代的蒙养教材又进行了系统的总结、加工，并编写出了许多新的教材，在数量和质量上都有很大提高，发展到了相当完备的程度。

1. 蒙学教材的种类

明清时期的蒙学教材大致有以下几类：

(1)以识字为主的教材

这类教材以识字教学(包括读写训练)为主，其中也传授一些知识和道理。流行最广的就是“三、百、千”，即《三字经》《百家姓》和《千字文》。

(2)伦理道德类教材

吸取流行的格言、谚语，以白话文写成整齐押韵的警语，易诵易懂，有四言、六言、杂言之分，流传较广的有南宋朱熹的《小学》、吕祖谦的《少仪外传》等，清李毓秀以学规、学则形式编写的《弟子规》，也是主要进行道德教育的课本。

(3)综合知识类教材

这类教材介绍自然知识、历史故事、人文典故等各科知识，《龙文鞭影》和《幼学琼林》是这类教材中的代表作。

(4)诗歌类教材

以《千家诗》《神童诗》为代表，所选的多为名篇，题材广泛，文字浅显，很适合儿童朗读、背诵。

(5)名物制度和自然常识类教材

以宋方逢辰的《名物蒙求》为代表，内容涉及天文、地理、人事、鸟兽、草木、衣服、建筑、器具等。

2. 蒙学教材的特点【一般】

虽然古代蒙学教材都渗透着浓郁的封建伦理纲常思想，但是从教材的编撰角度来说，还是有值得借鉴的地方。

(1)重视汉字的特点

古人利用汉字是单音节文字，容易组合成整齐、押韵的词组和短句的特点，在编写上采取韵语体裁或对偶句式，便于儿童识字。

(2)与日常生活联系紧密

蒙学教材的内容与日常联系紧密，使理论与实践有效地结合起来，便于儿童处理日常生活中遇到的问题。

(3)考虑儿童的兴趣和特点

蒙学教材中多用故事，常配有插图，提高儿童学习的兴趣，并将许多常识和做人做事的道理穿插

其中,使儿童既长知识又明事理。

迷津点拨 我国封建社会一般将8~15岁儿童的"小学"教育阶段,称为"蒙养"教育阶段,对儿童进行启蒙教育的学校也称为"蒙学",所用的教材称为"蒙养书"或"小儿书"。宋元时期是我国蒙学发展的一个重要阶段,对后世的影响极大,因此要认真把握蒙学在这一时期的特点。

教育·生活 朱熹说小学的任务是"教以事",即"教人以洒扫、应对、进退之节,爱亲、敬长、隆师、亲友之道",以及"礼、乐、射、御、书、数之文"。因此,蒙学每日的功课就是教儿童识字、习字、读书、背书、对课与作文,同时向他们进行基本的道德观念灌输和道德行为培养。

宋元蒙学最突出的特点有三点:第一,强调严格要求,打好基础;第二,重视用《须知》《学则》的形式培养儿童的行为习惯;第三,注意根据儿童的心理特点,因势利导,激发他们的学习兴趣。

第四节 朱熹与理学教育思想

扫一扫,看视频

一、朱熹与《四书章句集注》【一般】

朱熹(1130—1200年),字元晦,生于福建,是南宋著名的理学家,一生主要从事学术活动和教育事业,朱熹对南宋理学进行了全面的总结和发挥,成为宋代理学的集大成者和主要代表人物。朱熹编撰了很多书籍,其中影响最深、最广的是《四书章句集注》(简称《四书集注》或《四书》)。

《四书章句集注》包括《大学章句》《中庸章句》《论语集注》《孟子集注》,注释中多发挥了理学家思想的论点,较系统地反映了朱熹作为集大成者的理学思想,它也是《四书》上升为儒家经典地位以后,诸多注解中最有权威和影响最大的书籍。元朝规定科举考试以《四书章句集注》取士,从此《四书章句集注》成为科举出题和答题的重要依据,成为各级学校必读的教科书,影响中国封建社会后期的教育长达数百年之久。

二、"存天理,灭人欲"与教育作用【一般】

朱熹重视教育对于改变人性的重要作用。在他看来,"天理"与"人欲"是两相对立,水火不相容的。"人之一心,天理存,则人欲亡;人欲胜,则天理灭。未有天理人欲夹杂者。"所以,他告诫道:"学者须是革尽人欲,复尽天理,方始是学。"朱熹就是这样用理学的观点来论述教育的作用在于"变化气质""明明德",以实现"存天理、灭人欲"的根本任务。

朱熹主张学校教育的目的在于"明人伦"。

从教育的目的在于"明人伦"的思想出发,朱熹严厉抨击了当时以科举为目的的学校教育。他认为,当时的学校教育完全违背了"先王之学以明人伦为本"的本意。因此,他要求改革科举,整顿学校。朱熹针对当时学校教育忽视伦理道德教育,诱使学生"怀利去义"、争名逐利的现实,以及为了改变"风俗日敝、人才日衰的状况",重新申述和强调"明人伦"的思想,在当时具有一定的积极意义。同时,他对当时学校教育和科举制度的批评也是切中时弊的。

朱熹继承和发展了董仲舒、韩愈"性三品说"中的思想，认为圣人之性清明至善，不教而自善；贤人之性次于圣人，通过教育也可以得到"无异于圣人"的地步；中人之性则善恶混杂，介于君子和小人之间，"教化之行，挽中人而进于君子之域；教化之废，推中人堕于小人之途"。

三、论"大学"和"小学"教育【重要】

朱熹在总结前人教育经验和自己教育实践的基础上，基于对人的心理特征的初步认识，把一个人的教育分为"小学"和"大学"两个既有区别又有联系的阶段，并分别提出来两者不同的任务、内容和方法。

1. 8～15 岁为"小学"教育阶段

他认为小学教育的任务是培养"圣贤坯璞"。同时指出，"蒙养弗端，长益浮靡"，若儿童时期没有打好基础，长大就会做出违背伦理纲常的事，再要弥补，就极为困难了，"而今自小失了，要补填，实是难"。因而，他认为"小学"教育对一个人的成长非常重要，必须抓紧、抓好。

关于"小学"教育的内容，朱熹指出，因为"小学"儿童"智识未开"，思维能力很弱，所以他们学习的内容应该是"知之浅而行之小者"，力求浅近、具体。为此，他提出以"教事"——明其事，为主的思想。

在教育方法上，朱熹强调以下三点：首先，主张先入为主，及早施教；其次，要求教育方式形象、生动，能激发儿童的兴趣；再次，首创以《须知》《学则》的形式来培养儿童的道德行为习惯。

2. 15 岁以后为"大学"教育阶段

"大学"教育是在"小学已成之功"基础上的深化和发展，与"小学"教育重在"教事"不同，"大学"教育内容的重点是"教理"——明其理，即重在探究"事物之所以然"。"大学"教材主要是《四书》和《五经》。朱熹认为《四书》是"大学"的基本读物，是化入圣贤之学的门户，人人都必须学好《四书》，而进一步学习《五经》是专门研究的事。所以，《四书》地位实际超过了《五经》。在"大学"教育方法方面，朱熹在长期的教育实践中，积累了许多成功经验，其中两点值得注意：其一，重视自学；其二，提倡不同学术观点之间的相互交流。

朱熹认为，尽管"小学"和"大学"是两个相对独立的教育阶段，具体的教学任务、内容和方法各不相同，但是，这两个阶段又是有内在联系的，它们的根本目的是一致的。它们之间的区别只是因教育对象的不同而做的教育阶段的划分，并不是像"薰莸冰炭"那样截然对立。朱熹关于"小学"和"大学"教育的见解，反映了人才培养的某些客观规律，为中国古代教育理论的发展增添了新鲜内容。

四、"朱子读书法"【重要】

朱熹强调读书穷理，认为"为学之道，莫先于穷理；穷理之要，必在于读书"。他的弟子汇集他的训导，概括归纳出"朱子读书法"六条。

1. 循序渐进

包含三个意思：第一，读书应该按一定次序，不要颠倒；第二，应根据自己的实际情况和能力，安排读书计划，并切实遵守它；第三，读书要扎扎实实打好基础，不可囫囵吞枣，急于求成。

2. 熟读精思

朱熹认为，读书既要熟读成诵，又要精于思考。如何“精思”呢？朱熹提出了“无疑—有疑—解疑”的过程。这里所说的从无疑到有疑再到解疑的过程，就是发现问题和解决问题的过程。

3. 虚心涵泳

虚心涵泳的读书方法包括两方面的含义。所谓“虚心”，是指读书时要虚怀若谷，静心思虑，仔细体会书中的意思，不要先入为主，牵强附会。所谓“涵泳”，是指读书时要反复咀嚼，细心玩味。他说：“读书之法无他，惟是笃志虚心，反复详玩为有功耳。”

4. 切己体察

朱熹强调读书不能仅仅停留在书本上、口头上，而必须见之于自己的实际行动，要身体力行。他竭力反对只向书本上求义理，而不“体之于身”的读书方法。只有“从容乎句读文义之间，而体验乎操存践履之实，然后心静理明，渐见意味。”

5. 着紧用力

着紧用力的读书方法，包含两方面的意义：其一，必须抓紧时间，发愤忘食，反对悠悠然；其二，必须抖擞精神，勇猛奋发，反对松松垮垮。

6. 居敬持志

居敬持志是朱熹道德修养的重要方法，也是他最重要的读书法。他指出，“读书之法，莫贵乎循序而致精，而致精之本，则又在于居敬而持志。此不易之理也。”只有树立了明确的志向，才能“一味向前”，学业不断长进。

朱熹的读书法是他自己长期的读书经验以及对前人读书经验的概括和总结，比较集中地反映了我国古代对于读书方法研究的成果，其中不乏合理内容，如“循序渐进”包含的量力性和打好基础的思想，“熟读精思”包含的重视思考的思想，“虚心涵泳”包含的客观揣摩的思想，“切己体察”包含的身体力行的思想，“着紧用力”包含的积极奋发的思想，“居敬持志”包含的精神专一、持之以恒的思想等，都是在读书治学中必须注意的问题。但是，朱熹读书法也不可避免地存在时代和阶级的局限，突出地表现为：其一，朱熹所提倡读的书，主要是宣扬封建伦理道德的“圣贤之书”；其二，他的读书法主要是强调如何学习书本知识，而未曾注意到与实际知识之间的联系。这不仅使读书的范围受到极大限制，而且对造成“万般皆下品，惟有读书高”，“两耳不闻窗外事，一心只读圣贤书”的不良学风，也有消极作用。因此，我们在肯定朱熹读书法积极意义的同时，也应注意到它的不足及其消极影响。

迷津点拨 朱熹是南宋最负盛名的大教育家，他精心编撰了《四书章句集注》等多种教材，制定了我国书院史上的纲领性学规——《白鹿洞书院揭示》。他的思想内容丰富博大，关于教育的目的与作用、“小学”与“大学”的教育、道德教育、读书方法等都是重要的内容，必须掌握。

第五节 王守仁与心学教育思想

一、“致良知”与教育作用【一般】

王守仁(1472—1529 年)自称阳明子,史称阳明先生,他继承和发展了陆九渊的学说,提出“心即理”“致良知”“知行合一”等命题,创立了与程朱理学大相径庭的“阳明学派”。

王守仁十分重视教育对于人的发展所起的重要作用,提出了“学以去其昏蔽”的思想。他又继承和发展了孟轲的“良知”学说,认为“良知即是天理”,即是“心之本体”。王守仁认为“良知”具有以下这些特点:首先,它与生俱来,不学自能,不教自会。其次,它为人人所具有,不分圣愚。再次,它不会泯灭。不过,“良知”也有致命的弱点,即在与外物接触中,由于受物欲的引诱,会受昏蔽。所以,王守仁认为,教育的作用就在于去除物欲对于“良知”的昏蔽。他说得很明确,“良知不能不昏蔽于物欲,故须学以去其昏蔽”。

“学以去其昏蔽”的目的是激发本心所具有的“良知”。无论是“学以去其昏蔽”,还是“明其心”,其实质是相同的,即在王守仁看来,教育的作用就在于实现“存天理、灭人欲”的根本任务。基于此,他认为用功求学受教育,并不是为了增加什么新内容,而是为了日减“人欲”。他说:“吾辈用功只求日减,不求日增,减得一分人欲,便是复得一分天理。”

二、“随人分限所及”的教育原则【重要】

所谓“分限”,就是指学生的认识水平和限度。

“随人分限所及”有三层意思:

1. 量力而行

王守仁认为,良知人皆有之,愚夫愚妇与圣人同,但人之资质不同,圣人与常人不同,圣人间亦不同。教学应该从学生原有的基础出发,逐步提高和加深,不可贪多图快,这样才能防止“食而不化”,还会使学生有自得之美,如授书,“不在徒多,但贵精熟。量其资禀,能二百字者,止可授以一百字,常使精神力量有余,则无厌苦之患,而有自得之美”。可见已不限于孟轲“盈科而进”的比喻,而是与学生不同年龄的生理、心理特点联系起来,这是对教学思想的贡献。

2. 对于不同的人而言,因材施教

“人的资质不同,施教不可躐等”,施教的分量内容以及方法都要因人而异,这样才能起到“益精其能”的效果。

3. 对于每个人而言,循序渐进

教学的分量要照顾到学生原有的基础及接受能力,在“分限”内恰到好处地施教。

三、“六经皆史”与教学内容

王守仁强调读经,但是反对盲从。他认为“六经皆史”:“以事言谓之史,以道言谓之经。事即

道，道即事。《春秋》亦经，五经亦史。《易》是包牺氏之史；《书》是尧舜以下史，《礼》《乐》是三代史，其事同，其道同。"王守仁认为"心即理"，从这种认识出发，无论是表现为普遍意义的圣人所作的"六经"，还是表现为具体经验过程的历史，都是混融如一地存在于体现为良知良能的人的心中，"事即道，道即事"，经即史。"六经"只是"致良知"的工具之一，但是以"六经"为代表的知识，如果不融入作为个体内在意识的"心"中，是不可能转化为道德行为的。

王守仁反对训诂、记诵、辞章之学。在谈教育内容时，王守仁往往只讲人伦道德，不谈知识技能，认为"三代之学，其要皆所以明人伦""非若后儒所谓充广其知识之谓也"，认为读书识字的人，是有学问的人，但不一定是有道德的人，这些人往往会成为"衣冠禽兽"，故知识越广而人欲越滋，才力愈多而天理愈蔽。

四、论儿童教育【重要】

王守仁十分重视儿童教育，在《训蒙大意示教读刘伯颂等》一文中，比较集中地阐述了他的儿童教育思想，主要有以下内容：

1. 揭露和批判传统儿童教育不顾儿童的身心特点

他深刻地揭露道："是盖驱之于恶，而求其为善也，何可得乎！"不顾儿童的身心特点，把他们当作小大人，这是传统儿童教育的致命弱点。

2. 儿童教育必须顺应儿童的性情

他主张儿童教育必须顺应儿童的身心特点，使他们"趋向鼓舞""中心喜悦"，这样儿童自然就能不断地长进。

3. 儿童教育的内容是"歌诗""习礼"和"读书"

在王守仁看来，对儿童进行"歌诗""习礼"和"读书"教育，是为了培养儿童的意志，调理他们的性情，在潜移默化中消除其鄙吝，化除其粗顽，让他们日渐礼仪而不觉其苦，进入中和而不知其故，在德育、智育、体育和美育诸方面都得到发展。

4. 要"随人分限所及"，量力施教

王守仁认为儿童时期正处在一个重要的发展时期，儿童的精力、身体、智力等方面都在发展过程中，即所谓"精气日足，筋力日强，聪明日开"。因此，教学必须考虑到这个特点，儿童的接受能力发展到何种程度，便就这个程度进行教学。他把这种量力施教的思想概括为"随人分限所及"。

王守仁还认为，儿童教学"授书不在徒多，但贵精熟"。因此，教学应该留有余地，使儿童"精神力量有余"，这样他们就"无厌苦之患，而有自得之美"，不会因学习艰苦而厌学，而乐于接受教育。

王守仁的儿童教育思想，虽其目的是向儿童灌输封建伦理道德，即所谓"今教童子，惟当以孝、弟、忠、信、礼、义、廉、耻为专务"，但他反对"小大人式"的传统儿童教育方法和粗暴的体罚等教育手段，要求顺应儿童性情，根据儿童的接受能力施教，使他们在德育、智育、体育和美育诸多方面得到发展等主张，反映了其教育思想的自然主义倾向。

迷津点拨 王守仁继承和发展了陆九渊的学说，提出"心即理""致良知""知行合一"等命题，创立了与程朱理学大相径庭的"阳明学派"，其学说以反传统的姿态出现，在明中叶以后广为流传，

并对日本的明治维新产生过重要影响。

王守仁提出教育的目的是"学以去其昏蔽",强调发挥人的主观能动性;道德教育的目的是"明人伦",道德教育的方法是"知行合一";《训蒙大意示教读刘伯颂等》集中地阐述了他的儿童教育思想。

经典例题

一、名词解释

1. "苏湖教法"
2. "三舍法"
3. 朱子读书法

二、简答题

1. 简述《白鹿洞书院揭示》中提出的教育宗旨。
2. 朱熹的道德教育方法有哪些?
3. 简述宋代三次兴学及其结果。

三、论述题

试以白鹿洞书院为例,分析我国书院教育的宗旨、特点和意义。

答案解析

一、名词解释

1. "苏湖教法"又名"分斋教学法",是北宋教育家胡瑗在苏州、湖州两地办学时使用的一种新的教法。这种教法一反当时盛行的重视诗赋歌律的学风,它提倡经世致用的实学,重经义和时务,主张"明体达用"。他在校中设"经义""治事"两斋,经义斋学习研究经学基本理论,属于"明体"之学;治事斋学习农田、水利、军事、天文、历算等实学知识为主,属于"达用"之学,在治事斋中,一人各治一事,又兼摄一事,创立了分科教学和学科的必修以及选修制度,在世界教育史上是最早的。范仲淹当政兴学时,曾取其法,"著书令于太学"。

考点分析 对"苏湖教法"而言,考生应该重点掌握其产生的背景、具体内容及意义,注意它与王安石的"三舍法"之间的区别。

2. 由王安石提出,据《宋史·神宗本纪》记载:熙宁四年(1071)十月,"立太学生内、外、上舍法”。在元丰二年(1079),经御史中丞李定等的修订,“三舍法”更为完备。其主要内容为:将太学分为外舍、内舍和上舍三个程度不同、依次递升的等级,太学生相应分为三部分,初入太学者,“验所隶州公据”,经考试合格入外舍肄业,为外舍生。外舍每月考试一次,每年举行一次公试(升舍考试),成绩获得第一、二等者,再参酌平时行艺,升入内舍肄业,为内舍生。内舍每两年举行一次升舍考试,成绩为优、平两等者,再参酌平时行艺,升入上舍肄业,为上舍生。上舍亦每两年举行一次考试,考试方法与科举考试“省试法”相同,太学学官不能参与,由朝廷另委考官主持。成绩评定分为三等:平时行艺与所试学业俱优为上等,一优一平为中等,全平或一优一否为下等。上等者免殿试,直接授官;中等者免礼部试,直接参加殿试;下等者免贡举,直接参加礼部试。“三舍法”是在太学内部建立起严格的升舍考试制度,对学生的考察和选拔力求做到将平时的行艺与考试成绩相结合、学行优劣与对他们的任职使用相结合。这有利于调动学生学习的积极性,提高太学教学质量。

考点分析 对于“三舍法”而言,考生要掌握其内容、特点及意义,这是宋代太学改革的重要内容。

3. 朱熹强调读书穷理,认为“为学之道,莫先于穷理;穷理之要,必在于读书。”他的弟子汇集他的训导,概括归纳出“朱子读书法”六条:

循序渐进,包含三个意思:第一,读书应该按一定次序,不要颠倒;第二,应根据自己的实际情况和能力,安排读书计划,并切实遵守它;第三,强调要扎扎实实打好基础,不可囫囵吞枣,急于求成。

熟读精思,朱熹要求读书既要熟读成诵,又要精于思考。

虚心涵泳,即指读书时要虚怀若谷,精心思虑,仔细体会书中的意思,不要先入为主,牵强附会;要反复咀嚼,细心玩味。

切己体察,即读书不能仅仅停留在书本上、口头上,而必须见之于自己的实际行动,要身体力行。

着紧用力,包含两方面的意义:其一,必须抓紧时间,发愤忘食,反对悠悠然;其二,必须抖擞精神,勇猛奋发,反对松松垮垮。

居敬持志,即“读书之法,莫贵乎循序而致精,而致精之本,则又在于居敬而持志”。

这六条读书法成为古代学者读书的重要经验。

考点分析 “朱子读书法”是朱熹学习经验的重要总结,考生要掌握朱子读书法的具体内容,联系实际加以运用。

二、简答题

1.《白鹿洞书院揭示》亦称《白鹿洞书院教条》或《白鹿洞书院学规》,是淳熙六年(1179)朱熹重修庐山白鹿洞书院,讲学授徒时为书院生员订立的学规。其中对教育目的、训练纲目、学习程序以及修己治人的道理,都一一做了阐述和详细的规定。内容主要包括五个方面:

一是“五教之目”即“父子有亲,君臣有义,夫妇有别,长幼有序,朋友有信”。规范了书院教育的基本宗旨,就是要贯彻“明人伦”的纲常礼教。

二是“为学之序”即“博学之,审问之,慎思之,明辨之。笃行之”。指明了书院学生的学习方法和过程。“右为学之序,学问思辨四者所以穷理也。若夫笃行之事,则自修身以至处事接物,亦各有要”。

三是“修身之要”即“言忠信,行笃敬,惩忿窒欲,迁善改过”。为书院学生指明了道德修养的基本要点。

四是“处事之要”即“正其义,不谋其利,明其道,不计其功”。为书院学生指明了行为处世的基本原则。

五是“己所不欲,勿施于人,行有不得,反求诸己”。为书院学生指明了与人交往的基本准则。

《白鹿洞书院揭示》是世界史上最早的教育规章制度之一,它集中体现了书院教育的精神,不仅成为后续中国封建社会700年书院办学的模式,而且为世界教育界所瞩目,成为国内外教育家研究教育制度的重要课题。

考点分析 《白鹿洞书院揭示》是古代书院学规的典型代表,无疑应该成为我们了解古代书院精神及其教学理念的重要依据。

2. 朱熹提出了五条道德教育的方法,成为后世学习的典范:

(1)立志。朱熹认为,志是心之所向,对人的成长至为重要,如前所言,“学者大要立志,才学便要做圣人,是也”。

(2)主敬。其具体内容是:培养严肃的或不放肆的道德态度,培养人谨慎小心的道德态度,培养精神专一或始终一贯的态度。他说:“敬者守于此而不易之谓”,“敬是始终一事”。

朱熹是十分重视主敬的工夫的,认为这是培养严肃的、谨慎的、一贯的精神态度,贯穿整个修养过程的始终。所以他说“敬字工夫,乃圣门第一义。彻头彻尾,不可顷刻间断”。有人问:“敬何以用工?”怎样做敬的工夫呢?他答道:“只是内无妄思,外无妄动。”

(3)存养。“存养”就是“存心养性”。朱熹认为每个人都有与生俱来的善性,但同时又有气质之偏和物欲之蔽,故需要用“存养”的功夫,来发扬善性,发明本心。

(4)省察。“省察”即经常进行自我反省和检查。他指出:“凡人之心,不存则亡。”为了使人心不“沦于亡”,做事不“陷于恶”,就必须经常进行自我反省和检查。

(5)力行。朱熹十分重视“力行”,他要求将学到的伦理道德知识付之于自己的实际行动,转化为道德行为。

考点分析 道德教育是儒家教育思想的核心,朱熹全部教育思想的精华亦集中于此。朱熹十分重视道德教育,主张将道德教育放在教育工作的首位。古代的教育者都把道德教育置于优先地位。反之,如果缺乏德行而单纯追求知识,人就会迷失方向,而找不到归宿。因此,本题目的重要性就体现在这里。

3. 宋代的三次代表性兴学运动分别是:

(1)庆历兴学

这是范仲淹在宋仁宗庆历四年主持的。兴学的主要内容有三项:第一,普遍设立地方学校,诏州县立学。第二,改革科举考试。规定科举考试先策,次论,次诗赋,罢帖经、墨义。第三,以胡瑗的“苏湖教法”为参照,改革太学。因原国子监规模太小,不足以容学者,即以原锡庆院为校址,修建讲堂,创建太学,招生200人。

(2)熙宁、元丰兴学

该运动由王安石主持和推进。主要内容包括:

①改革太学，扩大太学规模，创立“三舍法”。

②整顿地方官学。设置诸路学官，改变州县有学无教的现象，加强地方教育管理，并为地方学校拨充学田，每所学校给田40顷以充学粮，使地方官学有了显著发展。

③改革科举制度。在考试方法上，下令废除帖经、墨义、诗赋的形式，仅试以经义、策、论；对考试内容进行了修改，对儒家经典《诗》《书》《周礼》重新训释，并颁发给太学和地方官学，作为统一的教材，并作为科举考试经义科的主要内容。

④设置律学、医学等专门学校，培养具有一技之长的人才。

⑤颁定《三经新义》作为必读教材和考试内容。

(3)崇宁兴学

这次兴学运动由蔡京在宋徽宗崇宁年间主持。蔡京秉承徽宗旨意，主持“崇宁兴学”，恢复和发展了“熙宁兴学”的某些措施，主要有以下五个方面：

第一，全国普遍设立学校。

第二，建立县学、州学、太学三级相联系的学制系统。

第三，新建辟雍，发展太学。

第四，恢复设立医学，创立算学、书学、画学等专科学校。崇宁二年，置医学。次年六月，创设算学、书学和画学。

第五，罢科举，改由学校取士。

考点分析 宋代的三次兴学运动是封建统治者重视学校教育的重要例证，是学校教育与科举制矛盾冲突的直接表现，值得考生重点关注。

三、论述题

书院是我国古代高等教育的重要组织形式，其重要性自不待言。

在宗旨上，《白鹿洞书院揭示》对教育目的、训练纲目、学习程序以及修己治人的道理，都一一做了阐述和详细的规定。内容主要包括五个方面：一是“五教之目”即“父子有亲，君臣有义，夫妇有别，长幼有序，朋友有信”，要求贯彻“明人伦”的纲常礼教；二是“为学之序”即“博学之，审问之，慎思之，明辨之，笃行之”，倡导思辨、穷理、笃行；三是“修身之要”即“言忠信，行笃敬，惩忿窒欲，迁善改过”，指明了学生道德修养的基本要点；四是“处事之要”即“正其义，不谋其利，明其道，不计其功”，为书院学生指明了行为处世的基本原则；五是“己所不欲，勿施于人，行有不得，反求诸己”，为书院学生指明了与人交往的基本准则。

在特点上，古代书院具有自身的一些特点。书院既是教学机构，又是学术研究机构，教学活动和学术研究紧密结合，相互促进，书院往往成为一个地区的教育和学术活动中心；书院的培养目标，首先要求士子学会做人，追求学生人格的完善，强调道德与学问并进，而不像官学那样以科举入仕为主要目标；书院实行开放式的教学，求学者不受地域、学派的限制，均可以前来听讲、求学，教学人员不限于书院本身，而是广邀学界名流以及不同学派的学者前来讲学，大大促进了学术交流和发展，也开阔了学生的视野，深化了教学；书院教学以学生读书钻研为主，注重培养学生的自学能力，发展学生的学习兴趣，书院教学多以问难辩论式，注重启发引导，提倡切磋讨论，讲究身心涵养；书院内师生关系融洽,彼此间感情深厚;书院实行山长负责制,其经费来源多样化,书院的经费,有来自官府的资助,也依靠民间自己筹集,主要靠学田供给等。这些特点在白鹿洞书院中都有所体现。

从意义上看,书院的历史贡献不可忽视。

首先,书院藏书保存了大量的文化遗产。由于书院是古代高层次的教育机构,所以都拥有一定规模的藏书,保存了大量有价值的书籍,并通过再次刊刻,使这些弥足珍贵的书籍得以在社会上重新流通起来。

其次,书院都注重藏书的利用,通过借阅大大提高了图书的流通率,打破了中古时期藏书重藏不重用的局面。

其三,书院藏书促进了人才的培养。中国古代书院,都是以封建思想为指导,宣扬占据统治地位的儒家学说,因此以封建正统的经、史、子、集构成了书院藏书的主体。书院中实行自由讲学和"讲会"制度,教学方式多采取启发诱导式,提倡学生自学,博览群书,老师加强指导,授道解惑,众多学者和生徒在书院接受这种教育,学术争鸣空气比较活跃,促进了封建社会中教育事业的发展。

其四,书院藏书有效地传播了民族科学文化。书院一方面扩大了我国封建社会藏书的社会职能,一方面也造就了一些致力于民族科学文化研究的有用之才。

最后,书院藏书直接推动了古代学术研究的发展。历代书院聚集了大批文人学者,其中许多是有名的学者,他们不但讲学授徒,而且进行学术研究,著书立说。如宋代朱熹在白鹿洞书院的教学中,大大发展了理学思想,为我国古代的学术研究工作做出了贡献。

考点分析 白鹿洞书院是古代书院的典范,这与朱熹的讲学与主持密切相关,白鹿洞书院中形成的一些办学宗旨、讲学理念、组织形式对我国古代学校教育制度发展而言具有旗帜性意义,自然是考试的核心关注点。

第二部分

第六章

理学教育思想的批判与反思

17—18 世纪，我国的一些教育家的教育思想开始呈现初步的民主教育思想与见解，因此他们对理学教育思想进行了严厉的批判，包括对理学教育思想的批判、黄宗羲“公其非是于学校”的思想、颜元“实德实才”的培养目标及“六斋”“实学”的教育内容。以此为时代背景，考生应掌握各教育家的教育思想以及他们对理学教育思想的批判。

第一节 倡导新的教育主张【一般】

明末清初是社会急剧变化的时代。自然经济受到刺激，资本主义开始萌芽，市民阶层、工商业者开始兴起，成为一种社会力量。而在世界范围内，正是西方资本主义开始殖民活动的时期，西方国家的科学，如天文、地理、数学以及实用技术等“海外奇闻”通过传教士传入中国，开阔了中国人的视野，启发了部分敏感的知识分子。同时，明朝的灭亡，促使部分知识分子对封建文化进行反思，从而掀起了启蒙思潮。

17—18 世纪是我国明清时期，在此时的中国社会，出现了一批以黄宗羲、顾炎武、王夫之、颜元等为代表的启蒙思想家，他们对官方传统的理学教育进行了尖锐而深刻的批判，并提出了具有初步民主思想的教育见解与主张。他们针对理学教育注重儒家经典，压抑人性、空谈义理、呆板教条的教学方式，进行了强烈的批判，提出了以下具有先进性的主张：

1. 批判理学教育理论。启蒙思想家批判了程朱理学“存天理，灭人欲”的教育哲学，主张理欲不可分，天理寓于人欲之中，强调教育应该顺应自然人的本能要求，促进人的个性发展。

2. 主张培养经世致用的人才。在教育目的上，启蒙思想家强调培养具有挽救民族危亡和治理社会能力的治术人才，反对空谈心性、侈谈伦理的所谓“学力圣人”。

3. 提倡实学，重视自然科学和技艺的学习。

4. 提倡“主动”“习行”的教学方法，反对理学家“主静”“读书穷理”的治学方法。

5. 主张扩大学校的职权，把学校办成评议国事、衡定是非的议政机关，充分发挥学校限制君权、发扬民主的作用。

这一时期思想家的教育思想具有了初步的民主色彩，如：强调教育应该顺应自然人的本能要求，促进人的个性发展；主张培养经世致用的人才；要求充分发挥学校限制君权、发扬民主的作用。

第二节　黄宗羲的“公其非是于学校”【一般】

黄宗羲是中国17世纪一位伟大的启蒙思想家和杰出的史学家，同时也是一位著名的教育家。他长期从事教育活动，培育了清代浙东学派，提出了具有近代色彩的民主教育思想，对中国近代资产阶级的教育思想产生了重要影响。

黄宗羲认为，学校不仅应具有培养人才、改进社会风俗的职能，而且还应该议论国家政事，所谓：“治天下之具皆出于学校”，并不是要学校像古代的辟雍那样，承揽政府机构的某些职能，而是应该在学校中由大家共同来议论国家政事之是非标准。学校议政，可以使上至朝廷命官，下至里巷平民，逐渐养成普遍议政的社会风气，而不再是以天子的是非为标准，这样天子也就不敢“自为非是”。“公其非是于学校”思想的基本精神在于反对封建君主专制，改变国家政事之是非标准由天子一人决断的专制局面。这是对中国古代关于学校职能理论的创新，反映了他要求国家决策民主化的强烈愿望。

正是从上述思想出发，黄宗羲主张将寺观庵堂改为书院和小学，实现在全国城乡人人都能受教育、人人都能尽其才的理想，而且强调学校必须将讲学与议政紧密结合。学校集讲学和议政于一身，既是培养人才、传递学术文化的机构，又是监督政府、议论政事利弊的场所。黄宗羲的上述思想，对中国近代资产阶级反对封建君主专制、反对封建教育起了启蒙作用。

迷津点拨 黄宗羲最主要的教育实践有两点：第一，康熙七年(1668)，在宁波创建并主讲证人书院，奠定了清代浙东学派的基础，培育了主张经世致用和擅长史学的学术风格；第二，康熙十五年(1676)，应邀到海宁主持讲席，对清初浙西学术文化的发展做出了贡献。他的著作《明夷待访录》猛烈地抨击了封建君主专制，集中阐发了民主启蒙思想，提出了“天下为主，君为客”的思想，指出“为天下之大害者，君而已矣”，被称为是“一部划时代的民主主义思想专著”。《明儒学案》是我国学术史上第一部学术思想史专著。

教育·生活 黄宗羲的主要思想有：公其非是于学校；经学、史学、文学、自然科学四部分的教育内容；力学致知、学贵适用、学贵独创的教育思想；对教师的独特见解——“道之未闻，业之未精，有惑而不能解，则非师矣”。

第三节　颜元的教育思想

一、颜元与漳南书院【一般】

颜元是清初批判理学教育、提倡实学教育的主要人物，62岁时，受邀主持河北漳南书院。颜元亲自规划书院规模，制定“宁粗而实、勿妄而虚”的办学宗旨，并设文事、武备、经史、艺能等书斋，后因洪水泛滥，淹没院舍，未及半年颜元即离去，后经修复，屡请颜元主其事，皆辞而不往。虽然他主持时间不长，但比较集中地反映了他的教育主张。

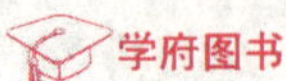

颜元从其唯物主义世界观出发，对传统教育进行了批判：

1. 揭露传统教育严重脱离实际

颜元指出，传统教育一个最突出的弊病是脱离实际，把读书求学误认为是训诂，或是清谈，或是佛老，而程朱理学兼而有之，故其脱离实际更为严重，导致灭绝圣学。

2. 批驳传统教育的义、利对立观

传统教育的另一个严重弊病是在伦理道德教育方面，把“义”和“利”、“理”和“欲”对立起来，败坏了社会风气。

3. 抨击八股取士制度

颜元深刻揭露了八股取士制度对于学校教育的危害，读书求学完全成了“名利引子”，从而毁坏了人才。

二、“实德实才”的教育目的【一般】

颜元主张学校应该培养“实才实德之士”。所谓“实才实德之士”，就是品德高尚、有真才实学的经世致用人才。具体来说，颜元所谓的“实才实德之士”有两种：一种是“上下精细皆尽力求全”的通才，另一种是“终身止精一艺”的专门人才。在颜元看来，成为通才当然最好，那是“圣学之极致”，但专门人才只要能经世致用，同样“便是圣贤一流”。

三、“六斋”与“实学”的教育内容【重要】

为了培养“实才实德之士”，在教育内容上，颜元针对理学教育的虚浮空疏，提出了“真学”“实学”的主张。

他大力提倡当时的“六府”“三事”“三物”。这里所说的“六府”“三事”，即《尚书·大禹谟》所云的“水、火、金、木、土、谷”和“正德、利用、厚生”；“三物”即《周礼·地官》所云的“六德”（知、仁、圣、义、忠、和）、“六行”（孝、友、睦、姻、任、恤）、“六艺”（礼、乐、射、御、书、数）。“三物”之中，又以“六艺”为根本，“六德”“六行”分别是“六艺”的作用和体现。

晚年，他曾规划漳南书院设置六斋，并规定了各斋的具体教育内容。这是他对“真学”“实学”内涵最明确，也是最有力的说明。

漳南书院的六斋及各斋教育内容为：

第一，文事斋：课礼、乐、书、数、天文、地理等科。

第二，武备斋：课黄帝、太公以及孙、吴五子兵法，并攻守、营阵、陆水诸战法，射御、技击等科。

第三，经史斋：课《十三经》、历代史、诰制、章奏、诗文等科。

第四，艺能斋：课水学、火学、工学、象数等科。

第五，理学斋：课静坐，编著，程、朱、陆、王之学。

第六，帖括斋：课八股举业。

四、"习行"的教学方法【一般】

强调"习行"教学法,是颜元在学术思想转变后关于教学方法的一个最基本也即最重要的主张。颜元说的"习行"教学法,强调在教学过程要联系实际,要坚持练习和躬行实践,认为只有如此,学得的知识才是真正有用的。所以,他认为不和自己的躬行实践相结合的知识是无用的,"心中醒,口中说,纸上作,不从身上习过,皆无用也"。他以"因行得知"和"学问以用而见其得失"的知识论为基础,在教学方法上注重"习行",从而和传统的"主静""闭门读书"的教育方法相对立;他又从"经世致用"的观点出发,阐述其注重"习行"的教学方法的主张。他认为,人们获得知识的目的完全在于"实行""实用",在于帮助人们"办天下事"。

颜元重视"习行"教学法,一方面同他朴素的唯物主义认识论有密切的关系。他主张"见理于事,因行得知",认为"理"存在于客观事物之中,只有接触事物,躬行实践,才能获得真正有用的知识。因此,"习行"教学法是他这一思想在教学上的反映。另一方面,是为了反对理学家静坐读书、空谈心性的教学方法,这是颜元重视"习行"教学法的直接原因。

迷津点拨 颜元属于唯物主义思想家和教育家,他竭力提倡"实文、实行、实体、实用"的教育宗旨,创立了以"实"为特征的教育理论体系。把握颜元"实"的教育思想,首先就要把握他对传统理学教育思想的批判,然后掌握他"真学""实学"的教育内容,最后,掌握他"习行"的教学法。

教育·生活 颜元对传统宋明理学的批判表现为:第一,揭露传统教育严重脱离实际;第二,批驳传统教育的义、利对立观;第三,抨击了八股取士制度。因此他提倡学校为"人才之本",培养具有"实德实才"的人才。要重视实际,注重练习,在亲身躬行中实践知识。

经典例题

简答题

试论颜元在中国古代教育史上的历史地位。

答案解析

简答题

颜元从其唯物主义世界观出发,对传统教育进行了批判:第一,揭露传统教育严重脱离实际;第二,批驳传统教育的义、利对立观;第三,抨击了八股取士制度。他主张学校应该培养"实才实德之士",为了实现这一目标,他大力提倡"六府""三事""三物",其核心在于强调"六艺"教育。他提倡的“真学”“实学”的教育内容同理学教育有着本质的区别，不论是在广度还是深度上，都远远超过了“六艺”教育。他主张读书、讲说都必须与“习行”结合，而且要在“习行”上下更多的功夫，花更大的精力。他所说的“习行”，虽然讲的是个人行为，没有社会实践意义，但他强调接触实际，重视练习，在当时以“读书穷理、讲说著述”为事业、脱离实际的“文墨世界”中，吹进了一股清新之风。

考点分析 主要考查颜元的“实学”思想及其影响，这些思想成为传统教育理念向现代教育理念的转折点。漳南书院设六斋，并规定了各斋的具体教育内容，这是颜元对“真学”“实学”内涵最明确也是最有力的说明。所以，漳南书院在性质上属于实学书院。

第七章

近代教育的起步

本章主要讲述鸦片战争以后，中国传统教育的境况和改革派的文化教育主张以及近代教会学校的发展过程及其性质和影响；概述了洋务学堂、洋务留学教育的实施，并对“中体西用”思想的形成、发展过程及其历史作用和局限进行了评述。因此本章应该从鸦片战争后我国面临的困境这一时代背景出发，了解我国教育面临的困境；掌握洋务学堂的举办、类别及特点；重点掌握京师同文馆、福建船政学堂等洋务学堂；识记留美幼童、留欧学生的派遣和洋务留学教育的影响；理解并掌握“中体西用”思想的形成、历史作用和时代局限以及张之洞《劝学篇》思想体系的评述。

第一节　教会学校在中国的兴办

一、近代中国第一所教会学校——马礼逊学堂【一般】

1839 年底，被命名为“马礼逊学堂”的中国第一所西式学校在澳门正式开学，开创了教会在华办学的先声。课程有国文、英文、算术，后增加代数、几何、历史、地理、生理、音乐等，主持校务者为美国人布朗。学校第一批共招收 6 名学生，都是穷人子弟，我国最早的留学生容闳和第一位西医黄宽就在其中。

马礼逊学校是一所专门为华人开办的学校，它以丰富的西学课程充实了在此求学的中国青年，开阔了他们的视野，形成了他们近代社会观念的基础。

二、教会学校的发展概况【一般】

早期的教会学校仅限于开放的通商口岸，规模很小（学生几人至几十人），附设于教堂中，而且多为小学程度，招生对象多为穷苦教徒子弟或者无家可归的乞丐。较著名的教会学校有澳门的马礼逊学堂、上海的徐汇公学堂、宁波的崇信义塾、福州的格致书院等。

第二次鸦片战争后，西方列强通过与清朝政府新签或修订的一系列不平等条约，进一步夺取了自由进入中国内地传教、通商、租买土地建造教堂、学校等特权，教会学校也随之由原来的五个通商口岸发展到内地，数量迅速增加，招生对象也开始吸纳富家子弟，特别是新兴的买办阶级子弟。另外，随着洋务运动的开展，各种洋务事业也不断发展，这些都需要越来越多的新式人才，从而促进了教会学校的发展。

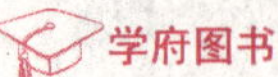

19世纪末，随着列强对华侵略的加深，教会学校得到进一步发展，1899年增至2000所左右，学生达4万人以上，一些学校后升格为大学，当时中国高层次教育事业的优势为外国人所把握。

第二节　洋务学堂的兴办【一般】

扫一扫，看视频

一、洋务学堂的兴办、类别和特点【重要】

19世纪60—90年代，处于内忧外患的清政府开展"洋务运动"以自救，急需大量的洋务人才，尤其是大批的翻译人才，鉴于此，清政府应洋务派之请，开设洋务学堂。

1. 洋务学堂的类别

兴办学堂是洋务运动的重要组成部分，其目的在于培养洋务活动所需要的翻译、外交、工程技术、水陆军事等多方面的专门人才，其教学内容以所谓的"西文"与"西艺"为主。它们是随着洋务运动的展开而逐渐开办的，大致上可以分为外国语("方言")学堂、军事("武备")学堂和技术实业学堂三类。

①外国语("方言")学堂：京师同文馆、上海广方言馆、广州同文馆。主要培养翻译人才。

②军事("武备")学堂：福建船政学堂、上海江南制造局操炮学堂。主要培养能使用洋枪洋炮的官兵。

③技术实业学堂：福州电报学堂、天津电报学堂、上海电报学堂等。主要培养能够制造、使用和维修机器的人才和一些通信人才等。

2. 洋务学堂的特点

洋务学堂与封建官学、书院、私塾等中国传统学校有显著的差异，因此人们常称其为新式学堂。所谓新，主要表现在培养目标、教学内容、教学方法和教学组织形式等方面。

洋务学堂的培养目标是造就各项洋务事业需要的专门人才，广泛分布于外交、律例、水陆军事、科技出版和教育等诸多领域，洋务学堂是训练专门人才的专科性学校。大多数洋务学堂带有部门办学的性质，是具体洋务机构的组成部分或附属单位，直接根据本部门和机构的需要培养人才。

在教学内容上，洋务学堂以学习"西文""西艺"为主，课程包括外语、数学、格致、化学等一般性课程以及和各自专业相关的科学技术课程，注意学以致用。

在教学方法上，洋务学堂能按照知识的接受规律由浅入深、循序渐进地安排教学内容，重视理解，一定程度上改变了偏重死记硬背的传统学风。洋务学堂注意教学中的理论与实践结合，很多学校安排有实践性课程，有的还建立了实习制度，不像传统学校完全把学生禁锢在书斋之中。

在教学组织形式上，洋务学堂普遍制定有分年课程计划，确定了学制年限，采用班级授课制，突破了传统的进度不一的个别教学形式。

然而，洋务学堂是套种在传统封建教育体制边上的幼苗，植根于半殖民地半封建社会的土壤，难脱时代的桎梏和影响，表现出新旧杂糅的特点，表现在以下几方面：

首先,洋务学堂是洋务大臣们各自为政办起来的,零星分散,缺乏全国性的整体规划和学制系统。

其次,在“中学为体,西学为用”的总原则下,洋务学堂必然在传授西文西艺的同时,不放弃四书五经的学习。

其三,洋务学堂为洋务大臣所举办,但洋务大臣也是封建官僚,因此,对洋务学堂的管理免不了沾上封建官僚习气。

概而言之:洋务学堂以西方近代科技文化作为主要课程,在形式上引入了资本主义因素,初步具备了近代教育的特征。在它产生之初,并未有意与科举为核心的旧教育体制对抗,甚至还乞求后者的容纳,但它产生之后,逐渐动摇和瓦解了旧的教育体制,实际上开启了近代中国教育改革的进程。

二、京师同文馆【重要】

1. 创立与发展

京师同文馆最初是作为外语学校设立的,是近代中国被动开放的产物。

1862 年 6 月 11 日(同治元年五月十五日),学馆最终在东堂子胡同的总理衙门内正式上课,定名为同文馆。开办之初,只设有英文馆,第二年添设俄文馆和法文馆,各馆学生均为 10 人,都是从八旗子弟中挑选,年龄在 15 岁以下。1871 年,添设德文馆。1888 年添设翻译处、天文台、格致馆。1895 年又添设东文(日文)馆。1898 年,在维新变法高潮中,京师大学堂成立,同文馆的科技教育部分归于京师大学堂。1902 年 1 月(光绪二十七年十二月),京师同文馆并入京师大学堂。

2. 教师与学生

教师(教习)有外国人也有中国人,分为总教习、教习和副教习。

同文馆由总理各国事务衙门直接管理,校内最初并无专人长官。1869 年聘丁韪良为总教习,总揽全馆教务。

京师同文馆原为培养外语人才而设,所以毕业生从事涉外工作。但随着洋务事业的发展和同文馆培养目标的调整,学生的出路非常广阔,其中在政府机构、军事部门、新式教育和事业部门任职者占大多数,也有一些参加科举而获取功名,或被送往国外进一步深造。

3. 课程和考试

同文馆主要以考试来督促和检查学生的学业。日常考试分为月课、季考、岁试三项,每届三年举行一次大考,由总理各国事务衙门主持,其成绩作为授官或降革的依据。

4. 特点

①培养目标上,“为边务储才”“备翻译差委之用”,专为培养懂翻译、外事的洋务人才,不再是培养应付科举考试的官僚后备军。

②在课程设置上,侧重“西文”“西艺”,外语居于首要地位,“馆中课程以洋文、洋语为要,洋文、洋语已通,方许兼习别艺”,此外,汉文经学贯穿始终。

③在教学组织上,采用西方的教学制度,实行分年课程和班级授课制。

④教学组织管理上，以外国人为主，受外国列强控制。同文馆经费多由海关拨付，从学校经费到聘用校长、教员都由海关税务司长赫德一手包办，管理学校的大权也逐步落入外国人手中，教员也多为外国人。

就办学成效而言，京师同文馆不能列入洋务学堂的前列，也未表现出比其他洋务学堂更鲜明的特点。它在近代中国教育史上的地位主要表现在：第一，它是洋务学堂的开端，也是中国近代新教育的开端。京师同文馆的设立，表明近代以来向西方学习开始由观念变为现实，它是改变旧的封建传统教育的首次尝试，在实践上把两千多年的封建教育制度打开了一个缺口。第二，京师同文馆身处帝都北京，乃全国政治和文化中心，又为洋务中枢总理各国事务衙门直接统领，为社会关注的焦点。它的一些重要举措以及由此引起的争执往往能反映出各派关于教育改革的观点。以上两点，决定了京师同文馆在中国近代教育史上的象征意义。

同文馆既有封建性又有殖民性，是清政府和外国资本主义在教育上相互结合的产物。它不仅具有新的办学形式，而且在由外国语学校演进为综合性学校以后，增设了一系列自然科学课程，科学教育正式列入中国教育制度之中，教育向前迈进了重要的一步。

三、福建船政学堂【一般】

1. 创立和发展

福建船政学堂又称“求是堂艺局”或“福州船政学堂”，是福建船政局的组成部分，1866 年年底由左宗棠和沈葆桢在福州设立。设立船政局的主要目的是造轮船以应军需，加强海防，有效地抵御列强的海上侵略。

2. 近代中国海军人才的摇篮

福建船政学堂从 1867 年开办，到 1913 年改组，历时近半个世纪。它是洋务学堂中持续时间最久的一所学校。其宗旨就是“习学洋技”，主要培养造船和驾驶人才。初期分前堂和后堂两部。前堂学习法语、造船技术，后堂学习英语、管轮驾驶。分别聘用法、英两国的师资和技术人员进行教学。学制 5 年，学生毕业后，或授水师官职，或出国继续深造。

福建船政学堂在近代中国海军事业的发展中占有重要地位。首先，它为近代中国海军输送了第一代舰战指挥和驾驶人才。其次，福建船政学堂为近代中国船舰制造业的发展写下了光辉的一页。19 世纪 80 年代后，福建船政学堂留欧学生相继回国，把近代中国的船舰制造业推到一个新的水平。

迷津点拨 1861 年 1 月，因奕䜣等人的奏请，清政府批准设立“总理各国事务衙门”，作为总揽洋务全局的中央枢纽。这标志着洋务运动的开始。洋务运动时期，中国的教育仍然以传统的封建教育为主体，但在传统的教育主题之中萌生了近代新教育的萌芽，正是洋务运动举办的新式学校和留学教育，开辟了传统教育之外的另一番新天地。

第三节 留学教育的起步

一、幼童留美【一般】

1872年出发的留美学生是近代中国政府派出的首批留学生。

1872年8月11日,詹天佑等第一期30名学生经上海预备学校培训后,在监督陈兰彬带领下从上海出发赴美。1873年6月、1874年11月、1875年10月第二、三、四期各30名学生也按计划出发。然而,这些学生并没有按计划完成学业而被中途撤回。

1881年7月,清政府做出了全数撤回留美学生的决定。第一批撤回的21名均送电局学传电报,第二、三批学生由福建船政局、上海机器局留用23名外,其余50名分拨天津水师、机器、鱼雷、水雷、电报、医馆等处学习当差。

二、派遣留欧【一般】

1877年3月31日,中国近代第一批正式派遣的留欧学生在监督李凤苞、日意格的带领下出发赴欧。其中前学堂学生郑清濂、罗臻禄等12人,艺徒裘国安等4人,赴法国学习制造;后学堂学生刘步蟾、林泰曾、严宗光(严复)等12人,赴英国、西班牙等国学习驾驶。期限为3年,这通称为第一届留欧生。

1879年11月,两江总督沈葆桢领衔奏请续派,也得到清廷的批准,但由于具体实施的闽浙总督提出异议,同时也因为福建船政学堂可派出的优秀学生人数不够,新招入的学生程度也不够,只得选前学堂学生陈伯璋、黄庭等8人,后学堂学生李鼎新、陈兆艺共10人,1881年底由香港出发,分赴英、法、德三国,学习营造、枪炮、火药、轮机、驾驶、鱼雷等,年限为三年,这是第二届留欧学生。

1886年,因船政大臣裴荫森奏请,从福建船政后学堂中选取黄鸣球等10名学生,从北洋(天津)水师学堂中选取刘冠雄等10名学生赴欧学习驾驶;从福建船政学堂前学堂中选取郑守箴等14人赴欧学习制造,这是第三届留欧学生。

迷津点拨 19世纪70年代,洋务运动开展已经近10个年头,洋务派认识到,要全面深入地学习西方的先进技术,国内学堂存在诸多局限,于是向国外派遣留学生,被纳入洋务计划,留学教育主要是留美与留欧。

教育·生活 留美与留欧的学生共计近200人,虽然规模小、人数少,但是是中国教育走向世界的最名副其实的一步,就引进"西学"而言,不再有比留学更彻底的途径了。归国留学生献其所学,在事业上取得了突出成就,取得了一定的社会地位,改变了人们的科举正途观念,对中国教育近代化的推进起到了不可磨灭的贡献。

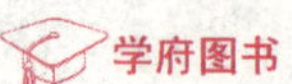

第四节 “中体西用”思想与张之洞的《劝学篇》

扫一扫，看视频

一、“中体西用”思想的形成和发展【一般】

从19世纪60年代初开始，就有人用“主辅”“本末”“体用”这些中国传统文化中固有的概念范畴来表达“中学”与“西学”两者应该何为主导、何为从属的观点。如1861年，冯桂芬在《采西学议》中写道：“如以中国之伦常名教为原本，辅以诸国富强之术，不更善之善者哉？”1892年，郑观应在《西学》篇中说：“中学其本也，西学其末也。主以中学，辅以西学。”1896年8月，孙家鼐在《议复开办京师大学堂折》中说：“今中国京师创立大学堂，自应以中学为主，西学为辅；中学为体，西学为用。”直到1898年春，张之洞撰成《劝学篇》，围绕“旧学为体，新学为用”的主旨进行集中阐述，形成一个比较完整的思想体系。

二、张之洞与《劝学篇》【重要】

1896年，张之洞返任湖广总督。此时正是维新呼声高唱入云的时候，他在总结洋务实践和对时局走势进行思考的基础上，于1898年著成《劝学篇》，提出“中体西用”的理论体系，并按此思想路线进行湖北的教育改革。

张之洞的《劝学篇》是对洋务运动的理论总结，并试图为以后的中国改革提供理论模式。《劝学篇》共24篇4万余字，分内篇和外篇。内外篇各有主旨：“内篇务本，以正人心；外篇务通，以开风气。”（《劝学篇·序》）而通篇主旨归于“中学为体，西学为用”。

何为“中学”？“中学”也称“旧学”，“四书五经，中国史事、政书、地图为旧学”。“中学”的各方面都要通其大概，但他最注重的是纲常名教：“五伦之要，百行之原，相传数千年更无异义。圣人所以为圣人，中国所以为中国，实在于此。”

何为“西学”？“西学”也称“新学”，“西政、西艺、西史为新学”。在西政、西艺、西史三类西学中，张之洞着重对西政、西艺加以解释和强调：“政艺兼学：学校、地理、度支、赋税、武备、律例、劝工、通商，西政也；算绘矿医、电光化电，西艺也。”（《设学》）

很明显，西政是指西方有关文教制度、工商财政、军事建制和法律行政等管理层面的文化；西艺即近代西方科技。张之洞认为西艺难学，适合于年少者，着眼于长远；西政相对易学，适合于年长者，着眼于当前急需。《劝学篇》主要是写给士大夫们看的，以成年人为主。因此，张之洞在《劝学篇·序》中说：“西艺非要，西政为要”，显然是就这部分人而言的。

对于中、西学的关系，概言之为“旧学为体，新学为用，不使偏废”。他认为，通“中学”是中国人之所以为中国人的基本条件，直接关系到一个人对国家、民族和祖国文明的情感，是保国、保种、保教的前提，中学强调的是人品行的修养，具有德育的功能。因此，学者必须在通中学的基础上，“然后择西学之可以补吾阙者用之，西政之可以起吾疾者取之”。

在“中体西用”思想的指导下，张之洞在《劝学篇》中对创建近代学制、改善科举考试、发展新式教育、派遣留学生等诸多晚清教育改革的问题都做了比较全面的论述，成为清政府推行教育改革的纲领性文件，并为20世纪初“新政”时期的教育改革确定了基调，奠定了理论基础。

三、"中体西用"的历史作用和局限【重要】

洋务运动时期，封建传统教育处于中国教育的主体地位，封建旧文化充斥整个社会，"西学"动辄受到守旧派的指斥。洋务派提出"中体西用"，在不危及"中体"的前提下侧重强调采纳西学，这既是洋务派的文化教育观，也是洋务派对守旧派的策略。在"中体西用"形式下，"西学"教育的规模不断扩大。两次鸦片战争中，中国人首先看到和领受到的是西方的"坚船"和"利炮"，所以19世纪60年代洋务运动开始后，首先讲求的就是这些军事"长技"和中外交涉所必需的"西文"。但人们很快认识到近代军事技术是离不开数学和其他科技知识的，因此这些学问也被纳入应该学习的范围。19世纪70年代后，洋务运动由开办军用工业的"求强"渐渐转入同时举办民用工商业的"求富"阶段，教育内容扩展到商学、兵制、工矿农医、铁路、律例、学校组织等应用、管理学领域。"中体西用"理论为"西学"教育的合理性进行了有效的论证，促进了资本主义文化在中国的传播；在此原则下实施的留学教育和举办的新式学堂，给僵化的封建教育体制打开了缺口，改变了单一的传统教育结构。

"中体西用"作为中西文化接触后的初期结合方式，有其历史的合理性。但是，"中体西用"作为一种文化整合方案和教育宗旨是粗糙的。它是在没有克服中、西学之间固有的内在矛盾的情况下直接嫁接，必然会引起两者之间的排异性反应。尽管在维新运动前后，维新派人物有时也标榜"中体西用"，但其内涵及着眼点与洋务派已有本质上的差异。

迷津点拨 "中体西用"是洋务派关于中西文化关系的核心命题，也是洋务教育的指导思想。由于洋务运动实际上是一场对近代西方文明成果的移植过程，因此必然引起一些问题：要不要移植新学(西学)？移植西学能否解决中国的问题？如果要，是否全盘移植或是部分移植？如何解决西学与中国固有文明的关系？在回答这些问题时，守旧派对西学采取顽固拒绝的态度，认为提倡西学就是舍本逐末。洋务派为应付守旧派的攻讦，提出了"中体西用"的思想，认为在突出"中学"的主导地位的前提下，以"西学"为辅。这一思想也是两个派别思想斗争的结果。

教育·生活 张之洞在1884年中法战争以前基本是一个守旧派，缺乏洋务派新学的精神，在此以后，他则一跃成为洋务派的后起之秀，在广州设立广雅书院，在武昌建立两湖书院，希望对传统教育进行振兴。1898年著成《劝学篇》，提出了"中体西用"的理论体系，并以此思想路线在湖北进行教育改革。

经典例题

一、名词解释

1. 中体西用
2. 京师同文馆

二、简答题

简述洋务学堂的特点。

三、论述题

试述张之洞“中体西用”思想的历史意义和局限性。

答案解析

一、名词解释

1. “中体西用”是洋务派关于中西文化关系的核心命题，也是洋务教育的指导思想。由于洋务运动实际上是一场对近代西方文明成果的移植过程，因此必然引起一些问题：要不要移植新学（西学）？如果要，是否全盘移植或是部分移植？移植西学能否解决中国的问题？如何解决西学与中国固有文明的关系？等等。在回答这些问题时，守旧派对西学采取顽固拒绝的态度，认为提倡西学就是舍本逐末。洋务派为应付守旧派的攻讦，提出了“中体西用”的思想，认为在突出“中学”的主导地位的前提下，以“西学”为辅。这一思想也是两个派别思想斗争的结果。张之洞于1898年著成《劝学篇》，提出“中体西用”的理论体系，并按此思想路线进行湖北的教育改革。

考点分析 “中体西用”是洋务派的重要教育主张。对于此考点，既要掌握其发展演变，更要掌握其张之洞对它的阐述，牢记主要内容。

2. 京师同文馆最初是作为外语学校设立的，是近代中国被动开放的产物。1862年6月11日（同治元年五月十五日），学馆终于在东堂子胡同的总理衙门内正式上课，定名为同文馆。开办之初，只设有英文馆，第二年添设俄文馆和法文馆，各馆学生均为10人，都是从八旗子弟中挑选的，年龄在15岁以下。1871年，添设德文馆。1888年添设翻译处、天文台、格致馆，1895年又添设东文（日文）馆。1898年，在维新变法高潮中，京师大学堂成立，同文馆的科技教育部分归于京师大学堂。1902年1月（光绪二十七年十二月），京师同文馆并入京师大学堂。

考点分析 洋务学堂的京师同文馆是最能体现洋务派救国理念的新式学堂，考生应掌握洋务学堂的类别、特点及其对近代中国教育的影响。

二、简答题

洋务学堂与封建官学、书院、私塾等中国传统学校有显著的差异，因此人们常称其为新式学堂。所谓新，主要表现在培养目标、教学内容、教学方法和教学组织形式等方面。洋务学堂的培养目标是造就各项洋务事业需要的专门人才，广泛分布于外交、律例、水陆军事、科技出版和教育等诸多领域，洋务学堂是专门训练的专科性学校。大多数洋务学堂带有部门办学的性质，是洋务机构的组成部分或附属单位，直接针对本部门和机构的需要培养人才。

在教学内容上，洋务学堂以学习“西文”“西艺”为主，课程包括外语、数学、格致、化学等一般性课程以及和各自专业相关的科学技术课程，注意学以致用。

在教学方法上，洋务学堂能按照知识的接受规律由浅入深、循序渐进地安排教学内容。并且重视理解，一定程度上改变了偏重死记硬背的传统学风。洋务学堂注意教学中的例证与实践结合，很多学校安排有实践性课程，有的还建立了实习制度，不似传统学校完全把学生禁锢在书斋之中。

在教学组织形式上，洋务学堂普遍制定了分年课程计划，确定了学制年限，采用班级授课制，突破了传统的进度不一的个别教学形式。

然而，洋务学堂是套种在传统封建教育体制边上的幼苗，植根于半殖民地半封建社会的土壤，难脱其桎梏和影响，又表现出新旧杂糅的特点。

首先，洋务学堂是洋务大臣们各自为政办起来的，零星分散，缺乏全国性的整体规划和学制系统。

其次，在“中学为体，西学为用”的总原则下，洋务学堂必然在传授西文西艺的同时，不放弃四书五经的学习。

其三，洋务学堂为洋务大臣所办，但洋务大臣也是封建官僚，因此，对洋务学堂的管理免不了沾上封建官僚习气。

洋务学堂以西方近代科技文化作为主要课程，在形式上引入了资本主义因素，初步具备了近代教育的特征，在它产生之初，并未有意与科举为核心的旧教育体制对抗，甚至还乞求后者的容纳，但它产生之后，逐渐动摇和瓦解了旧的教育体制，实际启动了近代中国教育改革的进程。

考点分析 “洋务学堂”是洋务运动的重要组成部分，其教学内容以“西文”“西艺”为主，这一考点属出题热点，应认真掌握。

三、论述题

“中学为体，西学为用”是洋务派的指导思想，张之洞在其代表作《劝学篇》中全面论述了这一思想。张之洞为了调和统治阶级顽固派和改良派之间的矛盾，系统地总结了自己的洋务实践，把前辈的思想归纳为“中学为体，西学为用”这样一个口号，成为洋务派的思想武器。在该思想中，“中体”是指以孔孟之道为核心的儒家学说；“西学”是指近代西方的先进科技，即张之洞所言的西政、西艺、西史，“西学”为“中体”服务。在两者的关系上，张之洞主张：“旧学为体，新学为用，不使偏废。”他认为，通“中学”是中国人之所以为中国人的基本条件，直接关系到一个人对国家、民族和祖国文明的情感，是保国、保种、保教的前提，中学强调的是人品行的修养，具有德育的功能，因此，学者必须在通“中学”的基础上再学习西学，实现两者间的互补。

“中体西用”思想的提出具有其历史意义：

其一，中体西用思想起到了解放思想的作用。“中体西用”的合法化打破了中学的一统天下，使中国落后封闭僵化的局面得以改观。

其二，中体西用思想起了强化民族整合性的作用。在殖民主义侵略狂潮的冲击下，一个民族倘若不想沦为殖民地，就必须加强本民族的凝聚力，提高民族的整合程度。中体西用原则的提出为中国学术思想提供了一个借以发展与更新的根基。

第二部分

其三，中体西用给人们的思想以新的启示，即学习外国的东西，必须结合本国的实际。中体西用的本意没有这个内容，但它的思维逻辑，却在客观上使人们得到了启示。洋务运动后，拒绝学习外国的盲目排外思想固然没有市场了，而全盘西化的主张，也被多数人所否定。结合本国实际学习外国的东西，已经逐渐成人们遵循的法则。

其四，"中体西用"为西学的传播打开了方便之门。"中体西用"理论为"西学"教育的合理性进行了有效的论证，促进了资本主义文化在中国的传播；在此原则下实施的留学教育和举办的新式学堂，给僵化的封建教育体制打开了缺口，改变了单一的传统教育结构。

"中体西用"思想的局限性仍然处处可见。"中体西用"作为中西文化接触后的初期结合方式，有其历史的合理性。但是，"中体西用"作为一种文化整合方案和教育宗旨，是粗糙的。它是在没有克服中、西学之间固有的内在矛盾的情况下的直接嫁接，必然会引起两者之间的排异性反应。尽管在维新运动前后，维新派人物有时也标榜"中体西用"，但其内涵及着眼点与洋务派已有本质上的差异。

考点分析 该考点是对洋务派教育主张的一次综合考查，具有一定的难度。考生必须从两方面辩证地思考这一问题，科学评价这一教育主张的合理性与局限性。

第八章

近代教育体系的建立

本章介绍了从早期改良主义教育思想到维新教育实践再到“百日维新”中教育改革措施颁布的递进发展过程；介绍了康有为、梁启超、严复等人的思想；同时对清末新政时期颁布的学制、废科举兴学堂、建立近代教育行政体制等教育改革措施和发展留学教育的情况进行了评述。考生在复习中应了解维新派兴办学会与发行报刊等教育实践；掌握梁启超对教育作用、教育目的的论述以及对师范教育、女子教育、儿童教育的论述；掌握清末新政时期的教育政策；重点掌握康有为《大同书》中的教育理想。

第一节　维新派的教育实践【一般】

一、兴办学堂

维新性质的学堂包括两类。

第一类是维新运动的代表人物为了培养维新骨干、传播维新思想而设立的学堂，著名的有：万木草堂、湖南时务学堂。

第二类是在办学类型与模式、招生对象、教学内容等某些方面对洋务办学观念有所突破，领风气之先的学堂。著名的有：北洋西学堂与南洋公学、经正女学（又称“中国女学堂”）。

二、兴办学会与发行报刊

维新派还通过创办各种学会和发行报刊来宣传维新思想。1895 年 8 月，康有为与陈炽发起并筹资在北京创办《万国公报》，由汪大燮、梁启超任主编。同年 11—12 月间，北京强学会和上海强学会相继成立，《万国公报》更名为《中外纪闻》，又在上海创办《强学报》，分别作为两会的机关报。南北呼应，形成甲午战争后维新宣传活动的第一次高潮。

总之，维新派以学会为阵地，以报刊为传媒，讲西学，论国事，宣传变法主张，抨击封建势力，进行维新思想的启蒙。学会与维新学堂相互补充，起到了扩大教育面，开民智、新民德的作用。

迷津点拨 维新派普遍认为，改革教育、培养新式人才是实现维新变法的基础，因此，维新教育实践活动便成了维新运动的基本内容。这些教育实践活动就包括了兴办学堂、兴办学会与发行报刊等。

第二节 “百日维新”中的教育政策

一、创办“京师大学堂”【重要】

1896年6月,刑部左侍郎李端棻在《请推广学校折》中首次向朝廷正式提出设立京师大学堂的建议。1898年6月11日,光绪帝在《明定国是诏》中特别提出:“京师大学堂为各行省之倡,尤应首先举办。”在此严令下,总理衙门委托梁启超草拟《京师大学堂章程》于7月3日上报,光绪帝当即批准,并派吏部尚书、协办大学士孙家鼐为管学大臣,管理京师大学堂。后经孙家鼐提议,分设中、西学总教习,聘许景澄为中学总教习、丁韪良为西学总教习。

京师大学堂不仅是全国最高的学府,也是全国最高的教育行政机关。对于京师大学堂的办学宗旨,孙家鼐早有定调,即“中学为体,西学为用”,《章程》重申了这一原则。课程设置遵照这一宗旨,分溥通学和专门学两大类。

二、改革科举制度【一般】

1898年6月23日,光绪帝下诏“着自下科为始,乡会试及生童岁科各试,向用‘四书’文者,一律改试策论”。这里所说的“四书”文,即八股文。7月23日,光绪皇帝下诏催立经济特科,以选拔维新人才。百日维新失败后,虽然恢复了八股考试制度,罢经济特科,但人们开始向往富有朝气的新式教育。

第三节 康有为的教育思想

一、维新运动中的教育改革主张【一般】

康有为对教育改革的迫切愿望源于对教育作用的认识。维新运动中,他无论上书还是呈折,都将“兴学育才”作为维新救国的基本保障加以强调。他提出教育改革的主要措施是:

第一,废八股考试,改试策论,等学校普遍开设后,再废科举。康有为认为,八股取士导致读书人不研究现实,不研究世界和各国情形,也放弃了真正的中国传统学问。

第二,大力创办学校,改变传统的教育内容,传授科学技术,培养新型人才。他在《请开学校折》中设计了一个学校系统,力图仿照西方建立近代中国学制。为了更快更有效地学习西学,他还提出了派遣留学生、翻译西书等建议。

第三,派游学,译西书。在《请广译日本书派游学折》中以日本、俄国的兴盛为例,力陈游学、译书的重要性,认为必须打破闭关自守的状态,广译西书,“以通世界之识”“养有用之人”。

第四，倡导平等，重视女教。康有为从资产阶级民主主义出发，反对重男轻女思想，主张男女平等独立，在教育上女子一样享有教育权利，学成后也应该赐予出身荣衔。

二、《大同书》的教育思想【重要】

康有为认为，现实世界一切苦难的根源皆因有“九界”的存在，他创造性地描绘了一幅“大同”社会的蓝图。在这个理想世界里，破除了“九界”，即消灭了国家、阶级、种族、家庭，消除了性别、职业差别，实现了天下太平、仁爱万物、人生极乐。儿童是整个社会的儿童，不再是某个家庭或个人的子女，对儿童的抚养和教育均由社会承担。康有为设计了一个前后衔接的完整的教育体系，从母亲受胎怀孕进入人本院接受胎教时起，到出生后进育婴院，然后再进入慈幼院，直到进入小学院、中学院和大学院。

1. 人本院

已怀孕的妇女进入人本院。院内应有品种丰富、内容健康的书画、音乐，随时供孕妇阅读欣赏，工作人员需经过精心选择，有女医、女师、女保、女傅等。

2. 育婴院和慈幼院

婴儿断乳之后，即送入育婴院抚养，3 岁后送入慈幼院。幼儿的保育目标是：“养儿体，乐儿魂，开儿知识。”在保证幼儿身体健康之外，保育内容还有语言、歌曲和手工等。

3. 小学院、中学院和大学院

6～11 岁入小学院。小学教育应该遵循“以德育为先”“养体为主而开智次之”的原则。儿童 11～15 岁进入中学院，应当德、智、体兼重，但尤应以育德为重。中学的设施应该齐全，应该有食堂、体操场、藏书楼（包括实验室和展览室）、游乐园等。

16 岁以后进入大学院，学习至 20 岁。大学院教育是专门之学，它的主要任务是“于育德强体之后，专以开智为主”。大学教育应注重实验，校址的选择应结合专业的实际，应让学生“各从其志”，自由选择专业。教师不限男女，但应选择“专学精深奥妙，实验有得者”担任。

在《大同书》里，康有为还以《去形界保独立》专章论述了男女平等和女子教育问题。大同世界里，应当“男女平等，各有独立，以情好结合”。在教育上，女子在入学资格和毕业出路上应该与男子平等。康有为还从利用女性资源，以及对胎教和儿童教育的影响角度，说明重视女子教育的意义。

迷津点拨 如果说康有为在维新变法中的教育改革建议是一种着眼于中国社会现实的资本主义改良方案，那么《大同书》中教育理想的观念背景，则是中国传统的大同思想和近代空想社会主义的综合体，带有明显的未来、乌托邦色彩。

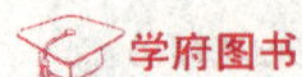

第四节　梁启超的教育思想

一、"开民智""兴民权"与教育作用【一般】

梁启超认为,国势强弱随人民的教育程度为转移,他说:"世界之运,由乱而进于平,胜败之原,由力而趋于智,故言自强于今日,以开民智为第一义。"梁启超思想的突出之点是在维新变法期间,明确地将"开民智"与"兴民权"联系起来,为"兴民权"而"开民智"。

他将教育视为与国家兴衰相关的大事,试图通过教育解决一切问题,这种典型的"教育救国"思想在实践中是行不通的。

二、培养"新民"的教育目的【一般】

中国国民教育究竟应确立怎样的宗旨?梁启超认为:它应建立在对民族文化的优点和缺点有所分析抉择,并广泛汲取世界各国文明的优秀成果的基础上;应包括德育、智育、体育,即"品行智识体力"三种基本要素;务使受教育者能"备有资格,享有人权",具有自动、自主、自治、自立的品质,融民族性、现代性、开放性于一体。在同时期写成的《新民说》中,他称这种理想思想的国民为"新民"。"新民"必须具有新道德、新思想、新精神、新的特性和品质,这种"新民"正是具有资产阶级政治信仰、思想观念、道德修养和适应资本主义社会生活的知识技能的新国民。

第五节　严复的教育思想

一、"鼓民力""开民智""新民德"的"三育论"【重要】

严复是中国近代从德、智、体三要素出发构建教育目标模式的第一人。

他认为,中国"积弱积贫"的根源就在于"民力已苶,民智已卑,民德已薄"。中国欲改变这种状况,必须从提高国民这三方面的素质着手,"是以今日要政统于三端:一曰鼓民力,二曰开民智,三曰新民德"。"是三者备,而后可以为真国民"。

所谓"鼓民力",就是提倡体育,包括禁止吸鸦片和女子缠足等陋习,使国民有强健的身体。所谓"开民智",就是要全面开发人民的智慧,提高人民的文化教育水平,但实际牵涉对传统教育体制、教育内容、学风和教学方法的改革,其核心是改革科举制度,废除八股取士和训诂词章之学,讲求西学。所谓"新民德",主要是改变传统德育内容,用西方的民主自由平等取代封建伦理道德,培养人民忠爱国家的观念意识。

严复在国家危亡的严重关头,希望通过改革教育来全面提高国民素质,以实现救亡图存,反映了他对教育作用的高度重视和评价。他提出的德、智、体三育兼备的教育目标体系,无论就其结构要素,还是各育的内容而言,都基本确立了中国教育目标体系的近代化模式。

二、"体用一致"的文化教育观

在确立中国未来文化教育发展的基本原则上，严复则以强调"体用一致"而独树一帜。

他倡导对西方的自然科学和社会政治学说要一体学习。此时，他的"体用一致"思想表现为"全盘西化"和西学自成体用的倾向。

严复的"体用一致"，还包括对西学整体性和发展性的认识。他认为，西学还是一个发展的体系，运用考察、实验、归纳（内籀法）等方法创造新知识和验证学理，要不断更新、改进和发展。据此，他批评洋务教育只是急功近利孤立地学习西方的某些技术，或仅是抄袭西学的现成结论，忽视了西学的整体性和发展性。

1902 年，严复发表的《与外交报主人论教育书》，堪称是批判"中体西用"及类似流行语的典型之作。该作鲜明地表达了"体用一致"的观点。他指出："中学有中学之体用，西学有西学之体用，分之则两立，合之则两亡。"

严复童年接受传统教育，在福建船政学堂和英国留学期间接受了较为系统的西学教育。他回国后，因不甘受功名之士的轻视几度入乡试考场，以后因译介西学名著，又悉心钻研近代自然科学和社会科学。他是维新巨子中绝无仅有的一位学贯中西的人物。独到的经历和学识背景，使他在讨论诸如废八股、兴学校、尊西学、重女学这些时代主题时，不流于表层的评论、倡导或谴责，多能从中西文化比较的角度进行深入的分析，从历史演变的规律和学理上进行阐述，因此，他的"德智体三育论"和"体用一致"文化教育观等，具有较强的系统性并初具理论形态。

教育·生活 严复在教育方面的著作有：《原强》《救亡决论》《西学通门径功用说》《与外交报主人论教育书》《论教育与国家的关系》等。

第六节　清末新政时期的教育改革【一般】

一、"壬寅学制"与"癸卯学制"

1."壬寅学制"

1902 年，张百熙拟定一系列学制系统文件，8 月 5 日奏呈颁布，统称《钦定学堂章程》。因该年为壬寅年，又称"壬寅学制"。这是中国近代第一个以中央政府名义制定的全国性学制系统，具体规定了各级各类学堂的性质、培养目标、入学条件、在学年限、课程设置和相互衔接关系。"壬寅学制"公布后未及实行，很快被"癸卯学制"所取代。

2."癸卯学制"

1904 年 1 月 13 日，清政府公布了由张百熙、荣庆、张之洞主持重新拟定的一系列学制系统文件。因公布时在阴历癸卯年，又称"癸卯学制"。这是中国近代由中央政府颁布并首次得到施行的全国性法定学制系统，较"壬寅学制"更为系统详备。

学制主系列划分为三段七级。第一阶段为初等教育，包括蒙养院4年、初等小学堂5年和高等小学堂4年。蒙养院是幼儿教育机构，招收3~7岁幼儿，将其纳入学制系统标志着我国学前幼儿教育已进入国家规划发展的新阶段。第二阶段为中等教育，设中学堂为5年。第三阶段为高等教育，分为三级：高等学堂或大学预科3年（分第一、二、三类）；大学堂3~4年；通儒院5年，属研究院性质。从小学堂到大学堂，学制总年限长达20~21年之久。

在主系列之外的各类学堂中，主要有：①实业类：各级实业学堂一般划分为农业、工业、商业、商船四个专业。②师范类：与中学堂平行的初级师范学堂，以培养初等、高等小学堂教员为宗旨；与高等学堂平行的优级师范学堂，"以造就初级师范学堂及中学之教员管理人员为宗旨"。

二、废科举，兴学堂

1898年百日维新中已出台了设立经济特科、取消八股考试的措施，但是戊戌政变后均一笔勾销。1901年拟行新政后，又重新确认了这两项改革措施。1903年3月，张之洞、袁世凯上书疾呼废科举，要求确定废科举的最后期限、具体步骤和时间表，并提出按科递减的方案。

迫于形势，光绪帝于1905年9月2日上谕："著即自丙午科为始，所有乡会试一律停止，各省岁科考试亦即停止。"这宣告了自隋代起实行了1300年之久的科举考试制度的终结。

科举从议废到实废，仅用了两年左右的时间，有力地配合了学制颁布后兴学政策的落实，出现了中国近代史上难得的兴办新学的热潮。至1909年，办学成绩已斐然可观，各级各类新式学堂的数量已达5万多所，京师外在校学生超过160万人，其中许多新式学堂是由传统书院改造而来的。

三、改革教育行政体制

为保证学制颁布后兴学政策的落实，1904年《学务纲要》规定专设总理学务大臣。废科举后，为适应教育形势的新变化，加强教育管理，清政府进一步对教育行政体制进行了改革。

1905年12月，清廷批准成立学部，作为统辖全国教育的中央教育行政机关，并将原来的国子监并入。学部的最高长官为尚书，其次为左、右侍郎等，并聘请谘意官作为学部的顾问人员。1906年，清政府进行政体改革，颁布各部官制通则草案。学部机构又做了相应调整。1909年又颁布了《视学官章程》，并将全国划为12个视学区，每区2至3省，每三年为一视学周期，各视学区必被视察一次。

地方教育行政也相应做了改革。1904年后部分省根据《学务纲要》规定设立学务处。1906年4月，上谕各省设提学使司作为各省专管教育的行政机构，长官为提学使。同时，在府、厅、州、县设立劝学所为各级教育行政机关，县设视学1人并兼任学务总董。至此，形成了一套新的从中央到地方的教育行政系统。

四、厘订教育宗旨

维新运动开始后，涉及教育宗旨的议论逐渐多起来。1902年，梁启超著文明确提出教育当定宗旨，张之洞等在1904年奏请颁布《奏定学堂章程》时也声明："至于立学宗旨，无论何等学堂，均以忠孝为本，以中国经史之学为基。"1906年3月，学部针对民权思想的流行和资产阶级革命派的活动，拟订"忠君、尊孔、尚公、尚武、尚实"的五项教育宗旨，经奏请朝廷认定，宣示天下。这是中国近代第一次正式宣布的教育宗旨。

在学部宣示教育宗旨的同年,王国维从受教育者的基本素质要素出发,提出以体育培养人的身体之能力,智、德、美三育培养人的精神之能力,相应发展真善美之理想,以期培养“完全之人物”。这是中国近代教育史上第一次提出德、智、体、美四育并重的教育宗旨,对以后教育目标模式的设计产生了重大的影响。

第七节　清末的留学教育

一、留日教育

由于甲午战争的刺激,中国的士大夫们开始寻求日本迅速强大的原因。他们认为,日本早期派遣的大量留学生对日本的富强起了重要的作用,中国也必须效仿。他们以日本路近费省,中日文字接近易于通晓,西书已由日本择要翻译、刊有定本,日本的风俗习惯近似于中国等缘由,认为应将日本作为中国派遣留学生的首选国,并通过各种途径向日本派遣留学生。这样,到1901年1月清廷议行新政前,到日本留学的学生不下200人。

1901年议行新政后,清政府多次倡导留学。1905年清政府宣布废除科举制度后,士人为寻求新的出路,纷纷涌向日本,形成留日高峰。1906年达8000名以上,之后人数逐渐减少。

清末留日学生以青年为主,到日本后一时很难选定专业,以进入初、中等学校为主。在选修的专业中,以法政、武备科占大多数。针对这种情况,清政府在1908年曾规定凡官费出国的留学生只准学习农、工、格致各专业,不得改习他科。

清末留日归国学生虽然在输入近代西方科技方面整体层次不高,但他们充实了新式学堂的师资,壮大了实业技术人才的队伍,翻译了大量日文西学书籍,较广泛地传播了资本主义思想观念。特别是以留日学生为骨干,形成了资产阶级革命派群体,促成了辛亥革命的爆发,对中国近代社会的变革产生了重大的影响。

二、“庚款兴学”与留美教育

1901年《辛丑条约》规定,中国付各国战争赔款共计白银4.5亿两,从1902年到1940年分39年还清,本息总计达9亿多两。因事出中国庚子年,史称“庚子赔款”。1906年,美国伊利诺伊大学校长詹姆士提醒美国政府,应当采用一种“从知识上与精神上支配中国的领袖的方式”来控制中国的发展。1908年,美国国会通过议案,决定从1909年起,将美国所得庚子赔款的一部分以“先赔后退”的方式退还给中国,并和中国政府达成默契,以所退庚款发展留美教育。美国的这一举动,后来被部分相关国家仿效,这就是所谓的“庚款兴学”或“退款兴学”。

为了实施庚款留美计划,中国政府专门拟定了《遣派留美学生办法大纲》,规定在华盛顿设立“游美学生监督处”作为管理中国留美学生的机构,在北京设立“游美学务处”负责留美学生的考选派遣事宜,从1909年起实施。游美学务处在直接选派留美生的同时,又着手筹建留美预备学校——清华学堂。清华学堂于1911年4月29日正式开学,民国成立后改称清华学校。清华学校学生经过

8年的高强度学习，到美国后一般可进入大学三年级学习，大部分能获得硕士或博士学位后回国。清华学堂对提高中国留美学生的层次和系统引入西学起到了重要的作用。

通过“退款兴学”，美国确实达到了把中国的留学潮流引向美国的目的。1909年之后，留美人数逐年增加，中国留学生的流向结构从此发生了重大的变化。

迷津点拨 在清末新政的刺激下，近代留学教育在进入20世纪后骤然兴起，首先是1906年前后形成了规模盛大的留日高潮，其次是在1908年美国实行了“退款兴学”政策后留美潮流逐渐兴起。考生要注意与洋务运动时期的留学教育进行比较。

经典例题

一、名词解释

京师大学堂

二、简答题

1. 简述梁启超的教育思想。
2. 简述清朝末年的教育改革。

答案解析

一、名词解释

京师大学堂是北京大学的前身，也是中国近代最早的大学。它开办于1898年7月3日，属于戊戌变法的“新政”之一。1862年，清政府在总理衙门设立了京师同文馆。此后，清政府又决定设立算学馆，学习天文算学。同文馆的设立是我国创办新式学校的开端。它也是我国成立最早的公立专科学校，后来它并入了京师大学堂，是京师大学堂最早的组成部分。1896年6月，刑部左侍郎李端棻在给清廷的《请推广学校折》中，第一次正式提议设立“京师大学”。1898年初，随着维新运动日益发展，康有为在《应诏统筹全局折》中再次提出：“自京师立大学，各省立高等中学，各府县立中小学及专门学”。1898年6月，清光绪帝下《明定国是诏》，正式宣布变法，诏书中强调：“京师大学堂为各行省之倡，尤应首先举办。”于是由梁启超起草了一份《京师大学堂章程》，规定大学堂的办学方针是：“中学为体，西学为用，中西并用，观其会道。”课程分普通学科和专门学科两类。这样，京师大学堂不仅成为全国的最高学府，而且是全国最高的教育行政机关。这个章程是北京大学的第一个章程，也是中国近代高等教育的最早的学制纲要。1898年7月3日，清光绪帝正式下令，批准设立京师大学堂。

考点分析 “京师大学堂”是现代教育的开端,是一个标志性学堂。考生要掌握京师大学堂的设置原因、历史地位等知识点。

二、简答题

1. 在百日维新期间,维新派在康有为、梁启超的领导下进行了一系列教育改革,主要有:

(1)创办“京师大学堂”

1896 年 6 月,刑部左侍郎李端棻在《请推广学校折》中首次向朝廷正式提出设立京师大学堂的建议。1898 年 6 月 11 日,光绪帝在《明定国是诏》中即特别提出:“京师大学堂为各行省之倡,尤应首先举办。”在此严令下,总理衙门委托梁启超草拟《京师大学堂章程》于 7 月 3 日上报,光绪帝当即批准,并派吏部尚书、协办大学士孙家鼐为管学大臣,管理京师大学堂。后经孙家鼐提议,分设中、西学总教习,聘许景澄为中学总教习、丁韪良为西学总教习,确立了“中学为体,西学为用”的办学原则。

(2)改革科举制度

1898 年 6 月 23 日,光绪帝下诏“着自下科为始,乡会试及生童岁科各试,向用‘四书’文者,一律改试策论”。这里所说的“四书”文,即八股文。7 月 23 日,光绪帝下诏催立经济特科,以选拔维新人才。百日维新失败后,虽然恢复了八股考试,罢经济特科,但人们开始向往富有朝气的新式教育。

考点分析 百日维新期间的教育改革是一次资本主义教育改革,代表着中国资本主义教育改革的重要阶段,它为现代教育在中国大地的诞生提供了土壤,故属于重要考点之一。

2. 在资产阶级教育改革的督促下,清政府被迫进行了一系列改革,主要包括:

(1)颁布“壬寅学制”与“癸卯学制”

1902 年 8 月 5 日奏呈颁布,统称《钦定学堂章程》。因该年为壬寅年,又称“壬寅学制”。这是中国近代第一个以中央政府名义制定的全国性学制系统,具体规定了各级各类学堂的性质、培养目标、入学条件、在学年限、课程设置和相互衔接关系。1904 年 1 月 13 日,清政府公布了由张百熙、荣庆、张之洞主持的,重新拟定的一系列学制系统文件。因公布时在阴历癸卯年,又称“癸卯学制”。这是中国近代由中央政府颁布并首次得到施行的全国性法定学制系统,比“壬寅学制”更为系统详备。

(2)废科举,兴学堂

1898 年百日维新中已出台了设立经济特科、取消八股考试的措施,但是戊戌政变后均一笔勾销。1901 年拟行新政后,又重新确认了这两项改革措施。迫于形势,光绪帝于 1905 年 9 月 2 日上谕:“著即自丙午科为始,所有乡会试一律停止,各省岁科考试亦即停止。”这宣告了自隋代起实行了 1300 年之久的科举考试制度的终结。

(3)改革教育行政体制

1905 年 12 月,清廷批准成立了学部,作为统辖全国教育的中央教育行政机关,并将原来的国子监并入。学部的最高长官为尚书,其次为左、右侍郎等,并聘请谘意官作为学部的顾问人员。1906 年,清政府进行政体改革,颁布各部官制通则草案。学部机构又做了相应调整。1909 年又颁布了《视学官章程》,并将全国划为 12 个视学区,每区 2~3 省,每三年为一个视学周期,各视学区必被视察一次。

(4)厘订教育宗旨

1906年3月,学部针对民权思想的流行和资产阶级革命派的活动,拟订"忠君、尊孔、尚公、尚武、尚实"的五项教育宗旨,经奏请朝廷认定,宣示天下。这是中国近代第一次正式宣布的教育宗旨。

考点分析 清末颁布新教育改革举措某种意义上是新兴资产阶级施压的结果,是封建统治者在特殊时期挽救政权的一种被迫反应,其积极意义大于消极意义。

第九章
近代教育体制的变革

本章主要介绍了民国初年学制的形成、课程标准，新文化运动时期的教育思潮与教育改革，蔡元培的教育思想与实践以及1922年“新学制”。考生在复习中应了解民国初年的教育改革措施，了解教会教育的扩张与收回教育权运动，掌握新文化运动时期和20世纪20年代的教育思潮与教育改革运动，重点掌握蔡元培的教育思想与实践和1922年“新学制”。

第一节　民国初年的教育改革

一、制定教育方针【一般】

针对清末教育宗旨中的“忠君”“尊孔”，蔡元培响亮地宣布：“忠君与共和政体不合，尊孔与信教自由相违”，予以取消。而对“尚公”“尚武”“尚实”三项则加以改造，重新表述为公民道德教育、军国民教育、实利主义教育，又增添世界观教育和美感教育，提出了“五育并举”的教育方针。

民国教育方针包含德、智、体、美四育因素，体现了受教育者身心和谐发展的思想。以道德教育为核心，将培养受教育者具有共和国国民的健全人格作为首要任务。以军国民教育和实利教育引导体育和智育，寄希望于教育能在捍卫国家主权、抑制武人政治、振兴民族经济方面发挥基础作用。

二、颁布学制【重要】

1. 学制的形成过程

民国成立，最终在参照日本学制的基础上，结合中国的实际经验，形成了民国新学制草案。1912年9月初，教育部正式公布了民国学制系统的结构框架，因当年为阴历壬子年，故称该系统框架为壬子学制。

2. 学制体系

“壬子学制”公布后，教育部又陆续公布相关法令规程，其中法令部分多在全国临时教育会议上讨论通过。这些法令法规，使“壬子学制”得以充实和具体化。有些与“壬子学制”略有出入，但无碍“壬子学制”的结构框架。这些综合起来，形成一个全面完整的学制系统，称为“壬子癸丑学制”，又

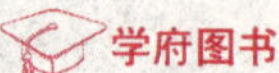

称1912—1913年学制。

"壬子癸丑学制"主系列划分为三段四级。初等教育段分初等小学校和高等小学校两级,共7年,不分设男校女校。中等教育段设中学校4年,不分级,但专为女子设立女子中学校。高等教育段不分级,设立大学。大学实际分为预科、本科、大学院三个层次。小学前的蒙养园和大学本科后的大学院均不计入学制年限。

在主系列之外的各类学校中,主要有以下几类,一是师范类:分师范学校和高等师范学校两级,分别相当于中等教育与高等教育阶段。二是实业教育类:主要有乙种实业学校和甲种实业学校,分别与高等小学校和中学校平行。壬子癸丑学制还特设或附设有补习科、专修科、讲习所之类的旁支。

三、颁布课程标准【一般】

1912年1月19日,南京临时政府颁布《普通教育暂行课程之标准》,规定了中小学课程总的科目,在颁布教育法令法规的同时,教育部还颁布了各级各类学校的课程标准和课程表,更具体地对有关学校课程的设置、教学目标、授课时数都做出规定。

迷津点拨 "癸卯学制"颁布后,虽然经多次修订补充但仍有批评意见,民国成立,政体变更,彻底改订清末学制已势在必然,南京临时政府最初的意向是以欧美学制为蓝本,但因感到欧美学制不符合国情,于是在参照日本学制的基础上,结合中国实际经验,形成了民国新学制草案,于1912年7月经全国临时教育会议讨论通过。

教育·生活 "壬子癸丑学制"与"癸卯学制"相比,有明显的进步,主要特点有:

第一,缩短了学制年限,较"癸卯学制",共缩短3~4年,有利于增加劳动人民受教育的机会。

第二,取消了毕业生奖励出身的制度,消除了科举制度的阴魂。

第三,女子教育取得了很大的进展,初等小学已经可以男女同校同学,普通中学、甲级实业学校、师范学校、高等师范学校都设立了女校。

第四,从课程改革与教学方法来看,取消了忠君尊孔的课程,增加了自然科学课程和劳动生活技能,反对体罚,要求教育适合儿童身心发展的特点。

第二节 蔡元培的教育思想与实践【重要】

扫一扫,看视频

一、"五育"并举的教育方针【一般】

1912年初,蔡元培从"养成共和国民健全之人格"的观点出发,提出军国民教育、实利主义教育、公民道德教育、世界观教育和美感教育"五育"并举的教育思想,成为制定民国元年教育方针的理论基础。

蔡元培认为,"五育"不可偏废,其中军国民教育、实利主义教育、公民道德教育偏于现象世界之观念,为隶属于政治之教育;世界观教育和美感教育以追求实体世界之观念为目的,为超轶政治之教育。根据当时流行的德、智、体三育的说法,蔡元培认为,上述"五育"中,军国民教育为体育,实利主义教育为智育,公民道德教育为德育,美感教育可以辅助德育,世界观教育将德、智、体三育合而为一,是教育的最高境界。

二、改革北京大学的教育实践【重要】

1. 抱定宗旨,改变校风

大学应该成为“研究高尚学问之地”。蔡元培认为,教师不热心学问,学生把大学当作做官发财的阶梯,这是北大“著名腐败的总因”。因此,他改革北大的第一步是明确大学的宗旨,并为师生创造研究高深学问的条件和氛围。

(1)改变学生的观念

对学生提出三点要求:一曰抱定宗旨,二曰砥砺德行,三曰敬爱师长。蔡元培指出:“大学者,研究高深学问者也。”他要求学生从此以后,一定要抱定为求学而来的宗旨。

(2)整顿教师队伍,延聘积学热心的教员

教师群体的学术水平是一所大学学术水平的标志,也是把大学建成学术研究机构的重要保证。蔡元培在教师聘任上采取“学诣”第一的原则,认为对于具有真才实学、教学热心、有研究学问的兴趣和能力的学者,不管他的国籍、资格、年龄、思想倾向,都应加以聘任。

(3)发展研究所,广积图书,引导师生研究兴趣

蔡元培担任北大校长以后,率先在国内大学中设立各科研究所。蔡元培还十分注意丰富图书馆藏,为学术研究创造条件。

(4)砥砺德行,培养正当兴趣

在将北大导向注重学术研究的同时,蔡元培还努力在师生中提倡道德修养,他倡导成立了各种体育会、画法研究会、书法研究会、演剧会,培养学生正当的兴趣。

2. 贯彻“思想自由,兼容并包”的办学原则

“大学者,‘囊括大典,网罗众家’之学府也”。蔡元培明确声明,在学术上“循‘思想自由’原则,取兼容并包主义”,这是他办理北京大学的基本指导思想。

“思想自由,兼容并包”,也体现在教师的聘任上。蔡元培以学诣为主,罗列各类学术人才,使北大教师队伍一时出现流派纷呈的局面。

3. 教授治校,民主管理

1912 年由蔡元培主持制定的《大学令》中,即已确立了教授治校、民主管理的大学教务管理原则,规定大学设立评议会,各科设立教授会,但在北大没有得到很好实施。蔡元培任校长后,当年即组织了评议会,从全校每五名教授中选举评议员一人,校长为当然的评议长。评议会为全校最高的立法机构和权力机构,凡学校重大事务都必须经过评议会审核通过。接着组织各门教授会,由各门的教授公选教授会主任,任期两年,其职责是:分管各学门的教务,规划本学门的教学工作。管理体制的改革,体现了蔡元培教授治校、民主管理的思想,目的是把推动学校发展的责任交给教授,让真正懂得学术的人来管理学校。新的管理体制的建立,改变了京师大学堂遗留下来的封建衙门作风,

提高了工作效率，从而促进了学校的蓬勃发展。

4. 学科与教学体制改革

(1)扩充文理，改变"轻学而重术"的思想

蔡元培将北京大学工科停办，商科改为商业学，并入法科；同时扩充文、理两科的专业门类，加强两科的建设。北大遂由原来的五科改为文、理、法三科的大学。突出文理两科，强调基础理论的地位，是蔡元培"大学为纯粹研究学问之机关"观点的延伸。

(2)沟通文理，废科设系

北大于1919年废除科，改原隶属于科的学门为系，设立14个系，废学长，设系主任。原来的文、理、法三科分别改为第一、二、三院，仅作为各系所在地区的标志(因原来三科分布在不同的地区)，不代表一级机构。

(3)改年级制为选科制(学分制)

1917年10月，北京大学文科提出废年级制，采用选科制的议案，会议决议通过，决定在北大试行。北大选科制规定每周一课时，学完一年为一单位，本科应修满80个单位，一半必修，一半选修(理科酌量减少)，修满即可毕业，不拘年限；预科应修满40个单位，必修占3/4，选修占1/4。选修科目可以跨系。1919年暑假后，选科制在北大各系陆续实施。

北大的改革不仅使自身改变了面貌，也是我国高等教育近代化发展中的一个里程碑。这场改革的灵魂是"思想自由、兼容并包"。"兼容并包"不仅包容不同的学术和学说流派、不同的人物和主张，也在男生之外包容女生，在正式生之外包容旁听生。"兼容并包"也并非不偏不倚，而是有所抑扬。封建专制思想文化本已根深蒂固，所包容的主要是资产阶级乃至于无产阶级的新思想、新文化、新人物，北大也因此成为新文化运动和马克思主义的传播中心、五四运动的策源地，其影响远远超出了教育领域。

三、教育独立思想【一般】

"教育独立"作为一种思潮，萌发于五四之前，发展兴盛于20世纪20年代。

教育独立的基本要求可大致归结为：

①教育经费独立。政府指定固定的款项，专作教育经费，不能移作他用。建立独立的教育会计制度。

②教育行政独立。设立专管教育的行政机构，不附设于政府部门，由懂教育的专业人士主持。教育总长不得因政局的变动而频繁变动。

③教育学术和内容独立。教育方针应保持稳定，不受政治的干扰。能自由地编辑、出版、选用教科书。

④教育脱离宗教而独立。以传教为主的人不得参与教育事业。

⑤教育思想独立。不必依从于某种信仰或观念。

1922年3月，蔡元培在《新教育》上发表了《教育独立议》一文，阐明教育独立的基本观点和方法，成为教育独立思潮中的重要篇章。

为实现教育的真正独立，蔡元培设计了教育经费独立、教育行政独立、教育独立于宗教的具体措施。

迷津点拨 蔡元培是这一时期资产阶级改革封建教育的代表人物，他提出了一系列教育改革思想，参与制定了中国第一个资产阶级性质的学制，他在北大树立起了“思想自由，兼容并包”的大旗，冲破重重阻力，使北大终成一所真正意义上的现代大学。

教育·生活 蔡元培的教育活动主要有：“五育”并举的教育方针；对北大的改革；“研究高深学问”的办学宗旨；“思想自由，兼容并包”的办学原则；教授治校的民主管理模式；学术分流、沟通文理、发展个性的教学体制；教育独立思想。他所提出的很多教育思想在现在仍具有重要的实践和指导意义。

第三节 新文化运动时期和20年代的教育思潮与教育改革运动

一、平民教育思潮【一般】

倡导平民教育，是新文化运动中民主思想在教育领域里的反映和重要组成部分。

以陈独秀、李大钊、邓中夏为代表的初步具有共产主义思想的知识分子，站在“庶民”的立场上，为广大“劳工阶级”争取教育权利。他们要求平民教育必须符合劳动人民谋求自身解放的根本利益，尤其应该与破除阶级统治的革命斗争同时进行。

毛泽东于1917年11月在湖南第一师范学校创办的工人夜校、1919年3月邓中夏发起组织的“平民教育演讲团”及其负责筹办的长辛店劳动补习学校等，都是持这种平民教育观的平民教育实践。初步具有共产主义思想的知识分子的早期平民教育活动，一开始就将教育与政治斗争结合起来，以此作为启发民众思想觉悟的工具。

留美学生晏阳初回国后，于1922年主编出版平民教育教材《平民千字课》，深受欢迎。1923年，成立了中华平民教育促进总会，在全国各地劳动群众聚集的地区和单位，设立平民学校、平民读书处、问字处，大规模地推行平民教育。

二、工读主义教育思潮【一般】

工读主义教育思想萌发于第一次世界大战期间，蔡元培、吴玉章、李石曾等人对旅法华工的教育活动，后受国际工人运动和“劳工神圣”思想的影响，在“五四”新文化运动的推动下，逐渐形成颇具声势的工读主义教育思潮，出现工读互助的教育实践活动。工读主义教育思潮与当时流行的实利主义和实用主义教育思潮、职业教育思潮、平民教育思潮等有广泛的联系，其基本内涵有：以工兼学、勤工俭学、工人求学、学生做工、工学结合、工学并进，培养朴素工作和艰苦求学的精神，以求消弭体脑差别。由于提倡和参加者思想立场的差距，在“工读”旗号下形成了关于工读目的意义的不同主张。

由匡互生、周予同等北高师学生于1919年2月发起组织的工学会，倡导“工学主义”，主张把工学作为实现民主自由、发展实业、救济中国社会的武器。

由少年中国学会成员王光圻发起组织的北京工读互助团代表更为激进、影响也更大的工读主义派别。他们受无政府主义和空想社会主义的影响,将工读视为实现新组织、新生活、新社会的有效手段。

以李大钊为代表的初步具有共产主义思想的知识分子也倡导并实行工读,提出了工人和农民的工读问题,同时也支持青年学生的工读互助实验,尤其是号召知识青年到工农中去,初步提出了知识分子与工农结合的思想。以胡适、张东荪为代表的观点可称为纯粹的工读主义。这一派将工读看成纯粹的经济问题,不承认其改造社会的功能。工读主义教育思潮在20世纪20年代中期渐趋沉寂。

三、职业教育思潮【一般】

职业教育思潮是由清末民初的实利主义和实用主义教育思想发展演变而来的。由于民族资本主义的发展对技术人才的需求日益迫切,加之新文化运动兴起后民主斗士对传统教育脱离社会、脱离生产的抨击,从1915年起,全国教育联合会多次提出推行职业教育的议案。早期主张实用主义教育的人士大多转而提倡职业教育,职业教育思潮逐步形成。

1917年,黄炎培发起组织中国近代第一个研究、倡导、实验和推行职业教育的专门机构——中华职业教育社,进一步从理论上探讨、在实践中推行职业教育,从而职业教育思潮达到高潮,并出现全国范围内的职业教育运动。1918年,中华职业教育社在上海创办中华职业学校,通过学校教育形式开展职业教育实验。职业教育思潮对1922年的新学制影响甚大。30年代中期,职业教育思潮趋于消沉。

四、实用主义思潮【重要】

杜威是实用主义教育思想最主要的代表人物,最初人们对实用主义思想的了解是经蔡元培的翻译介绍,后来黄炎培发表了《学校教育采用实用主义之商榷》一文,人们对实用主义教育逐渐产生了兴趣,但是实用主义教育思想在中国的盛行,是从杜威在1919—1921年访华期间开始的。1919年4月30日杜威来华,在13个省进行了数百场讲学。他的讲演被迅速汇编成讲演集出版,并成为畅销书,他的主要教育论著也被迅速翻译出版。一时间,中国教育界掀起了杜威热。

由于杜威的学说适应了中国国内希望社会改良的要求和教育救国的主张,同时也适合当时中国教育界改革传统教育脱离社会需要、脱离儿童生活和发展等弊端的呼声,加上胡适、陶行知等人对其学说的宣传,实用主义学说在国内大为盛行。

实用主义教育思想主张儿童中心、师生民主平等,这一思想对20世纪20—30年代中国的师生关系产生了很大的影响。当时教育理论界的大多数人都主张批判师道尊严,强调要解放学生,以学生为中心,向学生学习,建立民主、平等、合作的师生关系,根据学生个性心理特点实施启发教育。同时,实用主义教育思潮意味着中国教育界教育观念的很大转变,不仅对教育理论,也对教育实践(如1922年学制改革)产生了深刻影响。

实用主义思潮的主要观点:

①批判传统教育理论不顾儿童个性特点和社会生活不断变化之需要。

②主张教育即生活,教育即经验的不断改造,学校即社会。

③强调儿童中心,批评旧教育的中心在教师和教科书上,认为儿童才是教育的中心,如同地球围

绕着太阳旋转一样，教师的作用在于根据学生的特点和需要来组织和指导学生的活动。

④重视儿童的经验、兴趣和需要，强调儿童发展的主动性、创造性，强调以儿童为主体的教学实践，即做中学。

⑤认为教育过程是师生共同参与、合作完成的过程，主张师生平等。杜威提出："要使教育过程成为真正的师生共同参与的过程，成为真正合作的相互作用的过程，师生两方面都是作为平等者和学者来参与的。"也就是说，实用主义教育在强调儿童中心的同时，也主张建立一种民主平等的师生关系。

五、勤工俭学运动【一般】

辛亥革命前，随着大批青年自费出国(尤其是赴日)留学，自费留学生中出现"俭学"之风。

1915年，蔡元培、李石曾、吴玉章等人在法国创立"勤工俭学会"，明确提出以"勤于工作，俭于求学，以进劳动者之智识"为宗旨，并规定了留法勤工俭学的程序、费用、求学、工作等细目。在华工教育中创造半工半读的教育形式，产生最初的工读主义教育思想。同时，把做工和学习科学技术知识结合起来，突破了原有以识字、写字为主的国民教育范畴。

从1919年春至1920年年底，留法勤工俭学运动形成高潮。早期共产主义者是此阶段留法勤工俭学运动的主要发起者、组织者和参加者。李大钊、毛泽东、吴玉章是发起组织者；周恩来、邓小平、陈毅等，以及王若飞、陈延年、陈乔年等都是留法学生。因此，勤工俭学运动的内容与性质都发生了变化，从通过勤工与俭学以维持学业，提高到以俭学与勤工相结合、探索改造中国的出路的认识高度。留法学生表现出很强的政治意识。他们发起组织了中国社会主义青年团，在旅欧学生和工人中宣传马克思列宁主义，与中法两国的黑暗势力做斗争，与国内的革命运动相呼应，从中产生出一批中国的无产阶级革命领袖和骨干。

六、科学教育思潮【重要】

科学教育思潮在新文化运动期间形成并盛行一时。中国教育与近代科学联姻，始于洋务派的"西艺"教育。1914年6月，任鸿隽与赵元任、胡明复等留美学者在美国发起组织"中国科学社"，倡导科学教育，主张将科学内容与方法渗入各项社会事业。科学教育的基本内涵："物质之上知识"的传授；应用科学方法于教育研究和对人的科学精神、科学态度的训练，尤以后者为重。

新文化运动时期，科学教育思潮的流派主要有：以任鸿隽为代表的中国科学社和《科学》杂志，倡导以科学内容尤其是科学方法、科学精神渗透、充实社会各项事业，尤其是教育；以陈独秀为代表的激进民主主义者，通过文化反思倡导科学启蒙，主张以理性的态度看待中国传统教育、建设未来教育；以胡适为代表的实证主义，将科学的方法理解成"大胆地假设，小心地求证"，以之为解决一切学术和社会问题的有效方法。

"五四"以后，科学教育运动在中西方学者和科学成果的推波助澜下，得到较为广泛的开展。这表现为以下两个方面：

其一，提倡学校中的科学教育，即按照教育原理和科学方法进行教育，培养学生科学的知识、技能和态度，此即科学的教育化趋势。

其二，提倡以科学的方法研究教育，包括儿童心理和教育心理的研究、各种心理和教育统计与测量的实验及量表的编制应用，此即教育的科学化趋势。

科学教育思潮和运动对中国现代教育的促进具体表现在：以科学的方法研究教育蔚然成风，教育及心理测量、智力测验、教育统计、学务调查在20世纪二三十年代的中国教育界成为流行的研究手段；各种新教学方法的试验广泛开展，道尔顿制、设计教学法、蒙台梭利教学法、自学辅导主义等方法，为人们所耳熟能详；高校中培养教育学科专门人才的学科和专业开始设置。

七、国家主义教育思潮【一般】

国家主义教育思潮是一种具有强烈阶级民族主义色彩的社会思潮，于20世纪初在中国兴起。其内涵为：一是以教育为国家的工具，教育目的对内在于保持国家安宁和谋求国家进步，对外在于抵抗侵略、延存国脉；二是教育为国家的任务，教育设施应完全由国家负责经营、办理，国家对教育不能采取放任态度。其主旨在于以国家为中心，反对社会革命，通过加强国家观念的教育来实现国家的统一与独立。国家主义教育思潮本质上是一种教育救国论。

八、学校教学方法的改革与实验【一般】

受"五四"新文化运动思想解放潮流的激荡，受实用主义教育、科学教育等教育思想的影响，在学制和课程与教材改革的推动下，一场改革教学法的运动在20世纪20年代初逐渐形成高潮。新文化运动以来，当时西方国家正在流行的以反传统为旗号、以儿童活动为中心的各种教学法相继传入中国，如设计教学法、道尔顿制、文纳特卡制、葛雷制、德可乐利教学法等，并都有热衷者尝试将其引进课堂。其中，尤以设计教学法和道尔顿制对中国的中小学教学实践影响最大。

第四节　教会教育的扩张与收回教育权运动

五四运动后，教会教育在中国受到了国家主义教育思潮和民族主义运动的强力冲击。20世纪20年代中期，教育界掀起了一场轰轰烈烈的向在华基督教机构收回教育权的运动，推动了教会学校的本土化和世俗化变革。

一、教会教育的快速推进

到20年代，在华外国教会已建立起一个从初等教育到高等教育并包括各种专门教育的相互衔接的教会教育系统。

作为现代西方学校教育的延伸，教会学校虽然为近代中国的教育发展提供了一种新的模式，并在一定程度上为中国传播了西方现代的文化与文明。但是，所有这些教会学校都是由相应的差会特意设置的，无一向中国政府立案注册。其招生升学、课程教材、考试毕业等自成体系，排斥对中国语言文学和历史的教学。强调对学生进行宗教教义的灌输，强行组织学生参加各种宗教活动，粗暴干预学生的思想和信仰。

二、收回教育权运动

1922 年 3 月,蔡元培极力主张教育脱离政党与宗教而独立,率先举起反基督教教育的大旗。

1924 年 4 月,英国圣公会所办的广州圣三一学校当局因阻挠学生的爱国行动而激起全校学生的公愤,许多学生退学以示抗议。这次抗议得到了广州其他教会学校的普遍响应。6 月,"广州学生收回教育权运动委员会"宣告成立。

1925 年,收回教育权运动在"五卅运动"中达到高潮。是年 5 月,浙江省教育厅率先发出通令,禁止全省所有学校宣传宗教。11 月 16 日,北洋政府教育部颁布《外人捐资设立学校请求认可办法》,这个文件的颁布和执行,可以说是收回教育运动权最大的实际性成果。

迷津点拨　随着帝国主义对华文化侵略的加深,教会教育在各差会和传教士们的"苦心经营"下,在中华大地上迅速膨胀,严重侵犯了中国的教育主权。然而,五四运动以后,教会教育在中国受到了国家主义教育思潮和民主主义运动的强力冲击。20 世纪 20 年代中期,教育界掀起了一场轰轰烈烈的向在华基督教机构收回教育权的运动,推动了教会学校的本土化和世俗化。

教育·生活　通过收回教育权运动,一些著名的教会学校,如燕京大学、金陵女子大学、岭南大学等,也进行了一些变革,在办学质量和教学方法上都有助于中国教育的现代化,客观上对中国教育和社会发展产生了积极作用。"过去人们曾将中国教会大学单纯看作是帝国主义文化侵略的工具,殊不知它也是中国近代中西文化交流的产物,它的发展是近代中西文化交流史的重要组成部分。"

第二部分

第五节　1922 年"新学制"【重要】

扫一扫,看视频

1922 年 9 月,教育部在北京专门召开了学制会议。会议对全国教育会联合会所提出的学制系统改革稍做修改,又交同年 10 月在济南召开的教育会联合会第八届年会征询意见,最终于 11 月 1 日以大总统令公布了《学校系统改革案》。这就是 1922 年的"新学制",或称"壬戌学制"。

一、"新学制"的标准和体系

1."新学制"的标准

1922 年颁布的"学校系统改革案标准"规定,"新学制"的标准为:①适应社会进化之需要;②发扬平民教育精神;③谋个性之发展;④注意国民经济力;⑤注意生活教育;⑥使教育易于普及;⑦多留各地伸缩余地。

2."新学制"的学制体系

该学制采用的是美国式的六三三分段法,又称"六三三学制"。

二、"新学制"的特点

第一,根据儿童身心发展规律划分教育阶段。

“以儿童身心发育阶段分学级之大体标准”是1922年“新学制”最显著的特点。学制分三段，即初等教育、中等教育、高等教育。将学制阶段的划分建立在我国儿童身心发展阶段的研究上，这在中国近代学制发展史上还是第一次。

第二，初等教育阶段趋于合理，更加务实。

它缩短了小学年限，改7年为6年，小学分为两级，初级小学4年为义务教育阶段，高级小学2年，有利于初等教育的普及。幼稚园也纳入初等教育阶段，使幼儿教育与小学教育得以衔接，确立了幼儿教育在中国教育史上的地位。

第三，中等教育阶段是改制的核心，是新学制中的精粹。

①延长了中学年限，改4年为6年，提高了中学教育的程度。

②中学分成初、高中两级，不仅增加了地方办学的伸缩余地，而且也增加了学生选择的余地。

③在中学开始实行选科制和分科制，力求使学生有较大发展余地，适应不同发展水平学生的需要。

第四，建立了比较完善的职业教育系统。新学制建立了自成体系、从初级到高级的职业教育系统，用职业教育替代民国初年的实业教育。

第五，改革师范教育制度。新学制关于师范教育制度方面的改革，突破了师范教育自成系统的框架，使师范教育种类增多、程度提高、设置灵活。中等教育阶段，除原有师范学校及附设的小学教员讲习所外，高级中学还可设师范科。高等教育阶段，将旧制高等师范学校升格为师范大学，并在大学教育科（系）附设二年制师范专修科，招收高中毕业生和师范学校毕业生，使高等师范教育与大学处于同一发展水平。

第六，在高等教育阶段，缩短高等教育年限，取消大学预科，使大学不再担任普通教育的任务，这有利于大学进行专业教育和科学研究。

此外，还有两条“附则”：一是注重天才教育，变通修业年限及课程，使优异之智能尽量发展；二是注意特种教育。

三、“新学制”的评价

1922年“新学制”虽然在一定程度上借鉴了美国的六三三制，但它“并不是盲从美制”。

1922年“新学制”受到进步主义教育思想和美国模式的影响，有其内在的先进性和合理性，比较彻底地摆脱了封建传统教育的束缚，表现了教育重心下移、适应社会和个人需要等时代特点。“新学制”既有比较统一的基本要求，又给地方留有充分的灵活性，反映了新文化运动以来教育领域改革创新的一些综合成果。这是中国教育界、文化界共同智慧的结晶，标志着中国近代以来国家学制体系建设的基本完成。

教育·生活 1922年制定的“新学制”，主要是采取当时美国一些州已经实行了十多年的“六三三制”，表明中国现代教育制度从效法日本转向了效法美国，由军国民主义教育转向了平民主义教育。但它却并非盲从美制，而是中国教育界经过长期酝酿、集思广益的结晶。新学制的颁布和实施，标志着中国资产阶级新教育制度的确立，标志着中国近代以来的学制体系建设的基本完成。

1922年学制、“壬戌学制”“新学制”指的是同一个学制。

经典例题

一、名词解释

1. 中华职业教育社
2. 五育并举的教育方针
3. 蔡元培

二、简答题

简述蔡元培的教育独立思想。

三、论述题

1. 试述蔡元培的"思想自由""兼容并包"原则以及其对北大的改革。
2. 试论 1922 年"壬戌学制"的改革。

答案解析

一、名词解释

1. 中华职业教育社是著名职业教育家黄炎培发起创立的一个重要教育组织。1917 年，黄炎培发起组织中国近代第一个研究、倡导、实验和推行职业教育的专门机构——中华职业教育社，进一步从理论上探讨、在实践中推行职业教育，从而使职业教育思潮达到高潮，并出现了全国范围内的职业教育运动。1918 年，中华职业教育社在上海创办了中华职业学校，通过学校教育的形式开展职业教育实验。职业教育思潮对 1922 年的新学制影响甚大。20 世纪 30 年代中期，职业教育思潮趋于消沉。

考点分析 本题目主要考查我国 20 世纪 20 年代的重要教育思潮，其中，中华职业教育社的理念对我国现代职业教育体系的建立产生了重要影响，应引起考生的重点关注。

2. "五育"并举的教育方针

1912 年初，蔡元培从"养成共和国民健全之人格"的观点出发，提出军国民教育、实利主义教育、公民道德教育、世界观教育和美感教育并举的教育思想，成为制定民国元年教育方针的理论基础。

蔡元培认为，"五育"不可偏废，其中军国民教育、实利主义教育、公民道德教育偏于现象世界之观念，为隶属于政治之教育；世界观教育和美感教育以追求实体世界之观念为目的，为超轶政治之教育。根据当时流行的德、智、体三育的说法，蔡元培认为，上述"五育"中，军国民教育为体育，实利主义教育为智育，公民道德教育为德育，世界观教育将德、智、体三育合为一体，是教育的最高境界。

考点分析 考查的是蔡元培教育思想中“五育”并举的教育方针，该教育方针对我国现代教育方针的形成产生了重要影响，考生应该注意从“五育”的内容及它们之间的关系角度出发来思考本题目的回答。

3. 蔡元培是中国现代史上的重要革命家、教育家、政治家，曾任中华民国首任教育总长、北京大学校长、中央研究院院长等职务，他的历史性教育贡献体现在三个方面：其一是提出了“五育”并举的教育方针。其二是大刀阔斧改革了北京大学，主要改革内容是：抱定宗旨，改变校风；贯彻“思想自由，兼容并包”的办学原则；倡导教授治校，民主管理；推行学科与教学体制改革。其三是提出了教育独立思想。蔡元培是中国现代教育改革史的重要历史人物之一，是20年代资产阶级改革封建教育的代表人物。他提出了一系列教育改革思想，参与制定了中国第一个资产阶级性质的学制，尤其是在北大树立起了“思想自由，兼容并包”的大旗，冲破重重阻力，使北大最终成为一所真正意义上的现代大学。

考点分析 蔡元培是中国教育改革史上的扛鼎人物之一，历来是考研的重点话题，应该引起考生的特别关注。

第二部分

二、简答题

“教育独立”作为一种思潮，萌发于“五四”之前，发展兴盛于20世纪20年代。蔡元培提出的教育独立思想大致可以归结为：(1)教育经费独立。政府指定固定的款项，专做教育经费，不能移作他用。建立独立的教育会计制度。(2)教育行政独立。设立专管教育的行政机构，不附设于政府部门，由懂教育的专业人士主持。教育总长不得因政局的变动而频繁变动。(3)教育学术和内容独立。教育方针应保持稳定，不受政治的干扰。能自由地编辑、出版、选用教科书。(4)教育脱离宗教而独立。1922年3月，他在《新教育》上发表了《教育独立议》一文，阐明教育独立的基本观点和方法，成为教育独立思潮中的重要篇章。为实现教育的真正独立，蔡元培设计了教育经费独立、教育行政独立、教育独立于宗教的具体措施。

考点分析 本题目主要考查蔡元培教育思想中的“教育独立”论，在中国教育思想史上的地位令人瞩目，他表达了自己对教育与政治关系的一种主张，值得深入探究。

三、论述题

1. 在北大，蔡元培开展了一系列教育改革行动，主要包括以下内容：

(1)抱定宗旨，改变校风。蔡元培指出，大学应该成为“研究高尚学问之地”。教师不热心学问，学生把大学当作做官发财的阶梯，这是北大“著名腐败的总因”。因此，推进了三项改革：其一是改变学生的观念；其二，整顿教师队伍，延聘积学热心的教员，其三，发展研究所，广积图书，引导师生的研究兴趣；其四，砥砺德行，培养正当兴趣等。

(2)贯彻“思想自由，兼容并包”的办学原则。蔡元培明确指出：“大学者，‘囊括大典，网罗众家’之学府也。”故此，在学术上蔡元培要求遵循“‘思想自由’原则，取兼容并包主义”，这是他办理北京大学的基本指导思想。

(3)教授治校，民主管理。1912年由蔡元培主持制定的《大学令》中，确立了教授治校、民主管理的大学教务管理原则，规定大学设立评议会，各科设立教授会，但在北大没有得到很好的实施。

(4)推进学科与教学体制改革。主要包括以下内容：扩充文理，改变“轻学而重术”的思想；沟通文理，废科设系；改年级制为选科制（学分制）等。

北大的改革不仅使自身改变了面貌，也是我国高等教育近代化发展中的一个里程碑。这场改革的灵魂是“思想自由、兼容并包”。“兼容并包”不仅包容不同的学术和学说流派、不同的人物和主张，也在男生之外包容女生，在正式生之外包容旁听生。“兼容并包”也并非不偏不倚，而是有所抑扬。封建专制思想文化本已根深蒂固，所包容的主要是资产阶级乃至于无产阶级的新思想、新文化、新人物，北大也因此成为新文化运动和马克思主义的传播中心、五四运动的策源地，其影响远远超过了教育领域。

考点分析 本题目主要考查蔡元培的教育实践，历来是研究生招生考试的高频考点，请考生一定牢记蔡元培改革北大的主要理念与举措。

2. 1922 年 9 月，教育部在北京专门召开了学制会议。会议对全国教育会联合会所提出的学制系统改革稍作修改，又交同年 10 月在济南召开的教育会联合会第八届年会征询意见，最终于 11 月 1 日以大总统令公布了《学校系统改革案》。这就是 1922 年的“新学制”，或称“壬戌学制”。本学制的基本情况如下：

（1）采用的是美国式的六三三分段法，又称“六三三学制”。

（2）坚持的制定标准，主要有：适应社会进化之需要；发扬平民教育精神；谋个性之发展；注意国民经济力；注意生活教育；使教育易于普及；多留各地伸缩余地。

（3）“新学制”的六个明显特点：

第一，根据儿童身心发展规律划分教育阶段。“以儿童身心发展阶段之大体标准”，是 1922 年“新学制”最显著的特点。学制分三段，即初等教育、中等教育、高等教育。将学制阶段的划分建立在我国儿童身心发展阶段的研究上，这在中国近代学制发展史上还是第一次。

第二，初等教育阶段趋于合理，更加务实。它缩短了小学年限，改 7 年为 6 年，小学分为两级，初级小学 4 年，为义务教育阶段，高级小学 2 年，有利于初等教育的普及。幼稚园也纳入初等教育阶段，使幼儿教育与小学教育得以衔接，确立了幼儿教育在中国教育史上的地位。

第三，中等教育阶段是改制的核心，是新学制中的精粹。其一，延长了中学年限，改 4 年为 6 年，提高了中学教育的程度，其二，中学分成初、高中两级，不仅增加了地方办学的伸缩余地，而且也增加了学生选择的余地。其三，在中学开始实行选科制和分科制，力求使学生有较大的发展余地，适应不同发展水平学生的需要。

第四，建立了比较完善的职业教育系统。新学制建立了自成体系、从初级到高级的职业教育系统，用职业教育替代民国初年的实业教育。

第五，改革师范教育制度。新学制关于师范教育制度方面的改革，突破了师范教育自成系统的框架，使师范教育种类增多、程度提高、设置灵活。其一，中等教育阶段，除原有师范学校及附设的小学教员讲习所外，高级中学还可设师范科。其二，高等教育阶段，将旧制高等师范学校升格为师范大学，并在大学教育科（系）附设两年制师范专修科，招收高中毕业生和师范学校毕业生，使高等师范教育与大学处于同一发展水平。

第六，在高等教育阶段，缩短高等教育年限，取消大学预科，使大学不再担任普通教育的任务，这有利于大学进行专业教育和科学研究。

考点分析 1922 年的“新学制”虽然在一定程度上借鉴了美国的“六三三制”，但它“并不是盲从美制”。从理念上看，1922 年“新学制”尽管受到进步主义教育思想和美国模式的影响，但有其内在的先进性和合理性，比较彻底地摆脱了封建传统教育的束缚，表现了教育重心下移，适应社会和个人需要等时代特点。"新学制"既有比较统一的基本要求，又给地方留有充分的灵活性，反映了新文化运动以来教育领域改革创新的一些综合成果。这是中国教育界、文化界共同智慧的结晶，标志着中国近代以来国家学制体系建设的基本完成。

第十章

南京国民政府的教育

国民政府建立以后，中国的教育进入一个十年发展期。期间，颁行“三民主义”教育宗旨，建立诸多学校管理制度，幼儿教育、初等教育、中等教育和高等教育都得到发展。即使在抗日战争的困难时期，也努力保护民族的文化教育命脉。考生在复习中应了解南京国民政府时期教育宗旨与教育方针的变迁、教育制度的改革以及学校教育的发展；掌握学校教育的管理制度。

第一节　教育宗旨与教育方针的变迁

一、党化教育【一般】

1924 年国民党第一次全国代表大会召开，孙中山重新解释三民主义，确定“联俄、联共、扶助农工”三大政策，改组了国民党，并模仿苏俄“以党治国”模式，强调政治上一切举措都以党纲为依据，教育也不例外。“党化教育”的概念由此推衍而出。1926 年广东国民革命政府成立教育行政委员会，提出“党化教育”口号。“四一二”政变后，蒋介石在南京召开的五四运动纪念大会上也提出要实行“党化教育”，并授意各省成立“党化教育委员会”，拟定“党化教育大纲”，要求“使学生受本党之指挥而指挥民众”，以三民主义感化“误入歧途之青年”。所谓“党化教育”，就是在国民党的指导下，求得教育的“革命化”“民众化”“科学化”“社会化”，即把教育方针建立在国民党的根本政策之下，按国民党的“党义”和政策的精神重新改组学校课程，不仅造就各种专门人才，尤其要使学生走出学校后都能做党的工作。

二、“三民主义”教育宗旨【一般】

1.“三民主义”教育宗旨的产生

1929 年 4 月 26 日南京国民政府正式以《中华民国教育宗旨及其实施方针》通令颁行，其宗旨为：“中华民国之教育，根据三民主义，以充实人民生活，扶植社会生存，发展国民生计，延续民族生命为目的；务期民族独立，民权普遍，民生发展，以促进世界大同。”同时配套公布的还有《三民主义教育实施方针》，对各级各类学校教育中如何落实“三民主义”教育宗旨做出了具体规定。至此，“三民主义”教育宗旨终告形成。

2. “三民主义”教育的实施原则

为了落实和强化“三民主义”教育，1931 年 6 月，在南京国民政府公布的《中华民国训政时期约法》中，以根本法的形式规定了民国教育宗旨及其方针政策。同年 9 月，国民党中央执行委员会第 157 次常务委员会通过了《三民主义教育实施原则》，分别对初等教育、中等教育、高等教育、师范教育、社会教育、蒙藏教育、华侨教育、派遣留学生等八个方面，规定了具体的实施“目标”和“纲要”（包括课程、训育、设备三个细目）。

三、“战时须作平时看”的教育方针【一般】

抗日战争爆发后的 1937 年 8 月，国民政府提出了“战时须作平时看”的教育方针，颁布了以“一切仍以维持正常教育”为主旨的《总动员时督导教育工作办法纲领》。他们一方面采取了一些战时的教育应急措施，另一方面强调维持正常的教育和管理秩序。

遵循战时教育方针，在日军大举进犯、国土相继沦丧、学校严重破坏的情况下，国民政府为保存教育实力，勉励应变，颇有成效。首先，高校迁移，将一批重点大学迁往西南、西北，调整重组。国立北京大学、清华大学、私立南开大学辗转长沙，迁往云南昆明，组成国立西南联合大学；国立北平大学、国立北平师范大学、国立北洋工学院迁往陕西汉中，成立国立西北联合大学；国立中央大学迁往重庆。其次，学校国立，保障部分学校正常办学。其三，建立战地失学青年招致训练委员会，安置、培训流亡失学失业青年。其四，设置战区教育指导委员会，实施战区教育。

国民政府在抗日战争爆发后制定的“抗战建国”的基本国策和与之相应的“战时须作平时看”的教育方针政策，是一项并不短视的重要决策。它既顾及了教育为抗战服务的近期任务，也考虑了教育为战后国家重建和发展的远期目标，使得教育事业在艰苦卓绝的战争环境中仍能苦苦支撑，并在大后方西南、西北地区有所发展。

第二节　教育制度改革

一、大学院和大学区制的试行【一般】

1927 年 6 月，仿照法国教育行政制度，中央设中华民国大学院主管全国教育，地方试行大学区，取代民国以来中央政府设教育部、各省设教育厅的教育行政制度。随后，民国政府任命蔡元培为大学院院长，公布了《中华民国大学院组织法》。10 月 1 日，大学院正式成立。

全国各地按教育、经济、交通等状况划分为若干个大学区，每区设大学 1 所，大学设校长 1 人，负责大学区一切学术和教育行政事务。大学区下设高等教育处、普通教育处、扩充教育处、秘书处、研究院等机构。大学区的最高审议机构为评议会，大学区制先在江苏、浙江、河北三省试行，取得经验后推广到全国。

实行大学院和大学区制固然有良好的主观愿望，但实际效果却与之相背离。究其原因，正如后来有学者所指出的：“由于理想过高，期以学术领导行政，使教育行政学术化，其结果因人谋不臧，反使学术机关官僚化，非但未能增高效率，且使行政效能日趋低落。尤其以大学统率中小学，忽略中小学实际需要，削减中小学教育经费，导致中小学居于附庸地位，而遭中小学界强烈反对。”大学院制度最大的缺点是“过重理想而忽视事实”。因此，大学院和大学区制是一次忽略中国国情的失败的教育管理改革实践。

二、“戊辰学制”【一般】

1928 年 5 月，在中华民国大学院第一次全国教育会议上，以 1922 年“新学制”为基础并略加修改，提出《整理中华民国学校系统案》，即“戊辰学制”。

此后，国民政府的学制系统于 1937 年和抗战期间分别作过修订，但 1922 年“新学制”的基本框架未变，只是根据时局需要做适当变通而已。

迷津点拨 早在 1922 年蔡元培发表的《教育独立议》一文中，他就要求“教育事业当完全交与教育家，保有独立的资格”。其中一项具体办法就是分全国为若干大学区，每区立一大学，统一管理全区的大、中、小学教育和社会教育。由大学校长组成高等教育会议，作为教育事业的最高权力决策机构。

教育·生活 “戊辰学制”分原则与组织系统两部分。第一部分提出七项原则：根据中国国情；适应民生需要；增高教育效率；提高学制标准；谋个性发展；使教育易于普及；留地方伸缩之可能；第二部分为学校系统，分设中学、师范、职业三种学校。

第三节 学校教育发展

一、初等教育【一般】

国民政府时期的初等教育与当时整个国民教育的发展一样，依时事变化。它可以分为三个时期：1927—1937 年稳定发展时期，国民政府以“三民主义”为旗号，加强了对初等教育的控制，同时教育建设实行法制化，也给予教育发展以一定保障，民国初等教育于此时基本定型；抗战时期，由于国民党提出“抗战建国”的口号，实施国民教育制度，初等教育在时局动荡中仍能维持一定发展；抗战胜利后，国民党悍然发动全面内战，国民教育的实施受到扼杀，初等教育同样走向衰败。

二、中等教育【一般】

国民政府的中学体制最初仍袭用 1922 年新学制的初、高中三三分段的综合中学制，将普通教育、师范教育、职业教育在同一学校中并设。

三、高等教育【一般】

国民政府时期的高等教育，前十年可以说是稳步发展，逐步定型。抗日战争爆发后的一段时期里开始下挫，但到抗战胜利后，大学学校和学生数量都达到最高点。

国民党统治区的高等教育仍分设大学和专科学校，分为国立、省立、市立和私立四种。

进入20世纪30年代后，国民政府对高等教育继续进行提高教育质量和效率的部署。1930年，废止大学预科。1931年，又废止专科学校的预科。大学、专科学校一律采用学年兼学分制度。

四、抗战时期的学校西迁【一般】

从1937年到1944年，共进行过三次高校内迁。第一次：1937年至1938年，内迁的高校共56所，占我国当时现存高校总数97所的57.5%。第二次：1941年底至1942年上半年，内迁高校21所，占21.78%。第三次：1944年2月至12月豫湘桂大溃败时期，原迁在此的21所高校仓促再迁，损失极大。抗战期间迁移高校总计106所，搬迁次数多达300余次。内迁高校多采取合并办学与联合办学的形式。合并办学的约占内迁高校的25%。如安徽大学因学生失散而合并入武汉大学。而联合办学效果更为明显，主要有以大夏大学、复旦大学为主的东南联合大学，以迁往西安的北平大学、北平师范大学、北洋大学为主的西北联合大学，以及北大、清华、南开大学合建的西南联合大学。

第二部分

迷津点拨 南京国民政府成立以后，由于注意了教育问题，并能根据政治和经济需要来发展教育，统治时期和统治区域内的学校教育事业较北洋军阀时期有较大发展。

第四节　学校教育的管理措施

一、训育制度【一般】

国民政府在对学校实行高压的同时，又通过建立训育制度对各级各类学校实施严格管理。1929年7月，国民政府教育部通令全国实行国民党中央执行委员会所制定的《中小学训育主任办法》，设立训育主任和训育人员，专事考查学生的思想、言论和行动，在全国中小学实行训育制度。

抗日战争爆发后，国民党对各级各类学校的训育更为加强。1939年9月，教育部颁布的《训育纲要》从训育的意义、内容、目标、实施诸方面规定了学校训育，是一个最为集中体现国民党训育思想的纲领性文件。

国民政府统治时期所建立的学校训育制度，虽然有一些道德教育的价值，但帮助实施专制独裁统治的作用是主要的，所提倡的一些道德规范，不少属于封建道德范畴，因此其道德观念上的倒退显而易见。

二、中小学校的童子军训练【一般】

根据国民政府教育部1937年1月颁发的《初级中学童子军管理办法》，童子军的组织和活动方式为：以学校为单位组织童子军团，校长任团长，主持军训等一切管理事务；初中学生均实施童子军组织管理；学生起居上课一切作息，均以号音为准；早晚举行国旗升降典礼；随时对学生举行服装、用品、勤务等项检查，予以矫正和奖惩；设童子军教练员主持训练管理一切事务。此外，对童子军的服装、出行等，都规定了严格的纪律，违者严惩不贷。

抗日战争爆发后,对童子军的组织和训练更为加强。

三、高中以上学生的军训【一般】

五卅惨案后基于民族义愤,大学院下令全国专门以上学校一律增加军事教育课程。1929 年 1 月,教育部颁发《修正高中以上学校军事教育方案》,规定高中以上学校军事科每学年 3 学分,两年共 6 学分。1933 年 3 月,蒋介石下令国民政府军政部、教育部、训练总监部:"凡高中以上学校学生军训不合格者,不得补考、投考大学。"这就将军训作为完成学业和升学的必要条件。抗战胜利后,随着国民党发动内战的步伐加快,对学校学生的军训也在加紧进行。

四、中学毕业会考【一般】

1932 年起,教育部开始整顿全国教育,重点在中等教育。中学毕业会考是整顿的重要措施与内容之一。1932 年 5 月,国民政府教育部公布了《中小学毕业会考暂行规定》,通令各省、市、县教育行政主管部门对所属公立及已立案的私立中小学应届毕业生,在经过所在学校考试合格后实行会考。要求各科考试成绩合格者始得毕业;一科或两科不及格者,可复试一次,复试仍不及格者,可补习一年再参加该科考试一次;会考三科以上不及格者,应令其留级,亦以一次为限。这就开始了民国时期中小学生的毕业会考制度。

1933 年 12 月,教育部公布《中学毕业会考规程》,废除之前颁布的《中小学毕业会考暂行规定》,其重要改变是取消了小学生毕业会考。

1935 年 4 月,教育部又颁布《修正中学学生毕业会考规程》。抗日战争爆发后,因战事频发,全国各地举行会考已成困难,政府决定:已成战区的省市均免行会考,接近战区的省份由省教育厅派员至各校监考,后方各省则照行会考不误。国民政府时期的中学生毕业会考制度实行至 1945 年,因当时经济、交通和复员返迁等原因,政府决定暂时停止,也未再恢复。中学实行毕业会考后,国民政府继续将这种做法向其他教育领域推广。

迷津点拨 国民党政府为了控制学校教育,强化了学校教育管理措施,实行训育制度,在初中实行童子军训练,高中以上学校实行军事教育和军事训练,从而把学校作为兵营,用管理军队的方法来管理学校,目的就在于训练青少年的绝对服从精神。

教育·生活 抗战胜利以后,随着国民党发动内战的步伐的加快,对学校学生的军训也在加紧进行。1946 年,国民政府国防部成立,学生军训改归国防部领导,1947 年 7 月,国防部规定:大学毕业生受训半年,作为中尉预备军官任用;高中毕业生受训一年,作为少尉预备军官任用;初中毕业生受训一年,作为预备军士任用。当中国国难当头时,出于抗击侵略、维护国家安全的考虑,对大学生进行一定的军训教育和军事训练,确有其必要性,而且对增强大学生的体质、爱国情感、民族责任心有重要意义。然而,国民党统治者却使其逐步成为控制大中学生的手段,变成为独裁统治服务的工具。

第二部分

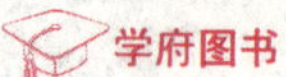

经典例题

简答题

国民党时期开展的学校管理举措有哪些?

答案解析

简答题

在国民党统治时期,为了强化对学生的精神统治,采取了一些新的控制措施,主要包括:

(1)建立训育制度。国民政府在对学校实行高压政府的同时,又通过建立训育制度对各级各类学校实施严格管理。

(2)开展中小学校的童子军训练。根据国民政府教育部1937年1月颁发的《初级童子军管理办法》,童子军的组织和活动方式为:以学校为单位组织童子军团,校长任团长,主持军训等一切管理事务。

(3)组织高中以上学生的军训。1929年1月,教育部颁发《修正高中以上学校军事教育方案》,规定高中以上学校军事科每学年3学分,两年共6学分。1933年3月,蒋介石下令国民政府军政部、教育部、训练总监部:“凡高中以上学校学生军训不合格者,不得补考、投考大学。”

(4)实行中学毕业会考。1932年起,教育部开始整顿全国教育,重点在中等教育。中学毕业会考是整顿的重要措施与内容之一。1932年5月,公布了《中小学毕业会考暂行规定》,通令各省、市、县教育行政主管部门对所属公立及已立案的私立中小学应届毕业生,在经过所在学校考试合格后,实行会考制度。

考点分析 国民党政府为了控制学校教育,强化了学校教育管理措施,实行训育制度,在初中实行童子军训练,高中以上学校实行军事教育和军事训练,从而把学校作为兵营,用管理军队的方法来管理学校,目的就在于训练青少年的绝对服从精神。

第十一章 中国共产党领导下的革命根据地教育

中国共产党通过武装斗争建立农村革命根据地以后，开展根据地教育，提出并实施了新民主主义教育方针政策，并在不同的时期做出了有针对性的调整。苏区时期，提出了保障工农大众教育权利的教育方针；抗日民主根据地时期，在干部教育和民众教育方面取得了突出成绩和经验；而在解放区开始了中小学正规化和高等教育建设的转变。考生在复习中应了解苏维埃文化教育总方针和抗日战争时期中国共产党的教育方针；了解干部在职培训、干部学校教育以及群众教育和普通教育；掌握“民族的、大众的、科学的”文化教育方针；掌握“抗大”的相关内容；重点掌握革命根据地教育的基本经验。

第一节 新民主主义教育方针的形成

一、苏维埃文化教育总方针【一般】

1931 年 11 月，中华苏维埃共和国宣告成立。在第一次全国工农兵代表大会通过的《宣言》中，明确提出了苏维埃政权的教育方针：“工农劳苦群众，不论男子和女子，在社会、经济、政治和教育上，完全享有同等的权利和义务”；“取消一切麻醉人民的封建的、宗教的和国民党的三民主义教育”。

1934 年 1 月，毛泽东在第二次全国苏维埃代表大会的工作报告中，更具体、明确地表述了苏区教育的根本方针：“在于以共产主义的精神来教育广大的劳苦民众，在于使文化教育为革命战争与阶级斗争服务，在于使教育与劳动联系起来，在于使广大的劳苦群众都成为享受文明幸福的人。”苏维埃文化建设的中心任务“是厉行全部的义务教育，是发展广泛的社会教育，是努力扫除文盲，是创造大批领导斗争的高级干部”。

二、抗日战争时期中国共产党的教育方针政策【一般】

1938 年 11 月，毛泽东在中国共产党六届六中全会上所做《论新阶段》的报告中，将抗战时期的教育政策论述得更为具体。他指出：“在一切为着战争的原则下，一切文化教育事业均应使之适合战争的需要,因此全民族的第十个任务,在于实行如下各项文化教育政策。第一,改订学制,废除不急需与不必要的课程,改变管理制度,以教授战争所必需之课程及发扬学生的学习积极性为原则。第二,创设并扩大增强各种干部学校,培养大批的抗日干部。第三,广泛发展民众教育。第四,办理义务的小学教育,以民族精神教育新后代。"

其他的教育方针政策还包括:"干部教育第一,民国教育第二"的政策;"实行生产劳动"的教育政策;"民办公助"的政策;文化工作中的"统一战线"的政策。

三、"民族的、科学的、大众的"文化教育方针【重要】

毛泽东明确指出:"民族的科学的大众的文化,就是人民大众反帝反封建的文化,就是新民主主义的文化,就是中华民族的新文化。"这是文化的方针,也是教育的方针。

所谓的"民族的",指新民主主义教育是反对帝国主义压迫,主张中华民族的独立和尊严,带有民族特性的教育。它不一概排除外国教育,也不"全盘西化",而是取其精华,弃其糟粕。

所谓的"科学的",指新民主主义教育是反对一切封建、迷信思想,主张实事求是,主张客观真理,主张理论与实践统一。他坚持辩证唯物主义,对中国古代和近代教育既不一概否定,也不因循守旧,而是剔除其封建性糟粕,吸取其民主性精华。

所谓的"大众的",指新民主主义教育是为全民族百分之九十以上的工农劳苦民众服务的,并逐渐成为他们的教育,因而又是民主的。

迷津点拨 在划清旧文化与新文化、旧民主主义文化与新民主主义文化的界限,分清新民主主义文化与社会主义文化的联系与区别的基础上,毛泽东明确指出:"现阶段上中国新的国民文化的内容,既不是资产阶级的文化专制主义,又不单纯是无产阶级的社会主义,而是以无产阶级社会主义文化思想为领导的人民大众反帝反封建的新民主主义。"他强调说:"民族的科学的大众的文化,就是人民大众反帝反封建的文化,就是新民主主义的文化,就是中华民族的新文化。"这是文化的方针,也是教育的方针。

第二节 干部教育

一、干部在职培训

苏区在职干部教育开展得最早,目的在于提高在职干部水平或训练某种专业人员,通过干部培训班、在职干部学校实施。

在职干部的培训以其灵活易行的特点,在缓解苏区工作对干部的大量、急切需求和较大面积提高干部素质方面,起到了重要的作用。

二、干部学校教育【一般】

干部学校教育是在1931年后苏区政权逐渐稳定的条件下,由干部在职训练演变而来的一种干部教育形式。

干部学校分为高级干部学校和中级干部学校。抗日战争时期,陕甘宁边区是中共中央所在地,是抗日战争的指挥中心,培养高级干部的学校大多集中在延安,其中有中共中央党校、中国人民抗日军事政治大学、陕北工学、马列学院、鲁迅学院。在极端困难的条件下,这些学校为抗战培养了大批军政干部。

三、"抗大"【重要】

中国人民抗日军事政治大学简称"抗大",是在中国共产党和毛泽东直接领导和关心下创建和发展起来的。这是一所培养抗日军政干部的学校,是抗日民主根据地干部学校的典型。

1. 抗大情况

1936 年 6 月,西北抗日红军大学在陕北瓦窑堡成立,1937 年 1 月改名为中国人民抗日军事政治大学,迁延安。从西北抗日红军大学到抗大,总校先后办了 8 期,同时还办了 12 所抗大分校,培养了 20 多万军政干部。

2. 抗大的教育方针

坚定不移的政治方向,艰苦奋斗的工作作风,机动灵活的战略战术。"团结、紧张、严肃、活泼"后来成为抗大的校训。

3. 抗大的政治思想教育

抗大以训练抗日救国军政领导人才为宗旨。

抗大通过多种途径进行政治思想教育。首先是学习理论,提高马克思主义理论水平。其次是学习中共党内斗争的文件,提高党性意识。其三是开展群众性的自我教育。其四是严格的组织纪律要求。最后是深入工农群众,投身于火热的斗争中去,向工农学习,向实际学习。

4. 抗大的学风

抗大学风最重要的传统是理论联系实际。虽然提出"军事、政治、文化并重",但坚持"少而精原则",并视培养目标的实际需要而有所侧重。同时,一面学习,一面生产,将教育与生产劳动结合起来。1939 年深入敌后办学后,又进而一面学习,一面战斗,在战争的第一线学习、锻炼,由此成功地培养了大批既有理论知识又有实际工作能力,既能文又能武的共产党的抗日军政干部。

5. 抗大的教学方法

(1)启发式

抗大在整个教学过程中都注重运用启发式,反对注入式。其具体方法有:其一,由近到远。其二,从具体到抽象。其三,注意互相联系。其四,突出重点。

(2)研究式

抗大提倡研究式教学。"集体研究讨论""按教育计划学习"、个人自学和思考研究是主要方式,而教员只是从旁指导。政治、时事、政策课大多采用研究式教学。

(3)实验式

抗大的课程“少而精”，主张少在课堂上讲，多在实地操作，多设置情况演习，以养成学员长于分析判断、善于临机应变的能力。

(4)“活”的考试

书面考试先由教员拟定考题，指定参考书目，学员自行准备后小组讨论，再吸收、补充他人见解，结合本人观点材料做成答卷，学员交换阅卷。组织学员到战斗和工作第一线接受检验，也是抗大对学员的考试方式。

迷津点拨 抗大的教育方针：坚定不移的政治方向，艰苦奋斗的工作作风，机动灵活的战略战术。

抗大的教育宗旨：以训练抗日救国军政领导人才为宗旨。

抗大的教学原则：理论与实际联系、少而精、理论与实际并重、军事与政治并重。

抗大的学风：勇敢、坚定、沉着，在斗争中学习，为民族解放事业随时准备牺牲自己。

第三节 群众教育【一般】

群众教育的形式多样、生动活泼，尤其是经过整风运动和整学，社会教育纠正了以往脱离边区实际的倾向，取得了很大发展。其组织形式主要有冬学、民校(民众学校)、夜校、半日校、识字班(组)、读报组，以及剧团、俱乐部、救亡室等，其中冬校和民校适应分散的农村群众和生活实际，是最受欢迎、最普遍、最广泛的社会教育形式。在兴办冬学、培养师资的同时，各根据地还积极组织编印了课本，如《识字课本》《日用杂志》《庄稼杂字》等。

迷津点拨 冬学是利用冬闲时间对农民群众进行教育的组织形式。参加冬学的成员为15~45岁、识字不满1000字的男女村民。教学时间如延长到全年，则成为民校。

在中央的统一部署下，边区的党政部门和群众团体共同组成冬学运动委员会，聘请粗通文字者和小学教师担任冬学教师，利用农闲或工余时间，教民众识字学文、学时事政治、学生产技术。

第四节 普通教育

一、根据地的小学教育【一般】

根据地的小学经历了曲折的发展过程，小学基本上和苏区相似，学制五年，前三年为初小，后两年为高小，初小、高小都称为完全小学；游击区和邻近地区的办学形式有“游击小学”“一揽子小学”和“两面小学”等形式；小学的课程除了形式上照顾儿童的身心发展特点之外，尤其重视政治思想教育和生产劳动，各根据地都编写了大量的战时小学教材。

二、解放区中小学教育的正规化【一般】

抗战胜利后，为适应建设需要，解放区也曾酝酿过学校正规化的问题。

1948 年 7 月，华北解放区的太行行署、冀中行署分别召开中等教育会议，教育工作正规化意向露出端倪。之后，东北行政委员会第三次教育会议(8 月 12 日—30 日)、华北中等教育会议(8 月 25 日—9 月 5 日)、山东解放区第三次全省教育会议(9 月 3 日—21 日)相继召开，都重点讨论了中等教育正规化问题。

对于解放区在新民主主义教育建设方面的新动向，中共中央及时做出了反应。新华社 9 月 16 日发表社论《恢复和发展中等教育是当前的重大政治任务》，肯定这一方向。社论提到：中等教育的性质是普通教育，任务是为国家培养具有中等文化水平和科学知识的人才。培养大量具有中等文化水平的知识分子，是当前头等重要的政治任务。要办好中等教育必须正规化。

各解放区在研究中等教育正规化的同时，也参照中等教育改革精神，对小学教育的正规化进行了酝酿和探索。1949 年 5、6 月间，华北人民政府在北平召开华北小学教育会议，着重研究和部署小学走上“新型正规化”道路问题，对小学的学制、办法、师资、教材、经费、领导体制等反复进行讨论，最后拟定了相关文件。中共中央肯定了华北小学教育会议的方向。

三、解放区高等教育的整顿与建设【一般】

夺取全国政权的任务，要求迅速而有计划地训练大批能够管理军事、政治、经济、党务、文化教育等工作的干部。

解放区高等教育的整顿和建设是从以下几个方面开展的：

其一，办抗大式训练班；

其二，解放区原有的大学进一步正规化；

其三，创办新大学。

第五节 革命根据地教育的基本经验【重要】

扫一扫，看视频

一、教育为政治服务

在当时特定的时代环境下，最大的政治是以武装斗争的手段去夺取民族民主革命的胜利，而动员千百万人民群众投入革命战争、支援革命战争，并最大限度地提高人民军队干部战士的觉悟，是中国共产党所面临的中心任务。革命根据地的教育正是围绕着这一中心任务展开的，教育的功能得到了最大限度的发挥。

首先，在安排各类教育发展的同时，正确处理了特定环境下的轻重缓急，保证了最迫切需要的满足；

其次，在教育内容的确定上，始终服从了战争的需要；

再次，在教育教学的组织安排上，也充分考虑到战争条件和政治需要。

二、教育与生产劳动相结合

在抗日战争时期的延安，将教育与生产劳动相结合视为培养新公民和新知识分子的必由之路。

第一，教育内容紧密联系当时当地的生产和生活实际，进行劳动习惯和观点、劳动知识和技能的教育；

第二，教育教学的组织形式和时间安排注意适应生产需要；

第三，要求学生参加实际的生产劳动。学生参加生产劳动不仅具有教育意义，也具有经济意义。

三、依靠群众办学

根据地经济基础差，学校、师资、设备都十分缺乏，处在战争环境下，民主政府有限的物力、人力又难以大量投入教育。因此就出现了"民办公助"的办学形式。所谓的民办公助，就是由群众集资、出力，自己办学，主要由家长和学生通过劳动来解决资金和人力问题，也采用集资、提取结余、开学田、组织文教合作社等方式来筹集办学资金，政府予以方针上的指导、物质上的补助和师资上的支援。

早在苏区时期，苏维埃政府就注意依靠群众办学，具体表现在以下几方面：其一，群众教育由群众自己办，即在苏维埃政府支持下，以乡村为单位依靠群众办夜校、识字班等；其二，依靠群众力量办普通小学，即由政府出一部分经费，场地、设施和部分经费由各乡村自行解决，通常是初小由乡办，高小由区办；其三，干部教育不脱离群众，无论教学内容、学习时限和教学组织，都考虑群众工作的实际需要。

迷津点拨 革命根据地教育的基本经验总的来说有以下几条：

第一，实行抗战教育，坚持教育为革命战争和阶级斗争服务；

第二，实行新型的教育体制；

第三，教育与生产劳动、社会政治活动紧密结合；

第四，走群众路线，依靠群众力量，实行多种形式的办学；

第五，改革教育制度和教育方式。

经典例题

一、名词解释

"抗大"的教育方针

二、简答题

苏维埃文化教育的总方针是什么？

答案解析

一、名词解释

在抗战时期,“抗大”的教育方针是:坚定不移的政治方向,艰苦奋斗的工作作风,机动灵活的战略战术。

考点分析 关于抗大的教育方针、教育宗旨、教学原则、学风、教学方法等要认真掌握。

二、简答题

1931 年 11 月,中华苏维埃共和国宣告成立。在第一次全国工农兵代表大会通过的《宣言》中,明确提出了苏维埃政权的教育方针:“工农劳动群众,不论男子和女子,在社会、经济、政治和教育上,完全享有同等的权利和义务”;“取消一切麻醉人民的、封建的、宗教的和国民党的三民主义教育”。

1934 年 1 月,毛泽东在第二次全国苏维埃代表大会的工作报告中,更具体、明确地表述了苏区教育的根本方针:“在于以共产主义的精神来教育广大的劳苦民众,在于使文化教育为革命战争与阶级斗争服务,在于使教育与劳动联系起来,在于使广大中国民众都成为享受文明幸福的人。”苏维埃文化建设的中心任务“是厉行全部的义务教育,是发展广泛的社会教育,是努力扫除文盲,是创造大批领导斗争的高级干部”。

考点分析 苏维埃文化教育的总方针是:带领无产阶级劳苦大众,创建一种与生产劳动紧密联系的教育,服务于苏维埃政府的历史任务。

第十二章

现代教育家的教育理论与实践

中国的现代教育家如杨贤江、晏阳初、梁漱溟、黄炎培、陈鹤琴、陶行知等矢志于以改造中国社会为最终目的的教育探索，分别在新民主主义教育理论、乡村建设和乡村教育模式、职业教育思想体系、传统学校教育的改革等方面做出了贡献，共同促成了教育中国化的探索潮流。考生在复习中应重点掌握杨贤江论教育本质、"全人生指导"与青年教育，黄炎培"职业教育思想体系"，晏阳初的"四大教育"与"三大方式"，梁漱溟的乡村教育建设的思想与实施，陈鹤琴的"活教育"思想体系以及陶行知"生活教育"的思想与实践。

第一节　杨贤江与马克思主义教育理论

中国共产党成立后，党内许多理论家和社会活动家活跃在文化教育领域里。他们尝试运用马克思主义世界观考察中国的社会和教育问题，杨贤江是其中杰出的代表。他是中国最早的马克思主义教育理论家和青年教育家。

1928 年，他撰成第一部运用历史唯物主义分析世界教育历史的著作《教育史 ABC》，并翻译了恩格斯的《家庭、私有制和国家的起源》和其他一些介绍苏俄教育的著作。1929 年由日返国，并于 1930 年撰成第一部运用马克思主义论述教育原理的专著《新教育大纲》，奠定了其作为马克思主义教育理论家的地位。

一、论教育本质【重要】

运用历史唯物主义阐明教育的本质，是杨贤江教育思想的重要内容，也是他对中国当代教育理论的一大贡献。

杨贤江在《新教育大纲》中，对"教育是什么"这个关乎教育本质的问题做了开宗明义的说明，他说："教育为'观念形态的劳动领域之一'，即社会的上层建筑之一。"

但是，在承认教育是社会上层建筑的同时，他不否认教育是劳动力再生产的手段。在谈到行使教育职能的场所——学校时，他说：学校"都是社会的劳动领域，为赋予劳动力以特种的资格的地方，就是使单纯的劳动力转变为特殊的劳动力的地方"。教育属于上层建筑和作为劳动力再生产的手段，两者之间并无冲突。因此，教育具有双重属性。

杨贤江对教育本质的演变做了具体分析。首先,在原始社会,教育是社会所需要的劳动领域之一。它是帮助人营造社会生活的一种手段。

其次,私有制度的产生,导致教育"变质",成为社会的上层建筑之一。

其三,未来社会的教育将是社会所需要的劳动领域之一。

二、"全人生指导"与青年教育【重要】

杨贤江的教育研究大量是针对青年问题的。他对青年的理想、修养、健康、求学、择友、社交、婚恋等各方面都给予耐心的指导,这种全方位的教育谓之"全人生指导"。

所谓"全人生指导",就是对青年进行全面关心、教育和引导,即不仅关心他们的文化知识学习,同时对他们生活中各种实际问题给以正确的指点和疏导,使之在德、智、体诸方面都得以健康成长,成为一个"完成的人",以适社会改进之所用。

指导青年树立正确的人生观,是杨贤江青年教育思想的核心。

青年正处于人生观形成之初,青年的人生观关乎青年的自我认识和社会观念,影响着他的个人成长和社会行为,因此至关重要。

杨贤江旗帜鲜明地主张青年要干预政治,投身革命;强调青年必须学习,这是青年的权利与义务;对青年的生活也提出了指导性意见。他认为,完美的青年生活是多方面的,主要包括健康生活、劳动生活、公民生活和文化生活等。其宗旨是"要有强健的体魄和精神,要有工作的知识和技能,要有服务人群的理想和才干,要有丰富的风尚和习惯"。

与同时代教育家相比,杨贤江的独特建树表现在两个方面:其一,他致力于中国的马克思主义教育理论建设,创造性地阐述了教育本质问题,并贡献出像《教育史 ABC》《新教育大纲》这样的名著;其二,他致力于中国的青年教育,提出了"全人生指导"的青年教育思想,对当时一代青年的健康成长影响至大。

第二节　黄炎培的职业教育思想与实践

一、职业教育的探索【一般】

黄炎培的职业教育思想是在吸取西方先进国家的教育经验,反思中国自办新教育以来的问题和教训中逐步形成的。

黄炎培于 1913 年发表《学校教育采用实用主义之商榷》,对"癸卯学制"颁布以来中国教育尤其是普通教育发展中的问题做了考察。他指出,学生在学校中所受到的道德、知识、技能训练,走上社会后毫无用处。这就从理论上论证了改革普通教育、加强学校教育与个人生活和社会需要之间联系的必要性。文章发表后,在民国初年的教育界激起强烈的反响,形成早期实用主义教育思潮,引起人们教育观念的变化。

1917 年,中华职业教育社成立后发表的《中华职业教育社宣言书》,标志着以黄炎培为代表的职业教育思潮的形成。

他认为职业教育的要旨有三:"为个人谋生之准备""为个人服务社会之准备""为世界、国家增进生产力之准备"。20世纪20年代起,黄炎培把职业教育的目的概括为"使无业者有业,使有业者乐业"。20年代中后期,黄炎培总结近10年职业教育发展的经验,提出"大职业教育"的观念。

他认为:"只从职业学校做工夫,不能发达职业教育;只从教育界做工夫,不能发达职业教育;只从农、工、商职业界做工夫,不能发达职业教育。"至此,黄炎培的职业教育思想基本成熟。进入20世纪30年代后,民族危机加甚,黄炎培积极投身于民族救亡事业。但其职业教育思想继续影响着此后历代中国的职业教育实践。

二、职业教育思想体系【重要】

1. 职业教育的作用与地位

黄炎培认为,职业是社会存在和发展所必须的分工的产物,而教育则是保持和发展各行业的条件,沟通职业与教育就是必需的。由于职业本身具有双重意义,与之相应教育也具有双重功能。基于此,职业教育的功能就其理论价值而言,在于"谋个性之发展","为个人谋生之准备","为个人服务社会之准备","为国家及世界增进生产力之准备"。就其教育和社会影响而言,在于通过提高国民的职业素养,使学校培养之材无不可用,社会从业者无不得受良好训练,国无不教之民,民无不乐之生,乃至野无旷土,市无游氓,社会国家的基础由此确立。就其对当时中国社会的作用而言,在于有助于解决中国最大、最重要、最困难、最急需解决的人民生计的问题,消灭贫困,并进而使国家每一个公民享受到基本的自由权利。

对职业教育在整个教育体制中的地位,黄炎培也是提出了自己的看法。他认为,职业教育在学校教育制度上的地位应是一贯的、整个的和正统的。所谓"一贯的",是指应建立起从初级到高级的职业教育系统。另一方面,职业教育应贯彻于全部教育过程和全部职业生涯,建立起职业陶冶——职业指导——职业教育——职业补习和再补习的体系。所谓"整个的",是指不仅在学校教育体系中应有一个独立的职业教育系统,而且其他各级各类教育也要与职业教育相互沟通。所谓"正统的",是指应破除以为升学做准备的普通教育为正统,而以为就业做准备的职业教育为偏系的传统观念,职业教育的地位与普通教育应该等量齐观。

2. 职业教育的目的

20世纪20年代后,黄炎培将职业教育的目的概括为"使无业者有业,使有业者乐业"。

所谓"使无业者有业",是指通过职业教育为资本主义工商业发展造就适用人才,同时解决社会失业,使人才不至浪费,使生计得以保障。所谓"使有业者乐业",是指通过职业教育形成人的道德智能,使之能胜任所职,进而能有所创造发明,造福于社会人类。"使无业者有业,使有业者乐业"的职业教育目的论,包含了黄炎培所提倡的为个人谋生、为社会服务、促进实业发展、增长社会经济、稳定社会秩序诸多追求,表现了他的社会政治观和教育观。

3. 职业教育的方针

黄炎培在数十年的实践中,形成了社会化、科学化的职业教育办学方针。

黄炎培将社会化视为"职业教育机关唯一的生命",犹如人的灵魂。他认为:"办理职业教育,并须注意时代趋势与应走之途径，社会需要某种人才，即办某种学校。”这强调职业教育须适应社会需要。黄炎培所谓职业教育社会化，内涵颇为丰富，其中包括：办学宗旨的社会化——以教育为方法，而以职业为目的；培养目标的社会化——在知识技能和道德方面适合社会生产和社会合作的各行业人才；办学组织的社会化——学校的专业、程度、年限、课时、教学安排均需根据社会需要和学员的志愿与实际条件；办学方式的社会化——充分依靠教育界、职业界的各种力量，尤其是校长要擅长联络、发挥社会各方面的力量。

科学化是黄炎培办职业教育所坚持的另一条方针。所谓科学化，是指“用科学来解决职业教育问题”。黄炎培试图将自然科学与社会科学熔为一炉，立意将科学方法引入职业教育管理中。他锐意探索，做了大量开创性工作，为中国的职业教育发展积累了宝贵的经验。

4. 职业教育的教学原则

黄炎培根据职业教育的特点总结以往教育的经验，提出“手脑并用”“做学合一”“理论与实际并行”“知识与技能并重”等主张，作为开展职业教育教学工作必须坚持的原则。

5. 职业道德教育

黄炎培职业教育思想体系的另一重要特色和组成部分是他的职业道德教育思想。黄炎培把职业道德教育的基本要求概括为“敬业乐群”四个字，所谓“敬业”，是指“对所习之职业具嗜好心，所任之事业具责任心”，即热爱所业，尽职所业，有为所从事职业和全社会做出贡献的追求。所谓“乐群”，是指“具优美和乐之情操及共同协作之精神”，即有高尚情操和群体合作精神，有“利居众后，责在人先”的服务乃至奉献精神。在黄炎培看来，职业教育从内涵上看，应包括职业知识的学习、技能的训练与职业道德的培养两方面，缺一不可。离开职业道德的培养，职业教育也就失去方向。他曾反复指出人们认识上的一个误区，即认为职业教育是为了个人一己谋生的，而正确的理解是“不仅是为个人谋生的，并且是为社会服务的”。职业教育的“第一要义，即‘为群服务’”。

黄炎培重视职业道德教育，首先是出于他对职业教育培养目标的设想，其次是出于他对职业教育社会职能的认识，再次是出于他对传统教育观念的反思。

“敬业乐群”的职业道德教育思想，贯穿于黄炎培职业教育的实践。这不仅体现在中华职业学校以之为校训，而且在教育和教学的每一个环节都努力体现。

作为中国近现代职业教育的先行者，黄炎培及其职业教育思想开创和推进了中国的职业教育事业；其平民化、实用化、科学化和社会化的特征，也丰富了中国的教育理论，并对20世纪二三十年代中国教育改革产生了巨大的影响。

迷津点拨 黄炎培是我国近代职业教育的创始人和理论家，他毕生献身于中国的职业教育事业，为改革脱离社会生活和生产的传统教育，建设中国的职业教育，做出了重要的贡献。他的职业教育思想体系是在他长期的职业教育实践中逐步形成和完善的，其要点包括：职业教育的地位、目的，办学方针，教学原则，职业教育道德的基本规范等。

教育·生活 黄炎培的职业教育思想具有十分重要的现实意义：

第一，确立了职业教育是振兴经济的战略措施；

第二，确立了大职业教育的教育观念；

第三,进一步端正了现代职业教育的办学方针;

第四,确立了职业教育的科学的教学原则;

第五,开辟了职业教育的多种途径;

第六,确立了把道德教育放在首位的原则;

第七,确立了调查研究是发展和办好职业教育的基本出发点;

第八,确立了以我为主,博采众长、洋为中用的职业教育研究原则;

第九,确立了专科一贯制的办学体制;

第十,确立了产教结合、工学结合的教学模式。

这些原则对于当代社会盲目追求高学历高文凭的思想具有一定的批判价值,为我们重新重视职业教育提供了理论和现实依据。

第三节　晏阳初的乡村教育实验

扫一扫,看视频

一、"四大教育"与"三大方式"【重要】

20 世纪 20 年代后期,晏阳初、陶行知、黄炎培、梁漱溟等一大批有见识的教育家,将平民教育实验运动从大城市转向中国广泛的农村。至 30 年代,形成了声势浩大的乡村建设实验运动。晏阳初主持的中华平民教育促进总会(简称平教会)所进行的河北定县乡村平民教育实验,在这场运动中占有举足轻重的地位。

在定县乡村平民教育实验的基础上,晏阳初对于县范围内如何具体实施乡村教育总结了一套成功的经验。这集中表现为他所概括的"四大教育"和"三大方式"。

1."四大教育"

通过调查,晏阳初认为,中国农村问题千头万绪,但基本可以用"愚""穷""弱""私"这四个字来代表。所谓"愚"是指"中国最大多数的人民,不但缺乏智识,简直他们目不识丁,所谓中国人民有 80% 是文盲";所谓"穷",是指"中国最大多数的人民的生活,简直是在生与死的夹缝里挣扎着,并谈不到什么叫生活程度,生活水平线";所谓"弱",是指"中国最大多数人民是毋庸讳辩的病夫";所谓"私",是指"中国最大多数人民是不能团结,不能合作,缺乏道德陶冶,以及公民的训练"。

而要根本解决此四大问题,必须从事"四大教育",即文艺教育、生计教育、卫生教育、公民教育。

(1)以文艺教育攻愚,培养知识力。

从文字及艺术教育着手,使人民认识基本文字,得到求知识的工具,作为接受一切建设事务的准备。

(2)以生计教育攻穷,培养生产力。

它从农业生产、农村经济、农村工业各方面着手,以达到农村建设的目标。

(3)以卫生教育攻弱,培养强健力。

它注重大众卫生和健康,及科学医药的设施。

(4)以公民教育攻私,培养团结力。

它是要"激起人民的道德观念,施以良好的公民训练,使它们有公共心、团结力,有最低限度的公民常识,政治道德,以立地方自治的基础"。

所以,公民教育首先是施以公民道德的训练,使每一个公民都了解个人与社会的关系,以发扬他们公共心的观念。晏阳初认为,在"四大教育"中,公民教育最为根本。

2."三大方式"

晏阳初提出了在农村推行"四大教育"的"三大方式"。

(1)学校式教育

以青少年为主要教育对象。包括初级平民学校、高级平民学校、生计巡回学校。初级和高级平民学校学制为4个月。初级平民学校以识字教育为主,力求增强学生读、写、说方面的能力,以达到流畅通顺的水平,内容为四大教育。

高级平民学校为毕业于初级平民学校的一部分青年农民所设立,进一步传授更具体的关于四大教育的知识。

生计巡回学校,是为"使农民取得应用于农村当前实际需要的训练,以生活的秩序为教育的秩序,顺一年中时序的先后,在研究区内分区轮流巡回训练,传授切实的技术"。

(2)社会式教育

这是向一般群众及有组织的农民团体实施教育的一种方式。内容取材于四大教育,主要是通过平民学校同学会所开展的各项活动,如成立读书会、演说比赛会、演新剧、练习投稿,成立自助社、合作社、农业展览会等,使平民学校的毕业生继续受教育。平民学校毕业生同学会是其中心组织。

(3)家庭式教育

这是对各家庭中不同地位的成员用横向联系的方法组织起来进行教育的一种方法。就是每个家庭应对其成员进行公民道德训练、卫生习惯、儿童保护、家庭预算、家庭管理、妇女保健、生育节制等方面的教育。教育内容仍是四大教育,选材标准侧重家庭需要与身份特点。

二、"化农民"与"农民化"【一般】

晏阳初认为:"我们欲'化农民',我们须先'农民化'。"为此他号召知识分子"抛下东洋眼镜,西洋眼镜,都市眼镜,换上一副农夫眼镜"。彻底地与广大农民打成一片,唯有如此,才能深切了解农民,懂得他们的需要,才能实实在在进行乡村改造。可以说,"化农民"与"农民化"是晏阳初进行乡村建设实验的目标和途径。

晏阳初所提出的中国农村四大基本问题,只是看到了社会现象的表层,而没能认识到"帝国主义之侵略与封建残余的剥削",反而把由于阶级压迫所造成的愚、穷、弱、私等社会现象作为问题根源。因而晏阳初在为解决中国社会问题所采取的办法是改良主义的,其理论不能解决旧中国农村的根本问题，无法达到复兴农村、拯救国家的根本目的。但是，晏阳初的平民教育和乡村改造理论毕竟有其可取之处：首先，晏阳初是一位爱国的教育改革家，他的平民教育和乡村改造理论颇有中国特色。其次，虽然晏阳初的乡村教育实验并没有也不可能使实验区的农民从根本上摆脱贫穷落后的命运，但确实给他们带来一定的实惠。再次，晏阳初"四大教育""三大方式"的理论打破了狭隘的教育观念，把乡村教育视为乡村经济、文化、卫生、道德等方面共同进行，学校、家庭、社会相互促进的系统工程，这在中国教育史上是一种创新，直至今天仍有现实意义。

第四节　梁漱溟的乡村教育建设

扫一扫，看视频

一、乡村建设和乡村教育理论【一般】

梁漱溟对近代中国教育史的贡献在于他的乡村教育理论和实验。乡村教育是他乡村建设理论的重要组成部分。所谓乡村建设，是一种力图在保存既有社会关系的基础上，通过乡村教育的方法，由乡村建设引发社会工商业发展，实现经济改造和社会改良。梁漱溟的乡村建设和乡村教育理论建筑于他对中国传统文化和社会的分析、中西文化的比较之上。

1. 中国问题的症结

梁漱溟的乡村建设理论是从寻找中国问题的病因入手的。

中国问题的解决只有从自身固有文化中寻找出路。但是，由于近百年来，西方资本主义的入侵，致使中国社会被破坏得千疮百孔，经济破产，生活贫困，尤其是礼俗蜕变，精神破产，社会文化秩序坏乱不堪，变化从沿海沿江向内地农村辐射，在农村尤甚，所以说"中国的问题，并不是什么旁的问题，就是文化失调——极严重的文化失调"。

2. 如何解决中国的问题

中国应当找一条什么样的出路？梁漱溟认为，"中国的建设问题便应当是乡村建设"。

为什么中国社会的改良唯有走乡村建设之路？梁漱溟认为，首先，中国社会是乡村社会；其次，中国传统文化的根在乡村，道德和理性的根在乡村，要保存中国传统文化就必须从乡村入手；其三，近百年来，中国社会已被破坏得不堪收拾，乡村经济尤其陷入破产，中国如要从头建设，必须一点一滴地从乡村建设起。

3. 乡村建设与乡村教育

乡村建设与乡村教育是一个问题的两个方面，乡村建设应以乡村教育为方法，而乡村教育需以乡村建设为目标，"建设、教育二者不能分开"。在梁漱溟看来，中国文化既然已经严重失调，而教育的功能又在于延续文化而求其进步，为重新整理和建设中国固有的文化，不使失传，不使停滞，必须借助教育之功。所以说，建设必寓于教育，乡村的进步，社会的改造，"不能不归于教育一途"。在乡村建设中，学校必然成为社会的中心，教员必然成为社会的指导者，乡村建设是"纳社会运动于教育之中，以教育完成社会改造"。

二、乡村教育的实施【重要】

1. 乡农学校的设立

1933 年,山东省政府将邹平、菏泽划为县政建设实验区。实验区将全县分成若干区,各区成立乡农学校校董会,开办乡农学校,乡农学校由"乡村领袖"学董、品学最尊的学长、在乡村建设研究院受过专门训练的教员和学众(指乡村中的一切人,主要指成年农民)组成。

乡农学校分为村学、乡学两级。从教育程度上分,文盲和半文盲入村学,识字的成年农民入乡学;从行政功能上分,村学是乡学的基础组织,乡学是村学的上层机构。其组织原则是:其一,"政教养卫合一""以教统政"。其二,学校式的教育与社会教育"融合归一"。

2. 乡农学校的教育内容

乡农学校的教学是从教识字、唱歌等最平淡处入手,课程分为两大类:一类是各校共有的课程,包括识字、唱歌等到普通课程和精神讲话,尤重后者;另一类是各校根据自身生活环境需要而设置的课程。

课程设置:

(1)成人教育部

农闲时上课,所有男性都得参加,授课时间为每晚 7—9 点,课程有公民学(故事、时事、精神训练等)、识字、基础知识、唱歌、武术等。课程设置以"因时因地制宜"为原则,1935 年以后规定 16 ~ 30 岁的男子必须参加为期 7 周的集中学习。

(2)妇女教育部

一般为下午开课,以妇女为教育对象。课程设置基本与男性成人教育相同,同时增加了育婴及家政等内容。

(3)儿童教育部

每天上课(妇女上课只上半天),农忙时停课,课程有国语、算术、常识和公民等。以"适用"为原则,重精神陶冶。

(4)高级部

高级部课程以受过四五年以上教育的青年为主要对象,目的是为了培养现成建设干部,课程以历史、地理和农村问题为主。

3. 精神陶冶

梁漱溟十分重视精神陶冶,认为它比知识技能训练更重要,因此精神陶冶成了重要的课程。"目的在于使学生更加明确地认识其如何'为人'的至德,更彻底地能为'中国人'的道理"。他的精神陶冶包括三方面的内容:第一,合理的人生态度与修养方法的指点;第二,人生实际问题的讨论;第三,对中国历史文化的分析。三者都以民族精神为核心,教材注意引用论述历史上著名人物的嘉言懿行,注重对学生日常生活的指导。除个别谈话之外,还定期举行朝会,教员进行精神陶冶讲话,仔细批阅学生日记。

梁漱溟的乡村建设理论和实施也未能收到他所理想的效果。但他认识到中国的问题是农村问题,并立足于文化传统来思考中国社会的改造,是有识之见。他身体力行地深入农村进行乡农建设,也取得了一定的效果。这些都值得肯定。

总之,乡农学校的所有教育内容强调服务于乡村建设,密切适合农村生产、生活的需要。

迷津点拨 总结梁漱溟的教育思想,我们可以归结为以下几方面:

首先,梁漱溟对当时的传统教育体制进行了分析批判;他很赞赏杜威的实用主义教育学说。他说:"什么是教育?统同是教育。在学校里读书是教育,在家庭里做活也是教育,朋友中相得的地方是教育,街上人谈话,亦莫不是教育。教育本来是很宽泛的东西。"基于这种认识,他对国民党政府实施的教育制度进行了较深刻而广泛的批判。

其次,梁漱溟本着他的"文化"观,从"理性"唤醒出发,在教育主张中,也始终贯串了他继承孔孟的"仁"与"性善"的思想,从而使他的教育思想带有浓厚的传统儒家色彩;同时,梁漱溟对"西方文明"并不取排斥的态度,相反,梁漱溟认为科学和民主"是有绝对价值的,有普遍价值的,不但在此地是真理,掉换个地方还是真理,不但今天是真理,明天还是真理"。因此,同梁漱溟在他的"乡村建设理论"中所提倡的那样,在他的教育思想里也体现了"儒家的人生态度"加"西方的民主和科学"的模式特点。

第三,梁漱溟的教育思想与他致力于乡村建设运动是密切联系着的。由于中国文化失调,导致社会秩序混乱,于是,梁漱溟提倡"乡村建设"理论,主张认为中国今天的问题根本是在文化,文化的根底又在农村,只有农村重建,文化才能复兴,社会问题才能解决,中国才有希望。在梁漱溟的"乡村建设"理论中一个重要内容就是实行"政教合一""以教统政"的"乡农学校",使教育与社会运动紧密结合起来。在漫长的中国现代化进程中,虽不断有人主张"教育救国",但真正把教育作为改造社会的手段并切实地加以实践,梁漱溟则是典型。

第四,梁漱溟的教育思想是在他的"乡治""村治""乡村建设"理论产生与倡导的过程中形成的,也是这一理论的实践产物。乡村建设理论和实践失败了,因此,梁漱溟的教育思想在历史上也是不成功的。

第五节　陈鹤琴的"活教育"探索

扫一扫,看视频

一、儿童教育和"活教育"实验【一般】

1919年9月,陈鹤琴始任教南京高师,授教育学、心理学和儿童心理学。之后的8年里,他投身教育改革,译介西方新理论、新方法,并通过对长子陈一鸣的追踪研究,力行观察、实验方法,探索中国儿童心理发展及教育规律;同时创办了中国第一所实验幼稚园——鼓楼幼稚园,进行中国化、科学化的幼儿园实验,总结并形成了系统的、有民族特色的学前教育思想。

20世纪30年代末,陈鹤琴在总结自己以往教育实践和思想的基础上,明确提出"活教育"主张。

1940年春，陈鹤琴到江西泰和，筹建省立实验幼稚师范学校，并附设小学和幼稚园，以及校办农场，开展"活教育"实验；1941年1月，他创办《活教育》杂志，标志着有全国影响力的"活教育"理论的形成和"活教育"运动的开始。1942年初，幼师附设婴儿园。1943年春，幼师改为国立幼稚师范学校，并增设专科部。"活教育"实验已形成包括专科部、幼师部、小学部、幼稚园、婴儿园五个部门的幼儿教育体系，并在教育目标、教学原则与方法、德育原则、课程与教学大纲等方面进行了改革，造就了一所有崭新气象的新型学校。

二、"活教育"思想体系【重要】

1."活教育"的目的论

陈鹤琴提出"活教育"的目的是："做人，做中国人，做现代中国人"。"做人"是"活教育"最为一般意义的目的。陈鹤琴认为，人之所以区别于动物就在于他的社会性，个人难以离开社会而独立。如何建立起完美的人际关系，借以参与生活，控制自然，改进社会，追求个人及人类的幸福，便是一个"做人"的问题。"活教育"提倡学习如何做人，如何求社会进步，人类发展。学会"做人"，是个体参与社会生活、增进人类全体幸福的基础，同时也是个体幸福的基础。

"做人"毕竟仍嫌抽象，因为人总是生活在特定的社会历史环境中的。因此，陈鹤琴进而提出"活教育"的深一层目的——"做中国人"。做一个中国人，要懂得爱护这块生养自己的土地，爱自己国家长期延续的光荣历史，爱与自己共命运的同胞。并且，拥有这份感情的中国人，应该团结起来，为同一个目标：提高中国在世界各国中的地位，为国家的兴旺发达而努力。

"做中国人"体现了"活教育"目的的民族特征，而陈鹤琴进一步提出"做现代中国人"，则使"活教育"目的体现了时代精神，因此更为具体。陈鹤琴赋予"现代中国人"五方面要求：

第一，"要有健全的身体"。以健全的身体而为道德实现、学问追求和美满人生的基础和保证，并"应付现代中国艰巨的事业"。

第二，"要有建设的能力"。学校迫切需要培养学生的建设观念和建设能力，通过让学生在各种校内外活动和劳动中亲自动手，学习建设本领，体会建设的艰难和必须，以适应国家建设需要。

第三，"要有创造的能力"。教育需珍惜和诱导儿童本性中潜藏的创造欲望，以培养其探索和创造能力。

第四，"要能够合作"。教育即需训练人自小具有团结合作精神，能舍小我成全大我，舍一己之个体成全国家民族之大体。尤其要紧的是，团体的形成不是靠专制力量的强聚，而是通过民主力量，靠个体内的高度的自觉认同。

第五，"要服务"。基于对人社会性的认识，通过教育，克服人的利己本能，养成儿童服务社会的崇高德行，懂得服务，否则就是失败的教育，也使人与动物相去不远。

2."活教育"的课程论

"大自然、大社会都是活教材"，是陈鹤琴对"活教育"课程论的概括表述。他指出，传统的课堂教学将书本看作唯一的教育资料，把读书和教书当成了学校教育活动的全部内容。人的观念被书本严重地束缚住了，学校成为"知识的牢狱"。面对传统教育的严重弊端，唯有提倡"活教育"，到大自然、大社会中去寻找"活教材",才能加以摒弃。

陈鹤琴所谓"活教材",是指取自大自然、大社会的"直接的书",即让儿童在与自然、社会的直接接触中,在亲身观察中获取经验和知识。

"活教育"的课程论并不摒弃书本,只是强调为历来教育所忽视的活生生的自然和社会,而书本知识则应是现实世界的写照,应能在自然和社会中得到印证,并能够反映儿童的身心特点和生活特点,陈鹤琴追求的是让自然、社会、儿童生活和学校教育内容形成一个有机联系的整体。

"活教育"的课程打破惯常按学科组织的体系,采取活动中心和活动单元的形式,即能体现儿童生活整体性和连贯性的"五指活动"("五组活动")形式,也即:儿童健康活动(包括卫生、体育、营养等)、儿童艺术活动(包括音、美、工等)、儿童社会活动(包括史地、公民时事等)、儿童科学活动(包括生、数、理、化、地等)和儿童文学活动(包括读、写、说、译等)。

3."活教育"的教学论

"做中教,做中学,做中求进步",是"活教育"教学方法的基本原则。

陈鹤琴依据儿童心理学和教育学原理,结合本人的教育经验,提出 17 条"活教育"的教学原则,即:凡是儿童能够做的,就应当教儿童自己做;凡是儿童自己能够想的,应当让他自己想;你要儿童怎样做,就应当教儿童怎样学;鼓励儿童去发现他自己的世界;积极的鼓励胜于消极的制裁;大自然、大社会是我们的活教材;比较教学法;用比赛的方法来增进学习的效率;积极的暗示胜于消极的命令;替代教学法;注意环境,利用环境;分组学习,共同研究;教学游戏化;教学故事化;教师教教师;儿童教儿童;精密观察。这些教学原则体现出鲜明的特点。

首先,强调以"做"为基础,确立学生在教学活动中的主体性。陈鹤琴认为,"做"是学生学习的基础,因此,凡儿童自己能够做的,就应当让他自己做。

其次,陈鹤琴看到儿童的"做"往往带有盲目性,因此在鼓励学生积极"做"的同时,教师要进行有效的指导。总之,"活教育"的教学注重从各个方面去调动学生的学习积极性,意在破除"以威以畏来约束儿童"的"灌输"的教学法。

陈鹤琴还归纳出"活教育"教学的四个步骤:

①从直接经验的要求出发,实验观察是获得知识的基本方法,也是儿童来进行科学发明的钥匙。

②实验观察虽是学习的基础,但它不能排斥间接知识,间接知识和直接知识是互为补充、缺一不可的。通过阅读思考,可以弥补实验观察的不足。

③儿童从实验观察和阅读思考中获取的直接、间接的知识经验,需要通过加工整理,以故事、报告、讲演的形式表达出来,有助于培养和体现儿童的主动性和创造力。

④儿童在学习中得到的结论不可能完全正确,就需要通过集体和小组讨论,共同研究,以便互相启发和鼓励,臻于完美。

四个步骤是教学过程的一般程序,不是机械的、割裂的。它们同样体现了以"做"为基础的学生主动学习。

"活教育"思想明显地受到杜威实用主义教育思想的影响,陈鹤琴对此毫不讳言。但"活教育"如同陶行知的"生活教育"理论一样,吸取了杜威实用主义教育的合理内核,即批判了传统教育忽视儿童的生活和主体性,力图去除以学校和课堂为中心而脱离社会生活、以书本知识为中心而脱离实际和实践、以教师为中心而漠视学生的存在等弊端，同时也充分考虑到中国的时代背景和国情。这是一种有吸收、有改造、有创新的教育思想。“活教育”是对中国现代教育产生过重要影响的教育思想，其精神至今都不为过时，不少观点对当今的教育改革仍然富有启发。

迷津点拨 陈鹤琴“活教育”思想的理论基础可以归结为这几方面：

第一，中国传统教育思想。他在批判传统教育的同时也十分注意从中摄取有益的营养。陈鹤琴善于运用传统私塾教育中的一些经验来解决现代教育问题。如私塾教育注重因材施教，“聪明的学生，给他多学一点；愚笨的学生，给他少学一点。不举行划一的共同考试，引起无谓的竞争”；采用“个别的指导，个别的考查，以资鼓励而促上进”的个别教学；强调行重于学的特点和当时新教育改革所倡导的观点相吻合，符合现代教育的基本规律。除此以外，陈鹤琴的为人、为学都深受中国传统文化的浸染。在求学期间，陈鹤琴常抄录中国传统文化中的格言警句以激励自己；他注重教育、后天感化以及环境对人的影响，肯定“孟母三迁”“染丝说”的合理性。所以，我国古代的教育经验和教育思想经过陈鹤琴的实践、过滤和升华，形成了他教育理论的重要基础。

第二，西方实用主义教育思想。陈鹤琴将从杜威及其他美国老师那里学来的理论应用到幼儿教育阶段，形成了“活教育”理论。这一理论包括三大部分：目的论、课程论和方法论。在目的论中，他提出了“做现代中国人”的五个条件：健全的身体、建设的能力、创造的能力、合作的精神、服务的精神；“活教育的课程是指把大自然、大社会作出发点，让学生直接向大自然、大社会去学习”；“活教育”的教学方法也有一个基本原则，就是“做中学、做中教，做中求进步”。

第三，机能主义心理学与西方测验理论。重视心理学研究是陈鹤琴理论的一个重要特色。他关注儿童期的意义、运用实证研究总结出儿童的心理特征、有关儿童人格发展等问题，并以此作为解释与解决有关家庭教育、幼稚教育、小学教育等问题的依据，为中国教育的科学化做出了一定的贡献。

第六节 陶行知的“生活教育”思想与实践

扫一扫，看视频

一、“生活教育”实践【一般】

1. 晓庄学校

中华教育改进社创办的新型学校，原名试验乡村师范学校。1927 年 3 月 15 日创立，校址在中国江苏南京神策门（后改和平门）外老山下的农村晓庄。后又陆续增设晓庄中心小学、中心幼稚园和民众夜校、晓庄医院、乡村救火会等社会文化教育机构，遂于 1928 年 2 月改名为晓庄学校。陶行知任校长，办学宗旨是“要造就好的乡村教师去办理好的乡村学校”，通过改造乡村教育进而改造农村，目标是“培养乡村人民儿童所敬爱的导师”，要具有“健康的体魄，农人的身手，科学的头脑，艺术的兴味，改造社会的精神”，其是“改造乡村生活的灵魂”。晓庄办学的理论就是陶行知的“生活教育”理论。教育方法，叫作生活法，即“教学做合一”。它的全部课程，就是全部生活。共有 5 门：①

中心小学生活教学做；②中心小学行政教学做；③师范学校第一院院务教学做；④征服天然环境教学做；⑤改造社会环境教学做。晓庄的教师均称指导员，他们与学生共教、共学、共做、共生活。晓庄学校先后招生共有一百几十名。

2. 山海工学团

1932 年陶行知草拟了《乡村工学团试验初步计划说明书》，提出工学团要把工场、学校、社会打成一片；实施六大训练，即：普通的军事训练、生产训练、科学训练、识字训练、民权训练和生活训练。同年，他在上海与宝山之间筹办了山海工学团。山海工学团包括青年工学团（青年夜校后改为共和茶园）、儿童工学团（儿童识字班）、妇女工学团、棉花工学团、养鱼工学团和山海木工场等。

3. "小先生制"

即把失学儿童组织起来，采取大的教小的，会的教不会的的办法，叫自动工学团。学习内容主要是陶行知编的《老少通千字课》。此外工学团还修路、筑鱼池的堤、办红庙信用兼营合作社。

4. 育才学校

1939 年 7 月 25 日，为使在抗战中失去父母或家庭的难童能够受到教育，陶行知在四川重庆附近的合川县凤凰山古圣寺，创办了一所难童学校——育才学校，选拔有特殊才能的儿童。为抗战建国培养"追求真理的小学生；即知即传的小先生；手脑双挥的小工人；反抗侵略的小战士"。学校除设普修课之外，另外设有音乐、戏剧、绘画、文学、社会、自然、舞蹈等组，因材施教，培育人才幼苗。学校办得有声有色，闻名中外，为革命培养了不少专门人才。1940 年 9 月，周恩来和邓颖超同志专程访问了育才学校，给学生留下了"一代胜似一代"的签名题词。

二、"生活教育"理论体系【重要】

1. "生活即教育"

"生活即教育"是陶行知生活教育理论的核心。对此，陶行知有过很多论述，其内涵十分丰富。首先，生活含有教育的意义。陶行知说："教育的根本意义是生活之变化。生活无时不变即生活无时不含有教育的意义。因此，我们可以说：'生活即教育。'"正因为生活的矛盾无时无处不在，生活也就随时随地在发生教育的作用。从生活的横向展开来看，过什么生活也便是在受什么教育。从生活的纵向展开来看，生活伴随人生始终，他说："生活教育与生俱来，与生同去，出世便是破蒙，进棺材才算毕业。"陶行知主张人们积极投入生活中去，在生活的矛盾和斗争中去选择和接受"向前向上"的"好生活"。

其次，实际生活是教育的中心。陶行知始终把教育和社会生活联系起来进行考察，认为"生活教育是生活所原有，生活所自营，生活所必需的教育"。生活与教育是一回事，是同一个过程，教育不能脱离生活。教育要通过生活来进行，无论教育的内容还是教育的方法，都要根据生活的需要。

再次，生活决定教育，教育改造生活。陶行知说："从生活与教育的关系上说，是生活决定教育。"一方面，生活决定教育，表现为教育的目的、原则、内容、方法都为生活所决定，是为了"生活所必需"。另一方面，教学又能改造生活，推动生活进步。陶行知说："教育是民族解放、大众解放、人类解放之武器。”这说明了教育对社会政治改造的作用，而他本人一生从事教育，就是在培养能够承担改造社会重任的人。教育不仅改造着社会生活，也改造着每个人的生活，因此，生活决定教育，教育改造生活，相辅相成。

“生活即教育”所强调的是教育以生活为中心，所反对的是传统教育脱离生活而以书本为中心。尽管它在生活与教育的区别和系统的知识传授方面有所忽视，但在破除传统教育脱离民众、脱离社会生活的弊端方面，有十分重要的意义。

2. “社会即学校”

“社会即学校”是生活教育理论的另一重要主张，是“生活即教育”思想在学校与社会关系问题上的具体化。首先，所谓“社会即学校”，是指“社会含有学校的意味”，或者说“以社会为学校”。由于到处是生活，到处都是教育，“整个的社会是生活的场所，亦即教育之场所”。他认为需要拆除学校与社会之间的“高墙”，把“鸟儿”从鸟笼中解放出来，任其自由翱翔，成为适应生活、融于民众的有用的人。基于“社会是大众唯一的学校”这样的认识，陶行知鼓励劳动群众在社会中学习，向社会学习，而他本人也在社会上先后办过各种方便劳动群众及其弟子的学习场所，通过社会的大学校，使之受到教育。

其次，所谓“社会即学校”是指“学校含有社会的意味”。也就是说，学校通过与社会生活结合，一方面“运用社会的力量，使学校进步”，另一方面“动员学校的力量，帮助社会进步”，使学校真正成为社会生活必不可少的组成部分。

“社会即学校”扩大了学校教育的内涵和作用，对传统的学校观、教育观有所改变。传统学校与社会生活脱节，学生孤陋寡闻，而以社会为学校，使得教育的材料、教育的方法、教育的工具、教育的环境都可以大大地增加，有利于拓展学生的知识，增强学生的能力。“社会即学校”，还可以使被传统学校拒之门外的劳苦大众能够受到起码的教育，贯穿了普及民众教育的苦心，同样也值得肯定。

3. “教学做合一”

“教学做合一”是生活教育理论的又一重要主张，是“生活即教育”在教学方法问题上的具体化。陶行知曾解释说：“教学做合一是生活现象之说明，即是教育现象之说明。在生活里，对事说是做，对己之长进说是学，对人之影响说是教。教学做只是一种生活之三方面，而不是三个各不相谋的过程。同时，教学做合一是生活法，也就是教育法。它的涵义是：教的方法根据学的方法；学的方法根据做的方法。事怎样做便怎样学，怎样学便怎样教。教与学都以做为中心。在做上教的是先生，在做上学的是学生。”结合其整个思想看，“教学做合一”包含以下要点：

首先，“教学做合一”要求“在劳力上劳心”。必须“教劳心者劳力——教读书的人做工；教劳力者劳心——教做工的人读书”。

其次，“教学做合一”是因为“行是知之始”。他认为，行(做)是知识的重要来源，也是创造的基础，身临其境，动手尝试，才有真知，才有创新。他形象地比喻说：“行动是老子，知识是儿子，创造是孙子。”不仅个人如此，中国的教育也如此，中国的教育也须从行动开始，而以创造为完成。

其三，“教学做合一”要求“有教先学”和“有学有教”。“有教先学”即“以教人者教己”，或者说

第二部分

教人者先教自己。陶行知曾将"以教人者教己"作为晓庄师范学校的根本教育方法之一,要求教人者先将所教材料"弄得格外明白",先做好学生。同时,教人者还要"为教而学",即先弄明所教对象为什么而学、要学什么、怎么学,"为教而学必须设身处地,努力使人明白;既要努力使人明白,自己便自然而然的格外明白了"。"有学有教"即"即知即传",它要求:会者教人学,能者教人做。还要求:不可保守,不应迟疑,不能间断。

其四,"教学做合一"还是对注入式教学法的否定。根据生活教育的要求,"依据做学教合一原则,实地训练有特殊兴味才干的人,使他们可以按着学生能力需要,指导学生享受环境之所有,并应济环境之所需"。

在"教学做合一"的方法论原则下,陶行知相应对课程、教材也提出了改造意见。关于课程,在学校课程建设的实践中(如在晓庄师范),他具体提出了学校课程编制的设想和计划,这就是以培植学生的"生活力"为追求,遵循学生的需要和可能,由此破除以学科知识体系为原则的课程传统。关于教材,他将教材比喻为用碗盛上的饭,而知识则是饭粒,可见教材是必需的。教材的编写要破除传统以文字为中心的、学用脱节的、"小众"的缺陷,变"读的书"为"用的书",即认识到"书是一种工具,一种生活的工具,一种'做'的工具。工具是给人用的,书也是给人用的"。

1946 年,他又把生活教育的方针总结为民主的、大众的、科学的、创造的。陶行知的生活教育理论是一种大众的、为人民大众服务的教育理论,又是一种不断进取创造,旨在探索具有中国民族特色的教育道路的理论。生活教育理论体现了立足于中国实际,"去谋适合,谋创造"的追求。还是在教育观念的改变方面颇有建树的理论。无论是强调学校教育与社会生活、生产劳动相结合,还是要求手脑并用、在劳力上劳心,都是对学校与社会割裂、书本与生活脱节、劳心与劳力分离的传统教育的反对,显示出强烈的时代气息,至今都富于启示。陶行知的生活教育理论是我国民族教育理论宝库中十分可贵的遗产,值得我们珍惜并认真研究汲取。

迷津点拨 陶行知的可贵精神表现在三方面:第一,为了一个奋斗目标——真心诚意地为使劳苦大众及其子女能够接受教育;第二,极具开拓创新精神;第三,充分尊重儿童的个性和创造精神。

"生活教育"是陶行知教育思想的核心,集中反映了他在教育目的、内容、方法等方面的主张,反映了他探索适合中国国情和时代需要的教育理论的努力。因此,考生要认真把握其"生活教育"思想的内容,同时学会对比分析陶行知与其他国内外教育家思想的异同,以提高综合运用能力。

经典例题

一、名词解释

1. 生活教育

2. 陈鹤琴的“活教育”

二、简答题

简述陈鹤琴活教育思想。

三、论述题

试述陶行知生活教育的主要内容。

答案解析

一、名词解释

1. 生活教育的理论是陶行知教育思想的主线和重要基石。陶行知的教育理论,主要包括“生活即教育”“社会即学校”“教学做合一”三个方面。主张教育同实际生活相联系,反对死读书,注重培养儿童的创造性和独立工作能力。后又把生活教育的特点归结为生活的、行动的、大众的、前进的、世界的、有历史联系的几方面,是争取大众解放、民族解放的教育。

考点分析 主要考查陶行知“生活教育”的理论体系。生活教育的理论是陶行知教育思想的核心所在,包括了教育的目的、内容、方法,是一种创造性的、不断发展前进的教育理论。

2. 20 世纪 30 年代末,陈鹤琴在总结自己以往教育实践和思想的基础上,他明确提出“活教育”主张。该主张具体包括:“活教育”的目的论,即“做人,做中国人,做现代中国人”,“做人”是“活教育”最为一般意义的目的;“活教育”的课程论,即“大自然、大社会都是活教材”,是陈鹤琴对“活教育”课程论的概括表述;“活教育”的教学论,即“做中教,做中学,做中求进步”,这是“活教育”教学方法的基本原则。

考点分析 主要考查陈鹤琴的“活教育”思想体系。“活教育”如同陶行知的“生活教育”理论一样,吸取了杜威实用主义教育的合理内核,即批判传统教育忽视儿童的主体性,力图去除以学校和课堂为中心而脱离社会生活、以书本知识为中心而脱离实际、以教师为中心而漠视学生等弊端,同时也充分考虑到中国的时代背景和国情。这是一种有吸收、有改造、有创新的教育思想。“活教育”是对中国现代教育产生过重要影响的教育思想,其精神至今都不为过时,不少观点对当今的教育改革仍然富有启发。考生要认真掌握“活教育”体系的主要内容。

二、简答题

这是陈鹤琴提出的现代教育主张,具体包括:

(1)“活教育”的目的论,即“做人,做中国人,做现代中国人”,“做人”是“活教育”最为一般意义的目的。陈鹤琴赋予“现代中国人”五方面要求:“要有健全的身体”“要有建设的能力”“要有创造的能力”“要能够合作”和“要服务”。

(2)“活教育”的课程论,即“大自然、大社会都是活教材”,是陈鹤琴对“活教育”课程论的概括

表述。陈鹤琴所谓“活教材”，是指取自大自然、大社会的“直接的书”，即让儿童在与自然、社会的直接接触中，在亲身观察中获取经验和知识。“活教育”的课程打破惯常按学科组织的体系，采取活动中心和活动单元的形式，即能体现儿童生活整体性和连贯性的“五指活动”（“五组活动”）形式，包括：儿童健康活动（包括卫生、体育、营养等），儿童艺术活动（包括音、美、工等），儿童文学活动（包括读、写、说、译等）。

（3）“活教育”的教学论，即“做中教，做中学，做中求进步”，这是“活教育”教学方法的基本原则。据此，陈鹤琴还归纳出“活教育”教学的四个步骤：从直接经验的要求出发，实验观察是获得知识的基本方法；学习间接知识和直接知识是互为补充、缺一不可的；加工整理知识，以故事、报告、讲演的形式表达出来；通过集体和小组讨论，共同研究，以便互相启发和鼓励，臻于完美。

三、论述题

陶行知“生活教育”有丰富的思想内容，主要包括：

（1）“生活即教育”

“生活即教育”是陶行知生活教育理论的核心，其内涵十分丰富：生活含有教育的意义，“教育的根本意义是生活之变化。生活无时不变即生活无时不含有教育的意义。因此，我们可以说：‘生活即教育’”；实际生活是教育的中心，“生活教育是生活所原有，生活所自营，生活所必需的教育”，生活与教育是一回事，是同一个过程，教育不能脱离生活；生活决定教育，教育改造生活。一方面，生活决定教育，表现为教育的目的、原则、内容、方法都为生活所决定，是为了“生活所必需”；另一方面，教学又能改造生活，推动生活进步。“生活即教育”所强调的是教育以生活为中心，所反对的是传统教育脱离生活而以书本为中心。尽管它在生活与教育的区别和系统的知识传授方面有所忽视，但在破除传统教育脱离民众、脱离社会生活的弊端方面，有十分重要的意义。

（2）“社会即学校”

“社会即学校”是生活教育理论的另一重要主张，是“生活即教育”思想在学校与社会关系问题上的具体化，其主要内涵是：“社会含有学校的意味”，或者说“以社会为学校”。由于到处是生活，到处都是教育，“整个的社会是生活的场所亦是教育之场所”。也就是说，学校通过与社会生活结合，一方面“运用社会的力量，使学校进步”，另一方面“动员学校的力量，帮助社会进步”，使学校真正成为社会生活必不可少的组成部分。

“社会即学校”扩大了学校教育的内涵和作用，使被传统学校拒之门外的劳苦大众能够受到起码的教育，贯穿了普及民众教育的苦心。

（3）“教学做合一”

“教学做合一”是生活教育理论的又一重要主张，是“生活即教育”在教学方法问题上的具体化。“教学做合一”包含以下要点：“教学做合一”要求“在劳力上劳心”，必须“教劳心者劳力——教读书的人做工；教劳力者劳心——教做工的人读书”；“教学做合一”是因为“行是知之始”，正所谓“行动是老子，知识是儿子，创造是孙子”；“教学做合一”要求“有教先学”和“有学有教”。“有教先学”即“以教人者教己”；“有学有教”即“即知即传”，它要求：会者教人学，能者教人做；“教学做合一”是对注入式教学法的否定。

第三部分

外国教育史

考情分析

学科特点分析

在全国教育硕士研究生招生考试中,《教育史》(包括《中国教育史》与《外国教育史》)占据着尤为重要的地位,值得考生给予特别关注。就外国教育史这一学科的主要特点来看,主要体现在以下几个方面:重要名词较多,且分布过于零散,几乎在各个章节中都会出现,需要考生给予特别关注;教育思想史考查的比重明显多于教育制度史,前者的主要考查方式是论述题,后者的主要考查方式是名词解释题;经典题目考试重复出现的比例较大,例如赫尔巴特、杜威、裴斯泰洛齐的教育思想,在多数院校中几乎年年都会考到,而生僻的知识点,如苏联的教育制度、教育思想等很少考查;教育文献资料涉及面较广,要求考生要在广泛阅读专业文献的基础上才能深入理解各个考点。这些特点是考生在复习中必须予以重点关注的内容。

题型与分值分布

从本学科在全国教育硕士研究生招生考试中的题型与分值来看,本学科在命题中的主要题型是名词解释、简答题与论述题。这是由本学科的考点较为零散、教育思想史较为重要两大特点决定的。就大多数院校命题情况来看,一般是,名词解释中1～2个,简答题中2个居多,论述题2个占多数。

复习建议

鉴于此,建议考生在复习中注意以下三点:其一,注意整理归纳,整理好往届各校的公共考点与常考知识点,将之编制成册,做到有针对性地复习;其二,做好对经典题目、著名教育思想等的整理,分析其常见考查方式,做到有针对性地复习;其三,加强理解,谨防死记硬背,毕竟考点过多、过散,要学会化繁为简、化难为易,在答题中善于结合实际,在确保要点准确性的基础上展开论述,提高本学科得分。

第一章

古希腊教育

本章属于外国教育史的基本知识部分，主要讲述了古希腊不同历史时代（古风时代、古典时代、希腊化时代）的教育活动和教育制度：古风时代斯巴达、雅典的教育，古典时代"智者派"的教育活动及其教育贡献以及希腊化时代的教育活动。此外，古希腊时期涌现出了一批影响深远的思想家、教育家，以苏格拉底、柏拉图和亚里士多德为代表。本章不是考研中考查的重点，多以名词解释的方式考查。建议考生在复习中了解以斯巴达和雅典为代表的古希腊两种典型教育模式，分析其成因和比较其异同；掌握"智者派"、苏格拉底、柏拉图、亚里士多德教育观点的基本内容及其对后世的影响。

第一节 古风时代的教育

一、斯巴达教育【重要】

1. 教育概况

斯巴达人是多利亚人的一支，公元前1200年从北方侵入希腊半岛，最后，占据了伯罗奔尼撒东南部的拉哥尼亚。公元前8世纪，斯巴达统一了拉哥尼亚，把原来的居民希洛人变成奴隶。斯巴达要镇压奴隶暴动，要制服占人口绝大多数的奴隶，因而将全国建成军营，成为一个以军事为第一要务的穷兵黩武的国家。斯巴达为了强化其国家机器，便实行全国皆兵，尚武成为斯巴达国家的灵魂，它的教育也由这种尚武精神所决定。在斯巴达，教育被当作一项极为重要的国家事业，教育完全由国家控制。

2. 教育目的

训练良好的公民，培养合格的军人，培养坚韧不拔的战士和一个绝对服从的公民是斯巴达教育的唯一目的。斯巴达每一个公民都是军人，从小接受军事训练是每个公民的义务，成年后成为正式的军人，服兵役直至60岁。

3. 教育制度和教育内容

斯巴达人实行严格的体格检查制度。公民子女出生后，由长老代表国家检查新生儿的体质情况。只有那些健康的新生儿，才被允许抚养。身体孱弱或有残疾的新生儿则被弃之荒野。实行体检制度的目的在于，保证种族在体质上的“优越性”，培养体格强壮的战士。

在7岁以前，公民子女在家中接受母亲的养育。

7~18岁，儿童进入国家的教育机构，开始军营生活。在这个阶段，教育的主要任务是通过严格的军事体育训练和道德灌输，使儿童养成健康的体魄、顽强的意志以及勇敢、坚忍、顺从、爱国等品质。教育的主要内容是“五项竞技”（即赛跑、跳跃、摔跤、掷铁饼和投标枪，这些同时也是古代奥运会的主要比赛项目）、神话、传说，以及祭神、竞技和各种仪式。

从18岁起，公民子弟进入高一级的教育机构——青年军事训练团。青年军事训练团的主要任务是进行正规的军事训练，其中的一个重要科目是所谓的“秘密服役”，即在夜间对希洛人进行突然的袭击。

年满20岁的公民子弟开始接受实战训练，到30岁，正式获得公民资格。

与绝大多数古代国家不同的是，斯巴达人非常重视女子教育。女子通常和男子接受同样的军事、体育训练，其目的是造就体格强壮的母亲，使其生育健康的子女。女子教育的另一目的是，当男子出征时，妇女能担负起防守本土的职责。

斯巴达教育只重军事体育训练，认为人的价值在于勇敢、服从、坚忍、强健。他们轻视知识、学术，甚至不学读、写、算。

二、雅典教育【重要】

扫一扫，看视频

1. 教育概况

雅典大约是与斯巴达同时建立的一个希腊城邦，雅典也形成了自己的一套教育体系。它与斯巴达的教育有很大的不同，是古希腊的另一种教育，它是除斯巴达等少数城邦之外的其他希腊诸城邦教育的典型，在古希腊具有代表性。

与斯巴达一样，雅典城邦也高度重视教育。早在公元前6世纪，梭伦立法中就明确规定，父亲有责任让其子女接受适当的教育，否则，子女成年后有权不赡养父亲。

2. 教育目的

雅典和斯巴达的教育目的都是为了培养良好的公民：能把公共利益置于个人之上，对国家无限忠贞，为了国家利益不惜牺牲自己的生命。但是这两个国家公民的概念是有所区别的。斯巴达人认为一个优秀的公民就是一个忠贞爱国、勇敢杀敌的战士，因此斯巴达只重视军事体育教育。而雅典人的公民概念要广泛得多。它不仅要求一个人要有健康的体魄，英勇善战，而且更能过好和平的生活，因此一个理想的公民还须有广泛的文化素养，发达的智力，多方面的兴趣，关心国事，而且要有审美力，有文学艺术的兴趣，等等。

雅典人所向往的教育，是既能发展人的身体又能发展人的心灵的教育。他们所追求的是身体美与心灵美的结合。他们渴望的是身心都能得到和谐发展的教育。因此，一个最好的公民是道德、智慧、健康、美感诸品质全都集于一身的人。雅典的教育是一种身心统一的和谐教育。

3. 教育制度和教育内容

公民子女出生后,也要进行体格检查,与斯巴达不同的是,雅典儿童的体检由父亲进行。

7 岁前,儿童在家中由父母养育。

7 岁以后,女孩继续在家中由母亲负责教育,学习纺织、缝纫等技能;男孩则开始进入文法学校、弦琴学校学习。文法学校主要教授读、写、算等知识,弦琴学校则教授音乐、唱歌、朗诵等。

到 13 岁左右,公民子弟一方面继续在文法学校或弦琴学校学习,另一方面则进入体操学校(又称角力学校),接受各种体育训练:游泳、舞蹈、赛跑、跳跃、摔跤、掷铁饼、投标枪,其目的在于使公民子弟具有健全的体魄和顽强、坚忍的品质。

到 15、16 岁,大多数公民子弟不再继续上学,开始从事各种职业,少数显贵子弟则进入国立体育馆,接受体育、智育和审美教育。

18 ~ 20 岁,青年进入青年军事训练团,接受军事教育;到 20 岁,经过一定的仪式,被授予公民称号。

与斯巴达不同的是,雅典人认为,要培养公民在履行公共义务时所应具有的理智、聪慧和公正等品质,这是要由国家来规定的。但是,在如何安排个人的闲暇时间以及勇敢等品质的培养上,就不能完全依靠由国家控制的教育。因此,雅典盛行私人办学,国家只负责 16 ~ 20 岁青年的教育。

雅典的妇女没有斯巴达妇女那样幸运,她们的社会地位较低,妇女在家中深居简出,女孩子也只是在家庭中受教育。

第二节 古典时代的教育

一、"智者派"【一般】

希波战争后,雅典社会进入了一个思想启蒙、个性解放的时代。公元前 5 世纪后期,随着智者的出现和智者运动的兴起,希腊教育思想的发展进入一个新的历史时期。

所谓"智者"(sophists,又称诡辩家),在荷马时代,是指某种精神方面的能力和技巧,以及拥有这些能力和技巧的人。到公元前 5 世纪后期,"sophists"一词获得了新的、特殊的含义,被用来专指以收费授徒为职业的巡回教师。这些人云游各地,积极参加城邦的政治和文化生活,以传播和传授知识获得报酬,并逐步形成了一个阶层。

智者派产生于希腊奴隶主民主政治制度的鼎盛时期。它深刻反映了时代的要求,同时又进一步促进了当时在古希腊(尤其是在雅典)开始的思想启蒙运动。智者派虽然不是真正意义上的学派或学术团体,智者们也没有统一的哲学主张和政治见解;但是,共同的职业、共同的治学内容以及共同的时代要求,赋予智者以共同的思想倾向和价值观。智者派共同的思想特征是相对主义、个人主义、感觉主义和怀疑主义。在智者看来,一切知识、真理和道德都是相对的,都有赖于具体的感知者。在一个人看来是真的,就是他所说的真。没有客观真理,只有主观意见。普罗塔哥拉指出:"事物对于你就是它向你呈现的样子,对于我就是它向我呈现的样子。"由此,他提出:

"人是万物的尺度,是存在者存在的尺度,也是不存在者不存在的尺度。"

二、"智者派"的教育活动和教育贡献【一般】

智者不仅在希腊文化史上占有重要地位,作为西方最早的职业教师,他们对希腊教育实践和教育思想的发展,同样做出了重大贡献。

1. 有教无类,学术自由

智者云游四方,在各个城邦游走授业。他们对教授知识的对象要求不多,以钱财而不以门第作为教学的唯一条件,所需要的就是能够付得出报酬。这种游走讲学、自由授业的教育,扩大了教育对象的范围,对促进城邦之间的文化交流、推动文化知识的大众化传播和增进社会流动,起到了重要作用。

2. 确立了培养政治家的教育目的

智者最关心的是道德问题和政治问题,并把系统的道德知识和政治知识作为主要的教育内容。这样,不仅丰富了教育内容,而且提供了一种新型的教育——政治家或统治者的预备教育。这种教育是奴隶主民主政治发展到鼎盛时期必然产生的客观需要。

3. 扩大了教育的内容

智者适应了时代对辩论、演讲的广泛需要,抱着实用的目的研究与辩论、演讲直接相关的文法、修辞、哲学等科目,并把这些知识传授给他人,因而,既拓展了学术研究的领域,又扩大了教育内容的范围。西方教育史上沿用长达千年之久的"七艺"中的前三艺(即文法、修辞和辩证法),正是由智者首先确定下来的。

4. 职业教师的出现使教育开始走向职业化

智者的出现表明,在希腊,职业教师已逐步取代原有的"大众教师"(如诗人、戏剧作家),教育工作已经开始职业化。这对提高教师的地位、提高教育工作的成效,无疑具有重要的意义。也由于职业教师的出现,教育活动的内容、方法逐渐规范化,这同样有助于教育的进步。

5. 奠定了希腊教育思想的基础

智者对希腊教育思想的发展所做出的贡献尤为突出。正是由于智者的出现,希腊教育思想才真正成型。这主要表现在两方面:一方面希腊教育思想所探讨的基本问题,大多已由智者提出,并在不同程度上做了理论的探讨;另一方面,希腊教育思想中的一些基本范畴、命题、原理,在智者们的言论中也或多或少地涉及了。简言之,在智者的教育思想中,已经包含了全部希腊教育思想发展的基本线索和方向。

第三节 希腊化时期的教育【一般】

在希腊化时期,古希腊的教育发生了以下诸方面的变化:

一、学校教育制度广泛传播

希腊，特别是雅典的学校教育制度，广泛传播到小亚细亚、美索不达米亚、波斯、埃及等广大地区，从而对这些地区的教育发展起了积极的推动作用。

二、文化和教育中心发生转移

在古典时期，雅典一直是文化和教育的中心，而在希腊化时期，这一中心逐步转移到亚历山大里亚城。在整个希腊化时期，亚历山大里亚城一直是地中海东部文化交流的中心。

三、希腊的初级学校发生蜕变

在古典时期，希腊的小学通常注重实施以德育、智育、美育和体育为基本内容的多方面教育，以促进学生多方面能力的和谐发展。而在希腊化时期，由于城邦的覆灭，带有军事目的的体育首先被取消，美育逐步被削弱，小学教育的内容主要局限于读、写、算等知识性科目，注重和谐发展与多方面教育的传统遭到破坏。

四、中等教育同样面临衰微的境地

在希腊化时期，原有的中等教育机构——体育馆为文法学校所取代。与此相联系，中等教育日益偏重于知识教学，尤其强调文学教育，体育和美育被忽视。中等教育也逐步偏离了希腊教育的传统，其功能逐渐缩小。

五、高等教育得到明显发展

除原有的柏拉图的学园、亚里士多德的吕克昂和伊索克拉底的雄辩术学校（亦译“修辞学校”）之外，出现了由芝诺开办的斯多噶学派的哲学学校和伊壁鸠鲁开办的伊壁鸠鲁学派的哲学学校。

六、教育机会逐步扩大

教育机会被公民垄断的局面逐步被打破，更多的社会集团、更多的人享受到了受教育的机会。

第四节 苏格拉底的教育思想【重要】

扫一扫，看视频

一、苏格拉底的生平及教育活动

苏格拉底（Socrates，前469—前399年），古代希腊哲学家、教育家，在哲学史和教育史中占有崇高的地位。他在西方哲学史上开辟了从自然哲学向伦理哲学转变的新阶段，在教育上他和孔丘一样施行“有教无类”，以“问答法”著称，是古今中外长期受到人们尊敬的教育家。

苏格拉底出生于雅典平民家庭，父亲是雕刻匠，母亲是助产婆。他年轻时，曾从事雕刻工作，以后便专心致志于哲学的探讨和教育工作。苏格拉底一生勤奋好学，熟读了荷马和其他诗人的作品，吸收了家乡街头传闻的各种新理论。苏格拉底活动的时期，也正是来自希腊各地的智者活跃于雅典的时期。他听过智者的讲演，但他对智者的无知佯装有知、争名求利、无原则、无是非和巧言佞色深感厌恶，这促使苏格拉底从反面去思考人生的真谛、真理的实质，使他高出智者之上，并开辟了西方哲学史上的一个新时代。

苏格拉底一生的主要事业是探讨伦理哲学和从事公众教育。他在从事教育活动时，从不收取学费。当时没有学校，没有教科书，苏格拉底的教育活动是以演讲、交谈的方式在各种场合进行的。广场、作坊、市场、街道都是他施教的地点。他的教育对象广泛，有贵族派成员，也有民主派成员；有豪门巨富的子弟，也有手工业者、穷人。

二、教育目的论——造就治国人才

苏格拉底认为教育的目的是培养治国人才。他对用抽签办法挑选国家官员的传统提出批评，认为把管理国家大事这种重大任务交给偶然中签的随便什么人，而不问他们的才德如何，这是不负责任的极端民主。苏格拉底是历史上最早的专家治国论者，这是柏拉图培养哲学王的思想渊源。他认为治国者必须有德有才，深明事理，具有各种实际知识。只有学识渊博而具有“善德”的人，才能把城邦治理好。因为真正的统治者是“那些懂得怎样统治的人”。因此，教育的目的在于培养治国人才。苏格拉底指出在处理政务时，应该听取“有专门知识的人的意见”。

三、德育论——教育的首要任务是培养道德

伦理、道德问题是苏格拉底整个思想体系的中心。苏格拉底认为，教育的首要任务是教人“怎样做人”。苏格拉底教育人们要“努力成为有德行的人”，具体来说，就是培养人们具有智慧、正义、勇敢、节制四种美德。

苏格拉底认为道德不是天生的，正确的行为基于正确的判断，做坏事的人按照错误的判断行事，没有人会明知故犯，所以教人道德就是教人智慧，教人辨别是非、善恶，正确地行事，智慧就是道德。

苏格拉底认为，人与宇宙万物一样，同是神的造物，所不同的是，神不仅创造了人的肉体，而且为人安排了灵魂。人的一切知识、智慧、道德都存在于人的灵魂之中，都是灵魂的属性。因此，知识、智慧和道德具有内在的直接的联系。他认为，人的行为之善恶，主要取决于他是否具有有关的知识，只有知道什么是善，什么是恶，人才能趋善避恶。在这个意义上，苏格拉底明确指出“美德即知识”。

从“智德统一”的观点出发，苏格拉底进而提出“德行可教”的主张。在他看来，既然道德不是出自于人的天性，而是以知识或智慧为基础，那么美德就是可教的。通过传授知识，发展智慧，就可以培养具有完善道德的人。因此，知识教育是道德教育的主要途径。智慧即德行（知识即道德）的论断在教育实践上具有重要意义。既然正确行为基于正确认识，对人进行道德教育就是可能的，道德是可教的。后世的教育家因此把发展道德意识、道德判断作为德育的重要任务之一。这个见解可以说是近代教育性教学原则的雏形。

四、智育论——掌握广博而实用的知识

苏格拉底认为，治国者必须具有广博的知识。苏格拉底除教授政治、伦理、雄辩术和人生所需要的各种实际知识以外，第一次将几何、天文、算术列为必须学习的科目，学习这些学科的目的在于实用，而不在于纯理论的思辨。

五、苏格拉底方法

苏格拉底方法也称为问答法，这是苏格拉底探讨伦理哲学的研究方法，也是他的教学方法。苏格拉底在哲学研究和讲学中，形成了由讥讽、助产术、归纳和定义四个步骤组成的独特的方法，称为苏格拉底方法。

(1)四个步骤

①讥讽，就是就对方的发言不断提出追问，迫使对方自陷矛盾，无言以对，终于承认自己的无知。教师以无知的面目出现，通过巧妙的连续诘问，使学生意识到自己原有的观点是混乱的、不确切的。苏格拉底认为这一步非常必要，因为只有当学生认识到自己的无知时，才有可能学习知识。

②助产术，即帮助对方自己得到问题的答案。教师进一步启发、引导学生，使学生通过自己的思考得出结论。苏格拉底曾说，他自己虽然无知，但却能用辩论的方法帮助别人获得知识，正如他的母亲是助产士，虽年老不能生育，但能帮助别人生产一样。由于这个原因，苏格拉底法又被称作“产婆法”或“助产术”。

③归纳，即从各种具体事物中找到事物的共性、本质，通过对具体事物的比较寻求“一般”。

④定义，是把个别事物归入一般概念，得到关于事物的普遍概念。

(2)优点与局限

①优点：不是将现成的结论硬性灌输或强加于对方，而是与对方共同讨论，通过不断提问诱导使对方认识并承认自己的错误，从而自然而然地得到正确的结论。这种方法遵循从具体到抽象、从个别到一般、从已知到未知的规则，为后世的教学法所吸取。

②局限：这种原始的教学方法是在当时没有成熟的教材、教科书和没有正规课堂教学制度的特定历史条件下的产物，它不是万能的教学方法，只能在一定条件下和适度范围内作为参照。首先，受教育者必须有探求真理、追求知识的愿望和热情；其次，受教育者必须就所讨论的问题积累了一定的知识，否则问答便无法进行；最后，苏格拉底谈话的对象是已经有了一定知识基础和推理能力的成年人，这种方法不能机械地搬用于幼年儿童。

第五节　柏拉图的教育思想【重要】

扫一扫，看视频

一、柏拉图的生平和教育活动

柏拉图(Plato，前427—前347年)，古希腊哲学家、教育家，是古代西方哲学史上客观唯心主义

的最大代表人物。在西方教育思想史上，柏拉图的《理想国》、卢梭的《爱弥儿》、杜威的《民主主义与教育》被称为三个里程碑。

柏拉图出生于雅典奴隶主贵族家庭，20 岁师从苏格拉底，致力于哲学的研究。柏拉图在苏格拉底门下学习 8 年。苏格拉底死后，柏拉图离开雅典，到麦加拉、埃及、南意大利、叙拉古等地游学，希望有贤明的君主能采纳他的政治主张。但是，他的治国主张并未得到赏识，自己还差点被卖为奴隶，幸被赎出，回到雅典。

公元前 387 年，柏拉图回到雅典创办了阿卡德米（Academy，即学院），授徒讲学，培养了包括亚里士多德在内的一大批学生。他一生撰写了大量著作，其教育思想主要体现在他的代表作《理想国》和《法律篇》中。柏拉图终身未婚，在一次朋友的宴会上，安然与世长辞，享年 80 岁。

阿卡德米学院，又称“柏拉图学院”，程度相当于高等学校。学院学生主要学习哲学，另外，也学习伦理学、政治、法律、文学、数学、音乐等。柏拉图学院创立后，智者派非正规高等教育被这种正规教育取代。所以，有的学者认为，柏拉图开创了西方高等教育的先河。公元 529 年，学院被帝国皇帝查封，至此学校办学前后达 900 多年。Academy 这个词被保留下来，在哲学史上，学院被称为阿卡德米哲学学校，柏拉图学派被称为学院派（学园派）。

二、“学习即回忆”——教育思想的理论基础【重要】

客观唯心主义（理念论）是柏拉图全部学说的理论基础和出发点，也是他的教育思想的理论依据和基础。

“理念”是柏拉图虚构的一种思想精神境界，是不依靠任何个别事物并先于任何个别事物而客观存在的精神实在。柏拉图把世界划分为两个世界：现象（现实）世界和理念世界。现象世界是指日常见到的，生活着的现实世界（物质世界）；理念世界是指离开人类而独立存在的精神世界，是在现象世界之外的。两者的关系是：现象世界是暂时的、变动的、虚幻的、不真实的；而理念世界是永恒的、不变的、实在的。他认为，现象世界只是理念世界的摹本（影子），现象世界中的具体事物是理念世界中的理念派生出来的。也就是说现象世界的本原不是物质的，而是观念的、精神的。世界中各种美的事物是由理念世界中美的理念派生出来的。

这种理念论是典型的客观唯心主义，它颠倒了物质存在与意识的关系，认为不是物质第一性，而是精神第一性。他把普遍的概念加以绝对化，使之成为可以忽略、脱离具体事物而独立存在的东西，从而割断了普通概念和具体事物的有机联系。

柏拉图从唯心的理念论出发，提出了唯心主义认识论——回忆说。他认为，所谓知识、真理不是人们对现实世界的认识，而是对所谓理念世界的认识。理念世界应如何认识呢？他认为，认识理念世界不能靠感觉，感觉只能提供错误的认识，认识理念世界主要靠灵魂对理念世界的回忆。因为人的灵魂是永恒的、不变的，灵魂在投生以前寄居在理念世界之中，它已经认识了理念世界中的一切理念。当灵魂与肉体结合转生为人时，由于对进入牢笼（肉体是灵魂的牢笼）和失去自由而产生惊吓、恐惧，并且受到现象世界中各种欲望诱惑等原因，使本来具有的知识，或已认识的理念遗忘了。不过，这种对真理和知识的遗忘和灵魂的睡眠状态是暂时的，如果遇到适宜的条件,或给予适当的提示(如用精神助产术),特别是借助可感事物(理念的副本)的启示,便能唤醒和回忆起灵魂中已有的知识。"认识就是回忆""一切研究、一切学习只不过是回忆罢了",学习并不是从外部得到什么东西,它只是回忆灵魂中已有的知识。

三、《理想国》中的教育观

柏拉图的《理想国》是一部讨论政治和教育的著作,也是欧洲历史上第一部空想社会主义的著作。柏拉图生活于希腊的城邦危机开始的时代。当时,经济日益衰退,阶级斗争激化,平民不断起义。所以,他对当时雅典民主政治制度不满,认为这种民主搅乱了长幼尊卑的秩序。在《理想国》中,他精心设计了一个他心目中理想的国家,并为这个理想国家的实现提出了完整的教育计划。

1. 柏拉图设想的理想国的基本特点

(1)一个理想的完美的社会和国家,必须由三部分人组成:执政者、军人、工农商

执政者是监护整个国家和妥善谋划国家政事的人。他们是金质的,具有智慧的美德,最适宜成为国家的最高统治者。哲学是智慧的最主要的标志。哲学家是智慧的化身,所以,只有哲学家才能担任国家的执政者。军人、武士是维持社会秩序的保国者,他们属于银质的,心灵中意志成分最强,具有勇敢的美德,最适宜于成为国家的辅助者。专门从事生产资料生产、制造和贩运的工、农、商是供养者,他们是铜铁质的,心灵中欲望成分最多,具有节制的美德。他们最适宜于从事体力劳动,供养智慧的哲学家和勇敢的军人。

(2)理想国三个阶级的人应服从各自的天性

各安其位,各尽其职,"干他自己分内的事而不干涉别人分内的事",互不干扰,这样整个国家社会充满正义。智慧、勇敢、节制、正义是理想国的四大美德。

(3)理想国统治阶级内部(执政者、军人)实行共产制

个人不占有任何私人财产、不建立家庭。柏拉图认为,一个安排得非常理想的国家,必须妇女公有,儿童公有,全部教育公有,实行公妻制。男女一律平等,所有妇女是所有男子的妻子,孩子一生下来就由国家抚养,使之不知谁是他的父母。他还倡导优生,体弱身残的儿童一生下来就被弃之沟壑。这些主张的原型,大都来自于斯巴达的实际措施。

柏拉图认为,欲念、侵犯、斗争来源于私有财产,无私产便无财产的纠纷,无妻子则无私人感情上的快乐和痛苦。

晚年,柏拉图在《法律篇》中对《理想国》中的某些论点做了一些修补。

2. 理想国的教育体制

实现理想国家的另一重要保证是良好的教育,有了良好的教育方能造就出国家的顺民和合格的统治者。柏拉图认为,应把办好教育作为国家的重要职责,教育应由国家集中领导管理,由国家管理、监督一切教育机构,取消私人办学,对全体公民实施强迫教育。

(1)教育目的

理想国中教育的最高目标是培养哲学家兼政治家——哲学王。这种教育贯穿于人的整个一生。

第三部分

(2)学制

根据柏拉图的见解,奴隶制国家公民子女为国家所有,由国家负责教育和养育,分五个阶段:

①学前教育阶段(出生～6岁)

公民子女从出生到3岁,要挑选有经验的女仆加以照顾,由国家最优秀的公民进行教育。要求儿童注意养成良好习惯。柏拉图认为一个人在小时候养成的良好习惯,对以后品德形成将起良好作用。

3～6岁,儿童被送到附设在神庙的儿童游戏场,由国家委派的女公民负责教育。学习内容有:唱歌、听故事、做游戏。柏拉图对儿童游戏十分重视,认为游戏是儿童天性所需。他要求不强迫孩子们学习,主张采用做游戏的方法,在游戏中更好地了解每个孩子的天性。但是游戏必须有选择,孩子们参加的游戏必须符合法律精神。柏拉图是西方第一个提出公共教育思想的哲学家,是"寓学于乐"的最早提倡者。

②初等教育阶段(7～16、17岁)

7岁后,儿童进国立初等学校,主要课程有读、写、算、音乐。14岁进体操学校,学习内容有五项竞技、体操、射箭、野营等。到16、17岁,以勇敢为标准进行第一次考核,成绩不好的做农工,好的继续升学。

③军人教育阶段(17～20岁)

学生进国立高等军事学校"埃弗比"团,接受专业军事训练,还要继续学习音乐、体操及算术(为以后调兵布阵、布置军队、计算船只用)、几何(为以后造军营、测量作战阵地、编队布阵服务)、天文(为航海、行军打仗之用)。

这一阶段学习期满进行第二次考核,标准是理智(潜智),少数优秀的,对智力有兴趣的,各方面发展良好的青年继续学习,其余大部分投入军营,当一名军人。

④哲学家预备教育阶段(20～30岁)

学生学习高一级算术、几何、天文、乐理和哲学,学习目的不是为实用,而是为了发展思维能力。柏拉图认为,认识理念世界要靠思维学习,要激发学生对理念世界的兴趣。

到了30岁,以理性为标准进行第三次考核,抽象思维能力一般者就充当一般国家官员,帮助哲学家治理国家,个别极优秀的人继续深造,进入学习哲学阶段。

⑤哲学家教育阶段(30～35岁)

学习高级哲学,研究辩证法,这个辩证法是哲学的最高学科,是指导人类认识最高的善的观念的科学。柏拉图说:"当一个人根据辩证法企图只用推理而不要用任何感觉以求达到每个事物的本身(即理念),并且这样坚持下去,一直到他通过纯粹的思想而认识到善的本身的时候,他就达到了克制世界的极限",这个思想进程就叫辩证法。

学生接受完这一阶段教育后成为哲学家,就可以执政,执政后一方面执政,另一方面要继续学习,到50岁,确实能治国,就成为哲学王。

(3)女子教育

柏拉图主张女子和男子受平等的教育,在担任国家职务方面不分男女。不论是女人还是男人，一样都可成为执政者或是军人。在国家中，没有一件事是专属男子干的，或专属女子干的。因此，女子应接受与男子同等的教育。女子与男子的唯一区别是体弱，所以作战时可辅助男子。

扫一扫，看视频

第六节　亚里士多德的教育思想【重要】

一、亚里士多德的生平和教育活动

亚里士多德（Aristotle，前 384—前 322 年）是古代希腊百科全书式的学者，恩格斯称亚里士多德“已经研究了辩证思维的最主要的形式”。黑格尔称亚里士多德为“人类的导师”。亚里士多德对西方的教育和教育思想有着深远影响。

亚里士多德是柏拉图的学生，17 岁时来到雅典，入柏拉图学园求学，在学园生活和学习 20 年之久，被誉为“学园的精英”。柏拉图死后，他便离开了学园，周游了一些地方。

公元前 343 年，亚里士多德受马其顿国王聘请，任王子亚历山大的老师。公元前 335 年，亚里士多德返回雅典，仿照柏拉图阿卡德米学园，创办了“吕克昂”哲学学校。这所学校既是一座高等学校，又是科研中心。亚里士多德在学园一边讲学，一边从事科学研究，著书立说。后来亚历山大即位，给亚里士多德的科学研究提供了大批的经费，并派许多人收集资料，供他研究。

亚里士多德的研究范围很广，几乎研究了当时的一切领域：哲学、地理学、逻辑学、历史学、物理学、天文学、医学、政治学、伦理学、美学、心理学、生物学等，而且在各门学科都有建树，是个百科全书式的学者，对古希腊哲学和自然科学做出了高度总结，是古希腊科学的集大成者。马克思称他是古希腊最伟大的思想家，恩格斯说他是古希腊哲学家中最博学的人物。后世的各种经验思想几乎都被亚里士多德以萌芽的形式提出过，他的许多卓越见解至今仍不失其意义。

二、灵魂论与教育

1. 灵魂论

亚里士多德在《论灵魂》和《尼各马可伦理学》中都将人的灵魂区分为两个部分：理性的部分和非理性的部分。非理性部分又包括两种成分。所以人的灵魂由三部分构成，即营养的灵魂、感觉的灵魂和理性的灵魂。这三个部分相应于植物的灵魂、动物的灵魂和人的生命。在灵魂的三部分中，植物的灵魂与理性不相干，动物的灵魂即感觉的灵魂、欲望的灵魂，在一定程度上有理性，但它天性中有某种反理性的倾向，与理性相对抗、相搏斗，但又可能有理性，特别是能自制的人更是如此。使灵魂的三个部分在理性的领导下和谐共存，人就成为人。

2. 灵魂论的教育意义

(1) 灵魂论说明人也是动物

人的身上也有动物性的东西，它们与生俱来，采取不承认主义或企图消灭它，是违反人的本性的，也是做不到的。

(2)发展人的理性，使人超越于动物的水平，上升为真正的人，这就是教育特别是德育的任务

人具有理性，人不同于动物，高于动物。能否用理性领导欲望，使欲望服从理性，是人与动物区分的标志。任凭欲望肆虐，不听从理性的领导，人就降低成为动物。用理性引导、限制、指导欲望，人就上升为人。

(3)灵魂的三个组成部分的理论为教育必须包括体育、德育、智育提供了人性论上的依据

亚里士多德认为，与灵魂的三个部分(植物灵魂、动物灵魂、理性灵魂)相适应，对儿童应实施体、德、智全面和谐发展的教育。体育的目的是使儿童身体强壮并具有勇敢的精神；道德教育是为了驯服人的动物灵魂，使之成为有德行的人；智力教育的对象是人的理性灵魂。

三、教育作用论

亚里士多德提到了人形成为人的三个因素，“有三种东西能使人善良而有德行，那就是天性、习惯和理性。由于天性、习惯和理性不能经常统一，要使它们互相协调并服从于理性，除了通过立法者的力量外，就寄托于教育”。重视人的天性，在良好的环境和正当的行为中养成良好的习惯，并通过教育发展人的理性，使天性和习惯受理性的领导，人就能成为有良好德行的人。在这三个因素中，教育有其特殊作用。

亚里士多德关于形成人的三要素的理论，是后世关于遗传、环境和教育的理论的雏形，也是卢梭划分自然教育、事物教育和人为教育的张本。不同的是，卢梭以事物教育和人为教育服从于自然教育(天性)，亚里士多德则坚持天性、习惯服从于理性的指导。

亚里士多德在高度评价教育的作用时，并不认为教育在人的形成中的力量是万能的。教育并不能使那些天性卑劣而又在不良环境中养成了坏习惯的人服从理性的领导。对于拒不服从理性领导的不可救药的人，强制和惩罚是必要的。只有当法制、良好的环境影响、正确的家庭影响和教育形成合力时，人才能成为道德高尚的人。

迷津点拨 柏拉图在教育史上的历史地位和影响：

1. 他创办的哲学学院开创了西方大学教育的传统，对西方高等教育的产生与发展具有不可磨灭的影响。

2. 他充分肯定教育的重要作用，系统地论述了教育与政治、教育与智力发展的关系，提出教育对治国、培养统治者的作用，成为“社会本位论”的代表人物之一，也是西方教育万能论的古代代表人物。

3. 他首次提出了优生、胎教、计划生育及公共学前教育的思想，并论述了学前教育的内容及方法。

4. 他最早从理论上论证了女子受教育的必要性和可能性，为近代女子教育的开展提供了借鉴依据。

5. 他提出了广泛的教学科目。他主张开设的算术、几何、天文、音乐成为古代的“四艺”，和智者

“三艺”(辩论术、修辞术、文法)合为“七艺”。后来,“七艺”作为教学内容支配了欧洲中、高等教育达1 500年之久。另外,他还具体提出了各门学科的作用。

6. 他第一次确定了心理的基本范畴及相应的伦理学范畴(即理性、意志、感情及智慧、勇敢、节制)。

7. 柏拉图是西方客观唯心主义哲学的鼻祖,影响西方的思想及文化教育达2 000年之久。

8. 将培养心智能力放到首位,开创了主智主义教育传统。其弊病则是抬高理性,贬低感觉,轻视生产实践,助长了教学脱离实际的倾向。

9. 由于强调神性至上、至善,从宏观上说,开创了西方教育科学的神学进程。

亚里士多德在教育史上的历史地位和影响:

1. 首次提出了教育必须适应自然(儿童天性)的思想,并据此做了划分儿童教育年龄阶段的尝试,开创后世“遵循自然”教育思想的先河。

2. 亚里士多德的“白板说”后为洛克等人继承发展,成为“外铄论”。而他的“潜能发展”说则萌芽着“内发论”的倾向。亚里士多德对后世这两大思潮的形成发展都有一定影响。

3. 首先指出了教育学和心理学的密切联系,要求教育与人的心理活动特点相适应,论证了以美育为重点的德、智、美和谐发展的原则。

4. 倡导文雅教育,对后世有重要影响。

经典例题

一、名词解释

1. 《理想国》
2. 智者

二、简答题

1. 简述斯巴达教育的特点。
2. 简述苏格拉底方法的基本内容。

答案解析

一、名词解释

1. 《理想国》又译作《国家篇》《共和国》等,与柏拉图大多数著作一样,以苏格拉底为主角,用对话体写成，共分10卷，其篇幅之长仅次于《法律篇》，一般认为属于柏拉图中期的作品。这部“哲学大全”不仅是柏拉图对自己此前哲学思想的概括和总结，而且是当时各门学科的综合，它探讨了哲学、政治、伦理道德、教育、文艺等各方面的问题，以理念论为基础，建立了一个系统的理想国家方案。

考点分析 该书是柏拉图的代表作，是柏拉图教育思想的主要来源，考生应该把握其主要梗概。

2. 所谓“智者”(sophists，又称诡辩家)，在荷马时代，是指某种精神方面的能力和技巧，以及拥有这些能力和技巧的人。到公元前5世纪后期，“sophists”一词获得了新的、特殊的含义，被用来专指以收费授徒为职业的巡回教师。这些人云游各地，积极参加城邦的政治和文化生活，以传播和传授知识获得报酬，并逐步形成了一个阶层。智者派产生于希腊奴隶主民主政治制度的鼎盛时期。它深刻反映了时代的要求，同时又进一步促进了当时在希腊世界(尤其是在雅典)开始的思想启蒙运动。智者派虽然不是真正意义上的学派或学术团体，智者们也没有统一的哲学主张和政治见解，但是，共同的职业、共同的治学内容以及共同的时代要求，赋予智者以共同的思想倾向和价值观。智者派共同的思想特征是相对主义、个人主义、感觉主义和怀疑主义。在智者看来，一切知识、真理和道德都是相对的，都有赖于具体的感知者。在一个人看来是真的，就是他所说的真。没有客观真理，只有主观意见。

考点分析 本题主要考查考生对西方古代奴隶社会的教育思想。智者作为西方较早的知识分子，其对奴隶社会的教育与思想繁荣的贡献巨大，需要深入研究。

二、简答题

1. (1)在教育目的上，训练良好的公民，培养合格的军人，培养坚韧不拔的战士和一个绝对服从的公民是斯巴达教育的唯一目的。

(2)在教育制度上，斯巴达人实行严格的体格检查制度，非常重视女子教育。女子通常和男子接受同样的军事、体育训练，其目的是造就体格强壮的母亲，使其生育健康的子女。女子教育的另一目的是，当男子出征时，妇女能担负起防守本土的职责。

(3)在教育内容上，斯巴达教育只重军事体育训练，认为人的价值在于勇敢、服从、坚忍、强健。他们轻视知识、学术，甚至不学读、写、算。他们鄙视思考和言辞，主张讲话简要，训练青少年用一个字或一个短语来表达自己的意思，力戒长篇大论。

考点分析 本题主要考查考生对斯巴达教育的了解与认识，它与雅典教育相对应，具有明显特点。

2. 苏格拉底在哲学研究和讲学中，形成了由讥讽、助产术、归纳和定义四个步骤组成的独特的方法，称为苏格拉底方法。

(1)讥讽是就对方的发言不断提出追问，迫使对方自陷矛盾，无词以对，终于承认自己的无知。教师以无知的面目出现，通过巧妙的连续诘问，使学生意识到自己原有的观点是混乱的、不确切的。苏格拉底认为这一步非常必要，因为只有当学生认识到自己的无知时，才有可能学习知识。

(2)助产术即帮助对方自己得到问题的答案。教师进一步启发、引导学生，使学生通过自己的思考，得出结论。苏格拉底曾说，他自己虽然无知，但却能用辩论的方法帮助别人获得知识，正如他的母亲是助产士，虽年老不能生育，但能帮助别人生产一样。由于这个原因，苏格拉底法又被称作“产婆法”或“助产术”。

(3)归纳即从各种具体事物中找到事物的共性、本质，通过对具体事物的比较寻求“一般”。

(4)定义是把个别事物归入一般概念，得到关于事物的普遍概念。

第二章

古罗马教育

本章属于外国教育史的古代史部分，主要讲述了古罗马在不同历史时期的教育状况（共和时期、帝国时期），以及以西塞罗、昆体良为代表的古罗马教育思想。这一章仍然不是考研中考查的重点，在考试中的考核方式以名词解释为主。建议考生在复习中了解古罗马共和早期和共和后期的教育目的、各级教育状况，了解古罗马帝国时期罗马教育的改革、各级教育状况，在了解基本史实的基础上能通过比较法分析古罗马教育与古希腊教育的联系和异同，了解西塞罗关于雄辩家的教育思想、奥古斯丁的宗教教育观，重点掌握昆体良的教育思想，对昆体良的教学思想理解并识记。

古罗马是欧洲第二个典型的奴隶制国家，于公元前 8 世纪时在意大利半岛上建立。从公元前 6 世纪起，古罗马就通过战争不断扩大其领土，到公元前 3 世纪中期，它已经征服了意大利半岛并逐步蚕食意大利南部的古代希腊殖民城邦。后来，罗马终于在公元前 168 年以强大的军事力量征服了马其顿王国，从而征服并控制了希腊全境，建立了横跨欧、亚、非三大洲的庞大帝国。

古罗马的文化教育是西方文明的渊源之一。它不只是希腊文化教育的传播者，它本身也是一种文化教育的创造者。

古罗马的历史一般可分为三个时期：公元前 8 世纪—公元前 6 世纪是王政时期；公元前6 世纪—公元前 1 世纪初是共和时期；公元前 1 世纪—公元 5 世纪是帝国时期。由于王政时期保留下来的史料很少，因此人们无法具体描述那时罗马的教育情况。所以，我们讲古罗马的教育，一般只从共和时期讲起。

第一节 共和时期的教育

在古罗马的历史上，共和时期又分共和早期和共和后期两个时期。

一、古罗马共和早期的教育【一般】

1. 教育目的

古罗马共和早期的教育目的是培养合格的罗马公民，为其今后的实际生活做准备，使其忠于祖国，善于履行公民应尽的职责。

2. 教育形式

教育的主要形式是家庭教育。家庭既是经济和生产单位,也是教育单位。从氏族社会所承袭下来的家长制,使父亲在家庭中居于绝对的统治地位,他对子女有任意惩处甚至处死的权力。男孩子主要是由父亲进行教育,女孩子则在母亲的照看下受到教育。教育的方法,主要是实践和观察。

3. 教育内容

共和早期的教育,虽有读、写、算的教育活动,但在儿童教育中并不占重要地位,重要的是宗教和道德教育,尤其是道德教育。这个时期的罗马人以尊重传统美德而著称于世。他们讲求孝道,推崇爱国、守法、勇敢、庄严、诚实、谨慎等美德。在德育方面起重要作用的是祖先们的英勇事迹。英雄故事成为教育儿童效忠国家、崇尚社会美德不可缺少的内容。这时期唯一的教材是《十二铜表法》,儿童们必须熟记其中的法律条文。

罗马人也很看重体育,但它不像希腊那样由专门的体操学校训练儿童的体质和学习竞技的技能。罗马的体育主要也是由家庭进行,父亲教儿子学习角力、骑马、投枪以及游泳等。

二、古罗马共和后期的教育【一般】

罗马人征服希腊本土后,希腊的大批教师,其中包括修辞学家和哲学家来到罗马,以开办学校作为谋生之道。但罗马人在吸收希腊文化教育成果时并没有抛弃自己的文化教育传统,而是在学习、吸收、融合希腊文化教育的基础上发展了自己的拉丁文化。于是,在罗马共和后期,便存在着几乎是平行的两种学校系统:一种是以希腊语、希腊文学的教学为主的希腊式学校;另一种是拉丁语学校,它包括初等、中等、高等教育三个阶段。

1. 初等教育

7~12 岁的儿童入小学。学习的课程是读、写、算。读、写的内容包括道德格言以及《十二铜表法》。教识字的方法是:先学字母,然后是音节、拼音,然后学习识字和朗读。书写的工具是蜡板和象牙尖笔。

罗马的小学很简陋,有些学校无正式校舍,教室中只有长凳而无课桌,学生写字时将腊板放在膝上书写。小学教师的收入菲薄,社会地位低微。很少有希腊人愿意在这种学校教学。一般地讲,贵族和富豪不愿意把子弟送到小学,而是请家庭教师。

2. 中等教育

儿童受完初等教育后,贵族和富家子弟便进入文法学校。教师被称为文法学家或文学家,教师的收入较高,也有较高的社会地位。

学校以学习文法为主。当时的文法,包括文学和语言。公元前 100 年前后才出现第一所拉丁文法学校。从西塞罗起,拉丁文学便开始蓬勃发展,拉丁文法学校也随之迅速建立起来。

在文学的学习方面,希腊文法学校学习《荷马史诗》和其他希腊作家的作品。拉丁文法学校则

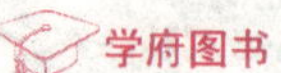

学习拉丁文学。这两种学校的学习科目还包括地理、历史、数学和自然科学。但这些学科的内容大半较为肤浅。

教学方法是讲解和听写，学习方法主要是背诵，目的是掌握读、写、说的能力，也为儿童入修辞学校做准备。

罗马所有学校的纪律都很严格，实行体罚，上课时间长，从清晨一直到黄昏。

小学和中学都有暑假，还有神农节、智慧女神节等节假日。

3. 高等教育

读完文法学校后，准备担当公职的贵族子弟就进入修辞学校或雄辩术学校。这是一种培养演说家或雄辩家的学校。雄辩术在共和后期以及帝国早期是从事政治活动、进行党派斗争的重要工具。修辞学校所学科目有修辞、雄辩术、法律、数学、天文学、几何、历史、伦理学和音乐。修辞学校的建立比文法学校要晚许多年。教师是希腊和罗马的修辞学家和哲学家。

第二节　帝国时期的教育

一、帝国时期的教育变革【一般】

随着罗马帝国的不断扩张，被它征服的国家和地区越来越多，各地经济制度和经济发展很不平衡，也没有统一的语言。各族人民渴望早日独立和解放，阶级斗争尖锐、复杂，这给管理、统治国家造成很大困难。于是，罗马统治者在政治上进行了改革。公元30年，罗马宣布废除共和制，建立实行独裁统治的帝国。为了把学校作为统治工具，对学校进行了一些改革，在罗马帝国时期比较重大的教育改革主要表现在：

①改革学校培养目标。小学培养忠于帝国的顺民，文法学校、高等修辞学校培养国家官吏、文士。

②对初等学校（私立）实行国家监督，把部分私立文法学校和修辞学校改为国立，以便于国家对教育的严格控制。

③提高教师的地位和待遇，改教师的私人选聘为国家委派。把教师变成国家官吏，免除兵役劳役，发放津贴。

④加强宗教教育。

二、帝国时期的各级教育【一般】

1. 初等教育

小学仍以平民子女为主要对象。统治阶级不关心小学。这时期的小学与共和后期的小学各方面的状况差不多，变化不大，教育内容还是读、写、算和道德教育。教材是文学作品，以诗歌为主，但教学重点已经由文学的学习转移到文法分析上。教师要求学生把文法的定义和规则抄录下来，并加以记诵。书写方面,教师要求学生抄写一些古今名人的道德格言。算术的教学是以手指、石子或算盘为教具进行的。

2. 中等教育

帝国时期,中等教育发生了一个重要的变化,那就是在文法学校里,拉丁文法与罗马文学的地位逐渐压倒了希腊文法与希腊文学。

从公元3世纪开始,文法学校的教学逐渐趋向形式主义化,教学与实际脱节,实用学科减少。学习文学是为了形式和辞令,而不是内容本身。这种形式主义的分析教学法对文艺复兴以后欧美的中学语文教学有很大的影响。

3. 高等教育

与共和后期相比,帝国时期的高等教育既有所变化又有所发展。高等教育从培养演说家变为培养官吏。虽然文法、修辞教育的传统仍然保留了下来,但学习内容已越来越脱离实际,一步步地走向形式主义,教师与学生致力于文字上的咬文嚼字和词藻上的争奇斗巧。

在罗马帝国时期出现了专门教授法律的私立学校。法律学校的教学方法是阅读和背诵,由著名律师讲解法律,特别要解释法律中模糊的地方,并提出自己的看法及其根据。为了加强对法律学校的控制,狄奥多西一世在公元4世纪末把私立法律学校改为国立,并在君士坦丁堡设立了法律教授职位。

可以成批培养医生的正规的医疗学校应运而生。医疗学校由著名医生担任教师,采取理论和实践结合的培养模式。即教师选择实用的医学著作进行教学,学生在听讲之余,也广泛阅读医学著作;此外,学校使学生把较多的时间用于医疗实习,以便在实习中验证理论,积累经验。

第三节　西塞罗的教育思想【重要】

一、西塞罗生平

西塞罗是古罗马的一位重要的历史人物。他不仅是一位杰出的散文作家,而且是一位才干超群的政治活动家。他对于古代罗马的教育有着重要贡献。他是雄辩术教育的积极倡导者。他的《雄辩术》是古代有关雄辩教育的最重要的著作之一。

雄辩术起源于希腊。罗马共和时期,雄辩术在政治生活中曾起了巨大的作用,它是争取民众、击败政敌的重要工具。到了共和末期,它的重要性逐渐消亡,随着帝制的建立,雄辩术也就逐步失去了其存在的土壤。但是却在另一种含义下,继续为帝国效劳。这时,它成了有教养的罗马人的标志或代名词。此时,雄辩家就意味着一个有教养的人。

西塞罗的雄辩家教育的理论不仅顺应了时代的要求,来源于现实生活,而且丰富了雄辩教育的内容,使其更加具有理论意义。

二、雄辩家的定义

西塞罗认为,一个名副其实的雄辩家,必须能够就眼前的任何问题进行得体的演说。能就任何问题进行得体的演说是雄辩家的最本质的特点。

雄辩家不同于一般的"会说话的人",他认为,所谓会说话的人,指的是能在大庭广众之中,"根据人类通常的判断力,准确而清晰地表达自己的思想",只此而已。能清楚表达思想与能就任何问题发表演说是不同的,能清楚地表达自己的意思,并不一定能就任何遇到的问题做生动的而具有影响力的演说。要对任何遇到的问题做生动有力地演说,只有雄辩家才能办到。

雄辩家与各种专家也有所不同。一个雄辩家在某一专业领域的知识当然不如该专业的专家,但只要获得该专业的基本知识以后,他讲起来就会比他请教过的专家还要生动、精彩。其中的原因就在于雄辩家善于雄辩。

西塞罗的这种观点在当时以及以后的一个多世纪中,成了权威性的观点。

三、雄辩家教育的内容和方法

1. 教育内容

西塞罗认为,雄辩家应能就任何需要发表演说的题目进行有说服力的演说。这一要求是很高的,要想成为一个名副其实的雄辩家,必须具备以下条件:

(1)广博的学识

西塞罗说:"依我所见,除非他拥有各种重要的知识和全部自由艺术,否则他就不可能成为一个多才多艺的雄辩家。"在这里,西塞罗所讲的要通晓全部自由艺术,是指文法、修辞,以及柏拉图所主张学习的算术、几何、天文、音乐等学科;他所讲的各种重要知识,则是指政治、各国政治制度、法律、军事和哲学等。

(2)在修辞学方面的特殊修养

雄辩家仅有一般的社会知识还不行,还要在修辞等方面具有特殊的修养,因为决定演讲之水平高低的重要方面是遣词造句以及整个演说词的文体结构。

(3)优美的举止与文雅的风度也是雄辩家应具有的品质

演说时,身体、手势、眼神以及声调的高低对演说本身影响很大。

2. 教育方法

练习在雄辩教育中占有重要的地位,它是培养雄辩家必不可少的一环,也是使有关雄辩各种知识化为演说效果的最重要的方法。最常用的练习是模拟演说。

最主要的练习是写作,用写作来磨炼演说。写作可以锻炼人的思维能力和表达能力。经过长期写作锻炼的人,可以得到敏锐的判断力和机智的表达能力。这些能力也可以转移到人的演说能力之中。再者,演说辞要求结构合理,布局匀称得体,并富有韵律,这些也只有通过写作的练习才能达到。

扫一扫，看视频

第四节 昆体良的教育思想【重要】

一、昆体良生平

昆体良是公元1世纪罗马最有成就的教育家。公元35年出生于西班牙的卡拉格雷斯。那时西班牙是罗马帝国的一部分，十分繁荣，产生了城市公务员阶级和热衷于吸收罗马文化的知识分子。他的父亲是位修辞学教师，幼年受到良好的家庭教育。昆体良可能就读于卡拉格雷斯的文法学校。公元50年左右，他被其父送到罗马，去帝国的政治文化中心完成他的教育，学习法律和雄辩术。

几年后，昆体良为实习法学和教授修辞学回到了西班牙从事教育工作。昆体良所在省的总督加帕注意到了他的才能。公元68年，当加帕离开西班牙去做皇帝时，昆体良跟随他去了罗马。不久，昆体良成了一名成功的辩护律师，并经营一所修辞学校，教授演讲技巧，工作达20年之久。他的声名鹊起，引起了其他雄辩家的忌妒。公元74年，韦斯帕西（Vespasian）皇帝命令政府支付100 000塞斯特斯（古罗马的一种货币）给昆体良的学校，作为年度补助金。因为这个原因，昆体良还被称作欧洲第一位公共讲席教授。图密善（Domitianus）皇帝后来任命昆体良为其两个亲戚和继承人的教师，并给他执政官的荣誉头衔。

大约公元88年，昆体良退休不再从事教学工作，专门从事写作，他出版了几本著作，其中一篇名为《罗马演讲术衰微的原因》的论文已经佚失。退休后，他开始了另一部著作的写作，总结古希腊教育思想和自己在修辞学和教育领域的学识和经验，即12卷的巨著《雄辩术原理》。这既是修辞学的教程，也是西方第一部专门以教育为题材的教育学著作，是系统的教学方法著作。

《雄辩术原理》这部著作既是他自己二十年教育教学工作经验的总结，又是古代希腊、罗马教育经验的集大成者。昆体良的教育理论和实践都以培养雄辩家为宗旨。

二、教育的作用和目的

昆体良高度评价了教育在人的形成中的巨大作用，他认为一般的人都是可以通过教育培养成人的。他关于天性是教育的基础和原材料的思想以及教育适应自然的主张，反映了他对教育规律的认识。

昆体良十分重视人的道德品质，把伦理学引入教育思想中，因此，他所提出的教育目的，是培养善良而精于雄辩术的人。在他看来，作为一个雄辩家，具有崇高的德行比具有最出色的雄辩才能更重要。他认为，一个雄辩家必须是一个善良的人，如果一个雄辩家不为正义辩护而为罪恶辩护，雄辩术本身就成为有害的东西。所以，德行是雄辩家的首要品质。

德行在人的价值中如此之重要，那么善德又是如何得到的呢？昆体良不完全排斥天赋在道德上所留下的影响，承认个人的秉性对于他的道德面貌会起某种作用，但更重要的是要靠教育的力量。他认为，儿童生来就有从事智力活动的能力，低能、愚笨、不可教的人是极少的，就像“鸟生而能飞，马生而能跑”一样，人生来就有从事智力活动的能力，这是自然赋予人的特性。这种天赋能力是教

第三部分

育的"原材料",是基础。教育的关键在于教师要了解学生的天赋及其特点,做到在教学中适合各人的特殊情况和需要,使每个学生能发挥各自的长处。

三、论学校教育的优势

昆体良认为,学校是儿童最好的学习场所。他反对当时罗马奴隶主子弟都在家里进行初等教育的习俗,认为学校教育比家庭教育优越得多。原因在于:

①学校教育可以起到激励学生的作用,学校能给儿童提供多方面的知识。

②学校还可以养成学生适应社会公共生活的习惯和参加社会活动的能力,有利于克服儿童唯我独尊、自命不凡的状态,培养学生在大庭广众面前能态度自然、举止大方。

③许多儿童在一起学习不会产生孤独、与世隔绝的感觉,可培养发展儿童间友谊、合群的品性。

四、学前教育思想

昆体良和柏拉图一样是重视学前教育的。昆体良极力主张在儿童能说话的前后就应开始对他们进行智育。尽管7岁前的儿童接受知识的能力有限,但总能逐步地一点一点地学到一些东西。他主张,儿童7岁前每次的学习量应当很少,但一点一点加起来就可观了。幼儿时虽然学得不多,却能一生受用。这是因为学习的基础靠记忆,而儿童时期的记忆最牢固。所以,他由此得出规则:凡是儿童要学习的东西,就应该早点开始学,不应过迟才开始学习。但是,昆体良主张早期教育,并不等于期望儿童成为早熟的超常儿童。在才能的早熟方面,他基本上持否定态度,认为早熟的才能鲜有结好果者。

1. 关于学前教育的内容

昆体良主张教儿童认识字母、书写和阅读。他在教育史上第一次提出了双语教育问题,希望儿童先学希腊语,然后学拉丁语,而后,两种语言的学习同时并进。

2. 关于学前教育的方法

①不要让儿童在还不能热爱学习的时候就厌恶学习。

②"要使最初的教育成为一种娱乐,要向学生提出问题,对他们的回答予以赞扬,绝不要让他以不知道为快乐;有时,如果他不愿意学习,就当着他的面去教他所妒忌的另一个孩子,有时要让他和其他孩子比赛,经常认为自己在比赛中获胜,用那个年龄所珍视的奖励去鼓励他在竞赛中获胜。"

五、教学理论

昆体良教育思想中最有价值、影响最大的是关于教学的理论。在长期的教学实践基础上,结合对儿童心理的深入了解,昆体良提出了一系列关于教学问题的见解。

1. 班级授课制思想的萌芽

昆体良认为,大多数的教学可以用同样大小的声音传达给全体学生,更不必说那些修辞学家的论证和演说,无论听众多少,每个人都能全部听清楚。他还说过,根据一些教师的实践,把儿童分成班级,依照他们每个人的能力,指定他们依次发言。昆体良的这些见解,是班级授课制思想的萌芽。

因为这种班级教学尚未推广到各级学校中去,还没有对它做理论上的论证,所以我们不能说昆体良已经创立了班级授课制,只能说他有班级授课制思想的萌芽。

2. 专业教育应建立在广博的普通知识基础上

昆体良极力主张雄辩家的教育应建立在尽可能广博的普通知识的基础上。他提出了自己培养雄辩家的学科计划,其中包括文法、修辞学、音乐、几何、天文学、哲学(物理、伦理、辩证法)。他的专业教育应建立在深厚宽广的知识基础上的思想,至今还有现实意义。

3. 关于启发诱导和提问解答的教学方法

他认为,经常提问学生有许多好处:

①可以借此测验学生的鉴别能力。

②课堂提问可以防止学生漫不经心,防止他们对教师的讲课充耳不闻。

③课堂提问可以引导班上的学生自己发现问题,运用他们的智力,而这正是这种教学方法的最终目的。

4. 学习和休息交替

昆体良提出应让学生休息,防止过度疲劳的意见。他认为游戏是一种很好的休息方式,所以他赞成学生应有游戏。此外,他还提出休息应有一个限度的问题,因为过度放纵的休息容易形成贪玩、懒惰的坏习惯。这些见解都是有益的。

5. 重视教师的作用

昆体良认为,要把教育教学工作做好,教师的作用是至关重要的。因此,他对教师提出了很高的要求,大致有下列几点:

①教师应该是德才兼备的,既教学生学习基础知识和雄辩术,又教学生做人。

②教师对学生应宽严相济。

③教师对学生的教育要有耐心,对学生要多勉励、少斥责;在实行奖惩时要注意分寸,既不能“吝啬表扬”,也不能“滥用惩罚”。

④教师应当懂得教学艺术,教学应当简明扼要,明白易懂,深入浅出。

⑤教师要注意儿童之间在能力、资质、心性方面的差异,因材施教。

⑥教学要“适度”,教师所传授知识的分量与深度要适应儿童的天性,符合他们的接受能力,而不能使他们的学习负担过重。

⑦注意培养学生的能力,教师在教学中应该结合教材、作业和演讲练习培养学生的判断力、想象力和创造力。

⑧改进教学方法,主张采用赞许和表扬以及激励学生进步的方法,反对实行体罚。因此,他要求教师应有崇高的品德和渊博的知识,热爱和关怀学生。

在西方教育史上,昆体良是第一位教学理论家和教学方法专家。他使教学论成为一个相对独立的研究领域,对近代教学论的发展产生了深刻影响。

迷津点拨 古代罗马是欧洲第二个典型的奴隶制国家。总的说来,罗马文化堪称希腊文化的

第三部分

继续。主要教育特征是：

1. 教育建立在奴隶制基础之上，服务于奴隶主阶级。

2. 模仿希腊的较多，自己独创的较少。

3. 和希腊比较起来，有更大规模的学校教育工作实践，故比较重视课程问题与各种教育方法的研究。以昆体良为代表，在这方面取得较大成果。

4. 教育在罗马后期逐渐成为国家的事业，以培养帝国的官吏和顺民为目的，为此加强对学校的控制，为后世初步树立国家教育制度和教育行政体系的先例。

经典例题

简答题

简述昆体良的教育思想。

答案解析

简答题

昆体良是古罗马最有成就的教育家，他在雄辩术方面造诣很深，其代表作《雄辩术原理》是古希腊、古罗马教育经验的集大成者。

(1)论教育与天赋的关系

昆体良非常重视教育在人的形成中的重要作用，认为人人都可以通过教育而培养成人，但由于人的心性各不相同，因此要研究、了解儿童的天性。昆体良指出一方面教育者要了解儿童的天赋、倾向、才能，根据其倾向和才能进行教育和教学，另一方面教育要遵循儿童的年龄特点。

但重视儿童的天性，并不等于忽视教育的作用。昆体良曾将天性与教育的关系比作原料和技艺的关系：没有原材料，技艺无所用；即使没有技艺，原材料仍有其价值；但技艺的成就大于原材料原有的自然价值。昆体良的这一教育思想对文艺复兴时期的人文主义教育影响很大。

(2)德行是雄辩家的首要品质

昆体良认为，教育要培养的是善良且精于雄辩术的人，其中善良是第一位的，因此他视伦理学为培养雄辩家的重要课程。在昆体良看来，雄辩家的主要任务是宣扬正义和德行，指导人们趋善避恶。而雄辩家的善德不仅来自其自然的秉性，更为重要的是教育的力量，因此，道德原理应成为学校的主要课程。

(3)学校教育优于家庭教育

他认为学校教育优于家庭教育，原因如下：

一方面,家庭与学校都有可能产生善德和恶德,不能把家庭理想化,尤其是在奴隶主家庭之中,儿童在丑事与靡靡之音中生活,很容易养成不良习气。

另一方面,学校与家庭相比有其优势:学校可以激励学生,学生在学校中可以看到对好行为的赞扬与对坏行为的批判。这既可以鞭策学生,又可以使学生对不良行为引以为戒。此外,学校能够提供给学生多方面的知识,学校还可以养成学生适应社会公共生活的习惯和参加社会活动的能力。

(4)学前教育

昆体良认为在幼儿能说话的前后便该对其进行教育,但因幼儿接受能力有限,所以每次所教不宜过多。昆体良主张幼儿应当学习字母、书写和阅读,并且第一次提出了双语教育的问题。先学希腊语,再学拉丁语,而后两者齐头并进。昆体良特别重视幼儿学习兴趣的培养,因此,在他看来教育方法应当注意不要让儿童还不能热爱学习的时候就厌恶学习,要使最初的教育成为一种娱乐,向孩子们提出问题并对他们的回答进行表扬,绝不可使他们以不知道为快乐。还可以用比赛的方式,用奖励的物品鼓励儿童。

(5)教学理论

昆体良认为大多数教育可以用同样大小的声音传递给学生。他还指出,根据一些教师的经验,可以将学生分为班级,根据他们的能力让他们依次发言。这可以看作是班级授课制的萌芽。

昆体良认为一个雄辩家必须有广博的知识,雄辩术必须以广博的知识为基础。因此,他提出的培养雄辩家的教育内容包括文化、修辞学、音乐学、几何、天文等多个学科。

昆体良对教师提出了很高的要求:第一,教师应该是德才兼备的;第二,教师对学生应宽严相济且有耐心,奖励与惩罚要有分寸;第三,教师要善于提问,因为提问既可以测验学生的能力,又可以防止学生漫不经心,还可以引导学生自己发现问题;第四,教师要懂得教学的艺术,做到深入浅出,简明扼要;第五,教学注意到儿童在能力、资质、心性上的差异,做到因材施教。

此外,昆体良还提出学习要与休息交替进行,游戏是最好的休息方式,因此游戏可以使学生放松精神,教师也可以通过游戏了解学生的道德品质以便及时施教,但游戏也不宜过度等教育思想。昆体良的教育思想是对前人的教育思想和自己的教育实践经验的总结,对后世影响深远。

第三章 西欧中世纪教育

本章属于外国教育史的古代史部分,主要讲述西欧中世纪基督教教育、封建主贵族的世俗教育以及新兴的教育机构——大学和城市学校。这一章不是考研中考查的重点,在考试中的考核方式以名词解释为主。建议考生在复习中了解西欧中世纪基督教教育的形式、机构、教育内容和教育思想,了解封建主贵族世俗教育的两种形式——宫廷学校和骑士教育,识记有关骑士教育的性质、教育形式和教育内容,重点掌握中世纪大学兴起的历史条件、大学组织及其特征、大学产生的历史意义,理解并识记有关的知识点。另外,了解城市学校兴起的背景及城市学校的特点。

第一节 基督教教育【一般】

一、中世纪历史简介

西罗马帝国的灭亡,在欧洲历史上,标志着以希腊、罗马文明为顶点的奴隶制社会的终结。此后,西欧进入了封建时代。公元476年,西罗马帝国灭亡,标志着西欧封建社会的开始。西欧的封建社会延续了1 000多年。其中5—14世纪上半叶,是西欧封建社会形成和发展时期,历史上称之为中世纪。14世纪下半叶—17世纪中叶,是西欧封建制解体,资本主义生产关系萌芽,封建社会向资本主义社会逐步发展时期,史称文艺复兴。西欧封建社会教育史一般以文艺复兴为分水岭,文艺复兴以前为中世纪教育,以后为文艺复兴时期的教育。

在西方教育史上,中世纪是一个非常特殊的时期。这种特殊性一方面表现在,无论与以前的希腊、罗马时期相比,还是与以后的文艺复兴和宗教改革相比,都是一个教育思想相对贫乏和衰微的时期。另一方面则表现在,中世纪教育思想具有浓厚的宗教、神学色彩。这是中世纪教育思想最为根本的特征,而这种特征又是由基督教会对文化教育的完全控制以及基督教义成为中世纪西欧社会的意识形态这种现实所决定的。因此,理解中世纪教育思想的基本前提就是把握基督教的产生、发展和基督教的基本教义。

二、基督教教育

1. 基督教的演变和基本教义

基督教于公元1世纪在巴勒斯坦地区产生。最初,基督教是犹太教众多教派中的一个,到公元2世纪中叶,它才成为独立的宗教。到公元4世纪,基督教发展成为罗马帝国唯一的合法宗教。公元395年,罗马帝国分裂为东罗马帝国和西罗马帝国,基督教也随之分为东正教与西正教(天主教)。

公元476年,西罗马帝国被日耳曼人摧毁,两派教会面临生死存亡的抉择,两派教会采取现实的方针,承认日耳曼人建立的国家,同时加紧传教活动,以图重新巩固教会的地位。另一方面,法兰西国王为了巩固统一,形成统一的封建国家,也要求废除多种教的信仰。公元496年,法兰西国王皈依基督教,强令被征服居民信仰基督教。中世纪后,基督教逐渐成为西欧占统治地位的意识形态,同时获得了极大的世俗权力。

基督教的经典是《圣经》,包括《旧约全书》和《新约全书》,基督教的基本教义主要包括:

①信仰上帝创造并主宰世界。上帝全在、全知、全能、全善,他是三位一体的。

②信仰耶稣是救世主基督,是"三位一体"中的第二位"圣子"。

③信仰"圣灵"运行在世界和人类之中,使人知罪、悔改、成圣。

④相信教会是由基督建立的,具有圣法性和普世性,在世界上负有传播福音的使命。

⑤相信人乃上帝所造,由身体和灵魂组成,在万物中居于最高地位,但因背离上帝而陷入罪恶之中,不能自救,人唯有信仰基督才能蒙救,获得永生。此外,相信《圣经》的绝对权威,它是区别善恶、真假、是非的标准。

2. 基督教对中世纪教育的影响

(1)基督教决定了中世纪教育的基本目的

中世纪一切教育的根本目的是与基督教关于人生目的的教义直接相联系。在基督教看来,人是上帝创造的,都是上帝的儿女,上帝爱自己的儿女,人类也要爱上帝;人类生而有罪,可是上帝慈善,只要爱上帝,信仰和服从上帝,一切罪恶就可得到赦免。因此,爱上帝就成为人生的根本目的,而教育正是要培养人们对上帝的这种感情。中世纪教育有很多种类型,各有其具体的培养目标,但从根本上讲,一切教育的最高目的就是要培养对上帝的情感、信仰。

(2)基督教的教义是中世纪教育的基本内容

在中世纪,不管是教会教育,还是世俗教育,都以基督教的教义作为最基本的教育、教学内容。《圣经》、教父著作、经院哲学家的著作、各种祈祷书、赞美诗、圣诗等,一直是不同类型学校的基本教材。神学是最重要的教学科目,甚至于那种本身具有世俗性质的科目(特别是七艺:算术、几何、天文、音乐、文法、修辞、辩证法),也被根据教义的要求加以改造,或作为神学教育的基础科目。

(3)基督教会创办了大量的教育机构

为了培养神职人员和教育信徒,教会先后创办大量的、各种类型的教育机构。这些学校是中世

纪西欧最重要的教育机构，承担了教育绝大部分社会成员的职责。即使是世俗教育中，实际的管理和教育工作，仍然是由教士承担的。基督教会对教育机构的直接管理和控制，确保了宗教教育目的的实现。

(4)基督教所包含的价值取向决定了中世纪全部教育的基本精神

这是基督教对中世纪教育的影响中最为重要的、最为深刻的方面，造成了中世纪教育具有根本不同于古希腊、罗马教育的基本特征。

首先，基督教崇奉唯一的上帝耶和华，追慕永生的天国，把世俗生活看作行云流水，过眼云烟，因而并不重视世俗生活的教育。这同古希腊、罗马教育重视博雅的修养、军人征战的能力和从政演说家的才能相去甚远。

其次，基督教倡导人人平等，人人皆是上帝的羔羊，教徒大多是贫民和奴隶。这同希腊罗马奴隶制度社会的严格阶级划分水火难容。

再次，基督教的"原罪"教义认为，因为整个人类的原始罪过需要基督的救赎，教育的过程便成为赎罪的过程，教育的方法是强制的。这同古希腊、罗马教育讴歌人性之美，强调人的身心和谐发展，以身心和谐发展为教育的功能和目的，重视对受教育对象心理世界的认识和探索，重视对教育过程教育方法等问题的研究相比，两者也有天壤之别。

另外，基督教认为人生而有罪，应当不断忏悔、祈祷、多行善事，因而中世纪教育强调人的道德完善。这与古希腊、罗马教育重视人的理性作用，要求广泛学习知识，训练思维和表达思想的能力也大不相同。

3. 教会学校

西欧中世纪早期，原罗马世俗学校消亡了。在公元5世纪到11、12世纪，教会学校一直是西欧教育的主要形式，当时进教会学校读书的一般是僧侣子弟，其次是世俗封建主贵族次子以下的子弟。

教会学校有三种：修道院学校、主教学校和堂区学校。

(1)修道院学校

中世纪最典型的教会教育机构分散于各地的修道院。修道院不但承担教育的基本职能，而且成为西欧最主要的教育机构。

所有进入修道院学习的人，不管今后是做传教士还是从事世俗职业，都要读书写字，这使他们在获得基督教信仰的同时，也获得了文化知识，一些人成为当时著名的学者，另外的许多人成为传教士。而在当时的社会，无论是学者还是传教士，大都同时从事教育，因此从某种意义上说，修道院又成为这一时期西欧教师的养成所。

早期的修道院学校主要强调宗教信仰的培养，知识学习的内容不过是简单的读、写、算，以后课程逐渐加多加深，七艺成为主要课程体系。

修道院学校的教师完全由教士担任，教学方法主要是教师口授和学生背诵、抄写相结合。实行个别教学，学生的入学时间、学习进度和时间安排因人而异。学校的纪律十分严格，体罚盛行。

(2)主教学校

主教学校设在主教座堂所在地，又叫座堂学校。主教学校的性质和水平与修道院学校相近，只是主教学校的条件较好，水平也比较整齐，但数量有限。

(3)堂区学校

堂区学校设在堂区教士所在的村落，是由教会举办的面向一般世俗群众的普通学校。12 世纪中期，教皇曾要求所有堂区兴办学校，这使堂区学校出现大发展趋势，成为中世纪欧洲最普遍的学校教育形式。

堂区学校一般由教士或其他指定的教会人员负责，招收 7 ~ 20 岁的男青年入学(少数学校也招收女生)。学校的课程以灌输宗教知识为主，同时也进行读、写、算及简单世俗知识的教学。与修道院学校和主教学校相比，堂区学校的教育范围更大，培养目标更为宽泛，但学校的条件和水平较低。

4. 基督教的教育思想

(1)儿童观

奥古斯丁的原罪理论成为罗马教会的官方学说以后，儿童也和他们的父兄一样为“原罪”所败坏。为此，教会要给刚出世的婴儿施洗礼，以后要严格控制儿童的欲望。基于这样的认识，对儿童的约束与惩戒就成了中世纪教育的重要特征，戒尺、棍棒是中世纪学校不可缺少的工具。

(2)知识观

基督教的知识观最典型的特征就是以神学为最高学问，任何世俗学问都服从于上帝的学说。低级的学科以追求高级学科为目的，而最高的目的是神学，因而科学要服从神学，神学理论高于其他科学。

(3)教育目的论

作为一种宗教信仰，基督教从其形成之日起就把传播教义、争取信徒作为重要目标，教育正是它实现这一目标的重要途径。教育的最高目的是使人进入绝对真理的世界，成为具有纯粹信仰的人。

迷津点拨 教会学校的特点

1. 教育目的是为了培养圣职人员和信徒，为了扩大教会势力，巩固封建统治。

2. 教学内容神学化，主要课程是神学和“七艺”。神学包括《圣经》、祈祷文教会的礼仪等，“七艺”是从古希腊教学内容演变而来的，经基督教改造，为神学服务。

3. 教育方法原始、机械、烦琐。学校一开始用拉丁语进行教学，拉丁语是官方教会的语言，但不是本民族语言，学生学习很困难。上课时教师口授，学生记、背。为了维护教会、神学的绝对权威，教会学校强迫学生盲目绝对服从《圣经》和教师，学校个别施教，纪律严格，体罚盛行。

第二节　封建主贵族的世俗教育

随着西欧封建社会的发展，有别于教会学校的、旨在满足世俗封建主需要的教育形式和机构出现了，人们称之为世俗教育。世俗封建主的教育有宫廷学校和骑士教育。

一、宫廷学校【一般】

1. 发展状况

宫廷学校是一种设在国王或贵族宫廷中，培养王公贵族后代的教育机构。

加洛林王朝的查理曼大帝于公元768年即位以后，大力发展文化教育，宫廷学校成为欧洲重要的世俗教育形式。

查理曼大帝统治时期是法兰克王国国势最强盛的时期。然而，法兰克人的文化水平低，管理水平和能力差，这使查理曼大帝下决心通过发展教育提高法兰克人的文化素质。查理曼大帝于787年发布公告，要求全国的"主教管区与修道院，除了维持修道院生活的秩序、进行神圣的宗教活动外，还应当对靠上帝恩赐能够学习的人，按照他们的才能，热忱地教他们学习识字"。两年后，他又发表补充通告，要求各教区"设立学校，使儿童学习阅读"。阿尔琴于782年应查理曼大帝的邀请，来到法兰克宫廷，协助改进国家的教育工作。他亲自担任法兰克王宫宫廷学校校长14年，使这所学校成为欧洲最著名的宫廷学校。

2. 教育目的

宫廷学校主要培养封建统治阶级需要的官吏。

3. 教育内容和方法

宫廷学校的学习科目和当时的教会学校一样，主要是七艺，教学方法也采用教会学校盛行的问答法。

二、骑士教育【重要】

扫一扫，看视频

封建国家的最高统治者是国王，其下属为有爵位的贵族，依次称为公、侯、伯、子、男爵。最低一级的贵族是骑士，他们一般是贵族家庭中的次子，不能继承家庭的封地和地位，只拥有很少的土地和农民，主要靠替国王和大贵族打仗，获得分封和奖赏。骑士制度最盛行的时期是十字军东征的11、12世纪。

骑士教育是一种特殊形式的家庭教育，并无专设的教育机构，也没有专职的教育人员。骑士教育在骑士生活和社交活动中进行，主要目标是培养勇猛豪侠、忠君敬主的骑士精神和技能。

骑士教育的实施分为三个阶段。

1. 家庭教育阶段（出生~7、8岁）

儿童在家庭中受母亲的教育，主要内容是宗教知识、道德教育和身体的养护与锻炼。

2. 礼文教育阶段（7、8~14岁）

这一阶段又称侍童教育阶段。贵族之家按其等级将儿子送入高一级贵族的家中充当侍童，侍奉主人和贵妇。教育内容是学习上流社会的礼节和行为规范，有时也包括一些知识内容，如识字、拉丁文法等，但更多的是吟诗、弈棋、唱歌、奏乐等技艺。在此阶段，贵族子弟也开始学习赛跑、角力、骑马、游泳和击剑，以便成为身体强壮、能征善战的武士。

3. 侍从教育阶段(14～21 岁)

这一阶段学习的重点是“骑士七技”，即骑马、游泳、投枪、击剑、打猎、弈棋和吟诗；同时要侍奉领主和贵妇。贵族子弟在这种教育过程中年满 21 岁时要通过授职典礼，正式获得骑士称号。

骑士教育是一种典型的武夫教育，重在灌输服从与效忠的思想观念，训练勇猛作战的诸种本领，养成封建统治阶级的保卫者。骑士教育对文化知识的传授并不重视，以至于目不识丁的骑士比比皆是。

第三节　中世纪大学的形成和发展【重要】

扫一扫，看视频

一、中世纪大学形成的历史背景

1. 经济的复苏和城市的兴起

西欧中世纪在农业发展的基础上，织布、采矿、冶炼、金属制造和建筑业开始兴起。与此同时，为中世纪大学的产生提供适宜土壤的自治城市也逐渐在手工业和商人聚集、商品交换活跃的市集附近出现。自治城市的出现，一方面促进了城市市民阶层逐渐形成；另一方面城市商贸的繁荣积聚了大量的财富，为大学的出现以及大批学者的游学奠定了厚实的经济基础。

2. 政治格局的重大变化

随着城市市民阶层的发展壮大，原先处于社会底层的市民、手工业者、商人与城市贵族等世俗势力成为一支不可忽视的政治力量，并登上了历史舞台。这些新兴社会力量不仅要求享有经济和政治上的权利，而且迫切要求接受教育的权利，希望能在教育领域占据一席之地，培养符合自己利益的各种人才。从 10 世纪开始，作为世俗封建势力集中代表的王权与教皇之间的摩擦和斗争此起彼伏。到 12 世纪前后，双方矛盾尖锐到几乎难以和解的地步，西欧某些国家和地区甚至出现了世俗政权和教会分庭抗礼、相互牵制的局面。一方面，社会发展迫切需要某种机构整理、研究和传授高深世俗学问、培养高级专门人才；另一方面，王权与教会、世俗与神学、市民与城市贵族等多重矛盾和冲突，也为大学的兴起提供了空间。正是在上述诸多矛盾夹缝中，中世纪大学才得以找到立足之地。

3. 欧洲经院哲学的发展

经院哲学是基督教神学家或哲学家试图通过理性思考和抽象推论证明上帝存在和基督教永恒合理性的学问。随着生产力的发展、生产关系的日益复杂以及社会经济结构和政治格局的不断分解和变化，导致在罗马帝国后期和中世纪初期，朴素的基督教教会内部发生了变化。由于对《圣经》的解释和理解不同，代表不同阶层、不同利益的神职人员、哲学家对所谓的“教父哲学”和原始的基督教基本教义产生了疑问，一时西欧神学界和哲学界论战不休。10 世纪以后，席卷西欧的“唯名论”与“唯实论”突出反映了这一变化。

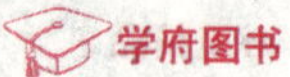

这场持续几个世纪的辩论，进一步动摇了基督教神学不可侵犯的理论基础，开阔了人们的视野，启发和促进了当时的学者以一种较为理智的眼光和较为科学的思维方式对自然和神学做进一步的思考和探索。中世纪不少大学都是在这些学术研究和学术辩论中心逐步发展形成的。

4. 东方文明的影响

6 世纪前后，正当西欧遭受北方蛮族铁蹄践踏时，位于东方的拜占庭帝国和阿拉伯帝国却在继承古代希腊罗马文明的基础上，形成了璀璨的拜占庭文明和阿拉伯文明。6 世纪之后，随着阿拉伯帝国向西扩张，希腊化时期传播到东方的古希腊文明以及阿拉伯文明也随之得以在西欧广为传播。到 10 世纪，欧洲逐步形成许多翻译和介绍亚里士多德学说以及阿拉伯哲学和科学著作的中心，它们主要集中在西班牙和意大利南部，尤其是蒙特卡西罗、萨拉诺和西西里等地。在东西方文化传播和交流中，西欧形成了许多学术研究中心。英国的牛津大学、剑桥大学和法国的图卢兹大学等，它们的前身几乎都是当时西欧著名的学术著作翻译和研究中心。在某种程度上可以说，正是借助于阿拉伯人，欧洲的学者才得以较为完整地继承亚里士多德的学说，并使中世纪大学的课程在 13 世纪中后期增添了许多内容，还在学习和研究方法上发生了转变。翻译和介绍亚里士多德著作不仅在某种程度上改变了中世纪大学课程，而且更重要的意义在于开阔了欧洲学者的视野，促使欧洲学术界以一种更加理智的思维方式看待有关神学、人和自然等方面的问题。

二、较早的中世纪大学

意大利是欧洲中世纪经济较为发达的地区，最早的中世纪大学也首先在这里孕育形成。意大利南部的萨莱诺风景秀丽，气候宜人，是欧洲著名的疗养胜地。这里原有一所医学校，11 世纪中期（1050—1060 年），在这所医学校的基础上成立了萨莱诺大学，成为欧洲有影响的医学教学研究中心。

12 世纪初形成的波隆那大学的前身是一所法律学校。最初，由于罗马法与教会法规相对立，教会对这所学校的出现并不高兴。一群学生不顾教会的不满，自行组织起来，自雇教师，自付学费，使学校得以维持。以后这种形式被其他一些地区的学校效仿，成为“学生大学”的典型。1158 年波隆那大学正式为政府承认。教会看到波隆那大学发展很快，影响越来越大，就通过各种途径来控制它，使它为自己服务。12 世纪中期以后，波隆那大学不仅是欧洲研究罗马法的中心，也成为讲授教会法、训练教会管理者的重要机构。

巴黎是中世纪基督教世界的知识之都。巴黎大学的前身之一是巴黎圣母院大教堂的附属学校。欧洲著名学者阿伯拉尔曾在这里任教。最初，圣母院大教堂附属学校的校长想把追随阿伯拉尔而来的青年控制在手，但受到了教师和学生的共同抵制，他们自行组织起大学。1200 年法国国王把大学交给教区主教管理，大学师生不满，向教皇申诉，教皇趁机插手，宣布巴黎大学受教皇保护，巴黎主教无权过问。以后教皇把他宠信的教士学者大批派往巴黎大学任教，使巴黎大学成为欧洲正统神学理论研究的中心。

这一时期，欧洲各国的大城市大兴办学之风，一些著名大学先后建立起来。如英国在 1168 年建立牛津大学，1209 年又建起剑桥大学。德国 1358 年设立海德堡大学，1388 年建成科隆大学。

三、中世纪大学组织及其特点【重要】

最初的中世纪大学是一种自治的教授和学习中心。一般由一名(或数名)在某一领域有声望的学者和他的追随者自行组织起来,形成类似于行会的团体进行教学和知识交易。从组织上看,中世纪大学起初是由进行知识交易的人自行组合而成的团体,“universitas”这个拉丁词的本意就是“组合”“行会”“团体”等。14世纪以后,这个词才专指由教师和学生结合成的团体——大学。大学的师生来自欧洲各个国家,这使中世纪大学的人员构成超越了特定的民族和国家,具有一定的国际性。校内学生一般都有按籍贯组成的“同乡会”,每一同乡会都有自己的首领,其职责是代表本团体,维护本团体的权利,约束本团体成员的行为。大学的教师一般按学科组成“教授会”,除交流学问外,也反映教师的利益和要求。

中世纪大学的基本目的是进行职业训练,培养社会所需要的专业人才,因此大学教育往往分文、法、神、医四科进行。大学的这种教育目标与当时的教会教育机构显然不同,因此中世纪大学不仅是一种新型教育组织,而且代表了一种新的教育思想和精神。

中世纪大学从最初形成时已表现出自治的特点。大学还利用教会、世俗政权以及各地方当局之间错综复杂的矛盾为自己争取到不少特权。如大学师生免税、免服兵役,大学有权建立特别法庭处理大学师生与外人之间发生的诉讼,大学有集体迁移的自由,等等。大学自治是学术研究自由的必要保证。在这一点上,中世纪大学已为西方高等教育的发展打下了初步的基础。

中世纪大学按领导体制可分为两种:“学生”大学与“先生”大学。前者由学生主管校务。教授的选聘、学费的数额、学期的时限和授课时数等,均由学生决定。南欧的大学,如意大利、法国(巴黎大学除外)、西班牙等国的大学多属此类。巴黎大学则是“先生”大学的典型,由教师掌管校务,学校诸事均由教师决定。北欧的大学,如英格兰、苏格兰、瑞典、丹麦等地的大学多属这一类。

大学的课程开始并不固定,各大学甚至各教师自己规定开设课程。13世纪以后,课程趋向统一。文科一般学制六年,属大学预科性质,学生结束文科的学习后,分别进入法学、神学或医科学习有关专业课程。

中世纪大学已有学位制度。学生修毕大学课程,经考试合格,可得“硕士”“博士”学位。最初,这两种学位并无程度上的差别,以后分化成表示不同学术水平的独立学位。

四、中世纪大学与教会

由于中世纪的社会性质,中世纪大学以后都逐渐为教会所控制。

大学刚产生教会就想控制它。波伦那大学是在讲授罗马法的基础上建立的。然而教会仇视罗马法,要求讲教会法。在教会的挑动下,主讲罗马法与主讲教会法的两派学生长期斗争,甚至引起暴乱。教会注目的重点是巴黎大学。巴黎教会的教务长利用职权压制、打击大学的教师,以忠于自己与否而决定是否发给教师执照,他甚至任意逮捕、拘禁师生。教会对巴黎大学的控制,还表现在派遣多明我教团和圣方济教团的托钵僧打入大学,控制学生的思想言行。

五、中世纪大学的特点和意义【重要】

1. 特点

①制度化:知识传承的制度化、人才培养的制度化。

②国际性:招收欧洲各地学生、自由流动、教学资格互相承认、共同的语言(拉丁语)。

③独立性:自治的行会组织,拥有特权,独立于政府和教会之外。大学的核心价值观是自治和学术自由。

④流动性:大学可以根据需要进行自由流动,不受地域的限制。

⑤宗教性:大学中还渗透着浓重的宗教色彩。

2. 意义

中世纪大学的产生在当时是进步现象,有积极意义。它打破了教会对教育的垄断,促进了教育普及。它一开始是世俗性教育团体,不受教会统治,使较多的人不受封建等级限制得到教育,符合当时新兴的市民阶级对世俗教育的要求。

中世纪大学培养了一批人才,促进了科学文化发展,虽然神学是主要课程,但学生也学习古希腊、古罗马文化以及当时的阿拉伯文化。

中世纪大学也有局限性。由于当时教会势力强,宗教色彩浓厚,大学教学受经院哲学影响很深。

迷津点拨 西欧中世纪大学

1. 产生的条件

中世纪大学产生于12世纪,是社会生产力发展、城市及市民阶层兴盛、各种政治势力相互斗争的产物。

从文化渊源上看,主要来自两方面:①通过阿拉伯人输入古代东方及希腊、罗马文化精华;②通过十字军东侵带进拜占庭和东方文化。

2. 特点

(1)设立文、法、医、神四科;

(2)学习年限为10~14年;

(3)实行自治,并有较多的特权;

(4)学校中有一定的学术自由风气;

(5)以"学位"认可学生的学历成绩。

3. 意义

(1)是新的社会因素的反映;

(2)突破了教会对高等教育的垄断;

(3)推动了世俗文化和自然科学的进步,促进了城市的发展,并为文艺复兴做了一定的思想准备;

(4)标志着现代欧洲大学的起源。

第四节　新兴市民阶层的形成和城市学校的发展

一、新兴市民阶层的形成与城市学校的产生

从十一二世纪开始，由于生产的发展，西欧城市重新形成。这些城市以商品生产和交换活动为主，从事这些活动的手工业者、商人等构成了城市中的特殊阶层，也称市民阶层，他们是资产阶级的前身。新兴市民阶层具有本阶级特殊的经济利益和政治斗争的需要，这些利益和需要必然反映在教育上。然而，当时的学校教育，无论是掌握在教会手中的教会学校，还是为世俗封建主把持的宫廷学校之类的世俗学校都不能满足这种需要，因此，一种新型的学校形式应运而生并很快发展起来，这就是城市学校。

二、城市学校的特点【重要】

城市学校并不是一所学校的名称，而是为新兴市民阶层子弟开办的学校总称，里面包含不同种类、不同规模的学校。例如，由手工业行会开办的学校被称为行会学校，由商人联合会设立的学校被称为基尔特学校。城市学校内部虽然在课程设置、教师成分、学习年限等方面各不相同，但与传统学校相比，城市学校作为一种新的学校类型也具有一些共同的特点。

在领导权上，最初的城市学校，大多由行会和商会开办，以后随着城市的发展和管理的加强，这些学校逐渐由市政当局接管，由市政府决定学费金额、选聘教师、支付工资、确定儿童入学资格等。从城市学校的归属来看，尽管它与教会有着千丝万缕的联系，但它基本上属于世俗性质。这就打破了教会对学校的垄断，所以说，这是欧洲中世纪教育的一个很大的进步。

从内容上看，城市学校强调世俗知识，特别是读、写、算的基础知识和与商业、手工业活动有关的各科知识的学习，这扩大了学校的教育内容，使学校教育为人们的现实生活服务。城市学校，尤其是程度较低的学校，一般都使用本民族语进行教学，这与完全用拉丁语讲授的教会学校形成鲜明对照。

从培养目标上看，城市学校主要满足新兴城市对从事手工业、商业等职业人才的需要，因此城市学校虽然主要是初等学校，但也具有一定的职业训练的性质。

总之，城市学校是适应生产的发展、市民阶层利益需要而出现的新型学校。尽管它曾经遭受教会的多方面反对和阻挠，但仍具有很强的生命力。到 15 世纪，几乎西欧所有的大城市都办起了城市学校。城市学校的兴起和发展对处于萌芽阶段的资本主义生产方式的成长起了促进作用。

第五节 拜占庭与阿拉伯的教育

一、拜占庭的教育

1. 教育概况【一般】

(1)世俗教育

①初等教育。

在拜占庭私人讲学盛行。私立初等学校招收6～12岁儿童,学习正字法、文法初步、算术以及《荷马史诗》《圣诗集》等读物。其初等教育一直保持了希腊化时代的传统。

②中等教育。

拜占庭的中等学校主要是文法学校,学习的基本内容是文法和古典作品。政府对教师有许多要求,教师要经过国家考试并由国家指派,公立学校的教师必须持有国家许可证并信奉基督教。

③高等教育。

当西欧的高等教育完全绝迹的时候,拜占庭的高等教育却继续存在。7世纪前拜占庭的高等学校遍及各行省的首府。拜占庭的高等学校中最具有影响的是君士坦丁堡大学。5世纪时,西罗马帝国的高等学校已经绝迹,而君士坦丁堡大学却仍具有蓬勃的生机,它由30多名教授分别主持希腊文、拉丁文、罗马演说术、智者派学说、法学等31个讲座,修学年限为5年。教学内容以"七艺"为基础课,"七艺"之上有哲学、法律学。

拜占庭的专科学校也较为发达,其中法律教育最受重视。著名的有贝鲁特和君士坦丁堡的法律学校,雅典的哲学学校,亚历山大利亚的医学校和哲学学校。拜占庭的法学教育与皇帝查士丁尼的法律编纂活动有关。为了培养司法工作者以及律师,为了使政府官吏懂法、知法、依法办事,查士丁尼便推行法律教育,因而成立贝鲁特法律学校、君士坦丁堡法律学校等。法律学校修学年限是5年。拜占庭的法学教育与其他教育相同,随政局之变幻,时而兴旺,时而衰败。

④宫廷教育和府邸教育。

宫廷教育一直以来都受到君士坦丁堡帝王的重视,目的是教给受教育者未来作为高级官吏所需要的知识,培养统治阶级所需要的人才。拜占庭上层人士常邀请学者到家讨论文、史、哲、医、政治、地理、数学和声学等,这是他们接受世俗教育的一种形式,称为府邸教育。

(2)教会教育【一般】

除以上所讲世俗教育外,在拜占庭同时还存在着教会教育。与西欧不同,在拜占庭不存在高于王权的教会权力。拜占庭的教会是受皇帝控制的。皇帝可以颁布神学理论、解释教义、发布教规、任命高级神职人员。当然,教会也从皇帝那里得到各种特权。

总的来说,拜占庭教会还是比较重视教育。教会学校主要有两种:一种是远离城市的隐修院(修道院),一种是附设于主教教堂里的座堂学校。

①隐修院。

在隐修院中,注重祈祷、读经、行善和生产劳动。集体祈祷每天6次,读经由院长主持。学习主张苦思、默想。每个修士各有一个小室,学习主要在小室进行。隐修院附属有孤儿院,既行善又教育儿童。

②座堂学校。

座堂学校是培养神职人员的学校。教学内容主要是神学,也有世俗学科,如古典文学与哲学等。拜占庭最高级的教会学校是君士坦丁堡大座堂学校,其教师都经过严格考试。学校神学权威云集,有权解释教义。学校也设世俗学科,包括七艺、哲学和古典文学。学生在这里研究基督教经典,学习古代哲学著作、七艺、演讲术和一些科学知识,以便日后成为善于言辩的高级神职人员。

2. 拜占庭教育的特点和影响【重要】

(1)特点

①直接继承了古希腊和罗马的文化教育遗产。

②存在着因世俗生活需要而得到发展的世俗教育体系。

③教会的文化教育体系与世俗的文化教育体系长期并存。

(2)影响

①拜占庭的教育起了保存和传播古希腊、罗马文化的作用。

②拜占庭的文化教育对西欧有很大的影响。在很长的时间里,拜占庭与西欧特别是意大利保持着经济联系。11世纪前,拜占庭的文化教育水平不但高于东欧各国,而且也处于西欧各国之上。到君士坦丁堡来求学的不只是拜占庭各地的青年和属于阿拉伯语地区的青年,还有意大利的青年。拜占庭文明对意大利的文艺复兴也起了一定的作用。因为意大利的人文主义者正是从拜占庭的学者那里学习了希腊语和希腊作家的某些著作。

③拜占庭的文化教育对阿拉伯教育的发展也起了一定的作用。

二、阿拉伯的教育

7世纪初,穆罕默德(570—632年)借天神“安拉”之名口授《古兰经》,创立伊斯兰教。伊斯兰教建立后,在穆罕默德的领导下,阿拉伯半岛归于统一,并迅速成为横跨亚非欧三洲的政教合一的阿拉伯帝国。伊斯兰政权建立后,各种类型及各种水平的教育机构才陆续出现。

1. 教育概况【一般】

(1)昆它布

这是一种简陋的初级教育场所。通常是教师在家招收少量学生,教简单的读写。昆它布的教学内容主要是《古兰经》、先知的故事、语法、书法、诗歌、算术等,也有的教骑马、游泳等。教学重背诵。

(2)宫廷学校和府邸教育

在倭马亚王朝初年,教育还不普及,王子们被送到叙利亚沙漠里去学习纯正的阿拉伯语,通晓阿拉伯诗歌。到麦立克时代才逐渐形成宫廷学校。当时,家庭教师多半是平民和基督徒,由统治者聘任,家庭教师担任朝廷的重要职务。一些贵族则请教师到家教育后代。8 世纪起,多数穆斯林领袖都雇教师来教育他们的孩子。这就形成了一种府邸教育。

(3)学馆

学者之家简称为“学馆”,是学者在家讲学的地方。学馆以学者为中心传授高深的知识,这和传授简易基本知识的私人设置的昆它布在程度上是不同的。学馆讲授的内容比昆它布高深,但又低于宫廷学校,相当于中等程度的教育。学者之家在清真寺建立之前就已经成为教育场所。在清真寺建立后仍相当普遍,成为私人讲学的一种重要形式。

(4)清真寺

清真寺既是教徒礼拜的圣地、施行政令的要地、宗教法庭的所在,也是重要的教育场所。穆罕默德是最早提倡清真寺教育的人。清真寺鼓励男童入学,也吸收女童入学。

在清真寺里,除附设昆它布对儿童施以初等教育外,也传授高深知识。许多清真寺邀请著名学者讲学。学生们环绕主讲者而坐,叫做教学环。讲授的课程有神学、哲学、史学、文学、法学、数学、天文学等。清真寺里的圣训学课程连过路人也可以听。

许多清真寺实际上相当于高等教育机构。这些学校教授神学、法律、哲学、历史和科学。教学以记诵为主。

(5)图书馆

由于穆斯林尊重学术,各伊斯兰国家的图书馆都很发达。图书馆不仅收集各种图书,吸收东西方文化,而且培养许多文人学者,是特殊形式的高等教育机构。

2. 阿拉伯教育的特点及其贡献【重要】

(1)阿拉伯的文教政策和阿拉伯教育的特点

阿拉伯国家的许多哈里发推行了一种比较开明的文化教育政策。他们对被征服地区人民的宗教信仰和文化采取了比较宽容的态度,并鼓励学术研究。

阿拉伯的教育具有尊师重教、教育机会比较均等、神学与实用课程并存、教学组织形式多样和多方筹集教育资金以保证发展教育的物质条件等鲜明特点。阿拉伯世界的教师普遍受到人们的尊重。阿拉伯国家由于重视吸收别人的文化成果而鼓励翻译。

(2)中世纪阿拉伯人对人类文化教育做出的贡献

阿拉伯的伟大数学家穆罕默德·伊本·穆萨(即花剌子密,约 780—850 年)创立了代数学。他编写的《积分和方程计算法》于 12 世纪传到西欧,一直到 16 世纪还是大学使用的教材。通过他的著作,西方还懂得了使用阿拉伯数字。阿拉伯人在天文学、医学、哲学和文学方面也都做出了自己的贡献。阿拉伯文化保存的希腊典籍对西欧重新认识古希腊文化产生了重要的影响,对西欧文艺复兴也起了一定的催化作用。

迷津点拨 拜占庭与阿拉伯国家在文化教育上的起点不同。拜占庭直接继承了古希腊、罗马文明,古罗马原有城市的文化教育设施是它发展教育的最初基础。拜占庭发展起了具有自己特色的教育,保存与传播古希腊、罗马文化,从而对东西欧文化教育的发展产生了巨大影响。阿拉伯人在文化教育上几乎是白手起家。由于实施开明的文教政策,广泛吸取被占领地区各民族的文化教育遗产,在融合东西方文明的基础上,形成了具有自己特色的伊斯兰文化教育体系。

经典例题

名词解释

1. 城市学校
2. 骑士教育
3. 中世纪大学

答案解析

名词解释

1. 城市学校并不是一所学校名称,而是为新兴市民阶层子弟开办的学校总称。里面包含不同种类、不同规模的学校。例如,由手工业行会开办的学校被称为行会学校,由商人联合会设立的学校被称为基尔特学校。城市学校内部虽然在课程设置、教师成分、学习年限等方面各不相同,但与传统学校相比,城市学校作为一种新的学校类型也具有一些共同的特点:①在领导权上,最初的城市学校,大多由行会和商会开办,以后随着城市的发展和管理的加强,这些学校逐渐由市政当局接管,由市政府决定学费金额、选聘教师、支付工资、确定儿童入学资格等。②从城市学校的归属来看,尽管它与教会有着千丝万缕的联系,但它基本上属于世俗性质,这就打破了教会对学校的垄断。所以说,这是欧洲中世纪教育的一个很大的进步。③从内容上看,城市学校强调世俗知识,特别是读、写、算的基础知识和与商业、手工业活动有关的各科知识的学习,这扩大了学校教育内容,使学校教育为人们的现实生活服务。城市学校,尤其是程度较低的学校,一般都使用本民族语进行教学,这与完全用拉丁语讲授的教会学校形成鲜明对照。④从培养目标上看,城市学校主要满足新兴城市对从事手工业、商业等职业人才的需要,因此城市学校虽然主要是初等学校,但也具有一定的职业训练的性质。

考点分析 城市学校的明显特征是世俗性,它打破了教会对学校教育的垄断,具有一定的历史意义。

2. 骑士教育是西欧中世纪世俗教育的一种形式。骑士教育是一种特殊形式的家庭教育,并无专设的教育机构,也没有专职的教育人员。骑士教育在骑士生活和社交活动中进行,主要目标是培养勇猛豪侠、忠君敬主的骑士精神和技能。

骑士教育的实施分为三个阶段:家庭教育阶段、礼文教育阶段、侍从教育阶段。各个阶段的教育内容各不相同。①家庭教育阶段,儿童在家庭中受母亲的教育,主要学习宗教知识、道德知识和身体的养护与锻炼。②礼文教育阶段,贵族之家按其等级将儿子送入高一级贵族的家中充当侍童,侍奉主人和贵妇。教育内容是学习上流社会的礼节和行为规范,有时也包括一些知识内容,如识字、拉丁文法等,但更多的是吟诗、弈棋、唱歌、奏乐等技艺。在此阶段,贵族子弟也开始学习赛跑、角力、骑马、游泳和击剑,以便成为身体强壮、能征善战的武士。③侍从教育阶段,学习的重点是"骑士七技",即骑马、游泳、投枪、击剑、打猎、弈棋和吟诗;同时要侍奉领主和贵妇。

骑士教育是一种典型的武夫教育,重在灌输服从与效忠的思想观念,训练勇猛作战的诸种本领,养成封建统治阶级的保卫者。骑士教育对文化知识的传授并不重视,以至于目不识丁的骑士比比皆是。

考点分析 本题旨在考查考生对骑士教育的理解。骑士教育是中世纪典型的世俗教育,是一种特殊形式的家庭教育。考生在作答时要对骑士教育有一个明确的定性,除此之外,还要明确骑士教育的教育目的、教育阶段和教育内容。

3. 最初的中世纪大学是一种自治的教授和学习中心。一般由一名(或数名)在某一领域有声望的学者和他的追随者自行组织起来,形成类似于行会的团体进行教学和知识交易。

中世纪大学具有以下几个明显特点:①从组织上看,中世纪大学起初是由进行知识交易的人自行组合而成的团体,"universitas"这个拉丁词的本意就是"组合""行会""团体"等。14 世纪以后,这个词才专指由教师和学生结合成的团体——大学。②中世纪大学的基本目的是进行职业训练,培养社会所需要的专业人才,因此大学教育往往分文、法、神、医四科来进行。③中世纪大学从最初形成时已表现出自治的特点,大学还利用教会、世俗政权以及各地方当局之间错综复杂的矛盾为自己争取到不少特权。如大学师生免税、免服兵役,大学有权建立特别法庭处理大学师生与外人之间发生的诉讼,大学有集体迁移的自由,等等。大学自治是学术研究自由的必要保证。④中世纪大学按领导体制可分为两种:"学生"大学与"先生"大学。前者由学生主管校务,教授的选聘、学费的数额、学期的时限和授课时数等,均由学生决定;"先生"大学由教师掌管校务,学校诸事均由教师决定。⑤大学的课程开始并不固定,各大学甚至各教师自己规定开设课程,13 世纪以后,课程趋向统一,文科一般学制六年,属大学预科性质,学生结束文科的学习后,分别进入法学、神学或医科,学习有关专业课程。⑥中世纪大学已有学位制度。学生修毕大学课程,经考试合格,可得"硕士""博士"学位,最初这两种学位并无程度上的差别,以后分化成表示不同学术水平的独立学位。

考点分析 中世纪大学具有以下明显特点:

1. 知识传承的制度化、人才培养的制度化。2. 国际性:招收欧洲各地学生、自由流动、教学资格互相承认、共同的语言(拉丁语)。3. 独立性:自治的行会组织、拥有特权,独立于政府和教会之外。大学的核心价值观是自治和学术自由。4. 流动性:大学可以根据需要进行自由流动,不受地域的限制。5. 宗教性:大学中还渗透着浓重的宗教色彩。这些特点应该引起考生的注意。

第四章

文艺复兴与宗教改革时期的教育

本章属于外国教育史的近代教育部分，主要讲述了文艺复兴与宗教改革这一特殊时期的教育发展状况，包括以维多里诺为代表的意大利人文主义教育和以伊拉斯谟、莫尔、拉伯雷为代表的北欧各国的人文主义教育，在宗教改革中兴起的新教教派——路德派、加尔文派和英国国教派的教育主张以及反宗教改革的先锋耶稣会的学校、组织管理制度等。这一章是考研中考查的次重点，在考试中的考核方式以名词解释和简答题为主。建议考生在复习中对人文主义教育代表人物维多里诺、伊拉斯谟、莫尔、拉伯雷等人的教育思想理解识记，掌握路德派、加尔文派和英国国教派的主要教育主张以及耶稣会学校的组织管理、教学目的、教学内容和教学方式。

第一节　人文主义教育

一、意大利的人文主义教育【一般】

文艺复兴最早发生于意大利。意大利的文艺复兴以古罗马文化的复兴为先导，继之以古希腊文化的复兴，这种复兴迅速影响到教育界。一些教育家的理论和实践活动反映和促进了意大利人文主义教育的发展。

1. 弗吉里奥

弗吉里奥是率先阐述人文主义教育思想的学者，其思想大大受益于昆体良。他为昆体良的《雄辩术原理》做注释，他认为人文主义教育的目的在于对青少年施以通才教育以培养身心全面发展的人。在教育方法上，弗吉里奥认为必须使所教内容适合学生的个人爱好和年龄特征。在教育内容方面，弗吉里奥最推崇的三门科目是历史、伦理学（道德哲学）和雄辩术，认为这三门课程最能体现人文主义精神。

2. 维多里诺

维多里诺是弗吉里奥教育理想的实践者。他对西塞罗的《论雄辩术》颇有心得，深谙西塞罗精神的内蕴，并热衷于古希腊身心和谐发展的教育理想。他于 1423 年开办宫廷学校，并把学校称为“快乐之家”。同弗吉里奥一样，他也主张通才教育，并以古典学科作为课程的中心，强调对学生道

德的培养和宗教信仰的养成。

3. 格里诺

格里诺是维多里诺的好朋友，但其教育观与弗吉里奥和维多里诺有所不同。他主张一个受过教育的人必须学习特定的科目而不管其内容如何。在学习方法上，他主张先学习语法规则然后再学习古典作品，夸大了语法规则的价值。在古典作品中，他高度评价西塞罗文体并将其作为作文唯一正确的典范。格里诺对15世纪末意大利"西塞罗主义"的产生起到了推波助澜的作用。西塞罗主义完全反对使用在西塞罗作品中没有出现过的词汇和习语，主张单纯模仿西塞罗。这样，意大利人文主义教育在发展过程中就产生了形式主义的弊端，背离了人文主义文化修养的目标，说明意大利人文主义教育因食古不化而走上了穷途末路。

二、北欧的人文主义教育【一般】

北欧的文艺复兴运动是受意大利的影响而产生的，人文主义教育也随之逐渐发展起来。这一时期人文主义教育的重要代表人物有尼德兰的伊拉斯谟、西班牙的维夫斯、英国的莫尔、德国的温斐林和法国的比代、拉伯雷、蒙田等。

1. 伊拉斯谟

伊拉斯谟（1467—1536年）是16世纪早期著名的人文主义学者和杰出的教育理论家。他一生撰写了大量著作，其主要教育著作有《愚人颂》《论童蒙的自由教育》《基督教君主的教育》等。他的教育思想表现在以下几个方面：

（1）论古典文化

伊拉斯谟对古典文化推崇备至。在古典文化与宗教二者的关系中，他将基督教与古典文化摆在同等重要的位置。他主张人文主义基督教化，基督教人文主义化。伊拉斯谟虽然不反对宗教本身，却对教会推行的蒙昧主义深恶痛绝。他认为人类进步的主要障碍是"愚蠢"，而促进人类进步的力量则是"启蒙"。这种启蒙，只能凭借对古典文化的研究。因此，他积极提倡研究古典文化。

另一方面，他对当时已失去"启蒙"作用的学校，也进行了无情的批判。伊拉斯谟在《愚人颂》中，揭露封建统治的腐败无能和教会的愚民行径，嘲讽天主教对教育的垄断，抨击中世纪教育的种种弊端。他辛辣地讽刺经院学者，认为他们挂着"哲学家"的招牌，实则是一些"蠢学家"。

（2）论教育的作用

他是从以下两个方面论述教育的作用的：社会需要教育；人通过教育才成为人。

伊拉斯谟认为，教育对改善社会，促进人类的文明进步，巩固社会的和平与安定都具有极为重要的作用。他说，一个国家的主要希望在于青年的适当教育，若有了这样的制度，就不需要很多法律或惩罚，因为人民将自愿地遵循正义的道路。

伊拉斯谟不仅认识到社会的改善、进步需要教育，而且认为对一个人来说，同样需要通过教育才能使其成为人。他指出，人如果不通过哲学的理性教育和对语言的学习，将是一种比畜生还要低下的造物。

(3)论教育方法

伊拉斯谟主张,儿童的教育要从早期开始,要趁儿童思想尚未形成之机,使他们的心灵充满有益的思想,因为“从来没有什么东西像在早年学习的东西那样根深蒂固”。对儿童的教育,他主张用游戏和讲故事的方式,反对鞭打。他要求教士关心儿童的身心发展,尊重儿童的个性特点,主张教师对待学生应当严而不厉,敬而不畏,可亲可敬。他重视采用实物教授语言,以引起儿童的学习兴趣。他还认为,在教育中可借助于形象化的图画,使学生感到生动有趣,引人入胜。他还提倡鼓励和劝告的方法,反对机械背诵的方法。

可以说,伊拉斯谟是教育史上继昆体良之后,把教育方法提高到重要地位而予以研究的少量的教育家之一。伊拉斯谟以其渊博的知识和卓越的才能,在文艺复兴时期的欧洲教育史上占据一席之地。

2. 维夫斯

维夫斯(1492—1540 年)主要的教育著作是《知识论》和《论灵魂与心灵》,其中《知识论》影响最大,被誉为“文艺复兴时期最彻底的教育书籍”。维夫斯的教育思想中最具光彩之处在于他提出要以新的哲学方法,要用心理学方法来解决教育问题,力图把教育和教学建立在心理学的基础上。

3. 莫尔

莫尔(1487—1535 年)是英国杰出的人文主义思想家、政治活动家、空想社会主义的奠基人。莫尔的理论主要体现在《乌托邦》一书中。《乌托邦》是一部政治经济学著作,也是一部教育著作。莫尔在书中阐述了他空想社会主义的理想,在这个理想的国度里,教育受到特别的重视。其教育构想主要有如下几个方面:

①实行公共教育制度,即普及教育。所有儿童都要受到良好的初等教育,男女享有平等的教育权利。

②学校设置了广泛的学科,如读、写、算、几何、天文、地理、音乐、自然科学、本族语、当代外语等,主张采用本族语进行教学。

③重视对儿童进行劳动教育。在西方教育理论的发展中,莫尔是最早论述劳动教育的思想家之一。他要求依据男女儿童的年龄和能力,传授相应的手工业与劳动技术。在劳动教育中,注意理论与实践的并进。

④德育占最重要地位。莫尔认为,在一切财富中,美德占首位,学位居第二位。主张知识应与道德有机地结合在一起,如果没有道德,那么知识就会成为罪恶的根源。只有与道德联系在一起的知识才更珍贵。莫尔的德育思想,超越了一般的人文主义者,他在许多方面论述了社会主义的德育观念。如他强调,人们在追求快乐时,他们的行为应以不违反公共利益为前提,个人利益要服从集体利益。

⑤重视美育。强调自然之美与精神之美。在美育中,音乐占有特殊地位。健美的身体也是美育的一个重要方面。

⑥宗教教育在乌托邦岛上依然存在,而且占有重要地位。但莫尔反对残害人性的基督教,他赋予宗教以新的内涵,主张人们崇尚自然。实际上他的至高无上的“神”就是自然。

⑦教育不只限于儿童和青年时期，而是终生的。从这一点来看，莫尔可以说是成人教育的倡导者。

莫尔的空想社会主义教育思想同其整个空想社会主义思想体系一样，对后世产生了极其深远的影响。

4. 拉伯雷

拉伯雷（1494—1553年）是法国人文主义学者、作家、教育思想家。拉伯雷的代表作是著名的讽刺小说《巨人传》，在《巨人传》中，拉伯雷借助人文主义教师对高康大的教育过程表达了他的教育思想：

①培养目标上，拉伯雷期望通过教育把儿童培养成为博学多识、能言善写、活泼健康、信仰新教的人文主义者。

②教学内容上，拉伯雷反对经院主义的空洞的学习内容，重视人文科学和自然科学，主张学习广泛、实用的知识。

③教学方法上，拉伯雷批判了强迫儿童呆读死记的教条主义，提倡用启发诱导以激发儿童求知的兴趣。他还重视直观教育、谈话法、参观游学的作用。

④拉伯雷重视道德教育，推崇仁爱、勤劳、勇敢、正义等德行。

⑤重视体育和美育。

总之，在拉伯雷的教育见解中，充分体现了人文主义教育理想，对经院主义教育进行了无情的扫荡。他的教育思想对后世教育学的发展有着深远影响。

三、人文主义教育的基本特征【重要】

扫一扫，看视频

1. 人本主义

人文主义教育在培养目标上注重个性发展，在教育教学方法上反对禁欲主义，尊重儿童天性，坚信通过教育这种后天的力量可以重塑个人、改造社会和自然，这些都表现出人本主义内涵，人的力量、人的价值被充分肯定。

2. 古典主义

人文主义教育思想吸收了许多古人的见解，人文主义教育实践尤其是课程设置亦具有古典性质，但这种古典主义绝非纯粹的“复古”，实则含有古为今用、托古改制的内涵，尽管它也具有局限性，然而在当时却是进步的。

3. 世俗性

不论从教育目的还是从课程设置等方面看，人文主义教育充溢着浓厚的世俗精神，教育更关注今生而非来世，这是人文主义教育与中世纪教育的根本区别。

4. 宗教性

人文主义教育仍具有宗教性，几乎所有的人文主义教育家都信仰上帝，他们虽然抨击天主教会的弊端，但不反对宗教更不打算消灭宗教，他们希冀以世俗和人文精神改造中世纪陈腐专横的宗教性以造就一种更富世俗色彩和人性色彩的宗教性。

5. 贵族性

这是由文艺复兴运动的性质(并非大众运动)所决定的,人文主义教育的对象主要是上层弟子;教育形式多为宫廷教育和家庭教育,而非大众教育的形式;教育的目的主要是培养上层人物,如君主、侍臣、绅士等。

综上可见,人文主义教育具有两重性,进步性与落后性并存,尽管它还有不足之处,但它扫荡了中世纪教育的阴霾,展露出新时代教育的灿烂曙光,开欧洲近代教育之先河。

迷津点拨 人文主义教育的进步性:

1. 改变了对教育对象和教育作用的看法,重新提出身心和谐发展的教育目标;
2. 教育范围进一步扩大,学校形式趋向多样化;
3. 教育内容大大扩充;
4. 注意儿童身心特点,采用新式教学方法。

第二节 新教教育

宗教改革运动产生于16世纪初,其矛头直指天主教会,其实质是企图以一种新的宗教去取代原有的旧宗教。可以说,宗教改革运动是文艺复兴运动在宗教领域的继续。宗教改革运动与文艺复兴中的人文主义运动相比,是一场更广泛、更深刻的社会改革运动,它的意义绝不仅在于“宗教”的改革,而是触及社会生活的各个主要层面。宗教改革与文艺复兴相比,带有广泛群众性,参加者涉及社会各阶层,故对教育的影响更为深远。

宗教是西方文化的核心,而教育是传播文化的工具,宗教的变革势必会导致教育的变革。宗教改革使欧洲宗教势力的划分呈现出错综复杂的局面,旧教依然有较强的势力,新教分为不同的教派,大的教派主要有路德派、加尔文派和英国国教派。这些新教教派之间意见不同,存在着分歧和斗争,他们的教育主张各具特色。

一、路德派新教的教育主张与教育实践【重要】

1. 教育主张

宗教改革运动始于德国,发起者是威登堡大学神学教授马丁·路德。路德的宗教、政治主张与其教育理论有着密切的联系,路德有关教育的论述主要有《致德国市长和市政官员书》(1524)和《论送子女入学的责任》(1530)。路德重视教育是出于与天主教争夺信徒的现实需要,其教育主张如下:

(1)教育目的

教育的宗教性目的,在于使人虔信上帝,使灵魂得救;教育的世俗性目的,在于培养有德有才的臣民并使国家安全与兴旺。因此,他要求国家像重视收税和征兵一样重视兴办教育。

(2)教育体系

建立包括初等、中等、高等教育在内的学校教育体系。

(3)教育内容

初等学校教学内容以宗教为主,《圣经》是主要学习科目,其余科目还有读、写、算、历史、音乐、体育等。

(4)教学方法

路德要求废除体罚,满足儿童求知和活动的兴趣,并主张运用直观的方法进行教学。

(5)教育原则

路德不是严格意义上的教育家,但他所提出的两个原则却对后来的教育影响甚巨:其一是教育权由国家而不是由教会掌握;其二是由国家推行普及义务教育。但路德并没有一贯地强调其普及义务教育的主张。德国农民战争后,路德的注意力遂转移到中等和高等教育,更为注重培养教会和国家未来的领袖,这是一种精英式教育。

按照路德派教义,个人的信仰源于个体对《圣经》独立的理解,人人都应读《圣经》。这种平等的观念反映到教育上则意味着受教育权利的平等。路德认为应使每一个儿童,不分男女贫富都受到教育,教育应在所有等级的儿童中普及。与普及教育的主张相联系,路德进而提出义务教育的主张。他认为,对父母而言,使子女受教育是一种对于国家和社会应尽的义务;对行政当局而言,使儿童受教育是一种不可推卸的责任,国家应强迫父母把子女送入学校受教,对不承担义务的父母,国家应予以惩罚。

2. 教育实践

路德的教育思想在一些新教诸侯的支持下,由他的几个追随者付诸实践,其追随者主要有梅兰克顿、斯图谟和布根哈根等人。梅兰克顿毕生致力于在德国各邦建立新的学校教育体系,他依路德的主张改革了一些旧大学如海德堡大学、威登堡大学,并积极参与了马尔堡大学(1527)、哥尼斯堡大学(1544)、耶拿大学(1558)等的创建工作。在中等教育方面,他在不同时期拟订的一些教育法令和学校改革计划为新教中等教育体制的确立提供了蓝图。

梅兰克顿还编了不少教科书,给德国新教中、高等教育的课程以重要影响。梅兰克顿为德意志民族的教育做出了突出贡献,被教育史家誉为"无与伦比的德意志人的伟大导师"。

斯图谟在创建和完善新教中学方面成就突出。他曾把3所旧的拉丁中学改造为一所新教性质的中学,在教育中强调教育的宗教性目的,教学内容以古典拉丁文、希腊文为主。他受比利时一所人文主义性质的学校——列日学校分级制的影响,在他改造过的这所古典文科中学中采用了比较严格的分级教学制度,将学生分为十个年级,每级依固定的课程进行教学,最后一级的课程与大学课程相衔接。由于组织严密,管理有方,这种中等教育模式卓有成效,成为以后300多年德国和其他一些欧洲国家中等学校的主要模式。

与中等教育、高等教育的改革与发展相比,宗教改革时期德国初等教育的发展要缓慢得多。德国新教性质的初等学校的创建,始于布根哈根。1528年,布根哈根制定了一个学校章程,提出为所有儿童开办良好的初级学校,进行宗教教育并用德语教儿童读写。布根哈根一直致力于在德国北部的城镇和乡村创办这种初级学校。

在梅兰克顿、斯图谟、布根哈根等人的推动下，路德关于实施义务教育、国家管理学校以及建立学校新体制的主张，在16、17世纪的德国新教各邦得到了初步实现。

二、加尔文派新教的教育主张【重要】

加尔文派新教兴起于瑞士。加尔文的教育主张主要表现在《基督教原理》(1536)、《教会管理章程》(1537)、《日内瓦初级学校计划书》(1538)等著述中。加尔文的教育主张具体如下：

①重视教育对个人生活、社会生活和宗教生活的影响。

②提出普及、免费教育的主张，要求国家开办公立学校，实行免费教育，使所有儿童都有机会受到教育，学习基督教教义和日常生活所必需的知识技能。这种教育的目的具有双重性，首先是为了促进宗教信仰，其次是为了世俗利益。加尔文和路德都提出了普及教育的主张，与路德不同的是，加尔文还亲自领导了日内瓦城普及、免费教育的实践，基于此，美国学者班克罗夫特认为加尔文是普及教育之父，是免费学校的创始人。

③重视人文学科的价值，这种看法使他在中等教育方面注意将宗教科目与人文科目的学习结合起来。加尔文还重视法语教学，而且在古典语言教学中注意克服形式主义倾向。

④在高等教育方面，加尔文于1558年创办日内瓦学院(日内瓦大学的前身)，以培养传教士、神学家和教师为目的，日内瓦学院成为荷兰的莱顿大学、英格兰的牛津大学和剑桥大学、苏格兰的爱丁堡大学、美国的哈佛大学以及法国一些著名大学的办学样板。

三、英国国教派新教的教育主张【一般】

英国宗教改革对教育的影响并不大，新教会还在行使与旧教会一样的职责，国家还是像过去一样通过教会来管理学校，而管理的主要内容是教师的资格认定和偶尔对教材做出规定。国教会对学校教师的言行、宗教信仰予以严格的监督，对不遵奉国教的教师予以惩罚、免职甚至关进监狱。要取得教师资格，须先获得教会当局颁发的特许状，还必须签署一个书面的誓言。

英国宗教改革后的教育与宗教改革前一样依然具有强烈的人文主义色彩。除了宗教教育依国教的精神有所改变外，学校的教学内容基本上是古典主义的。伊丽莎白一世在亨利八世之后进一步促进了英国教育的发展。学校的课程开始发生有益的变化，更加有益于世俗生活，教育的目标更加注重培养在社会生活中能有所作为的绅士，现实主义精神愈益增强。

宗教改革后教育上还有一个重要的变化，那就是英语教学的加强。在社会生活中，英语日益成为日常交往和表达知识的手段。在许多学校中，英语在语言学习中的比重愈益加重，而古典语言在课程中的地位则逐渐下降。将英语作为一门重要课程不仅仅是增加一门实用学科的问题，也不仅仅是一个改进古典语言教学方法的问题，它体现的是民族自尊心的增强，是民族意识的崛起，是教育与社会生活联系的进一步加强。

英国宗教改革后的教育理论和实践为17世纪以弥尔顿、洛克和夸美纽斯为代表的唯实主义教育思想的形成奠定了坚实的基础，17世纪的唯实主义教育与英国16世纪后期的教育是一脉相承的。

第三节 天主教教育

一、耶稣会的学校【一般】

在宗教改革愈演愈烈的情势下，为了维护教皇和天主教会的利益，天主教加强了自身的变革和对教育的控制，其中最为著名的就是耶稣会。耶稣会是反宗教改革运动的先锋和中坚，其首创者是西班牙人罗耀拉。

耶稣会把兴办教育视为实现其宗教和政治目的的重要手段，由于措施得力，耶稣会的教育活动颇有成效，在16—18世纪的欧洲，"没有哪一个教育团体像耶稣会那样在教育上发挥了重要作用"，因此，耶稣会的教育活动在西方教育史上占有不可忽视的一席之地。

出于培养精英以控制未来统治阶层的考虑，耶稣会集中全力于中等和高等教育方面而不重视初等教育。耶稣会设立的学校统称为学院，其中初级部5~6年，相当于中等教育和大学预科，学习内容以拉丁语、希腊语、希伯来语、文法、古典文学等人文学科为主，意在为进一步的学习奠定基础。高级部即哲学部和神学部，属高等教育。哲学部学习年限一般为3年，内容包括逻辑学、形而上学、心理学、伦理学、数学、物理学、天文学等，这里的自然科学知识以古代经典所涉及的知识为限，并以亚里士多德的著作为准，与近代新科学不是一回事。神学部是最高一级的教育，学习时限为4~5年，学习《圣经》和经院哲学（尤其是阿奎那的著作）。

二、耶稣会学校的组织管理与教学方式【重要】

耶稣会学校富有成效的变革主要取决于完备的组织管理、高水平的师资和切实可行的教学方法。

耶稣会学校的组织管理以1559年的《耶稣会章程》和1599年的《教学大全》这两个纲领性文件为标准和尺度，前者由罗耀拉起草，后者由耶稣会第五任会长阿奎瓦拉主持制定。这些规定确立了教育管理的详尽、明确而实用的规范，不同于一般性教育文件对教育事务宏观的笼统的规定，从而使得两个文件成为"教育方法和学校及课堂管理的实用手册"。这些规定具有法律的权威，对学校工作具有普遍的指导意义，保证了散布欧洲各地的耶稣会学校组织的管理上的统一、集中和稳定，使得耶稣会学校能够有条不紊、高效率地工作，从而获得可观的成效。

高水平的师资也是耶稣会学校取得成功的一个重要条件。耶稣会十分重视师资的培养和训练。师资的培养和训练主要有三个方面的内容：一是宗教训练，通过这种训练，使受训者忠于上帝、教皇和天主教会，成为虔诚的天主教徒；二是知识训练，这种训练持续很长时间，学习内容因将来所从事教育的对象的程度不同而有差异；三是有关教育和教学方法方面的训练。

耶稣会学校的教学方式和方法也富有成效。耶稣会学校采用寄宿制和全日制，学生因能力水平的不同分别被编入不同班级，教学以班级为单位采用集体授课的方式，教师在教学中具体使用讲座、讲授、阅读、写作、背诵、辩论、练习、考试、竞赛等方法,学校提倡温和纪律、爱的管理,强调亲密的师生关系,很少使用体罚,即便偶尔使用,也要由校工而不是由教师来执行。

耶稣会教育随耶稣会势力的扩张而扩张。但是耶稣会教育有其致命的弱点,那就是不管它的制度、方法多么完善,组织管理多么周密,师资水平多么高,这些都服从于它企图重建教皇和天主教会对欧洲统治的目的,这是逆历史潮流的,结果必然被历史所淘汰。

迷津点拨 宗教改革时期教育的进展及主要特点:

积极方面:

1. 出现了公立的学制和实施普及小学义务教育的思想与法令;
2. 各级学校(尤其是平民小学)有了较大发展;
3. 中等学校开始按一定的规章制度办学,班级授课制产生;
4. 出现了教育调查、学校视导、教师检查考核及师资培养的萌芽;
5. 欧洲主要国家(英、法、德)文字基本定型,对普及初等教育有重要意义。

消极方面:

1. 在新、旧教的学校中宗教仍占据重要地位;
2. 新、旧教均接受了古典文化,要求宗教信仰与人文学科结合;
3. 近代双轨学制初现端倪。

经典例题

一、名词解释

人文主义教育

二、简答题

1. 简述人文主义教育的特征。
2. 近代人文主义教育的基本主张有哪些?

答案解析

一、名词解释

人文主义教育是在欧洲文艺复兴的历史背景下,由一些具有人文主义思想的教育家倡导、推动的新兴教育。文艺复兴最早发生于意大利。意大利的文艺复兴以古罗马文化复兴为先导,继之以古

第三部分

希腊文化的复兴，这种复兴迅速影响到教育界。一些教育家的理论和实践活动反映和促进了意大利、北欧人文主义教育的发展。

考点分析 该名词是探究人文主义教育的基础，需要给予重点关注，人文主义教育是现代教育现代化进程中的重要教育形态。

二、简答题

1. 人文主义教育具有以下重要特征：

(1)人本主义

人文主义教育在培养目标上注重个性发展，在教育教学方法上反对禁欲主义，尊重儿童天性，坚信通过教育这种后天的力量可以重塑个人、改造社会和自然，这些都表现出人本主义内涵，人的力量、人的价值被充分肯定。

(2)古典主义

人文主义教育思想吸收了许多古人的见解，人文主义教育实践尤其是课程设置亦具有古典性质，但这种古典主义绝非纯粹的“复古”，实则含有古为今用、托古改制的内涵，尽管它也具有局限性，然而在当时却是进步的。

(3)世俗性

不论从教育目的还是从课程设置等方面看，人文主义教育充溢着浓厚的世俗精神，教育更关注今生而非来世，这是人文主义教育与中世纪教育的根本区别。

(4)宗教性

人文主义教育仍具有宗教性，几乎所有的人文主义教育家都信仰上帝，他们虽然抨击天主教会的弊端，但不反对宗教更不打算消灭宗教，他们希冀以世俗和人文精神改造中世纪陈腐专横的宗教性以造就一种更富世俗色彩和人性色彩的宗教性。

(5)贵族性

这是由文艺复兴运动的性质(并非大众运动)所决定的，人文主义教育的对象主要是上层弟子；教育形式多为宫廷教育和家庭教育，而非大众教育的形式；教育的目的主要是培养上层人物，如君主、侍臣、绅士等。

考点分析 人文主义教育的特征主要体现在五个方面，应该引起考生注意。

2. 人文主义教育的特征是与人文主义运动的特征密切相关的，其主要主张是：提倡以“人”为中心，反对以“神”为中心。主要表现在：提倡人道，反对神道；提倡人权，肯定人的价值、地位、能力，反对绝对依赖和盲目信仰教会的教义和教规；提倡个性解放，反对压抑和禁锢；提倡现世幸福，肯定现实生活的乐趣和享受，反对禁欲主义和来世观念；提倡古希腊身心既善且美的和谐发展教育，反对把肉体视为“灵魂的监狱”；提倡学术，尊崇理性，反对愚昧无知。具体而言，人文主义教育的主要观点包括：

(1)教育目的：培养世俗的学问，培养身心全面发展的完人，培养具有资产阶级品质、懂礼仪、身心健康、具有开拓精神的资产阶级绅士。

(2)教育内容:知识和学科成为主要的教学内容,复兴体育和美育,并且关注自然知识的学习。希腊文、拉丁文为主要的课程,历史、地理被纳入进来,有的还把数学、自然科学也作为重要学科。

(3)人文主义价值观:确立了人的主体地位,强调人的高贵,复兴了古希腊的个人主义价值观。

考点分析 人文主义教育的特征集中体现在以"人"为中心,而非以"神"为中心上,故禁欲主义、灌输教育是人文主义极力反对的对象。

第五章
欧美主要国家和日本的教育发展

本章属于外国教育史的重点内容，主要讲述了英、法、德、美、日、俄六国近现代的教育发展概况以及对各国教育产生过重要影响的教育思想家的教育思想。这一章是考研中考查的重点，在考试中的考核方式以简答题、分析论述题为主，各位考生需要对本章内容给予高度重视。

第一节　英国教育的发展

扫一扫，看视频

一、19 世纪英国的教育概况【一般】

1. 国家干预教育的开端

19 世纪是英国从自由资本主义向垄断资本主义过渡的时期。19 世纪以前，英国政府对教育的干预甚少，国民教育的权力集中在教会手里。但随着社会和经济发展的需要，英国政府开始干预教育，主要体现在一系列法案的提出、法案的颁布和教育管理机构的设立上。

1807 年，惠特布雷特提出一项《教区学校议案》，建议政府在每个教区建立由国家管理的学校。

1833 年，英国国会通过了《教育补助金法》，决定每年从国库中拨出 2 万英镑的教育拨款，首开政府通过拨款形式间接干预教育的先河。

1839 年，英国政府成立了枢密院教育委员会。该机构负责教育拨款的分配和使用，并有权视察一切接受公款补助的学校。

1856 年，枢密院教育委员会改组为教育局，管理有关初等教育事宜，这是英国政府第一个教育管理机构。

1899 年成立了由国会直接领导的国家教育委员会，取代了原来的教育局、科学与艺术局和慈善委员会，统一对初等教育和中等教育进行管理。这样，国家对教育的干预逐步加强。

2. 初等教育的发展

19 世纪上半期，初等教育主要由宗教团体和慈善机关办理，教育质量低劣，学校和入学人数严重不足。

由于师资匮乏，当时还盛行过导生制学校。它由英国传教士贝尔和兰喀斯特所创，又称贝尔－兰喀斯特制。其基本方法是教师先在学生中选择一些年龄较大、学习成绩好的学生充任导生，教师先对导生进行教学，然后由他们去教其他学生。采用这种教学方式，学生的数额可大大增加，在一定程度上缓解了教师奇缺的压力。但采用这种方法，不可避免地造成教育质量下降，因此，它最终被人们抛弃了。

英国政府在1870年颁布了《初等教育法》（又称《福斯特法案》）。

它规定：①国家对教育有补助权与监督权；②将全国划分为数千个学区，设立学校委员会管理地方教育；③对5～12岁儿童实施强迫的初等教育；④在缺少学校的地区设公立学校，每周学费不得超过9便士，民办学校学费数额不受限制；⑤学校中世俗科目与宗教科目分离；等等。

这是英国第一个关于初等教育的法案，其中最有意义的是强迫初等教育，它标志着国民初等教育制度正式形成。以后，英国又通过了一些有关义务教育和免费教育的法案，到1900年英国基本上普及了初等教育。

3. 中等教育改革

19世纪，英国中等教育在结构上基本沿袭18世纪的传统，实施中等教育的机构主要是捐办文法学校和公学。只有贵族和资产阶级子女才有可能接受这一层次的教育。

这时的捐办文法学校规模小、数量少，课程仍囿于传统的古典学科，已不能适应时代发展的需要。公学是从捐办文法中学发展而来的，地位和社会声誉较高。到19世纪30年代，温彻斯特、伊顿、威斯敏斯特、查特豪斯、哈罗、拉格比、什鲁斯伯里、圣保罗和泰勒商会学校已成为英国著名的九大公学。但公学课程陈旧、教学方法保守、校风堕落的弊端也十分明显。

1861—1864年，国会授命克拉雷顿委员会对九大公学进行调查。报告针对公学存在的弊端提出了建议。在该报告的影响下，公学逐渐发生了一些变化。首先是课程内容有所扩充，虽然仍然以古典课程为主，但是英语、现代语、数学和科学等学科受到了重视。其次是公学董事机构的改革。

1864—1868年，汤顿学校委员会对九百余所捐办文法学校进行了调查。它在1868年的报告中建议，按社会阶层设立三类中学：第一类中学为贵族和大资产阶级子弟而设立，从12～18岁，以古典学科为主，为升入大学做准备；第二类中学为中产阶级子弟而设，从12～16岁，课程除拉丁文外，包括现代语、数学和自然科学，培养商业、医学、法律等专业人才；第三类中学为中下层平民子弟而设，从12～14岁，注重英语、初等数学、自然科学、历史、地理等实用学科，以培养从事普通职业的人才为主。因为当时英国政府关注的是初等教育的普及与发展，建立国民中等教育制度的条件还不成熟，所以汤顿学校委员会的报告没被采纳。但是这份报告对后来的中等教育发展产生了重要影响。

到19世纪末，英国中等教育虽然在科学教育思想冲击下有所变化，但古典教育仍占极其重要的地位，中等教育的发展比较缓慢。

4. 高等教育的发展

19世纪英国高等教育的变化主要体现在新大学运动和大学推广运动上。

1828年，伦敦大学学院成立，揭开了新大学运动的序幕。这所学院不进行宗教教学，重视自然科学学科，与传统大学截然不同。1829年，国教派成立英王学院，除了在宗教教学问题上的分歧外，这两所学院开设的课程大多相同。1836 年,两院合并为伦敦大学。

19 世纪下半叶,在伦敦大学的带动下,许多城市学院纷纷成立,这些学院都是民办的,注重工业和科学领域。城市学院的兴起改变了英国高等教育传统。从此,科学步入高等教育的殿堂,高等教育不再仅仅是贵族和上层阶级的特权,中产阶级也有机会进入高校大门。

大学推广运动最早出现在 19 世纪 40 年代,主要指全日制大学以校内或校外讲座的形式将教育推广到非全日制学生。伦敦大学、牛津大学、剑桥大学在 19 世纪 50 年代以后在大学推广运动中起关键作用。19 世纪的大学推广运动在加强大学和社会之间的联系,促使社会中下层阶级和女子有更多的接受高等教育的机会,推动课程改革和高等教育机构的发展等方面具有重要作用。

迷津点拨 英国传统的中等教育学校的类型有公学、文法学校和阿加德米。

＊公学

1. 创立于 14 世纪,原由教会创办,且宗旨为公众服务,故名;后逐渐演变为特权子女开设的纯私立性质的学校。

2. 此类学校规模不大,为单性别学校。

3. 经费来自学费及捐款,只招收预备学校学生。

4. 学制 6 年,课程以古典文及人文学科为主,注重培养绅士风度。

5. 素以教学质量高著称,毕业生多升入牛津、剑桥。

＊文法学校

文法学校的历史可追溯到古代罗马。英国文法学校最早建于 10 世纪。办学特点与公学相似,只是各方面条件稍次于公学。

＊阿加德米

17 世纪 60 年代在英国产生的一种具有实科倾向的中等学校。它吸取了英国文学家弥尔顿的理想,重视自然科学及外语课程,并用英语作为教学用语。

英国的各类中学与初等学校互不衔接,故英国学制属双轨制。

二、《巴尔福教育法》与教育行政管理体制的变化【重要】

1902 年,在建立郡议会和郡独立市的基础上,英国政府颁布了《巴尔福教育法》。法令的主要内容如下:

①设立地方教育当局管理教育,以代替原来的地方教育委员会。规定地方教育当局的主要职责是保证满足初等教育的要求,享有设立公立中等学校的权利,并为中等学校和师范学校提供资金。

②地方教育当局还应负责对私立学校和教会学校的资助,并对其进行一定的控制。

《巴尔福教育法》是英国进入 20 世纪所制定和颁布的第一个重要的教育法案。它的颁布促成了英国政府教育委员会和地方教育当局的结合,形成了以地方教育当局为主体的英国教育行政管理体制,对后来英国教育领导体制和中等教育的发展有重要的影响。法案第一次把初等教育和中等教育放在一起论述,使国民教育变为完整的初等义务教育,并把中等教育纳入地方管理,结束了英国教育长期的混乱状态,提供了建立国家公共教育制度的基础。

三、《费舍教育法》【重要】

1918年,英国国会通过了教育大臣费舍提出的教育议案,制定了新的初等教育法,也称《费舍教育法》(The Fisher Act)。法案做了如下主要规定:

①加强地方当局发展教育的权力和国家教育委员会制约地方当局的权限。

②地方当局为2~5岁的儿童开设幼儿学校,规定5~14岁为义务教育阶段,小学一律实行免费,禁止雇佣不满12岁的儿童做童工。

③地方教育当局应建立和维持继续教育学校,向进入这种学校的年轻人(14~16岁)免费提供适当的学习课程、教学和体育训练,年轻人每年应在继续教育学校中接受320个学时的学习。

《费舍教育法》在英国历史上首次明确宣布教育立法的实施"要考虑到建立面向全体有能力受益的人的全国公共教育制度",在建立完整的国家教育制度方面向前迈进了一步,法案调整了中央和地方教育当局的关系。但是,法案并没有解决面向所有儿童的中等教育问题,而且继续教育的条款也由于当时教育经费不足而被搁置起来。至此,英国的初等教育得到了普及和发展,但英国教育的双轨制问题实质上并未触及。

四、《哈多报告》【重要】

1926年至1933年间,以哈多爵士为主席的调查委员会提出了三次《关于青少年教育的报告》,一般称《哈多报告》。其中影响最大的是1926年的报告。报告的主要内容如下:

①儿童在11岁以前所受的教育为初等教育。

②儿童在11岁以后所受的各种形式的教育均称为中等教育,中等教育阶段分设四种类型的学校:以学术性课程为主的文法学校、具有实科性质的选择性现代中学、相当于职业中学的非选择性现代中学、略高于初等教育水平的公立小学高级班或高级小学。

③为了使每个儿童进入最适合的学校,应该在11岁时举行选择性考试。同时规定,义务教育的最高年龄为15岁。

《哈多报告》的中心是强调教育应为一个连续的过程,可以分为前后两个阶段,即小学阶段和中学阶段。在这一过程中,11岁是一个关键年龄期。《哈多报告》对英国教育发展具有重要影响,它第一次从国家角度阐明了使中等教育成为面向全体儿童的教育的思想,并从儿童心理发展特点的角度,明确提出了初等教育的终点和初等教育后教育分流的主张,以满足不同阶层人们的需要。但是,报告中所反映的主张,实质上是通过一次性考试,把中等教育分为两部分,即传统的文法学校和各种形式的现代中学,反映了英国教育传统对改革的影响。

五、《斯宾斯报告》【重要】

为适应战后经济发展对技术人才的广泛需要,英国政府于1938年提出了以改革中等教育为中心的《斯宾斯报告》。《斯宾斯报告》根据英国初级技术学校增加的现实,把《哈多报告》中的双轨教育方案扩展为三轨,即文法中学、现代中学和技术中学,使技术中学成为中等教育的组成部分。同

时,《斯宾斯报告》还提出了设立在同一种学校中兼有文法中学、现代中学和技术中学的多样性中学的设想。

《斯宾斯报告》的出台,促进了英国中等教育的发展。到第二次世界大战之前,英国基本上形成了文法中学、现代中学和技术中学三种类型的学校。“人人受中等教育”的观念已为公众所接受。

六、《1944 年教育法》【重要】

1944 年,英国政府通过了以巴特勒为主席的教育委员会提出的教育改革法案,即《1944 年教育法》,又称《巴特勒法案》。法案的基本内容如下:

①加强国家对教育的控制和领导;

②加强地方教育行政管理权限,设立由初等教育、中等教育和继续教育组成的公共教育系统;

③实施 5 ~ 15 岁的义务教育。

法案还提出了宗教教育、师范教育和高等教育改革等方面的要求。

《1944 年教育法》是英国教育制度发展史上一个极其重要的法令。它结束了战前英国教育制度发展不平衡的状况,形成了初等教育、中等教育和继续教育相互衔接的国民教育制度,扩大了国民受教育的机会。法案决定了英国战后教育发展的基本方针和政策,对英国教育的进一步发展产生了重要影响。

迷津点拨 “二战”后,英国颁布的最重要的教改法令是《巴特勒法案》。

1.《巴特勒法案》的主要内容

其中心点包括:一个是调整教育领导体制,以加强国家对教育的领导与控制,一个是谋求初、中等教育的衔接,以进一步实现多年以来并未真正实现的中等教育机会均等的口号。

2.《巴特勒法案》在英国教育制度发展史上的意义

继承并集中了 19 世纪末以来英国历次重要教育法令所提出的教改要求,并把它们与战后对教育的实际需要结合起来,决定了英国战后教育发展的基本方针与政策,也开创了世界各资本主义国家拟定、颁布战后教育改革法的先例。

七、“罗宾斯原则”【重要】

1963 年,英国就高等教育改革提出了较有影响的改革方案——《罗宾斯报告》。该报告探讨了英国高等教育如何为社会服务这一重大问题。报告建议应为所有在能力和成绩方面合格的并愿意接受高等教育的人提供高等教育课程,这个建议被称为“罗宾斯原则”。该建议为英国政府和各派政治力量所接受,成为 20 世纪 60 年代英国高等教育大发展的政策依据。

八、《雷沃休姆报告》【重要】

1981—1983 年,在雷沃休姆基金会的资助下,英国高等教育研究会连续发表了十多份对高等教育的调查报告。这些报告被称为《雷沃休姆报告》,主要内容是:

①扩大高等院校的入学途径,加快培养各种专门人才,以适应英国振兴经济的需要;

②调整高等教育课程内容和结构，以适应知识综合化和职业多变化的需要；

③加强和改进高等教育管理，特别是要加强高校内部专业化的管理，提高教学和科研水平，以承担更多的社会和经济课题；

④开辟更多的奖学金和助学金途径，促进学生学习，以减轻国家的负担；等等。

《雷沃休姆报告》为 1988 年英国推出新的教育改革法案提供了思想准备。

九、《1988 年教育改革法》【重要】

1988 年英国国会通过了一份重要的教育改革法案，即《1988 年教育改革法》。这个改革法案是一项对教育体制全面进行改革的法案，是自第二次世界大战结束以来规模最大的一次改革。该法案的主要内容是：

①规定实施全国统一课程，确定在 5～16 岁的义务教育阶段开设三类课程：核心课程、基础课程和附加课程。核心课程和基础课程合称为“国家课程”，是中小学的必修课程，核心课程包括英语、数学和科学；基础课程包括现代外语、技术、历史、地理、美术、音乐和体育；附加课程包括古典文学、家政、经营学、保健知识、信息技术应用、生物、第二外语、生计指导等。

②对考试制度做了一些新的规定。在整个义务教育阶段（5～16 岁），学生参加 4 次全国性考试，分别在 7、11、14、16 岁时举行。

③对学校管理体制做了一些规定：地方教育当局管理下的所有中学和学生数在 300 名以上的规模较大的小学，在多数家长要求下可以摆脱地方教育当局的控制，直接接受中央教育机构的指导，财政开支由全国统一的“国立学校基金会”负责。

④规定建立一种新型的城市技术学校。该类学校实质上是仿效美国的有关经验，在工商企业支持下兴办的一种新学校。学校装备了各种现代化仪器设备，开设基础课程和有关企业实用的课程，采取校内教学与到企业中实践相结合的途径，培养企业急需的精通技术的中等人才。

⑤对高等教育（大学、综合技术学院和成人继续教育机构）的管理和经费预算也有一些新的规定。

它宣告废除已实施了二十余年的高等教育“双重制”。“双重制”即英国的各类学院由地方管理，而大学则由中央管理的体制。根据新的规定，包括多科技术学院和其他学院在内的高等院校将脱离地方教育当局的管辖，成为“独立”的机构，取得与大学同等的法人地位。

中央政府对高等教育的控制大大增强。《1988 年教育改革法》涉及的问题不仅十分广泛而且非常重要，在一定程度上触动了英国教育的某些传统，因此，它在英国引起的反响异常强烈，被认为是自 1944 年《巴特勒教育法》以来英国历史上又一次里程碑式的教育改革法案。

总的来说，这次改革强化了中央集权式的教育管理，对过去从来没有做过统一规定的课程、考试等问题开始进行全国统一管理，这将对英国未来教育发展产生不可忽视的影响。

第三部分

第二节　法国教育的发展

一、19 世纪法国教育概况【一般】

扫一扫，看视频

19 世纪法国政局动荡不安，先后经历了 7 个历史时期。教育作为整个社会的一个组成部分，尽管由于政局的不断变易而呈现明显的阶段性特点。但考察 19 世纪法国教育发展的全过程可以发现，法国教育在阶段性发展的表象之下，隐现出其内在的连续性与规律性。正因如此，近代法国既确立了中央集权式的教育管理体制，又确立了完整的学制，各级各类教育事业都获得了发展。

1. 中央集权式教育管理体制的确立

法国中央集权式教育管理体制确立于拿破仑执政的法兰西第一帝国时期。为了牢牢掌握教育管理大权，拿破仑颁布了《关于创办帝国大学以及这个教育团体全体成员的专门职责的法令》(1806 年)以及《关于帝国大学条例的政令》(1808 年)，其中规定：专门负责整个帝国公共教育管理事务的团体应以帝国大学的名义建立；帝国大学总监作为全国教育界的最高首脑，由帝国大学任命，负责学校的开办、取缔，教职员任免、提升等诸项事宜；帝国大学下设由 30 人组成的评议会，协助总监管理全国的教育事务；全国共划分为 27 个大学区，每一个大学区设总长 1 人，并设由 10 人组成的学区评议会。这种体制的特点是：教育管理权高度集中；全国教育实施学区制管理；学校机构设立必须由国家批准；一切公立学校的教师都是国家的官吏。

2. 初等教育

七月王朝时期，《基佐法案》的颁布为初等教育的发展提供了法律保证。法案规定：政府与教会应携手发展初等教育；公、私立学校应实施相似的道德与宗教教育；扩大初等学校的办学自主权；在法国每一区内须设初级小学一所，超过六千人的城市则须设高级小学一所。

第三共和国初期，初等教育的发展与费里的名字联系在一起。1882 年两次颁布的《费里法案》，不但确立了国民教育义务、免费、世俗化三项原则，而且将这些原则的贯彻实施予以具体化：

①6～13 岁为法定义务教育年龄，接受家庭教育的儿童须自第三年起每年到学校接受一次考试检查。

②对不送儿童入学的家长处以罚款。

③免除公立幼儿园及初等学校的学杂费，免除师范学校的学费与膳食、住宿费用。

④废除《法卢法案》中教会监督学校及牧师担任教师的特权，取消公立学校的宗教课，改设道德与公民教育课。

《费里法案》所确定的教育原则及实施办法，不但促使法国普及义务教育发展到一个新的水平，而且为后来法国初等教育的发展指明了方向，奠定了坚实的基础。

3. 中等教育

19 世纪初，法国中等教育的发展受到拿破仑第一帝国政府的高度重视，大批的国立中学和市立中学纷纷创办并成为主要中等教育机构。国立中学修业六年,实行寄宿制,学生毕业时获学士学位并有资格出任国家官吏。国立中学一般学习古代语及现代语、文学及科学知识,并可依据各地实际情况,灵活设置一些其他课程。市立中学由地方政府创办,在校生主要学习古典语言基础、历史及其他科目的基本原理。

其后,中等教育一度受到教权势力的影响和冲击,尤其在《法卢法案》颁布后。这一趋势一直延续到第二帝国初期。为了驱除教会势力在中等教育领域日益增长的影响,第二帝国首任教育部长佩尔提·福尔图尔与其继任者加斯特夫·罗兰德做出了不懈努力。1852 年,福尔图尔提出将中等教育分两个阶段实施的教育改革计划,前四年主要学习古典、人文及数学课程;后四年则实行文、理分科,文科注重古典语文的学习,理科则侧重学习数学及自然科学知识。两个阶段的教育都要尽量避免受宗教的影响,而应该承担起为现代工业发展培养技术人才的职责。

普法战争后,法国中等教育的发展受到了教育现代主义的冲击。共和党人要求改革中学课程,减少古典语言的教学时数,加强现代语、历史、地理和体育的教学。在此情势下,四年制中等专业学校改名为"现代中学",学生在校六年期间,主要学习现代语及自然科学知识。受教育现代主义的影响,女子中等教育在这一时期也得到了相当发展。国立女子中学与市立女子中学先后设立,主要进行家政、卫生、手工、音乐及图画教育。

4. 高等教育

高等教育在拿破仑第一帝国时期的发展,主要表现为创办了一批专科学校,组建了几所军事学校以及开办了巴黎高等师范学校。法国高等教育在 19 世纪发生了许多变化,原来的文科发展成为独立的专业,神学科的地位大大降低,法科、医科、理科的发展则受到相当重视。但是,由于受中央集权的教育管理体制的束缚,法国高等学校在适合各地区的特点及发展需要方面,始终存在着很大的问题。

二、法国大革命时期的主要教育改革方案和教育主张【重要】

扫一扫,看视频

1789 年法国爆发了比英国还要激烈和彻底的资产阶级大革命,它改变了欧洲的历史,有着世界性的深远影响。在法国大革命中先后上台的立宪派、吉伦特派、雅各宾派,在反封建专制方面一派比一派更为激烈。这一特点,也体现在上述三派分别制定的有代表性的三个教育改革方案中,即塔列兰教育法案(1791 年)、康多塞的国民教育组织计划纲要(1792 年)、雷佩尔提教育方案(1793 年),它们一个比一个激进。尽管这些方案的内容有差别,但从主体上看性质是类似的,不同程度地体现了资产阶级各派的共同愿望,这主要表现在下面几个方面:

①主张建立国家教育制度。新兴资产阶级为了更好地为本阶级培养人才,他们必须从教会手中夺取教育权。为了建立国家教育制度,许多教育改革方案中都提出了课程及年限互相衔接的学校系统的设想。

②主张人人都有受教育的机会与权利,国家应当给予保护,实行普及教育。康多塞论述了教育和知识对个人及国家的意义,强调普及教育的重要性;雷佩尔提出了由国家举办"国民教育之家",让 5 ~ 12 岁的男女儿童免费入学,并由国家提供衣、食、住。

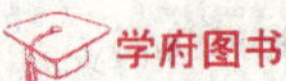

③在教育内容和教师问题上实现世俗化、科学化,也是大革命中各种教育方案的共同要求。

④在男女平等教育、成人教育方面也提出了要求,不过它们毕竟代表资产者的利益,许多规定大大限制了劳动者子女获得初等以上教育的机会和权利。

三、《费里教育法》【重要】

扫一扫,看视频

1881 年和 1882 年法国教育部部长费里先后颁布了两个教育法案,即法国教育史上著名的《费里教育法》。《费里教育法》提出国民教育"中立(对宗教、政治而言)、义务、免费"三原则。该法案的主要内容是:

①建立"母育学校";

②公立的"母育学校"和初等学校免学费,师范学校免膳宿费;

③6 ~ 13 岁为义务教育期,实施强迫义务教育;

④废除公立学校的教会监督和僧侣担任教师的特权,重申必须通过国家考试取得合格证书者才能在学校任教;

⑤公立学校取消宗教课,开设伦理课和公民课。

四、统一学校运动与学制改革【一般】

1919 年,针对双轨学校制度表现出的阶级不平等的弊端,一个激进的、具有自由主义色彩的组织——新大学同志会,主张建立统一学校,以实现教育的民主化。统一学校主要解决两个问题:民主教育和择优录取。民主教育主要是指全体儿童在学校中都应得到同样免费的基础教育。儿童义务教育年限延长到 14 岁。初等教育与中等教育相互衔接,高等教育向一切中学毕业生开放。择优录取是指教育要区别禀赋择优选拔。以新大学同志会的活动为契机,法国很快形成了统一学校运动。

1923 年,法国政府决定在初等教育阶段实行统一学校制度。1925 年以后,法国初步实现了小学阶段的统一学校。1930 年法国的国立中学和市立中学实行免费。1933 年,法国政府颁布命令,在中学设立统一入学考试制度,使学生享有入学机会的平等。1937 年,法国教育部长让·泽提出了在中学(国立中学和市立中学)的初级阶段实行统一学校制度的方案。

统一学校运动所引发的对法国学制的改革,有力地冲击了法国的双轨学制,扩大了劳动人民子女接受中等教育的比例,推动了法国教育民主化的进程,对法国教育的发展产生了积极影响,它提出的一些建议为法国战后 1947 年的教育改革所采纳。

五、中学课程的改革【一般】

19 世纪末,法国的中学形成了古典课程和现代课程并行、以古典课程为主的课程体系,使得许多没学过古典课程的学生处于不利的地位,引起了社会的不满。为了解决这一问题,1898 年,法国成立了"里博委员会",研究中等教育和课程设置问题,提出了研究报告。

1902 年,法国对中等教育进行改革。这次改革强调古典学科和现代学科的传统和实用的价值,以及二者的并行和相互补充,反映了现代社会对法国教育发展的影响,确立了法国中学的基本模式。但改革是不彻底的,在以后的发展中,法国的中等教育课程仍以古典语言为主。

1923 年，保守的雷昂·贝哈赫出任法国教育部长，又一次进行教育改革，使古典学科占主导地位的浪潮达到了顶点。这次改革，未使法国的中等教育出现顺应历史潮流和社会发展需要的变化，反而加重了古典主义色彩。

六、《阿斯蒂埃法》与职业技术教育的发展【重要】

扫一扫，看视频

1919 年，法国议会通过了议员阿斯蒂埃提出的关于职业技术教育的法案，该法案被称为《阿斯蒂埃法》。法案的主要内容如下：

①由国家代替个人来承担职业教育的任务；

②规定全国每一市镇设立一所职业学校，经费由国家和雇主各负担一半；

③为了使学习者在理论与实践上掌握各门科学知识的各种工艺知识，要求 18 岁以下的青年有接受免费职业教育的义务；

④规定职业技术教育的内容应包括三部分：补充初等教育的普通教育、作为职业基础的各门学科、获得劳动技能的劳动实力。

《阿斯蒂埃法》的颁布，使法国的职业技术教育第一次获得了有组织的形式，成为一种由国家管理的事业。该法在法国的历史上有“技术教育的宪章”之称。

七、《郎之万-瓦隆教育改革方案》【重要】

1947 年，以法国著名物理学家郎之万、儿童心理学家瓦隆组建的教育改革委员会向议会提交了《教育改革方案》，又称《郎之万－瓦隆教育改革方案》。

该方案提出在法国实施 6 ~ 18 岁学生的免费义务教育，并提出了战后法国教育改革的六条原则：

①社会公正原则；

②社会上的一切工作（不论手工的、技术的、艺术的和学术的）价值平等，任何学科的价值平等；

③人人都有接受完备教育的权利；

④在加强专业教育的同时，适当注意普通教育；

⑤各级教育实行免费；

⑥加强师资培养，提高教师地位。

另外，《方案》还对义务教育之后的高等教育进行了设计。并且强调，每一阶段的教育都应注重对每一个学生的诊断，鉴别其长处与欠缺，因材施教。

由于战后初期的历史条件限制，《郎之万－瓦隆教育改革方案》并未付诸实施。但在它的影响下，法国开始大力扩充初等教育，同时把较好的初等学校升格为中学，极大地促进了中等教育的普及，基本实现了初等教育和中等教育的衔接。

《郎之万－瓦隆教育改革方案》的基本原则是对战前法国等级性与宗教性都很强的教育的批判，显示了民主性、进步性。

八、《教育改革法》【重要】

1959年1月，法国颁布了《教育改革法》。该法规定，义务教育年限由战前的6～14岁延长到16岁，并规定到1969年完全实现这一目标。具体实施过程如下：

6～11岁为初等教育。所有儿童都应接受同样的初等教育。初等教育之后，除个别被确定不适于接受中等教育的儿童外，其余儿童都可进入中等教育的第一阶段，即两年的观察期教育（11～13岁），两年后，学生进入中等教育的第二阶段（13～16岁），这个阶段分为四种类型，即短期职业型、长期职业型、短期普通型、长期普通型。短期型均为三年制，长期型为四年和五年制，长期普通型中等教育实际上是为大学做准备的教育。

1959年法国的教育改革由于不够灵活，难以操作，不实用，不明确，所以在实践中并未完全实施。

九、《高等教育方向指导法》（《富尔法案》）【重要】

扫一扫，看视频

1968年法国议会通过并颁布了《高等教育方向指导法》（又称《富尔法案》）。这个法案的主要精神是确立了法国高等教育“自主自治、民主参与、多科性结构”三条办学原则。

该法案打破了以往学科的阻隔及互不联系的传统，发展了各学科之间的联系，重新组合各种相邻的学科、创立新型课程；尽量贯彻文、艺学科相结合，理、工学科相结合的原则，并朝着重视应用科学、工程技术、边缘科学和跨学科的研究方向发展。

《富尔法案》是在戴高乐政府后期颁布的一个教育法案，其理想是美好的，值得肯定。但在法国长期集权化管理教育的背景下实现新的三原则是极端困难的。

十、《法国学校体制现代化建议》（《哈比改革》）【重要】

1975年7月，法国议会通过了《法国学校体制现代化建议》（以下简称《建议》，又称《哈比改革》）。这一改革的重点是加强职业教育。为加强职业教育，《建议》对普通中小学校教育管理体制、教学内容、教学方法等提出了一些改革措施。

①对于教育管理体制，《建议》规定中学校长由教育部长任命，学校内成立各种组织，参与学校的行政管理、教育与教学工作。小学设家政委员会和教师委员会，这两个委员会还联合组成小学理事会；中学设中学理事会、班级教师小组和教学委员会。

②对于教学内容，根据《建议》的要求，在小学课程中加强了自然、社会环境及科学技术基础知识综合性教育的“启蒙课”，增加了有关使用收音机、录音机、照相机和复印机等方面的知识。初中加强实验科学和技术教育。

③对于教学方法的改革，《建议》提出要运用最新的心理学研究成果指导教学，开展各种教学实验，注重学生的个性特征和能力差异，加强个别化教学，加速采用现代化教学手段等。

《哈比改革》法案于1977年正式实施，在实践中又进行了一些修改。在实施这一法案过程中曾引起了一些新的矛盾。可以认为，《哈比改革》是一个方向对头，但也是一个要求过高、改革步子过大、难于在实践中完全落实的改革法案。

迷津点拨 《哈比改革》的中心目的是改革教学内容,提高职业技术教育的地位,加速培养各种规格的人才,以使教育适应社会、科技发展与生产发展的需要。

十一、《课程宪章》【一般】

20 世纪 90 年代以后,基础教育课程改革在法国备受重视。1992 年,法国国家课程委员会公布了《课程宪章》这一纲领性文件。该文件指出:

①法国今后仍然坚持中央集权制的课程管理体制,课程大纲以《政府公告》的形式颁布,各地必须认真实施。

②课程编制应以学生为中心,使全体学生具备较高的素质。

③对学科体系进行综合改革,既有从小学到高中课程融为一体的纵向综合改革,也有各科知识融会贯通的横向综合改革。

第三节 德国教育的发展

一、17—18 世纪德国教育概况【一般】

1. 初等教育

(1)国立初等教育的确立

德意志各国受路德思想影响,从巩固自己小王朝的统治需要出发,从 16 世纪中期起就先后颁布了有关国家办学和普及义务教育的法令。1559 年威丁堡的法令决定国家在每个村庄设立初等学校,强制家长送子女入学。魏玛公国 1619 年的法令要求开列 6 ~ 12 岁男女儿童名单,以保证适龄儿童入学上课。腓特烈·威廉二世在 18 世纪中期也颁布了多项法令,其中著名的 1763 年《普通学校规章》规定了义务教育的年龄(5 ~ 13 或 14 岁),适龄儿童不入学者,父母将被罚款;对完成义务教育的儿童发给证书,作为就业的凭证;法令还具体规定了上课的时间;特别是在经费问题上详细列明专项来源和使用办法、收费标准等。还颁布一系列的法令完善了义务教育制度,使德国成为世界上最早提出实施义务教育的国家,也是最早从教会手中夺取教育权的国家。

(2)泛爱学校

18 世纪后期德国的泛爱学校是在夸美纽斯和法国启蒙学者的教育观影响下出现的新式学校,其创始人是巴西多。

泛爱学校采用“适应自然”的教学方式,入学的贵族子女也一律改着简单活泼的儿童服装,还儿童以本来面目。教学中注重直观,学生常在游戏、表演、诵读、交谈、心算等活动中学习。学习内容也十分广泛,本族语和实科知识占有重要地位,还有外语、体育、音乐、舞蹈和农业劳动、手工业劳动等,许多科目达到了初等以上水平。

1774 年巴西多编出包括多种科学基础知识的《初级读本》,被誉为 18 世纪的《世界图解》、教育史上第二本有插图的教科书。此外,他还写有《教育方法手册》等。他的同事卡姆佩则创

作了著名的儿童故事《小鲁滨逊漂流记》，特拉普还创办了德国最早的教育刊物《泛爱教育杂志》等。

2. 中等教育

（1）文科中学

文科中学相当于英国的文法学校和公学，是17、18世纪德国中等学校的主要类型。这种学校于1537年由斯图谟创办。到17、18世纪时，文科中学既保持了古典传统，更把升学预备教育和培养上层职业者（医生、律师、牧师、官吏等）作为重要任务。

（2）实科教育

由于工商业的发展，城市生活日渐丰富，实科教育随之兴起。这方面做出成绩的是弗兰克开办的哈勒学园。弗兰克于1695年在哈勒开办了一所国民学校，以实科内容和直观方法施教并对贫家子弟免费提供教材，此后又设立科学学校（其中配备各种实验室、各类仪器）、诊所、印刷厂、师范学校及文科中学等。

（3）骑士学院

德意志各王国为了培养文武高官、巩固统治，还面向上层贵族子弟设有骑士学院，实际上是一种培养新贵族的特殊学校。

3. 高等教育

具有现代理念的大学在德国首先出现。1694年建立的哈勒大学，就是第一所新式大学。

新大学的特征之一是积极吸收最新的哲学和科学研究成果，排除宗教教条，为此大胆选用了崇尚理性、善于思考和具有冒险精神的学者任教，为大学注入了新的生机，奠定了大学的高水平科研和教学的基础。哈勒大学的又一特色是提倡“教自由”和“学自由”。1737年建立的哥廷根大学则进一步注重科学研究，设有藏书丰富的图书馆和各种研究所，上课多采用讨论、实验观察等新方法，即使对古典文化的研究也抛弃了背诵、模仿等做法。此后，其他大学也以这两所大学为榜样，进行了程度不同的改革，为19世纪柏林大学的建立和德国大学成为欧洲最高学府，奠定了思想基础，积累了实践经验。

二、19世纪德国教育概况【一般】

1. 学前和初等教育

德国的学前教育起步较早。1819年，瓦德蔡克在柏林设立最早的托儿所。1840年，福禄培尔将他自己在1837年设立的学前教育机构正式命名为幼儿园，标志着世界上第一所幼儿园的诞生。

1763年，普鲁士曾颁布《普通学校规程》，强迫5至13或14岁的儿童入学。这时的教学内容主要是4R，即读、写、算和宗教。在教学方法上开始提倡直观教学。

进入19世纪以后，德国初等教育发展的速度加快了。有些公国进一步颁布《初等义务教育法》，促进了初等义务教育的发展。19世纪60年代，初等学校入学率达95%以上。1885年，普鲁士实行免费初等义务教育。到19世纪末，德国初等教育的入学率达100%，文盲率不到1%。初等教育的发展使德国的国民素质得以提高,国家的实力也增强了。

初等教育的内容也在逐渐扩展。19 世纪初,初等学校的教育内容除 4R 外,增加了数学、博物学、自然、几何、地理等学科。40—60 年代,随着政治上的倒退,初等学校教学内容又限于最简单的 4R,特别是教义问答的教学。70 年代后,恢复了反映资产阶级需要的新兴学科的教学。

为了提高初等教育质量,师范教育在 19 世纪得到较大的发展。19 世纪以前,教师主要由不具备教学能力的手工业者和退伍军人担任,1809 年首创培养教师的机构——柏林师范学校。许多经过师范学校培养的学生不仅能运用理性主义的教学方法,而且传播资产阶级的民主、自由思想,在德国近代学校中发挥了重要的作用。

2. 中等教育

19 世纪德国的中等教育机构主要有文科中学和实科中学两种。19 世纪初,政府开始对文科中学实行改革。首先,把以前文科中学、高级女子中学、学院、拉丁学校、阿卡德米学校等五种古典中学统称为文科中学;其次,规定教师资格,没有受过普通教育的牧师不能担任教师;再次,推行新的课程体系。另外,还有一种专为中产阶级设立的"高级市立中学",这种学校古典学科更少。

到 19 世纪,实科中学得到迅速发展,成为德国中等教育的一个重要机构。实科中学主要传授自然科学和历史科学知识,1832 年,普鲁士率先颁布《实科中学毕业考试章程》,它标志着实科中学这一形式得到政府的承认。1859 年,普鲁士颁布《实科中学课程编制》,规定高级实科中学修业年限为九年,高年级设置拉丁文。尽管如此,它的社会地位并不高。刚开始时,实科中学的毕业生还不具备升入大学的资格,直至 1870 年才获得这一权利。

3. 高等教育

在 19 世纪,对德国高等教育发展最有影响的是 1810 年洪堡创建的柏林大学。洪堡采用了新的办学思路,使大学除了教学之外也能在学术研究上不断提高。首先,柏林大学具有充分的自治权。教授和学生享有研究和学习的自由;其次,聘请既有精深学术造诣又有高超教学技能的教授;再次,重视学术研究和培养学生的研究能力。

根据经济发展的需要,德国在 19 世纪还建立了与大学功能不同的高等工业学校及其他专业性学院,为经济建设培养专门人才,从而奠定了现代两种不同类型的高等教育机构的基础。

三、德意志帝国与魏玛共和国时期的教育【一般】

1. 德意志帝国时期的教育

在德意志帝国时期,德国教育就已经形成了典型的三轨学制,并在这种制度下产生了三种学校:一种是为劳动人民设立的国民学校,一种是为中层阶级设立的中间学校,还有一种是为上层阶级设立的文科中学。

19 世纪末,受新人文主义的影响,德国的中等教育开始了关于古典教育派与现代教育派之争。1892 年,德国中学进行了改革。其主要内容是,减少文科中学古典语言的课程分量,在其他中学中增加自然科学和现代语言的课程。

1901 年,德国召开了教育工作者大会,导致了同年的教育改革。改革宣布文科中学、实科中学

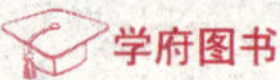

和文实中学三类学校地位相同，都可以为大学多数科系培养学生。

2. 魏玛共和国时期的教育

1919 年建立了魏玛共和国，并通过了《魏玛宪法》，规定了魏玛共和国时期教育发展的指导思想。宪法规定，德国是一个由 19 个州组成的联邦国家，教育权归各州所有，国家负责对各类教育事业进行监督。

在初等教育方面，德国政府在全国实施了建立四年制统一初等学校的基本法律，废除了帝国时期的双轨学制，实施了八年义务教育后的教育。

在中等教育方面，一是取消了中学的预备学校阶段，使中学能够建立在统一的基础学校之上；二是新增加了两种学校，即德意志中学和上层建筑学校。

在教师的培养方面，德国提出了彻底改革小学教师培训的方案。

这一时期，德国的高等教育也得到了一定的发展。强调坚持洪堡改革时期大学自治、教学与科研相结合的原则，提出教育面向大众的要求。

迷津点拨 魏玛共和国的建立及具有一定民主色彩的《魏玛宪法》的颁布。根据《魏玛宪法》，建立了统一的初等国民学校——基础学校，并推行八年义务教育。和英、法等国的发展趋势相同，都是把小学作为统一学制的一部分。从学校教育制度的形式上看，不能不说是一大改变。历史上沿袭的双轨制已有所松动，还包括中等教育及高等教育概况。

第三部分

四、《改组和统一公立普通学校教育的总纲计划》【重要】

1959 年 2 月 14 日，联邦德国公布了《改组和统一公立普通学校教育的总纲计划》（简称《总纲计划》）。《总纲计划》的内容没有涉及高等教育，主要探讨如何改进普通初等和中等教育等问题。

《总纲计划》提出，所有儿童均接受四年制的基础学校教育，然后再接受两年促进阶段的教育，两年促进阶段教育旨在给学生充分发展能力和特长的机会，以便通过考试遴选进入不同类型的中等教育机构。

《总纲计划》建议设置三种中学：①主要学校，其职能是培养学生掌握初步的文化知识和生产技能，并为接受职业教育做准备；②实科学校，其任务是使学生熟悉科学知识及其在实际中的应用，并培养学生科学的思辨能力和掌握科学的工作方法；③高级中学，包括完全中学和学术中学。完全中学接受经过促进阶段教育符合其入学条件者，而学术中学则吸收基础学校毕业生中具有特殊才能的学生，经考试合格方可入学。

《总纲计划》提出的学校教育结构既保留了德国传统的等级性特征，又适应了战后联邦德国社会劳动分工对学校培养人才规格和档次的不同要求，这种学校系统对激发儿童个性才能的发展也有一定的积极作用。

五、《高等学校总纲法》【重要】

1976 年 1 月 26 日，联邦政府正式颁布了《高等学校总纲法》。这个法案成了战后联邦德国第一个有权威的高等教育方面的法案。

《高等学校总纲法》规定，正规高等学校修业年限为四年，无特殊情况不得延迟毕业，改变了过去因学生自由选课、自定毕业考试时间、平均修业七年的状况。《总纲法》还对大学的任务、入学许可、学校内部人员机构构成、学校组织和管理、校长的任期、学历的认定等事宜做了规定。这个法案的精神实质是，既保留传统大学民主自治的特色，又注重发掘大学的潜力，以适应新的国际竞争的需要。

1985 年 11 月，联邦政府对《高等学校总纲法》进行了修订，删去了高等教育机构统一模式的内容，但仍坚持高等学校高层次、多样化的办学原则。

第四节　俄国及苏联教育的发展

一、18 世纪俄国教育概况【一般】

1. 18 世纪初的教育改革

17 世纪末沙皇彼得一世匿名考察欧洲各国，回国后立即进行了多方面的社会改革，拉开了俄国近代化的序幕。

创建实科性质的学校，特别是有关军事技术的专门学校，是彼得一世教育改革的重要措施。在很短的时间内相继建立了数学及航海学校、各国语言学校、外科医校、工程学校、矿业学校等，在这些实科专门学校中一般先有基本的读、写、算的学习，然后转入高级班以学习专门技术。国家发给学生生活补助费。这些学校为俄国培养了不少科学技术（特别是军事技术）的专业人才。

彼得一世在初等义务教育方面也采取了一些措施。他下令开办俄语学校、计算学校，并把各地开办学校的责任委任于当地教会，促进了初级主教学校、堂区学校的发展。他规定除农奴子女外的儿童必须入学，学完必要的学科后发给证书，以此作为结婚、晋升不可缺少的条件之一。

为了培养本国的高级人才，提出了建立科学院的设想。科学院分为数学研究、自然研究、文科研究三大部分，并附设大学和预备中学，拟先聘请欧洲著名学者任教，然后逐步以本国学者取而代之。

彼得一世进行改革的主要原因是他对军事扩张和政治扩张的迫切需求。实际上当时俄国近代资本主义的发展还相当薄弱，不足以达到推动改革的强大经济力量，因此整个改革缺乏更为广泛的社会基础。改革是由最高统治者自上而下地推行开来的。因此，一旦彼得本人去世，改革便失去了直接推动力，改革也就难以为继，已经取得的成果也就难以保持了。

2. 罗蒙诺索夫与莫斯科大学的创建

莫斯科大学的创建是 18 世纪中期俄国教育史上的重要事件，著名科学家罗蒙诺索夫（1711—1765 年）是倡办这所大学的重要人士之一。1754 年在他的主持下提出了设立莫斯科大学的《莫斯科大学及附属中学章程草案》，第二年莫斯科大学正式开学。根据该草案，莫斯科大学归中央政府直辖、教授会管理，设法律、哲学、医学三个系和两个文科中学，反映了莫斯科大学的世俗性倾向。

3. 18 世纪后期的俄国教育

叶卡捷琳娜二世于 1782 年成立“国民学校委员会”，1786 年颁布《俄罗斯帝国国民学校章程》，这是俄国政府历史上发布最早的有关国民教育制度的正式法令。

1786年法令规定各地设国民学校，由当地政府领导聘请校长进行管理。经费由当地的政府、贵族、商人共同负担。学制形式是：在县设置两年制的免费初级国民学校；在省城设置五年制的免费中心国民学校，也可同时设初级国民学校。

《章程》还对师生的品德、教学乃至日常生活及宗教信仰提出了严格要求。《章程》并未规定适龄儿童必须入学，也未涉及农村，所以该《章程》主要是为城市有产阶级子弟提供教育机会的。

二、19世纪俄国教育概况【一般】

19世纪初，俄国资本主义经济逐渐增长，但与英、法等西欧国家相比，它仍然是落后的封建农奴制国家。它在教育上集中表现为等级教育制度及与之相适应的教育内容。针对这种落后的社会制度，整个19世纪国内社会改良甚至革命的呼声此起彼伏。在国内外进步势力的压力下，沙皇政府为了维护自己的统治地位，被迫进行了几次教育改革。其中最重要的是19世纪初和19世纪60年代的两次改革，这些改革推动了教育的进步。但每次进步之后伴随的是保守势力的反扑和倒退。俄国的教育正是在这种前进三步，又倒退两步的过程中发展的。

1. 19世纪初的教育改革

19世纪初，在国内资产阶级民主思想和法国革命的影响下，亚历山大一世实行了教育改革。1802年，俄国建立了“国民教育部”，管理世俗学校。1803年，沙皇政府颁布《国民教育暂行条例》。1804年，颁布《大学附属学校章程》，在1786年《国民学校章程》的基础上，建立和完善了学校体系和管理体制。

《大学附属学校章程》规定，全国分六个大学区。每个学区设立一所大学，主要目的是培养国家官吏。大学不仅享有结社、出版、集会、选举校长、教授等自治权，还有管理本学区内各级普通学校的权力。大学本身由大学董事会管理，下属各级学校由学校委员会管理。下属学校分堂区学校、县立学校和文科中学。

1804年的《大学附属学校章程》建立了相互衔接的学校系统。它规定各级学校免收学费；招生不受出身和宗教信仰限制；教学内容增加自然科学和与地方经济有关的知识等，在一定程度上反映了资产阶级经济发展的需要，具有自由主义色彩。《大学附属学校章程》颁布后，俄国新办了3所大学、40所文科中学、150所县立学校，促进了俄国教育的发展。但是，为县立学校和文科中学设计的课程过于庞大，在当时是无法实现的。许多带有民主性的规定并没有得到实行或旋即被废除。

2. 19世纪60年代的教育改革

19世纪60年代初，在广大人民群众和资产阶级的压力下，亚历山大二世政府颁布了一系列学制改革法令。1860年颁布的《国民教育部女子学校章程》在俄国历史上第一次规定建立女子学校。女子中学分六年制和三年制两种，提供宗教、道德、知识方面的教育，但程度比男子中学浅。1870年，它们被改组为女子文科中学和女子预备中学。

1863年6月18日颁布的《俄罗斯帝国大学章程》，恢复了大学某些自治权，如大学校长、副校长、系主任、教授由选举产生，并给予其学术活动较大的自由。大学设历史系、文学系、数理学系、法学系、医学系等。

1864 年 7 月 19 日颁布《初等国民学校章程》，确认政府、地方自治机关、社会团体、教会、私人都可开办初等学校，招收社会各阶层儿童，学制三年。允许男女同校和女子担任教学工作。建立管理初等学校的省和县学校委员会。教学内容为神学、读、写、算，规定用俄语教学。教会学校自成体系，教会人士有当然的任教资格等。

1864 年 11 月 19 日颁布《文科中学和中学预备学校章程》。它规定中学可招收各阶层的儿童。中学分古典文科中学和实科中学两种，学制七年。古典文科中学毕业生可进入任何类型的高等学校，实科中学毕业生只能进入高等专门学校。扩大教师会议权限，鼓励采用新型教学方法、反对体罚等。在小城市设四年制的中学预备学校。

这些方案虽然仍具宗教性和等级性，但与 19 世纪 60 年代以前相比，其进步和民主的特征显而易见。法令颁布后的几年，各个领域的教育都有一定的进步和发展。遗憾的是这些具有资产阶级民主主义性质的措施并未得到坚持。19 世纪 60 年代后，俄国的教育又出现倒退。

3.19 世纪 70 年代的教育复辟

19 世纪 70 年代以后，沙皇政府采取了一些反动措施，引起了教育的又一次倒退。主要表现在政府加强对教育的管制和学校的等级性等方面。政府用直接监视和宗教等手段加强对教育的管制。1866 年，卡拉科佐夫谋杀沙皇亚历山大二世未成，反动势力把这件事看成是教育不当的结果。从此，沙皇政府开始加紧对教育的管制。1869 年，设立了视学员；1874 年，设立督学。他们在学校中充当"特别警察"的角色，监视师生活动，迫害进步的师生。

1874 年，沙皇政府颁布新的《初等国民学校规程》，加强对初等教育的控制。它规定：废除学校委员会选举制度，由县长任主席；拨款资助教会办堂区学校；设教育部属初等学校；限制地方自治会开办学校、培养师资等活动；缩减知识课程、加强神学内容等。这个法令规定了以后几十年初等教育的办学方向。

19 世纪下半期，俄国资本主义加速发展起来，经济发展的需要促使沙皇政府创办了一些新的大学和高等专业学校。1884 年，颁布《大学规程》，它规定取消大学的自治权，禁止大学生集会，提高大学学费等。尽管专制政府严密控制，许多大学生和教师还是参加了反对沙皇统治的革命运动。

学校的等级性在中等教育和高等教育上表现得十分明显。1871 年，沙皇政府颁布《中等学校规程》，它规定：把所有中学改为古典中学；提高中学学费，使它成为实际上的贵族学校；学制八年；注重古典学科和神学。这一决定遭到许多社会知名人士的反对。1872 年，又颁布《实科学校章程》，决定开办职业性的实科学校，以适应经济发展的需要。实科学校学制六至七年，学生只能升入高等技术学校。中等教育具有明显的等级性。

从 19 世纪俄国教育发展的曲折历程中，我们可以看出，在要求改革和进步的潮流面前，统治阶级为了维护自己的统治地位可能会做出些许让步。但是，这种让步或改革必须是在保障其根本利益的范围内。因此，他们是不可能进行自上而下的彻底的改革的。

三、苏联建国初期的教育改革【一般】

建国初期，苏维埃政府主要采取了以下教育改革措施：

1. 无产阶级夺取了教育领导权

1917 年 11 月和 1918 年 1 月，人民委员会先后通过了列宁签署的《关于把教会主管机关的学校转交教育人民委员部管理》和《关于信仰自由、教会和宗教团体》两个法令，宣布教会与国家分离，学校与教会分离，禁止在一切教授普通教育学科的学校里教授宗教教义，将全部教会学校改为普通学校，并转归教育人民委员部管理，真正实现了普通教育的世俗化。

1918 年 6 月，列宁签发了《关于俄罗斯社会主义苏维埃共和国国民教育事业组织条例》，再次明确全苏国民教育总的领导由国家教育委员会负责，而各地则由省、县、乡的苏维埃执行委员会的国民教育部门负责。至此，苏联从中央到地方基本上摧毁了国民教育的旧领导体制，建立起无产阶级新的教育领导机构体系。

2. 组织起革命的教师队伍

争取、团结和教育广大教师，组织起革命的教师队伍，也是教育改革中的当务之急。1917 年底，在彼得格勒成立了国际主义教师联合会，并且先后于 1918 年 6 月和 1919 年 1 月举行了第一、二次全俄国际主义教师代表大会，列宁在这两次大会上都做了重要讲话。根据列宁在大会上发出的号召，苏联不久便广泛建立起坚决拥护苏维埃纲领的教师工会。苏维埃政府还十分注意提高教师的业务水平和物质生活条件，重视新教师的培养工作。

3. 建立统一的学校制度

建国不久，苏联就真正实现了教育世俗化。与此同时，苏维埃政府又明令取消了等级、民族、性别在国民教育方面的限制，决定男女同校学习，努力实现教育民主化，积极建立统一的学校制度。学校制度的改变，还表现在学校教育教学工作开始出现新的面貌。在社会科学的教学方面，有些先进的教师注意到对教学内容进行科学的阐述，并联系俄国的历史和实际，用革命英雄主义和集体主义精神教育儿童。学校课程中自然科学的内容也有所增加。体育、美育和劳动教育也在学校生活中开始占有重要地位。此外，学生建立起自己的组织，参与改造学校的工作和公益活动。

4. 积极开展扫盲运动，大力发展民族教育

1919 年 12 月，人民委员会公布了列宁倡议并签署的《关于扫除俄罗斯联邦居民中文盲的法令》，规定苏维埃共和国所有 8～50 岁的居民都要用本民族语言或俄语学习识字，严令要求立即贯彻执行。1920 年，“全俄扫除文盲全国非常委员会”成立，扫盲运动轰轰烈烈地展开了。

四、教育管理体制改革的内容及成效【一般】

十月革命前，俄国的学校是地主、资产阶级统治的工具，具有鲜明的等级性、阶级性和宗教性，国民教育管理体制分散、混乱，所有这一切与社会主义制度是格格不入的。因此，十月革命后，从地主、资产阶级手中夺回教育的领导权，彻底改革教育的管理体制，就成了苏维埃政府的首要任务。

1917 年，苏维埃政府成立了国家教育委员会，作为全俄教育的领导机构，负责研究和制定国民教育建设的原则。不久，又决定由教育人民委员部取代国民教育部，作为国家教育委员会的执行机关。1917 年 11 月 21 日，人民委员会通过了《教育人民委员部关于将教育和教养事业从宗教部门移

交给教育人民委员部管理的决定》的法令，决定将原隶属于教会的所有学校，转交教育人民委员部管辖，并把它们改组为普通学校，从而剥夺了教会对学校的领导权，不久又颁布了由列宁签署的《关于信仰自由、教会和宗教团体的法令》，命令教会同国家分离，学校同教会分离，禁止在一切普通学校讲授宗教教义和举行宗教仪式，进一步清除了教会对学生的影响。

从 1918 年 1 月起，苏维埃俄国开始废除旧的国民教育管理制度，撤销学区制，撤销学堂管理处和视察处等机构，彻底克服了革命前学校管理方面的分散和混乱现象，保证了学校领导的统一性，使"改革学校工作所必需的教育科学研究任务和对整个国民教育体制实行社会主义改造的工作都集中在一个中心"，从而比较迅速、成功地拟定出建立新的社会主义教育体制的总的原则。

五、《统一劳动学校规程》【重要】

1918 年 10 月，苏俄教育委员会公布了《统一劳动学校规程》和《统一劳动学校基本原则》（又称《统一劳动学校宣言》）。

《统一劳动学校规程》规定，凡属教育人民委员部管辖的俄罗斯苏维埃联邦社会主义共和国的一切学校，一律命名为"统一劳动学校"。所谓"统一"，是指所有的儿童都应进同一类型的学校，所谓"劳动"强调"新学校应当是劳动的"，并且把劳动列入学校课程，使学生通过劳动能"积极地、灵活地、创造性地去认识世界"。统一劳动学校分为两个阶段：第一级学校招收 8～13 岁的儿童，学习期限 5 年；第二级学校招收 13～17 岁的少年和青年，学习期限 4 年。两级学校均是免费的，并且是相互衔接的。

《统一劳动学校规程》是苏联教育史上第一个重要的教育立法，在世界教育史上第一次贯彻了非宗教的、真正民主的、社会主义的教育原则；尖锐地批判了旧学校的形式主义、脱离生活实际的倾向，要求把教育与生产劳动紧密地结合起来；强调全面发展儿童个性，充分发挥儿童学习的主动性和创造性；等等。但是，也存在一些严重的缺点和错误，例如取消一切必要的、合理的教学制度，取消教学计划，完全废除考试和家庭作业，不正确地解释教师的作用，过高估计了劳动在学校生活中的地位，宣称"生产劳动应当成为学校生活的基础"等。

六、20 世纪 20 年代的学制调整和教学改革实验【重要】

1. "综合教学大纲"

1921—1925 年，国家学术委员会的科学教育组编制并正式公布了《国家学术委员会教学大纲》（通称"综合教学大纲"或"单元教学大纲"）。它完全取消学科界限，将指定要学生学习的全部知识，按自然、劳动和社会三个方面的综合形式来排列，而且以劳动为中心。此外，还按季节、节日或地区分成若干单元，每年在小学所有年级，按照这些单元，分别用或长或短的时间进行教学。

综合教学大纲力图通过单元教学的形式，把学校的教学工作同现实生活紧密联系起来，彻底克服旧学校教学与生活完全脱离的缺点，并加强各部门学科之间的联系，培养儿童自己掌握知识的能力和自觉的劳动态度，激发儿童对改造周围生活的兴趣，充分发挥他们学习的主动性和创造性。但是，它实际上破坏了各门学科之间的内在逻辑，曲解了教学活动与现实生活之间的联系，因而，削弱了学校中系统的基础理论知识的学习和基本的读写能力的训练。综合教学大纲虽未普遍推行，但对苏联学校的教学工作产生过深远的影响，整个20世纪20年代，苏联的教学计划和教学大纲几经修改，但综合教学大纲编制的原则基本上没有改变，使苏联的教学工作走了一段很长的弯路。

2."劳动教学法"

在实施综合教学大纲的同时，苏联的学校相应地改变了教学方法，开始采用所谓的"劳动教学法"，即在自然环境中，在劳动和其他活动中进行教学。他们主张废除教科书，甚至提出"打倒教科书"的口号，广泛推行"工作手册""活页课本"和"杂志课本"，等等。

七、20世纪30年代教育的调整、巩固和发展:《关于小学和中学的决定》【重要】

1931年9月5日，联共(布)中央颁布《关于小学和中学的决定》，这是20世纪30年代苏联整顿普通教育工作的指导性文件。该决定指出当时学校工作的根本缺点是没有给学生充分的普通教育知识，没有很好地完成为高一级学校提供合格新生的任务；要求加强对教育工作的领导；要求学校以后必须依据严格规定的教学计划、教学大纲和课程表进行各科教学，授予学生各种科学基础知识，使学生具备足够的读写算能力；明确规定学校的中心任务是教学，课堂教学应作为基本的教学形式；提出恢复考试制度；等等。

1932年8月，联共(布)中央又通过了《关于中小学教学大纲和教学制度的决定》，重申了《关于小学和中学的决定》的要点并要求逐步把七年制学校改为十年制。1933年2月，联共(布)中央制定了《关于小学教科书的决定》。1936年7月联共(布)中央通过了一项决定，要求制止儿童学的传播和儿童学者的活动，责令批判儿童学。

总的说来，20世纪30年代苏联的教育改革是卓有成效的，不仅大大提高了教育质量，还建立起全苏统一的学制和普及了初等教育。

八、第二次世界大战后的教育改革【重要】

1.1958年的教育改革

随着普及义务教育的实现，中学毕业生面临的升学与就业两种出路与中学偏重升学的办学目标之间的矛盾越来越大。为了解决这个矛盾，苏联于1958年颁布了《关于加强学校同生活的联系和进一步发展全国国民教育制度的法律》。

该法律对普通教育改革提出以下具体要求：①确立新的办学目标，明确中学的主要任务是培养青年走向生活，参加公益劳动，进一步提高普通教育和综合技术教育水平；②普及教育年限从七年延长到八年，初等教育仍为四年，然后是中等教育；③中等教育的后三年为中等教育的第二阶段，这段教育由三种教育机构实施；④八年制学校的教育教学工作应当在科学基础知识的教学、综合技术性质的教学、劳动教育以及引导学生广泛参加适合其年龄的各种公益劳动相互结合起来的基础上进行；⑤为了在儿童的教育过程中加强社会的作用并对家庭有所帮助，要求扩大寄宿学校网，增加长日制的学校和班级。另外，《法律》对职业学校、技术学校的改革和高等教育改革也提出了一系列要求。

1958 年《法律》提出的教育改革在各地陆续得到了落实。到 1964 年，八年义务教育取代了七年义务教育，职业技术教育、高等教育都得到了加强。但是，从整体上看，这次改革是不成功的，存在不少问题。例如，生产教育与劳动活动占用了过多的学时，而且组织不善，不仅未能实现对学生进行职业训练的设想，还使中学普通教育学科的教学秩序受到很大的干扰，降低了中学的教学质量。《法律》要求优先招收有从事实践工作经历的人等做法，给高等学校的招生与教学工作造成很大的困难。除此之外，在当时苏联极度缺乏劳动力的情况下，将普通教育年限延长到 11 年，也是不可取的。

2. 1966 年的教育改革

面对西方教育改革运动的冲击，为适应国际竞争的需要和消除 1958 年以来教育改革带来的消极影响，苏共第 23 次代表大会强调了提高劳动人民普通文化知识水平和技术知识的重要性，提出要把提高专家培养质量当作头等任务，要求改进学校教育工作。

1966 年 11 月 10 日，苏共中央和苏联部长会议通过了《关于进一步改进普通中学工作的措施》（以下简称《措施》）。该文件指出，在科技迅速发展的时代，为了发展生产力，为了提高人民的文化素养，迫切要求提高学生的知识质量，更好地培养他们面向公益劳动，学校的主要任务是：使学生获得牢固的科学基础知识，具有高度的共产主义觉悟，培养青年面向生活并能自觉地选择职业。

《措施》对中学教学内容也提出了具体要求：①教学内容要符合科学、技术和文化发展的要求；②1 ~ 10 年级科学基础知识的学习要有衔接性，要把教材按学年做较合理的分布，要从第四年开始系统地讲授科学基础知识；③要删除教学大纲和教科书中过于烦琐和次要的材料，克服学生负担过重的现象；④1 ~ 4 年级周学时的最高限额为 24 学时，5 ~ 10 年级为 30 学时；⑤从七年级起开设选修课，目的是加深数理学科、自然学科和人文学科的知识，发展学生多方面的兴趣与才能。

3. 1977 年以后的教育改革

1977 年 12 月 22 日，苏共中央和苏联部长会议通过了《关于进一步完善普通学校学生的教学、教育和劳动训练的决议》。《决议》确定普通中学是统一的劳动综合技术学校；普通中学的主要任务是使学生深入掌握科学基础知识和在国民经济部门工作的劳动技能，必须认真掌握一定的职业技能，才能适应国民经济部门工作的需要；增加劳动教学时间，9 ~ 10 年级的劳动时数从每周 2 小时增加到 4 小时；加强对职业选择的指导。

1984 年 4 月，苏共中央和苏联最高苏维埃分别通过了《普通学校和职业学校改革的基本方针》。《基本方针》确定，学校培养的人不只是一定数量知识的持有者，他首先应该是社会主义社会的公民，积极的共产主义建设者。并且指出，普通学校和职业学校需要完成两个方面的任务，一个是要大力提高教育和教学质量，另一个是要彻底改善普通学校的劳动教育、教学和职业定向工作。从 1986 年起，逐步实行儿童 6 岁入学，改变过去的 7 岁入学。普通学校由十年制改为十一年制。

1987 年 3 月 21 日，苏共中央公布了《苏联高等和中等专业教育改革的基本方针》，这是苏联继 20 世纪 80 年代初期普通教育和职业教育改革之后把注意力转向高等教育的新的改革动向。

到 1991 年苏联解体之前，苏联的教育发展在世界上是属于一流的。

1992 年，俄罗斯联邦制定了《俄罗斯联邦教育法》，这一法案奠定了俄罗斯国家教育政策的基础。该法案规定：教育要实行“人道主义”“多元化”和“民主化”，教育内容应保证个人的自我选择并

为其实现创造条件，以发展公民社会、巩固和完善法制国家为最终目的。

普通教育各级学校在教学中，采用多种教学计划，并把苏联的“标准教学计划”名称改为“基础教学计划”，这是俄罗斯联邦规范普通教育的基本文件，也是国家教育标准的组成部分。为了实现普通教育学校课程的多样化，俄罗斯实行三级课程管理制度，普通教育的教学计划有三个级别：一是俄罗斯联邦（中央）普通教育基础教学计划；二是地区普通教育基础教学计划；三是普通学校的具体教学计划。

第五节　美国教育的发展

扫一扫，看视频

一、17—18世纪美国教育概况【一般】

1. 三大殖民地区的教育概况

北美的13个殖民地一般划分为北部、中部、南部三大地区。

北部殖民地又称“新英格兰”，移居这里的多是英国的清教徒。教会儿童阅读和培养合格的牧师是清教徒移民美洲后兴办教育的目的，宗教是教育的灵魂。为了培养清教牧师，1636年马萨诸塞殖民地的清教徒们开办了美洲第一所高等学府——哈佛学院。北部殖民地的学校基本上是移植英国的学校模式，但也不是完全照搬，因为当时创业维艰，不可能完全模仿；地方政府出资或征税设校，也不同于英国学校的私立性质。

南部的殖民者们大多属于英国国教会。南部殖民者们对举办公共教育并不热心。南部殖民地虽然比北部开发得早一些，但直到17世纪末（1693年）才建立了一所中等水平的“威廉－玛丽学院”，比哈佛学院迟了近60年。至于劳动者和少数民族的子女，也像在英国本土那样只能接受有限的慈善教育和学徒教育。

中部殖民地的移民来自欧洲各地，因此教派林立，民族众多。教育搬用宗主国的学校模式。堂区学校是这一地区教育的主要机构，面向平民子弟，既重视宗教教育，也注意读写和计算。中等学校为数很少，更无学院与大学。

17世纪北美殖民地的教育事业以移植欧洲教育模式为主，宗教是教育的主要出发点和归宿。数量少、水平低是学校的明显特点。

2. 18世纪建国前的教育变化【一般】

（1）文实中学

18世纪初，城市私人教学兴盛。在私人教学之风兴盛的背景下，科学家、政治家富兰克林于1751年在费城首先创办了一所文实中学。这是18世纪中期美国中等教育界的新生事物，是美国中等教育的发展进入新阶段的标志。该校既对青年施以升大学的预备教育，又教给学生就业所需要的知识，并且以英语作为教学语言，也招收女生，从而使美国中等教育从完全古典的升学预备性的文法学校向实际生活迈进了一步。

文实中学大多是私立收费的，有的还是寄宿学校，既开设古典文科课程，又开设实际应用学科。这类学校适应了当时中产阶级的需要，迅速流行开来，在此后一个多世纪之中，文实中学一直是美国中等教育的主要机构。直到19世纪美国内战后才被公立中学所取代。

(2)巡回学校与学区制度

18世纪的南方农村仍然以种植园经济为主导，庄园主对子女的教育依然遵从英国的绅士教育模式，大部分人把孩子送往欧洲深造。从1725年开始，马萨诸塞殖民地开始采用“巡回学校”的方式解决这一问题，即在镇周围的乡村设若干教学点（“巡回学校”），各教学点附近的儿童定时集中，由市镇学校的教师去各教学点巡回上课。

巡回学校是学区学校的前身。1789年（建国后），马萨诸塞州颁布法令规定了50户、100户、150户、200户四种规模的学区，并赋予学区与市镇同样的办学权，学区制度从此得以确立。

学区制度适应当时农村地广人稀的实际，也便于当地人民直接参与教育的管理，解决了儿童就近上学的问题，所以后来各州相继确立了学区制度。但学区制度也强化了教育的地方主义，引起各地教育水平差距加大，妨碍了教育的进一步发展。

3. 建国初期的教育和教育理想【一般】

(1)国家教育的理想与教育分权制的确立

美国《独立宣言》以及1787年的宪法等建国后诸多重要法令都对教育问题避而不谈。1791年批准的《人权法案》即宪法修正案第10条指明：“宪法未曾给予联邦或未曾禁止各州行使的权利，都保留给各州或人民。”这句话中虽未见教育一词，但教育恰好属于两个“未曾”的范围，这便成了教育分权的法律依据，从此国家政权对于各地教育事业便失去了直接干预的法权，只能间接影响了。

(2)建国初期的教育发展

由于宪法修正案承认宗教信仰的自由，鼓励了城市中各教会的办学热情，所以，教会学校大为增加。

独立战争以前，文法学校依然是美国中等教育的主要机构。独立战争以后，出现了一种新型中学类型——文实中学，它接受各种资助而兴盛起来。文实中学已有取代文法学校的趋势，后者的数量逐年减少。

建国后，高等教育发展的特点之一是速度更快；特点之二是州立大学的出现，私人或教会已不是兴办大学的唯一力量。

(3)杰斐逊的《知识普及法案》

杰斐逊（1743—1826年）是美国《独立宣言》的起草者之一，美国第三任总统。他于1779年在弗吉尼亚州议会上提出的《知识普及法案》，是18世纪建国后倡导普及教育和公共教育制度的典型。

普及教育与精英教育相结合的观点，是他主要的教育指导思想。由此，杰斐逊在提案中设想了一个单轨制和筛选性的学校阶梯。

杰斐逊的这一提案当年并未获得州议会通过，但他要求实行普及免费的初等教育的理想是十分清楚、具体、前所未有的，他的关于建立单轨制免费公立学校系统的理想，也成为19世纪公立学校运动的先声，它所表达的是建国时期一代政治界、知识界先进人物的共同愿望和教育理想，具有重要的历史意义。

二、19 世纪美国教育概况【一般】

19 世纪，美国资本主义经济获得了飞速发展。美国在吸收英、德等国的教育经验的基础上，形成了具有美国特色的教育制度。

1. 教育管理体制的变迁

(1)学区制的变革

到 19 世纪中期，学区制在美国已被普遍采用。但是，学区制在实行过程中暴露出不少问题，其中特别突出的是由于各学区之间因教育经费不均等原因造成的教育质量低劣问题。改革学区制成为一种客观需要。因此，19 世纪中期以后，各州纷纷实行改革。主要采取两种措施：一是削弱学区的职权，二是合并学区。

(2)州教育领导体制的建立

美国教育管理实行地方分权制，教育管理权主要在州政府。这种体制是在 19 世纪逐步建立起来的。真正对州教育管理体制起关键性影响的是 1837 年马萨诸塞州设立的州教育委员会。其首任秘书贺拉斯·曼排除万难，推行公立教育运动，创立教育税制，创办师范学校等，为州教育事业发展做出了卓越贡献，被称为州教育领导体制的首创者。

(3)联邦教育机构

南北战争前，联邦政府没有设立教育管理机构，无权干涉各州的教育事务。1867 年，国会议员加菲尔德在国会中提议设立教育署，负责收集各州和各地区教育发展的统计材料，交流全国教育组织领导、学制和教学方面的情报。这一提案获得成功。此后，它的名称虽几经更改，但这一传统却沿袭了下来。

2. 初等教育的发展

建国以来，初等学校发展速度仍然缓慢。公立小学很少。教育内容脱离实际，教学方法上导生制盛行。这种落后状况已不能适应政治、经济发展的需要，引起社会各界的普遍不满，导致了 19 世纪 30 年代后公立教育运动的产生。

公立教育通常是指由公共税收维持、公共教育机关管理、所有公民均应享受的免费教育。这场公立教育运动的兴起极大地推动了美国初等教育的发展，主要表现在三个方面：①建立地方税收制度，兴办公立小学；②强迫入学；③免费教育。昂贵的学费是劳动人民子女无力入学的一个重要原因，因此，公立教育运动采用免费教育的手段促进普及入学。

3. 中等教育的发展

进入 19 世纪，拉丁文法中学依然存在。但文实中学迅速发展，在 19 世纪上半叶成为中等教育的主体。19 世纪下半叶，公立中学逐步取代文实中学。

(1)文实中学

富兰克林于1751年在费城首创文实中学。

最初的文实中学是私立的,后来出现许多公私合营的学校。不同文实中学在培养方向上有所区别,主要可分成三种类型:一是兼有升学、就业两种职能的;二是专科性质的,如军事、师范等;三是职业性的。

文实中学在扩大中等教育机会、促进中等教育由古典向现代发展等方面起过积极作用。但是,文实中学也存在不少问题,如收费教育使贫穷家庭的子弟无望入学;各校规模、程度、修业年限、课程标准不一等。

(2)公立中学

美国第一所公立中学于1821年在波士顿创立。19世纪上半叶发展缓慢。1860年,全国有公立中学300多所,1890年增至2 526所。这时,许多文实中学停办或改为公立中学,公立中学取代了文实中学的地位,公立中学开设的课程比较切合实际的需要,重视英语、数学、自然科学、现代语等学科,有的也设古典语言。公立中学的发展是公立教育运动在中等教育领域的延伸。公立和免费的原则为更多人提供了受中等教育的机会。

4. 高等教育的发展

19世纪,美国高等教育的办学形式、学校类型、课程设置、教育规模等方面产生了重大变化,其主要特点如下:

(1)办学形式上,以私立为主体,私、公兼有。

(2)高等院校数量大增,但规模较小。

(3)农工学院兴起。1862年,林肯总统批准了《莫雷尔法》。该法规定,联邦政府按各州在国会的议员人数,以每位议员三万英亩的标准向各州拨赠土地,各州应将赠地收入开办或资助农业和机械工艺学院。大多数州都将赠地收入用来创办农工学院或在原有的大学内附设农工学院。农工学院的发展开创了高等教育为工农业生产服务的方向,改变了高等教育重理论轻实际的传统。

(4)取法、德等国经验,建立学术型大学。1876年,霍普金斯大学建立,它以学术性研究为主,在全国首创研究生院。

(5)女子进入高等院校。到19世纪末,各大学向女子敞开了大门,高等教育不再是男子的特权。

三、中等教育的改革和发展

从19世纪开始,美国全国统一的公立小学——作为公立的和普及的教育制度的基础已经建立起来了。到20世纪初期,美国完成了初等义务教育的普及任务。19世纪末,一种与小学相联系的中学又在美国得到了发展。进入20世纪以后,中等教育改革成为美国学校教育改革的主要内容。

1.《中等教育的基本原则》【重要】

1913年,美国教育协会成立了“中等教育改组委员会”,重新研究中等教育的职能和目的问题,以便进一步改善中等教育对美国社会的促进作用,提高中等教育的社会效益。1918年,该委员会提出了《中等教育的基本原则》的报告,指出美国教育应是民主观念的指导原则,应使每一个成员通过为他人和为社会服务的活动来发展他的个性。中等教育主要目标可以概括为:①健康;②掌握基本的方法;③高尚的家庭成员;④职业;⑤公民资格;⑥适宜地使用闲暇;⑦道德品格。

《中等教育的基本原则》的报告在美国教育史上是一份很有影响的报告,它不仅肯定了六三三学制和综合中学的地位,而且提出了中学不应是一个选择机构,也不是大学的附属机构,而是面向所有学生并为社会服务的学校的思想,对美国20世纪前期教育的发展产生了积极的作用。

2."八年研究"【重要】

20世纪20年代,美国的进步主义教育广泛地影响了小学和初中。从20世纪30年代起,进步教育也开始关注高中的发展及其存在的问题。美国的高中是中等教育的重要组成部分,它直接关系到学生的升学和就业问题,如何处理好学生的升学和就业之间的矛盾,特别是其中大学入学考试要求的限制问题,一直成为困扰美国高中发展的重要因素。

1930年,美国进步教育协会成立了"大学与中学关系委员会",试图通过加强中学与大学的合作关系来解决这一问题。委员会制定了一项为期八年(1933—1941年)的大规模的高中教育改革实验研究计划,即"八年研究"计划。参加实验研究的是从全国推荐的200所中学中选出的30所中学。故实验也称"三十校实验"。

实验研究主要涉及以下四个问题:①关于教育目的。学校教育目的主要是实现个人发展并有效地协调个人与社会的关系。②关于教育管理。许多学校都采用不同的方式来安排课程和教学方法,但最有效的方式是全体教师共同参与对教学大纲的计划评价和再计划。③关于课程、方法的选择和安排。围绕生活单元进行课程的安排,成为实验的主要内容。在方法上则重视学生的反省思维和学生与教师间的协作。④关于评估工作。新的实验设计了许多对教育过程和目标的测验,如评定对信息解释的能力、应用逻辑推理的能力,或处理社会问题的能力,还有对升大学的学生能力的评定,等等。

1936—1941年,委员会对1 475名进入学院的学生从8个方面进行了比较分析,得出的结论是30所中学的毕业生从整体上看比比较组(没有参加实验的学生)的学习要稍胜一筹,改革力度大的中学效果更明显。

"八年研究"通过对美国中等教育与大学关系的实验,揭示了人才培育领域中的许多深层次的问题。诸如中学专为升学设计的课程是否是唯一可靠的选择,学生成功的途径是否只有进入学院,学院的入学标准是否只重视考试成绩等。这对美国教育改革向纵深发展提供了有益的思路。

四、初级学院运动【重要】

19世纪末至20世纪初兴起的初级学院运动,是这一时期美国高等教育发展中一次具有重要意义的革新运动。它所创立的一种全新的教育形式,有力地促进了美国高等教育的普及和发展。1892年,芝加哥大学的校长哈珀(W. R. Harper)率先提出把大学的四个学年分为两个阶段的设想。第一个阶段的两年为"初级学院",第二个阶段的两年为"高级学院"。

初级学院是一种从中等教育向高等教育过渡的教育。它的主要特点是:①招收高中毕业生,学制两年,授以比高中稍广一些的普通教育和职业教育方面的知识;②初级学院由地方社区以及私人团体和教会开办,不收费或收费较低;③学生就近入学,可以走读,无年龄限制,也无入学考试;④初级学院课程设置多样,办学形式灵活,学生毕业后可以直接就业,也可以转入四年制大学的三年级继续学习。

初级学院满足了希望进大学继续学习的人数迅速增加的要求,也提供了一些为学生谋生和就业接受一定职业教育的机会。因此,初级学院产生伊始,便受到了学生们的欢迎。

五、职业技术教育的发展

1."全国职业教育促进会"【一般】

1906年,美国成立了"全国职业教育促进会",其成员包括职业教育专家、企业主、劳工领袖和农场主的代表,麻省理工学院院长普里切特担任主席。其主要目的是推动制定一个能对全国职业教育提供财政补助的法律。

2.《史密斯-休斯法案》【重要】

1917年,美国国会通过了由史密斯和休斯提出的职业教育提案,史称"史密斯-休斯法案"。法案的主要内容有:

①由联邦政府拨款补助各州大力发展大学程度以下的职业教育,开办提供农业、工业、商业和家政等教育的职业学校。

②联邦政府要与州合作,提供工业、农业、商业和家政等方面科目的师资训练,同时对职业教育师资训练机构提供补助。

③在公立学校中设立职业科,设置选修的职业课程,把传统的专为升学服务的中学改革成为兼具升学和就业职能的综合中学。

《史密斯-休斯法案》的颁布,对美国普通教育和职业教育的发展产生了重要影响。它使得普通教育开始由传统的单一的升学目标转向升学和就业的双重目标,加强了普通教育与现实的联系,加强了普通教育的实用因素。同时,它又为美国职业教育发展提供了有利条件。

六、《国防教育法》和20世纪60年代的教育改革

1.《国防教育法》【重要】

进入20世纪50年代以后,美国社会各界对美国教育问题的批评越来越多,批评的焦点是美国的教育质量差。当1957年苏联卫星上天后,美国朝野极为震惊,改革教育的呼声更加高涨。

1958年9月2日,美国总统亲自批准颁布了《国防教育法》,该法案共10章,主要内容如下:

①加强普通学校的自然科学、数学和现代外语(即所谓的"新三艺")的教学。

该法案要求让更多的青年学习这些学科。为提高这些学科的教学水平,要求大力更新教学内容,设置实验室、视听设备、计算机等现代教学手段,充实教学参考资料,加强外语教学中心的建设,提高师资质量。

②加强职业技术教育。

要求各地区设立职业技术教育领导机构,有计划地开办职业技术训练,使更多的青年和成年人

第三部分

成为具有一定科学技术的专门人才或熟练工人。

③强调"天才教育"。

鼓励有才能的学生完成中等教育，攻读考入高等教育机构所必需的课程并升入该类机构，以便接受更深的教育，从他们中间培养出拔尖人才。

④增拨大量教育经费。

从1959年到1962年，由联邦政府拨款8亿多美元作为对各级学校的财政援助。

1964年，国会又通过《国防教育法修正案》，决定将《国防教育法》的有效期延长到1968年，范围也有些扩大。

《国防教育法》是作为改革美国教育、加快人才培养的紧急措施推出的，法案冠以"国防"二字足以说明美国当局对这次改革十分重视，并认识到教育在国际竞争中的重要性，教育与国家的安危和国家的前途命运息息相关。该法的颁布有利于美国教育的发展，有利于教育质量的提高，有利于培养科技人才。

2. 20世纪60年代的教育改革

20世纪60年代，美国的教育改革主要在三个方面进行：一是中小学的课程改革；二是继续改善教育机会不平等问题；三是发展高等教育，提高高等教育质量。

在此期间，美国政府先后颁布了一系列法令以促进教育改革。1965年，美国国会通过了《中小学教育法》。1966年和1967年，美国分别颁布《中小学教育法》的修正案。1970年又颁布了《中小学教育辅助计划》，使《中小学教育法》在实施过程中不断充实和完善。20世纪60年代美国的高等教育在联邦政府《高等教育设施法》（1953年）、《高等教育法》（1965年）和《高等教育法修正案》（1968年）等法案的指导下也有了长足的发展。

七、20世纪70年代的教育改革

1. 生计教育【重要】

1971年，美国教育总署署长马兰开始倡导生计教育。他认为，人的一生会多次变换职业，有时变换的职业很不相同，这样就要求人们一生学会许多新的知识和技能。生计教育的实质是以职业教育和劳动教育为核心的适应瞬息万变的社会的教育。生计教育是扩大了的职业教育，这种教育要求以职业教育为中心重新建立教育制度。1974年美国国会通过了《生计教育法》。

生计教育是美国社会失业率较高、人们对自己的就业问题忧心忡忡的心态在教育制度上的反映。这种教育不可能解决社会制度固有的弊病，只能是一种安慰人们适应社会现实的生存措施，并不鼓励人们奋起改造社会。

2. "返回基础"【重要】

1976年开始，美国基础教育委员会倡导和推动了"返回基础"的教育改革，这是20世纪70年代后期美国教育改革的主流。

返回基础主要是针对中小学校出现的基础知识教学和基本技能训练薄弱而言的。这项改革要求在小学阶段，强调阅读、写作和算术教学，学校教育应将精力集中于这些方面的基本技能训练上，在中学阶段主要应把精力集中于教授英语、自然科学、数学和历史的科目上。教师要在学校教育的一切阶段起主导作用,不让学生有任何自主的活动。教学方法主要包括练习、背诵、日常家庭作业以及经常性测验等。要用传统的等第评分法记分,并定期发给学生,严明纪律,把体罚作为可接受的控制学生的方法。应规定学生的服装和发型。经过考试证明学生确已掌握所要求的基本技能和知识后,学生方可升级或毕业。取消选修课,增加必修课。取消一切点缀性课程,取缔教育"新招",取消学校的"社会服务性项目"。

返回基础教育运动实质上是美国的一种恢复传统教育的思想,它否定了"进步教育"运动的基本主张,强调严格管理,提高教育质量,但是这一教育运动遭到了许多指责,认为它过分赞赏和重振传统教育,所以返回基础的呼声在20世纪80年代后又渐渐地消沉下去了。

八、20世纪八九十年代的教育改革:《国家在危机中:教育改革势在必行》【重要】

20世纪80年代初期,美国的中小学校还出现了消费教育、环境教育、多元文化和多种族教育、反毒品教育、性教育等一些新的教育改革动向,这些教育被普遍认可,并反映到中小学校的课程领域。进入20世纪80年代以后,除了以上出现的一些新的教育课程外,美国传统的课程科目也发生了一些更新。

在美国持续不断的教育改革进程中,教育质量问题始终是改革的难点。1983年,美国中小学教育质量调查委员会提出了一份报告,报告标题是《国家在危机中:教育改革势在必行》。该报告对美国教育提出了以下几点改革建议:

(1)加强中学五门"新基础课"的教学,中学生必须开设数学、英语、自然科学、社会科学、计算机课程。

(2)提高教育标准和要求。小学、中学、学院和大学都要对学生的学业成绩和行为表现采取更严格的和可测量的标准,提出更高的期望。

(3)改进师资的培养,提高师资就业前应达到的教育专业训练标准,使他们既有从教的倾向,又具备从教的能力。同时,提高他们的社会地位和物质待遇。

(4)联邦政府、州和地方的官员以及学校校长和学监,都必须发挥领导作用,负责领导教改的实施。

这个报告成了美国20世纪80年代中期开始的教育改革的纲领性文件,改革的中心是提高教育质量。虽然有人批评美国在重视教育质量的同时,又出现了忽视灵活性、忽视情感培养等问题。但是,就总体而言,《国家在危机中:教育改革势在必行》产生的效应是积极的。

第六节 日本教育的发展

扫一扫,看视频

一、19世纪日本教育概况【一般】

1. 中央集权式教育管理体制的确立

日本中央集权式教育管理体制的确立,始于明治维新初期颁布的一系列相关教育法令。为实现

“破从来之陋习”“求知识于世界”的改革目标，日本政府加强了对教育事业的领导与管理工作。为此，1871 年明治政府在中央设立文部省，主管全国的文化教育事业，并兼管宗教事务。1872 年颁布的《学制令》更具体地确立了日本的教育领导体制，即实行中央集权式的大学区制。在文部省之下，全国共划分八个大学区（一年后减少了一个大学区），各设大学一所；每个大学区又分为 32 个中学区，每个中学区设中学一所；中学区又各分为 210 个小学区，每区设小学一所。

日本确立的以文部省为首的中央集权式的教育管理体制，在实践中表现出如下特点：文部省所颁布的教育法令，对全国具有强制性的指导与规范作用，地方政府及各级各类学校均须无条件执行；上下级学区之间存在紧密的层层统属关系。

虽然大学区制的教育管理体制曾被废除，但事实上，日本于明治维新时期确立的中央集权式的教育管理体制，一直延续实施至第二次世界大战结束之日。

2. 初等教育的发展

明治维新时期，为培养对天皇忠顺的臣民，造就爱国与守法的日本国民，明治政府对关乎国民素质的初等普及教育相当重视。依据 1872 年的《学制令》，先前的寺子屋与乡学被废除，取而代之的是全国共设小学 53 760 所。并规定：小学 6 岁入学，分上、下两等，学制各为四年，以使入学者接受八年的普及义务教育。1879 年的《教育令》则显得实际一些，普及初等教育的年限被缩至四年。1886 年 4 月颁布的《小学校令》则根据国力承受水平，针对初等教育的发展作出了新的规定：初等教育受教育年限确定为八年，共分两段实施。前四年为寻常小学阶段，实施义务教育；后四年为高等小学阶段，实行收费制。

在课程设置上，小学一般常设科目包括修身、国语、作文、算术、几何、物理初步、化学、史地知识、体操、图画及唱歌等。高等小学则在常设科目之外，加设一至两门外国语课程。

3. 中等教育的发展

《学制令》的颁行，催生了日本近代中等学校，但发展较为缓慢。1886 年的《中学校令》则为中等教育的发展做出具体规范。《中学校令》认为中学主要应承担两大任务：实业教育及为升入高等学校做准备而实施的基础教育。中学分为寻常中学与高等中学两类，前者修业五年，由地方设置及管理，每府县设一所，属普通教育学校；后者修业两年，每学区设一所，全国仅设五所，属大学预科性质，直接受辖于文部大臣。

在课程设置上，两类中学也因教育任务上的差异而有所不同。寻常中学的毕业生大部分直接就业，因而主要开设了修身、国语及汉文、习字、数学、物理、化学、矿物、农业知识、第一外国语（英语）、第二外国语（德语或法语）、图画、唱歌及体操等课程。高等中学肩负为学生入大学做准备的重任，故而实施分科教育，一般设文、法、理、医、农商五科。

1893 年的《实业补习学校令》、1899 年的《实业学校令》及《高等女子学校令》的颁布与实施，使得日本中等教育结构呈现多样化的格局。到了 19 世纪末，日本中等教育已包括中学、中等技术学校与女子中学三种完整的结构。

4. 高等教育

一些启蒙教育家所创办的传授专门知识的私塾,也成为新大学可利用的教育资源,最著名的是福泽谕吉于1858年创办的“兰学塾”。兰学塾主要传授西方的数学、经济学、法学、伦理学及历史方面的知识。该学塾在1868年更名为庆应义塾。

新大学的创办以1877年东京大学的成立为开端。东京大学是在原东京开成学校和医学校的基础上成立的。明治政府对该大学寄予厚望,希望其能为国家培养大批管理干部及科技人才,为此,文部省曾在1880年将40.49%的文教经费拨给东京大学。依据1886年颁布的《帝国大学令》,东京大学改称为帝国大学。帝国大学的任务是适应国家发展需要,教授学术、技术理论,研究学术及技术的奥秘。

其他较重要的于此时期创办的大学还有:19世纪80年代在庆应义塾基础上成立的包括文、法、财经三个部分的庆应大学;在东京第一高等学校的基础上创办的早稻田大学;在私立明治法律学校的基础上创办的明治大学等。

5. 师范教育

师范教育作为教育发展的“工作母机”,其发展受到明治政府的高度重视。维新时期,政府即把开办师范学校、培养小学教师的工作置于重要地位。

师范教育的发展得到颁布于1886年的《师范学校令》的进一步规范及引导。《师范学校令》将师范学校分为寻常与高等两大类。寻常师范学校以小学毕业生为招生对象,由地方设立,主要为公立小学培养教师和校长。高等师范学校主要招收寻常师范学校的毕业生,由国家设立,主要为寻常师范学校培养教师和校长。法令要求师范学校必须以“培养教员应有的品德和学识”,使教员具有“顺良、信爱、威重的气质”为己任。师范学校学生免服兵役,但须在校内开展军事训练,毕业生须服从分配。

二、20世纪初期至20年代末的教育改革与发展

1.《教育敕语》【重要】

19世纪末,日本社会的各个方面得到了较快的发展。同时,西方的各种文化,包括自由主义思想,也迅速渗透到日本社会中,强烈地冲击着日本的传统文化。为了寻找一条继承日本传统文化,抵御西方文化影响的途径,1890年,日本制定了由天皇颁布的《教育敕语》。

《教育敕语》的主要内容是重申忠孝为日本国体之精华,日本教育之渊源。要求日本国民“孝父母、友兄弟、夫妇相和、朋友相信、恭俭持己、博爱及众、进德修业,以启智能、成就德器。进而广公益,开世务,常重国家,遵国法,一旦有缓急,则应义勇奉公,以辅佐天壤无穷之皇运”。

《教育敕语》的颁布,表明日本的教育开始把儒家的伦理道德规范与日本的民族意识培养结合起来,以适应日本社会各方面急速发展的需要。从此,日本教育的发展转向强调民族主义和加强国家对各类教育的控制。

2.《大学令》【重要】

为了适应日本社会对培养高级人才的需要，日本政府于1918年颁布了修订的《大学令》。主要内容如下：①大学教育的目的是通过传授国家所需要的思想和知识，培养高水平的人才；②除国立大学外，允许设立私立大学和地方公立大学；③大学可以由几个学部组成，如法学、医学、文学、理学、农学、工学、经济学和商学等，也可设立单科大学，修业年限为3～4年；④大学招生对象主要是预科或高级中学高等部的毕业生，经考试合格后方可录取。

《大学令》颁布后，推动了日本高等教育的发展。

三、军国主义教育体制的形成和发展【一般】

1926年，日本裕仁天皇即位后，更加重视道德教育和民族主义精神的教育，大肆鼓吹军国主义思想。从此，日本开始由20年代初期的民族沙文主义转向军国主义，逐步完成了侵略战争的准备，构成了日本历史上最黑暗、最专制、最残暴的时期。日本的教育也开始军国主义化、法西斯化，成为日本战争机器的工具。这种倾向主要表现在以下三个方面：

①对师生民主进步运动的控制与镇压。1930年，日本文部省成立了一个学生管理局，主要负责调查和控制学生的思想情况，目的是清除自由化思想，缩小自由化教师和学生的影响。1931年日本又成立"学生思想问题调查委员会"，加强对学生的思想控制。与此同时，对教师的思想控制也在紧锣密鼓地进行。

②军国主义思想的灌输。20世纪以来，"皇国主义"教育一直是日本学校教育的主要内容，这一时期，更增强了军国主义的教育内容。

③军事训练学校化和社会化。从1925年起，日本统治集团规定，在全国中等以上的学校普遍开设和实行军事训练课程，学生必须按步兵操典进行训练。从1926年开始，日本又设立了青年训练所，对社会青年进行军事训练。1937年后更将学校变成了军营。1941年以后，军训时数更多。

四、《教育基本法》和《学校教育法》【重要】

1947年3月31日，日本国会公布了《教育基本法》和《学校教育法》两个重要的教育法案，否定了战时军国主义教育政策，为战后教育指明了发展方向。

1.《教育基本法》

《教育基本法》的主要精神包括：①确定教育必须以陶冶人格为目标，培养和平的国家及社会的建设者；②全体国民接受九年义务教育；③尊重学术自由；④政治教育是培养有理智的国民，不搞党派宣传；⑤国立、公立学校禁止宗教教育；⑥教育机会均等，男女同校；⑦教师要完成自己的使命，应受到社会尊重，保证教师享有良好的待遇；⑧家庭教育和社会教育也应得到鼓励和发展。

《教育基本法》所提出的教育目标与战前法西斯军国主义教育政策截然不同，对战后日本教育发展具有积极意义。所以，这一文件被视为日本教育史上划时代的教育文献。

2.《学校教育法》

《学校教育法》的主要内容是：①废除中央集权制，实行地方分权。中央文部省权力被削弱，新设教育委员会管理各地学校行政事务。②采用六三三四制单轨学制，延长义务教育年限，原来的六年义务教育延长到九年。儿童6岁入学，男女儿童教育机会均等，一律实行男女同校制度。③高级中学以实行普通教育和专门教育为目的。④将原来多种类型的高等教育机构统一成为单一类型的大学。大学以学术为中心，传授和研究更高深的学问，培养学生研究和实验的能力。

《学校教育法》还对教员、校长、教育经费、教育行政管理，以及幼儿园教育、特殊教育等做了一些规定。

《学校教育法》是《教育基本法》的具体化，该法案使战后日本教育系统有了法律保障。但有些条款还不够完善，后来又经过多次修订和补充。1964年修正后的《学校教育法》，承认了短期大学存在的必要。1975年11月，日本又修改了《学校教育法》，确认了自50年代末出现、70年代发展起来的一种专修学校（高级中学程度的职业学校）。

五、20世纪七八十年代的教育改革【一般】

1.20世纪70年代的教育改革

整个20世纪五六十年代，日本教育改革和发展的成就是巨大的，但这一时期，日本教育也出现了一些新的问题。例如，“应试教育”占统治地位，人们抱怨学校是“考试地狱”等。于是，70年代日本教育面临新的改革任务。

1971年6月，日本中央教育审议会向文部大臣提交了一份《关于今后学校教育综合扩充、整顿的基本措施》的咨询报告，这个文件的许多精神被文部省采纳并实施，因此这个文件成为日本70年代以来教育改革的纲领性文件，也是日本继明治初期和战后初期两次重大改革之后的所谓“第三次教育改革”的主要依据。该咨询报告的内容广泛，涉及各级各类教育，其中关于中小学教育和高等教育的改革影响较大。

咨询报告对中小学教育提出了三个基本目标：①初等和中等教育的目的是为每一个人终生成长与发展打下基础；②政府有责任提高公立学校课程内容水平，提供均等的教育机会，制定长期的经过充分论证的教育政策；③对教育改革发挥巨大威力的是教育者本身，应制定严格的综合性改革措施，保证教育者具备较高水平与特长，对教育工作充满自信和荣耀。

咨询报告对高等教育也提出了几项要求：①高等教育设施一方面是为人们提供多种多样接受高等教育的机会，另一方面是为了提高学术研究水平；②高等教育应将其解决一般问题的潜能融会于高等专门教育课程之中；③高等教育机构具有开展教育和研究活动的自由；④有些高等教育机构表现出狭隘自傲的倾向，因此应进行改革，使高等教育更加向社会开放；⑤在高等教育改革过程中，鼓励每所大学的自然发展很重要，但也有必要进行综合规划，体现社会与高等教育的联系。

1977年，日本文部省颁布了《关于改善中小学教学计划的标准》，同年，还颁布了《小学初中教学大纲》，1978年颁布了《高中教学大纲》。这些文件的基本精神是：重视德育和体育，培养协调发展的儿童，精选教学内容，培养儿童的创造能力，减少教学时数，增加儿童的课外活动，使儿童在轻松、愉快的学习生活中健康成长。

2. 20 世纪 80 年代后的教育改革

80 年代后，日本教育改革的基本走势仍延续 70 年代的做法，但是更加深入和具体了。

1984 年，日本国会批准成立的“临时教育审议会”（简称“临教审”）和 1987 年文部省成立的“教育改革推进本部”（后改称“教育改革实施本部”），是 80 年代以来日本教育改革的领导机构。

“临教审”从 1984 年 9 月开始陆续召开多次听证会，反复调查研究并征求各方面意见，提出了一些咨询报告。1987 年 8 月提出的咨询报告具有代表性和权威性。该咨询报告提出，面向 21 世纪日本教育改革的目标、责任和使命是：培养年青一代具有广阔的胸怀、强健的体魄和丰富的创造力；具有自由、自律的品格和公共精神；成为面向世界的日本人。“临教审”提出的教育改革原则是重视个性、国际化、信息化和向终身教育体制过渡的原则。

“临教审”还提出了具体的改革建议，包括完善终身教育体制，改革初等、中等教育体制，按照灵活、多样、柔性化的观点改革学制，加强道德教育和体育，充实基础知识教学和基本技能训练，小学低年级课程向综合化方向发展，改革教科书编写与审定制度等。同时，对高等教育和教师培养制度也提出了一些改革建议。

经典例题

一、名词解释

1. 美国《国家在危机之中：教育改革势在必行》的教育报告
2. 贝尔－兰喀斯特制
3. 生计教育
4.《莫雷尔法案》
5. 实科中学
6.《学制令》
7.《初等教育法》

二、简答题

简述 20 世纪 50 年代美国颁布的《国防教育法》的主要教育内容。

三、论述题

简述英国《1988 年教育改革法》的基本内容。

答案解析

一、名词解释

1. 1983年，美国中小学教育质量调查委员会提出了一份报告，报告标题是《国家在危机之中：教育改革势在必行》。该报告对美国教育提出了以下几点改革建议：

第一，加强中学五门"新基础课"的教学，中学生必须开设数学、英语、自然科学、社会科学和计算机课程。

第二，提高教育标准和要求。小学、中学、学院和大学都要对学生的学业成绩和行为表现采取更严格的、可测量的标准，提出更高的期望。

第三，改进师资的培养，提高师资就业前应达到的教育专业训练标准，使他们既有从教的倾向，又具备从教的能力。同时，提高他们的社会地位和物质待遇。

第四，联邦政府、州和地方的官员以及学校校长和学监，都必须发挥领导作用，负责领导教改的实施。

这个报告成了美国20世纪80年代中期开始的教育改革的纲领性文件，改革的中心是提高教育质量。虽然有人批评美国在重视教育质量的同时，又出现了忽视灵活性、忽视情感培养等问题。但是，就总体而言，《国家在危机中：教育改革势在必行》产生的效应是积极的。

考点分析 在20世纪80年代美国持续不断的教育改革进程中，教育质量问题始终是改革的难点。在此情况下，推进基础教育质量的提升成为美国教育的关键问题。因此，在这一特定历史时期，该报告的颁布意义非凡。

2. 19世纪上半期，初等教育主要由宗教团体和慈善机关办理，教育质量低劣，学校和入学人数严重不足。由于师资匮乏，当时还盛行过导生制学校。它由英国传教士贝尔和兰喀斯特所创，又称贝尔－兰喀斯特制。其基本方法是教师先在学生中选择一些年龄较大、学习成绩好的学生充任导生，教师先对导生进行教学，然后由他们去教其他学生。

考点分析 采用这种教学方式，学生的数额可大大增加，在一定程度上缓解了教师奇缺的压力。但采用这种方法，不可避免地造成教育质量下降，因此，它最终被人们抛弃了。

3. 1971年，美国教育总署署长马兰开始倡导生计教育，他认为，人的一生会多次变换职业，有时变换的职业很不相同，这样就要求人们一生学会许多新的知识和技能。生计教育的实质是以职业教育和劳动教育为核心的适应瞬息万变的社会的教育。生计教育是扩大了的职业教育，这种教育要求以职业教育为中心重新建立教育制度。1974年美国国会通过了《生计教育法》。生计教育是美国社会失业率较高、人们对自己的就业问题忧心忡忡的心态在教育制度上的反映。这种教育不可能解决社会制度固有的弊病，只能是一种安慰人们适应社会现实的生存措施，并不鼓励人们奋起改造社会。

考点分析 生计教育是美国职业教育的开端，故值得考生关注。

4. 1862年，林肯总统批准了《莫雷尔法案》，确立了大力发展农工学院的政策。该法规定，联邦政府按各州在国会的议员人数，以每位议员三万英亩的标准向各州拨赠土地，各州应将赠地收入开办或资助农业和机械工艺学院。大多数州都将赠地收入用来创办农工学院或在原有的大学内附设农工学院。农工学院的发展开创了高等教育为工农业生产服务的方向，改变了高等教育重理论轻实际的传统。

考点分析 《莫雷尔法案》是美国联邦政府支持高等职业教育发展的重要举措，是高等教育发展中值得关注的一个重要事件。

5. 这是德国在19世纪出现的一种重要中学类型，该类中学主要传授自然科学和历史科学知识。1832年，普鲁士率先颁布《实科中学毕业考试章程》，它标志着实科中学这一形式得到政府的承认。1859年，普鲁士颁布《实科中学课程编制》，规定高级实科中学修业年限为九年，高年级设置拉丁文。尽管如此，它的社会地位并不高。开始时，实科中学的毕业生还不具备升入大学的资格，直至1870年才获得这一权利。

考点分析 德国实科中学在历史上占据重要地位，是德国重视职业教育的例证，实科中学与文科中学并行发展是德国中等教育发展的特点。

6. 这是日本明治维新期间颁布的重要法令之一。为实现“破从来之陋习”“求知识于世界”的改革目标，日本政府加强了对教育事业的领导与管理工作。为此，1871年明治政府在中央设立文部省，主管全国的文化教育事业，并兼管宗教事务。1872年颁布的《学制令》，更具体地确立了日本的教育领导体制，即实行中央集权式的大学区制。在文部省之下，全国共划分为八个大学区（一年后减少了一个大学区），各设大学一所；每个大学区又分为32个中学区，每个中学区设中学一所；中学区又各分为210个小学区，每区设小学一所。该法令实施后，日本确立了中央集权式教育管理体制。

考点分析 《学制令》是日本明治维新期间颁布的一道重要教育法令，是开启日本教育改革的关键文件。

7. 1918年，英国国会通过了教育大臣费舍提出的教育议案，制定了新的初等教育法，也称《费舍教育法》。法案做了如下主要规定：①加强地方当局发展教育的权力和国家教育委员会制约地方当局的权限；②地方当局为2～5岁的儿童开设幼儿学校，规定5～14岁为义务教育阶段，小学一律实行免费，禁止雇佣不满12岁的儿童做童工；③地方教育当局应建立和维持继续教育学校，向进入这种学校的年轻人（14～16岁）免费提供适当的学习课程、教学和体育训练，年轻人每年应在继续教育学校中接受320个学时的学习。《费舍教育法》在英国历史上首次明确宣布教育立法的实施“要考虑到建立面向全体有能力受益的人的全国公共教育制度”，在建立完整的国家教育制度方面向前迈进了一步，法案调整了中央和地方教育当局的关系。但是，法案并没有解决面向所有儿童的中等教育问题，而且继续教育的条款也由于当时教育经费不足而被搁置起来。

考点分析 《初等教育法》是英国基础教育改革史上的一道重要教育改革法令，是英国调整中央与地方间权力关系的一个重要政策文件，它为英国中等教育体制的确立奠定了基础。

二、简答题

进入20世纪50年代以后，美国社会各界对美国教育问题的批评越来越多，批评的焦点是美国教育质量差。当1957年苏联卫星上天后，美国朝野极为震惊，改革教育的呼声更加高涨。1958年9月2日，美国总统亲自批准颁布了《国防教育法》，该法案共10章，主要内容如下：①加强普通学校的自然科学、数学和现代外语（即所谓的“新三艺”）的教学。该法案要求让更多的青年学习这些学科。为提高这些学科的教学水平，要求大力更新教学内容，设置实验室、视听设备、计算机等现代教学手段，充实教学参考资料，加强外语教学中心的建设，提高师资质量；②加强职业技术教育。要求各地区设立职业技术教育领导机构，有计划地开办职业技术训练，使更多的青年和成年人成为具有一定科学技术的专门人才或熟练工人；③强调“天才教育”，鼓励有才能的学生完成中等教育，攻读考入高等教育机构所必需的课程并升入该类机构，以便接受更深的教育，从他们中间培养出拔尖人才；④增援大量教育经费，从1959年到1962年，由联邦政府拨款8亿多美元作为对各级学校的财政援助。《国防教育法》是作为改革美国教育、加快人才培养的紧急措施推出的，法案冠以“国防”二字足以说明美国当局对这次改革十分重视，并认识到教育在国际竞争中的重要性，教育与国家的安危和国家的前途命运息息相关。该法的颁布有利于美国教育的发展，有利于教育质量的提高，有利于培养科技人才。

考点分析 美国联邦政府于1958年颁布的《国防教育法》是战后最重要的教育法令。《国防教育法》的主要内容是：采取各种措施，加强公立学校“新三艺”（数学、科学、外语）的教学；对高校的教学与科研经费予以大量补助；支持、奖励科技研究的发展；发放大学生学习贷款；设立国防奖学金等。这一改革在美国教育史上具有标志性意义。

三、论述题

1988年英国国会通过了一份重要的教育改革法案，即《1988年教育改革法》。这个改革法案是一项对教育体制进行全面改革的法案，是自第二次世界大战结束以来规模最大的一次改革。该法案的主要内容是：①规定实施全国统一课程，确定在5～16岁的义务教育阶段开设三类课程：核心课程、基础课程和附加课程。核心课程和基础课程合称为“国家课程”，是中小学的必修课程，核心课程包括英语、数学和科学；基础课程包括现代外语、技术、历史、地理、美术、音乐和体育；附加课程包括古典文学、家政、经营学、保健知识、信息技术应用、生物、第二外语、生计指导等；②对考试制度做了一些新的规定。在整个义务教育阶段（5～16岁），学生要参加4次全国性考试，分别在7、11、14、16岁时举行；③对学校管理体制做了一些规定：地方教育当局管理下的所有中学和学生数在300名以上的规模较大的小学，在多数家长要求下可以摆脱地方教育当局的控制，直接接受中央教育机构的指导，财政开支由全国统一的“国立学校基金会”负责；④规定建立一种新型的城市技术学校。该类学校实质上是仿效美国的有关经验，在工商企业支持下兴办的一种新学校。学校装备了各种现代化仪器设备，开设基础课程和有关企业实用的课程，采取校内教学与到企业中实践相结合的途径，培养企业急需的精通技术的中等人才；⑤对高等教育（大学、综合技术学院和成人继续教育机构）的管理和经费预算也有一些新的规定：宣告废除已实施了二十余年的高等教育“双重制”；中央政府对高等教育的控制大大增强。

《1988年教育改革法》涉及的问题不仅十分广泛而且非常重要，在一定程度上触动了英国教育的某些传统，因此，它在英国引起的反响异常强烈，被认为是自1944年《巴特勒教育法》以来英国历史上又一次里程碑式的教育改革法案。

总的来说，这次改革强化了中央集权式的教育管理，对过去从来没有做过统一规定的课程、考试等问题开始进行全国划一管理，对英国现代教育发展产生了不可忽视的重要影响。

考点分析 《1988年教育改革法》在英国基础教育改革史上具有历史性地位，其主要原因就在于它强化了中央集权管理，加速了基础教育改革。

第六章

欧美教育思想的发展

本章属于外国教育史的重点内容，主要讲述了国外著名教育家——夸美纽斯、卢梭、裴斯泰洛齐、杜威、赫尔巴特、福禄培尔以及马克思、恩格斯的教育思想。这一章是考研中考查的重点，是所有章节中考题最为集中的一章，在考试中的考查方式以简答题、论述题为主，各位考生需要对本章给予高度重视。考生在复习中应理解、识记夸美纽斯的教育思想，重点掌握教育适应自然的原则、普及教育、统一学制、班级授课制和相应的教学原则；理解杜威、卢梭的教育思想，掌握卢梭自然教育理论；理解并识记裴斯泰洛齐的教育思想，重点掌握其教育心理学化、要素教育的思想；理解并识记赫尔巴特的教育思想，重点掌握其教育思想的理论基础、教育性教学原则、课程理论和教学形式阶段理论；掌握福禄培尔的教育思想；掌握现代欧美教育思潮。

第一节　夸美纽斯的教育思想【重要】

扫一扫，看视频

夸美纽斯（Johann Amos Comenius，1592—1670 年）是 17 世纪捷克的伟大爱国者、教育改革家和教育理论家，其教育代表作有：《大教学论》《母育学校》《世界图解》《泛智学校》《论天赋才能的培养》等。

一、论教育的目的和作用

夸美纽斯认为，教育的目的应是使人为来世生活做好准备。他主张通过教育使人认识和研究世界上的一切事物，培养和发展他们的各种能力、德行和信仰，以便享受现世的幸福，并为永生做好准备。这种教育目的论，反映了他的世界观中的民主主义、人道主义精神和唯物主义观点。

夸美纽斯高度评价了教育的作用。

首先，他把教育看作改造社会、建设国家的手段。

其次，夸美纽斯高度评价教育对人的发展的作用。在他看来，人都是有一定天赋的，而这些天赋发展得如何，关键在于教育。只要接受合理的教育，任何人的智力都能够得到发展。他反对借口“智力迟钝”而拒绝教育儿童。

因此，在他看来，"假如要形成一个人，就必须由教育去形成"，"只有受过恰当教育之后，人才能成为一个人"。

二、论教育适应自然的原则

教育适应自然的原则是贯穿夸美纽斯整个教育体系的一条根本指导性原则。为了使学校工作进行得顺利、有效，他要求教育必须在各方面遵循自然的法则。

夸美纽斯认为，教育适应自然的原则主要包括两方面的含义：

一是在宇宙万物和人的活动中存在着一种"秩序"，即普遍规律，这种"秩序"保证了宇宙万物和谐发展。因此，人的各种活动包括教育活动都应该遵循这些自然的、普遍的"秩序"或规律，这是教育适应自然原则的一个重要内容。他认为，适应自然的教育也应该从人类的春天——儿童时开始。在一天之中，应该在早晨读书。由于自然分为春、夏、秋、冬四季，学校组织便分为四个阶段：母育学校相当于春季，国语学校相当于夏季，拉丁语学校相当于秋季，大学相当于冬季。

二是依据人的自然本性和儿童年龄特征进行教育，是教育适应自然原则的另一个重要内容。他认为，人是自然界的一部分，人的发展也有其本身的法则。各级学校"自始至终，要按学生的年龄及其已有的知识循序渐进地进行教导"。

三、论普及教育和统一学制

1. 普及教育

夸美纽斯从民主主义的"泛智"思想出发，提出了普及教育的思想。泛智思想要求"把一切事物教给一切人"，并且认为"一切儿童都可以教育成人"。他提出"一切男女青年都应该进学校"，"不仅有钱有势的人的子女应该进学校，而且一切城镇乡村的男女儿童，不分富贵贫贱，同样都应该进学校"。为了实现普及教育的理想，夸美纽斯呼吁帝王和官吏为民众兴办学校，并号召广大民众劝说当权者兴办学校；他鼓励从事教育的工作者以无比的热情献身普及教育事业；他恳请学者和神学家们促成普及教育事业。

2. 统一学制

为了使国家便于管理全国的学校，为了使所有的儿童都有上学的机会，夸美纽斯主张建立全国统一的学制。他把一个人从诞生到成年分为四个时期，并主张在每个时期设立相应的学校：

①婴儿期(1～6岁)，设立母育学校；

②儿童期(6～12岁)，设立国语学校；

③少年期(12～18岁)，设立拉丁语学校；

④青年期(18～24岁)，设立大学。

四、论学年制和班级授课制

1. 学年制

为了改变学校工作混乱无序的状况，提高教学效率，改善教学效果，夸美纽斯制定了统一的学年制度。根据这种制度,各年级应在同一时间开学和放假;每年招生一次,学生同时入学,以便使全班学生的学习进度一致,学年结束时,经过考试,同年级学生同时升级。此外,学校工作要有计划,每月、每周、每日、每时都按计划进行各项工作。

2. 班级授课制

为了提高教学效率,扩大教学对象,夸美纽斯提出并全面系统地论述了班级授课制度。他主张把全校的学生按照年龄和程度分成班级,作为教学的组织单元。每个班级有一个教室,以免妨碍别的班级。每个班级有一个教师,同时对全班学生进行教学,以代替传统的个别施教。每个班级又分成许多小组,每组10人,选出一名学习好的学生为组长,帮助教师管理小组同学,考查同学的学业。他还认为一个教师可以同时教几百名学生。

五、论教学原则

夸美纽斯关于教学原则的论述是其教学理论的重要组成部分,其教学原则主要归纳为以下几点:

1. 直观性原则

夸美纽斯认为,"一切知识都是从感官的感知开始的"。在感觉中没有的东西,在理智上也不会有。因此,他把通过感官所获得的对外部世界的感觉经验作为教学的基础,并宣布运用直观是教学的一条"金科玉律"。他认为:教学应从观察实际事物开始;在不能进行直接观察时,可以使用图片或模型;在呈现直观教具时要将它们直接放到学生的眼睛跟前,放在合理的范围以内;要让学生先看到实物或模型的整体,然后再分辨各个部分等。

夸美纽斯从理论上论证了直观教学原则,这在当时具有革新意义,但他过于夸大了直观的意义。他往往把直观知识和间接知识对立起来,在一定程度上,不理解理性认识的重要作用。而且,他在强调通过观察实物去认识事物的同时,又承认"神启"的作用。

2. 激发学生求知欲望原则

这是夸美纽斯针对当时的学校普遍存在"强迫孩子们去学习功课"的现象而提出的。他认为,父母应当在子女面前赞扬学问与具有学问的人;教师应该用温和亲切的语言和循循善诱的态度去吸引学生,时常表扬用功的学生;学校应该是经过精心布置的,所教的科目是符合学生年龄特征的,并且是写得清清楚楚、有吸引力的;所使用的教学方法能够激起学生爱好知识的兴趣;政府当局应当在公共场所赞扬用功的学生;等等。

3. 巩固性原则

夸美纽斯特别强调使学生获得巩固的知识。为了很好地贯彻这条原则,他认为,首先,理解性的教学有助于知识的巩固,因为只有理解了的知识才能记住。其次,经常练习和复习是巩固知识的重要方法。再次,把自己所掌握的知识教给别人,也是一种巩固知识的好方法。

4. 量力性原则

夸美纽斯反对经院主义教学的强迫性和不考虑学生的接受能力的行为。他提出"一切学科都

应加以排列，使其适合学生的年龄，凡是超出了他们的理解的东西，就不要让他们去学习”。因此，他从教育适应自然的理论出发，在教育史上初次提出了量力性原则，这对后世的影响很大，一方面击中了时弊，另一方面在一定范围内反映了教学工作的客观规律，无疑具有进步意义。

5. 系统性和循序渐进性原则

为了改变零乱的教学状况，夸美纽斯提出了系统性的教学原则。该原则要求教材的组织具有系统性和逻辑性，要把一个学科的知识排成一个整体，“其中一切部分都来自同一来源，并且有它自己的地位”，不省略或颠倒任何东西。

教学的系统性原则要求教学循序渐进，不能跳跃前进，教学应遵守从已知到未知、从易到难、从简到繁、从近及远等规则。

夸美纽斯的教学系统性和循序渐进性原则在一定程度上反映了教学工作的客观规律性，但存在着机械化、简单化的缺陷。

六、论道德教育

1. 德育的重要性

夸美纽斯非常重视道德教育，把培养德行看作学校的主要任务之一。在他看来，德育比智育更重要。

夸美纽斯的道德教育理论把世俗道德的培养从宗教教育中分离出来，成为一个独立的部分，使它放在宗教教育之前。另外，在道德教育的理论基础上，夸美纽斯也突破了宗教教育的束缚。他不是以基督教教义为理论基础，而是以功利主义和人文主义为理论基础。

2. 德育内容

夸美纽斯把智慧、勇敢、节制、公正这四种品德作为自己道德教育的内容。智慧是对于事实问题的健全判断，应该从小养成儿童正确判断是非的能力，使他们习惯于追求正确的判断，避免错误的判断。勇敢包括沉着、坚忍、履行职责、刻苦耐劳及抑制急躁、愤怒。节制是对人、对己都有益的道德品质，应教育儿童在饮食、睡眠、工作、游戏、谈话等方面都具有节制的能力，不可放纵，“一切不可过度”。公正的品质主要表现为诚恳、正直、不伤害别人。

3. 德育方法

关于道德教育的方法，夸美纽斯提出了以下几种：

①尽早开始正面教育；②从行动中养成道德行为的习惯；③榜样；④教诲与规则；⑤择友；⑥纪律。

七、教育管理思想

夸美纽斯在教育史上的另一个重大贡献是提出了一套比较完整的、系统的、有独创性的教育管理思想。

1. 国家的教育管理职权

夸美纽斯认为,教育对于改造社会和建设国家、对人的发展都起着巨大的作用。国家应该重视教育,应该普遍设立学校。国家既对教育具有不可推卸的责任,也有管理教育的最高权力,而不应该将教育事业拱手让给教会和其他社会力量。

2. 督学的职责

夸美纽斯认为,国家应设置督学,对全国的教育进行监督,以保证全国的教育得到统一的发展。督学的主要职责有以下几点:

①对将成为教育管理者的人进行培训;

②对各级学校人员进行管理;

③检查学校的教学工作;

④监督各学校规章制度的执行;

⑤到社会上去了解学生的家长和监护人员是如何对孩子进行教育的并加以指导,以便使学校与家庭在教育上取得一致。

3. 关于学校各类人员的管理

夸美纽斯认为,作为学校总管理者的校长是全校的核心和支柱。校长的主要管理职责包括:

①了解教师的生活和教学工作情况,帮助和指导教师掌握教学的方法和策略;

②监督整个学校各项规章制度和准则的执行;

③妥善照管、认真保存学校的档案材料。

夸美纽斯也强调,每个教师应该给自己提出本班的目标和任务,并且要十分熟悉它,然后根据它来安排一切活动。同时,他对学生也做出了许多具体的规定。

4. 论纪律和规章制度

夸美纽斯非常重视纪律在学校管理中的作用。他认为学校没有纪律就无法正常有序地工作。学校所制定的各种规章制度和行为准则必须严格执行,学校从上至下无论谁都不得有任何破坏规章制度的行为。

夸美纽斯是一位伟大的教育理论家和实践家,同时又是一位多产的教育著作家。他撰写的《母育学校》可以说是西方教育史上的第一本学前教育学著作,《大教学论》是西方第一本独立形态的教育学著作,它把反映教育这一复杂社会现象的某些属性和关系的概念和范畴,组织成一个比较完整的理论体系,从而使以往对教育现象的描述进一步转向理论的论证,使教育学的理论化水平有了一定程度的提高。他也是一位伟大的教育改革家,其所有的著作几乎都不同程度地包含着教育改革的思想。但是,由于夸美纽斯生活的时代还没有完全摆脱经院哲学的影响,加之他本人又是一位神学家,因此,在他身上所因袭的旧时代的思想特点还比较明显,宗教神秘主义还比较显著,其教育思想是经院哲学和 17 世纪机械唯物主义相结合的产物。

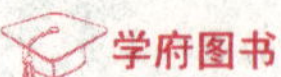

扫一扫，看视频

第二节　洛克的教育思想

洛克(1632—1704 年)是英国著名的实科教育和绅士教育的倡导者。洛克关于教育的专门著作是《教育漫话》，另外还有《工作学校计划》《理解能力指导散论》《人类理解论》等。

一、“白板说”

洛克反对流行的“天赋观念”论，认为人出生后心灵如同一块白板，“我们的一切知识都是建立在经验之上的，而且最后是导源于经验的”。这一“白板说”表明了他是主张经验主义的认识论的。

二、绅士教育的教育目的

洛克高度评价教育在人的形成中的巨大作用，认为“人之好坏，或有用或无用，十分之九都是他们的教育所决定的”。教育的社会意义则在于它关系到国家的幸福与繁荣。不过洛克更注重的是教育对个人幸福、事业、前途的影响，显现出明显的功利主义和个人主义色彩。

洛克还认为教育发挥其正面作用的场所并不在学校，认为当时的学校是集合了形形色色被教育坏了的、满身毛病的一群学童的机关，教师也不可能认真顾及每一个儿童，所以只有在家庭中聘用优良的教师，才能避免“恶习熏染”，并得到适合儿童个性的个别指导，因为每一个儿童的天性是不同的。

洛克所注重的是贵族子弟的教育，主张把他们培养成为身体强健，举止优雅，有德行、智慧和才干的事业家。这就是洛克的绅士教育的目的。

三、体育、德育、智育

1. 体育

《教育漫话》中把体育作为第一个问题加以论述。洛克希望每个绅士的身体必须适应一个事业家在对外开拓活动中可能遇到的艰苦环境，而当时贵族家庭对子女大多是娇生惯养的，因此洛克关于体育的具体意见虽然论及如何保养和运动，但更多的是针对娇生惯养的风气，强调生活各方面的“忍耐劳苦”，诸如饮食简单、衣履单薄、睡硬板床、少用药物等。他认为身体强健的主要标准是能忍耐劳苦，而学会忍耐劳苦的原则是要从小逐步养成习惯，不要间断。洛克关于体育的见解内容十分丰富，其新颖的系统在西方教育史上没有先例。

2. 德育

洛克认为道德观念来自教育和生活环境，否认了天赋观念和神的启示。他认为“善行”就是能带来幸福和利益、能达到个人目的的行为。他把德行放在比知识更重要的地位。

洛克把听从理性的指导、克制自己的欲望看成是一切道德与价值的重要标准及其基础。正确处理“克制”和“精神活泼自由”之间的关系是教育的真正秘诀。

洛克还具体论述了诚实、智慧、勇敢、仁爱等美德,但他尤其重视“礼仪”。洛克强调德育中的早期教育、行为习惯和良好榜样,主张尽可能不使用体罚的手段。

3. 智育

洛克批评当时人们一谈到教育所想到的只有学问一件事的风气,好像一两种文字就是教育的全部任务。针对这种时弊,洛克在智育问题上尤其强调两点:德行重于学问;学问的内容必须是实际有用的广泛知识。这两点可谓醒世之言。

除了学习有用的知识之外,洛克认为还应培养学生的良好态度,提高他们的能力。在方法上,洛克还重视兴趣、直观、循序渐进以及好奇心、注意力和记忆力的培养等。

第三节 卢梭的教育思想

扫一扫,看视频

卢梭(Jean Jacques Rousseau,1712—1778 年)是 18 世纪法国启蒙运动中最激进的思想家、教育家,其教育代表作主要有《新爱洛伊丝》《社会契约论》《爱弥儿》等。

一、自然教育理论

自然主义的教育理论是卢梭教育思想的主体。1762 年出版的《爱弥尔》集中论述了这一思想,其具体内容主要表现为以下几点:

1. 自然教育的基本含义

卢梭自然主义教育的核心是“归于自然”。他认为,每个人都是由自然的教育、事物的教育、人为的教育三者培养起来的。只有三种教育圆满地结合才能达到预期的目的。但自然的教育人力不能控制,所以,无法使自然的教育向事物的和人为的教育靠拢,只能是后两者向自然的教育靠拢,才能实现三种教育的良好结合。因此,教育“归于自然”,即以自然的教育为基准,才是良好有效的教育。

2. 自然教育的培养目标

卢梭表示,自然教育的最终培养目标是“自然人”,这是相对于“公民”“国民”等概念来说的。这里所说的“自然人”是身心协调发展的、广泛适应社会情况的社会“自然人”,是摆脱封建羁绊的资产阶级新人。卢梭在这个问题的论述中所包含的重视普通教育、反对等级教育,强调体脑并用、身心两健,培养独立判断能力和适应能力等教育思想,至今仍然是教育思想中宝贵的理论财富。

3. 自然教育的方法原则

①正确看待儿童,即要改变对儿童的看法。

卢梭认为,在万物的秩序中,人类有他的地位;在人生的秩序中,儿童有他的地位;应当把成人看作成人,把孩子看作孩子。他呼吁人们既不要把儿童当成待管教的奴仆,也不能把他作为成人的玩物。

②给儿童以充分的自由。

卢梭反对在儿童的心灵成熟之前就向他们灌输种种本是要求于成人的东西,以免摧残儿童的心灵,他提出,取代这种"积极"教育的只能是遵循自然天性的教育。他提出了"消极教育",即成人的不干预、不灌输、不压制和让儿童遵循自然率性发展的教育,消极教育并非无所作为,而是要观察自由活动中的儿童,了解他的自然倾向和特点,同时防范来自外界的不良影响。所以,要贯彻遵循自然的消极教育,必然就要给予儿童充分的自由,不压制、不强迫、不灌输,否则就不可能进行。

4. 自然教育的实施

卢梭认为,人生的每一个阶段,都有它适当的完善程度,都有它特有的成熟期。根据对儿童的观察和研究,他设想了教育的四个阶段。

(1)婴儿期的教育(出生~2岁)

这一时期应以身体的养育和锻炼为主。卢梭认为,身体保育的一切措施都要合乎自然,要给孩子活动的自由。

(2)儿童期的教育(2~12岁)

这一时期是"理性睡眠期",主要以感官训练为教育内容,并且应继续锻炼身体,以便日后发展他们的智慧。

卢梭激烈地批评了在儿童期向学生灌输理性教育的做法,反对在这一时期让儿童读书,认为这不适宜于"理性睡眠期"的儿童。为了发展这一时期的教育,卢梭还提出了较为详细的训练原则和方法。

(3)青年期的教育(12~15岁)

这一时期主要进行文化知识的学习和劳动教育。

①文化知识的学习。

在学习知识的问题上,卢梭把培养兴趣和提高能力放在首位,并注意通过学习知识陶冶情操;在学习的内容方面,卢梭首先要求的是有用的而且能增进人的聪明才智的知识,不让孩子学习他不可能理解的人际关系方面的知识。因此,在这一阶段,卢梭只提自然科学,不主张儿童学习历史、哲学等社会学科;在智育的方法上,卢梭的基本原则是让学生在实际活动中自觉自动地学习,反对啃书本,反对长篇大论地口头解释。

②劳动教育。

卢梭从培养"自然人"的独立性出发,认为青年期的孩子应当学会劳动。他主张学生必须学一门职业,但这不是最根本的。首先,培养对劳动和劳动者尊重的感情,得到思想陶冶;其次,通过学习劳动,锻炼学生的思维能力,养成反复思考的习惯。

(4)青春期的教育(15~20岁)

这一时期以接受道德教育为主,其中也包括宗教教育。

卢梭认为道德教育应从发展人的自爱自利开始。自爱是本性，若不能自爱，就谈不上爱护其财产，也谈不上爱护别人。经过前三个阶段的培养，儿童具有了良好的行为习惯，进而要培养其善良的感情、道德判断能力以及坚强的道德意志。同时，卢梭还提出了青年时期的爱情教育和性教育观念，并把他们作为道德教育的一部分。

宗教教育也是这一时期道德教育的重要内容。卢梭指出，没有信念，就没有真正的美德。他要求人们爱上帝胜于爱一切。但他反对教士们编的荒诞教义，反对教会的繁文缛礼，反对对儿童过早灌输宗教观念。

二、公民教育理论

在《关于波兰政治的筹议》(1773 年)一文中，卢梭提出了建立国家教育制度和培养良好的国家公民的思想。

卢梭认为，理想国家中的教育“必须给予人民的心灵以民族的形式”，其目标是培养忠诚的爱国者。另外，他主张国家掌管学校教育，“设立一个最高行政院为教育的最高管理机构，决定校长、教师的人选和升迁”。卢梭不同意按教育对象的贫富分设学校和课程的贵族性主张，要求儿童受同样的教育。

卢梭教育思想的基本内容是：高度尊重儿童的善良天性，并以此为标准批判了当时流行的教育思想和教育措施的荒谬，倡导了自然教育和儿童本位的教育观。他作为一个 18 世纪的欧洲思想伟人，其教育思想在今天看来当然不可避免地存在着局限性，既有一些落后的、相互矛盾的和主观臆测的东西，也有某些以偏概全的推论。但在他生活的那个时代，他的教育思想却是富于革命性的。他对封建教育腐朽性的揭露切中时弊，对新教育所提出的设想更具划时代的意义，不仅在当时的法国引起强烈反响，而且对整个欧洲，对后世的教育也产生了深刻的影响。

第四节　裴斯泰洛齐的教育思想【重要】

扫一扫，看视频

裴斯泰洛齐(Johann Heinrich Pestalozzi，1746—1827 年)是 19 世纪瑞士著名的民主主义教育家，也是一百多年来世界上享有盛誉的教育改革家。其教育代表作主要有：《隐者夜话》《人类发展自然进程的探索》《林哈德和葛笃德》《葛笃德如何教育她的子女》《天鹅之歌》等。

一、教育实践活动

1. 新庄三十年(1769—1799 年)

1769—1774 年，裴斯泰洛齐经营农场。

1774—1780 年，裴斯泰洛齐在新庄创办“贫儿之家”，实验贫儿工艺教育。他创建“贫儿之家”不是为了救济而是为了教育。他要“在穷困中教育人”，让贫儿们认识贫穷的真面目，从而培养他们的能力来克服贫穷。但是，由募捐和裴斯泰洛齐的私人资财来长期维持“贫儿之家”的开支是不可能的，因此，“贫儿之家”在1780年停办了。1780—1799年裴斯泰洛齐在新庄度过19年的穷困生涯。1780年，他发表了《隐者夜话》，1781—1787年，著《林哈德和葛笃德》一书。

2. 在斯坦茨创办孤儿院时期（1799年）

1799年1月，斯坦茨孤儿院正式开办，孤儿院共收容了80个5~10岁的儿童。

3. 在布格多夫创办小学，实验教学方法及训练教师时期（1800—1804年）

1799年，裴斯泰洛齐离开了斯坦茨以后，在布格多夫（伯尔尼州）一个鞋匠办的学校任教。由于裴斯泰洛齐对传统的“宗教问答”一科不甚注意，引起校长与学生家长的不满，不久即被停职。之后依赖友人帮助，裴斯泰洛齐转入一所“识字学校”任教，开始探索新的教学法。

1801年《葛笃德如何教育她的子女》出版，1803年《母亲读物》出版。

4. 在伊佛东创办学校，继续实验教学方法及训练教师时期（1804—1825年）

1804年，伊佛东学校开办之初，生气蓬勃，学生从各地涌来。

1805年7月，伊佛东师范学校成立（整个伊佛东学校包括师范学校及小学和中学班）。

1825年，伊佛东学校由于经济困难和教师内部不和而停办，裴斯泰洛齐回新庄写作《天鹅之歌》以总结他的教育工作。

由此可见，裴斯泰洛齐的一生，是努力通过教育为贫苦农民子女寻求幸福而牺牲自己的一生，是为世界教育理论和实践发展奋斗的一生。

二、论教育目的

裴斯泰洛齐认为，教育的首要功能应是促进人的发展，尤其是人的能力的发展。“为人在世，可贵者在于发展，在于发展各人天赋的内在力量，使其经过锻炼，使人能尽其才，能在社会上达到应有的地位，这就是教育的最终目的”。教育问题不在于传授专门的知识或专门的技能，而在于发展人类的基本能力。这个基本教育思想有其独特的丰富内涵：

第一，每个人生来都有天赋的潜能，都要求和可能得到发展。

第二，人的发展必须通过教育。

第三，“教育意味着完整的人的发展”。人的发展实际上就是德、智、体全面发展，一个人只有在德、智、体诸方面都得到发展，才是“完整的人”。

第四，通过教育完美地发展人的能力，提高人民的素质，授予人民谋生的本领，培养每个人树立自立、自养、自尊、自强的意识，就可以使人成为人格得到发展的真正独立的人。

裴斯泰洛齐关于教育目的和作用的观点，尽管带有浓厚的人道主义和理想主义，在当时瑞士的社会条件下，是不现实的，但其中民主主义的和积极的教育思想，仍是十分可贵的。

迷津点拨

裴斯泰洛齐的教育思想框架

教育的目的：发展人的天性和形成完善的人，使人的天赋才能得到充分和谐的发展。和谐发展教育的内容包括体育和劳动教育、德育、智育三个方面。

教育的作用：教育的社会作用在于通过规劝、启蒙和教育，激发人们善良的心愿，进而顺利而自然地改变社会不平等现象。教育对人的作用,在于发展天赋的潜藏在体内的能力的萌芽。

三、论教育心理学化

在西方教育史上,也可以说在世界教育史上,裴斯泰洛齐是第一个明确提出“教育心理学化”口号的教育家。

裴斯泰洛齐在《方法》(1800 年)一文中,首次明确提出:“我正在试图将人类的教学过程心理学化;试图把教学与我的心智的本性、我的周围环境以及我与别人的交往都协调起来。”这就是“使教育心理学化”的思想。所谓教育心理学化,就是把教育提高到科学的水平,将教育科学建立在人的心理活动规律的基础上。

教育心理学化的含义:

第一,要求将教育目的和教育的理论指导置于儿童本性发展的自然法则的基础上;

第二,必须使教学内容的选择和编制适合儿童的学习心理规律,即教学内容心理学化;

第三,教学原则和教学方法的心理学化,使教学程序与学生的认识过程相协调,把直观性和循序渐进性作为心理化教学的基本原则;

第四,要让儿童成为他自己的教育者。

迷津点拨

裴斯泰洛齐:怎样实现教育心理学化?

其一,教育内容心理学化;

其二,教学过程心理学化;

其三,教学原则和教学方法心理学化;

其四,教学要考虑儿童的心理特征。

四、论要素教育【重要】

要素教育论是裴斯泰洛齐基于教育心理化理论对初等教育内容和方法的重要论述,也是他为初等教育革新所做的开创性实践的结晶,其基本思想是:初等学校的各种教育都应该从最简单的要素开始,然后逐渐转到日益复杂的要素,以便循序渐进地促进人的和谐发展。

要素教育既要求初等学校为每个人在德、智、体等方面都能受到基本的教育而得到和谐的发展,又要求在德育、智育、体育每一个方面都通过“要素方法”获得均衡的发展。因此,他详细而具体地探讨和论述了德育、智育和体育以及其中的“要素方法”。

1. 德育

裴斯泰洛齐认为,德育是培养和谐发展的人的极为重要的方面。

儿童对母亲的爱,是道德教育最基本的要素,这种爱的情感发自亲子之间的自然关系。随着孩子的长大,他又从爱母亲进而爱双亲,爱兄弟姐妹,爱周围的人。当儿童上学以后,又把爱逐步扩大到爱所有的人,爱全人类。而爱人类与爱上帝是一致的,信仰和憧憬上帝是德行的最高要求,至此,一个人的道德力量也得到充分发展和实现。这就是裴斯泰洛齐所认为的"道德的自我发展的基本原理"。

道德教育就是遵循道德自我发展的基本原理，培养和发展儿童的德行。为了实现这个任务，首先在于家庭教育，然后是学校中的教育，但二者应该密切联系，把学校的道德教育建立在类似家庭生活关系和亲子之情的基础上。但是，裴斯泰洛齐也指出，爱不是万能的，也不是无限度的，爱要与威相结合。另一方面，也要重视道德说理和道德行为的练习，而不崇尚空谈，也不能求助于体罚。还应把德育和智育联系起来，通过智育授给儿童知识，发展他们的智力，这对儿童的道德发展具有重大影响。

2. 智育

智育作为人的和谐发展的重要方面，不仅教给学生知识，还要着力"帮助促进他们的思考能力、调查研究能力和判断能力的自然发展"，而"培养智力和技能需要有适合于人类本性的、符合心理学规律的一套循序渐进的方法"。

这一套方法包括一系列措施：

首先，数目、形状和语言是教学的基本要素，教学应从这些基本要素开始，使教学过程心理化。初等学校的智育主要是计算教学、测量教学和语言教学，而这些教学又要分别从数目、形状和言语所含的更简单的要素开始。

其次，要改进初等学校的教学科目和教学内容。

再次，裴斯泰洛齐认为，人的内在的任何才能都是和一定的活动相联系的，所以每种能力的发展都来自专门的活动和训练，而智力的发展则主要来自思考，因此，教师在教学中应引导和组织学生进行各种思维练习。

3. 体育

教育不仅要培养儿童的认识能力，还应发展他们的实践能力，而实践能力的基础就蕴含在儿童身体力量的发展之中，因此，要发展体育，并且要遵循人的力量的自然发展规律。

体育最简单的要素是各种关节的活动，而关节活动的最基本动作是打击与搬运、刺戳与投掷、拖拉与旋转、围绕与摆动等。儿童的体育训练就是要从这些基本动作的训练开始，并随着年龄的增长逐渐进行较复杂的动作训练，以发展他们身体的力量和各种技能。

迷津点拨 要素教育论是裴斯泰洛齐对初等教育新方法的研究和实验所取得的主要成果，目的在于从普及教育和教育心理学化的角度出发，简化教学方法。

道德教育的最基本的要素是儿童对母亲的爱的感情；智力教育和教学的最基本的要素是数目、形状和语言，体育的最基本的要素是关节活动。

五、建立初等学校各科教学法

1. 语言教学

裴斯泰洛齐认为，在语言教学中，词的学习是最基本的要素，但语音又是词的最简单要素。因此,他主张语言教学要从发音教学开始,先使儿童学会发音和听音;然后进行单词教学,扩大儿童的词汇;最后是严格意义上的语言教学。这就是语言教学的三个阶段。他还设计了许多语言教学的练习形式。例如,先列出某种事物的名称,然后描写它的显著特征,或者先列出某种显著特征,然后指出其所属事物的名称。

2. 算术教学

裴斯泰洛齐认为,数字“1”是数目的最简单要素,而计数是算术能力的要素。算术教学应该首先通过具体实物或直观教具了解这些数的关系;然后进入对十位数、百位数等的了解和运算。在形成整数概念的基础上,再进行整数四则运算,其教学程序是先加法、乘法、除法,然后减法。

3. 测量教学

测量教学也称为形状教学,其目的是发展儿童对事物形状的认识能力。裴斯泰洛齐认为,直线是构成各种形状的最简单的要素,因此,测量教学应从让儿童认识直线开始,先通过直观教具观察直线,然后认识角,再进而学习由直线组成的三角形、四边形及各种多边形。在此基础上,再学习曲线、圆形和椭圆形等。他还将测量教学和图画教学、写字教学联系起来,认为直线、曲线等形状要素也是绘画、写字教学的简单要素。

六、教育与生产劳动相结合

裴斯泰洛齐虽不是第一个提出教育与生产劳动相结合思想的人,但他却是西方教育史上第一位将这一思想付诸实践的教育家,并在自己的实践活动中,推动和发展了这一思想。

在新庄“贫儿之家”时期,裴斯泰洛齐便开始了教育与生产劳动相结合的实验。他让孩子们每天早晨两个小时(6:00—8:00)、下午四个小时(16:00—20:00)学习功课,其余时间参加一定的劳动。这次实验具有以下明显的新特点:

①明确地把学习与手工劳动相联系、学校与工场相联系作为斯坦兹孤儿院的实验内容之一;

②以安排学习为主,参加手工劳动为辅,但又强调二者的联系与结合;

③明确提出“在学习和手工劳动能够结合以前,两者必须分别打好基础”;

④深信教育与生产劳动相结合对培养人的重大教育意义,并认为这也是基于教育心理学化的教育途径。

裴斯泰洛齐毕生奉献于教育革新实验和教育理论探索。他的教育思想具有鲜明的民主性和革新性,显然反映了时代对教育的要求,反映了一定的教育规律,是他对教育理论发展的重大贡献。他的教育实践和国民教育理论,对欧美各国的教育也曾产生很大的影响。

迷津点拨 1. 裴斯泰洛齐是教育史上提倡及实施爱的教育、献身教育的千古楷模。

2. 首次提出了教育心理学化的口号,开启了近代教育心理学化运动的序幕。

3. 努力根据心理学原理解决教育问题,创立了要素教育理论;还研究了初等教育的一般原理及各科教学法,推动了19世纪初等教育的发展。

4. 首次实施了教劳结合,并积累了丰富的经验。

第五节 赫尔巴特的教育思想【重要】

扫一扫，看视频

赫尔巴特(Johann Friedrich Herbart,1776—1841 年)，德国哲学家、心理学家、教育家。其教育代表作有:《普通教育学》《教育学讲授纲要》等。

一、教育实践活动

1797—1799 年，赫尔巴特应聘担任瑞士贵族冯·斯泰格尔的家庭教师，负责教育斯泰格尔的三个孩子。在两年左右的教育实践中，赫尔巴特获得了大量的教育经验，这成为他日后进行教育理论探索的重要资源。更为重要的是，在此期间，赫尔巴特亲自参观了裴斯泰洛齐在布格多夫的教育实验，直接接受了裴斯泰洛齐教育思想的影响。

1802 年 10 月，赫尔巴特开始在哥廷根大学任教。

1809—1833 年，赫尔巴特应聘担任柯尼斯堡大学哲学教授。在这 24 年中，赫尔巴特对心理学进行了长期、系统的研究。

二、教育思想的理论基础

赫尔巴特的教育理论体系有两个基础，即伦理学和心理学。他自己曾经概述:“教育作为一种科学，是以实践哲学和心理学为基础的。前者指明目的，后者指明途径、手段以及对教育成就的阻碍。”这里所说的实践哲学就是伦理学。赫尔巴特认为，教育学应当以伦理学论证教育的目的，以心理学论证教育的方法。

1. 教育学的伦理学基础

赫尔巴特把如何处理人与人之间的关系，即养成五种道德观念，作为他的伦理学的基本原理。这五种道德观念是“内在自由”“完善”“善意”“正义”“报偿”。他认为，“教育的唯一工作与全部工作可以总结在这一概念之中——道德”“德行是给予整个教育的名词”。教育的整个目标，教育的全部工作，都在于培养学生的这五种道德观念。同时，这五种道德观念是一个彼此相关的系统，应当按照一定的比例加以组成，既不能缺少某一种观念，也不能使某一种观念过多或过少。

2. 教育学的心理学基础

赫尔巴特首倡教育的首要科学是心理学，强调教育学最重要的理论基础是心理学，并充分应用心理学去论证教育上(特别是教学上)的各种实际问题，努力给予教育工作以理论说明，这是他在教育史上最重要的贡献。

在他看来，人的“心灵”是宇宙中无数实在的一种，它与其他“实在”发生关系，便产生“观念”。“观念”是事物呈现于感官，在意识中留下的印象。他认为，观念是人意识活动的最基本素材，一切心理现象都由各种观念的相互作用而产生。它从作为感知的对象，到保留在意识中，要经过一系列复杂的心理过程，即统觉的过程。“统觉”即新观念为已经存在于意识的旧观念所同化和吸收。赫尔巴特认为，任何观念、任何经验的取得，都是统觉的结果。

迷津点拨

赫尔巴特心理学的基本观点

1. 观念

赫氏认为人最初的心灵可视为白板。心灵通过感官与外在实体发生冲突产生观念。心理的实质为“观念”的运动。观念是心理活动基本的要素，心理学是研究观念的科学，各种观念的形成及其运动，构成人的意识的全部内容。

2. 统觉

他的统觉理论的主要内涵是：当新的刺激发生作用时，表象就会通过感官的大门进入意识阀中，倘若进入意识阀的表象强度足以唤起意识阀下已有的相似观念的活动，并与之联合，那么，由此获得的力量就将驱逐此前在意识中占据统治地位的观念，成为意识的中心。这一过程中，新的感觉表象与已有的观念的结合便形成统觉团，即认识活动的结果，如果与新的表象相似的观念已经在意识阀上，那么，二者的联合就进一步巩固了它的地位。

3. 兴趣

兴趣分为经验的、思辨的、审美的、同情的、社会的、宗教的兴趣六类。

三、道德教育理论

1. 教育的目的

赫尔巴特认为，教育的基本目的可以区分为两种，即“可能的目的”和“必要的目的”。

所谓“可能的目的”或“选择的目的”，是指与儿童未来所从事的职业有关的目的，也就是“学生将来作为成年人本身所要确立的目的”。

所谓“必要的目的”，是指教育所要达到的最高和最为基本的目的。在他看来，“道德普遍地被认为是人类的最高目的，因此也是教育的最高目的”“教育的唯一工作与全部工作可以总结在这一概念之中——道德”。具体言之，教育的根本目的就是要养成内心自由、完善、仁慈、正义和公平这五种道德观念。

2. 教育性教学原则

赫尔巴持指出：“不存在‘无教学的教育’这个概念，正如反过来，我不承认有任何‘无教育的教学’一样。”教育（道德教育）是通过而且只有通过教学才能真正产生实际的作用，教学是道德教育的基本途径，即“通过教学来进行教育”。

如何通过教学进行道德教育呢？首先要求教学的目的与整个教育的目的保持一致。正因为如此，他认为，教学工作的最高目的在于养成德行。为了实现这个最终的目的，教学还必须设立一个近期的、较为直接的目的，这个目的就是，培养“多方面的兴趣”。

3. 道德教育

在赫尔巴特的概念体系中，与道德教育直接有关的主要是“训育”这个概念。训育是指“有目的地进行的培养”，其目的在于形成性格的道德力量。他指出，训育可以划分为四个阶段：道德判断、道德热情、道德决定和道德自制。在具体实施方面，他提出了六种基本的措施或方法：维持的训育、起决定作用的训育、调节的训育、抑制的训育、道德的训育、提醒的训育。

四、课程理论

1. 经验、兴趣与课程

赫尔巴特课程理论的一个基本主张是：课程内容的选择必须与儿童的经验和兴趣相一致。只有与儿童经验相联系的内容，才能引起儿童浓厚的兴趣。只有能够引起兴趣的教学内容，才能使儿童保持意识的警觉状态，从而更好地接受教材。他明确指出，要掌握知识，并且得到更多的知识，就必须要有兴趣。

在赫尔巴特看来，兴趣是多种多样的。他把兴趣划分为两类六种，根据兴趣的分类，赫尔巴特对课程内容也进行了相应的划分，如下表所示：

经验的兴趣	经验的兴趣	自然、物理、化学、地理等课程
	思辨的兴趣	数学、逻辑和文法等课程
	审美的兴趣	文学、绘画等课程
同情的兴趣	同情的兴趣	外国语（古典语言和现代语）、本国语等课程
	社会的兴趣	历史、政治、法律等课程
	宗教的兴趣	神学等课程

2. 统觉与课程

统觉理论是赫尔巴特课程理论的又一重要基础。根据统觉原理，新的观念和知识总是以原有观念和知识为基础产生的。这就必然要求课程的安排应当使儿童能够不断地从熟悉的材料逐渐过渡到密切相关但还不熟悉的材料。

依据统觉原理，赫尔巴特为课程设计提出了“相关”和“集中”两项原则。所谓相关，是指学校不同课程的安排应当相互影响、相互联系。所谓集中，是指在学校的所有课程中，选择一门科目作为学习的中心，使其他科目都作为学习和理解它的手段。他把历史和数学当作所有学科的中心。这两项原则的基本目的是保持课程教学的逻辑结构和知识的系统性。

3. 儿童发展与课程

把儿童发展与课程问题相联系，是赫尔巴特课程理论的一个重要特征。

赫尔巴特认为，不同时代的文化成果集中反映了人类认识的不同发展水平。儿童个性和认识的发展重复了种族发展的过程。因此，儿童在一定发展阶段上最理想的学习内容应当是种族发展在相应阶段上所取得的文化成果。以此为基础,他深入探讨了儿童的年龄分期,进而提出了课程的程序。

他认为,儿童发展经历了四个发展阶段:

第一阶段是婴儿期(相当于人类历史的早期),要加强对身体的养护,同时应大力加强感官训练,发展儿童的感受性。

第二阶段是幼儿期(相当于人类的想象期),教学内容应以《荷马史诗》等为主,以发展儿童的想象力。

第三阶段是童年期,教授数学、历史等,以发展其理性。

第四阶段是青年期,继续学习数学、历史等,仍以发展理性为目标。

赫尔巴特的课程理论以心理学为基础,从而使课程的设置与编制有了明确的依据,避免了课程设置中的盲目性和随意性,克服了课程设计的散乱现象,以保证教学工作的有效进行。但是,客观地说,无论是在理论上还是在实践中,赫尔巴特并未真正解决欧美近代学校的课程问题。

五、教学理论

1."教学进程"理论

赫尔巴特提出了三种不同的教学方法:单纯的提示教学、分析教学和综合教学。这三种教学方法之间的联系,就是他所谓的"教学进程"。

单纯的提示教学实际上就是直观教学。

分析教学是在单纯提示教学的基础上进行的,有两个阶段:第一,教师要求学生指出并命名当前出现的事物,然后转向尚未出现的事物;第二,"讲述某一个整体分割成的各主要部分,这些部分的相对位置、它们的联系与变动"。

综合教学是由单纯提示所提供的清晰表象和分析教学产生的对表象的区分,形成观念的联合,即获得新的知识和概念。

2. 教学形式阶段理论

赫尔巴特提出了教学形式阶段理论。他指出,任何教学活动都必须是井然有序的,都要经历四个阶段,即明了(或清晰)、联合(或联想)、系统、方法。

明了——教师通过运用直观教具和讲解的方法,进行明确的提示,使学生获得清晰的表象,以做好观念联合,即学习新知识的准备。

联合——由于新表象的产生并进入意识,激起原有观念的活动,因而产生新旧观念的联合,但又尚未出现最后的结果,教师的主要任务是与学生进行无拘束的谈话,运用分析教学方法。

系统——采用综合的教学方法,使新旧观念间的联合系统化,从而获得新的概念。

方法——新旧观念间的联合形成后需要进一步巩固和强化,这就要求学生自己进行活动,通过练习巩固新习得的知识。

赫尔巴特教学形式阶段理论的突出贡献是在严格按照心理过程规律的基础上,对教学过程中的一切因素和活动进行高度的抽象,以建立一种明确的和规范化的教学模式,对 19 世纪后期、20 世纪

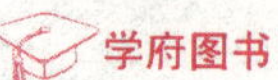

前期世界许多国家和地区师范教育的发展,发挥了重要的推动作用。但是,该理论所固有的机械论倾向,也使它不断受到来自各方面的批评。

六、赫尔巴特教育思想的传播

从19世纪60年代开始,由于斯托伊、齐勒等人的大力宣传和研究,赫尔巴特教育学说在沉寂了20多年后在德国得到复兴,并很快传播到德国以外的许多国家和地区。其教育学说对亚洲一些国家也产生了重要的影响。在中国,最早系统引进的西方教育学说就是赫尔巴特及其信徒的理论,该理论对当时废科举、兴学堂和发展近代师范教育起了积极的推动作用。

19世纪末20世纪初,正当赫尔巴特教育学说广泛传播之际,对它的批评也开始出现,并逐渐形成一种较为普遍的趋势。在西欧新教育运动和美国进步主义教育运动兴起之后,赫尔巴特教育学被认为是"传统教育"的主要代表。尽管如此,赫尔巴特在欧美乃至世界近代教育的发展中所产生的重要影响是客观存在的。

迷津点拨

赫尔巴特教育思想的意义

1. 赫尔巴特教育思想总体上反映了19世纪德国资产阶级两重性的特点:既有进步的一面,亦不乏保守的一面。

2. 首先明确提出心理学是一门科学,并试图在心理学和伦理学的基础上建立系统的教育学理论。他是近代试图使教育学成为一门科学的开山鼻祖。

3. 许多具体的意见,如关于教学阶段、教学方法、教育性教学原则、兴趣的论述等都具有一定的价值。

4. 其教育思想的主要特点是重视教师的主导作用、对儿童的严格管教以及主知主义的系统课堂教学,因此,后来被杜威称为"传统教育"的代表。杜威称其心理学是"教师心理学",而不是"儿童心理学"。

第六节　福禄培尔的教育思想【重要】

扫一扫,看视频

福禄培尔(F. W. A. Froebel,1782—1852年)是德国著名的教育家、幼儿园的创立者、近代学前教育理论的奠基人,被人们誉为"幼儿教育之父"。其教育代表作有:《人的教育》《幼儿园教育学》《教育发展》《母亲与游戏、儿歌》等。

一、论教育的基本原理

福禄培尔关于教育的基本原理主要建立在以下原则的基础之上。

1. 统一的原则

在《人的教育》中,福禄培尔表述了他对"统一"的基本认识,"有一条永恒的法则在一切事物中存在着、作用着、主宰着。这个统一体就是上帝。一切事物只有通过上帝的精神在其中发生作用才能存在”。人类首先须认识自然,进而认识人性,最终认识上帝的统一。教育的实质在于使人能自由和自觉地表现他的本质,即上帝的精神。教育的任务就是帮助人类逐步认识自然、人性和上帝的统一。

2. 顺应自然的原则

在福禄培尔看来,既然神性是人性的本质或根源,人性肯定是善的。按上帝精神的作用和从人的完美性和本来的健全性来看,教育、教学和训练的最初的基本标志必然是容忍的、顺应的,而不仅仅是保护性的、防御性的。

3. 发展的原则

福禄培尔把人性看成一种不断发展和成长的东西。人的发展过程也和自然界的进化过程一样,经历了从不完善到完善、从低级到高级和从简单到复杂的前进序列。每一个先行的发展阶段上的充分发展,才能推动和引起每一个后继阶段上的充分和完满的发展。他还认为,如同万物生长一样,人的成长也必须服从两条互相补充的原则:对立与调和。对立调和法则是一切运动的原因,亦是人的发展的原因。在教育过程中,基本的对立物是内因与外因,即儿童天性与环境的矛盾。教育就是从内因和外因的矛盾入手,在两者之间发现调和的东西,克服差异,最终使二者达到统一。

4. 创造的原则

在福禄培尔看来,上帝是富有创造精神的。“上帝创造了人,即创造了他自己的摹本,他按照自己的形象创造了人,因而人应当像上帝一样进行创造和发生作用”。对于年青的一代,需要及早地给以从事外部工作和生产活动的训练,使其能在行动中和工作中,在形态上和材料上,从外部表现上帝给予他的本质。

二、幼儿园教育理论

1. 幼儿园工作的意义与任务

福禄培尔重视家庭尤其是母亲在早期教育中的作用。在他看来,母亲出于天性,在没有任何指导、未经任何学习的情况下能本能地、自发地教育自己的孩子。然而,这样是不够的,应把幼儿园教育作为家庭教育的补充,使家庭生活得到继续和扩展。幼儿园教育和家庭教育的一致,是完善教育的首要的不可缺少的条件。

幼儿园工作的任务是通过各种游戏和活动,培养儿童的社会态度和民族美德,使他们认识自然与人类,发展他们的智力与体力以及做事或生产的技能和技巧,尤其是运用知识与实践的能力,从而为下一个阶段的发展做好准备。此外,幼儿园还应担负起训练幼儿园教师,推广幼儿教育经验的任务。

2. 幼儿园教育方法

(1)自我活动

福禄培尔认为,自我活动是一切生命的最基本的特性,也是人类生长的基本法则。通过自我活动,可以帮助个体认识自然,认识人类,最终认识上帝的统一。

(2)亲身观察

福禄培尔重视儿童的亲身观察,他要求教育工作者有意识地把有关联性的事物呈现在儿童面前,使其能容易而正确地知觉这些事物,并形成观念。

(3)游戏

福禄培尔高度评价游戏的教育价值,它给儿童以欢乐、自由和满足,又能培养儿童的意志力和自我牺牲的精神,并主张为儿童建立公共游戏场所。

(4)社会参与

在后来的幼儿园教育实践中,他也把"社会参与"作为重要的幼儿园教育方法,要求教育儿童使之充分适应小组生活,并重视家庭和邻里生活之复演。社会合作、互助和参与,是福禄培尔的重要教育原理和他对教育的不朽贡献。

3. 幼儿园课程

依据感性直观、自我活动与社会参与的思想,福禄培尔建立起一个以活动与游戏为主要特征的幼儿园课程体系,包括游戏与歌谣、恩物、手工作业、运动游戏、自然研究,以及唱歌、表演和讲故事等,其中最重要的是恩物和作业。

恩物,是福禄培尔创制的一套供儿童使用的教学用品。恩物的教育价值在于它是帮助儿童认识自然及其内在规律的重要工具。恩物作为自然的象征,能帮助儿童由易到难、由简及繁、循序渐进地认识自然。并且,福禄培尔也提出,真正的恩物应满足三个条件:

(1)能使儿童理解周围世界,又能表达他对于这个客观世界的认识。

(2)每种恩物应包含一切前面的恩物,并应预示后继的恩物。

(3)每种恩物本身应表现为完整的有秩序的统一观念——整体由部分组成,部分可形成有秩序的整体。

作业,即要求将恩物的知识运用于实践。作业的材料包括:大小和色彩不同的纸和纸板,供绘画、雕塑、编织一类工作的材料;沙、黏土和泥土等。做这些工作需要较高的技巧,必须在学会摆弄恩物后才能进行。

福禄培尔是近代影响最大的幼儿教育家。他首创了"没有书本的学校"——幼儿园,并总结出一套教育幼儿的新方法,建立起近代学前教育的理论体系。19 世纪后半期乃至 20 世纪初期,他的幼儿教育方法一直深刻地影响了欧美各国、日本和其他国家的幼儿教育。因此,被誉为"幼儿园之父"。同时,福禄培尔的影响超出了学前教育的范围,他对儿童积极主动的活动的重视,对游戏的教育意义的强调,对手工教育的推崇以及对于家庭、社区和儿童集体在儿童教育过程中重要作用的评价，不仅为后来许多教育思想家所肯定和接受，而且逐渐影响到小学乃至中学课程的设置。

但是，福禄培尔的思想也受到来自各方面的批评。有人批评他过多地肯定了游戏的意义，而对知识的意义说得太少；有人批评他过分强调有组织的游戏、内发与外铄的矛盾，忽视对儿童个体的研究，等等。当然，作为一定时代的人，福禄培尔必定会受到诸多因素的限制：其一，其世界观的唯心主义倾向，使其教育学说带有浓厚的神秘主义色彩；其二，他的教育理论受到当时自然科学，尤其是与儿童发展相关的生理学和心理学的发展水平的限制；其三，他的活动和思想在很大程度上受到当时德国一般政治、社会条件的限制。

第七节　斯宾塞的教育思想

扫一扫，看视频

赫伯特·斯宾塞(1820—1903 年)是 19 世纪英国著名的哲学家、社会学家和教育家。他是反对当时英国学校古典主义教育、提倡科学教育的主要代表人物之一，他的教育代表著作是《教育论》(1861 年)。他提出的“教育预备说”“科学知识最有价值”等著名论断，对近代各国实科教育的发展有很大的影响。

一、教育目的——“教育预备说”

斯宾塞认为，教育的目的是为“完满生活做准备”。他呼吁，教育应从古典主义的传统束缚中解放出来，适应生活、生产的需要。

二、课程论

斯宾塞的课程论与古典主义教育内容截然不同。它以科学知识为中心，重视个人和社会生活，是教育思想上的一次变革，他的课程论反映了资产阶级利益，带有个人主义、功利主义的色彩。

斯宾塞按照重要程度把人类生活的几种活动分成五类，并详细地论证了这五种活动与科学的关系，得出科学知识对人类生活最有价值的结论。斯宾塞认为，科学对社会生产起决定性的作用。在个人的能力、道德和宗教训练上，也是科学的知识最有价值。另外，科学还更有利于培养宗教的修养，真正的科学在本质上是宗教的。

根据生活准备说和知识价值论，他提出学校应开设以下五种类型的课程：

第一类是生理学和解剖学。它是直接保全自己的知识，是合理的教育中最重要的一部分。

第二类是逻辑学、数学、力学、化学、天文学、地质学、生物学和社会科学，是间接保全自己的知识，是使文明生活成为可能的一切过程能够正确进行的基础。

第三类是心理学和教育学。这是履行父母责任必需的知识。人们养育了子女之后才可能有国家，家庭福利是社会福利的基础。

第四类是历史。它实际上是一门描述的社会学,有利于人们调节自己的行为,履行公民的职责。

第五类是文学、艺术等。它是满足人们闲暇时休息和娱乐的知识。

三、教学原则与方法

斯宾塞认为,教学应该遵循心理规律。与传统教育采用的照本宣科、死记硬背、无视学生的身心规律和学习主动性的教学方法相比,斯宾塞重视心理规律、兴趣、实验等无疑是个历史进步。根据教学应该遵循心理规律的准则,他提出了一些教学原则和方法:

①教学应符合儿童心智发展的自然顺序。它包括:从简单到复杂,从不准确到准确,从具体到抽象。

②儿童所受的教育必须在方式和安排上同历史上人类的教育一致。

③教学的每个部分都应该从实验到推理。

④引导儿童自己进行探讨和推论。

⑤注重学生的学习兴趣。

⑥重视实物教学。

第八节　马克思和恩格斯的教育思想

马克思(1818—1883年)和恩格斯(1820—1895年)科学地论述了一系列重大的教育问题,从而形成了一种不同于以往任何一种教育思想的独特的教育观。

一、对空想社会主义教育思想的批判继承【一般】

对马克思、恩格斯教育思想的形成影响最大的是19世纪三大空想社会主义者的教育观点。以圣西门、傅立叶和欧文为代表的19世纪三大空想社会主义者,都对教育问题提出了许多重要观点,描绘了未来共产主义社会的教育蓝图。对于他们的教育观点和教育实践活动,马克思、恩格斯既批判了其中的空想性质,又汲取了其中积极的和有价值的思想成分。这主要表现在以下几个方面:

1. 关于对资本主义社会教育的批判

三大空想社会主义者在抨击资本主义社会的弊病时,也尖锐批评了资本主义社会的教育,如违反儿童的本性、方法单一、理论脱离实际、严重压抑儿童的需求和兴趣。

马克思、恩格斯对三大空想社会主义者对资本主义社会及其教育的批判表示赞赏。马克思、恩格斯认为,空想社会主义者对资本主义社会及其教育的批判,为启发工人的意识提供了极为宝贵的材料,对认识资本主义制度的罪恶和弊病是有积极意义的。但是,他们也指出,空想社会主义者主要是从人性论出发,认为资本主义制度的各种弊端只是由于它不符合人性或者所谓人的理性。马克思、恩格斯批判了空想社会主义者的人性论局限,在唯物史观的基础上,科学地揭示了资本主义社会制度及其教育的资产阶级本质，为从根本上认识和解决资本主义社会制度的基本矛盾和教育弊病指明了方向。

2. 关于环境和教育对人的发展的影响

三大空想社会主义者对人的发展的先天决定论提出了尖锐的批评。他们强调人的发展的社会制约性，重视教育的作用。如欧文明确指出："无论过去、现在和将来，一个人永远是他出生前后所存在的周围环境的产物。""人可以经过教育而养成任何一种情感和习惯，或任何一种性格"。

对于欧文的"环境决定论"和"教育万能论"的性格形成学说，马克思、恩格斯既批评其重蹈了旧唯物主义的错误，将人视为完全是环境的消极产物，忽视了人的主观能动性，同时，又肯定了这一学说对人的发展的社会制约性的强调和对教育作用的重视。

3. 关于人的全面发展

三大空想社会主义者在批评资本主义社会制度及其教育造成人的片面发展时，提出了人的全面发展的思想。

马克思、恩格斯尽管赞赏空想社会主义者关于人的全面发展要求及其实现的预示性描绘，但却扬弃了其中基于人性论的"理想"，而从现代工业生产的本性对劳动者的要求以及社会向共产主义发展的必然趋势与人的彻底解放之间的内在联系，对人的全面发展问题给予了科学的论述。

4. 关于教育与生产劳动相结合

教育与生产劳动相结合，是三大空想社会主义者的共同主张。欧文关于教育与生产劳动相结合的思想和教育实践活动，是试图将科学知识教育与机器生产劳动结合起来，因而超越了他的前辈以及其他空想社会主义者所达到的成就，从而受到了马克思、恩格斯的高度评价。

但是，马克思、恩格斯也指出，空想社会主义者关于教育与生产劳动相结合的思想未能真正揭示教育与生产劳动相结合的客观规律性。

二、论教育与社会的关系【一般】

在马克思、恩格斯看来，教育是人类社会所特有的社会现象。只要人类社会存在，就不能没有教育，教育始终是社会的。

马克思、恩格斯认为，人类社会存在和发展的基础是社会物质生活资料的生产和再生产。这种生产既为人类自身的生产提供了物质条件，又要求人类自身通过教育得到不断的发展和完善。所以，从根本上说，人的形成和发展，人类教育的发生和演进，教育什么和怎样教育，首先是与人类的生产相联系的。

社会或社会关系决定教育，也就是说一定社会的这些关系制约着教育的发展、教育的社会性质，以及教育的社会职能的实现；但同时又要求教育为这些关系服务，特别是为维护和发展一定社会的经济、政治服务，发挥教育的社会功能。教育具有历史性，同时，也具有鲜明的阶级性。尽管社会关系的性质决定教育的社会性质，但教育还受多重因素的制约，教育对社会关系而言，具有相对的独立

性和继承性。

三、论教育与社会生产的关系【一般】

一方面,教育的发展归根到底要受社会生产力的制约。不同的生产力发展水平,为教育提供了不同的物质基础,也对教育提出了不同的要求。社会生产的发展,不仅促进了教育发展的规模和速度,也这样那样地推动了教育的内容、方法和组织形式的改革。

另一方面,随着现代科学技术在生产中的广泛应用,教育在社会生产中的地位和作用也越来越重要,主要表现为以下几点:

第一,教育是劳动力生产和再生产的重要手段。随着现代生产的发展,教育不仅是劳动力再生产的必要条件,而且是提高劳动生产率的最关键的因素。

第二,教育是科学知识转化为现实生产力的重要手段。

第三,学校还是科学知识再生产的重要场所。学校教育不仅把人类长期积累的科学知识进行有效的保存、选择和传递,而且通过高等专业技术教育机构的研究和开发,再生产科学知识。

四、论人的本质和个性形成【重要】

马克思在《关于费尔巴哈的提纲》中,做出了“人的本质不是单个人所固有的抽象物。在其现实性上,它是一切社会关系的总和”的论断。这是对人的本质的科学概括。其特点是:首先,反对把人的本质看成单个人所固有的抽象物,强调在其现实上考察人、认识人;其次,强调人的社会性;再次,马克思既肯定人是社会的产物,但又指出,人不是消极的客体,人具有实践活动的主观能动性。

马克思、恩格斯也论述了人的个性形成的诸因素及其相互关系。首先,他们认为人的遗传素质是人赖以发展的物质基础和前提,而且人的遗传素质存在个别差异。其次,他们也十分重视社会环境与教育对人的形成和发展的作用。人们在改造客观环境的实践中,能动地接受环境和教育的影响,从而又改造自己的主观世界,发展自身。

五、论人的全面发展与教育的关系【重要】

马克思、恩格斯深刻揭示了人的片面发展的社会根源。他们在系统考察了分工的发展与人的发展的关系基础上,揭示出资本主义机器大工业生产将个人的片面发展推向了顶点和普遍化,同时又指出了个人全面发展的客观趋势。

人的全面发展,既意味着劳动者智力和体力两方面,以及智力的各方面和体力的各方面都得到发展,达到脑力劳动和体力劳动相结合,这是人的全面发展的基础。

从更深层看,它也是指一个人在志趣、道德、个性等方面的发展,即作为一个真正“完整的”“全面性”的人的发展,而且是每个社会成员得到自由的、充分的发展。马克思、恩格斯强调指出,只有自由、充分的发展,才有全面发展;只有每个人自由、充分地发展,才有一切人的自由、充分的发展。

要实现人的全面发展,只能依据现实的社会条件。

根本变革资本主义生产方式,废除生产资料私有制,消灭阶级划分,全面占有生产力,是实现人的全面发展的前提条件。同时,还必须高度发展社会生产力,"才能为一个更高级的、以每个人的全面而自由的发展为基本原则的社会形式创造现实基础"。必须向全体社会成员施以普遍的全面教育,包括智育、综合技术教育、体育和德育,以及实行教育与真正自由的生产劳动相结合。实现每个人的全面发展,是一个历史发展过程。实现人的全面发展和彻底消灭私有制、建立共产主义社会是互为条件的。社会全体成员的全面发展,只有到共产主义社会才能最终实现。

六、论教育与生产劳动相结合的重大意义【重要】

马克思、恩格斯批判地继承了历史上的教育与劳动相结合的思想,他们根据对社会生产的历史考察,尤其是对资本主义机器大工业生产的深刻分析,把教育与生产劳动相结合的理论建立在科学的论证上。他们认为,大工业生产客观上要求将生产劳动与教育结合起来,同时,也为教育与生产劳动有机结合提供了基础。另外,现代科学技术也为教育与生产劳动相结合提供了重要的"纽带"。在马克思、恩格斯看来,教育与生产劳动相结合,是现代生产、现代科学与现代教育密切联系的反映与要求。

关于教育与生产劳动相结合的重大意义,马克思在《资本论》中指出:"它不仅是提高社会生产的一种方法,而且是造就全面发展的人的唯一方法。"而在《哥达纲领批判》中,马克思又说,在合理的条理下,"生产劳动和教育的早期结合是改造现代社会的最强有力的手段之一"。

尽管教育与生产劳动相结合是现代社会发展的客观要求,但是,在资本主义社会,这种"结合"不能不受到资本主义基本经济规律的制约。这不仅表现在其"结合"的目的上,也反映在其"结合"的程度、范围等方面。因此,只有彻底变革旧的生产方式,在合理的社会制度下,随着社会生产力的高度发展,教育与生产劳动相结合的重大意义和作用才能得到充分的实现。

马克思、恩格斯批判地继承了历史上有价值的教育思想遗产,特别是对 19 世纪的空想社会主义教育思想进行了科学的改造和变革。他们从教育同社会生产和社会关系的考察中,揭示了教育的本质及其职能;从实践的观点阐明了遗传因素、环境、教育和革命实践对人的发展以及教育对社会发展的作用;从现代生产、现代科学与现代教育的内在联系以及人类社会未来发展的分析中,论证了人的全面发展以及教育与生产劳动相结合的必然性和必要性。马克思、恩格斯的教育学说,为揭示现代教育的基本特征,为建设社会主义教育体系,提供了科学的、基本的理论基础。

第九节　19 世纪末至 20 世纪前期欧美教育思潮和教育实验

19 世纪末至 20 世纪前期欧美教育思潮和教育实验所包括的内容十分广泛,主要有欧洲的"新教育"运动和美国的"进步教育"运动。

一、新教育运动

1. 新教育运动的形成和发展【一般】

“新教育运动”(new educational movement)亦称“新学校运动”,是指19世纪末20世纪初在欧洲兴起的教育改革运动,初期以建立不同于传统学校的新学校作为新教育的“实验室”为特征。

1889年,英国教育家雷迪在英格兰的德比郡创办阿博茨霍尔姆乡村寄宿学校,标志着新教育运动的开端。这所学校被视为欧洲“新学校”的典范。1898年,德国的利茨在德国哈尔茨山区的伊尔森堡创办了德国第一所乡村教育之家,以后,他又创办了另外两所乡村教育之家。在利茨的影响下,德国先后出现了以他的学校为模式的许多新学校,形成“乡村之家运动”。1899年,法国的社会学家和教育家德莫林创办了法国的第一所新学校——罗歇斯学校。1901年,德可乐利在布鲁塞尔创办特殊儿童学校,1907年,创办“生活学校”(或称“隐修学校”)。1927—1934年,罗素与妻子朵拉开办皮肯希尔学校。

1921年,费利耶尔在法国加来成立“新教育联谊会”,并出版杂志《新时期的教育》。1922年,新教育联谊会提出了“七项原则”,强调活动以及儿童个人自由而完善的发展。整个20世纪20年代,新教育联谊会推行儿童中心的教育目标。1932年的法国尼斯会议强调要关心“我们时代的复杂性”,使教育为社会变革服务。1966年,新教育联谊会改名为“世界教育联谊会”,标志着新教育运动作为一场运动的终结。

新教育思潮促使人们对西方教育传统进行全面反思,推动了人们对教育现象的重新认识。新教育家们创办的一系列新学校为现代教育的改革提供了新的模式。在新教育运动中形成的思想和开展的实践,对20世纪欧美国家的教育发展产生了广泛而深刻的影响,构成20世纪西方教育发展的重要起点。但另一方面,新教育家们思想的重点在儿童个人的发展,所注重的主要是精英教育而非大众教育,并且始终未能解决好教育过程中的一些基本矛盾,如儿童主动性与教师工作的矛盾、活动与系统知识的矛盾、自由和纪律的矛盾以及发展个性与社会合作的矛盾等。

2. 新教育运动中的著名实验【一般】

(1)雷迪与阿博茨霍尔姆学校

1889年,英国教育家雷迪在英格兰的德比郡创办阿博茨霍尔姆乡村寄宿学校,标志着新教育运动的开端。这所学校被视为欧洲“新学校”的典范。

雷迪重视英国公学在文明重建中的巨大潜在力量,但认为现行的公学不能适应科学时代的要求,于是决定建立一所新型公学,以11~18岁男孩为对象,以把他们造就成新型的英国各种领导阶层人士为目的。这所学校的课程包括体力和手工活动、艺术和想象力课程、文学和智力课程以及社会教育和宗教、道德教育。学校作息时间分成三部分:上午主要学习功课,下午从事体育锻炼和户外实践,晚上则是娱乐和艺术活动。

(2)利茨与乡村教育学校

1898年,德国的利茨在德国哈尔茨山区的伊尔森堡创办了德国第一所乡村教育之家,招收12~16岁的学生,以后,他又创办了另外两所乡村教育之家。在利茨的影响下,德国先后出现了以他的学校为模式的许多新学校，形成“乡村之家运动”。

(3)德莫林与罗歇斯学校

1899年，法国的社会学家和教育家德莫林创办了法国的第一所新学校——罗歇斯学校。该校重视“小家庭”式的师生之间的亲密关系；在开设各种正规课程的同时，还从事体力劳动和小组游戏，尤其重视体育运动，因此，这所学校又有“运动学校”之称。

(4)德可乐利与特殊儿童学校、“生活学校”

1901年，德可乐利在布鲁塞尔创办特殊儿童学校，研究低能儿童的心理和教育问题。1907年，创办“生活学校”（或称“隐修学校”）。德可乐利主张学校要加强与生活的联系，为儿童的发展提供合适的、有刺激的环境；他根据儿童的发展特点和教育的要求，创办了德可乐利教学法；他还提出以兴趣为中心的课程论思想。

3. 新教育运动中的主要理论

扫一扫，看视频

(1)梅伊曼、拉伊的实验教育学【重要】

实验教育学是19世纪末20世纪初产生于德国，随后在欧美一些国家发展的以教育实验为标志的教育思想流派。它的主要代表人物有德国的梅伊曼和拉伊、法国的比纳、美国的霍尔和桑代克。

实验教育学的基本特征是重视研究儿童发展与教育的关系，重视实验，并强调从实验的结果中寻找教育的途径和方法。实验教育学者批判旧教育注重逻辑推理和抽象思辨的方法，认为其结果必然导致教育实践和教育对象的脱离。他们通过观察、调查、计算、测量和统计等方法进行研究，努力将教育学建立在自然科学的基础上，使教育学成为一门真正的科学。

实验教育学为新教育提供了重要的理论依据，促进了教育理论的科学化，使教育学者从哲学的桎梏中解放出来，并给实际教育工作者以有益的启迪，对当时和后世的教育都产生了深远的影响。其存在的主要问题是片面强调儿童的生物性，因而过分考虑教育的自然科学化，忽视了社会性因素；并且把实验方法推崇到极端，视之为教育研究的唯一方法，忽视了社会科学与自然科学之间的差异，以致简单地照搬自然科学的方法。

(2)凯兴斯泰纳的“公民教育”与“劳作学校”理论

凯兴斯泰纳(1854—1932年)是德国教育家，19世纪后期开始在欧美流行的劳作教育思潮的主要代表人物和推动者。其教育著作有：《德国青年的公民教育》《公民教育要义》《劳作学校要义》《性格与性格教育》《陶冶过程的基本原理》和《教育原理》。

①公民教育理论。

关于国家职能的思想是凯兴斯泰纳公民教育理论的政治基础。他指出，教育有用的国家公民是国家公立学校的目的，也是一切教育的目的。公民教育的中心内容是通过个人的完善来实现为国家服务的目的。在他看来，所谓“有用的国家公民”应具备三项品质：其一，具有关于国家的任务的知识；其二，具有为国家服务的能力；其三，具有热爱祖国、愿意效力于国家的品质。

②劳作学校理论。

在凯兴斯泰纳的教育理论体系中，劳作学校理论既是公民教育理论的有机组成部分，又是一个相对独立的部分。1905 年,凯兴斯泰纳在汉堡所作的《小学校的改造》的演讲中,首次使用“劳作学校”这一名称,主张为实现公民教育的目的,必须将德国的国民学校由“书本学校”改造成“劳作学校”,并强调公民教育、职业教育和劳作学校的关系是目的、手段和机构的关系,它们是“三位一体”的。

他的劳作教育理论被称作“国家主义的劳作教育”论或“公民教育的劳作学校”论。他强调的是要造就对国家有用的人,而不仅仅是注重个人的发展。与当时一般的新教育和进步教育者相比,凯兴斯泰纳更为重视的是教育的社会功效。作为劳作教育思潮的主要代表,凯兴斯泰纳的教育理论不仅在德国,而且对世界许多国家的学校教育产生了较大影响。

迷津点拨 凯兴斯泰纳的“公民教育”与“劳作学校”理论是一种以性格陶冶为主的劳作教育体系。他主张把公立学校改为“劳作学校”,反对死读书,主张让学生获得精神的发展、伦理的适应力和劳作的本领。

凯兴斯泰纳为公立学校规定了三项基本任务:职业的陶冶、职业陶冶的伦理化、个人所在团体的伦理化。

劳动教育与公民教育的关系:前者是为了达到完成后者的目的。此理论适应了当时德国统治者需要大批生产上有技术、政治上能服从资产阶级利益的工人的要求。较之新教育的其他流派,其阶级性、政治色彩较明显。

(3)蒙台梭利的教育思想【重要】

蒙台梭利(1870—1952 年)是 20 世纪杰出的幼儿教育家,也是西方教育史上与福禄培尔齐名的幼儿教育家。其教育著作有《蒙台梭利方法》《教育人类学》《蒙台梭利手册》《高级蒙台梭利方法》《童年的秘密》《新世界的教育》《儿童的发现》等。

蒙台梭利的教育思想主要表现在以下几方面:

①论幼儿的发展。

蒙台梭利重视早期教育,她认为,儿童心理的发展具有节律性、阶段性、规律性,强调生命力的冲动是儿童心理发展的原动力,同时又强调儿童心理的正常发展必须依靠环境和教育的及时、合理的安排。可以说,蒙台梭利在以遗传(天性)为中心的前提下,把遗传与环境、教育这些影响儿童发展的因素统一起来了。

②论教育环境及自由、纪律与工作。

蒙台梭利认为,应为儿童提供“有准备的环境”。所谓“有准备的环境”,就是一个符合儿童需要的真实环境,是一个供给儿童身心发展所需之活动、练习的环境,是一个充满自由、爱、营养、快乐与便利的环境。她认为,当儿童被置于上述“有准备的环境”时,他们就能按自己内部的需要、发展速度和节奏来行动,最终成长为表现出一系列优良品格和惊人智慧的人类一员。

蒙台梭利提出,真正的科学的教育的基本原则是给学生以自由,即允许儿童按其本性个别地、自发地表现。为了有利于儿童的自由活动,她在“儿童之家”按照所谓“有准备的环境”,精心布置了一个给儿童以充分自由、便利的活动场所,允许儿童自由活动,这是实施新教育的第一步。她也指出,“儿童之家”是要纪律的,而且在“儿童之家”里,儿童也是守纪律的。另外,蒙台梭利也认为,工作是人类的本能与人性的特征。幼儿期的各种感觉练习及日常生活技能的练习等自发的活动,都是工作。工作可起中介作用,将传统教育中根本对立的两个概念"自由"与"纪律"有机地联系与统一起来。换言之,工作可以促进非压迫、非强制的纪律的形成。

③论幼儿教育的内容。

蒙台梭利提出,幼儿教育的内容主要有:

第一,感官教育。重视幼儿的感官(或称感觉)训练和智力的培养,这是"儿童之家"的重要特色,也是蒙台梭利教育方法的一大特点。蒙台梭利极为重视感官教育。她的感官教育主要包括视觉、听觉、嗅觉、味觉及触觉的训练,其中以触觉练习为主。在"儿童之家"里,蒙台梭利针对人的各种感官,专门设计了各种有独创性的教具。在实施感官教育时,她还强调应遵守循序渐进的原则。

第二,读、写、算的练习。蒙台梭利认为,3 ~6 岁的儿童已具备学习文化知识的能力,这种能力是与具有吸收力的儿童心理特点一致的;教育者应当利用这种能力,为儿童准备适当的教材、教具,并提供正确的学习途径。

第三,实际生活练习,又称为"肌肉教育"或"动作教育"。主要包括以下几项:第一项,日常生活技能的练习,通过日常生活技能的练习,可培养儿童自我料理的能力,从而有助于儿童独立性的形成。第二项,园艺活动,主张儿童应多到大自然中从事自由活动。第三项,手工作业,主要是指绘画和泥工。泥工既可练习手的动作,也为儿童提供了自我表现的途径。第四项,体操。蒙台梭利认为,3 ~6 岁的幼儿正处于锻炼肌肉的重要时期。为帮助儿童的肌体得到正常发展,应为他们设计各种体操练习,而此时最主要的体操练习应是走步。第五项,节奏动作。这种练习的目的是促进儿童动作的协调性,发展其节奏感。

总的来说,蒙台梭利要求手脑结合、身心和谐的幼儿活动的指导思想是可贵的。她的幼教理论问世后,曾受到狂热的欢迎,亦曾遭受尖刻的批评。但 20 世纪 50 年代末以后,人们开始重新评价蒙氏的思想,她的重视早期教育的思想,对于儿童智力及心理发展的观点,有关敏感期及儿童心理发展的阶段理论,乃至感官训练思想,又重新引起人们的兴趣并获得肯定的评价。人们称她为"儿童世纪的代表""在幼儿教育上,是自福禄培尔以来影响最大的一个人""是 20 世纪赢得欧洲和世界承认的最伟大、科学的和进步的教育家之一"。

二、进步教育运动

"进步教育"(progressive education)是指产生于 19 世纪末并持续到 20 世纪 50 年代的美国的一种教育革新思潮,亦称"进步主义教育运动"。其性质虽然与欧洲新教育思潮相似,但由于产生于不同的地域,其发生的背景及发展的过程存在诸多差异。相对欧洲的"新学校"来说,进步学校更关心普通民众的教育,更强调教育与社会生活的联系,更重视从做中学,更注意学校的民主化问题。

1. 进步教育运动始末【一般】

美国进步教育运动的发展大致经历了四个阶段:兴起、成型、转折和衰落。

(1)兴起期(19 世纪末—1918 年)

19 世纪末,帕克先后在马萨诸塞州昆西市和芝加哥库克师范学校进行教育革新实验,创造了"昆西教学法",被杜威称作"进步教育之父"。1896 年,杜威创办芝加哥实验学校。在他的影响下,

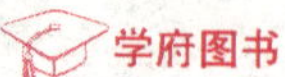

许多进步教育实验以各种形式展开。早期的进步教育家们都关心通过学校改变社会，但由于受到不同的教育理论的影响，他们的方法不尽相同。

(2) 成型期(1918—1929 年)

1919 年，安那波利斯海军学院的一位教师科布发起建立进步教育发展协会。该协会后来改称美国进步教育协会。1920 年，协会提出了改进初等教育的七点目标，实为进步教育的七项原则或纲领。1924 年，协会创办《进步教育》杂志，向读者介绍欧洲的教育革新和美国的进步教育实验。在这个时期，进步教育运动本身日益专业化。哥伦比亚大学师范学院成为美国进步教育运动的中心。

(3) 转折期(1929—1943 年)

1929 年的大萧条严重影响了美国进步教育运动的发展。一方面使进步教育运动发生转向。此前强调儿童中心和个人的自由发展，此后则更加意识到学校的社会职能。此外，从 20 世纪 30 年代初期开始，进步教育运动的重心逐步从初等教育转向中等教育。这种转变集中反映在“八年研究”上。另一方面，大萧条加剧了进步教育运动内部的分裂，“改造主义”正是这种分化的产物。进步教育还受到新保守主义教育思潮的攻击。1940 年，美国在欧洲卷入战争，进步教育也进入它的尾声，仅限于空谈理论，失去其原有的感召力。

(4) 衰落期(1944—1957 年)

1944 年，美国的进步教育运动进入其衰落阶段。这一年，美国进步教育协会更名为“美国教育联谊会”，成为欧洲新教育联谊会的一个分会，尽管在 1953 年恢复了原来的名称，但已没有实际意义。1955 年，协会解散。1957 年，《进步教育》杂志停办，标志着美国教育史上一个时代的结束。

进步教育运动衰落的原因是多方面的：

首先，进步教育运动不能与美国社会的不断变化保持同步。

其次，进步教育理论和实践本身也存在许多矛盾和局限。例如，过分强调儿童个人的自由，忽视社会和文化对个人发展的决定性作用；过分否定学校工作的一些基本规律，导致教学质量的下降。

再次，进步教育运动在指导思想和理论基础的多元化与运动的相对统一性之间，以及教育理论和教育实践之间也存在着矛盾，导致了运动内部的分裂。进步主义者所建议的做法在时间和能力上，对教师提出了过高的要求。

最后，改造主义和各种保守主义的抨击，在很大程度上击中了进步教育的要害，从而加速了其衰落的进程。

2. 进步教育实验【重要】

(1) 昆西教学法

扫一扫，看视频

美国进步教育运动的先驱帕克，在 1875—1880 年任马萨诸塞州昆西市教育局长时，领导和主持了昆西学校实验。1883—1899 年，帕克在任芝加哥库克师范学校校长期间,继续进行昆西的教育改革实验。帕克的教育革新措施以"昆西教学法"或"昆西制度"著称。其主要特征是:强调儿童应处于学校教育的中心;重视学校的社会功能;主张学校课程应尽可能与实践活动相联系;强调培养儿童自我探索和创造的精神。

(2)有机教育学校

1907年,美国教育家约翰逊在亚拉巴马州的费尔霍普创办了费尔霍普学校(Fairhope School),该校以"有机教育学校"而闻名。约翰逊称她的教育方法是"有机的",因为它们遵循学生的自然生长规律。有机教育学校的整个课程计划以活动为主。她设计出以下活动代替一般课程:体育活动、自然研究、音乐、手工、野外地理、讲故事、感觉教育、数的基本概念、戏剧表演、体育比赛及画地图和地形。学校的目的在于为儿童提供每个发展阶段所必需的作业和活动。她主张以一般的发展而不是以获得知识的分量来调整学生的分班。

(3)葛雷制

美国教育家沃特于1907年被印第安纳州葛雷市教育委员会聘为公立学校的督学时,推行一种进步主义性质的教学制度,以"葛雷制"著称,亦称"双校制""二部制"或"分团学制"。沃特以具有社会性质的作业为学校的课程。他把学校分为四个部分:体育运动场、教室、工厂和商店、礼堂。课程也分成四个方面:学术工作,科学、工艺和家政,团体活动以及体育和游戏。沃特把葛雷学校称作"工读游戏学校"。

葛雷学校以其独特的教学制度而闻名。为了减少学校经费开支,充分利用现有的设施以提高办学效率,沃特在教学中采用二重编制法,即将全校学生一分为二,一部分在教室上课,另一部分则在体育场、图书馆、工厂、商店以及其他场所活动,上下午对调,废除寒暑假和星期日,昼夜开放,从而为更多的学生提供了入学受教育的机会,解决了葛雷地区学校少、供不应求的矛盾。相对于当时一般公立学校组织中惊人的浪费来说,沃特的措施是有积极意义的。沃特的葛雷制曾被认为是美国进步教育思想最卓越的例子。它的课程设置能保持儿童的天然兴趣和热情。它的管理方式经济而有较高的效率。

迷津点拨 葛雷制为杜威的学生沃特于1908年在印第安纳州首创。其特点是:减少各科教学时间,增加游戏和劳作时间;不分年级,只按能力分组,并选习学科内容;实行二重编制教学;充分利用学校设备,废除寒暑假及星期日。葛雷制的目的是在教育设施贫乏的地区普及教育,同时用最经济的手段来培养适合工业生产所需要的技工。

(4)道尔顿制

帕克赫斯特是美国教育家,道尔顿制的创始人。1920年,她应邀去马萨诸塞州道尔顿市的道尔顿中学实施一项名为"道尔顿实验室计划"的教育革新计划,不到一年,成绩显著。这项计划一般简称"道尔顿制"或"道尔顿计划"。

道尔顿制是一种个别教学制度。帕克赫斯特提出以下主张:①在学校里废除课堂教学,废除课程表和年级制,代之以"公约"或合同式的学习;②将各教室改为各科作业室或实验室,按学科的性质陈列参考用书和实验仪器,供学生学习之用,各作业室配有该科教师负责指导学生;③用"表格法"来了解学生的学习进度,既可增强学生学习的动力,亦可使学生管理简单化。

20 世纪 20 年代，道尔顿制在许多国家如英国、苏联流行一时，产生过较大影响。道尔顿制存在的主要问题是过于强调个别差异，对教师要求过高，以及在实施时易导致放任自流；并且，将教室完全改为实验室也不太实际。

(5)文纳特卡计划

美国教育家华虚朋在 1919—1945 年任伊利诺伊州文纳特卡的地方教育官员时，一直从事以"文纳特卡计划"著称的教育实验。该实验的具体做法是将课程分为两个部分：共同知识或技能(包括读、写、算等工具性学科)和创造性的、社会性的作业(如木工、金工、织布、绘画，雕刻等)。前者主要按学科进行，并以学生自学为主，教师适当进行个别辅导。学习按计划进行，平时有进度记录，最后以考试来检验学习结果。后者则以小组为单位展开活动或施教，无确定的程序，也不考试。这样做可以加强不同年龄的儿童之间的联系，培养合作精神。

文纳特卡计划在 20 世纪三四十年代的美国得到迅速而广泛的传播，对世界不少国家的教育也产生了重要影响。

(6)设计教学法

克伯屈是美国教育家，杜威教育哲学的诠释者，被称为"设计教学法之父"。

克伯屈强调有目的的活动是设计教学法的核心，儿童自动的、自发的有目的的学习是设计教学法的本质。他将"设计教学法"定义为在社会环境中进行有目的的活动，重视教学活动的社会和道德的因素。他主张放弃固定的课程体系，取消分科教学，取消现有的教科书，把学生的有目的的活动作为所设计的学习单元。

设计教学法在美国得到迅速传播。它不仅在西欧和苏联被采用，对中国、印度和埃及等国的教育也有较大影响。设计教学法充分发挥了儿童的主动性和积极性，使儿童成为学习的主人并力求使教学符合儿童心理发展规律，以提高学习效率；注重培养儿童的合作精神，加强了教学与儿童实际生活的联系。但设计教学法的四个步骤主要是针对生产者设计而言的，克伯屈本人也承认没有为学习知识的设计教学确定明确的步骤。由于强调根据儿童的经验组织教学，设计教学法实施的结果必然导致系统知识学习的削弱。

第十节　杜威的教育思想

扫一扫，看视频

杜威(J. Dewey，1859—1952 年)是美国实用主义哲学的代表人物，实用主义教育的创始人，是 20 世纪人类历史上少数几个最有影响的教育家之一。教育代表作有：《我的教育信条》《教育与社会》《儿童与课程》《教育的道德原理》《我们怎样思维》《明日之学校》《民主主义与教育》《经验与教育》《今日之教育》《人的问题》等。其中《民主主义与教育》最集中、最系统地表述了杜威的教育理论。

一、教育实践活动

1875—1879 年杜威在佛蒙特州立大学学习期间，就对哲学产生了浓厚的兴趣。大学毕业后，杜威先后到一所中学和一所乡村中学任教,依然钟情于哲学。

1882 年,杜威进入霍普金斯大学学习研究生课程。1884 年,以论文《康德新理学》获博士学位。毕业后,杜威应密歇根大学之聘教授哲学,除 1888—1889 年去明尼苏达大学短期工作外,他在密歇根大学一直任教至 1894 年。

1894 年,杜威应聘到芝加哥大学任哲学、心理学和教育学系主任,讲授哲学、伦理学、心理学、教育学等课程,更加注重从多学科的角度研究教育问题,这种研究方式贯穿杜威一生。1896 年杜威创办"芝加哥大学实验学校",对教育问题进行实验研究,这对杜威教育理论的形成影响甚大。1897 年杜威发表《我的教育信条》,这是杜威关于教育的纲领性著作,是杜威教育理论形成的重要标志。

1904 年,杜威离开芝加哥大学赴哥伦比亚大学任哲学教授,直至 1930 年退休。

二、论教育的本质

1. 教育即生活

杜威认为"教育即生活"有两方面的含义:首先,学校生活应与儿童自己的生活相契合,满足儿童的需要和兴趣,使校园成为儿童的乐园而不是囚笼和监牢,使儿童在现实的学校生活中得到乐趣;其次,学校生活应与学校以外的社会生活相契合,适应现代社会变化的趋势并成为推动社会发展的重要力量,校园不应是世外桃源而应积极参与社会生活。

与这两方面要求相适应,杜威进一步提出"学校即社会"的命题,意在使学校生活成为一种经过选择的、净化的、理想的社会生活,使学校成为一个合乎儿童发展的雏形的社会。为了实现这个要求,就必须改革学校课程。杜威认为,应使"代表社会活动的类型和基本形态"的活动,如烹调、缝纫、手工等科目在课程中占有重要地位。可见,"学校即社会"是对"教育即生活"这一命题的进一步引申,代表社会生活的活动性课程的引入,是使学校与社会生活相联系的基本保证。从"教育即生活"到"学校即社会"再到课程的变革("从做中学")是层层递进的。

2. 教育即生长

该命题是针对教育时弊而提出的,杜威认为当时的教育无视儿童天性,消极地对待儿童,不考虑儿童的需要和兴趣,以外在的动机强迫儿童记诵文字符号,以成人的标准去要求儿童,让现时的儿童为遥不可测的未来做准备,全然不顾儿童自身的感受和期待。

"教育即生长"实质上是在提倡一种新的儿童发展观和教育观。它要求摒除压抑、阻碍儿童自由发展之物,使一切教育和教学适合儿童的心理发展水平和兴趣、需要的要求。然而这种尊重绝非放任自流,任由儿童率性发展。杜威所理解的生长是机体与外部环境、内在条件与外部条件交互作用的结果,是一个持续不断的社会化的过程。

3. 教育即经验的改造

"教育即经验的改造"是杜威教育理论中的一个重要命题。那么,什么是经验呢?杜威认为:

首先,经验不再是通过感官被动获得的一些散乱的感觉印象,而是机体与环境相互作用的过程,机体不仅受环境的塑造,同时也对环境加以若干改变。

其次,经验不仅仅是感觉作用和感性认识,而是一种行为、行动。经验不仅仅是与认识有关

的事情，认识的、情感的、意志的等理性、非理性的因素皆涵盖在内。“教育即经验的改造”中的经验也就不只是知识的积累，而是构成人的身心的各种因素的全面改造、全面发展、全面生长。

最后，强调经验过程中人的主动性。杜威认为，经验的过程是一个主动的过程，不单是有机体受环境的塑造，还存在着有机体对环境的主动改造。

“教育即生活”“教育即生长”“教育即经验的改造”这三个命题的含义在本质上是相同的，生活的过程、生长的过程、经验（改造）的过程是一个过程。这三个命题是杜威教育理论的总纲领。

三、论教育的目的

杜威反对外在的、固定的、终极的教育目的，他认为，外在的教育目的不能顾及儿童的兴趣和需要；固定的教育目的呆板僵化，不具灵活性，不能适应变化了的具体情况；终极的教育目的是一种理论上的虚构，因为世界是变动不居的。杜威所希求的是过程内在的目的，他指出“教育的过程，在它自身以外没有目的；它就是它自己的目的”。

杜威主张以生长为教育的目的，其主要意图在于反对外在因素对儿童发展的压制，要求教育尊重儿童的愿望和要求，使儿童从教育本身、从生长过程中得到乐趣。

四、论课程与教材

杜威对传统课程和教材进行了批判，他认为儿童的生活和经验具有“统一性和完整性”，儿童到学校读书，多种多样的分门别类的学科便把他的世界加以割裂和肢解了，使儿童对世界的认识失去应有的全面性而流于片面。另外，旧课程和教材还有一个重大弊端，就是社会精神匮乏。

为了克服传统课程与教材的弊端，杜威以其经验论为基础，要求从做中学、从经验中学，以活动性、经验性的主动作业来取代传统书本式教材。这种课程的范围很广，包括园艺、烹饪、缝纫、印刷、纺织、油漆、绘画、唱歌、演剧、讲故事、阅读、书写等形式。在杜威看来，这些活动既能满足儿童的心理需要，又能满足社会性的需要，还能使儿童对事物有统一和完整的认识。

杜威要求从做中学，然而，他并没有把个人直接经验与人类间接经验对立起来，并不反对间接经验本身，他反对的是传统教育中那种不顾儿童接受能力直接灌输间接经验的方式。问题的关键在于怎样使儿童最终获取较系统的知识而同时又能在学习过程中顾及儿童的心理水平。杜威主张以“教材心理化”来解决此问题，即把各门学科的教材或知识各部分恢复到原来的经验，恢复到它所被抽象出来的原来的经验。

五、论思维与教学方法

杜威所推崇的教学方法是一种“从做中学”的方法，具体讲，是一种在经验的情境中思维的方法。他所力倡的思维是反省思维（reflective thinking），意指对某个经验情境中的问题进行反复的、严肃的、持续不断的思考，其功能在于求得一个新情境，把困难解决、疑虑排除、问题解答。因此，思维或反省思维的方法是一种解决经验中存在的问题的方法，一种使人明智地经验与行动的方法。这种方法有以下特点：

第一，学生要有一个真实的经验的情境——要有一个令人对活动本身感兴趣的连续的活动；

第二,在这个情景内部产生一个真实的问题,作为思维的刺激物;

第三,他要占有知识资料,从事必要的观察,对付这个问题;

第四,他必须负责有条不紊地展开他所想出的解决问题的方法;

第五,他要有机会和需要通过应用检验他的观念,使这个观念意义明确,并且让他自己发现它是否有效。

六、论道德教育

1. 道德教育的任务

杜威认为,道德教育的主要任务是协调个人与社会的关系。他既反对个人至上论,亦反对社会至上论,他认为两者皆具片面性。他反对将社会与个人割裂开来,认为个人与社会是可以相得益彰的,个人的充分发展是社会进步的必要条件,社会的进步又可为个人的发展提供更好的基础。

2. 道德教育的途径和方法

杜威认为,教育的道德性和教育的社会性是相通的,道德教育应在社会性的情境中进行而不能只是停留于口头说教。他要求学校生活、教材、教法皆应渗透社会精神,他视学校生活、教材、教法为"学校道德之三位一体",这三者都是道德教育的重要途径。

另外,杜威将道德教育的原理分为社会方面和心理方面。道德教育应有社会性的情境、社会性的内容和社会性的目的,这属于社会方面;心理方面是指道德教育若要取得成效,就必须建立在学生本能冲动和道德认识、道德情感的基础上。

七、杜威教育思想的影响

1. 对美国教育的影响

杜威对教育真正发生影响是从他的《民主主义与教育》发表以后开始的。1916 年以后,《民主主义与教育》作为美国进步主义教育运动的理论说明,使美国教育真正从以赫尔巴特主义为主导转入以杜威主义为主导的新阶段。

杜威对美国教育的影响及其在美国教育史上的地位大致可以概括为以下几点:

①杜威的实用主义教育理论是美国进步教育运动的指南和基石;

②杜威的教育思想体系实质上是贺拉斯·曼的思想的继续;

③杜威是 20 世纪美国影响最大、争议最多的教育家,从 20 世纪初直到 20 世纪 70 年代,杜威及其理论总是直接或间接地与美国的教育改革相联系。

2. 对世界教育的影响

杜威的教育思想和教育改革的影响,并不限于美国。可以说,他是当代世界教育史上最有影响的人物。他对世界教育的影响,大致通过三条途径:①杜威的出访,最突出的是他到日本、中国、土耳其和苏联等国家进行教育研究活动;②杜威的著作被翻译成至少 35 种语言文字,传播到世界各国;③杜威的门徒包括来自世界各地的几千名学生,其中许多人都成了美国教育的领导人。

杜威和他的追随者长达半个多世纪的教育活动对世界教育的影响是巨大的，它已成了20世纪世界教育发展的一部分重要内容。杜威在世界教育史上应享有重要的地位。首先，杜威的教育理论批判地继承了西方教育历史遗产，特别是继承和发展了近代卢梭的教育思想；其次，杜威和杜威学派的教育理论的产生和发展推动了20世纪世界教育的发展。

然而，杜威教育理论的实施，曾引起学校教育知识质量的下降。苏联和美国20世纪二三十年代的教育都出现了这个问题。杜威的教育理论本身，确实存在许多令人费解和矛盾之处。从其教育理论的总体来看，不可否认，它在相当程度上，轻视了系统理论知识的传授，过分强调了学校教育应以“儿童为中心”的一面。

第十一节　现代欧美教育思潮

一、改造主义教育

改造主义教育是在20世纪30年代从实用主义教育和进步教育中逐渐分化出来，到20世纪50年代形成的一种独立的教育思想。改造主义教育也以实用主义教育的一个分支而著称。代表人物有康茨、拉格和布拉梅尔德。其基本观点是：

①教育应该以“改造社会”为目标。

②教育要重视培养“社会一致”的精神。所谓“社会一致”，就是不分阶级的人与人之间的合作关系，即通过共同协商而能消除阶级分歧的一致意见，不仅在口头上一致，而且在行动上一致。

③强调行为科学对整个教育工作的指导意义。改造主义教育家高度评价行为科学，甚至认为在行为科学中正出现革命，它应该成为改造教育的重要基础。

④教学上应该以社会问题为中心。基于“社会改造”这个目标，改造主义教育家强调首先应将课程与教学的目标统一于所谓理想社会这一目标，并把社会问题作为中心。

⑤教师应进行民主的、劝说的教育。

改造主义教育家反对灌输式的教育和学习，强调教师应该通过民主的讨论、劝说教育，说服学生去“改造”他们所生活的社会，使学生坚信改造主义哲学，培养学生的“社会一致”的精神。在20世纪50年代，改造主义教育虽然在教育理论上有一定的影响，但由于美国统治阶级所追求的是资本主义制度的长治久安，而不是什么“社会改造”，因而，改造主义在美国教育中始终未成气候。

二、要素主义教育【重要】

扫一扫，看视频

要素主义教育是20世纪30年代末作为实用主义教育和进步教育的对立面出现的。1938年，在美国成立的“要素主义者促进美国教育委员会”是要素主义教育形成的标志。代表人物有巴格莱、贝斯特、科南特和里科弗。

其基本观点是：

①与美国进步教育思想尖锐对立。

②把人类文化的“共同要素”作为学校教育的核心。要素主义教育家认为，在人类的文化遗产

中，存在着永恒不变的、共同的、超时间和空间的要素，它们是种族文化和民族文化的基础。在"民主"社会中，应该通过学校教育"使每一个人拥有足以代表人类遗产最宝贵的要素的各种观念、意义、谅解和理想的共同核心"。

③教学过程必须是一个训练智慧的过程。要素主义教育家认为，学校要提高"智力标准"，注重思维力的严格训练。还要特别注重"天才"的发掘和培养，学校要发现最有能力的学生，激发他们最大的潜力。因此，在教学上，他们强调坚持传统的心智训练，传授整个人生的知识，而不只是职业训练或集中注意儿童感兴趣的问题。

④强调学生在学习上必须努力和专心。要素主义教育家强调，学习不像实用主义教育和进步教育那样只强调儿童个人的兴趣和自由，只有强调"努力"，才能实现最有价值的学习。

⑤强调教师在教育和教学中的核心地位。要素主义教育家反对"儿童中心主义"，认为应该"把教师放在整个教育体系的中心"，充分发挥教师的核心地位的作用，树立教师的权威。

要素主义教育从它形成之初起就是一个有组织、有纲领的运动，针对美国教育实际中存在的问题和弊病，寻求解决问题和克服弊病的出路。因此，要素主义教育对美国的学校教育产生过很大的影响。在西欧和苏联也有一定影响。但是，由于忽视学生自己的兴趣和身心特点以及能力和水平，片面强调系统的、学术性的基本知识学习，加上所编的教材脱离学校教育实际，因而受到一些社会和教育界人士的抨击。从20世纪70年代起，要素主义教育逐渐失去其优势地位，但仍有一定的影响。

三、永恒主义教育【重要】

扫一扫，看视频

在现代欧美教育思潮中，永恒主义教育是提倡复古的一种教育理论。它形成于20世纪30年代，其主要代表人物有美国的赫钦斯、阿德勒，英国的利文斯通和法国的阿兰等。其基本观点是：

①教育的性质永恒不变。

②教育的目的"是要引出我们人类天性中共同的要素"。永恒主义教育家认为，既然在人类天性中存在共同要素——以理性为特征的人性，那么，教育的首要目的就应该是引出这种要素，对人施以"人性的教育"。

③永恒的古典学科应该在学校课程中占有中心地位。所谓的"永恒学科"，就是指历代伟大思想家的伟大著作，尤其是经历许多世纪的古代名著。

④提倡通过教学进行学习。

永恒主义教育对进步教育的批评比要素主义教育更加激进，但从整体上来看，它并未提出什么新的价值判断标准。作为一种教育哲学思想，永恒主义教育在教育理论上有一定影响，但在教育实践中的影响范围不大，主要限于大学和上层知识界中的少数人。特别是由于永恒主义教育的复古态度，把学生的学习限于古典著作，因此，遭到了许多人的批判。改造主义教育家也尖锐地指出，永恒主义教育是把历史的时钟往后拨，脱离了现实社会。

四、新托马斯主义教育【重要】

在现代欧美教育思潮中，新托马斯主义教育是提倡宗教教育的一种教育理论，20世纪30年代产生于意大利、法国等西欧国家，第二次世界大战后，也曾在美国流行。主要代表人物是法国的马里坦。其基本观点是：

①教育应以宗教为基础，以神性为最高原则。

②教育的目的是培养真正的基督教徒和有用的公民。新托马斯主义教育家把学校看作自然和上帝为了培养人而提供的一种机构，强调学校教育的目的首先是培养虔信上帝、热爱上帝和服从上帝的人。

③实施宗教教育是学校课程的核心。为了对学生进行道德上的再教育和培养他们的宗教信仰，学校的一切课程都应该贯穿宗教教育，每一级学校的教学与学校组织，以及每一部门的教师、教学大纲和教科书都要受基督教精神的约束。

④教育应该属于教会。在现代社会物质文明迅速发展的时代，新托马斯主义教育家在强调宗教教育的同时，也尝试提出"现代化"和"世俗化"的口号，并要求重视精神生活方面的教育，因此，在欧美国家的一些学校里，特别是在天主教会的学校里曾产生了一定的影响。但作为一种提倡宗教教育的教育思潮，新托马斯主义教育存在着连它自己也难以自圆其说的矛盾，从而必然陷入难以自拔的窘境。

五、存在主义教育【重要】

存在主义教育是一种以存在主义为其哲学基础的教育理论，20 世纪中期流行于美国和西欧各国。主要代表人物是德国的雅斯贝尔斯和海德格尔、法国的萨特以及奥地利的布贝尔等。其基本观点是：

(1)教育的本质和目的在于使学生实现"自我生成"

存在主义教育家认为，教育应该使学生通过"自我表现""自我肯定"而意识到自我的存在，并能作为一个自由的人更好地生活下去，实现"自我生成"。

(2)强调品格教育的重要性

但是，存在主义教育家并没有否定知识教育，而是强调必须修正对知识的看法，学校不能传统地把传授知识看作学生准备谋求职业的工具，而应该看作认识"自我存在"和发展"自我"的手段。

(3)提倡学生"自由选择"道德标准

存在主义教育家认为，道德教育的基础是让享有充分自由的学生有权自己选择道德标准，并承受自己行动的后果，而不是去接受一些永恒的道德原则。

(4)主张个别教育的方法

在存在主义教育家看来，不应该用相同的进度和方式进行教育，而应该采取多种多样的教学组织形式和教育教学方法，以适应儿童的个性和个别差异。

(5)师生之间应该建立信任的关系

存在主义教育家视教师为对学生自我实现的影响者，认为教师的作用是利用他自已的人格和知识，引导学生认识"自我"和发展"自我"，师生之间应该是平等的和互相信任、互相尊重的，并具有一种民主的气氛。

作为一种教育理论，存在主义教育思想提出了不同于传统教育和实用主义教育的观点，其中有一些观点是具有积极意义的,但是,由于存在主义教育本身存在的消极因素,致使它在教育工作实践中的影响甚为有限,而且在20世纪70年代后便逐渐衰落。

六、新行为主义教育【重要】

新行为主义教育是一种比较有影响的现代欧美教育思潮。它是从行为主义心理学(亦简称行为主义)发展而来的。主要代表人物是美国的托尔曼、赫尔、斯金纳和加涅等,其中对现代欧美教育思想影响最大的是斯金纳。1954年,他发表的《学习的科学和教学艺术》一文被认为是新行为主义教育的宣言书,他提出了程序教学理论,设计了教学机器,因而被称为"教学机器之父"。20世纪60年代是新行为主义教育的鼎盛时期。其基本观点是:

①教育就是塑造行为。

②程序教学。斯金纳提出,程序教学的基本原则是积极反应、小步子、及时强化、自定步调。

③让学生在学习中运用教学机器。

④教育研究应该以教和学的行为作为研究的对象。

从某种意义上来讲,新行为主义教育有助于学习理论的发展,并为计算机辅助教学的发展开辟了道路。但是,新行为主义教育家忽视人类学习和动物学习的本质差别,把人类的学习归结为操作性条件作用,认为只要分析强化效果和设计精密操纵强化的技术,就能塑造人类的一切行为,甚至是思维和人格,以及据此所设计的程序教学和教学机器,都明显具有机械主义的特征,从而受到人们的批评。

七、结构主义教育【重要】

扫一扫,看视频

结构主义教育是一种在现代欧美国家广泛流行、影响很大的教育理论。它是以瑞士心理学家皮亚杰的认知心理学为基础的。其主要代表人物是美国心理学家布鲁纳。结构主义教育流派侧重研究教学改革问题,其基本观点是:

①强调教育和教学应重视学生的智能发展。

②注重教授各门学科的基本结构。结构主义教育家认为,教授任何一门学科,主要是使学生理解和掌握这门学科的基本结构,以及该学科所特有的研究方法。因此,在他们看来,课程的知识结构是教学论的一个中心问题。

③主张学科基础的早期学习。结构主义教育家十分重视儿童的早期学习,为了让儿童早期开始学习,需要把知识改造成为一种与儿童的智力发展和思想方式相适合的形式,并通过儿童自己能触摸到的具体材料来学习。

④提倡"发现学习法"。

⑤主张教师是结构教学中的主要辅助者。教师应该注意对教育和教学过程的动态研究,从儿童的心理能力出发,经常考虑一门学科的基本结构在学习中的作用以及如何使学生理解和掌握该门学科的基本结构。

结构主义教育把认知发展与教育统一起来,为心理学研究和教育研究的互相协调提供了一个范例,提出了一些值得研究的问题,对现代西方课程论影响很大。由于结构主义教育思想力图从课程和教材的改革着手寻找教育的对策，因此，它成了20世纪60年代美国课程改革的指导思想。但是，由于其某些观点带有片面性，有的想法也过于天真和理想主义，致使课程和教材的改革偏难，引起了人们的评论和争议。

八、分析教育哲学【重要】

分析教育哲学主张把分析哲学作为一种方法广泛应用于教育理论。它是一种早期“元教育哲学”，注重教育名词和概念的分析，而不谋系统的教育理论。主要代表人物是美国的索尔蒂斯和谢芙勒、英国的奥康纳和彼得斯。分析哲学强调用逻辑方法和语言分析方法来澄清一些基本概念。从20世纪50年代起，分析哲学被应用于教育理论。

分析教育哲学对现代欧美教育理论的影响主要是引起教育理论研究者重视语言和逻辑分析在表述教育概念或命题中的作用，对在教育理论中严格地、正确地使用各种教育术语和概念无疑是有帮助的。但是，由于分析教育哲学夸大分析哲学方法的作用，因此，就有可能把教育理论的一些根本问题湮没在空泛的、烦琐的字句分析之中。而且，分析教育哲学对教育工作实践的影响是比较小的。

九、终身教育思潮【重要】

在现代欧美教育思潮中，终身教育是一种在国际上具有重要影响的教育理论。20世纪50年代中期产生于法国，60年代后在世界上得到了广泛的传播。

1956年，“终身教育”概念首先出现在法国议会的立法文件上。1965年12月，联合国教科文组织在法国巴黎召开了国际成人教育促进委员会第三次会议。会上，主持会议的法国教育家朗格郎首次以“终身教育”为题做了总结报告。这次会议被认为是“终身教育”走向世界的开始。1972年，国际教育发展委员会主席、前法国教育部长富尔主持撰写的调查报告《学会生存——教育世界的今天和明天》出版，明确建议将终身教育作为发达国家和发展中国家在今后若干年内制定教育政策的指导原则。

终身教育的主要代表人物是法国成人教育理论家和活动家朗格郎。他的主要著作《终身教育引论》被公认为终身教育思想的代表作。终身教育可以概括为以下三个方面：

(1)终身教育是现代社会的需要

它包括了教育的各个方面、各项内容，从一个人出生的那一刻起一直到生命终结为止的不间断的发展，也包括了在教育发展过程中的各个阶段之间的紧密而有机的内在联系。它并不是传统教育的简单延伸，而是包括一切正规教育、非正规教育以及非正式教育。其基本特点是具有连续性和整体性。

(2)终身教育没有固定的内容和方法

终身教育家提出了一些新方法的规则：一是强调学生而不是课程；二是把教育看作一个过程而不仅是知识的传授；三是注重对儿童个人所做的质量上的评价；四是使每一个人都能发挥其才能和运用其经验，并采用小组学习制度；五是不能把儿童当成小大人来对待；六是尽可能少做鉴定；七是尽可能广泛地把教育与生活联系起来；八是采用适当的方法实施早期教育。

(3)终身教育是未来教育发展的战略

终身教育理论自20世纪60年代中期兴起后,在教育领域中正在引起一场广泛而深刻的革命。终身教育已成为建立一个学习化社会的象征。20世纪70年代以后,世界上许多国家把"终身教育"作为教育改革和发展的战略重点。尽管如何按照终身教育理论对教育进行总体规划仍须进一步探讨,但是,旨在"学会生存""学会学习""学会关心"的终身教育理论和模式必将改变世界教育的面貌。

十、现代人文主义教育思潮【重要】

现代人文主义教育是20世纪70年代后在美国盛行的一种现代教育思潮。它以人本主义心理学为理论基础,是人本主义心理学在教育领域中的直接应用。主要代表人物是美国人本主义心理学家马斯洛、罗杰斯、弗罗姆、奥尔波特等。其基本观点有:

①强调教育的目标是培养"完整的人"。

现代人文主义教育家认为,教育的目的就是人的自我实现、完美人性的形成以及人的潜能的充分发展。

②主张课程人本化。

他们提出"一体化"的课程,主张课程内容应建立在学生的需要、生长的自然模式和个性特征的基础上,应体现出思维、情感和行动之间的相互渗透和相互作用,应与学生的生长过程有机地联系起来。同时,不仅应注意课程内容的人本化,而且强调情感在知识教育中的作用。

③强调学校应该创造自由的心理气氛。

现代人文主义教育家强调指出,在学校中影响学校气氛的因素有三方面:首先是教师和管理者;其次是人与人之间的关系;再次是学习过程。学校应积极考虑这三个因素,为学生创造自由的心理气氛。

现代人文主义教育力图纠正20世纪以来教育领域中"主知主义"和"主情主义"两种偏向,从多方面来考虑人的整体发展,强调认知和情感两方面在教育过程中的作用,主张学校应形成最佳的学习气氛,充分发挥和实现人的各种潜能,无疑给教育理论带来了观念上的革新。然而,由于该理论立足于人性的发展,过分强调个人的价值和个人的"自我实现",简单地把个体的潜能实现与个体的社会价值画上等号,从而忽视了社会环境和学校教育对个体发展的重要影响,因此受到了人们的批评。

第十二节 苏联教育思想

一、马卡连柯的教育思想【重要】

马卡连柯(1888—1939年)是苏联早期著名的教育理论家和实践家,一生献身于苏维埃教育事业。1920年秋,负责组织和领导少年违法者工学团(不久改名为高尔基工学团)。经过几年的努力,把高尔基工学团建设成为一个模范的教育机构,将几百个经历过严重摧残和屈辱生活的人,改造成为“真正的苏维埃人”。1928 年,马卡连柯离开了高尔基工学团,转任捷尔任斯基公社的领导。1935 年,离开捷尔任斯基公社,就任乌克兰社会主义共和国内务人民委员部劳动工社管理局副局长,他的主要著作有:《教育诗篇》《塔上旗》《父母必读》等。

1. 论教育的目的和方法

马卡连柯非常重视教育的目的问题。他从当时苏联社会主义建设的实际情况出发,主张教育的目的应该是把青年一代培养成为真正有教养的苏维埃人、劳动者,一个有用的、有技术的、有学识的、有政治修养和高尚道德的身心健全的公民。

在谈到教育方法时,马卡连柯认为,教师在培养个性、培养新人的个人细节的时候,应当高度谨慎,要注意防止两种危险的倾向:一种是抹煞个性特点,把所有的人都看成是一样的;另一种是消极地跟着每一个人跑,毫无希望地企图用零零碎碎的单独对付每一个人的方法来对付千千万万的学生。

2. 论集体主义教育

集体主义教育是苏联教育的基本特征之一,也是马卡连柯教育思想体系的核心。马卡连柯认为,要培养集体主义者就必须在集体中通过集体并为了集体来进行教育。

马卡连柯的“平行教育影响”是以集体为教育对象,通过集体来教育个人的,教育者对集体和集体中每一个成员的教育影响是同时的、平行的。

马卡连柯提出“前景教育”原则,即要求教师在教育过程中经常给学生指出美好前景,即给学生提出一个或好几个需要经过一定努力才能完成的新任务,吸引学生集体和集体中的每一位成员,为完成新的任务,实现新的前景,由近及远、由易到难地开展活动。

在集体主义教育中,学校的全体教师必须团结在校长周围,坚决服从校长的领导,按照统一的目标、统一的思想原则和统一的工作计划工作,反对教师单独行动和追求学生的“个人爱戴”。他在强调教师集体作用的同时,也没有忽视教师个人的作用,他对教师提出了许多严格的要求。

3. 论纪律教育

马卡连柯强调,在社会主义社会里,纪律首先应当是教育的结果,然后才能成为一种手段;如果把纪律仅仅看成是手段或方法,那它便会立刻变成可诅咒的东西。

在纪律教育方面,马卡连柯坚持理论联系实际、强制性与自觉性相结合,即主张在强制性(要求)的基础上,提高学生对纪律的认识,进而达到完全的自觉行动。另外,马卡连柯指出,在学校的纪律教育中,必须适当使用奖励和惩罚。在培养纪律方面,最重要的是教育者自己和集体对纪律的态度,为了建立严格的纪律,他要求教师必须具有极大的创造性,具有崇高的精神和人格。

4. 论劳动教育

马卡连柯认为,劳动教育就是人的劳动品质的教育,也是公民将来生活水平及其幸福的教育。其目的是要发展儿童的体力、智力和培养他们从事生产劳动的技能技巧,尤其重要的是要使学生在道德上和精神上得到良好的发展。

马卡连柯要求把劳动和思想政治教育结合起来,以收到良好的教育效果。只有生产劳动和劳动过程,不可能使儿童在道德上和精神上得到提高。在让儿童从事体力劳动的同时要对他们进行思想政治教育,注意培养他们对待劳动的态度以及对劳动者的尊重等思想感情。

5. 论家庭教育

马卡连柯指出,儿童的早期家庭教育对儿童的成长影响极大。他认为家庭教育的基本条件是要建立一个"完整和团结一致的"家庭集体。

在家庭教育方面,要注意掌握尺度和分寸,要遵循"中庸之道",即找出培养积极性与克制能力的尺度。他特别重视父母自身的行为在家庭教育方面的作用,认为父母对自己的要求,父母对自己家庭的尊重,父母的一举一动、一言一行,都会给儿童产生深刻的影响。另外,在正确指导之下,吸引儿童参与家庭经济管理并从事一些力所能及的劳动,组织各种游戏活动,也是家庭教育的重要方法。

马卡连柯的教育理论是在马克思列宁主义思想指导下,全面总结苏联社会主义教育实践和自己的教育实践的基础上,逐渐形成和发展起来的,因而具有极其重要的理论意义和现实意义。当然,马卡连柯的教育思想也是一定历史条件和他个人教育实践经验的产物。因此,历史地和实事求是地对待马卡连柯的教育经验和他的教育理论遗产是十分必要的。

二、凯洛夫的《教育学》

凯洛夫(1893—1978 年)是 20 世纪四五十年代苏联教育界最有影响的一位教育家。他的教育代表作是《教育学》,其理论体系是在 20 世纪 30 年代后期开始形成的。

教学论是凯洛夫《教育学》最重要的组成部分,它讨论了教学过程问题,以及教养和教学的内容、教学工作的基本组织形式、教学方法、对学生知识的检查和评定等问题。根据教学过程的基本环节,凯洛夫提出了五条指导教学工作的原则,即直观性原则、自觉性与积极性原则、巩固性原则、系统性与连贯性原则、通俗性与可接受性原则。

凯洛夫的《教育学》中的教学思想体系是苏联特定历史时代的产物。它力图以历史唯物主义为指导阐述教育这一社会现象,全面、系统地反映了 20 世纪三四十年代苏联普通教育的实践经验,构建了较完整的教学论体系,这一教育学思想体系不仅对苏联教育的发展起到过重要的作用,而且对我国解放初期的教育理论建设也产生过很大的影响。其主要缺点在于,它未能根据苏联当时已有很大变化的文化教育情况、教育自身特点及其发展规律,提出新的教育理论和解决实际问题,带有浓重的滞后性和封闭性,而且缺少创造性,对一系列教育、教学理论问题的处理过于绝对化和机械化。

三、赞科夫的教学理论【重要】

赞科夫(1901—1977 年)是 20 世纪六七十年代苏联最有影响的心理学家和教育家,其教育代表作有:《论小学教学》《教学论与生活》《和教师的谈话》《教育与发展》等。

赞科夫是较早关心教育与发展关系研究的教育家。他进行了多年的教育实验,并且取得了很大的成绩。赞科夫的发展性教学理论是在其长期的实验过程中逐渐形成的。

1. 小学教学的"新体系"

赞科夫把当时苏联侧重于知识传授和技能训练的小学教学体系称之为传统教学体系,把他的着眼于学生的一般发展的实验教学体系称之为小学教学的"新体系"。他认为对这种传统的小学教学体系必须进行根本改革,而实现这种改革,就必须"有一个明确的教学论核心,我们提出的教学论核心是:教学过程要使学生的一般发展取得成效"。

2. 关于教学与发展的关系

赞科夫强调,在教学、教育和发展之间有着复杂的相互依赖关系。维果茨基的心理学遗产给予了他极大的启示与帮助。早在20世纪30年代,维果茨基就提出了教学与发展关系的观点和"最近发展区"理论。赞科夫高度评价了维果茨基关于教学与发展问题的思想。他还指出,强调儿童发展的源泉是内部矛盾,并不是降低外因的作用,更不是否定外因的影响,而只是说明外因一定要通过内因才能起作用。发展的外因和内因相互关系的理论是赞科夫发展性教学理论的重要组成部分。

3. 关于"发展教学论"的教学原则

赞科夫的"发展教学论"包括教学原则、教学大纲、教学法等各个方面的观点,其中以教学原则最为重要。这些原则是在教育实验的过程中逐渐形成的,最终被确定为以下五条:以高难度进行教学的原则;在学习时高速度前进的原则;理论知识起主导作用的原则;使学生理解学习过程的原则;使班上所有的学生(包括最差的学生)都得到一般发展的原则。

赞科夫的教育实验和理论对苏联教育理论与实践的发展影响较大。他的教育实验成果为苏联一度将小学学习年限由四年改为三年提供了重要依据。它的发展性教学理论的一些观点也为苏联教育理论界所接受,并且被吸收到20世纪七八十年代出版的教育著作和教科书中。然而,他的研究工作和理论成果仍有较大的局限性。他的实验教学体系可以说实际上只是建立在谋求儿童心理品质获得理想发展的基础上,他的理论研究所涉及的主要是在发展的基础上提高小学阶段学生的智育水平问题,而且几乎是就智育而论智育。在实验的初期阶段,他几乎是将自己的实验教学体系放在与被他尖锐指责的"传统小学教学"理论截然对立的地位上,这种对待传统教学理论的全盘否定态度显然是不科学的。

迷津点拨 赞科夫提出了"发展性教学"的原则,强调的是着眼于使学生"最理想的一般发展"下的教学与发展互相促进的模式,既反对把教学凌驾于发展之上,也反对把教学与发展等同起来,这一点正是赞科夫教学理论的核心和实质所在。在赞科夫看来,教学已不是一般意义上的教学,而是充分重视儿童内因和外因的相互作用,以促进学生在一般发展上取得最大效果的一个完整的教学论体系。

四、苏霍姆林斯基的教育理论【重要】

苏霍姆林斯基(1918—1970年)是第二次世界大战后苏联最有影响的著名教育实践家和教育理论家。其教育代表作有:《给教师的一百条建议》《帕夫雷什中学》《把整个心灵献给孩子》。

苏霍姆林斯基提出了个性全面和谐发展的理论，该理论是一个内容异常丰富的教学思想体系，包含着他对教育目的论和方法论的许多独创见解，其核心是要使全体学生都得到全面和谐的发展。

苏霍姆林斯基认为，为了培养全面和谐发展的人，就必须深入改善整个教育过程，实施和谐的教育。他说："所谓和谐的教育，就是如何把人的活动的两种职能配合起来，使两者得到平衡：一种职能就是认识和理解客观世界，另一种职能就是人的自我表现。"《帕夫雷什中学》一书中也写道："要实现全面发展，就要使智育、体育、德育、劳动教育和审美教育深入地相互渗透和相互交织，使这几个方面的教育呈现为一个统一的完整过程。"他要求注意到各种教育之间的相互联系，发挥各种教育活动的综合教育作用。

苏霍姆林斯基曾被誉为"教育思想泰斗"。他的教育理论与实践对20世纪70年代和80年代苏联教育理论的发展产生了极大的影响。

迷津点拨 苏霍姆林斯基从马克思主义关于人的全面发展理论出发，创造性地将"全面发展""和谐发展""个性发展"融合在一起，提出"个性全面和谐发展"的教育思想，并将其作为学校教育的理想和目标。"个性全面和谐发展"教育的内容包括体育、德育、智育、劳动教育和美育。

经典例题

一、名词解释

1. 进步主义教育
2. 洛克的白板说
3. 道尔顿制
4. 赫尔巴特的四段教学法
5. 卢梭的自然主义教育
6. 恩物

二、简答题

1. 试述杜威的教育思想及其现实意义。
2. 简述裴斯泰洛齐的要素主义教育思想。
3. 简述裴斯泰洛齐的教育心理学化思想。
4. 简述改造主义流派的主要观点。

三、论述题

1. 试述夸美纽斯关于班级授课制的基本观点。
2. 试述赫尔巴特的课程理论。
3. 评述终身教育思潮。
4. 评述实验教育学思想。
5. 试述永恒主义教育理论及其对当代世界教育实践的影响。

答案解析

一、名词解释

1. “进步教育”是指产生于19世纪末并持续到20世纪50年代的美国的一种教育革新思潮，亦称“进步主义教育运动”。该运动的性质虽然与欧洲新教育思潮相似，但进步学校更关心普通民众的教育，更强调教育与社会生活的联系，更重视从做中学，更注意学校的民主化问题。

该运动分为四个发展阶段：兴起期（19世纪末—1918年），代表事件是：帕克先后在马萨诸塞州昆西市和芝加哥库克师范学校进行教育革新实验，创造了“昆西教学法”；1896年，杜威创办芝加哥实验学校。成型期（1918—1929年），标志性事件是：1919年，安那波利斯海军学院的一位教师科布发起建立进步教育发展协会。转折期（1929—1943年），标志性事件是：进步教育运动的重心逐步从初等教育转向中等教育，集中反映在“八年研究”上。衰落期（1944—1957年），标志是：1944年，美国进步教育协会更名为“美国教育联谊会”，成为欧洲新教育联谊会的一个分会。1957年，《进步教育》杂志停办，标志着美国教育史上一个时代的结束。

考点分析 进步主义教育运动是杜威现代教育思想形成的重要奠基，运动中形成的许多教育理念对当代教育改革仍旧有强大的影响力，值得现代教育研究者继续进行探究。

2. 洛克反对流行的“天赋观念”论，认为人出生后心灵如同一块白板，“我们的一切知识都是建立在经验之上的，而且最后是导源于经验的”。这一“白板说”表明了他是主张经验主义的认识论的。但他又认为“我们心理活动是观念的另一个来源”。并且五官的感觉只能了解物体的部分性质，而内心的“自我反省”则可使人了解复杂的概念。这种不彻底的经验主义认识论构成了洛克教育思想的出发点和主要思想基础。

考点分析 这一教育学说为传统教育提供了重要理念支持，尤其是在建构主义流行的当代，这一观念仍然具有强大生命力，成为教育改革者批驳的对象。

3. 道尔顿制是美国教育研究者帕克赫斯特发明的一种个别教育制度，因帕克赫斯特应邀去马萨诸塞州道尔顿市的道尔顿中学实施一项名为“道尔顿实验室计划”的教育革新计划而得名，其具体做法是：(1)在学校里废除课堂教学，废除课程表和年级制，代之以“公约”或合同式的学习;(2)将各教室改为各科作业室或实验室,按学科的性质陈列参考用书和实验仪器,供学生学习之用。各作业室配有该科教师负责指导学生;(3)用“表格法”来了解学生的学习进度,既可增强学生学习的动力,亦可使学生管理简单化。20世纪20年代,道尔顿制在许多国家如英国、苏联流行一时,产生过较大影响。道尔顿制存在的主要问题是过于强调个别差异,对教师要求过高,在实施时易导致放任自流;并且,将教室完全改为实验室也不太实际。

考点分析 道尔顿制存在的主要问题是过于强调个别差异,对教师要求过高,而其优点是充分考虑了学生的个性化学习需求,科学利用这一教学制度是研究者继续探讨的话题。

4. 赫尔巴特认为,任何教学活动都必须是井然有序的,都要经历四个阶段,即明了(或清晰)、联合(或联想)、系统、方法,每个阶段都有自身的特点与内容:明了阶段,教师通过运用直观教具和讲解的方法,进行明确的提示,使学生获得清晰的表象,以做好观念联合,即学习新知识的准备;联合阶段,由于新表象的产生并进入意识,激起原有观念的活动,因而产生新旧观念的联合,但又尚未出现最后的结果,教师的主要任务是与学生进行无拘束的谈话,运用分析教学方法;系统阶段,采用综合的教学方法,使新旧观念间的联合系统化,从而获得新的概念;方法阶段,新旧观念间的联合形成后需要进一步巩固和强化,这就要求学生自己进行活动,通过练习巩固新习得的知识。赫尔巴特教学形式阶段理论的突出贡献是在严格按照心理过程规律的基础上,对教学过程中的一切因素和活动进行高度的抽象,以建立一种明确的和规范化的教学模式,对19世纪后期、20世纪前期世界许多国家和地区师范教育的发展,发挥了重要的推动作用。但是,该理论所固有的机械论倾向,也使它不断受到来自各方面的批评。

考点分析 该理论是传统教学过程论的基础,对于教学过程的科学化而言具有里程碑式意义,是历届研究生招生考试的常考题目。

5. 卢梭的自然主义教育的核心是“归于自然”。他认为,每个人都是由自然的教育、事物的教育、人为的教育三者培养起来的。只有三种教育圆满地结合才能达到预期的目的。但自然的教育人力不能控制,所以,无法使自然的教育向事物的和人为的教育靠拢,只能是后两者向自然的教育靠拢,才能实现三种教育的良好结合。因此,教育“归于自然”,即以自然的教育为基准,才是良好有效的教育。卢梭提倡的“自然教育”是针对专制制度下的社会及其戕害人性的教育所发出的挑战,“归于自然”、遵从天性,就是开创新教育的目标和根本原则。

考点分析 卢梭的自然主义教育理论是杜威等现代教育理论家的教育思想的渊源,是现代教育研究者与学习者非常关注的一个教育思想。

6. 恩物是福禄培尔创制的一套供儿童使用的教学用品。恩物的教育价值在于它是帮助儿童认识自然及其内在规律的重要工具。恩物作为自然的象征,能帮助儿童由易到难,由简及繁,循序渐进地认识自然。并且,福禄培尔也提出,真正的恩物应满足三个条件:能使儿童理解周围世界,又能表达他对于这个客观世界的认识;每种恩物应包含一切前面的恩物,并应预示后继的恩物;每种恩物本身应表现为完整的、有秩序的统一观念——整体由部分组成,部分可形成有秩序的整体。

考点分析 福禄培尔建立起一个以活动与游戏为主要特征的幼儿园课程体系,包括游戏与歌谣、恩物、手工作业、运动游戏、自然研究,以及唱歌、表演和讲故事等,其中最重要的是恩物和手工

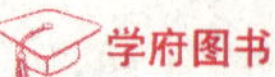

作业。

二、简答题

1. 杜威是美国实用主义教育的创始人，其教育思想尤为丰富，集中体现在《民主主义与教育》之中，以下三大教育观点是其精髓：

(1)教育即生活

教育即生活，有两方面的含义：首先，学校生活应与儿童自己的生活相契合，满足儿童的需要和兴趣，使校园成为儿童的乐园而不是囚笼和监牢，使儿童在现实的学校生活中得到乐趣；其次，学校生活应与学校以外的社会生活相契合，适应现代社会变化的趋势并成为推动社会发展的重要力量，校园不应是世外桃源而应积极参与社会生活。与这两方面要求相适应，杜威进一步提出“学校即社会”的命题，意在使学校生活成为一种经过选择的、净化的、理想的社会生活，使学校成为一个合乎儿童发展的雏形的社会。为了实现这个要求，就必须改革学校课程。杜威认为，应使“代表社会活动的类型和基本形态”的活动如烹调、缝纫、手工等科目在课程中占有重要地位。可见，“学校即社会”是对“教育即生活”这一命题的进一步引申，代表社会生活的活动性课程的引入是使学校与社会生活相联系的基本保证。从“教育即生活”到“学校即社会”再到课程的变革(“从做中学”)是层层递进的。

(2)教育即生长

“教育即生长”提倡一种新的儿童发展观和教育观。它要求摒除压抑、阻碍儿童自由发展之物，使一切教育和教学适合儿童的心理发展水平和兴趣、需要的要求。然而这种尊重绝非放任自流，任由儿童率性发展。杜威所理解的生长是机体与外部环境、内在条件与外部条件交互作用的结果，是一个持续不断的社会化的过程。

(3)教育即经验的改造

杜威认为：首先，经验不再是通过感官被动获得的一些散乱的感觉印象，而是机体与环境相互作用的过程，机体不仅受环境的塑造，同时也对环境加以若干改变；其次，经验不仅仅是感觉作用和感性认识，而是一种行为、行动。经验不仅仅是与认识有关的事情，认识的、情感的、意志的等理性、非理性的因素皆涵盖在内。“教育即经验的改造”中的“经验”也不只是知识的积累，而是构成人的身心的各种因素的全面改造、全面发展、全面生长；最后，强调经验过程中人的主动性。杜威认为，经验的过程是一个主动的过程，不单是有机体受着环境塑造，还存在着有机体对环境的主动改造。

“教育即生活”“教育即生长”“教育即经验的改造”这三个命题的涵义在本质上是相同的，生活的过程、生长的过程、经验(改造)的过程是一个过程。这三个命题是杜威教育理论的总纲领。

这一理论的现实意义体现在三个方面：

其一，学校教育应该向生活、社会开放，防止在书本知识学习中变得呆板、僵化；

其二，生活、学校中的一事一物都是教育的要素，学校生活只有与现实生活联系起来才能产生实际意义；

其三，学校教育要尊重学习者在社会、生活中形成的经历，据此帮助其建构新的知识与经验。

考点分析 上述“三大观点”是杜威教育理念的精髓，是杜威对教育理论界的最大贡献，这些教育理论对现代教育改革的意义依然非常重大。考生必须熟背这些观点，并将其灵活运用到对题目的分析中去。

2. 要素教育论是裴斯泰洛齐基于教育心理化理论对初等教育内容和方法的重要论述，也是他为初等教育革新所做的开创性实践的结晶，其基本思想是：初等学校的各种教育都应该从最简单的要素开始，然后逐渐转到日益复杂的要素，以便循序渐进地促进人的和谐发展。要素教育既要求初等学校为每个人在德、智、体等方面都能受到基本的教育而得到和谐的发展，又要求在德育、智育、体育每一个方面都通过“要素方法”获得均衡的发展。因此，他详细而具体地探讨和论述了德育、智育和体育以及其中的“要素方法”。其中，儿童对母亲的爱是道德教育最基本的要素，数目、形状和语言是智育教学的基本要素，各种关节的活动是体育教学的最基本要素。

考点分析 要素教育论是裴斯泰洛齐对初等教育新方法的研究和实验所取得的主要成果，目的在于从普及教育和教育心理学化的角度出发，简化教学方法。道德教育的最基本的要素是儿童对母亲的爱的感情；智力教育和教学的最基本的要素是数目、形状和语言；体育的最基本的要素是关节活动。

3. 在西方教育史上，也可以说在世界教育史上，裴斯泰洛齐是第一个明确提出“教育心理学化”口号的教育家。

裴斯泰洛齐在《方法》(1800年)一文中，首次明确提出：“我正在试图将人类的教学过程心理学化；试图把教学与我的心智的本性、我的周围环境以及我与别人的交往都协调起来。”这就是“使教育心理学化”的思想。所谓教育心理学化，就是把教育提高到科学的水平，将教育科学建立在人的心理活动规律的基础上。教育心理学化的含义：

第一，要求将教育目的和教育的理论指导置于儿童本性发展的自然法则的基础上；

第二，必须使教学内容的选择和编制适合儿童的学习心理规律，即教学内容心理学化；

第三，教学原则和教学方法的心理学化，使教学程序与学生的认识过程相协调，把直观性和循序渐进性作为心理化教学的基本原则；

第四，要让儿童成为他自己的教育者。

考点分析 裴斯泰洛齐的教育心理学化思想具体包括：教育内容心理学化、教学过程心理学化、教学原则和教学方法心理学化、教学要考虑儿童的心理特征等。这些思想是推动教育教学活动科学化的重要理论支持。

4. 改造主义教育是在20世纪30年代从实用主义教育和进步教育中逐渐分化出来，到20世纪50年代形成的一种独立的教育思想。改造主义教育也以实用主义教育的一个分支而著称。代表人物有康茨、拉格和布拉梅尔德。其基本观点是：

(1)教育应该以“改造社会”为目标。

(2)教育要重视培养“社会一致”的精神。所谓“社会一致”，就是不分阶级的人与人之间的合作关系，即通过共同协商而能消除阶级分歧的一致意见，不仅在口头上一致，而且在行动上一致。

(3)强调行为科学对整个教育工作的指导意义。改造主义教育家高度评价行为科学，甚至认为

在行为科学中正出现革命，它应该成为改造教育的重要基础。

(4)教学上应该以社会问题为中心。基于“社会改造”这个目标，改造主义教育家强调首先应将课程与教学的目标统一于所谓理想社会这一目标，并把社会问题作为中心。

(5)教师应进行民主的、劝说的教育。改造主义教育家反对灌输式的教育和学习，强调教师应该通过民主的讨论、劝说教育，说服学生去“改造”他们所生活的社会，使学生坚信改造主义哲学，培养学生的“社会一致”的精神。

考点分析 改造主义教育思想强调教育与社会间的关联，凸显了教育改革的社会意义，因此得到了许多教育改革者的认同。

三、论述题

1. 为了提高教学效率，扩大教学对象，夸美纽斯提出并全面系统地论述了班级授课制。他主张把全校的学生按照年龄和程度分成班级，作为教学的组织单元。每个班级有一个教室，以免妨碍别的班级。每个班级有一个教师，同时对全班学生进行教学，以代替传统的个别施教。每个班级又分成许多小组，每组10人，选出一名学习好的学生为组长，帮助教师管理小组同学，考查同学的学业。他还认为一个教师可以同时教几百名学生。

考点分析 夸美纽斯的班级授课制思想是产业革命的产物，是传统个别教育向现代集体教育转型的重要阶段，这一教育理念的提出彻底变革了近代教育的组织形式，堪称教学改革史上的重要里程碑之一。

2. 赫尔巴特的课程理论具有独特的体系，主要包括三个环节：

(1)论述了经验、兴趣与课程间的关系

赫尔巴特课程理论的一个基本主张是：课程内容的选择必须与儿童的经验和兴趣相一致。只有与儿童经验相联系的内容，才能引起儿童浓厚的兴趣。只有能够引起兴趣的教学内容，才能使儿童保持意识的警觉状态，从而更好地接受教材。他明确指出，要掌握知识，并且得到更多的知识，就必须要有兴趣。

根据兴趣的分类，赫尔巴特对课程内容也进行了相应的划分，如下表所示：

经验的兴趣	经验的兴趣	自然、物理、化学、地理等课程
	思辨的兴趣	数学、逻辑和文法等课程
	审美的兴趣	文学、绘画等课程
同情的兴趣	同情的兴趣	外国语(古典语言和现代语)、本国语等课程
	社会的兴趣	历史、政治、法律等课程
	宗教的兴趣	神学等课程

(2)从统觉理论出发来认识课程

统觉原理认为，新的观念和知识总是以原有观念和知识为基础而产生。这就必然要求课程的安排应当使儿童能够不断地从熟悉的材料逐渐过渡到密切相关但还不熟悉的材料。依据统觉原理，赫尔巴特为课程设计提出了“相关”和“集中”两项原则。所谓相关，是指学校不同课程的安排应当相互影响、相互联系。所谓集中，是指在学校的所有课程中，选择一门科目作为学习的中心，使其他科目都作为学习和理解它的手段。他把历史和数学当作所有学科的中心。这两项原则的基本目的是保持课程教学的逻辑结构和知识的系统性。

(3)要求课程建构要关注儿童发展

赫尔巴特认为，儿童个性和认识的发展重复了种族发展的过程。因此，儿童在一定发展阶段上最理想的学习内容应当是种族发展在相应阶段上所取得的文化成果。以此为基础，他把儿童发展分为四个阶段，不同阶段的课程应有其侧重点：

第一阶段是婴儿期（相当于人类历史的早期），要加强对身体的养护，同时应大力加强感官训练，发展儿童的感受性。

第二阶段是幼儿期（相当于人类的想象期），教学内容应以《荷马史诗》等为主，以发展儿童的想象力。

第三阶段是童年期，分别教授数学、历史等，以发展其理性。

第四阶段是青年期，继续学习数学、历史等，仍以发展理性为目标。

赫尔巴特的课程理论以心理学为基础，从而使课程的设置与编制有了明确的依据，避免了课程设置中的盲目性和随意性，克服了课程设计的散乱现象，以保证教学工作的有效进行。但是，客观地说，无论在理论上还是在实践中，赫尔巴特并未真正解决欧美近代学校的课程问题。

考点分析 赫尔巴特强调课程的建设要考虑儿童的兴趣，关注儿童的身心发展，注重课程建设的心理学基础，这些思想无疑是划时代的，其进步性值得肯定。

3. 终身教育的主要代表人物是法国教育理论家和活动家朗格郎。他的主要著作《终身教育引论》被公认为是终身教育思想的代表作。终身教育思潮的主要思想可以概括为以下三个方面：

(1)终身教育是现代社会的需要。终身教育包括了教育的各个方面、各项内容，从一个人出生的那一刻起一直到生命终结为止的不间断的发展，也包括了在教育发展过程中的各个阶段之间的紧密而有机的内在联系。它并不是传统教育的简单延伸，而是包括一切正规教育、非正规教育以及非正式教育。其基本特点是具有连续性和整体性。

(2)终身教育没有固定的内容和方法。终身教育家提出了一些新方法的规则：一是强调学生而不是课程；二是把教育看作一个过程而不仅是知识的传授；三是注重对儿童个人所做的质量上的评价；四是使每一个人都能发挥其才能和运用其经验，并采用小组学习制度；五是不能把儿童当成小大人来对待；六是尽可能少做鉴定；七是尽可能广泛地把教育与生活联系起来；八是采用适当的方法实施早期教育。

(3)终身教育是未来教育发展的战略。终身教育是学习化社会的象征，世界上许多国家把“终身教育”作为教育改革和发展的战略重点。尽管如何按照终身教育理论对教育进行总体规划仍需进一步探讨，但是，旨在“学会生存”“学会学习”“学会关心”的终身教育理论和模式必将会改变世界教育的面貌。

考点分析 终身教育思潮对现代教育改革的意义。

4. 实验教育学是19世纪末20世纪初产生于德国，随后在欧美一些国家发展的以教育实验为标

第三部分

志的教育思想流派。它的主要代表人物有德国的梅伊曼和拉伊、法国的比纳、美国的霍尔和桑代克。

实现教育学的基本特征是：

(1)重视研究儿童发展与教育的关系，重视实验，并强调从实验的结果中寻找教育的途径和方法。

(2)批判旧教育注重逻辑推理和抽象思辨的方法，认为其结果必然导致与教育实践和教育对象的脱离。

(3)主张通过观察、调查、计算、测量和统计等方法进行研究，努力将教育学建立在自然科学的基础上，使教育学成为一门真正的科学。

实验教育学为新教育提供了重要的理论依据，促进了教育理论的科学化，使教育学者从哲学的桎梏中解放出来，并给实际教育工作者以有益的启迪，对当时和后世的教育都产生了深远的影响。其存在的主要问题是片面强调儿童的生物性，因而过分考虑教育的自然科学化，忽视了社会性因素；并且把实验方法推崇到极端，视之为教育研究的唯一方法，忽视了社会科学与自然科学之间的差异，以致简单地照搬自然科学的方法。

考点分析　实验教育学是教育科学产生的基石，它在一定程度上促进了教育学的科学化发展，但完全将教育学科学化、数量化的想法肯定是不妥的。考生应该对其进行两面分析。

5. 在现代欧美教育思潮中，永恒主义教育是提倡复古的一种教育理论。它形成于20世纪30年代，其主要代表人物有美国的赫钦斯、阿德勒、英国的利文斯通和法国的阿兰等。其基本观点是：

(1)教育的性质永恒不变。

(2)教育的目的“是要引出我们人类天性中共同的要素”。永恒主义教育家认为，既然在人类天性中存在共同要素——以理性为特征的人性，那么，教育的首要目的就应该是引出这种要素，对人施以“人性的教育”。

(3)永恒的古典学科应该在学校课程中占有中心地位。所谓的“永恒学科”，就是指历代伟大思想家的伟大著作，尤其是经历许多世纪的古代名著。

(4)提倡通过教学进行学习。

永恒主义教育对进步教育的批评比要素主义教育更加激进，但从整体上来看，它并未提出什么新的价值判断标准，某种程度上看仍旧偏向于保守思想。作为一种教育哲学思想，永恒主义教育在教育理论上有一定影响，但在教育实践中的影响范围不大，主要限于大学和上层知识界中的少数人。特别是由于永恒主义教育的复古态度，把学生的学习限于古典著作，因此，遭到了许多人的批判。改造主义教育家也尖锐地指出，永恒主义教育是把历史的时钟往后拨，脱离了现实社会。

考点分析　永恒主义教育在现代高等教育发展中仍具有一席之地，是人文教育领域内较为受宠的一种教育理念。但其局限性也很明显，过于关注复古的思想，没有将之与现代教育理念有机融合在一起。

第四部分

教育心理学

考情分析

学科特点分析

教育心理学是教育学的分支学科，所研究的是教与学中的心理现象及规律，是教育学考研的核心内容，也因其专业性和跨学科性，在教育学考研中复习难度相对较高。从整体的考试内容来看，所涉及的范围包含了教育心理的历史发展、基本概念、学习理论等考点。由于333考试是自主命题的形式，从往年的命题特点来看，大多数院校更倾向于从理论上来考查，而且偏重于重要理论和重要概念，对于边缘性的知识并不太重视。也有个别院校特别倾向于将教育心理学与实际教育教学问题结合起来灵活考查，因此考生需要追溯过往几年报考院校的命题规律，有针对性地进行复习。

题型与分值分布

教育心理学的知识往往会以名词解释、简答题和分析论述题的形式来考查。各个院校侧重点不太一致，但教育心理学内容普遍涵盖了上述题型，而且个别院校还有出现单项选择题。所以应考策略是一致的：针对各个报考院校的特点进行准备，及时调整复习的重点和内容，有针对性地对题型进行答题训练，确保自己熟悉题型、熟练掌握答题策略。

复习建议

在复习过程中，考生也需要有的放矢，研究一下往年的命题范围。例如大多数学校的教育心理学题目主要集中在学习理论、动机理论等重点章节，而发展历史、心理健康这些次要内容从未在试卷中出现，这就提醒我们要把大部分时间放到对这些重点章节的复习中去，将次要内容留到复习的最后阶段熟记即可。特别是对于备考时间紧张的考生来说，这也是短时间提高成绩的重要原则。

第一章

教育心理学概述

本章属于对教育心理学的宏观概述，主要讲述教育心理学的研究对象、研究内容和发展趋势，以及教育心理学在实际教学中的作用等。其中有关教育心理学的研究对象和发展趋势是本章的重点。考生在复习中应识记教育心理学的研究对象，了解教育心理学的研究任务，了解教育心理学的起源，掌握教育心理学的发展过程，重点掌握教育心理学的研究趋势。

第一节　教育心理学的研究对象【一般】

教育心理学是研究教育教学情境中教与学的基本心理规律的科学，它主要研究教育教学情境中师生教与学相互作用的心理过程、教与学过程中的心理现象。

第二节　教育心理学的研究任务【一般】

教育心理学是心理科学与教育科学相交叉的产物，这一性质决定了它具有双重任务。

首先，教育心理学作为心理学科的根本任务在于：研究、揭示教育系统中学生学习的性质、特点、类型以及各种学习的过程及条件，从而使心理学科在教育领域中纵向发展。

其次，教育心理学作为一门教育学科的根本任务在于：研究如何运用学生的学习及其规律，去设计教育、改革教育体制、优化教育系统，以提高教育效能、加速人才培养的活动。

第三节　教育心理学的历史发展

一、教育心理学的起源【一般】

1. 古代思想起源

在教育心理学成为一门独立的学科之前，在中国古代和西方古希腊思想家的论说中都已经出现了丰富的教育心理学思想，特别是有关学习的思想。如孔丘的“学而不思则罔，思而不学则殆”“知

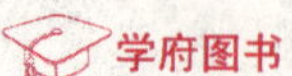

之者不如好之者,好之者不如乐之者”,柏拉图的“知识即回忆”等观点。

2. 近代思想起源

(1)19 世纪心理科学的发展

1869 年,英国心理学家高尔顿用统计的方法研究能力的遗传问题,以量表来测量人的能力,使心理测量在心理学研究中逐渐推广起来。1879 年,德国心理学家冯特在莱比锡大学创建了心理实验室,对感觉、知觉、注意与联想等进行实验研究,促进了心理科学的迅猛发展。

(2)教育学思想的发展

在近代,自洛克提出“白板说”以来,很多教育家都从心理学的理论出发来论述教育问题。特别是以裴斯泰洛奇、赫尔巴特等提倡“教育心理学化”为代表的教育家更是如此。如裴斯泰洛奇继承了卢梭自然教育的思想,并将其“教育适应于人的本性”的思想发展为“教育适应儿童心理”的思想,强调利用儿童的自然兴趣和活动进行教学,使教学内容的选择和编制适合儿童的学习心理规律,明确提出教育的心理学化。而赫尔巴特明确提出要把心理学作为教育学的重要理论基础,并阐述了有关观念、意识阀、统觉和兴趣理论,在此基础上,构建了系统的教学理论。这些均为教育心理学成为一门独立的学科奠定了基础。

二、教育心理学的发展过程【重要】

1. 初创时期(20 世纪 20 年代以前)

1903 年,美国心理学家桑代克的《教育心理学》问世,这是西方第一本以“教育心理学”命名的专著。他以“人是一个生物的存在”这个角度建立自己的教育心理学体系。1868 年,俄国教育家乌申斯基出版了《人是教育的对象》,对当时的心理学发展成果进行了总结。直到 20 世纪 30 年代,俄国教育心理学家也大都是用普通心理学的研究成果来解释学校教学生活中的实际问题,并不是自成体系的教育心理学。

2. 发展时期(20 世纪 20—50 年代末)

在 20 世纪 20 年代以后,西方教育心理学吸取了儿童学和心理学测验方面的成果,扩充了自己的内容。此时行为主义占优势,强调心理学的客观性,重视实验研究。杜威以实用主义为基础的“从做中学”为信条,进行教学改革实验。

3. 成熟期(20 世纪 60—70 年代)

教育心理学的内容日趋集中,教育心理学作为一门具有独立的理论体系的学科正在形成。这一时期,西方教育心理学比较注重结合教育实际,注重为学校教育服务。如 60 年代初布鲁纳的课程改革运动、罗杰斯的“以学生为中心”的主张、赞科夫的“教学与发展”实验研究、巴甫洛夫的“联想－反射”研究,加里培林的学习活动等。

4. 完善时期(80 年代后)

教育心理学越来越注重与教学实践相结合,教育心理学得到了很大发展。教育心理学理论流派的分歧越来越小:一方面,认知派理论和行为派理论都在吸取对方合理的东西,两派都希望填补理论与实践的鸿沟;另一方面,东西方心理学相互吸收互补。

三、教育心理学的研究趋势【重要】

扫一扫,看视频

教育心理学经过了一段时间的发展,取得了一定的成果,从这些研究成果中可以看出教育心理学研究的基本趋势。

1. 教育心理学发展所取得的成果

教育心理学作为一门独立的学科,理论体系已经基本形成,成为心理科学中一个较发达的分支。教育心理学的研究成果显著,在学习理论方面,主要有桑代克的联结说、华生的习惯说、赫尔的内驱力递减说、斯金纳的操作条件作用说、巴甫洛夫的联想-反射说;在认知理论方面,主要有:格式塔的完形说、勒温的场论、布鲁纳的认知发现说、奥苏伯尔的认知-同化说等。同时这些成果对实践起着越来越明显的指导作用。如斯金纳的程序教学、布鲁纳的结构主义改革、赞科夫的改革小学体制的运动等。

2. 研究趋势

①在理论思想方面,教育心理学的外因论和机械论被人们逐渐摒弃;

②实验采用心理模拟法,使教育心理学有了一定的坚实基础;

③理论研究与实验研究相结合,教育心理学走向成熟;

④在传统理论及课题基础上提出了许多新的理论、研究课题与研究方法,为研究者开阔了思路;

⑤微观研究与宏观研究相结合,教育心理学关注的层面加大;

⑥分析性研究与综合性研究相结合,教育心理学研究方法多样化;

⑦定量研究与定性研究相结合,既注重质的研究,也注重量的研究。

经典例题

一、名词解释

教育心理学

二、简答题

教育心理学的研究任务是什么?

第四部分

答案解析

一、名词解释

教育心理学是研究教育教学情境中教与学的基本心理规律的科学，它主要研究教育教学情境中师生教与学相互作用的心理过程、教与学过程中的心理现象。

考点分析　这是对于教育心理学基本概念的考查。在考试中有可能以名词解释的方式出题，考生要抓住定义的教与学、心理现象、心理规律等核心要点进行理解记忆。

二、简答题

教育心理学的研究任务有两方面：一方面，是对教育系统中学习的性质、特点、类型以及各种学习的过程及条件的研究，揭示学习现象的规律；另一方面，是将这些研究得出的规律用于教育实际，优化教育系统的相关研究。

考点分析　这里考查的是“教育心理学的研究任务”这一考点。这是对于教育心理学研究在心理和教育两个维度的把握，考生要注意教育心理学不仅仅是揭示学习规律，更重要的是要把这些规律用于教育实践。

第二章

心理发展与教育

本章是对心理发展与教育关系的多方面阐述，涉及的知识点较多，主要阐述了心理发展的一般规律与教育的关系，以及认知发展、人格发展、心理发展的差异与教育的关系。考生在复习中应理解认知发展、人格等心理发展与教育的相互关系；理解并掌握心理发展的差异与教育的相互关系；重点掌握皮亚杰、维果茨基、埃里克森、科尔伯格理论的核心要点。

第一节　心理发展一般规律与教育

一、认知发展的一般规律与教育【一般】

认知活动包括感知、记忆、思维、想象、言语和注意等心理因素。感知和表象等是感性认识的心理因素，人们通过感性认识获得对事物的初步印象；而对事物的本质及其规律性的认识是通过思维实现的。心理学家们尽管对认知的结构有不同的看法，但大都同意，思维是认知的核心。

认知心理诸因素的发展不是同步的。感觉发生、发展得最早，新生儿具有多种感觉。大约在六个月出现了观察力的最初形态，大约在一岁形成了对物体常驻性的认识。记忆是以条件反射的出现作为标志的，发展也较早。记忆的发展与言语的发展密切联系，也与儿童的理解力、联想力等发展相关。思维是一种概括的、间接的反映形式，它是在感性认识的基础上，借助言语实现的，它的发生、发展较晚。严格地说，一岁前的儿童没有思维。在这一时期，儿童的认知活动是一些运动性的和知觉性的活动。大约在第二年初，才出现了一些初步的概括性活动。两岁以后，随着言语的发展，开始以游戏的方式来模仿成年人的活动，假想自己是某一社会角色。但这时儿童的认知活动主要是在动作中进行的，是属于直观（感知）性的认知活动。儿童掌握言语以后，思维才逐渐摆脱对动作的直接依赖，可以凭借事物的表象进行思考。但在整个学前期，儿童由于知识经验有限，因此，常常用自己的经验去解释周围的事物，用自己的想法去代替客观规律，其认知水平是片面的和肤浅的。大约从学龄初期开始，才出现真正的抽象思维。据研究，抽象思维能力也不是一次完成的。它是通过具体—抽象—具体……螺旋式上升的。通过螺旋式运动，就出现了少年时期、青年时期的抽象逻辑思维水平，以及辩证逻辑思维水平。形式逻辑思维和辩证逻辑思维是青少年思维发展的两个阶段。

综上所述，构成认知活动的各种因素的发展是多层次的和不同步的，因此，认知的发展要经历一个由浅入深、多阶段和多种水平的发展过程。教育工作者必须按照认知发展的规律来进行教育，才能取得最佳的效果。

二、人格发展的一般规律与教育【一般】

1. 人格在心理学上的含义

在心理学上，人格指的是构成一个人的思想、情感及行为的特有统合模式，这个独特的模式包括了一个人区别于他人的稳定而同一的心理品质。

2. 人格具有多种本质特征

(1) 独特性

一个人的人格是受多种因素影响的，是在遗传、成熟、环境、教育等先天后天因素的交互作用下形成的，具有各自独特的心理特点。

(2) 稳定性

一个人的某种人格特点一旦形成，就相对稳定下来，也即难以改变。另外，人格的稳定性还表现在，人格特征在不同时空下表现出一致性的特点。

(3) 统合性

人格是由多种成分构成的一个有机整体，具有内在的一致性，同时也受自我意识的调控。

(4) 复杂性

人的行为表现出多元化、多层面等的特征。

(5) 功能性

人格是一个人生活成败、喜怒哀乐的根源，一个人的生活方式，甚至命运都被它决定。

3. 人格的结构

(1) 知—情—意系统

心理过程包括认知、情绪情感、意志过程，是人们都具有的共同心理现象，但每个人在这三大过程中表现各不相同，人格的成分是这种个体差异现象的表现。

(2) 心理状态系统

主要指某一时刻或某段时间内相对稳定的心理活动背景。包括意识状态、注意、情绪状态、疲劳状态等。这些状态直接影响到心理活动的差异性。

(3) 人格动力系统

决定并制约人的心理活动的进行、方向、强度、稳定水平的结构。包括需要、动机、兴趣、价值、世界观等。价值观形成后，具有相当的稳定性，并对人格起控制作用。

(4) 心理特征系统

包括能力、气质、性格三种成分。在能力方面，自然科学家认知能力强，社会活动家人际交往能力强；在气质方面，有人暴躁，有人温和；在性格方面，有人正直，有人阴险。

(5)自我调控系统

以自我为核心的人格调控系统，主要作用是对人格的各个成分进行调控，保证人格的完整、统一、和谐。属于人格中的内控系统或自控系统。包括：

①自我认识：对自己的洞察和理解，包括自我观察和自我评价（自我调节的重要条件）。

②自我体验：自我意识在情感上的表现，是伴随自我认识而产生的内心体验。

③自我控制：自我意识在行为上的表现，是实现自我意识调节的最终环节。

当个体认识到某种社会要求后，会力求使自己的行为符合其社会准则，从而激发起自我控制的动机，并付诸行动。

从以上分析可以看出，人格是个非常复杂的系统，它既受先天的影响，也受到环境和教育的巨大刺激，并具有一定的稳定性，一旦成型就很难改变，但这并不代表它不受环境和教育的影响，只是这种影响更大部分是潜移默化的、渐进的，因此尤其要注意家庭及早期经验对个体人格发展的影响。培养儿童的良好个性，改变儿童的不良习惯，为个体提供良好的榜样以及健康的成长环境，是促进个体人格健康发展的关键所在。

4. 心理发展与教育的关系

(1)心理发展是有效教育的背景和前提

虽然教育对个体身心发展起主导作用，但个体身心发展的规律又制约着教育主导作用的发挥，影响着教育的效率，教育必须以个体心理发展水平和特点为依据。

(2)有效的教育能促进个体身心发展

教育一方面要依据个体的身心发展水平和状况，另一方面，教育又能够极大地促进个体心理的发展并对个体的心理发展起主导作用。

第二节 认知发展理论与教育

一、皮亚杰的认知发展阶段理论【重要】

扫一扫，看视频

儿童的认知发展研究发端于瑞士心理学家皮亚杰及日内瓦学派的有关研究。皮亚杰认为，在个体从出生到成熟的发展过程中，认知结构在与环境的相互作用中不断重构，从而表现出具有不同的质的不同阶段。他把人的发展分为四个阶段：

1. 感知运动阶段（0～2岁）

这一阶段的认知活动，主要是通过探索感知觉与运动之间的关系来获得动作经验，在这些活动中形成了一些低级的行为图式，以此来适应和进一步探索外界环境。其中手的抓取和嘴的吸吮是他们探索周围世界的主要手段。从出生到2岁这一时期，儿童的认知能力也是逐渐发展的。一般从对事物的被动反应发展到主动的探究，例如从只是抓住成人放在手里的物体到自己伸

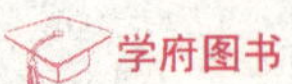

手去拿物体。其认识事物的顺序是从认识自己的身体到探究外界事物，而且儿童渐渐获得了客体永恒性(object permanence)，即当某一客体从儿童视野中消失时，儿童知道该客体并非不存在了。儿童在9~12个月获得客体永恒性，而在此之前，儿童往往认为不在眼前的事物就不存在了，并且不再去寻找，客体永恒性是后来认知活动的基础。本阶段儿童还不能用语言和抽象符号为事物命名。

2. 前运算阶段(2~7岁)

儿童在感知运动阶段获得的感觉运动行为模式，在这一阶段已内化为表象或形象模式，具有了符号功能。表象日益丰富，开始能运用语言或较为抽象的符号来表达他们经历过的事物，但这一阶段的儿童还不能很好地掌握概念的概括性和一般性。本阶段儿童的思维还具有只能前推、不能后退的不可逆性(irreversibility)。同时儿童在注意事物的某一方面时往往忽略其他的方面，即思维具有刻板性。与思维的不可逆性和刻板性等特点相联系，儿童尚未获得物体守恒(conservation)的概念，守恒是指物体事物不论其形态如何变化，其物质量是恒定不变的。但本阶段儿童由于受直觉知觉活动的影响，还不能认识到这一点。

3. 具体运算阶段(7~11岁)

儿童的认知结构已发生了重组和改善，思维具有了一定的弹性，可逆转，能凭借具体事物或从具体的事物中获得的表象进行逻辑思维和群集运算。但这一阶段儿童的思维仍需要具体事物的支持。儿童还不能进行抽象思维。因此，皮亚杰认为对这一年龄阶段的儿童应多做事实性的、技能性的训练。此外，本阶段儿童已经能理解原则和规则，但在实际生活中只能刻板地遵守规则，不敢改变。

4. 形式运算阶段(11~16岁)

儿童的思维已超越了对具体的可感知的事物的依赖，使形式从内容中解脱出来，进入形式运算阶段。本阶段儿童的思维是以命题形式进行的，并能发现命题之间的关系；能够根据逻辑推理、归纳或演绎的方式来解决问题；能理解符号的意义、隐喻和直喻，能做一定的概括，其思维发展水平已接近成人的水平。本阶段儿童不再刻板地恪守规则，并且常常由于规则与事实的不符而违反规则或违抗师长。对这一年龄阶段的儿童，教师和家长不宜采用过多的命令和强制性的教育，而应鼓励和指导他们自己做决定，同时对他们考虑不全面的地方提出建议。

皮亚杰的发展理论对教育教学实践有很大的影响。

首先，皮亚杰不主张教给儿童那些明显超出他们发展水平的材料，也不要求没有任何根据地或人为地加速儿童的发展，但同时，过于简单的问题对儿童的认知发展作用也不大，因此，教师创设或提供的教学情境应该是恰好适合的，这种情境既能引起学生认知的不平衡，又不过分超越学生已有的认知水平和知识经验。

其次，每一个班学生的认知发展水平和已有知识经验有很大的差异，教师要确定学生的不同认知发展水平，以确保所实施的教学与学生的认知水平相匹配。

二、维果茨基的文化历史发展理论【重要】

扫一扫，看视频

苏联心理学家维果茨基从历史唯物主义的观点出发，在20世纪30年代提出“文化历史发展理论”，主张人的高级心理机能是社会历史的产物，受社会规律的制约，十分强调人类社会文化对人的心理发展的重要作用，以及社会交互作用对认知发展的重要性。

1. 文化历史发展理论

维果茨基从种系和个体发展的角度分析了心理发展实质，提出了文化历史发展理论来说明人的高级心理技能的社会历史发生问题。

维果茨基区分了两种心理机能：一种是作为动物进化结果的低级心理机能，这是个体早期以直接的方式与外界相互作用时表现出来的特征，如基本的知觉加工和自动化过程；另一种则是作为历史发展结果的高级心理机能，即以符号系统为中介的心理机能，如记忆的精细加工。正是高级心理机能，使得人类的心理在本质上区别于动物的心理。在个体心理发展的过程中，这两种机能是融合在一起的。高级心理机能的实质是以心理工具为中介，受到社会历史发展规律的制约。

维果茨基认为，人的思维与智力是在活动中发展起来的，是各种活动、社会性相互作用不断内化的结果。儿童的认知发展更多地依赖于周围人们的帮助，儿童的知识、思想、态度、价值观都是在与他人的交往中发展起来的，儿童发展的情况取决于他们学习的方式和内容。他认为，人的高级心理机能是人在与社会的交互作用中发展起来的，或者说人的高级心理活动起源于社会的交互作用。

2. 教育和发展的关系——“最近发展区”

在说明教学和发展的关系时，维果茨基认为“儿童的教学可定义为人为的发展”。维果茨基提出了“最近发展区”的思想，认为教学必须要考虑儿童已达到的水平并要走在儿童发展的前面。

在确定儿童发展水平及其教学时，必须考虑儿童的两种发展水平：一种是儿童现有的发展水平；另一种是指在有指导的情况下借助成人的帮助可以达到的解决问题的水平，或是借助于他人的启发帮助可以达到的较高水平。这两者之间的差距，即儿童的现有水平与经过他人帮助可以达到的较高水平之间的差距，就是“最近发展区”。

从这个意义上，维果茨基认为教学“创造着”学生的发展。他主张教学应当走在儿童现有发展水平的前面，教学可以带动发展。

教学的作用表现在两个方面：它一方面决定着儿童发展的内容、水平、速度等；另一方面也创造着最近发展区。从教学内容到教学方法上都要考虑到儿童现有的发展水平，而且能根据儿童的最近发展区给儿童提出更高的发展要求。

3. 维果茨基的内化学说

维果茨基的内化学说的基础是他的工具理论。他认为，运用符号系统将促使心理活动的根本改造。这种改造转化不仅在人类发展中进行着，也在个体的发展中进行着。儿童只有掌握了语言这个工具，外部形式的活动才能得以内化，转为内部活动，才能最终默默地在头脑中进行。

在儿童认知发展的内化过程中，语言符号系统的作用是至关重要的。语言为儿童表达思想和提出问题提供了可能性，也为儿童从周围人那里学习提供了可能性。同时，儿童的言语也直接促进了其高级心理机能的发展。在皮亚杰看来，儿童的自我言语是认知不成熟的表现，是一种自我中心的言语，儿童自言自语时并未考虑其他人的兴趣。只有当儿童慢慢发展到认知成熟时，才渐渐能够倾听对方的意思并与对方进行交流。维果茨基认为儿童的自言自语并不是不成熟的表现，这种自言自语在其认知发展中起着重要作用，这是一种儿童与自己的交流，并借以指导自己的行为，而且，随着儿童的成熟，这种喃喃自语逐渐发展为耳语、口唇动作、内部言语和思维，从而完成内化过程。

4. 心理发展观

在对人的高级心理机能及其特征进行了详细的界定和描述的基础上，维果茨基提出了关于儿童认知发展的许多见解，这些观点与皮亚杰的认知发展观有联系，也有区别。皮亚杰强调儿童主要是自己建构有关周围世界的认知图式，维果茨基却认为儿童的心理发展具有社会性。

在论述发展时，维果茨基首先界定：心理发展是个体的心理自出生到成年，在环境与教育的影响下，在低级心理机能的基础上，逐渐向高级机能转化的过程。由低级机能向高级机能的发展有四个主要的表现：

①随意机能的不断发展。随意机能是指心理活动的主动性、有意性，是由主体按照预定的目的而自觉引发的。儿童心理活动的随意性越强，心理水平越高。

②抽象—概括机能的提高。儿童随着词、语言的发展，随着知识经验的增长，各种心理机能的概括性和间接性得到发展，最后形成了最高级的意识系统。

③各种心理机能之间的关系不断变化、重组，形成间接的、以符号为中介的心理结构。儿童的心理结构越复杂、越间接、越简缩，心理水平越高。

④心理活动的个性化。维果茨基强调个性特点对认知发展的影响，认为儿童意识的发展不仅是个别机能由某一年龄阶段向另一年龄阶段过渡时的增长和提高，更主要的是其个性的发展、整个意识的增长与发展。个性的形成是高级心理机能发展的重要标志，个性特点对其他机能的发展具有重要的作用。

对于儿童心理发展的原因，维果茨基强调了三点：

首先，心理机能的发展起源于社会文化历史的发展，受社会规律的制约。其次，从个体发展来看，儿童在与成人交往过程中通过掌握高级心理机能的工具——语言、符号系统，从而在低级的心理机能的基础上形成了各种新质的心理机能。最后，高级心理机能是外部活动不断内化的结果。

三、认知发展理论的教育启示【一般】

第一，皮亚杰的认知发展阶段理论强调认知发展对学习的制约作用，在教育教学中，应依据儿童不同发展阶段的认知特点进行教学。

第二，学习是一个主动建构的过程，知识是学习者经过同化、顺应机制而建构起来的经验体系。

这要求我们树立新的知识观、学习观，选择符合儿童发展的教育内容，通过精心组织的教学内容与方法促进儿童认知发展。

第三，学生必须积极主动地参与活动。认知发展的过程是一个内在机构连续不断地组织和再组织的过程，是在新水平上整合新、旧信息以及形成新结构的过程。只有当所教的东西能够引起儿童积极探索和进行再创造的愿望和行动时，才会有效地被儿童同化。

第四，教学应引导并促进学生的发展。维果茨基等人强调教学对认知发展的促进作用。他认为，一方面，教学必须符合儿童的年龄特征，必须以儿童一定的成熟度为基础；另一方面，"教学应当走在发展前面"，要创造最近发展区。这要求不同教学形式和方法的采用应考虑到儿童的最近发展区，给儿童提出更高的要求，以促进儿童的发展。

第五，教育教学要适应个体差异。每个学生的认知发展水平和已有知识经验都有很大差异，教师要了解学生的不同认知发展水平，以保证所实施的教育教学与学生的认知结构和认知发展水平相匹配。

第三节 人格发展理论与教育

一、埃里克森的心理社会发展理论【重要】

扫一扫，看视频

埃里克森把发展看成是一个经过一系列阶段的过程。每一阶段都有其特殊的目标、任务和冲突。各个阶段互相依存，后一阶段发展任务的完成依赖于早期冲突的解决。埃里克森认为每一阶段的发展中，个体均面临一个发展危机，每一个危机都涉及一个积极的选择与一个潜在的消极选择之间的冲突。个体解决每一个危机的方式对个体的自我概念以及社会观有着深远的影响。

1. 埃里克森心理社会发展理论的八个阶段

(1)信任对怀疑(0～1.5岁)

本阶段的基本冲突是信任对怀疑。如果婴儿得到较好的抚养并与父母建立了良好的亲子关系，儿童将对周围产生信任感，否则将产生怀疑和不安。这一阶段相当于皮亚杰所说的感知运动阶段的早期，他们刚刚开始意识到他们与周围世界是独立的，并开始意识到物体的守恒性。

(2)自主对羞怯(1.5～3岁)

这一阶段中的儿童开始表现出自我控制的需要与倾向，他们能凭自己的力量做越来越多的事情，渴望自主，也开始认识到自我照料的责任感。

针对这些特点，成人应该给予儿童适当的关怀和保护，以帮助他们树立良好的自信心。如成年人未能对儿童试图掌握基本的动作技能和认知技能的尝试给予鼓励，则幼儿会对自己的能力产生怀疑。本阶段个体如果体会到过多的怀疑和羞怯，可能会导致其一生对自己的能力缺乏信心。

(3)主动感对内疚感(3～6、7岁)

本阶段儿童的活动范围逐渐超出家庭的圈子，儿童开始追求出于自我利益和动机的活动。如果他们的活动被允许，则表现出主动和愉悦；反之，则可能会降低从事活动的热情。

(4)勤奋感对自卑感(6、7～12岁)

本阶段儿童开始进入学校，开始体会到持之以恒的能力与成功之间的关系，开始形成一种成功感，儿童面临各方面的要求与挑战，其中，困难与挫折导致了自卑感，而成功的体验则有助于在以后的社会中建立勤奋的特质。

(5)角色同一性对角色混乱(12～18岁)

这一阶段大体相当于少年期和青春期。此时个体开始体会到自我概念问题的困扰，也即开始考虑"我是谁"这一问题，体验着角色同一与混乱的冲突。这里的角色同一性是有关自我形象的一种组织，它包括有关自我的能力、信念、性格等的一贯经验和概念。如果个体在这一时期把这些方面很好地整合起来，他所想的和所做的与他的角色概念相符合，个体便获得了较好的角色同一性。埃里克森注意到前几个阶段中冲突的健康解决会成为本时期的良好基础，如前几个阶段形成的信任感、自主感、主动创造性和勤奋感都有助于个体更自信地面对各种选择，从而使个体成功地获得角色同一性。

(6)友爱亲密对孤独(18～30岁)

这一阶段相当于青年晚期。此时，个体如能在人际交往中建立正常的人与人之间的友好关系，可形成一种亲密感。这种意义上的亲密感是指，个体愿与他人进行深层次的交往，并保持一种长期的友好关系，学会与他人分享而不计较回报。

(7)繁殖对停滞(30～60岁)

本时期包括中年期和壮年期。本阶段个体面临抚养下一代的任务，并把下一代作为自己能力的延伸。发展顺利的个体表现为家庭美满，富有创造力；反之，则陷入自我专注，只关心自己的需要与舒适，对他人及后代感情冷漠以至于颓废消极。

(8)完美无憾对悲观失望(60岁以后)

本时期相当于老年期，这个阶段个体的发展受前几个阶段的影响较大。如个体在前几个阶段发展顺利，则在这一时期巩固自己的自我感觉并完全接受自我；反之，则个体将陷入绝望。

2. 埃里克森的社会发展理论对心理学研究及教育实践的启发意义

人的发展是心理不断变化的过程，各个阶段都有不同的任务，每个阶段的心理矛盾侧重点都不同，因此只有解决好这些矛盾，人才能顺利地发展，人才能得到完整的教育。要从整体上、从个体心理发展的各个方面及其相互关系中，考察人的社会性发展和道德等的形成和总体发展阶段和过程。

教育者应针对儿童和青少年时期心理发展的特点，实施有效的教育。埃里克森的理论有助于我们的教育适应中小学生的发展。在学校教育中，小学生正处于第四阶段(6～12岁)；中学生正处于第五阶段(12～18岁)。教师一定要意识到，他们的学生总是在努力保持着积极的自我概念，认为自己是有能力有价值的个体。学生的自信是建立在自己的勤奋和教师对其积极的评价上,要为儿童的发展创造良好的周围环境。

二、科尔伯格的道德发展阶段理论【重要】

扫一扫,看视频

美国发展心理学家科尔伯格,依据不同年龄儿童进行道德判断的思维结构提出了一套儿童道德认识发展的阶段模式。科尔伯格运用“道德两难”故事法来推断儿童的道德发展水平,他所设计的故事中包含着一个在道德价值上具有矛盾冲突的故事,让被试听完故事后对故事中人物的行为进行评价。他还设计了相当完备的评价标准体系,以此来测评被试道德发展的水平。其中,典型的故事是“海因兹偷药”的故事。面对这样的道德两难问题,具有不同道德水平的人会做出不同的判断并提出不同的判断理由。

1. 道德发展的三水平六阶段模式

(1)前习俗水平(9岁之前)

即根据行为的具体结果及其与自身的利害关系判断好坏是非,认为道德的价值不是取决于人或准则,而是取决于外在的要求。

它包括两个阶段:惩罚服从取向阶段和相对功利取向阶段。

①惩罚服从取向阶段。

这个阶段的儿童根据行为的后果来判断行为是好是坏及严重程度。他们服从权威或规则只是为了避免处罚。认为受赞扬的行为就是好的,受惩罚的行为就是坏的。他们没有真正的准则概念。属于这一阶段的儿童认为海因兹偷药是坏的,因为“偷药会坐牢”。

②相对功利取向阶段。

这个阶段的儿童为了获得奖赏或满足个人需要而遵从准则,偶尔也包括满足他人需要的行动,他们认为如果行为者最终得益,那么为别人效劳就是对的。儿童不再把规则看成是绝对的、固定不变的东西。他们能部分地根据行为者的意向来判断过错行为的严重程度。

(2)习俗水平(10~15岁)

着眼于社会的希望与要求,从社会成员的角度思考道德问题,开始意识到个体的行为必须符合社会的准则,能够了解和认识社会,并遵守和执行社会的规范。

它包括两个阶段:寻求认可取向阶段和遵守法规取向阶段。

①寻求认可取向阶段。

这个阶段的儿童尊重大多数人的意见和惯常的角色行为,避免非议以赢得赞赏,重视顺从和做好孩子。儿童心目中的道德行为就是取决于人的,有助于人的或为别人所赞赏的行为。他们希望保持人与人之间良好的、和谐的关系,希望被人看作是好人,要求自己不辜负父母、教师、朋友的期望,保持相互尊重、信任。这时儿童已能根据行为的动机和感情来评价行为。

②遵守法规取向阶段。

这个阶段的儿童注意的中心是维护社会秩序,认为每个人应当承担社会的义务和职责。判断某一行为的好坏,要看他是否符合维护社会秩序的准则。

(3)后习俗水平(15岁以后)

以普遍的道德原则作为自己行为的基本准则,能从人类正义、良心、尊严等角度判断行为的对错,并不完全受外在的法律和权威的约束,而是力图寻求更恰当的社会规范。

它包括两个阶段:社会契约取向阶段和普遍伦理取向阶段。

①社会契约取向阶段。

这一阶段的道德推理具有灵活性。他们认为法律是为了使人们能和睦相处,如果法律不符合人们的需要,可以通过共同协商和民主的程序加以改变,认为反映大多数人意愿或最大社会福利的行为就是道德行为。

②普遍伦理取向阶段。

他们认为应运用适合各种情况的道德准则和普遍的公正原则作为道德判断的根据。

科尔伯格的这种研究是根据美国的社会情况做出的划分。科尔伯格认为,这些发展顺序是一定的、不可颠倒的,各个阶段的时间长短是不相等的。同时,个体的道德发展水平,有些人可能只停留在前习俗水平或者习俗水平上,而永远达不到后习俗水平。

2.评价

它揭示了儿童的道德认知发展的基本历程,科尔伯格与皮亚杰一样,也认为这些阶段的发展是与儿童的认识能力状况有关的,其顺序是固定不变的。但在科尔伯格看来,品德发展阶段与年龄之间的关系并不是严格对立的,人们不一定在同一个年龄都达到同样的水平。该理论的意义在于发现了人类道德发展的两大规律:由他律到自律循序渐进,并且提出道德教育必须配合儿童心理的发展。理论的不足之处在于:强调的是道德认知,而不是道德行为,因而不能作为学校实施道德教育的根据。

三、人格发展理论的教育含义【一般】

①注重从个体心理发展的层次性及各层面之间的相互关系,考察人的社会性发展和道德的形成发展,而不是孤立地看待他们的发展历程。

②人格的发展与年龄有着密切的关系,因此教育要以人的年龄为依据,但人格发展水平并不一定与年龄一致。

③社会文化等因素对人的发展有很大的作用,应注重利用各种社会因素促进儿童人格特征的良好发展。

④儿童的人格特征发展有一定的顺序,由不成熟走向成熟,道德教育必须配合儿童的心理发展。

第四节 社会性发展与教育

一、社会性发展的内涵【一般】

社会性发展是指个体在其生物特性基础上，在与社会生活环境相互作用的过程中，掌握社会规范，形成社会技能，学习社会角色，获得社会性需要、态度、价值，发展社会行为，从而更好地适应社会环境的过程。社会性发展的实质就是个体由自然人成长为社会人。

二、亲社会行为的发展阶段、影响因素与习得途径【重要】

1. 发展阶段

亲社会行为是指有益于他人和社会的行为，包括助人行为、安慰、分享和合作等。艾森伯格的儿童亲社会行为的五种水平如下表所示：

水平	年龄段	阶段特征的描述
享乐主义、自我关注取向	学前儿童及小学低年级学生	关心自己，在对自己有利的情况下可能帮助他人
他人需求取向	小学生及一些正要步入青春期的少年	助人的决定是以他人的需求为基础的，不去助人时不会产生同情或内疚
赞许和人际关系取向	小学生及一些中学生	关心别人是否认为自己的利他行为是好的或值得称赞的，有好的或适宜的表现是重要的
自我投射的、移情推理的取向	一些小学高年级的学生及中学生	出于同情而关心他人，设身处地为他人着想
内化的法律、规范和价值观取向	少数中学生	是否助人的决定以内化的价值、规范和责任为基础，违反个人内化的原则将会损伤自尊

2. 影响因素

影响因素有：文化与亚文化、父母的价值观与教育方式、大众传播媒介。

3. 亲社会行为的习得途径

①移情反应的条件化；

②直接训练；

③观察学习。

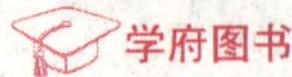

三、攻击行为及其改变方法【重要】

1. 攻击行为

是一种经常有意地伤害和挑衅他人的行为。

2. 攻击行为的分类

①按攻击行为的表现形式，可分为身体攻击、言语攻击和间接攻击。

②按攻击行为的起因，可分为主动型攻击和反应型攻击。

③按攻击行为的目的，可分为敌意性攻击和工具性攻击。

3. 改变攻击行为的方法

(1)消退法

对儿童的攻击行为可以采取不加理睬的方法，使它们得不到强化而逐渐减少。

(2)暂时隔离法

为了抑制某种特定行为的发生，而让行为者在一段时间内得不到强化或远离强化刺激。

(3)榜样示范法

将有攻击行为的儿童置于无攻击行为的榜样当中，减少他们的攻击行为；让有攻击行为的儿童观察其他儿童的攻击行为是如何受到禁止或处罚的。

(4)角色扮演法

攻击者和被攻击者的角色都让孩子去扮演。

四、同伴关系的发展及培养【一般】

1. 同伴关系

是指个体在交往过程中建立和发展起来的一种个体之间的，特别是同龄人之间的一种人际关系。

2. 友谊的发展——塞尔曼的儿童友谊发展五个阶段

阶段1(3～7岁)，尚不稳定的友谊。

阶段2(4～9岁)，单向帮助关系。

阶段3(6～12岁)，双向帮助关系。

阶段4(9～15岁)，亲密的共享。

阶段5(12岁以后)，友谊发展成熟。

3. 促进同伴关系良好发展的途径

①开设相关课程，进行交往技能训练；

②丰富课堂教学交往活动；

③组织丰富多彩的交往实践活动；

④培养学生的亲社会能力。

第五节 心理发展的差异与教育

一、智能差异与教育【一般】

智能即心理能力，指个体在学习、思维及解决问题时，心理上的运作表现在行为上的能力。智力差异的因素主要有遗传与环境。一般认为，先天遗传决定智力架构，后天环境影响早期大于后期。

心理学研究发现，人与人之间的智力是存在差异的，这种差异表现在以下四个方面：

第一，智力类型上的差异。智力包括观察力、记忆力、思维能力等。智力的类型差异就是指人在观察力、记忆力、思维能力等方面的类型差异。在记忆方面，有的人善于运用听觉记忆，有的人善于运用视觉记忆，有的人善于运用运动记忆。

第二，智力发展水平上的差异。如：有的人从小聪明过人，有的人 20 多岁还呆头呆脑，这就是智力高低的不同。

第三，智力的差异也表现为有些人早熟，有些人晚成。

第四，智力由于性别差异也有所不同，但无高低之分。

为了顺应智力差异的事实，应该改革教学组织形式和教学方式，做到因材施教。

二、人格差异与教育【一般】

人格指学生在校学习活动中，对人、对事、对己以至于对学校环境适应时，在行为上所表现出来的独特风格。学生在获得知识的过程中，不仅发展了智力，还形成和发展了个性，学生在个性形成和发展的过程中，总会发生这样或那样的不适应的行为问题。心理学研究人格差异，就是为了在教育和心理治疗方面为教师提供心理依据。这方面的差异主要表现在性格差异和气质差异两个方面：

1. 性格差异

性格差异主要表现在性格类型上。性格类型指的是一类人所具有的共同性格特征集合，心理学上主要分为三种类型：首先，根据心理活动的倾向性，分为外向型和内向型；其次，根据理智、情感、意志三种心理机制何者占据主导地位而分为理智型、情感型、意志型；最后，根据个人独立性的程度，分为独立型和顺从型。这三种类型中，外向型与内向型的区分在教育中的应用更加广泛。

2. 气质差异

气质是人的个性心理特征之一，它是指在人的认识、情感、言语、行动中，心理活动发生时力量的强弱、变化的快慢和均衡程度等稳定的动力特征。气质可以分为以下几种类型，如下表所示：

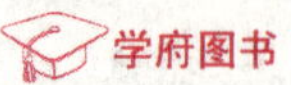

不同气质类型的基本特点和神经活动类型

气质类型	神经系统的基本特点	高级神经活动类型
多血质	强、平衡、灵活	活泼型
胆汁质	强、不平衡	兴奋型
黏液质	强、平衡、不灵活	安静型
抑郁质	弱	抑制型

不同的人格特质和差异会使相同的教育影响产生不同的后果，因此在具体的教育活动上，要注意以下几点：

首先，在教学活动中根据学生的人格差异，因人施教。

性格内向的人其心理活动是指向于自己内心世界的，很少表露自己内在的心理活动。沉默寡言、小心谨慎、沉着稳重、善于思考、深入钻研、社交面窄、顾虑多、较孤独是他们的特点。相反，外向人格的人其心理活动是指向于外的，总爱把内心世界展露于外。交际广泛、独立性强、活跃和开朗、自信、果断、勇于进取、对周围一切事物都很感兴趣、统帅力强，但有点轻率是他们的特点。

在学习动机上，外向学生偏爱社会动机，各种奖励措施对其作用很大；内向学生注重内在动机，内在动机是一种内在自发的、自我激励的动机，特别是到中学阶段越来越发挥主导作用，所以内向学生的学习成绩开始逐渐超过外向学生。在学习习惯上，外向学生虽然头脑比较灵活，但比较浮躁，不扎实；相反，内向学生往往能严格要求自己，学习认真，持之以恒，其意志的坚韧性较强。在学习方式上，外向学生比较喜欢探索性、归纳性、大步骤的知识讲授；内向学生偏好于支持性的、演绎的、小步骤的知识传授方式。

其次，根据不同的人格特质，因势利导。

胆汁质生气勃勃，精力充沛，但易暴躁任性，感情用事；多血质活泼、灵活，但易浮躁，不踏实，缺乏耐力；黏液质冷静、沉着但易固执呆板；抑郁质细心谨慎，见微知著，聪慧过人，但易忧郁、孤僻、羞怯等。对于胆汁质的人来说，教育者要发扬其勇敢进取、不屈不挠的优点，但要控制其不乱发脾气；多血质的人，应发挥机智、灵敏、兴趣广泛的优点，但要戒浮躁、粗心；黏液质的人，踏实、顽强、认真，但切忌优柔寡断；抑郁质的人，细心、坚持，但要克服懦弱、忧郁。

面对批评，不同气质类型的学生要防止出现气质的不良反应。在家庭教育和学校教育中，父母和老师出于良好目的，运用“批评”手段是正常的。胆汁质的人，批评过轻，就感觉不到，过重，就受不了。对此，要注意提高观察的敏锐力，注意师长所使用的暗示性批评方式，特别要防止出现逆反心理。抑郁质的人，比较敏感脆弱，怯懦多疑，易将师长的批评视为“厌弃自己”，所以要引导学生多从积极的方向去考虑问题，防止引起消极情绪，产生自卑心理，要敢于面对自己的不足，有勇气去克服它。对黏液质的人，改变其“不撞南墙不回头”的固执，提醒他有错就改。多血质的人，灵活多变，能接受多种批评方式，但心理不稳定，有时“左耳朵进，右耳朵出”，所以要提示他，不要犯同样错误。

三、认知方式差异与教育【重要】

认知方式又称认知风格、认知类型，指个体偏爱的信息加工方式，是个体知觉、记忆、思维和解决问题等认知活动中加工和组织信息时所显示出来的独特而稳定的风格。认知方式没有优劣好坏之分，它主要影响学生所采取的学习方式。认知方式的个体差异是因材施教必须考虑的心理变量，教师的教学方式与学生的认知方式相匹配，能提高儿童的学习效果。

1. 场独立与场依存

扫一扫，看视频

具有场独立认知方式的人，对客观事物做判断时，常常利用自己的内部参照，不易受外来的因素影响和干扰；具有场依存认知方式的人，对物体的知觉倾向于以外部参照作为信息加工的依据，难以摆脱环境因素的影响。

场独立型、场依存型与学生的学习有着密切的关系。研究表明，场独立型的学生一般偏爱自然科学、数学，且成绩较好。他们的学习动机往往以内在动机为主。场依存型的学生一般较偏爱社会科学，他们的学习更多地依赖外在反馈，他们对人比对物更感兴趣。场独立型者善于运用分析的知觉方式，而场依存型者则偏爱非分析的、笼统的或整体的知觉方式，他们难以从复杂的情境中区分事物的若干要素或组成部分。

另外，场独立型与场依存型的学生对教学方法也有不同偏好。场独立型的学生易于给无结构的材料提供结构，比较易于适应结构不严密的教学方法。反之，场依存型学生喜欢有严密结构的教学，因为他们需要教师提供外来结构，需要教师的明确指导与讲解。

场独立型的学生不因外界的刺激而对学习产生干扰；场依存型的学生因外界刺激而对学习产生干扰。

2. 沉思型与冲动型

扫一扫，看视频

沉思型与冲动型的认知方式反映了个体加工信息、解决问题过程的速度和准确性。沉思型学生在碰到问题时倾向于深思熟虑，用充足的时间考虑、审视问题，权衡问题解决的各种方法，然后从中选择一个满足多种条件的最佳方案，因而错误较少。而冲动型学生则倾向于很快地检验假设，根据问题的部分信息或没对问题做透彻的分析就仓促做出决定，反应速度较快，但容易发生错误。但并非所有反应快的学生都属于冲动型，有的可能是由于对任务很熟悉，或者是思维很敏捷的缘故。

研究发现，沉思型学生与冲动型学生相比，表现出具有更成熟的解决问题策略，能更多地提出不同假设。而且沉思型学生能够较好地约束自己的动作行为，忍受延迟性满足，比起冲动型学生，更能抗拒诱惑。此外，沉思型学生与冲动型学生的差别还在于，沉思型学生往往更易自发地或在外界要求下对自己的解答做出解释；而冲动型学生则很难做到，即使在外界要求下必须做出解释时，他们的回答也往往是不周全、不合逻辑的。

在学习方面，一般来说，沉思型学生阅读成绩好，再认测验及推理测验成绩也好于冲动型学生，而且在创造性测验中成绩优秀。相比之下，冲动型学生往往阅读困难，较多表现出学习能力的缺失，学习成绩常不理想。不过，在某些涉及多角度的任务中，冲动型学生则表现较好。

3. 辐合型和发散型

辐合型认知方式是指个体在解决问题的过程中常表现出辐合思维的特征，表现为搜集或综合信

息与知识,运用逻辑规律,缩小解答范围,直至找到最适当的唯一正确的解答方案。而发散型认知方式则是指个体在解决问题的过程中常表现出发散思维的特征,表现为个人的思维沿着许多不同的方向扩展,使观念发散到各个有关方面,最终产生多种可能的答案,而不是唯一正确的答案,因而容易产生有创见的新颖观念。

4. 整体性和系列性

整体性策略指学生解决问题时,倾向于使用比较复杂的假设,每个假设同时涉及若干属性;而系列性策略指学生在解决问题时,倾向于把精力集中在一步步的策略上,他们提出的假设一般来说比较简单,每个假设只包括一个属性。

5. 外倾和内倾

外倾者的行为主要指向外部世界的各种事件,他们的思维是受客观事物支配的。与此相反,内倾者往往是根据个人的价值观和标准来评价外部事件。内倾者的思维是受个人对事物的理解和看法影响的。

四、性别差异与教育【一般】

1. 性别差异是先天遗传因素决定的生理上的差异

教育心理学家认为,两性的生理差异除了以生理为基础的行为表现之外,以心理为基础的行为表现其差异均不完全归因于性别的因素。婴儿出生时只有生物学意义的性别差异,没有心理行为的性别差异。最初的差异表现为性别偏好,大约在出生后第二年,男女儿童开始出现对游戏活动和玩具的不同兴趣。4 岁左右有了较明显的稳定的偏性选择,男孩爱好活动量大的身体运动类的游戏和汽车、建筑材料等玩具;女孩则愿意参加坐着的游戏,扮演家庭成员角色,喜爱与这些游戏有关的玩具。4 ~6 岁的儿童开始表现出性别定型行为,随着年龄增长,男孩的性别定型发展比女孩更迅速、完善和巩固,而女孩常表现出跨性别的兴趣,从事跨性别的活动,直到成年以后。

研究表明,心理的发展速度和发展水平在两性之间并不是完全一致的,从出生到青春发育期,女性心理发展占优势;从青年发育期开始,男女心理发展总体上趋于平衡,但心理发展的性别特征和性别差异是明显的。到目前为止,男女两性在言语发展、空间知觉、数学能力、行为的攻击性这四个方面的差异已基本得到确认;在社会化、受暗示性、自信心、解决问题的方式、对成就的趋向等方面存着差异,但证据还不够充分,在触觉感受性、恐惧与忧虑、主动性、竞争性、支配性、顺从性和关心他人的品质等方面是否存在差异,还不能确定。

2. 差异表现

认知方面的差异研究表明,从 13 岁开始,男性空间知觉能力明显优于女性。8 ~9 岁的男孩在看图计算方块、辨别方向等包含空间能力的测验中就表现出显著的优势。男女记忆方面的优势不同,女性机械记忆能力强,短时记忆广度超过男性;男性的理解记忆、长时记忆优于女性。男女的思维发展总体上是平衡的,但不同年龄阶段发展的速度及水平不一致。由于认知方面的性别差异,从

12岁起男性的数学能力明显优于女性。

言语发展的差异是从婴儿期到青春前期。女孩言语发展一直优于男孩，在包括接受性和创造性言语任务及需要高水平言语能力的任务中，女孩得分均高于男孩。

行为差异从2～5岁开始。男孩在社会性游戏中表现出比女孩更大的身体侵犯性和言语侵犯性。男性的行为常易受情感支配，缺乏自制力，而具有冲动性。

总体来说，在小学阶段，男女之间无显著差异。一般在智力上无差异，而在学业成就上女生优于男生。

中学以上，男女生间差异显著，在学业成就上男生优于女生。

经典例题

一、名词解释

1. 文化历史发展理论
2. 最近发展区

二、填空题

皮亚杰认知发展的四个阶段是______、______、______和______。

三、简答题

简述埃里克森的心理社会发展理论。

四、分析论述题

科尔伯格道德发展阶段理论以及教育意义。

答案解析

一、名词解释

1. 文化历史发展理论是由苏联心理学家维果茨基提出的，他从历史唯物主义的观点出发，主张人的高级心理机能是社会历史的产物，受社会规律的制约，十分强调人类社会文化对人的心理发展的重要作用，以及社会交互作用对认知发展的重要性。

2. 最近发展区是由维果茨基提出的思想，维果茨基认为教学必须要考虑儿童已达到的水平，并

要走在儿童发展的前面。在确定儿童发展水平及其教学时，必须考虑儿童的两种发展水平，一种是儿童现有的发展水平；另一种是指在有指导的情况下借助成人的帮助可以达到解决问题的水平，或是借助于他人的启发帮助可以达到的较高水平。这两者之间的差距，即儿童的现有水平与经过他人帮助可以达到的较高水平之间的差距，就是“最近发展区”。

考点分析 维果茨基的“文化历史发展理论”和“最近发展区”是认知发展理论与教育下属的考点，这也是与皮亚杰并列的两种不同认知发展理论之一，因此要重点掌握。尤其是最近发展区等高频考点，要多加以总结，牢记重点叙述。

二、填空题

感知运动阶段、前运算阶段、具体运算阶段和形式运算阶段。

考点分析 虽然333考试一般是由名词解释、简答、论述构成，但是部分学校也会根据情况对题型进行变换，所以考生在备考的时候，尽量要分析、整理报考学校的往年试题，如果发现其题型有所不同，就要有针对性地训练，减少失分可能。本题难度较低，考查的是皮亚杰认知发展阶段理论的四个阶段，按前后顺序填入即可得分。

三、简答题

埃里克森把发展看成是一个经过一系列阶段的过程。每一阶段都有其特殊的目标、任务和冲突。埃里克森的心理社会发展理论的八个阶段：

①信任对怀疑(0～1.5岁)

②自主对羞怯(1.5～3岁)

③主动感对内疚感(3～6、7岁)

④勤奋感对自卑感(6、7～12岁)

⑤角色同一性对角色混乱(12～18岁)

⑥友爱亲密对孤独(18～30岁)

⑦繁殖对停滞(30～60岁)

⑧完美无憾对悲观失望(60岁以后)

该发展理论对心理学研究及教育实践有重要的启发意义，提醒我们要注重文化和社会因素对人的发展的作用；要从整体上、从个体心理发展的各个方面及其相互关系中，考察人的社会性发展和道德等的形成和总体发展过程；并针对儿童和青少年时期心理发展的特点实施有效的教育。

考点分析 埃里克森的“心理社会发展理论”属于人格发展理论与教育的部分，记忆难度比较高，八大阶段需要按照人一生的时间线索来记忆，这一考点有可能作为分析论述来考，那么在答题时，就需要将八大阶段与实际结合，不能仅回答条文。

四、分析论述题

1. 科尔伯格依据不同年龄儿童进行道德判断的思维结构提出了自己的一套儿童道德认识发展的

阶段模式。科尔伯格运用“道德两难”故事法来推断儿童的道德发展水平,具有不同道德水平的人会做出不同的判断并提出不同的判断理由,以此确定了道德发展的三水平六阶段模式:

①前习俗水平(9 岁之前)

即根据行为的具体结果及其与自身的利害关系判断好坏是非,认为道德的价值不是取决于人或准则,而是取决于外在的要求。

它包括两个阶段:惩罚服从取向阶段和相对功利取向阶段。

②习俗水平(10~15 岁)

着眼于社会的希望与要求,从社会成员的角度思考道德问题,开始意识到个体的行为必须符合社会的准则,能够了解和认识社会,并遵守和执行社会的规范。

它包括两个阶段:寻求认可取向阶段和遵守法规取向阶段。

③后习俗水平(15 岁以后)

以普遍的道德原则作为自己行为的基本准则,能从人类正义、良心、尊严等角度判断行为的对错,并不完全受外在的法律和权威的约束,而是力图寻求更恰当的社会规范。

它包括两个阶段:社会契约取向阶段和普遍伦理取向阶段。

2. 人格发展理论对教育具有很大的启示作用。

①注重从个体的心理发展的层次性及各层面之间的相互关系,考察人的社会性发展和道德的形成发展,而不是孤立地看待他们的发展历程。

②人格的发展与年龄有着密切的关系,因此教育要以人的年龄为依据,但人格发展水平并不一定与年龄一致。

第三章

学习及其理论解释

本章是对学习的一般机制的概括，主要包括学习的分类体系，学习的联结、认知、建构和人本四大理论流派的基本观点。其中各个流派的代表人物及其理论是考查的重点。考生在复习中应识记学习的基本含义和学习的基本分类，了解各学习理论流派的基本主张和差异，理解各理论流派核心主张的含义和教育启示，重点掌握巴甫洛夫、桑代克、班杜拉、布鲁纳、奥苏伯尔、加涅、罗杰斯等人理论的主要观点。

第一节　学习的一般概述

一、学习的基本含义【一般】

学习是个体在特定情境下由于练习或反复经验而产生的行为或行为潜能比较持久的变化。换言之，或学习是由于经验所引起的行为或思维的比较持久的变化。

首先，学习的发生是由于经验引起的。

其次，只有当个体在经验的作用下发生了行为上的变化，才能认为学习发生了。

第三，只有当行为的变化是由于练习或反复经验所导致的，才能视为学习。

第四，学习是一个广泛的概念，不仅人类普遍具有，而且动物也有学习。

二、学习的种类【一般】

1. 按学习主体分类

分为动物的学习、人类的学习和机器的学习。

2. 按学习水平分类

雷兹兰依据进化水平的不同，将学习分为四大类：反应性学习、联结性学习、综合性学习、象征性学习。

加涅根据学习的繁简度不同，提出了八类学习。

①信号学习：即经典性条件作用，学习是对某种信号做出某种反应。

②刺激－反应学习（S-R 的学习）。

③连锁学习：一系列刺激－反应的联合。

④语言联想学习：也是一系列刺激－反应的联合，但它是由言语单位所连接的连锁。

⑤辨别学习：学会识别多种刺激的异同并对之做出不同的反应。

⑥概念学习：对刺激进行分类，学会对一类刺激做出同样的反应，也就是对事物的抽象特征的反应。

⑦规则的学习：规则指两个或两个以上概念的联合。规则学习，即了解两个或两个以上概念之间的关系。

⑧解决问题的学习：即在各种情况下，使用所学规则去解决问题。

3. 按学习性质分类

奥苏伯尔从学习者的学习经验的来源和性质对学习进行分类。

(1)从学习经验的来源看，学习分为接受学习和发现学习

接受学习是指学习的内容是以定论的形式呈现给学习者的，学习者只需要将材料加以加工内化，以便日后的某个时刻可以再现或运用。发现学习是指不把学习的主要内容提供给学习者，而由学习者独立发现并内化。

(2)从学习经验的性质看，学习分为意义学习和机械学习

意义学习是指学习者利用原来经验来进行学习，建立新旧经验的联系。机械学习是指在学习中所得经验间无实质性联系的学习。

4. 按学习结果分类

(1)言语信息的学习

即学生掌握的是以言语信息传递（通过言语交往或印刷物的形式）的内容，或者学生学习的结果是以言语信息的方式表达出来的。

作用：

①是进一步学习的必要条件；

②有些言语学习在一生都有实际意义，如对时钟的识别；

③为思维提供条件。

(2)智慧技能的学习

按学习中所包含的心理运算的复杂程度，把智慧技能分为：辨别—概念—规则—解决问题。

(3)认知策略的学习

认知策略是学习者用以支配他的注意、学习、记忆和思维的有内在组织的才能，这种才能使得学习过程的执行控制成为可能。简单地说，认知策略就是管理其学习过程的方式。

(4)态度的学习

①儿童对家庭和其他社会关系的认识;

②对某种活动所伴随的积极的、喜爱的情感;

③有关个人品德的某些方面,如爱国、助人。

(5)运动技能的学习

又称动作技能,是指由有组织的、协调而统一的肌肉动作构成的活动。这种技能是在不断地练习中形成的。

我国的学习结果分类:知识的学习、技能的学习、道德品质或行为习惯的学习。

三、学生学习的特点【一般】

人类学习与学生学习之间是一般与特殊的关系,学生的学习既与人类的学习有共同之处,但又有其特殊的特点。

1. 学生的学习过程是掌握间接经验的过程

人类的认识是从实践开始,而学生的学习未必如此,他们可以从学习现有的经验、理论、结论开始,同时补充感性经验。虽然学生的学习也要求个人有一定的经验基础,但学生的实践活动与成人有所不同,主要表现在他们的目的性上,而且从总体上来说,学生的学习不可能事事从直接经验开始,间接经验的学习形式是主要的。在教学组织和教学方法上,要求教师能把学校学习与实际生活和学生的原有经验相联系。

2. 学生的学习是在有计划、有目的和有组织的情况下进行的

学生的学习必须在有限的时间内完成,并达到社会的要求,因此需要在教师的指导下实现。由于教师既掌握所教知识的内在联系,又了解学生学习过程的特点,因此,能够保证在较短时间内,采用特殊有效的方法,帮助学生学会学习,完成掌握前人经验和建构自己的认知结构的学习过程。

3. 学生的学习具有一定程度的被动性

学生的学习与人类学习一样,应该是一个主动建构的过程。但他们的学习又不是为了适应当前的环境,而是为了适应将来的环境,当学生意识不到他当前的学习与将来的生活实践的关系时,就不愿为学习付出努力。因此教师要注意用各种方法来培养和激发学生的学习动机,提高其学习的主动性和积极性。

总之,学生的学习既有人类认识过程的一般特点,又有其特殊性。如果不了解学生学习的特点,就可能使学生的学习成人化,事事要求直接经验,或是放弃指导,强调生活即教育;或是只注意灌输,把学生看作是一个接受知识的容器,被动的学习者。这些做法都有碍学生的学习。

第二节　学习的联结理论

一、经典性条件作用说【重要】

1. 巴甫洛夫的经典实验

实验方法:把食物展示给狗,并测量其唾液分泌。在这个过程中,他发现如果随同食物反复给一个中性刺激,如铃响,这狗就会逐渐学会在只有铃响但没有食物的情况下分泌唾液。他在研究消化现象时,观察了狗的唾液分泌,即对食物的一种反应特征。他的实验方法是,把食物显示给狗,并测量其唾液分泌。在这个过程中,他发现如果随同食物反复给一个中性刺激,即一个并不自动引起唾液分泌的刺激,如铃响,这狗就会逐渐"学会"在只有铃响,但没有食物的情况下分泌唾液。一个原是中性的刺激与一个原来就能引起某种反应的刺激相结合,使动物学会对那个中性刺激做出反应,这就是经典性条件反射的基本内容。

2. 经典性条件作用的主要规律

扫一扫,看视频

(1)习得、强化、消退

有机体对条件刺激和无条件刺激之间的联系的获得阶段称为条件反射的习得阶段。这个阶段必须将条件刺激和无条件刺激同时或近于同时地多次呈现,才能建立这种联系,这就是条件反射的习得。这种条件刺激与无条件刺激在时间上的结合就称为强化。强化的次数越多,条件反射就越巩固。如果反应行为得不到无条件刺激的强化,即使重复条件刺激,有机体原先建立起的条件反射也将会减弱并且消失,称之为条件反射的消退。

(2)泛化

指条件反射一旦建立,那些与原来刺激相似的新刺激也可能唤起反应,称为条件反射的泛化。例如,用500赫兹的音调与进食相结合来建立食物分泌的条件反射。在实验的初期阶段,许多其他音调同样可以引起唾液分泌条件反射,只不过它们跟500赫的音调差别越大,所引起的条件反射效应就越小。

(3)分化(辨别)

分化是与泛化互补的过程。泛化是指对类似的事物做出相同的反应,分化则是对刺激的差异的不同反应,即只对特定刺激给予强化,而对引起条件反射泛化的类似刺激不予强化,这样条件反射就可得到分化,类似的不相同的刺激就可以得到辨别。例如,当狗对类似响铃的声音也产生条件反射时,却不给它肉,几次之后,狗就发现这种声音与响铃有区别,不再产生对它的条件反射。

结论:

①中性刺激与无条件刺激在时间上的结合称为强化,强化的次数越多,条件反射就越巩固。

②当条件刺激不被无条件刺激所强化时,就会出现条件反射的抑制,主要有消退抑制和

第四部分

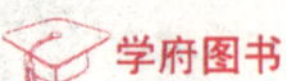

分化。

3. 华生对经典条件作用的发展

华生首先打出行为主义心理学的旗帜，是美国第一个将巴甫洛夫的研究结果作为学习理论的基础的人。他认为学习就是以一种刺激替代另一种刺激建立条件反射的过程。除了出生时具有的几种反射（打喷嚏、膝跳反射）和情绪反应以外，人类所有的行为都是通过条件反射建立新的刺激－反应联结（即S-R联结）而形成。

他用反射原理做了一个恐惧形成的实验：给婴儿一个小白兔，他原本是很开心的，当婴儿快要碰到兔子时，给出一种尖锐的声音，让婴儿感到害怕；几次后，婴儿只要看到小白兔就开始害怕到后来甚至是只要是白色的东西他都害怕。

4. 经典条件作用的教育应用

在实际教育中，许多学生的态度就是通过经典条件反射而学到的。例如：许多学生可能不喜欢英语，因为他们将这些外语与要求在课堂上大声翻译句子这样不愉快的经验联系了起来。在课堂上被提问引起了焦虑，学生形成了对外语恐惧的条件反射，可能泛化他们对其他课程或学校机构的恐惧。

二、操作性条件作用说【重要】

1. 桑代克的联结－试误说

扫一扫，看视频

桑代克最初研究学习问题是从各种动物实验开始的，其中最著名的就是饿猫打开迷箱的实验。箱内有某种开门的设施：一圈金属绳、一个把柄或一个旋钮。猫碰巧抓到这种开门设施，门便启开，猫得以逃出并能吃到箱子附近放置的鱼。第二次、第三次……猫一次比一次熟练，一次比一次更快地打开门，正确反应逐渐得到巩固，最终形成了稳定的刺激－反应联结。

桑代克认为，学习的实质在于形成刺激－反应联结；人和动物遵循同样的学习律；学习的过程是盲目的尝试与错误的渐进过程。学习遵循三条重要的学习原则：

(1)准备律

指学习者在学习开始时的预备定势。学习者有准备而又给以活动就感到满意，有准备而不活动则感到烦恼，学习者无准备而强制予以活动也感到烦恼。

(2)练习律

指一个学会了的反应的重复将增加刺激反应之间的联结。也就是S-R联结受到练习和使用得越多，就变得越来越强，反之，变得越弱。在他后来的著作中，他修改了这一规律，因为，他发现没有奖励的练习是无效的，联结只有通过有奖励的练习才能增强。

(3)效果律

桑代克的效果律表明，如果一个动作跟随着情境中一个满意的变化，在类似的情境中这个动作重复的可能性将增加，但是，如果跟随的是一个不满意的变化，这个行为重复的可能性将减少。

2. 斯金纳的经典实验及行为分类

斯金纳于20世纪30年代发明了所谓斯金纳箱的学习装置。箱内装一操纵杆,操纵杆与另一提供食丸的装置相连接。把饥饿的白鼠置于箱内,白鼠偶尔踏上操纵杆,供丸装置就会自动落下一粒食丸。白鼠经过几次尝试,会不断按压操纵杆,直到吃饱为止。这时,我们可以说,白鼠学会了按压操纵杆以取得食物的反应,按压操纵杆成了取得食物的手段或工具。也即操纵杆(S)与压杆反应(R)之间形成固定的联系。

斯金纳认为人和动物的行为有两类:应答性行为和操作性行为。应答性行为是由特定刺激引起的,是不随意的反射性行为,又称引发反应。操作性行为则不与任何特定刺激相联系,是有机体自发做出的随意反应,又称为自发反应。

3. 操作性条件作用的主要规律

扫一扫,看视频

(1)正强化和负强化

斯金纳认为,强化有两类:一类是当在环境中增加某种刺激时,有机体反应概率增加,这种刺激就是正强化;另一类是当某种刺激在有机体环境中消失或减少时,反应概率增加,这种刺激便是负强化。

(2)逃避条件作用与回避条件作用

当厌恶刺激或不愉快的情境出现时,有机体做出某种反应,从而逃避了厌恶刺激或不愉快情境,则该反应在以后的类似情境中发生的概率便增加。这类条件作用称为"逃避条件作用"。

当预示厌恶刺激或不愉快情境即将出现的信号呈现时,有机体自发地做出某种反应,从而避免了厌恶刺激或不愉快情境的出现,则该反应在以后的类似情境中发生的概率也会增加。这类条件作用则称为"回避条件作用"。

在逃避条件作用中,厌恶刺激已经发生了,个体已经遭受到这种痛苦;在回避条件作用中,厌恶刺激还没发生,有机体事先做出反应回避了它的发生,所以并没有遭到厌恶刺激的影响。启发我们在教育中,尤其是德育工作中,要"防患于未然"。

(3)惩罚与消退

当有机体做出某种反应后,呈现一个厌恶刺激,以消除或抑制此类反应的过程,叫作"惩罚"。惩罚与负强化不同。负强化是通过厌恶刺激的排除,来增加反应在将来发生的概率,而惩罚是通过厌恶刺激的呈现来降低反应在将来发生的概率。比如,某人因为犯罪被判处终身监禁,这里的"判刑"就是一种惩罚,目的是抑制或阻止此人不好的行为表现。假如经过改造,犯人的不好行为得到了抑制或消除,认识到自己的错误,那么法律可能会对他进行减刑,或者"解除处罚"。这里的"解除处罚"就是对犯人受到惩罚之后的行为表现表示肯定或赞扬,也就是一种负强化。

4. 程序教学与行为矫正

程序教学是通过教学机器呈现程序化教材而进行自学的一种方法。它把一门课程学习的总目标分成几个单元,再把每个单元分成许多小步子。学生在学完每一步骤的课程后,就会马上知道自己的学习结果,即能得到及时强化,然后按顺序进入下一步的学习,直到学完一个单元。在学习过程

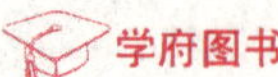

中，学生可按自己的学习能力和学习习惯，自定学习步调，自主进行反应，逐步达到总目标。

行为矫正指在操作性条件作用的范例中，不但能通过强化来控制行为，还可以通过操作性训练来塑造复杂行为。

三、观察学习理论【重要】

扫一扫，看视频

按照条件作用理论，学习是在个体行为表现的基础上，经由奖励或惩罚等外在控制而产生的，即学习是通过直接经验获得的。而班杜拉认为，这种观点对动物来说也许成立，但对人而言则未必成立。因为人的许多知识、技能、社会规范等的学习都来自间接经验。人们可以通过观察他人的行为以及行为的后果而间接地产生学习，班杜拉称这种学习为观察学习。

1. 观察学习的早期探索

自从20世纪40年代以来，行为主义心理学家们一直对儿童如何获得社会行为很感兴趣。这些行为包括合作、竞争、攻击和其他社会反应。社会反应主要通过观察和模仿别人的行为而习得。原有强化理论已不能令人满意地解释所有的模仿形式。

2. 班杜拉的经典实验与发现

具体实验过程如下：在早期的一项研究中，班杜拉及其合作者首先让儿童观察成人榜样对一个充气娃娃拳打脚踢，然后把儿童带到一个放有充气娃娃的实验室，让其自由活动，并观察他们的行为表现。结果发现，儿童在实验室里对充气娃娃也会拳打脚踢。这说明，成人榜样对儿童行为有明显影响，儿童可以通过观察成人榜样的行为而习得新行为。

在后来的一项实验中，他们对早期的实验做了进一步的延伸。把儿童分为三组，首先让儿童看到电影中的成年男子的攻击性行为。在影片结束后，第一组儿童看到成人被表扬，第二组看到成人被批评，第三组既不表扬也不批评。然后，再把儿童带到实验室，里面有成人攻击过的对象。结果发现，榜样受奖组儿童的攻击性行为最多，受罚组最少，控制组居中。这说明，榜样攻击性行为所导致的后果是儿童是否自发模仿这种行为的决定因素。

成人榜样对儿童有明显影响，儿童可通过观察成人榜样的行为而习得新行为。榜样行为所导致的后果，只影响到儿童攻击性行为的表现，而对攻击性行为的学习几乎没有影响。

3. 观察学习的基本过程与条件

班杜拉认为，人类大多数的行为都是通过观察习得的，这个学习过程受注意、保持、动作再现和动机四个子过程的影响。注意过程调节观察者对示范活动的探索与知觉；保持过程使得学习者把瞬间的经验转变为符号概念，形成内部表征；动作再现过程是以内部表征为指导，做出反应；动机过程则决定所习得的行为中哪一种行为将被表现出来。

(1)注意过程

影响因素有榜样行为的特性、榜样的特征和观察者的特点。

(2)保持过程

班杜拉认为示范信息的保持主要依赖于两种符号系统，即表象系统和言语系统。

(3)动作再现过程

就是把符号性表征转换成适当的行为。个体对榜样行为的再现过程可划分为:反应的认知组织,反应的发起和监控,以及在信息反馈基础上的精练。

(4)动机过程

动机决定哪一种经由观察习得的行为得以表现,包括外部强化、替代强化和自我强化。若要使观察者最终表现出与榜样相匹配的反应,则要反复示范榜样行为,指导他们如何去再现。

如果按照榜样行为行动会导致有价值的结果,而不会导致无奖励或惩罚的后果,则人们倾向于展现这一行为。这是一种外部强化。

另外,观察到榜样行为的后果,与自己直接体验到的后果,是以同样的方式影响观察者的行为表现的,即学习者的行为表现是受替代强化影响的。

自我强化是指人们能够自发地预测自己行为的结果,并依靠信息反馈进行自我评价和调节。

4. 观察学习理论的教育应用

①作为一个教育者,其主要目标是要教会学生他期望的行为。

②鼓励学生表现出已经学会的行为。

③加强或减弱学生对行为的抑制。

④引导学生将注意力集中在重要的地方。

第三节 学习的认知理论

一、布鲁纳的认知—发现说【重要】

扫一扫,看视频

布鲁纳是当代美国著名的教育心理学家,发现学习的倡导者,强调学科结构在学生认知结构形成中的重要作用,从认知心理学的观点出发,对学生的学习、动机以及教学等方面进行了全面阐述。

1. 认知学习观

(1)学习的实质是主动地形成认知结构

布鲁纳认为,学习的本质不是被动地形成刺激-反应的联结,而是使学生主动地形成认知结构,学习者不是被动地接受知识,而是主动地获取知识,学习者通过把新获得的信息和已有的认知结构联系起来,进而积极地构建其知识体系。

(2)学习包括知识的获得、转化和评价三个过程

学习是一个认知的过程,学习活动首先是新知识的获得过程,这种新知识可能是学生以前知识的精炼,或者和学生以前的知识相违背。不管新旧知识的关系如何,通过新知识的获得都会使已有的知识进一步提高。学习涉及知识的转化,通过转化,以不同的方式把新获得的知识转化为另外的形式,以适应新的任务,从而学到更多的知识。评价是对知识转化的一种检查,通过评价,可以核对

我们处理知识的方法是否适合新的任务，运用得是否合理。

2. 结构教学观

(1)教学的目的在于理解学科的基本结构

布鲁纳强调学生学习的积极性和主动性，强调认知结构的重要性。在教学的观点中，他主张教学的最终目标是促进对学科结构的一般理解。学科的基本结构就是指一门学科的基本概念、基本原理及基本态度和方法。布鲁纳很重视学科结构的教学，把学科的基本结构放在设计课程和编写教材的中心地位，认为其应当成为教学的中心。

(2)掌握学科基本结构的教学原则

布鲁纳提出了四条教学原则：

①动机原则。

所有学生都有内在的学习愿望，内部动机是维持学习的基本动力。他认为儿童具有三种最基本的内在动机：第一，好奇的内驱力(求知欲)。这种内驱力是天生的，是种族生存所必需的。第二，胜任的内驱力(成就感)。儿童总是对能够胜任的活动保持兴趣，并且越来越感兴趣，他们总是在自动改造环境和顺利解决问题的过程中赢得真正的满足。第三，互惠的内驱力(人与人之间和睦共处的需要)。人总有一种与人和睦相处的需要，这种动机在学习过程中同样是重要的。

②结构原则。

为了使学生容易理解教材的一般结构，教师必须采取最佳的知识结构进行传授。布鲁纳通过对儿童认知发展的研究发现：人有三种表征系统，即动作表征、图像表征、符号再现表征。这三种表征系统也是人成功地理解知识的手段。

③程序原则。

教学就是引导学生通过有条不紊地陈述一个问题或大量知识的结构，以提高他们对所学知识的掌握、转化和迁移能力的过程。通常每门学科都存在着各种不同的序列，它们对于学习者来说，有难有易，不存在对所有学习者都适用的唯一序列。安排序列必须考虑儿童智力发展的历程，考虑学生处理信息能力的局限性。

④强化原则。

教学规定适合的强化时间和步调是学习成功的重要一环。这种反馈对学生的学习起着强化作用。同时布鲁纳也认为，教学是一种暂时状态，其目的是促进学生的自我学习，学习者不能经常依赖教师的强化，必须逐渐地形成自我矫正的能力。

3. 发现学习

扫一扫，看视频

布鲁纳认为学生掌握学科基本结构的最好方法是发现法。发现就是“用自己的头脑亲自获得知识的一切形式”。学生获得的知识尽管都是人类已经知晓的事物，但如果这些知识是依靠学生自己的力量引发出来的，那么对学生来说仍然是一种“发现”。为此，教学不应当使学生处于被动地接受知识的状态，而应让“学生自己把事物整理就绪，使自己成为发现者”。

步骤：①提出使学生感兴趣的问题；②使学生对问题体验到某种程度的不确定性；③提供解决问

题的各种假设;④协助学生搜集和组织可用于做结论的资料;⑤组织学生审查有关资料,得出应有的结论;⑥引导学生运用分析思维去验证结论,最终使问题得到解决。

教师的作用在于:①鼓励学生有发现的自信心;②激发学生的好奇心和求知欲;③帮助学生寻找新问题与已知知识的联系;④训练学生运用知识解决问题的能力;⑤协助学生进行自我评价;⑥启发学生进行对比。

发现学习有利于激发学生的好奇心及探索未知事物的兴趣,有利于调动学生的内部动机和学习的积极性,最大限度地为学生提供自由回旋的余地,并有利于学生批判性、创造性思维的培养。但它也有局限:忽视了学生学习的特点和本意;对发现学习的界定缺乏科学性和严密性,而且比较浪费时间。

二、奥苏伯尔的有意义接受说【重要】

扫一扫,看视频

奥苏伯尔根据学习进行的方式,把学习分为接受学习和发现学习,又根据学习材料和学习者原有认知结构的关系把学习分为机械学习和意义学习,并认为学生的学习主要是有意义的接受学习。

1. 有意义学习的实质和条件

(1)有意义学习的实质

有意义学习就是将符号所代表的新知识与学习者认知结构中已有的适当观念建立非人为的和实质性的联系。实质性的联系指新旧知识之间的联系是非字面的,是建立在具有逻辑关系基础上的联系,是一种内在的联系;非人为的联系指这种联系不是任意的或人为强加的,是新知识和原有的认知结构中的有关观念建立的某种合理的或逻辑基础上的联系。

(2)影响有意义学习的条件

有意义学习的外部条件为学习材料本身的性质,内部条件为学习者自身的因素。从客观条件看,意义学习的材料本身要有逻辑意义,在学生心理上是可以理解的,是其学习能力范围之内的,符合学生的心理年龄特征和知识水平,学生可以通过理解去获得知识所具有的意义。从内部主观条件看,首先,学习者要有主动学习的倾向。学生必须想要通过理解和认识新、旧知识之间的相互作用去获得这些知识,而不是只想死记硬背。其次,学习者认知结构中必须具有适当的知识,以便与新知识进行联系。这是理解新知识、使新旧知识产生相互作用的重要基础。最后,学习者必须积极主动地使新知识与已有的旧知识发生联系。加强对新知识的理解,这种相互作用越是充分,越有利于掌握新知识,使新知识获得实际的意义。

2. 认知同化理论与先行组织者策略

(1)认知同化理论观点

学生能否习得新信息,主要取决于他们认知结构中已有的有关概念。有意义学习是通过新信息与学生认知结构中已有的有关观念相互作用才得以发生的。这种相互作用的结果导致了新旧知识的意义的同化。

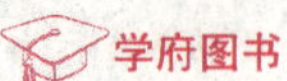

(2)先行组织者策略

扫一扫,看视频

奥苏伯尔认为,影响接受学习的关键因素是认知结构中起固定作用的观念的可利用性。为此,他提出了先行组织者的教学策略,即先于学习任务本身呈现一种引导性材料,它要比学习任务本身有较高的抽象、概括水平和综合水平,并能清晰地与认知结构中原有的观念和新的学习任务关联。通过呈现“组织者”,给学习者已知的东西与需要知道的东西之间架设一道知识之桥,使他们更有效地学习新材料。

3. 接受学习的界定及评价

奥苏伯尔认为,接受学习不同于发现学习,它是在教师指导下,学习者接受事物意义的学习。接受学习也是概念同化的过程,是课堂学习的主要形式。

在接受学习中,教师所呈现的新知识大多数都是现成的、已有定论的、科学的基础知识,包括一些抽象的概念、命题、规则等,学生主要通过利用和这些新知识有关的、认知结构中已经具有的旧知识去同化它们,通过这种同化(或称相互作用)去理解新知识的意义。

学习者接受知识的心理:先在认知结构中找到能同化新知识的有关概念;然后找到新知识与起固定作用的观念的相同点;最后找到新旧知识的不同点。

评价:这种方法在实际工作中被大量采用,它近乎传统教学,在教抽象关系时可能更有效。

三、加涅的信息加工学习理论【重要】

扫一扫,看视频

加涅是20世纪最有影响的著名教育心理学家之一。他在论述学习的类型和结果时认为,学习是一个有始有终的过程,这些过程可以分为若干阶段,每个阶段需要不同的信息加工。在各加工阶段发生的事情,称为学习事件,主要表现为学生的内部加工过程。与此相应,教学过程要依据学生的内部加工过程,对学习过程发生影响。因此,教学阶段应该与学习阶段相吻合。在每一教学过程发生的事情被称为教学事件,是学习的外部条件。教学就是由教师安排和控制这些外部条件构成的,而教学的艺术就在于使学习阶段与教学事件相匹配。

1. 学习的信息加工模式

加涅提出的学习模式是依据电子计算机工作的原理,并结合人对信息加工的特点提出来的。信息加工的学习模式由三大系统构成:信息的三级加工系统、执行控制系统和期望系统(见下图)。它主要用来说明人的学习的结构和过程。

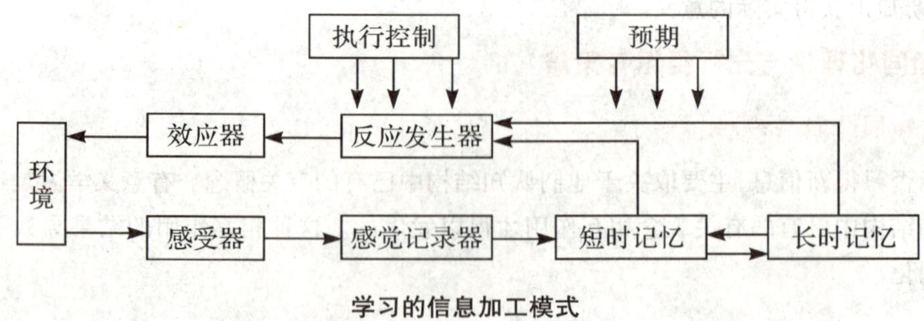

学习的信息加工模式

2. 学习阶段及教学设计

扫一扫，看视频

加涅认为学习的过程就是一个信息加工的过程，学习是学生与环境之间相互作用的结果。学习过程是由一系列事件构成的，主要表现为内部过程，而这种内部过程与构成教学的外部事件是紧密地联系在一起的，通过教学和教学设计就能够有效地促进学习事件的发生，促进学习的内部过程。加涅把学习过程分为八个阶段，教学设计与之一一对应，如下图所示：

学习阶段	教学事件
动机阶段——期望	1. 激发动机 2. 把目标告诉学生
领会阶段——注意：选择性的知觉	3. 指导注意
习得阶段——编码	4. 刺激回忆 5. 提供学习指导
保持阶段——储存 回忆阶段——检索	6. 增强保持
概况阶段——迁移	7. 促进学生做作业
动作或作业阶段——反应	8. 让学生做作业
反馈阶段——强化	9. 提供反馈

(1) 动机阶段

有效的学习必须要有学习动机，这是整个学习的开始阶段。因此，在教学中，首先要考虑的是激发学生进行学习活动的诱因动机，这种动机是借助学生内心的期望产生的。

这一阶段的教学事件是：在学生自己没有产生学习动机时，帮助学生确立学习动机，形成学习期望。理想的期望需要学生自己领会形成，教师为了帮助学生能做的只是告诉学生学习要达到的目标。

(2) 领会阶段

有了学习动机的学生，首先必须接受刺激，即必须注意与学习有关的刺激，而无视其他刺激。当学生把所注意的刺激特征从其他刺激中分化出来时，这些刺激特征就被进行知觉编码，贮存在短时记忆中。这个过程就是选择性知觉。

这一阶段，教学的目的就是要让学生有效地进行选择性知觉，也就是注意到该注意的学习内容。为此教师可以采用各种手段，如改变讲话的声调、运用手势动作等。

(3) 习得阶段

当学生注意或知觉外部情境之后，学生就可获得知识。而习得阶段涉及的是对新获得的刺激进行直接编码后贮存在短时记忆里，然后把它们再进一步编码加工后转入长时记忆中。

所谓的编码过程，就是把知觉的信息转化为一种最容易贮存的形式的过程。

在习得阶段，教师的主要任务就是给学生提供各种编码程序，鼓励学生选择最佳的编码方式。

(4)保持阶段

学生习得的信息经过复述、强化后,以语义编码的形式进入长时记忆的贮存阶段。对长时记忆,人类至今了解不多,但有几点是清楚的:①长时记忆里的信息,其强度并不随时间的进程而减弱,如老人的回忆;②有些信息长期不用会消退;③记忆贮存可能会受干扰的影响,如新旧相似信息的混淆。

在教学上,教师主要是避免相似的刺激同时出现,减少干扰的可能性。

(5)回忆阶段

学生习得的信息要通过作业表现出来,信息的提取是其中必需的一环。

教师可以利用各种方式使学生得到提取线索,但最重要的是指导学生,使他们为自己提供线索,从而成为独立的学习者。所以在教学设计上,最重要的是强化信息的保持,使学生掌握为自己提供线索的策略。

(6)概括阶段

学生提取信息的过程并不始终是在与最初学习信息时相同的情境中进行。同时,教师也总是希望学生能把学到的知识运用到各种类似的情境中去,以达到举一反三的目的。因此,学习过程必然有一个概括的阶段,也就产生了学习迁移的问题。

为了促进学习的迁移,教师必须让学生在不同的情境中进行学习,引导学生掌握和概括其中的原理。

(7)作业阶段

只有通过作业才能反映学生是否已习得了所学的内容。作业的一个重要功能是反馈;同时,通过作业学生看到自己学习的结果,可以获得一种满足。

(8)反馈阶段

反馈是学习的最后阶段,其实质是一种强化。强化在学习过程中之所以起作用,是因为学生在动机阶段形成的期望在反馈阶段得到了肯定。

总之,加涅认为教师是教学活动的设计者和管理者,也是学生学习效果的评定者。一个完整的学习过程是由上述的八个阶段组成的。在每一个学习阶段,学习者的头脑内部都进行着信息加工活动,使信息从一种形态转变为另一种形态,直到学习者用作业的方式做出反馈为止。教学过程必须根据学习的基本原理来进行。有效的教学要求教师根据学习的内部条件,创设或安排适当的外部条件,促进学生有效学习,以实现预期的教学目标。

第四节　人本主义的学习理论

一、罗杰斯的自由学习观

由于人本主义强调教学的目标在于促进学习,因此学习并非教师以填鸭式严格强迫学生无助地、顺从地学习枯燥乏味、琐碎呆板的教材，而是在好奇心的驱使下去吸收任何他自觉有趣和需要的知识。罗杰斯认为，学生的学习主要有两种类型：认知学习和经验学习，其学习方式也主要有两种：无意义学习和有意义学习，并且认为认知学习和无意义学习、经验学习和有意义学习是完全一致的。因为认知学习的很大一部分内容对学生自己是没有个人意义的，它只涉及心智，而不涉及感情或个人意义，是一种“在颈部以上发生的学习”，因而与人无关，是一种无意义学习。而经验学习以学生的经验生长为中心，以学生的自发性和主动性为学习动力，把学习与学生的愿望、兴趣和需要有机地结合起来，因而经验学习必然是有意义的学习，必能有效地促进个体的发展。

所谓有意义学习，不仅仅是一种增长知识的学习，而且是一种与每个人各部分经验都融合在一起的学习，是一种使个体的行为、态度、个性以及在未来选择行动方针时发生重大变化的学习。在这里，我们必须注意罗杰斯的有意义学习和奥苏伯尔的有意义学习的区别。前者关注的是学习内容与个人之间的关系；而后者则强调新旧知识之间的联系，它只涉及理智，而不涉及个人意义。

对于有意义学习，罗杰斯认为主要具有四个特征：①全神贯注：整个人的认知和情感均投入学习活动之中；②自动自发：学习者由于内在的愿望主动去探索、发现和了解事件的意义；③全面发展：学习者的行为、态度、人格等获得全面发展；④自我评估：学习者自己评估自己的学习需求、学习目标是否完成等。因此，学习能对学习者产生意义，并能纳入学习者的经验系统之中，强调自由自主，因而称为“自由学习观”。

二、学生中心的教学观

罗杰斯提出了以学生为中心的教学思想，强调将学生视为教育的中心，学校为学生而设，教师为学生而教。他认为，学生们各有求知向上的潜在能力，只需设一个良好的学习环境，他们就会学到所需要的一切。

罗杰斯认为传统教育是“培养能复制某些知识材料，具有从事某些规定的智力活动的技能、并且能复制教师思想的学生”，本质上是一种消极的学习。不仅如此，“我们所受的教育只是强调认知，摒弃与学习活动相联系的任何情感。我们否认了自身最重要的部分”。“心智能进入学校，躯体在表面上被准予紧紧跟随，但是情绪和情感只能在学习之外自由自在地享受和表达”，这是一种严重的知情分离的教育。

因此，他将其非指导咨询理论中的三个基本条件引进教育领域：

①真诚一致，即在师生关系中，教师应该是一个表里如一、真诚、完整而真实的人。

②无条件积极关注，即对一个人表示看重、认可、欣赏其价值，而且这种感受并不以对方的某个特点、某个品质或者整体的价值为取舍、为依据。

③同理心，即设身处地，感同身受。

因此，学生中心模式又称为非指导教学模式。罗杰斯认为，积极的人际关系可以促进个人成长，而教师的角色就是辅导者，只要师生关系良好、观念共享、坦诚沟通，学生就会对自己的学习负责。罗杰斯还认为，教育是具有整合目的的、不断充实的、具有生活意义的成长历程。教师和学生是一起成长的，他们都需要在学习中不断获得新的意义与启示。

第五节 建构主义的学习理论【一般】

一、建构理论的思想渊源与理论取向【一般】

扫一扫，看视频

1. 思想渊源

建构主义是行为主义到认知主义以后的进一步发展，即向与客观主义更为对立的另一方向发展。在皮亚杰和早期布鲁纳的思想中已经有了建构的思想，但相对而言，他们的认知学习观主要在于解释如何使得客观的知识结构通过个体与之交互作用而内化为认知机构。自从20世纪70年代末，以布鲁纳为首的美国教育心理学家将苏联教育心理学家维果茨基的思想介绍到美国以后，对建构主义思想的发展起了极大的推动作用。维果茨基在心理发展上强调社会文化历史的作用，强调活动和社会交往在人的高级心理机能发展中的突出作用。他认为，高级的心理机能来源于外部工作的内化，这种内化不仅通过教学，也通过日常生活、游戏和劳动等来实现。另一方面，内在智力动作也外化为实际动作，使主观见之于客观。内化和外化的桥梁便是人的活动。因此从现实起源来看，建构主义是针对传统教学的诸多弊端而提出来的。

2. 理论取向

建构主义本身并不是一种学习理论流派，而是一种理论思潮，并且目前正处在发展过程中，尚未达成一致意见，存在不同的理论取向，其中对教育实践具有一定影响的主要有以下四种理论：

(1)激进建构主义

这是在皮亚杰思想基础上发展起来的建构主义，以冯·格拉塞斯菲尔德和斯特菲为典型代表。激进建构主义有两条基本原则：知识不是通过感觉或交流而被个体被动地接受的，而是由认知主体积极建构的；知识的功能是适应自己的经验世界，帮助主体建立自己的经验世界，而不只是对某一客观存在的现实的发现。

(2)社会建构主义

这是以维果茨基的理论为基础的建构主义，以鲍尔斯菲尔德和库伯为代表。他们认为，世界是客观存在的，对每个认识世界的个体来说是共通的。另外，他们也认为学习是个体建构自己的知识和理解的过程。

(3)社会文化取向

这种倾向与社会建构主义很相似，也受维果茨基的影响，也把学习看成是建构的过程，关注学习的社会性，认为心理活动是与一定的文化、历史和风俗习惯背景密切联系的。知识与学习都存在于一定的文化背景中，所以它着重研究不同文化、不同时代和不同情境下个体的学习和问题解决等活动的差别。

(4)信息加工建构主义

在学习理论学派中，信息加工理论并不属于严格的建构主义，但信息加工的建构主义比信息加工理论前进了一步。它强调外部信息与已有信息之间存在双向的、反复的相互作用。新经验意义的获得要以原有的知识经验为基础,从而超越所给的信息。而原有经验又会在此过程中被调整或改造,但又不认为原有经验是完全地适应新经验,完全被动地被改造,所以信息加工建构主义也往往被称为“温和建构主义”。其代表为斯皮诺等人的认知灵活性理论。

二、建构主义学习理论的基本观点【一般】

扫一扫,看视频

建构主义在知识观、学习观、教学观方面提出了许多新观点,其中有些观点虽过于激进,但对传统的教学和课程理论提出了巨大挑战,值得我们深思。

1. 知识观

建构主义对知识的客观性和确定性提出了质疑,强调知识的动态性和情境性。对知识的意义,认知心理学强调知识是对客观世界的描述,具有客观性,而建构主义强调的是人类知识的主观性。他们认为,人类知识只是对客观世界的一种解释、一种假设,并不是对客观现实的准确表征,它不是最终的答案,而是会随着人类认识的进步而不断地被新的解释和假设所推翻、所取代的。人类知识有着高度的不确定性、相对性。学生的书本知识就是一种对现实世界较为可靠的假设,而不是最可靠的解释。

对知识的应用,认知心理学强调的是应用的普遍性,而建构主义则强调应用的情境性,人面临现实问题时,不可能仅靠提取已有的知识就能解决好问题,而是需要针对具体情境中的具体问题对已有的知识进行改组、重组甚至创造,才能更好地解决问题。

2. 学习观

建构主义认为学习不是由教师向学生传递知识,而是学生建构自己的知识的过程,学生不是被动的信息吸收者,而是有意义的主动建构者。建构主义把教师看成是学生学习的帮助者、合作者。建构主义认为,学生不是被动的信息接受者,学习不是知识由教师到学生的简单的转移或传递,而是在师生共同的活动中,教师通过提供帮助和支持,使学生主动地建构自己知识经验的过程,这种建构是任何人都不能代替的。

3. 教学观

建构主义认为,学生是信息意义的主动建构者,“学习者并不是把知识从外界搬到记忆中,而是以已有的经验为基础,通过与外界的相互作用来建构新的理解”。

建构主义认为教学不是知识的传递,而是知识的处理和转换。教师不只是知识的呈现者,他应该重视学生自己对各种现象的理解,倾听他们的看法,与学生共同探讨、相互交流,了解彼此的想法。

教学不是简单地由教师把他所知道的信息告诉学生,不是一种简单的信息呈现,而要重视学生的已有知识经验,要重视学生对各种现象的理解,要倾听学生的意见,引导学生对知识的处理和转换,引导学生对知识的应用。

经典例题

一、名词解释

1. 发现学习
2. 先行组织者
3. 有意义学习

二、简答题

1. 建构主义学习理论的基本观点。
2. 简述奥苏伯尔的有意义接受说。

答案解析

一、名词解释

1. 发现学习是由布鲁纳提出的，布鲁纳认为学生掌握学科的基本结构的最好方法是发现法。发现就是用自己的头脑亲自获得知识的一切形式。教学不应当使学生处于被动地接受知识的状态，而应让学生自己把事物整理就绪，使自己成为发现者。发现学习有利于激发学生的好奇心及探索未知事物的兴趣，有利于调动学生的内部动机和学习的积极性，最大限度地为学生提供自由回旋的余地，并有利于学生批判性、创造性思维的培养。

2. 先行组织者是由奥苏伯尔提出的，即先于学习任务本身呈现一种引导性材料，它要比学习任务本身有较高的抽象、概括水平和综合水平，并能清晰地与认知结构中原有的观念和新的学习任务关联。奥苏伯尔认为影响接受学习的关键因素是认知结构中起固定作用的观念的可利用性。他提出了先行组织者的教学策略，通过呈现"组织者"，给学习者已知的东西与需要知道的东西之间架设一道知识之桥，使他们更有效地学习新材料。

3. 有意义学习是由奥苏伯尔提出的，他根据学习进行的方式，把学习分为接受学习和发现学习，又根据学习材料和学习者原有认知结构的关系把学习分为机械学习和意义学习，并认为学生的学习主要是有意义的接受学习。有意义学习指将符号所代表的新知识与学习者认知结构中已有的适当观念建立起非人为的和实质性的联系。

考点分析 以上三个名词解释都是认知派学习理论的核心概念，需要考生注意并记忆。从命题来看，认知派是记忆的重点，在考点中被考的概率也是最高的。

二、简答题

1. 建构主义在知识观、学习观、教学观方面提出了许多新观点：

(1)知识观

建构主义对知识的客观性和确定性提出了质疑，强调知识的动态性和情境性。认为知识不是对现实的准确表征，它只是一种理解、一种假设，它并不是问题的最终答案。相反，它会随着人类的进步而不断地被“革命”掉，并随之出现新的假设。

(2)学习观

认为学习不是知识由教师向学生的传递，而是学生建构自己的知识的过程，学生不是被动的信息吸收者，而是有意义的主动建构者。

(3)教学观

建构主义认为，学生是信息意义的主动建构者，“学习者并不是把知识从外界搬到记忆中，而是以已有的经验为基础，通过与外界的相互作用来建构新的理解”。

考点分析 “建构主义学习理论”这一考点每年都是考试重点之一，它包含知识观、学习观、教学观三个部分。建构主义是当前新课改的指导思想之一，在教育教学理论基础部分意义重大。因此考生除了能够熟记其理论要点，还要能够结合实际论述其观点及教学主张。

2. 奥苏伯尔认为，接受学习不同于发现学习，是在教师指导下，学习者接受事物意义的学习。接受学习也是概念同化过程，是课堂学习的主要形式。

有意义学习的实质就是将符号所代表的新知识与学习者认知结构中已有的适当观念建立非人为的和实质性的联系。

影响有意义学习的条件包括外部、内部两方面。外部条件为学习材料本身的性质，有意义学习的材料本身要有逻辑意义；内部条件为学习者自身的因素，学习者要有主动学习的倾向。

在接受学习中，教师所呈现的新知识大多数都是现成的、已有定论的、科学的基础知识，包括一些抽象的概念、命题、规则等，学生主要通过利用和这些新知识有关的、认知结构中已经具有的旧知识去同化它们，通过这种同化或称相互作用去理解新知识的意义。

考点分析 奥苏伯尔的有意义学习也是常考的考点，答题套路也比较固定，按照有意义学习的性质、条件、特点、评价等进行语言组织就可以了。这一问题的考试方式很灵活，可以涵盖名词解释、简答题和论述题多种题型，考生需要注意不能仅仅看到真题的类型，要做多方面准备。

第四章

学习动机

本章是对学习动机理论的阐述，主要讲述学习动机的实质与作用、学习动机的主要理论以及学习动机的培养与激发。其中学习动机的强化理论、人本理论和认知理论是本章的重点。考生在复习中应识记学习动机的含义和分类，了解学习动机的作用以及培养与激发的策略，理解强化、人本与认知理论对于学习动机的不同认识，重点掌握不同理论在教育情境中的实际应用。

第一节　学习动机的实质及其作用

一、学习动机的含义【一般】

学习动机是激发个体进行学习活动，维持已引起的学习活动，并使个体的学习活动朝向一定的学习目标的一种内部启动机制。

二、学习动机的分类【一般】

1. 根据学习动机内容的社会意义，分为高尚的、正确的动机和低级的、错误的动机

高尚的、正确的学习动机的核心是利他主义，如周恩来为中华之崛起而读书；低级的、错误的动机的核心是利己的、自我中心的。

2. 根据学习动机的作用与学习活动的关系，可分为近景的直接性动机和远景的间接性动机

所谓近景的直接性动机，是指与近期目标相联系的一类动机；所谓远景的间接性动机，是指动机行为与长远目标相联系的一类动机。

3. 根据学习动机的动力来源，可分为内部动机和外部动机

内部动机是指人们对学习本身的兴趣所引起的动机。它不需要外界的诱因、惩罚来使行动指向目标，行动本身就是一种动力。外部动机是指人们由外部诱因所引起的动机。

4. 根据学习动机起作用的范围不同，可分为一般动机与具体动机

一般动机是在许多学习活动中都表现出来的、较稳定、持久地努力掌握知识经验的动机；具体动机是在某一具体学习活动中表现出来的动机。

三、学习动机的作用【一般】

动机对学习与行为的作用主要表现为六个方面：

其一，使个体的学习行为朝向具体的目标。

其二，使个体为达到目标而努力。

其三，激发和维持某种活动。

其四，提高信息加工的水平。

其五，动机决定了何种结果可以得到强化。

其六，导致学习行为的改善。

第二节 学习动机的主要理论

一、学习动机的强化理论【一般】

学习动机的强化理论由联结主义学习理论家提出，联结主义心理学家用S-R的公式来解释人的行为，认为动机是由外部刺激引起的一种对行为的冲动力量，并特别重视用强化来说明动机的引起与作用。在他们看来，人的某种学习行为倾向完全取决于先前的这种学习行为与刺激因强化而建立起来的稳固联系，强化可以使人在学习过程中增加某种反应重复的可能性。按此观点，任何学习行为都是为了获得某种报偿。它忽视甚至否定了人的学习行为的自觉性与主动性（自我强化），因而这一学习理论有较大的局限性。

二、学习动机的人本理论——需要层次理论【重要】

美国心理学家马斯洛提出，人的基本需要有五种，由低到高依次排列成一定的层次：生理的需要、安全的需要、归属和爱的需要、尊重的需要和自我实现的需要。

马斯洛认为，各种需要不仅有高低层次之分，也有先后顺序，只有低层需要满足了，才会产生高层需要。他又把这五种需要分为基本需要和成长的需要。其中前四种属于基本需要，它们的产生是因为身心的缺失，因此也叫缺失性需要，一旦满足其强度就会降低。最后一种自我实现的需要属于成长的需要，其特点在于永不满足。

需要层次论说明，在某种程度上学生缺乏学习动机可能是由于某种缺失性需要没有充分满足而引起的。

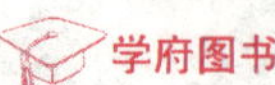

三、学习动机的认知理论【重要】

1. 期望－价值理论

美国哈佛大学教授戴维·麦克利兰是当代研究动机的权威心理学家。麦克利兰注重研究人的高层次需要与社会性的动机，强调采用系统的、客观的、有效的方法进行研究。

麦克利兰提出了成就动机理论，他认为个体在工作情境中有三种重要的动机或需要：成就需求、权力需求、亲和需求。

阿特里森将麦克利兰的成就动机理论进一步深化，他的基本主张是：个体力求成功的努力程度取决于他们对奖励的期望。在学习动机方面，成就动机对人的影响最大，个人的学习动机可以分为两个部分：其一是力求成功的意向；其二是避免失败的意向。如果一个人对获得成功的需要大于避免失败的需要，他就敢于冒险，在这一过程中，一定量的失败，反而会提高他们去解决问题的愿望；而另一方面，如果太容易成功，反而会减低学生的动机。这种人属于高成就动机者。

动机(M)＝成功的主观可能性(Ps)×成功的诱因价值(Is)

对于此公式，他的观点是个体的动机取决于他对成功的可能性的估计以及他所认为的成功的价值大小。

2. 成败归因理论

扫一扫，看视频

最早提出归因理论的是海德，他曾指出人们会把行为归结为内部原因和外部原因。内部原因是存在于行为者本身的因素，如努力、能力、兴趣、态度、性格等；外部原因是指行为者周围环境中的因素，如任务的难度、外部的奖赏与惩罚、运气等。后罗伯特对该理论进行了发展，提出了控制点概念，把个体分为“内控型”和“外控型”。维纳接受了前人研究提出的观点，把成就行为归因于能力、努力、任务难度、运气四个有代表性的因素。

维纳的归因理论认为，一个人解释自己行为结果的原因会反过来激发他的动机，影响他的行为、期望和情感反应。例如：把成功归结为内部原因，会使学生感到满意和自豪；归结为外部原因，会使学生产生惊奇和感激。把失败归于内部原因，会使学生产生内疚和无助感；归于外部原因，会产生气愤和敌意。把成功归因于稳定因素，会提高学习的积极性；归因于不稳定因素，学习的积极性可能提高也可能降低。把失败归因于稳定因素，会降低学习的积极性；归因于不稳定因素，则可能提高学习的积极性。

维纳认为，寻求理解是行为的基本动机。学生试图去解释事件发生的原因，他们试图去为他们的成功或失败寻找能力、努力、态度、知识、运气、帮助、兴趣等方面的原因，这将影响其后续的动机水平。

3. 自我效能感理论

扫一扫，看视频

自我效能感指人们对自己是否能够成功地从事某一成就行为的主观判断。班杜拉在他的动机理论中指出，人的行为受行为的结果因素与先行因素的影响。行为的结果因素就是通常所说的强化，但他对强化的看法与传统的行为主义对强化的看法不同。他认为，在学习中没有强化也能获得有关的信息，形成新的行为。而强化能激发和维持行为的动机以控制和调节人的行为。期待就是班杜拉所说的先行因素,但有别于传统的期待概念。他认为除了传统的对行为结果的期待以外,还有一种效能期待。结果期待指的是人对自己某种行为会导致某一结果的推测。效能期待则指个体对自己能否实施某种成就行为的能力的判断,它意味着个体是否确信自己能够成功地带来某一结果的行为。当个体确信自己有能力进行某一活动时,他就会产生高度的"自我效能感",并去实施那一活动。

班杜拉等人的研究还指出,自我效能感具有以下功能:①决定人们对活动的选择及对该活动的坚持性;②影响人们在困难面前的态度;③影响新行为的获得和习得行为的表现;④影响活动时的情绪表现。

4. 自我价值理论

代表人物为卡芬顿,他认为自我价值感是个人追求成功的内在动力。

基本观点如下:

①个人视成功为能力的展现而非努力的结果;

②如果成功难以追求,则改以逃避失败以维持自我价值;

③学生对能力与努力的归因随年级的升高而转移。

第三节 学习动机的培养与激发

一、学习动机的培养【一般】

1. 利用学习动机与学习效果的互动关系培养学习需要

如:设置具体目标及达到的方法。不能只给学生一些诸如努力学习等抽象的建议,而是要给学生提供明确而具体的目标以及达到目标的方法。

2. 利用直接发生途径和直接转化途径培养学习需要

①设置榜样、培养学生对学习的兴趣。其特点是在从事学习活动或探求知识的过程中伴随有愉快的情绪体验,从而产生进一步学习的需要。

②使学生产生学习的需要。利用原有动机的迁移,将学生对其他活动的积极性迁移到学习活动中。

③注意学生的归因倾向。使他们能够控制自己的行为,将失败归因于缺乏努力和方法不当。

二、影响学习动机的因素

1. 内部条件

(1)学生的自身需要与目标结构

由于每个人需要的强度和水平不尽相同,反映在学习上动机的强度和水平也就有很大的差异。

学生树立的目标不同,形成的目标结构不同,影响着学生的动机和学习。如果目标是明确的、中等难度的、近期便可达到的，那么便会加强学生的动机和完成目标任务时的持久性，这是由于具体的目标提供了判断行为的标准，中等难度的目标提供了一种挑战，近期可达到的目标不会被日常事物所干扰。在课堂上，学生们常常有两类主要的目标——以掌握所学内容为定向的掌握目标和以成绩定向的成绩目标。拥有掌握目标的学生，不管他们犯多少错误或遇到多大的困难，仍能坚持学习、钻研，他们往往主动地寻求挑战，不断地提高。他们主要关注的是掌握所学的内容，而不在意他们的得分及与班上其他人的比较。而拥有成绩目标的学生，则将注意力集中于他们的行为表现及别人对他们的评价。他们评价自己的学习行为时，不是在意自己学到了什么或自己付出了多少努力，而是他人怎样看待他们，他们的分数在班上的位置。这类学生往往尽量避免出错，避免挑战，不敢冒险，知难而退。对这两类学生，尼哥斯和米勒把前者称为专注于任务的学习者，把后者称为专注于自我的学习者。因此，如何使指向成绩目标的、专注于自我的学生朝着指向掌握目标、专注于任务的学习者转化，是一个值得探讨的问题。两种目标指向者在归因和坚持性上也具有不同的特点，掌握目标指向者在完成活动中具有较强的坚持性，而成绩目标指向者的坚持性较差。在归因方面，掌握目标指向者倾向于将成功归因于学习方法，成绩目标指向者倾向于将成功归因于运气、能力和课题，而将失败归因于任务难度和运气。所以，掌握目标指向的学生具有内归因的倾向，成绩目标指向的学生具有外归因的倾向。

(2)成熟与年龄特点

从各种动机表现可知，幼年的孩子对于社会的影响、家长的过高要求常常是不予理睬的。按照马斯洛的理论，小孩子对生理安全过分关注，而大孩子对社会影响，如教师、家长的期望等比较在意。比如，刚入学的孩子会产生对小学生地位和外表的羡慕，而对于教师的眼神却不会多注意。随着年龄的增长，社会性的动机作用才增长，如注意到自己在班中的地位，渐渐地学会与其他同学比较等。

(3)学生的性格特征和个别差异

学生本人的兴趣爱好、好奇心、意志品质都影响着学习动机的形成。比如交往性动机对某一学生来讲可能是主要的、第一位的，但有的学生可能以在竞争中得首位、得到别人尊重的威信性动机为其第一位的动机。这在一定程度上既反映年龄特征，也反映了个别差异，此外，成功与失败对不同学生的作用不同也反映了个别差异。有人趋于进取，力求获得成就，有人则力求避免失败。

(4)学生的志向水平和价值观

学习动机与理想是紧密联系的，因此，学生整个人生观、世界观、价值观所直接反映的理想情况或志向水平影响着学习动机和目标结构的形成。理想水平高，学习的动机就强。

(5)学生的焦虑程度

焦虑指学生在担心不能成功地完成任务时产生的不舒适、紧张、担忧的感觉。焦虑水平不仅影响着学习的动机，更会影响学生的学业成绩。大量的调查表明，焦虑程度过高或过低都会对任务的完成有不良影响。中等程度的焦虑对学习是有益的。由于动机与学习相互影响，焦虑会对学生的学习产生影响，因此焦虑对动机的影响也是值得探究的一个问题。

2. 外部条件

(1)家庭环境与社会舆论

不同的社会条件,对学生有不同的要求。首先,社会要求通过家庭对学生的动机起影响作用。例如,封建社会中读书人普遍具有追求功名富贵的学习动机,工业社会人们以劳动市场的需求确定自己学什么专业。其次,在学生动机形成过程中,家庭的文化背景、精神面貌也起着极重要的作用。如果家长注意教育,孩子就对社会上的正确舆论产生积极响应,对错误的现象会抵制,否则就会造成一种矛盾状况,影响学生学习动机的健康发展。

(2)教师的榜样作用

动机是有感染力的。大量的观察、调查研究证明:教师在学生学习动机形成中是一个十分强有力的因素。首先,教师本人是学生学习动机的榜样。如果教师本身治学严谨、学而不厌,以极大的热情和兴趣从事他的专业和教学,就会给学生留下极深刻的印象。相反,如果教师对他的工作表现出厌烦和冷淡,这种情绪也会影响学生。教师的期望也会对学生的动机和行为产生不同的影响。教师对不同的学生有不同的期望行为和期望结果,由于这些期望的不同,教师对不同学生的对待方式有所不同,这种不同的对待方式影响着学生的自我概念、成就动机水平和抱负水平。

此外,教师不仅有榜样作用,他还是沟通社会、学校的要求与学生的成长,形成正确动机的纽带,要善于把各种外部因素和学生的内部因素结合起来。学习动机的培养和激发,主要是通过教师的工作,配合各方面力量去完成的。

探讨影响学生学习动机的因素,有利于提高我们对学生学习动机的培养和激发,从而更有效地使学生去成功地学习。

三、学习动机的激发策略【一般】

第一,创设问题情境,实施启发式教学;

第二,根据作业难度,恰当控制动机水平;

第三,充分利用反馈信息,给予恰当的评定;

第四,妥善进行奖惩,维护内部学习动机;

第五,合理设置课堂环境,妥善处理竞争和合作;

第六,适当进行归因训练,促使学生继续努力。

经典例题

一、名词解释

成就动机

二、简答题

1. 简述班杜拉自我效能感理论。
2. 简述影响学习动机的因素。

三、分析论述题

1. 联系实际论述学习动机的培养与激发。
2. 试述维纳的成败归因理论。
3. 试述学习动机的主要理论。

答案解析

一、名词解释

第四部分

成就动机指个人在主动参与事关成败的活动时,不惧失败威胁自愿努力以赴,以期达成目标并获致成功经验的内在心理历程。学生的学习行为表现是动机指标,如主动参与学习活动,持续从事学习,独立完成作业等。

考点分析 "学习动机的分类"是本章的一般知识点,记忆难度不大。类似的概念在这一章分布比较分散,也需要加以整理和区别记忆。

二、简答题

1. 自我效能感指人们对自己是否能够成功地从事某一成就行为的主观判断。班杜拉在他的动机理论中指出,人的行为受行为的结果因素与先行因素的影响。

(1)人的行为受行为的结果因素与先行因素的影响。行为的结果因素就是通常所说的强化,期待就是先行因素。

(2)当个体确信自己有能力进行某一活动时,他就会产生高度的"自我效能感",并会实施那一活动。

(3)自我效能感具有下述功能;①决定人们对活动的选择及对该活动的坚持性;②影响人们在困难面前的态度;③影响新行为的获得和习得行为的表现;④影响活动时的情绪。

考点分析 自我效能感是一个理解难度比较高的理论,一定要参考相关资料,理解其含义主要是指向个体对成功做某事的判断,是一种自我判断之后产生的状态。这一考点有可能和实践教育教学相互联系,在论述题中进行考查。

2. 学习动机的影响因素主要分为内部和外部条件两类。

(1)内部条件。包括学生的自身需要与目标结构,成熟程度与年龄特点,学生的性格特征和个别差异,学生的志向水平和价值观以及学生的焦虑程度。

(2)外部条件。包括家庭环境与社会舆论、教师的榜样作用。

考点分析 “学习动机的影响因素”是本章一般考点,内容比较繁杂。在答题中需要归纳总结,不要遗漏各个小点。

三、分析论述题

1. 学习动机的激发主要有六种策略:

第一,创设问题情境,实施启发式教学;

第二,根据作业难度,恰当控制动机水平;

第三,充分利用反馈信息,给予恰当的评定;

第四,妥善进行奖惩,维护内部学习动机;

第五,合理设置课堂环境,妥善处理竞争和合作;

第六,适当进行归因训练,促使学生继续努力。

结合实际部分从略。

考点分析 “学习动机的激发策略”是本章一般考点,答题时要注意题目要求联系实际。例如第一条策略是启发式教学,可以以教师上课提出问题,引导学生发现问题来作为例子,并加以分析。

2. 维纳的成败归因理论认为,一个人解释自己行为结果的原因会反过来激发他的动机,影响他的行为、期望和情感反应。例如:把成功归结为内部原因,会使学生感到满意和自豪;归结为外部原因,会使学生产生惊奇和感激的心情。把失败归于内部原因,会使学生产生内疚和无助感;归于外部原因,会产生气愤和敌意。把成功归因于稳定因素,会提高学习的积极性;归因于不稳定因素,学习的积极性可能提高也可能降低。把失败归因于稳定因素,会降低学习的积极性;归因于不稳定因素,则可能提高学习的积极性。

考点分析 “成败归因理论”是本章的重要考点,指的是学生试图去解释事件发生的原因,他们试图去为他们的成功或失败寻找能力、努力、态度、知识、运气、帮助、兴趣等方面的原因。原理并不复杂,重点在于理解和能够结合实际加以阐述。

3. 学习动机主要有以下三种理论:

(1)学习动机的强化理论;

(2)学习动机的人本理论 - 需求层次理论;

(3)学习动机的认知理论:期望 - 价值理论、成败归因理论、自我效能感理论、自我价值理论。

具体阐述从略。

考点分析 “学习动机主要理论”是本章的核心考点,它所包含的内容非常广泛,在答题时要根据其类型进行划分和总结。这样的题目提示我们必须重视考纲,尤其是考纲中具有综合性的考点。

第五章

知识的建构

本章是对知识的含义、实质、理解和建构过程的阐述，主要包括知识及知识建构、知识的理解、错误概念的转变以及知识的整合与应用等内容。其中知识建构的机制和错误概念的转变是本章的重点。考生在复习中应识记知识的不同类型和特点，理解知识建构的一般过程、机制，掌握知识理解的主要过程和知识整合与应用，重点掌握错误概念转变的性质与教学策略。

第一节　知识及知识建构

一、知识的定义

1. 从哲学角度看

知识是客观世界的主观反映，是对事物属性与联系的认识。

2. 从心理学角度看

狭义上指能储存在语言文字符号或言语活动中的信息或意义，如各门学科的事实、概念、公式、定理等。

广义上指个体通过与其环境相互作用获得的一切信息及其组织。

二、知识的分类

1. 根据知识的不同反映深度，分为感性知识与理性知识

所谓感性知识，是对事物的外表特征和外部联系的反映；所谓理性知识，反映的是事物的本质特征和内在联系。

2. 根据知识的不同抽象程度，分为具体知识与抽象知识

具体知识指具体而有形的、可以直接观察获得的信息；抽象知识指不能直接观察的，只能通过定义来获取的知识。

3. 根据不同表述形式,分为陈述性知识与程序性知识

陈述性知识主要反映事物的状态、内容及事物发展变化的时间原因,主要指是什么、怎么样,也称描述性知识;程序性知识主要说明做什么和怎么做,是一种实践性知识,主要用于实践操作,因此,也称作操作性知识、策略性知识和方法性知识。

4. 布鲁姆的分类:具体知识、方式方法知识和普遍原理知识

具体知识,是指具体的、独立的信息,主要指具体指称物的符号,包括:一、术语;二、具体事实的知识,如:日期、地点。

方式方法知识,是有关组织、研究、判断和批评的方式方法的知识。介于具体知识和普遍原理之间的中等抽象水平,含有五个子类别:惯例、趋势和顺序的知识、分类与类别、准则、方法论。

普遍原理知识,是把各种现象和观念组织起来的关于体系和模式的知识。

三、知识构建的基本机制

知识的获得是一个建构的过程,知识建构活动是通过新信息与原有知识经验之间双向、反复的相互作用而完成的。知识建构的基本机制是同化和顺应,两者相互依存、不可分割。

在知识建构过程中,学习者需要以原有的知识经验作为基础来同化新知识。与此同时,随着新知识的同化,原有的知识会因为新知识的加入而发生一定的调整或改组,这就是知识的顺应。当新旧观念融合在一起时,新观念可以丰富、充实原有的知识;当新旧观念对立时,学习者需要改变原有的错误观念,原有的观念会发生更为明显的顺应。同化体现了知识发展的连续性和累积性,顺应体现了知识发展的对立性和改造性。

第二节 知识的理解

一、知识理解的类型【一般】

一般所说的知识的理解主要指学生运用已有的经验、知识去认识事物的种种联系、关系,直至认识其本质、规律的一种逐步深入的思维活动。它是学生掌握知识过程的中心环节。

1. 根据学习的对象及其特点的不同,知识理解的类型

①对言语的理解;

②对事物意义的理解;

③对事物类属性质的理解;

④对因果关系的理解;

⑤对逻辑关系的理解;

⑥对事物内部构成、组织的理解。

2. 按照理解的层次,知识理解的类型

①符号表征理解:理解符号所代表的意义,理解一个符号或一组符号代表的事物、观点;

②概念理解：掌握同类事物的共同的关键特征；

③命题理解：理解由若干概念组成的句子的复合意义。

二、知识理解的过程【重要】

扫一扫，看视频

知识理解是一个心理同化的过程。19 世纪德国教育家赫尔巴特首先使用同化一词，瑞士心理学家皮亚杰和美国心理学家奥苏伯尔将其发展为一门系统的理论，用来解释知识理解的过程，主要借助三种形式：

1. 下位学习

指在学习者认知结构中，原有的有关观念在包容和概括水平上高于新学习的知识，又称类属学习，有两类具体形式。

①派生下位学习：当新的学习材料只是学习者认知结构中概念或命题的特例或例证时，便产生派生下位学习。

②相关下位学习：当新的学习材料隶属于学习者原有认知结构中概括性较高的观念，原有的观念得到扩展、精确化、限制或修饰时所产生的学习。

2. 上位学习

又称总括学习，是学习者在认知结构中具备一些具体观念的基础上，学习包容程度、概括程度更好的观念时产生的学习。

3. 并列结合学习

当新的命题与认知结构中原有的特殊观念既不能产生从属关系，又没产生综括关系时，则可能产生联合意义，这种学习又称组合学习。

三、影响知识理解的因素【一般】

1. 有关的经验和感性材料

为了促进学生概念的形成，帮助其理解，必须丰富学生的有关经验和感性材料。研究发现概念的形成与其有关经验的丰富程度是相关的。

2. 新旧知识的联系

理解是以旧知识、旧经验为基础的。学生在学习过程中往往是从已有的知识出发，去认识和理解目前的事物。如小学生学习乘法总是从同数连加入手，因为有关加法的知识是学习乘法的基础。所以，新旧知识的有机联系，能帮助学生对新知识的理解。

3. 学生的思维和学习的积极主动性

思维是由问题开始的，在教学中要激发学生的思维活动和学习的主动积极性，让学生用自己的思考来寻求了解、发现要点、获得知识。知识的掌握是要通过一系列的认识活动来实现的，因此，学习的积极主动性是知识理解的一个重要前提条件。

4. 新知识的关键特征

实验研究和教学经验证明，概念的关键特征越明显，学习越容易；无关特征越多、越明显，学习越难。

第三节 知识的整合与应用

一、知识的整合与深化【一般】

知识的整合不是知识的简单相加，而是知识的彼此交融、贯通，整合后的知识是有机的统一体，知识的整合过程也是知识不断深化的过程。依赖认知结构中原有的适当观念，通过新旧知识的相互作用，从而得到知识的整合。

知识的深化是指灵活运用知识去理解各种问题。应用知识解决各种问题可以促进知识的深化。知识的深化涉及从初级知识到高级知识的转化等一系列问题。

二、知识的应用与迁移

1. 知识的应用

作为知识掌握阶段之一的知识的应用，是指学生在领会教材的基础上，依据所得知识去解决同类课程的过程，在这一过程中一般通过审题、联想和课题的类化三个彼此相联系的智力活动来完成。

陈述性知识的运用是指知识能够被学习者提取出来，解决“是什么”的问题。

它包括两个层次的应用：再认和回忆。

①再认：是指经验过的事物再一次出现时，还能再认识的过程。

②回忆：经验过的事物不在眼前，还能重新呈现出来的过程。

程序性知识的运用是解决“怎么办”的问题。智慧技能是对外解决“怎么办”的问题；认知策略是对内解决“怎么办”的问题。

2. 知识的迁移

指一种知识对另一种知识学习的影响，既有先前的知识对后续知识学习的影响，也有后续学习的知识对先前知识的影响。迁移的类型包括以下几种分类：

(1) 正迁移与负迁移

扫一扫，看视频

正迁移即一种学习对另一种学习的积极影响，包括一种学习使另一种学习具有了良好的心理准备状态，一种学习使另一种学习活动所需的时间或练习的次数减少，或使另一种学习的深度增加或单位时间内的学习量增加，或者已经具有的知识经验使学习者顺利地解决了面临的问题等情况。

负迁移一般是指一种学习对另一种学习的消极影响，多指一种学习所形成的心理状态，如反应定势等，对另一种学习的效率或准确性产生了消极的影响，或一种学习使另一种学习所需的学习时

第四部分

间或所需的练习次数增加或阻碍另一种学习的顺利进行。

(2)横向迁移与纵向迁移

加涅把正迁移又分为横向迁移和纵向迁移两种。横向迁移,是指个体把已学到的经验推广应用到其他在内容和难度上类似的情境中。而纵向迁移,是不同难度的两种学习之间的相互影响,往往是对已有的学习进行概括和总结并形成更一般性的方法或原理的结果。

(3)顺向迁移与逆向迁移

先前的学习对后来的学习的影响,称为顺向迁移;后来的学习对先前学习的影响,称为逆向迁移。

(4)自迁移、近迁移与远迁移

如果个体所学的经验影响着相同情境中的任务操作,则属于自迁移;近迁移即把所学的经验迁移到与原来的学习情境比较相似的情境中;如果个体能将所学的经验用到与原来情境极不相似的情境中,就产生了远迁移。

三、促进知识应用与迁移的措施【重要】

知识迁移是普遍存在的现象。如何促进学生知识的迁移?需要我们创设条件,采取有效的方法,从而提高记忆与学习效率,发展学生知识整合的能力。

1. 创设多种促进知识的迁移条件

教师应在学习新知识之前提供给学生引导性知识,其目的是为新的学习内容提供联系点或者促进对新知识与旧知识的辨别。

理解程度直接影响到有关知识的运用与迁移。如果教师在讲解知识内容时,能充分利用奥苏伯尔的"不断分化"和"综合贯通"两个原则,可以帮助我们引导学生深化对所学内容的理解,提高对所学内容的认识水平,使学生在学到丰富知识的同时,形成合理而牢固的认知结构,促进知识迁移。

知识经验的概括水平也是影响知识迁移的重要因素之一。因此,要注重基本概念的学习和掌握。知识越抽象,其潜在的应用范围(逻辑外延)就越大,适用范围就越广泛,迁移效果就越明显。

认知结构的清晰性和稳定性对新知识的学习产生影响。教师要引导学生关注所学材料细节,对新材料从多维度,多方面,多层次进行感知,对其进行深加工。

2. 采取灵活多样的教学方法

人是发展变化的,方法也必须变化。原来有效的方法,如果永不变化,也会引起学生的厌烦,成为无效的方法。知识迁移离不开主体——人的参与,知识学习离不开主体的主动建构。如果学生的学习动机没有激发起来,那么,所学的知识迁移就无从谈起。况且各种教学方法都有其可利用的一面。因此,要结合多种方法培养学生多种知识迁移能力,提高学习效率。

3. 课内、课外结合培养迁移能力

知识的建构总是伴随着对知识应用范围的建构,知识的抽象水平与心理上的应用范围共同决定

了知识应用的灵活性。也就是说,知识的意义与其应用范围是两位一体的,理解知识的意义离不开对知识的应用。知识被应用的越多,越多样化,知识的逻辑外延就越多地变为心理外延,学习者对知识的理解就变得越深刻,也就越能灵活地应用知识。因此,教师要积极创设多维度、多途径、多情境、开放式的教学氛围,倡导体验、参与、合作与探究的学习方式,如课堂提问、讨论、练习、作业等。要让学生在各种接近生活的实际情境中从多种角度反复运用知识。使学生加深对知识的理解,增强保持效果,促进知识的迁移。知识的应用还与社会情境相联系,使学生与社会生活直接接触,理论和实际有机地结合起来。教师引导学生自主学习,树立科学的批判精神,敢于质疑,培养学生的问题意识。通过知识的实际应用赋予知识以生命力,也开阔了学生的视野并增长了见识,增强了学生的自我效能感,从而有效地促进知识迁移。

4. 利用多媒体与网络技术教学手段,促进知识迁移

网络技术、多媒体技术和计算机技术的发展,为学生知识迁移提供了突破时空限制的广阔空间。只要掌握该方面的操作规程就可以通过网络自由地学习。它为学生提供了教室所不能提供的学习情境,为学生提供了图文音像并茂、丰富多彩的交互式人机界面。可以模拟现实情境,易于激发学生的学习兴趣,培养学生创新精神和实践能力,真正达到了让学生主动建构知识的意义,实现自己获取知识自我更新甚至创新知识的理想境界,使知识能更有效获得广泛迁移。

经典例题

分析论述题

1. 陈述性知识和程序性知识的比较。
2. 论述促进知识应用与迁移的策略。

答案解析

分析论述题

1. 陈述性知识与程序性知识是根据知识的不同表述形式进行的分类。

陈述性知识主要反映事物的状态、内容及事物发展变化的时间原因,主要指是什么、怎么样,也称描述性知识;程序性知识主要说明做什么和怎么做,是一种实践性知识,主要用于实践操作,因此,也称作操作性知识、策略性知识和方法性知识。

陈述性知识与程序性知识的区别主要有:

(1)陈述性知识是“是什么”的知识,以命题及其命题网络来表征;程序性知识是“怎样做”的知识,以产生式来表征。

(2)前者是静态的,它的激活是输入信息的再现;而后者是动态的,它的激活是信息的变形和操作。

(3)前者速度比较慢,是一个有意的过程,需要学习者对有关事实进行再认或再现;后者激活速度很快,是一种自动化的信息变形的活动。在很多活动中,两者是结合在一起的。

考点分析　"陈述性知识与程序性知识及其表征方式"是本章知识学习的关键性概念。在理解时有一定难度,关键要抓住两者之间的区别和联系。

2. 知识迁移是普遍存在的现象,需要我们创设条件,采取有效的方法,从而提高记忆与学习效率,发展学生知识整合的能力。

(1)创设多种促进知识的迁移条件。教师应在学习新知识之前提供给学生引导性知识;理解程度直接影响到有关知识的运用与迁移;知识经验的概括水平也是影响知识迁移的重要因素之一;定势也称心向,也是影响知识迁移的条件;认知结构的清晰性和稳定性对新知识学习产生影响。

(2)采取灵活多样的教学方法

人是发展变化的,方法也必须变化。原来有效的方法,如果永不变化,也会引起学生的厌烦,成为无效的方法。知识迁移离不开主体——人的参与,知识学习离不开主体的主动建构。如果学生的学习动机没有被激发起来,那么,所学的知识迁移就无从谈起。况且各种教学方法都有其可利用的一面。因此,要多种方法结合培养学生的知识迁移能力,提高学习效率。

(3)课内、课外结合培养迁移能力

知识的建构总是伴随着对知识应用范围的建构,知识的抽象水平与心理上的应用范围共同决定了知识应用的灵活性。因此,教师要积极创设多维度、多途径、多情境、开放式的教学氛围,倡导体验、参与、合作与探究的学习方式,使学生加深对知识的理解,增强保持效果,促进知识的迁移。

(4)利用多媒体与网络技术教学手段,促进知识迁移

网络技术、多媒体技术和计算机技术的发展,为学生知识迁移提供了突破时空限制的广阔空间。只要掌握该方面的操作规程可通过网络自由地学习。培养学生创新精神和实践能力,真正达到了让学生主动建构知识的意义,实现自己获取知识、自我更新甚至创新知识的理想境界,使知识能更有效获得广泛迁移。

考点分析　"促进知识应用与迁移的措施"是知识的整合与应用的一个考点。重点在于能够结合现实情况来解释各种措施的原因和方法。对这类问题要留意理论联系实际。

第六章

技能的形成

本章是对心智技能和操作技能的阐述，主要讲述技能及其作用、心智技能的形成与培养和操作技能的形成与训练。其中心智技能和操作技能的形成过程、训练与培养是本章的重点。考生在复习中应识记技能的含义和一般特点，理解心智技能的原型模拟实质，理解操作技能的主要类型，掌握心智技能和操作技能的形成过程，重点掌握二者的培养与训练方法。

第一节　技能及其作用

一、技能及其特点【一般】

1. 含义

技能指个体运用已有的知识经验，通过练习而形成的智力动作方式和肢体动作方式的复杂系统。

2. 特点

技能是通过学习或练习形成的，不同于本能行为。技能是一种活动方式，区别于程序性知识。技能是由一系列动作及执行方式构成的，属于动作经验。例如在"拧螺丝"的过程中，程序性知识是说明螺丝如何拧的动作步骤及执行顺序；技能则是实际拧螺丝的动作方式，是把这些程序性知识转化成相应的活动方式。

技能是合乎法则的活动方式，区别于一般的随意行为。技能有这么几个特征：流畅性、迅速性、经济性（所需的生理、心理能量少）、同时性、适应性。它也是有一定的规则，合乎一定的要求，是受意识控制的。例如一个会骑车的人，不用刻意去思考怎么骑，但他的意识也在作用，一旦遇到障碍物，他可以很快避开。

二、技能的类型【一般】

扫一扫，看视频

1. 操作技能

操作技能又叫运动技能、动作技能，是通过学习而形成的合法则的操作活动方式。具有以下三个特点：首先，就动作对象而言，操作技能的活动对象是物质性客体

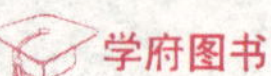

或肌肉，具有客观性；其次，就动作进行而言，操作动作的执行是通过外部显现的肌体运动实现的，具有外显性；再次，就动作的结构而言，操作活动的每个动作必须切实执行，不能合并、省略，在结构上具有展开性。

2. 心智技能

心智技能也称智力技能、认知技能，是通过学习而形成的合法则的心智活动方式。具有三个特点：①动作对象的观念性；②动作执行的内潜性；③动作结构的简缩性（不用像动作技能那样一一出现，内部言语是可以合并、省略及简化的）。

三、技能的作用【一般】

其一，技能可以调节和控制动作的进行；

其二，技能是获得经验、解决问题、变革现实的前提条件；

其三，技能是能力的构成要素之一，是能力形成和发展的重要基础。

第二节　心智技能的形成与发展

一、心智技能的原型模拟【重要】

扫一扫，看视频

心智活动是实践活动的反映，因此心智技能的培养，首先必须确定心智技能的实践模式或操作活动程序，即确定心智技能的“原型”。

心智技能的原型模拟就是指为了达到培养心智技能的目的，在生活中找到一个实际的操作活动，作为练习心智技能的模型，通过对模型的培养使原型得到锻炼。

产生式是心智技能的基本单位，产生式是所谓条件－活动的规则，也就是说，由于人经过学习，其头脑中储存了一系列“如果－则”形式的规则，这种规则就是产生式，简单的产生式只能完成单一的活动。有些任务需要完成一连串的活动，因此需要许多简单的产生式。经过练习，简单产生式可以组合成复杂的产生式系统。这种产生式系统就被认为是复杂技能的心理机制。

二、心智技能的形成过程【重要】

1. 加里培林的阶段形成理论

苏联心理学家加里培林认为智力活动是一个从外部物质活动向内部心理活动转化的过程，一般要经历五个阶段：

（1）活动定向阶段

这是智力形成的准备阶段，其任务是制定目标，明确方向。

（2）物质活动或物质化活动阶段

这个阶段的具体要求是借助于实物或实物的标本、模型、图表等进行学习，以便使学生在头脑中形成多种多样的表象，特别是概括化水平较高的表象，为智力技能的形成向第三阶段转化奠定基础。

(3)有声言语活动阶段

这个阶段是外部的物质与物质化活动向智力活动转化的开始，是智力技能形成过程中的一种质变。

(4)无声外部言语活动阶段

这个阶段的特点是智力活动借助于不出声的外部言语来进行。

(5)内部言语阶段

这是智力技能形成的最后阶段，其主要特点是智力活动具有省略、压缩和自动化等特性。

2. 冯忠良的三阶段论

扫一扫，看视频

冯忠良教授认为心智技能的发展需要经过三个阶段：原型定向阶段、原型操作阶段、原型内化阶段。

(1)原型定向阶段

原型定向就是了解心智活动的实践模式，包括了解“外化”或“物质化”了的心智活动方式或操作活动程序。了解原型活动的结构，就是使儿童知道该做哪些动作和怎样去完成这些动作，明确活动的方向。因此，原型定向阶段的任务就是使儿童掌握心智技能的实践模式并使这种模式的动作结构在头脑中得到清晰的反映。也可以说，原型定向阶段就是使儿童掌握程序性知识的阶段。

(2)原型操作阶段

原型操作是依据心智技能的实践模式，学生将头脑中建立的操作活动程序映像以外显的操作方式付诸执行。在原型操作阶段，心智活动是在物质与物质化水平上进行的，动作的对象是具有一定形式的客体，动作本身是通过一定的机体运动来实现的，对象在动作作用下所发生的变化也是以外显的形式来实现的。

(3)原型内化阶段

原型内化是指心智活动的实践模式向头脑内部转化，由物质的、外显的、展开的形式变成观念的、内潜的、简缩的形式的过程。

3. 安德森的三阶段理论

安德森的三阶段理论包括：认知阶段、联结阶段和自动化阶段。

①认知阶段：了解问题的结构，即问题的起始状态、要达到的目标状态、从起始状态到目标状态所需要的步骤，从而形成最初的问题表征。

②联结阶段：学习者把某一阶段的陈述性知识“编辑”为程序性知识。

③自动化阶段：个体对特定的程序化的知识进一步进行深入加工和协调。此时，个体操作某一技能所需的有意识的认知投入较小，且不易受到干扰。

三、心智技能的培养方法【一般】

1. 内部指导策略

以内部信息为指导而达到目标的策略，内部信息存储在短时记忆中，属于信息指导问题解决的操作顺序或模块。

它又可分为：

①目标递归策略：将目标记在脑子里，整个过程都是在大脑中进行的，不必使用外界的任何信息和线索。

②模式策略：没有目标，只有若干解决问题的方案，按特定的模式循序渐进进行，不必记忆目标和步骤就可解决问题。

2. 刺激指导策略

根据当前情景和刺激条件，决定下一步骤如何进行。

分为两类：

①知觉策略：在智力操作中，不必记住目标，随时根据感官提供的外界信息调整操作步骤。

②机械记忆策略：在智力操作之前，将智力操作的一系列步骤死记硬背下来，然后按记忆的程序进行操作。

第三节　操作技能的形成与训练

一、操作技能的主要类型【一般】

1. 按操作的连续性不同

(1) 连续的动作技能

一般较多地受外界情况制约，需要根据外部情况中的信息，不断调整操作者与外部关系的动作技能。

(2) 不连续的动作技能

一般是自我调节的，较少受外部情况控制。

2. 按操作的控制机制不同

(1) 闭合型操作技能

这类技能在大多数情况下主要依赖机体自身的内部反馈信息进行运动，对外界环境中的反馈信息的依赖程度比较低。

(2) 开放型操作技能

这类技能在大多数情况下主要依据外界的反馈信息进行活动，即根据外界环境变化来调整、控制并做出适当动作。

3. 按操作对象的不同分类

(1)徒手型操作技能

无须器械,仅通过身体协调来完成操作,如太极拳。

(2)器械型操作技能

通过一定的器械来完成操作,如击剑。

4. 按肌肉运动强度的不同分类

(1)细微型操作技能

这类技能主要靠小肌肉群的运动来完成。

(2)粗放型操作技能

这类技能主要靠大肌肉群的运动来完成。

二、操作技能的形成过程【重要】

扫一扫,看视频

操作技能的形成是通过领悟和联系逐步掌握某种动作操作程序的过程。复杂操作技能的形成一般要经历四个主要阶段。在每一个阶段,学习者学习的重点及表现的特征不同。

1. 认知阶段

这是操作技能形成的开始阶段。传授者主要是讲解与示范。学习者主要是理解学习任务,形成目标表象和目标期望。主要特点是:领会技能的基本要求,掌握技能的局部动作。学习者注意范围比较狭隘,精神和全身肌肉紧张,动作忙乱,呆板而不协调,出现很多多余动作,不能觉察自己动作的全部情况,难以发现错误和缺点。

2. 分解阶段

传授者将整套动作分成若干局部动作,学习者做初步尝试,逐个学习,即把组成新运动技能的动作所构成的整体逐一分解,试图发现它们是如何构成的,最后尝试性完成所学新技能中的各个动作。学习者的注意力只能集中在个别动作上,不能统观全局和注重动作的细节。

3. 联系定位阶段

这是操作技能的巩固阶段。这一阶段的重点是使适当的刺激与反应形成联系固定下来,将整套动作连为整体,变成固定程序式的反应系统。其特点是学习者经过练习使各个个别动作联系起来,动作趋向协调,对单个动作的注意力大为减少。

4. 自动化阶段

这是操作技能的熟练阶段。这个时期学习者的各个动作似乎自动流出,得心应手,甚至出神入化。学习者的紧张状态减弱,多余动作消失,动作几乎不需要意识控制,只要一个启动信号就可以准确按照顺序以连锁反应的方式出现。

另外，冯忠良通过分析操作技能形成过程中的动作特点，并从教学实际出发，整合了有关研究，认为操作技能的形成过程可以分为操作的定向、操作的模仿、操作的整合与操作的熟练这四个阶段。

①操作的定向阶段。

操作的定向，即了解操作活动的结构，在头脑中建立起操作活动的定向映象的过程。

②操作的模仿阶段。

实质是将头脑中形成的定向映象以外显的实际动作表现出来。

③操作的整合阶段。

操作的整合，即把模仿阶段习得的动作固定下来，并使各动作成分相互结合，成为定型的、一体化的动作。通过整合，一方面动作水平得以提高，动作结构趋于合理、协调，动作的初步概括化得以实现；另一方面，学员对动作的有效控制逐步增强。

④操作的熟练阶段。

操作的熟练是指所形成的动作方式对各种变化的条件具有高度的适应性，动作的执行达到高度的完善化和自动化。

三、操作技能的训练要求【一般】

1. 准确的示范与讲解

①示范者的身份、示范的准确性以及何时给予示范很重要；

②通过讲解突出重点、言语讲解要简洁概括、鼓励学生发出声音进行语言描述；

③示范与讲解结合。

2. 必要而适当的练习

(1)练习量

练习是必要的，但不是越多越好，要防止疲劳、错误定型。

(2)练习方式

根据分配时间不同有：集中练习、分散练习。

根据完整性不同有：整体练习、部分练习。

根据联系的途径不同有：模拟练习、实际练习、心理练习。

3. 充分而有效的反馈

一是内部反馈，即操作者自身提供的感觉系统的反馈；二是外部反馈，即操作者自身以外的人和事给予的反馈。

4. 建立稳定清晰的动觉

动觉是复杂的内部运动知觉，它反映的是身体运动时的各种肌肉活动的特性，如紧张、放松，而不是外部特性。

经典例题

一、名词解释

原型模拟

二、简答题

简述操作技能的训练要求。

答案解析

一、名词解释

原型模拟是心智技能学习中的概念。指为了达到培养心智技能的目的,在生活中找到一个实际的操作活动,作为练习心智技能的模型,通过对模型的培养使原型得到锻炼。

考点分析 原型模拟是隶属于心智技能学习的子概念,主要考查的是对概念的了解和记忆。

二、简答题

操作技能的训练主要有以下要求:

(1)准确的示范与讲解;(2)必要而适当的练习;(3)充分而有效的反馈;(4)建立稳定清晰的动觉。

考点分析 操作技能的训练要求是本章的重点内容,主要是以识记为主。

第七章

学习策略及其教学

本章是对学习策略的阐述，主要讲述学习策略及其结构、认知策略及其教学、元认知策略及其教学和资源管理策略及其教学四部分内容。其中元认知策略及其教学是本章的重点。考生在复习中应识记学习策略的概念和基本结构，理解四种认知策略的含义和教学策略，理解元认知策略与一般认知策略的区别，重点掌握元认知策略的基本类型及其教学。

第一节　学习策略的性质与类型

一、学习策略的概念【一般】

学习策略是指学习者为了提高学习的效果和效率，有目的、有意识地拟定的有关学习过程的复杂方案，是个体调节自己的感知、记忆、想象、思维等各种认知活动的高级认知技能。

二、学习策略的结构【一般】

扫一扫，看视频

麦基奇等人认为，学习策略包括认知策略、元认知策略和资源管理策略。

学习策略	认知策略	复述策略：如重复、抄写、画线等
		精加工策略：如记忆术、做笔记、举例、提问策略等
		组织策略：如列提纲、网络关系图、流程图、表格等
	元认知策略	计划策略：如设置目标、浏览阅读材料、设疑等
		监控策略：如监察领会状态、集中注意、自我测查等
		调节策略：如调整阅览速度、复查、使用应试策略等
	资源管理策略	时间管理策略：如建立时间表、设置进步目标等
		努力管理策略：如归因于努力、调整心境、自我强化等
		社会支持管理策略：如寻求教师/伙伴帮助，获得个别辅导、小组学习等

第二节 认知策略及其教学

一、注意策略【重要】

扫一扫，看视频

指学习者在学习情境中激活与维持学习心理状态，将注意集中于有关学习信息或重要信息上，对学习材料保持高度的觉醒或警觉状态的学习策略。通过这些训练，提高学生集中注意的能力，优化他们的注意品质。

注意策略主要有：告知目标、使用标示重点的线索、增加材料的独特性和使用新异刺激等。

二、精细加工策略【重要】

扫一扫，看视频

通过把所学的新信息和已有的知识联系起来，以此来增加新信息的意义，也即应用已有的图式和已有的知识使信息合理化。

精细加工策略有如下几种：

①位置记忆法；②首字联词法；③限定词法；④关键词法；⑤视觉想象；⑥寻找信息间的内在联系，利用信息的多余性；⑦联系实际生活；⑧充分利用背景知识。

三、复述策略【重要】

扫一扫，看视频

在工作记忆中为了保持信息而对信息进行反复重复的过程。常用的复述策略有：

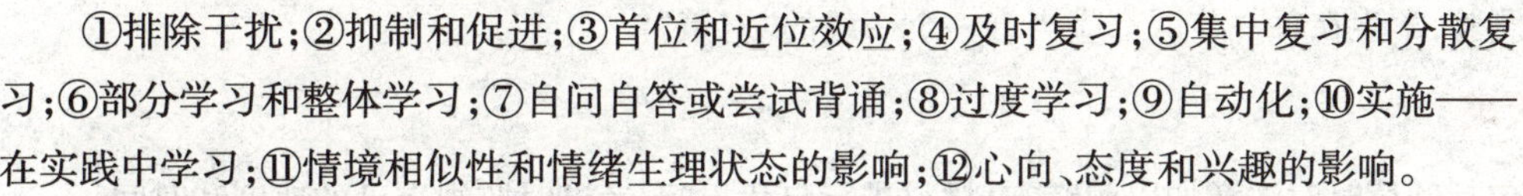

①排除干扰；②抑制和促进；③首位和近位效应；④及时复习；⑤集中复习和分散复习；⑥部分学习和整体学习；⑦自问自答或尝试背诵；⑧过度学习；⑨自动化；⑩实施——在实践中学习；⑪情境相似性和情绪生理状态的影响；⑫心向、态度和兴趣的影响。

四、编码与组织策略【重要】

扫一扫，看视频

将学习材料分成一些小的单元，并把这些小的单元置于适当的类别中，从而使每项信息和其他信息联系在一起，具体包括列提纲、做关系图、运用理论模型。

1. 列提纲

以简要的词语写下主要和次要的观点，以金字塔的形式呈现材料的要点。每一具体细节都包含在高一级水平的列别中。

2. 作关系图

做关系图就是图解各种观点是如何互相联系的，它可以替代做笔记和列提纲。

3. 运用理论模型

这种方法就是用图解的方式来说明某个过程之间的要素是如何相互联系的，如加涅的信息加工模式图，与做关系图相似，只是更复杂一些，因而二者可以合称“画地图”。

第三节　元认知策略及其教学

一、元认知及其作用【一般】

在学习的信息加工系统中,存在着一个对信息流动的执行控制过程。它监视和指导认知活动的进行,负责评估学习中的问题,确定用什么学习策略来解决问题,评价所选策略的效果,并且改变策略以提高学习效果。这种执行控制功能的基础就是元认知。

弗拉维尔认为,元认知就是对认知的认知。具体地说,是个人关于自己的认识过程的知识和调节这些活动的能力,或者说是对思维和学习活动的知识的控制。元认知具有两个独立但又相互联系的成分:对认知过程的知识和观念的认知及对认知行为的调节和控制。

二、元认知策略【重要】

扫一扫,看视频

元认知策略是与认知策略共同起作用的。认知策略是学习必不可少的工具,元认知策略则监控认知的运用。包括:

1. 计划策略

计划策略包括设置学习目标、浏览阅读材料、产生待回答的问题以及分析如何完成学习任务。给学习做计划就好比是足球教练在比赛前针对对方球队的特点与出场情况提出对策。不论是完成作业,还是为了应付测验,学生在每一节课都应当有一个一般的“对策”。

2. 监控策略

监控策略包括阅读时对注意加以跟踪、对材料进行自我提问、考试时监视自己的速度和时间。

3. 调节策略

调节策略与监控策略有关。例如,当学习者意识到他不理解课的某一部分时,他们就会退回去阅读困难的段落;在阅读困难或不熟悉的材料时放慢速度;复习他们不懂的课程材料;测验时跳过某个难题,先做简单的题目等。调节策略能帮助学生矫正他们的学习行为,补救理解上的不足。

第四节　资源管理策略及其教学

一、时间管理策略【一般】

1. 统筹安排学习时间

人生犹如一张大的时间表,每个人都应当根据自己的总体目标,对时间做出总体安排。总体时间表必须通过阶段性的时间表来落实。

2. 高效利用最佳时间

在不同的时间里，人的体力、情绪和智力状态是不一样的，因此，要在不同质的时间里安排不同的学习活动。

首先，要根据自己的生物钟安排学习活动。其次，要根据一周内学习效率的变化安排学习活动。再次，要根据一天内学习效率的变化来安排学习活动。此外，要根据自己的工作曲线安排学习活动。学习时，随着学习的进行，人的精神状态和注意力会发生变化。一般来说，存在三种变化模式：先高后低、中间高两头低、先低后高。每个人要根据自己的模式，安排学习内容，确保状态最佳时学习最重要的内容。

3. 灵活利用零碎时间

零碎时间大多是学习的低效时间，如课余、饭前饭后、等人等车、乘车乘船等。这些时间也可以加以灵活利用。首先，可以利用零碎时间处理学习上的杂事。其次，读短篇文章或看报刊，拓宽自己的知识面，或者背诵诗词和外文单词，这实际上等于在进行分散复习，可提高记忆效率。此外，可以进行讨论和通信，与他人进行交流，在轻松的气氛里与人交流，有助于创造性思维的启发。

二、努力管理策略【一般】

系统性的学习大都是需要意志努力的，为了使学生维持自己的意志努力，需要不断地鼓励学生进行自我激励。

1. 激发内在动机

对学习本身就有兴趣、好奇心和求知欲是一种重要的内在学习动机，它可以使人持续学习下去，敢于克服障碍，迎接挑战，从学习活动中获得快乐。学习的内在动机是可以自我培养的。

2. 树立为了掌握而学习的信念

每个人学习时都带有不同的目的，这些学习目的大致可以归为两类：一类是为了追求好成绩，即所谓的绩效目标，这种人一般特别注重自己在别人心中的地位和形象，生怕别人觉得自己不行；另一类则特别注重自己是否真正掌握，即所谓的掌握目标，这种人敢于迎接学习挑战，克服学习上遇到的困难。

3. 选择有挑战性的任务

在挑选学习任务时，要挑选那些具有中等难度的任务。中等难度的任务比太易或太难的任务更能激励自己。

4. 调节成败的标准

随着学习的深入和自己能力的变化，要不断调整自己的成败标准。如果标准一直过高，自己总不满意自己，会造成自责、自卑和情绪低落的结果。相反，如果标准一直过低，自我感觉过于良好，造成盲目的自信，学习也会受到影响。因此，只有适时调整自己的内在的成败标准，才能维持自己的学习自信心。

5. 正确认识成败的原因

一般来说，在学习成败之后，人们总会找这样那样的原因。归因的方向直接引导着学生对自己的认识，教师要引导学生学会正确地自我归因。

6. 自我奖励

当学生获得了满意的效果后，要设法让学生对自己进行奖励。但是，并不是只有获得好成绩后才能获得奖励。只要自己取得满意的进步，即使外在分数不高，也值得奖励。因此，要为了掌握知识而学习，要引导学生设立自己的成败标准。

三、学业求助策略【一般】

学业求助策略可以细分为两方面，一个是对工具的求助，一个是对人的求助。

1. 工具利用策略

学习工具是学习中所必不可少的学习资源，学会有效地利用学习工具对人的一生来说都是非常重要的。工具具体包括参考资料、工具书、图书馆、广播电视、电脑网络等。

2. 社会性人力资源的利用策略

学习总是需要与人交流，老师和同学是学习的最重要的社会性人力资源，必须善于利用。

经典例题

一、名词解释

1. 学习策略
2. 元认知策略

二、简答题

简述努力管理策略。

三、分析论述题

论述精细加工策略及其教学要求。

答案解析

一、名词解释

1. 学习策略是指学习者为了提高学习的效果和效率,有目的、有意识地拟定的有关学习过程的复杂方案,是个体调节自己的感知记忆、想象、思维等各种认知活动的高级认知技能。

2. 元认知策略是与认知策略共同起作用的。认知策略是学习必不可少的工具,元认知策略则监控认知的运用。包括计划策略、监控策略、调节策略。

二、简答题

努力管理策略是为了使学生维持自己的意志努力,不断地鼓励学生进行自我激励的策略。

主要包括:(1)激发内在动机;(2)树立为了掌握而学习的信念;(3)选择有挑战性的任务;(4)调节成败的标准;(5)正确认识成败的原因;(6)自我奖励。

随着学习的深入和自己能力的变化,要不断调整自己的成败标准。如果标准一直过高,自己总不满意自己,会造成自责、自卑和情绪低落。相反,如果标准一直过低,自我感觉过于良好,造成盲目的自信,学习也受到影响。因此,只有适时调整自己的内在的成败标准,才能维持自己的学习自信心。

考点分析 时间管理策略、努力管理策略、学习求助策略都属于资源管理策略及其教学的下属考点,其中前两者较为重要,对于其要点要加强记忆。

三、分析论述题

精细加工策略是指通过把所学的新信息和已有的知识联系起来,以此来增加新信息的意义,也就是说我们应用已有的图式和已有的知识使信息合理化。精细加工策略有如下几种:

(1)位置记忆法;(2)首字联词法;(3)限定词法;(4)关键词法;(5)视觉想象;(6)寻找信息间的内在联系,利用信息的多余性;(7)联系实际生活;(8)充分利用背景知识。

考点分析 “精细加工策略”和注意策略、复述策略、编码与组织策略都从属于认知策略及其教学,是本章的核心考点,需要在理解的基础上加以整理记忆。

第八章

问题解决能力与创造性的培养

本章是对能力培养、问题解决和创造性培养等内容的阐述。主要讲述当代有关能力的基本理论、问题解决的实质与过程、问题解决的影响因素、问题解决能力的培养和创造性及其培养等内容。其中三大智力理论和问题解决的影响因素是本章的重点。考生在复习中应识记问题解决的实质，理解问题解决能力培养的基本策略，掌握创造性的基本概念和结构，重点掌握三大智力理论和问题解决的影响因素。

第一节　当代有关能力的基本理论

一、传统智力理论【一般】

1. 智力二因论

美国心理学家卡特尔等人根据智力的不同功能，将智力划分为两种：流体智力和晶体智力。流体智力是指人不依赖于文化和知识背景而学习新事物的能力，如注意力、知识整合力、思维的敏捷性等。晶体智力是指人后天习得的能力，与文化知识、经验的积累有关，如知识的广度、判断力等。从时间上看，流体智力在人的成年期达到高峰后，就随着年龄的增大而逐步衰退，而晶体智力自成年后不但不减退，反而会上升。

英国心理学家斯皮尔曼提出二因素说，他将人类智力分为两个因素：一是普遍因素，又称 G 因素，是在不同智力活动中所共有的因素；另一个是特殊因素，又称 S 因素，是在某种特殊的智力活动中所必备的因素。二者相互联系，完成任何作业都需要 G 因素和 S 因素的结合。

2. 智力群因论

瑟斯顿认为智力是一些基本心理能力的组合，由七种基本能力组合而成。他认为，智力包括七种彼此独立的心理能力，即语词理解（V）、语词流畅（W）、一般推理（R）、数字运算（N）、联想记忆（M）、空间能力（S）和知觉速度（P）。瑟斯顿为此设计了智力测验来测量这七种因素，测验结果与他原来认为各种智力因素之间彼此无关的设想相反，各种因素之间存在着正相关的关系。

3. 智力结构论

吉尔福特认为智力结构包括三类事件：

(1)引起思维的材料，决定思维的内容。

(2)进行思维的心理活动，决定思维的运作。

(3)整理思维的结果，获得思维的产物。

他认为，智力结构应从操作、内容、产物三个维度去考虑。智力的第一个维度是操作，即智力活动的过程，包括认知、记忆、分散思维、聚合思维、评价五个因素；第二个维度是内容，即智力活动的内容，包括图形、符号、语义、行为四个因素；第三个维度是产品，即智力活动的结果，包括单元、门类、关系、系统、转换、蕴含六个因素。把这三个变项组合起来，会得到 $4 \times 5 \times 6 = 120$(种)不同的智力因素。吉尔福特把这些构想设计成立方体模型，共有 120 个立体方块，每一立方块代表一种独特的智力因素。

扫一扫，看视频

二、多元智力理论【重要】

霍华德·加德纳认为智力由九种独立成分或模块构成，分别是：语言智力、数理智力、空间智力、音乐智力、体能智力、社会智力，自知智力、自然智力和存在智力。加德纳强调，这九种都是各自独立的、不同类型的智力，而不是同一种智力的不同成分，每一种智力代表了以大脑为基础的一个能力的模块，这也是加德纳和传统智力理论的一个根本区别。

加德纳智力理论的创新在于突破了传统的智力范畴，提出了多维智力的理念，并相应地引发了人们对教育、人才、智力开发和教育评价的思考；另外，既注重神经生理学证据，又不忽视社会文化作用，也使得其理论更具有说服力。因此，其理论在世界范围内对教育理论和教育实践都有极大的影响力。

三、成功智力理论【重要】

斯腾伯格提出智力的三元理论，他认为智力是适应、选择和塑造环境背景所需的心理能力。该理论由三个子理论——背景子理论、经验子理论、成分子理论构成。斯腾伯格认为三元智力仍不足以解释现实社会中的人类智力。因此，1996 年斯腾伯格在三元智力理论的基础上提出更具有实用和现实取向的成功智力理论(又称成功智力的三元理论)，强调智力不应仅仅涉及学业，更应指向真实世界的成功。

他认为成功智力有四个关键元素：

1. 应在一个人的社会文化背景内，按照个人的标准，根据他在生活中取得成功的能力定义智力。

2. 个体取得成功的能力依赖于利用自己的力量改正或弥补不足的程度。

3. 成功是通过分析、创造和实践三方面智力的平衡获得的，其中分析性智力是进行分析、评价、判断或比较和对照的能力；创造性智力是面对新任务、新情境产生新观念的能力；实践性智力是把经验应用于适应、塑造和选择环境的能力。

4. 智力平衡是为了实现适应、塑造和选择环境的目标，而不仅仅是传统智力所强调的对环境的适应。斯腾伯格还强调，成功智力的基础是跨越文化普遍存在的智力加工过程。

第二节　问题解决的实质与过程

一、问题及问题解决【一般】

问题是这样一种情境：个体想做某事，但不能立即知道做这件事所需采取的一系列行动。问题包含四个部分：问题情境、已有知识技能、障碍、方法。

问题解决是一种以目标为定向的搜寻问题空间的认知过程。其中原有知识经验和当前问题的组成成分必须重新改组、转换或联合，才能达到既定目标。

这一定义包含四个要点：

①问题解决是以目标为定向的，无目标的幻想不算问题解决；

②问题解决是在头脑中或认知系统中进行的，只能通过解题者的行为才能推测它的存在，如用绳打结不算问题解决，只是一种技能；

③问题解决包括一系列心理运算；

④问题解决是个人化的，对这个人不是问题，而对另一个人恰恰是问题。

二、问题解决的基本过程【重要】

扫一扫，看视频

问题解决的基本过程包括：理解和表征问题、寻求解答的方案、执行计划或尝试某种解决方案以及对结果进行检验。

1. 理解和表征问题阶段

解决问题的第一步是确定问题到底是什么，也就是要识别与问题相关的信息。

2. 寻求解答阶段

在寻求解答时，可能存在两种途径：算法式和启发式。

(1)算法式

所谓算法式，就是为了达到某一个目标或解决某一个问题而采取的一步一步的程序。如拼拼图，存在一种固定的程序，如果你找到了就能很快解决问题。

(2)启发式

所谓启发式，就是使用一般的策略试图解决问题，这种一般的策略可能会导致一个正确的答案。常用的启发式方法有：手段目的分析法、逆向反推法、爬山法和类比思维。

3. 执行计划或尝试某种解答阶段

当表征某个问题并选好某种解决方案后，下一步就要执行计算。

4. 评价结果阶段

当选择并完成某个解决方案后，还应对结果进行评价，以确定对问题的分析是否正确、选择策略是否合适、问题是否得到解决等。

第三节 问题解决能力的培养【重要】

一、问题解决的影响因素【重要】

扫一扫,看视频

影响问题解决的因素很多,归纳起来,可以有以下几种:

1. 有关的知识经验

有关的知识经验是影响问题解决的个人因素,如果个体有与问题相关的背景知识,则可以促进问题的表征和解答,只有依据有关的知识经验才能为问题的解决确定方向、选择途径和方法。

2. 个体的智力与动机

个体的智力水平是影响问题解决的重要因素。因为智力中的推理能力、理解力、记忆力、信息加工能力和分析能力等成分都影响着问题解决,特别是影响问题解决的方法。动机是促使问题解决的动力因素,对问题解决的思维活动有重要影响。动机的性质和动机的强度会影响问题解决的进程。

3. 问题情境与表征方式

问题情境是指呈现问题的客观情境(刺激模式)。问题情境对问题的解决有重要的影响。

①问题情境中物体和事物的空间排列不同,会影响问题的解决。

②问题情境中的刺激模式与个人的知识结构越接近,问题就越容易解决。

③问题情境中所包含的物件或事实太少或太多都不利于问题的解决。

表征是问题解决的中心环节,它说明问题在头脑中是如何表现的。问题表征反映着对于问题的理解程度,涉及在问题情境中如何抽取有关信息,包括目标是什么、目标和当前状态的关系,可能运用的算法有哪些等。问题表征不同,就会产生不同的解决方案,它直接影响问题解决的结果。如果不能恰当地进行问题表征,在一个错误的问题空间搜索,就会导致问题解决的失败。

4. 思维定势与功能固着

定势是指由先前的活动所形成的并影响后继活动趋势的一种心理准备状态。它在思维活动中表现为一种易于以习惯的方式解决问题的倾向。定势在问题解决中有积极作用,也有消极影响。当问题情境不变时,定势对问题的解决有积极作用,有利于问题的解决;当问题情境发生变化后,定势对问题的解决有消极影响,不利于问题的解决。

功能固着是指个体在解决问题时往往只看到某种事物的常用功能,而看不到它其他方面可能有的功能。这是人们长期以来形成的对某些事物的功能或用途的固定看法。例如,对于电吹风,一般人认为它只是吹头发用的,其实它还有多种功能,可以做衣服之类的烘干器等。

功能固着影响人的思维,不利于新假设的提出和问题的解决。

5. 原型启发与酝酿效应

原型启发是指在其他事物或现象中获得的信息对解决当前问题的启发。其中具有启发作用的事物或现象叫作原型。作为原型的事物或现象多种多样，存在于自然界、人类社会和日常生活之中。

当一个人长期致力于某一问题的解决而又百思不得其解的时候，如果他暂时停下来去做别的事情，几小时、几天或几周之后，他可能会忽然想到解决的办法，这就是酝酿效应。

二、问题解决能力的培养措施

1. 充分利用已有经验，形成知识结构体系

扎实的专业知识、良好的知识结构是有效解决特定领域问题的重要条件之一。因此，培养学生问题解决的能力首先要促使学生尽快熟练掌握专业知识，完善学生的知识结构。在知识传授中，不仅要重视陈述性知识的讲解，更要重视程序性知识的学习。程序性知识对提高学生问题解决能力起着非常重要的作用。在告诉学生“是什么”的同时，关键要教会学生“为什么”和“怎样做”，使他们获得大量牢固的“如果－那么”的产生式系统。

2. 分析问题的构成，把握问题解决的规律

问题解决需要一个过程，掌握问题解决的基本程序有利于问题解决。在教学中教给学生一些通用的问题解决的方法和思维策略，会有效提高他们问题解决的能力。

3. 开展研究性学习，发挥学生的主动性

在教学活动中，教师应注意训练学生发现问题的能力，引导学生进行研究性学习，对问题展开全面分析，并使他们搞清问题的来龙去脉及与其他知识点的联系，以达到深刻地识别问题的目的。通过学生的自主探究，使学生的积极主动性在问题解决中得以发挥。

4. 允许学生大胆猜想，鼓励实践验证

帮助学生习得多种解决问题的策略，是培养学生问题解决能力的有效方式，其中启发式策略最能有效地提高解决问题的效率，因为一般的启发式策略能适用于较广的范围和领域，并可以转化为具体学科的思维方法。经常采用的启发式策略主要有：手段－目的分析法、逆推法、联想法、简化计划法等。

第四节　创造性及其培养

一、创造性的基本概念【一般】

创造性指根据一定的目的，运用已知信息，产生某种新颖、独特、有社会或个人价值的产品的能力。它有两种理解方式：其一，指在问题情境中超越已有经验，突破习惯的限制，形成崭新产品的心理过程；其二，指不受成规限制，能灵活运用知识、经验解决问题的超常能力。这两种理解的共同点

是把创造性视为一种解决问题的心理活动，不同之处是前者视创造性为一种思维过程，后者则视它为一种思维能力。因此，创造性在心理学上各有侧重的两个方面，一是侧重研究创造性思维，旨在了解创造是个怎样的过程；二是侧重研究创造力，旨在了解创造究竟包含哪些能力。

二、创造性的基本结构【一般】

创造性包括创造力和创造性人格两个部分，前者指的是一个人的创造性表现在能力方面的特征，后者主要指一个人的创造性表现在气质和性格方面的特征，它们是完成创造活动必不可少的两种因素。根据创造性的内容，创造性的基本结构包含以下几个方面：创造意识、创造人格、创造性思维、创造方法。

1. 创造意识的培养

创造意识就是指一个人想不想创造，这不仅会影响到他的创造动机的强弱，而且会影响到他的创造能力的发挥。一般来说，没有强烈的创造意识，创造是不可能成功的。因此，培养创造意识是至关重要的。

2. 创造人格的培养

创造人格，是个体创造能力发展的必要的和充分的条件。创造人格的训练，在于培养让个体形成有利于创造的各种人格品质，包括强烈的创造动机、浓厚的创造兴趣、积极的创造情绪和坚强的创造意志，使其成为一个具有高创造性的人。

学生的创造动机是形成创造力的基础，只有具有强烈的创造动机，学生才有可能产生创造力，才能造就创造人格。

学生创造兴趣的培养，包括培养对各种事物的兴趣，培养对事物的好奇心、求知欲和探究心理等。

学生创造情绪的培养，包括培养对生活、对创造充满热情、保持愉快的情绪；培养对创造美的真心感受，让情感在创造中升华；培养对创造的自信心和幽默感，不轻易放弃创造，不轻易对创造失望等。

学生创造意志的培养，包括要树立为科学而献身的崇高思想；培养知难而进的胆略；培养在创造中承受挫折的能力等。

3. 创造性思维的培养

创造性思维训练，是培养学生创造性中用得最多的方法，也是一项重要的内容。主要包括思维的流畅性、变通性、独特性和辩证性训练等。较有代表性的训练方法有：

①头脑风暴法又叫智力激励法，由奥斯本于 1945 年提出的，它往往是以多人集体讨论的方式进行，鼓励参加者尽可能多地提出各种各样的、异想天开的设想或观点，相互启迪，激发灵感，从而引起创造性思维的连锁反应，形成解决问题的新思路。

②直觉思维训练与头脑体操法。直觉思维也是创造性思维的一种，是一种跳跃式的思维，不经过明显的中间推理过程，就能得出结论。头脑体操是一种训练直觉思维的有效方法，指当问题出来时，马上凭直觉去想到一个正确答案。

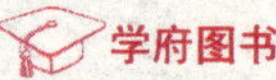

4. 创造方法的培养

扫一扫，看视频

创造方法是指人们在创造活动过程中运用创造的具体思维方法和创造技能。创造方法的训练可以诱发个体的潜在创造性。目前人们常用的创造方法有类比模拟法、聚焦发明法、设问探究法、列举法、移植法和逆向求索法等。

(1)类比模拟法

类比模拟法是用发明创造的客体与某一事物进行类比对照，从而获得有益的启发，提供解决问题的线索。

(2)聚焦发明法的训练

聚焦发明法，就是以某一事物或问题为中心焦点，然后分析这一事物或问题的周围环境，由此得到启发，进行强制联想——尽可能将周围的事物与所要解决的问题联系起来，创造出新事物的方法。

(3)设问探究法

设问探究法是通过书面或口头形式提出问题而引起人们的创造火花，捕捉到良好设想的一种方法。它对于发现问题和解决问题是极其重要的。

(4)列举法

列举法是将研究对象的特点以及优缺点罗列出来，发现规律，提出改进措施，形成一定独创性的方法。

(5)移植法

移植法是将某一学科的理论、概念或者某一领域的技术发明和方法应用于其他学科和领域，以期取得新的发明和创造的方法。

(6)逆向求索法

逆向求索法是逆向思维的具体运用，它是从已有的事物、现象的相反功能、状态、位置、方向、方式、顺序等方面进行反习惯性思路的反向思考和创新的方法。

三、创造性的培养措施【一般】

①创设一个民主、开放的学与教的环境；
②培养好奇心、激发求知欲；
③鼓励青少年的独创精神；
④训练学生的发散性思维；
⑤积极开展创造性活动；
⑥培养创造性的个性；
⑦鼓励在实践中解放思想。

经典例题

一、名词解释

多元智力

二、简答题

简述创造性的培养措施。

三、分析论述题

1. 试述问题解决的心理过程。
2. 试述影响问题解决的因素。
3. 试述问题解决能力的培养措施。
4. 联系实际，阐述创造性的内涵。

答案解析

一、名词解释

多元智力由加德纳提出，他认为传统上根据智力测验所界定的智力，在概念上只是窄化到适于书本知识的学习能力，他认为至少包括九种不同智力：语言智力、数理智力、空间智力、音乐智力、体能智力、社交智力、自知智力、自然智力和存在智力。加德纳智力理论的创新在于突破了传统的智力范畴，提出了多维智力的理念，并相应引发了人们对教育、人才、智力开发、教育评价的思考，其理论在世界范围内对教育理论和教育实践都有极大的影响力。

考点分析　多元智力这一考点有多种考法，非常灵活。多元智力的概念、多元智力的培养方式、多元智力的教学启示等都是考试的要点，考生需要举一反三。

二、简答题

创造性的培养需要开放的环境和对学生的鼓励，具体包括：

(1)创设一个民主、开放的学与教的环境；

(2)培养好奇心、激发求知欲；

(3)鼓励青少年的独创精神；

(4)训练学生的发散性思维；

(5)积极开展创造性活动；

(6)培养创造性的个性；

(7)鼓励在实践中解放思想。

(具体阐述从略)

三、分析论述题

1. 问题解决包含四个阶段：

(1)理解和表征问题阶段；

(2)寻求解答阶段：包含算法式、启发式两种方式；

(3)执行计划或尝试某种解答阶段；

(4)评价结果阶段。

2. 影响问题解决的因素很多，归纳起来，可以有以下几种：

(1)有关的知识经验；

(2)个体的智能与动机；

(3)问题情景与表征方式；

(4)思维定势与功能固着；

(5)原型启发与酝酿效应。

3. 问题解决能力的培养措施有以下四种：

(1)充分利用已有经验，形成知识结构体系；

(2)分析问题的构成，把握问题解决规律；

(3)开展研究性学习，发挥学生的主动性；

(4)允许学生大胆猜想，鼓励实践验证。

4. 创造性是指能根据一定的目的，运用已知信息，产生出某种新颖、独特、有社会或个人价值的产品的能力。它有两种理解方式：

其一，指在问题情境中超越已有经验，突破习惯的限制，形成崭新产品的心理过程。

其二，指不受成规限制，能灵活运用知识、经验解决问题的超常能力。

这两种理解的共同点是把创造性视为一种解决问题的心理活动，不同之处是前者视创造性为一种思维过程，后者则视之为一种思维能力。因此，创造性在心理学上包括各有侧重的两个方面：一是侧重研究创造性思维，旨在了解创造是个怎样的过程；一是侧重研究创造力，旨在了解创造究竟包含哪些能力。

考点分析　创造性的概念一般会作为基本知识点，以名词解释的形式来考查。但本题采用联系实际的方式，进行分析论述，对于能力要求更加严格。也提示考生，在复习中一定不要孤立地分析考点，要想到考点的多种出题方式。

第九章

社会规范学习与品德发展

本章是对社会规范学习与品德发展的概述，主要讲述社会规范学习与品德发展的实质、社会规范学习的过程与条件、品德的形成过程与培养，以及品德不良的矫正等。其中社会规范的学习过程与条件是本章的重点。考生在复习中应识记社会规范学习的含义和品德发展的实质，理解社会规范的遵从、认同与内化过程，理解品德的认知、情感和行为形成过程，重点掌握社会规范的学习过程与条件。

第一节　社会规范学习与品德发展的实质

一、社会规范学习的含义【一般】

社会规范学习指个体接受社会规范，内化社会价值，将规范所确立的外在于主体的行为要求转化为主体内在的行为需要，从而建构主体内部的社会行为调节机制的过程，即社会规范的内化过程。

二、品德发展的实质【一般】

1. 品德

品德作为个体社会行为的内在调节机制，是合乎社会规范要求的稳定的心理特性。它是德行产生的内因，又被称为德性。品德的实质就是人际交往经验结构，根本内容是对人、对事、对己方面的社会规范的遵从经验。

品德的结构包含两个组成部分：一是动机部分，一是行为部分。前者体现的是个体规范行为的需要，即从内心遵从还是背离社会规范；后者体现的是对社会规范的执行情况，即与需要相符合的行为方式。

2. 品德形成发展的实质

人的交往行为是一种社会行为，是在一定的社会规范约束下进行的，个体对于人际交往经验的总结过程，就是接受社会规范的过程。

通过接受社会规范，执行社会规范，并从行为结果的反馈中强化个体对规范的必要性认识，获得

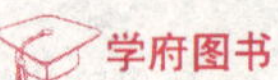

执行规范行为的体验，确立自觉执行规范的动机，从而使品德得以形成和发展。这就是品德发展的实质。

扫一扫，看视频

第二节　社会规范学习的过程和条件【一般】

一、社会规范的遵从【重要】

社会规范的遵从是社会规范的接受及品德形成的初级阶段，它表现为从众现象和服从现象。社会规范学习是逐步积累交往经验的过程。个体学习社会规范的过程，也是构建社会规范的遵从经验结构、完成个体的交往适应的过程。

特点：遵从的盲目性、遵从的被动性、遵从的工具性、遵从的情境性。

二、社会规范的认同【重要】

社会规范的认同一般指行为主体在认识、情感与行为上对规范趋于一致，从而产生自愿对规范的遵从现象。

认同类型：包括偶像认同（出于对某人或团体的崇拜）和价值认同（出于对规范本身的意义及必要性的认识）两种类型。

特点：认同的自觉性、主动性和稳定性。

作用：它是社会规范的接受及品德形成的一个关键阶段，但不是最高阶段。

三、社会规范的内化【重要】

社会规范学习是通过规范的内化过程实现的。个体对规范的接受过程，体现为一种内化过程。规范的接受是把外在于主体的行为要求转化为主体内在的行为需要的内化过程。

第三节　品德的形成过程与培养

一、道德认知的形成与培养【重要】

道德认知心理学家认为，人的品德的形成和发展要经历两种过程，即理性化的过程与社会化的过程。

理性化的过程，也就是形成道德认识、发展道德判断和推理能力的过程。此外儿童品德的形成和发展还必须以儿童的社会认知为前提，即必须经历一个社会化过程。

1. 皮亚杰道德认知发展论

皮亚杰用认知发展的观点来解释道德发展，把道德发展分为两个阶段：

他律期，即接受外部支配的时期，5～8 岁。该时期的儿童，一般是服从外部规则，

扫一扫，看视频

接受权威制定的规范，只根据行为后果来判断对错。该阶段也称为道德现实主义或他律的道德。

自律期，也就是自主期，大约是小学中年级，八九岁以后。道德发展到这个时期，不再无条件服从权威，但自己的判断还不成熟，该阶段被称为道德相对主义或合作的道德。

皮亚杰认为，5 岁以前是无律期，以自我为中心来考虑问题，还谈不上道德发展。

2. 科尔伯格道德发展阶段论(见第二章)

个体通过不断整合自己的道德认识，通过不断重建自己与他人、集体以至世界的社会认知的经验，通过对这些认识和经验的不断反思与自我评价，才逐渐形成和发展自己的道德观念和价值标准。

3. 道德认知的形成

(1)道德知识的掌握

扫一扫，看视频

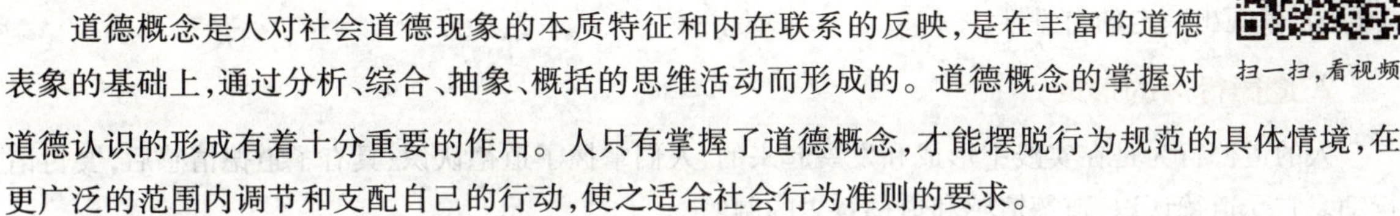

道德概念是人对社会道德现象的本质特征和内在联系的反映，是在丰富的道德表象的基础上，通过分析、综合、抽象、概括的思维活动而形成的。道德概念的掌握对道德认识的形成有着十分重要的作用。人只有掌握了道德概念，才能摆脱行为规范的具体情境，在更广泛的范围内调节和支配自己的行动，使之适合社会行为准则的要求。

(2)道德评价能力的培养

道德评价指学生根据已掌握的道德规范对已发生的道德行为的是非、善恶进行分析判断的过程。道德评价是一种智力活动的过程，在评价中不断地深化道德认识，增强道德情感的体验，确定合理的行动，为道德行为定向。道德评价起着道德裁判的作用，它有助于道德信念的形成。

(3)道德信念的形成

道德信念指人们将道德知识作为指导个人行动的基本原则，当人们坚信它并决定为之奋斗时，就产生了道德信念。道德信念是道德动机的高级形式，它可以引起、推动和维持人的道德行动，使人的道德行为表现出坚定性和一贯性。因此，需要充分发挥班集体的舆论作用，形成良好的班风。

二、道德情感的形成与培养【一般】

道德情感是人的道德需要是否得到实现所引起的内心体验，它与道德认知一起，是推动人产生道德行为或抑制不道德行为的内在动力。

1. 道德情感的作用

①可以激发、引导人的道德认识；

②使人乐于接受某种道德概念，而拒绝另一种道德概念；

③调节、控制人的道德行为。

2. 道德情感的形成

道德情感是人们根据社会的道德规范评价自己和别人的思想、意图和举止行为时所产生的一种情绪状态，因而它是激发人们思想行为的重要的内部驱动力量。它在道德认识机制的引导下，对道德行为起着十分重要的激发和驱动作用。

3. 道德情感的培养

①向学生进行抽象的道德理论知识教育的同时，激发他们的道德情感；

②提供榜样、典型事件等形象材料；

③利用多种媒体培养道德情感；

④及时肯定学生的优良道德行为、思想，否定错误思想行为。

三、道德行为的形成和培养【一般】

1. 道德行为的含义

道德行为是由一定的道德情境因素引起，并与个体的道德意识因素相互作用的产物，是一种意志行为，表现出一定的自觉性。

2. 道德行为的形成

人的道德行为是在实践中形成和发展起来的、人们掌握了道德认识、具有了道德情感后，要付诸行动。它受道德认识、道德情感和道德意志的制约。

3. 道德行为的培养

①启发学生的学习动机；

②指导学生的道德行为方式；

③组织道德行为的练习与训练；

④创设重复良好行为的情境，避免重复不良行为的机会；

⑤提供道德行为练习与实践的榜样，让学生进行模仿。

第四节　品德不良的矫正

一、品德不良的含义与类型【一般】

1. 品德不良的含义

品德不良指经常违反道德或犯有严重的道德过错行为。最初的表现是一般的过错行为，这些过错行为虽然在其严重性和稳定性上还没有达到违法的程度，但是如果不及时加以矫正，就会沉积为严重的道德过错，从而酿成不良品德，甚至走上违法道路。

2. 品德不良的类型

①根据出现原因不同可将品德划分为：道德认知方面的不良行为、道德意志方面的不良行为、道德行为方面的不良行为等。

②根据严重程度不同可将品德不良划分为：不良品德行为和过错行为。

③根据表现类型不同可将品德不良划分为：顽固型、随流型、忏悔型和冲动型。

二、品德不良的成因分析【一般】

1. 客观原因

(1)家庭方面

家庭是学生接受品德教育的启蒙学校,家庭环境中的某些不当教育和环境中的某些不良因素,是形成学生不良品德的一个重要原因。主要表现有家庭结构不良、家庭教育功能不良和父母教育不当。

(2)学校方面

学校是专门培养人的教育机关,学生的品德主要是通过学校教育来培养的。但是,如果教育者思想不端正,教育措施不力,教育方法不当,都可能妨碍学生形成良好品德,从而造成学生不良品德的蔓延和恶化。

(3)社会方面

社会上形形色色的腐朽思想和不正之风对学生产生的侵蚀和影响不可轻视。

2. 主观原因

①青少年学生的心理内部矛盾;
②缺乏正确的道德观念和道德信念;
③道德意志薄弱;
④养成了不良的行为习惯;
⑤性格上的某些缺陷。

三、品德不良的纠正与教育【一般】

1. 品德不良学生的转化

品德不良学生的转化要经历一个由量变到质变的渐进过程。这个转化过程大体可以划分为醒悟、转变与自新三个阶段。

扫一扫,看视频

(1)醒悟阶段

品德不良的学生开始认识到自己的错误,把这种错误归结为自己的原因,从而产生改过自新的意向。

(2)转变阶段

这是指品德不良的学生有了改过自新的意向之后,在行为上发生一定的转变。

(3)自新阶段

这是指品德不良的学生经过较长时期的转变之后,不再出现反复,而进入一个新的时期。

2. 针对品德不良学生我们应采取的教育措施

①消除心理障碍、动机障碍、认知意义障碍、情绪障碍和习惯惰性障碍。

②抓住时机,引起内心震动。

③提供典型事例,明确是非观念。

④保护自尊心,培养集体荣誉感。

⑤增强抗诱惑的能力,培养良好习惯。

⑥针对个别差异,选择矫正措施。

经典例题

简答题

简述科尔伯格道德发展理论。

答案解析

简答题

从略,参见第二章答案解析(P473)。

考点分析 科尔伯格的道德发展理论既属于第二章的人格发展理论,又属于本章的品德的形成过程与培养。在回答时,知识方面的内容按照第二章来答即可。而如果涉及品德形成的教育教学问题,或要求联系实际来阐述如何运用科尔伯格的理论,则要将论述重心放到本章。

第十章

心理健康及其教育

本章是对心理健康及教育的概述，考生在复习中应识记心理健康的实质和标准、心理健康教育的目标，了解中小学生常见的心理健康问题及心理健康教育的内容，重点掌握心理健康教育的途径。

第一节　心理健康的内涵

一、心理健康的实质【一般】

心理健康并无确定的含义，国内外通过统计常模、社会常模、生活适应、心理成熟、主观感受等方式对其进行了探索。综合考虑各方面要求，大体上可以说，心理健康是一种良好的、持续的心理状态与过程，表现为个人具有生命的活力、积极的内心体验、良好的社会适应，能够有效地发挥个人的身心潜力以及作为社会一员的积极的社会功能。

二、心理健康的标准【一般】

心理健康标准是心理健康概念的具体化。国内外学者提供的心理健康判断标准在心理特质的范围、关注的重点以及评判尺度的把握上是有差别的，但在整体上仍然有共通之处。在理解与把握心理健康标准时，主要应该考虑到以下几点：

首先，判断一个人心理健康状况应兼顾个体内部协调与对外良好适应两个方面。从内部来说，心理健康的人各项心理机能健全、人格结构完整，能用正当手段满足自己的基本需要；从对外关系来说，心理健康的人能适应周围环境，有人际交往能力和较高的人际关系水平。

其次，心理健康的概念具有相对性。可以把心理健康与心理疾病视为人类精神生活的两个极端。我们大多数人都位于这两个极端之间的某一个位置。因此心理健康就有高低层次之分，一个人即使没有任何行为问题或情绪紊乱，也仍可能是一个没有目的的躯壳。这样的人至多可以说是“消极的心理健康”。而高层次（积极的）心理健康不仅是没有心理疾病，而且能充分发挥个人潜能，发展建设性的人际关系，从事具有社会价值的创造，追求高层次需要的满足，追求生活的意义。

再次，心理健康既是一种状态，也是一种过程。心理健康不是无失败、无冲突、无痛苦，而是能在这些情况下做有效的自我调整，且能保持良好的工作效率。

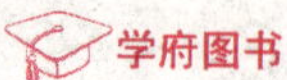

最后，心理健康与否，在相当程度上可以说是一个社会评价问题。不同社会由于其主流文化、价值观念、社会规范不同，对于同一行为正常与否，往往会做出不同的判断。

三、中小学生常见心理健康问题【重要】

1. 多动症

也称“儿童多动综合征”，是一种以行为障碍为特征的儿童综合征，多在 7 岁前就有异常表现。多动症儿童行为的主要特征有：①活动过多。例如，在公共汽车里总是爬上爬下；在课堂里坐不住，总是在椅子上来回挪动，甚至离开座位到处走动。这种儿童的多动与一般儿童的好动不同的是，他们的活动是杂乱的、缺乏组织性和目的性的。②注意力不集中。不能专注于一种活动，不能坐定看一会儿电视，做作业做了一会儿又去干别的，做事经常有头无尾，丢三落四。③冲动，经常未经考虑就行动，在做集体游戏时，难以耐心等待。

2. 焦虑症

焦虑症是以与客观威胁不相适合的焦虑反应为特征的神经症，焦虑是由紧张、不安、焦急、忧虑、恐惧交织而成的一种情绪状态。焦虑症的表现是：紧张不安、忧心忡忡、集中注意困难、极端敏感、对轻微刺激做过度反应，难以做决定。学生中常见的焦虑反应是考试焦虑。其表现是：随着考试临近，心情极度紧张。考试时不能集中注意，知觉范围变窄，思维刻板，出现慌乱，无法发挥正常水平。考试后又持久地不能松弛下来。

3. 抑郁症

抑郁症是以持久性的心境低落为特征的神经症。抑郁症的表现：①情绪消极、悲伤、颓废、淡漠，失去满足感和生活的乐趣；②消极的认识倾向，低自尊、无能感，从消极方面看事物，责难自己，对未来不抱多大希望；③动机缺失、被动，缺少热情；④躯体上疲劳、失眠、食欲不振等。

4. 强迫症

强迫症包括强迫观念和强迫行为。强迫观念指当事人身不由已地思考他不想考虑的事情；强迫行为指当事人反复去做他不希望执行的动作，如果不这样想不这样做，他就会感到极端焦虑。

5. 恐怖症

恐怖症是对特定的无实在危害的事物与场景的非理性惧怕。恐怖症可分为单纯恐怖症、广场恐惧症和社交恐怖症。中学生中社交恐怖症较多见，包括与异性交往的恐怖症。患有社交恐怖症的人害怕在社交场合讲话，担心自己会因双手发抖、脸红、声音发颤、口吃而暴露自己的焦虑，觉得自己说话不自然，因而不敢抬头，不敢正视对方眼睛。

6. 人格障碍与人格缺陷

人格障碍是长期固定的适应不良的行为模式，这种行为模式由一些不成熟的、不适当的压力应对方式或问题解决方式所构成。有人格障碍的人与有神经症的人相似，都没有丧失与现实的接触，也没有明显的行为混乱。人格障碍有许多类型：例如依赖型人格障碍者有被动的生活取向，不能决

第四部分

策和接受责任,有自我否定的倾向;反社会型人格障碍者有两个显著的特点:一是缺乏对他人的同情与关心,二是缺乏羞耻心与罪恶感。

四、心理健康与心理素质的关系【一般】

心理健康是一个人心理的认知、情感、意志等各种机能能够适应生存的需要,并在适应中不断发展的协调状态。心理卫生就是利用人类已经发现的身体和心理规律,运用预防、锻炼、治疗等手段,维护健康、保护生命,为人类的正常工作、学习、生活提供基本条件的工作过程。心理素质就是人的认知、情感、意志等心理机能在社会实践中所表现出来的个性行为品质。心理教育是利用教育的各种途径和方法,提高和塑造学生的各类认知、情感、意志品质的活动过程。

心理健康标准应当是卫生学角度的标准,心理素质标准应当是教育学角度的标准。在心理健康标准和心理素质标准测验的编制和具体测量中,要以心理健康标准和心理素质标准为依据,分别编制心理健康测验和心理素质测验。在心理健康卫生和心理素质教育工作中,要分别建立工作体系。

第二节　心理健康教育的目标与内容

一、心理健康教育的目标【一般】

心理健康是现代文明人的一个重要标志,心理健康教育的根本目标就是要全面提高公民的心理素质。

具体说来,心理健康教育的目标包括三个方面:

①使受教育者形成健康的心理素质;

②要维护他们的心理健康,减少和避免对于他们心理健康的各种不利影响;

③根据受教育者成长发展的需要和特点,采取多种形式和方法,促进他们的心理健康,提高他们的心理健康水平。

具体到学校心理健康教育,就是:

①要使学生的人格得到和谐发展,帮助他们正确地对待自己、接纳自己,认识自己的内在潜力,充分发挥个人潜能;

②帮助他们确立符合自身发展的、积极的生活目标,培养责任感、义务感和创新精神;

③学会认识环境,正确处理各种人际关系,更好、更快地适应生活、工作和学习环境;

④掌握社会规范,形成良好的道德品质、积极的人生观和价值观、积极的情绪情感、坚忍不拔的意志品质,养成良好的行为习惯,使他们适应学校生活,为适应未来的社会需要,在能力上和心理上做好准备。

二、心理健康教育的内容

心理健康教育的内容有以下五个方面:

1. 个性发展方面的心理健康教育

帮助学生了解自己，认识自己，接纳自我，发展自己，形成健康的自我概念；自我目标恰当，能够扬长避短，协助学生认识情绪，提高情商；学会表达情绪，善于调控情绪，保持良好心境，增强挫折承受能力，锻炼意志品质；强化实践能力、发展创新能力、自尊、自爱、自信、自强、自立、自律，优化个性品质。

2. 青春期的心理健康教育

引导学生正确认识自己的生理发育及由此引起的心理反应，接纳身心变化，体验成长的快乐；掌握性生理、性心理的基本知识，端正性别角色意识，自觉遵从性伦理和性道德，与异性建立正常的交往关系，防范性骚扰；排解青春期烦恼，对性有科学的态度，对爱情有初步认识。

3. 学习方面的心理健康教育

帮助学生了解自己的学习特点，激发学习动机，培养学习习惯，提高学习兴趣，掌握学习方法，讲究学习策略，明确学习目标，调整考试心态，克服学习困难，优化学习环境，增强学习效能，培养创新精神，使学生在学习过程中体验满足感和成就感，获得成长与发展。

4. 生活适应方面的心理健康教育

培养学生良好的生活习惯，提高自理能力，适应学校环境，增强生活适应；乐于与他人交往，掌握沟通技巧，协调人际关系，培养合作意识，克服交往障碍，培养诚实守信、友善乐群的健康人格；生活方式健康，合理支配闲暇，运动娱乐并举，热爱生活，珍惜生命，追求人生意义，确立生活理想；培养顽强的意志，以积极的心态面对生活压力，正确对待挫折；等等。

5. 生涯发展方面的心理健康教育

帮助学生树立面向未来的发展抉择，正确认识自己的个性、兴趣、能力，了解社会发展的需要，培养职业兴趣，提高自主抉择能力，明确升学和就业的人生意义，掌握择业技巧，学会承担责任，做好就业升学准备。

第三节　心理健康教育的途径

心理健康教育是教育活动的重要组成部分，根据具体情况，应当选择最为合理、优化和有效的方法、途径。一般而言，学校教育中比较常用的有专题训练、学科渗透、咨询与辅导三种途径。

1. 专题训练

专题训练过程一般由“判断鉴别—训练策略—反思体验”三个彼此衔接的基本环节构成。判断鉴别是让学生了解自己某方面心理素质发展的现状，以此引起学生的认同感或缺失感，进而体会、感受该种心理素质对自己学习、生活、交往及成长的意义。训练策略就是针对该课主题和在判断鉴别中所发现的问题，提出若干解决该问题的具体而有效的方法和技巧，通过组织学生参与讨论和操作活动来感受、理解，进而选择。反思体验就是对训练中的心理感受、情感体验、行为变化、活动过程及效果进行反思。

2. 学科渗透

学科渗透是指教师在进行常规的学科教学时，自觉地、有意识地运用心理学的理论、方法和技术，让学生在掌握知识、形成能力的同时，完善各种心理品质，特别是诸如情感、意志、个性品质等方面。学科渗透要求教师具有心理教育意识和课程内容组织能力，能够将学科教学的知识与心理辅导有机结合起来。

3. 咨询与辅导

咨询与辅导是指通过开展专门的心理咨询和心理辅导活动，对个别存在心理问题或出现心理障碍的学生及时进行认真、耐心、科学的心理辅导，帮助学生解除心理障碍。一般心理咨询与辅导需要较为专业的心理咨询师或从业者进行，采用较为专业的心理测量工具及量表，针对学生常见心理问题进行早期的诊断、过程中的干预、愈后的评估等工作。部分具备条件的学校可以设立专门的心理咨询室和专职咨询辅导人员，接受学生各种类型的心理问题咨询和辅导，并定期开展科普活动及心理健康讲座。

经典例题

一、名词解释

心理健康

二、分析论述题

联系实际论述中小学生常见的心理健康问题有哪些，如何处理。

答案解析

一、名词解释

心理健康是一种良好的、持续的心理状态与过程，表现为个人具有生命的活力、积极的内心体验、良好的社会适应、能够有效地发挥个人的身心潜力以及作为社会一员的积极的社会功能。

考点分析 心理健康概念是本章的基础型概念，需要熟记理解。除此种考查方式外，还可能涉及心理健康标准的讨论，考生也需要加以注意。

二、分析论述题

中小学生因其年龄与心理特点，常见的心理障碍都属于心理辅导与治疗的适用范围，它们大体上可归入焦虑症候群。

1. 多动症

也称“儿童多动综合征”，是一种以行为障碍为特征的儿童综合征，多在7岁前就有异常表现。

2. 焦虑症

焦虑症是以与客观威胁不相适合的焦虑反应为特征的神经症，焦虑是由紧张、不安、焦急、忧虑、恐惧交织而成的一种情绪状态。

3. 抑郁症

抑郁症是以持久性的心境低落为特征的神经症。

4. 强迫症

强迫症包括强迫观念和强迫行为，强迫观念指当事人身不由已地思考他不想考虑的事情，强迫行为指当事人反复去做他不希望执行的动作，如果不这样想不这样做，他就会感到极端焦虑。

5. 恐怖症

恐怖症是对特定的无实在危害的事物与场景的非理性惧怕。恐怖症可分为单纯恐怖症、广场恐怖症和社交恐怖症。

6. 人格障碍与人格缺陷

人格障碍是长期固定的适应不良的行为模式，这种行为模式由一些不成熟的、不适当的压力应对方式或问题解决方式所构成。

处理措施从略，可详见本章精讲部分。

考点分析　中小学生的常见心理健康问题是一个偏于实践的考题，特别是要求联系实际来给出对策，对于能力要求是比较高的。这方面的内容不适用于死记硬背，一定要理解后记忆。

学府考研图书编辑部
读者意见反馈表

尊敬的读者：

您好！非常感谢您对学府考研图书的信赖和支持。为了今后为您提供更优秀的教育学图书，请您抽出宝贵时间，填写这份读者意见反馈表，并寄至：

陕西省西安市雁塔区长安中路169号众邦投资大厦七层　学府考研图书编辑部（收）　邮编：710061

电话：029-82291864　E-mail: xuefubook@163.com

意见一经采用，即可获赠学府考研相关网络课程。期待您的参与，再次感谢！

☆ 读者个人资料 ☆

姓名：______　性别：______　年龄：______　职业：______

文化程度：☐大专及以下　☐本科　☐研究生

电话：________　QQ：________　E-mail：________

通信地址：________________　邮编：______

《教育硕士333教育综合复习指导全书》

您是通过何种渠道得知本书的（可多选）？

☐ 新华书店　☐ 民营书店　☐ 朋友推荐

☐ 辅导班老师推荐　☐ 网络　☐ 其他______

您是从何处购买到此书的：

☐ 新华书店　☐ 民营书店　☐ 辅导班

☐ 网上书店　☐ 其他______

影响您购买本书的因素（可多选）？

☐ 封面、装帧设计　☐ 封面文字介绍　☐ 价格

☐ 广告宣传　☐ 前言和目录　☐ 作者

☐ 出版社　☐ 内容质量　☐ 内文版式

您对本书的评价：

封面设计：

☐ 很满意　☐ 满意　☐ 一般　☐ 较差

您的建议：________________________

内容质量：

☐ 很满意　☐ 满意　☐ 一般　☐ 较差

您的建议：

内文版式：

□ 很满意 □ 满意 □ 一般 □ 较差

您的建议：

体例结构：

□ 很满意 □ 满意 □ 一般 □ 较差

您的建议：

印刷质量：

□ 很满意 □ 满意 □ 一般 □ 较差

您的建议：

您是否知道学府考研?

□ 知道 □ 不知道

您以前是否买过学府考研的图书?

□ 买过(书名__________) □ 没买过

您希望本书在哪些方面进行改进：

其他意见和建议：

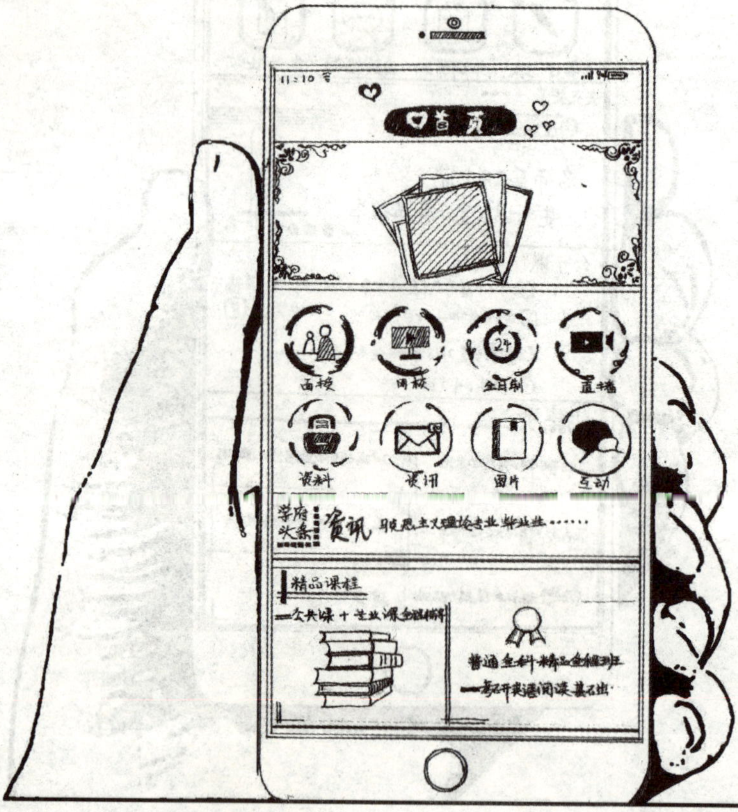